马克思主义理论研究和建设工程重点教材

中国政治思想史

（第二版）

《中国政治思想史》编写组

高等教育出版社

人民出版社

二维码资源访问

使用微信扫描本书内的二维码,输入封底防伪二维码下的 20 位数字,进行微信绑定,即可免费访问相关资源。注意:微信绑定只可操作一次,为避免不必要的损失,请您刮开防伪码后立即进行绑定操作!

教学课件下载

本书有配套教学课件,供教师免费下载使用,请访问 xuanshu.hep.com.cn,经注册认证后,搜索书名进入具体图书页面,即可下载。

图书在版编目(CIP)数据

中国政治思想史/《中国政治思想史》编写组编
. -- 2 版. -- 北京:高等教育出版社,2019.8(2024.12重印)
马克思主义理论研究和建设工程重点教材
ISBN 978-7-04-050666-2

Ⅰ.①中… Ⅱ.①中… Ⅲ.①政治思想史-中国-高
等学校-教材 Ⅳ.①D092

中国版本图书馆 CIP 数据核字(2018)第 221756 号

责任编辑 周亚权 姜兰志　封面设计 王 洋　版式设计 于 婕　责任校对 刘 莉
责任印制 存 怡

出版发行	高等教育出版社	网　　址	http://www.hep.edu.cn
社　　址	北京市西城区德外大街 4 号		http://www.hep.com.cn
邮政编码	100120	网上订购	http://www.hepmall.com.cn
印　　刷	保定市中画美凯印刷有限公司		http://www.hepmall.com
开　　本	787mm×1092mm 1/16		http://www.hepmall.cn
印　　张	30.25	版　　次	2012 年 5 月第 1 版
字　　数	490 千字		2019 年 8 月第 2 版
购书热线	010-58581118	印　　次	2024 年 12 月第 16 次印刷
咨询电话	400-810-0598	定　　价	59.00 元

本书如有缺页、倒页、脱页等质量问题,请到所购图书销售部门联系调换
版权所有　侵权必究
物 料 号　50666-00

● 马克思主义理论研究和建设工程重点教材 ●

马克思主义理论研究和建设工程咨询委员会委员、审议专家
（以姓氏笔画为序）

王伟光	王晓晖	王梦奎	王维澄	韦建桦
尹汉宁	龙新民	邢贲思	刘永治	刘国光
江流	汝信	孙英	苏星	李捷
李君如	李忠杰	李宝善	李景田	李慎明
冷溶	张宇	张文显	陈宝生	邵华泽
欧阳淞	金冲及	金炳华	周济	郑必坚
郑科扬	郑富芝	侯树栋	逄先知	逄锦聚
袁贵仁	贾高建	夏伟东	顾海良	徐光春
龚育之	梁言顺	蒋乾麟	韩震	虞云耀
雒树刚	滕文生	魏礼群		

《中国政治思想史》教材编写课题组

首席专家　曹德本　宝成关　孙晓春　葛　荃　游洛屏
主要成员　（以姓氏笔画为序）

王　成　王宪明　李晓男　李景林　宋少鹏

张茂泽　林建华　杨　阳　卓泽渊　郑维东

韩冬雪　颜德如

《中国政治思想史》教材修订课题组(第二版)

首席专家　曹德本　孙晓春　王宪明　张茂泽
主要成员　（以姓氏笔画为序）

李　蕉　张造群　郑维东　葛　荃　颜德如

目　录

绪　论

中国政治思想是中华民族几千年政治实践的经验总结和理性升华，它历经漫长的历史过程而始终没有中断，为人类政治发展提供了独特而丰富的思想资源。中国政治思想所包含的丰富政治经验、政治智慧、政治思维，以及对现实政治的关怀、对理想社会的追求、对政治问题的认识和解决方案，不仅是中华文明，而且也是全人类政治文明宝库的重要内容。以马克思主义为指导，学习和研究中国政治思想史，吸收借鉴其中的积极成分，对于传承中华优秀文化，发展中国特色社会主义文化，推进新时代中国特色社会主义政治文明建设具有重要意义。

一、中国政治思想史的研究对象

政治活动是人类社会发展到一定历史阶段的产物。自从有了政治活动，就有了人类对政治活动的认识。政治思想是人们认识政治活动的思想成果。

我国政治思想历史悠久，至少在西周时期已经出现了"政治"概念，《周礼·地官·遂人》已有"掌其政治禁令"之说。一般来讲，"政"指政事（"必闻其政"①）、政权（"天下有道，则政不在大夫"②）、政治原则和宗旨（"政者，正也"③）。"治"指治理（"祝　治宗庙"④）、政治安定（"黄帝尧舜垂衣裳而天下治"⑤）。两者结合起来，我国古代"政治"一词指政事治理（"有教，然后政治也；政治，然后民劝之"⑥）、治国措施（"掌其政治禁令"⑦）和政治原则和宗旨等。

现代汉语"政治"一词受到英文 Politics 等词翻译的影响。孙中山认为，政就是众人之事，治就是管理。管理众人之事，就是政治。他的这一说法从管理角度将传统治国思想和西方民权思想相结合，在当时很有影响。五四运动以

---

① 《论语·学而》。
② 《论语·季氏》。
③ 《论语·颜渊》。
④ 《论语·宪问》。
⑤ 《周易·系辞下》。
⑥ 《新书·大政下》。
⑦ 《周礼·地官·遂人》。

后，马克思主义传入中国。经典作家关于政治的论述，为人们认识和把握政治的内涵和本质提供了科学指导。

根据马克思主义政治观，政治是建立在一定经济基础之上的上层建筑的核心部分，是各种社会经济利益和要求的集中表现。它以一定阶级关系为基本内容，是围绕国家政权而展开的各种社会活动和社会关系的总和。政治思想是人们对政治现象和政治实践的观念反映。政治思想史是政治思想产生、形成、演变、发展的历史过程。

中国政治思想史是研究中国历史上的各种政治思想，揭示其产生、形成、演变、发展的历史过程及规律的科学。根据马克思主义政治观，我们学习和研究中国政治思想史，需要注意以下几点：

第一，中国政治思想史归根结底受制于中国社会经济发展以及相应的社会政治文化发展进程。各种政治思想都有其产生的社会历史条件和社会实践基础。思想家只能针对自己面临的时代矛盾提出问题，只能在当时历史条件下认识和解决这些问题；他们得出的具体政治观点或提出的具体政治主张，本质上反映了其所处时代某一阶级或阶层的利益和需要。只有结合当时的社会经济政治文化状况，才能科学地解释政治思想的内涵和历史意义。

第二，中国政治思想史有自身的发展规律。中国政治思想的发展前后相继、连续不断，是一个历史过程。它固然受制于各个历史时期经济、政治、文化状况，但也有自身的发展逻辑，具有相对的独立性。每一时期的政治思想都是在已有的思想基础上增添新的内容，形成新的理论，取得新的发展的。研究中国政治思想史，不仅要揭示中国政治思想伴随社会经济和政治、文化发展的客观必然性，而且还要揭示各种政治思想之间内在的逻辑联系和历史联系。

第三，中国政治思想本质上是历史上一定社会阶级、阶层、集团政治利益和政治要求的表现。政治思想具有鲜明的阶级性。在阶级社会里，每一时期占主导地位的政治思想都是当时统治阶级思想的一部分。统治阶级总是力图把本阶级的政治思想描绘成为代表整个国家、整个社会的思想，并试图通过道德教化、制度规范等，影响民众的看法和行为。只有认清每一种政治思想的阶级属性，即其所代表的阶级利益要求，才能更好地揭示中国政治思想的实质。

综上所述，中国政治思想史的研究对象包括：中国历史上关于如何治理国家和处理政治关系等的理论和主张，及其产生和发展的社会历史背景、理论基础、内在联系和历史地位与影响等。

记录中国政治思想的资料散布在浩瀚的文献典籍中。有关政治思想的著作、概念、命题、思想体系的材料，是反映政治思想的基本史料。其他关于政治思想产生、形成、演变、盛衰、更替等的历史条件和历史过程的材料，关于各种政治思想之间相互关系的材料，关于政治思想对当时社会政治经济文化的影响和历史作用等的材料，也是必不可少的史料。

我国对政治思想的研究历史悠久，但是中国政治思想史作为一门相对独立的现代学科产生于20世纪20年代。1922年，梁启超分别于春季和秋冬在北京法政专门学校及东南大学讲授"先秦政治思想史"，中国政治思想史作为一门学科，被列为大学课程。同年，梁启超完成了《先秦政治思想史》书稿，于1924年由中华书局出版发行。他在该书"序论"里对中国政治思想的特点、研究内容、研究资料及研究方法都进行了阐述，为此后的中国政治思想史研究奠定了良好基础。

萧公权初成于1940年的《中国政治思想史》，将"时代的研究法"和"问题的研究法"相结合，对中国传统政治思想进行了系统分析。

吕振羽于1937年6月出版的《中国政治思想史》，首次以马克思主义为指导研究中国政治思想史，强调："须要正确地掌握这一时代的经济情况和政治情况，正确地了解这一时代的生产方式，以及其矛盾之发展的根本形式。在另一方面，意识形态的自身虽属原则地受着社会存在所决定，然其对于社会存在自身亦能给予反作用，而给其发展过程以多多少少或正或负的影响，从而又影响其自身。"[①] 从此，中国政治思想史研究步入科学发展的新阶段。

新中国成立以后，中国政治思想史研究获得了更为广阔的发展空间，一大批以马克思主义为指导，总结、批判、挖掘传统政治思想的重要成果相继问世，但总体来说发展进程相对缓慢。改革开放以来，中国政治思想史研究进入快速发展阶段，相继编撰、出版了一系列相关教材和学术专著，中国政治思想史研究出现了新的局面。

根据我国高校中国政治思想史课程教学惯例，本书包括中国古代政治思想和近代政治思想。由于夏代及其以前的五帝时代政治思想史料阙如，所以本书时间断限从公元前16世纪的商代至1919年的五四运动。从古代到近代，中国政治思想史发展历程达4000余年，内容极为丰富。既包括众多政治思想家、政

---

① 吕振羽：《中国政治思想史》上册，生活·读书·新知三联书店1949年版，第4页。

治思想流派提出的政治理论，也包括诸多帝王将相、政论家、革命家、改革家等提出的政治主张或观点，还包括体现在某些典籍中的政治观念。本书适应教学要求，结合政治思想内容和发展线索，对丰富的中国政治思想史的介绍有取舍，有详略，只介绍中国历史上重要政治家和政治思想家提出的、并在社会政治发展中具有重大影响的或相对系统的政治思想。

二、中国政治思想的发展历程

中国政治思想的发展经历了先秦、秦汉至隋唐、宋元明清和近代四个阶段。四个阶段前后接续，但由于不同时期经济政治文化状况不同，各个阶段政治思想内容也有明显区别。

1. 先秦是中国政治思想的基本形成时期

殷墟出土的甲骨文中有不少关于社会政治问题的卜辞。结合《尚书·盘庚》等资料可知，早在商代已经有了较为明确的政治思想。春秋战国时期，礼乐秩序瓦解，社会政治发生剧变。诸子百家围绕着礼与法、天（神）与人、君与国（家）、君与（臣）民的关系以及国家如何治理等问题，提出了各自的见解，形成了以孔子、孟子、荀子为代表的儒家，以老子、庄子为代表的道家，以商鞅、韩非为代表的法家，以及墨家、阴阳家、名家等学说"百家争鸣"的局面。贯穿中国古代两千多年政治思想的基本范畴和命题相继提出，思想体系和思维方式渐次形成，对后世的中国政治思想产生了广泛而深远的影响。

2. 秦汉隋唐是中国政治思想进一步发展时期

随着秦、汉统一多民族国家的建立，为维护和巩固中央集权的君主专制制度，经过不断斗争、融合，符合国家统一需要的政治思想逐步形成。秦用法家，灭六国并最终实现统一，结果却二世而亡。汉初统治者汲取秦亡教训，一度重视黄老之术，至汉武帝时期"独尊儒术，表彰六经"，初步确立了儒学的统治地位，东汉章帝时白虎观会议进一步使之法典化，从而形成了以儒家思想为主体的中国传统政治思想格局。魏晋玄学融合儒道，反思和论证"名教"的合理性，丰富了封建统治思想的内容。隋唐时期佛道思想盛行，但唐太宗钦定《五经正义》，仍然维持了儒家学说的统治地位。此后，以韩愈的"道统"说为代表，儒家学说在与佛道两教的冲突与融合中进一步发展。

3. 宋元明清（截至1840年）是中国政治思想的成熟和反思批判时期

北宋建立初期，国家积贫积弱。于是，出现了以李觏、王安石为代表的改革思潮，但这些改革并没有扭转北宋内外交困的局面。同时，为挽救唐末五代以来道德沦丧、礼教式微的状况，思想家把目光转向纲常伦理，希望创立一种新的学说，从而催生了理学思潮。理学以儒为主，融合释、道，成为宋元明清主流政治思想，影响此后政治发展数百年。以二程、朱熹为代表的理学家，重新诠释传统儒学的基本概念和命题，进行理论创造，极大提高了儒家政治思想的理论思维水平，为封建统治者提供了更加精致而有力的理论支持。理学思想的抽象性、理学末流的空疏，刺激了以陈亮、叶适为代表的南宋功利政治思想的出现，也催动了陆王心学的形成，进而引发了明代中期以后政治思想的反思和批判浪潮，最终诞生了以泰州学派为代表的平民政治思想、以李贽为典型的"异端"思想等。明末清初，天崩地解，引发思想家们的深刻反思，出现了以黄宗羲、顾炎武、唐甄为典型的一批反思和批判君主专制统治的思想家。尤其是黄宗羲提出的"君者天下之大害"，"天下为主君为客"和"学校议政"等思想，对于推动晚清以后传统政治思想的转型产生了深远影响。

4. 鸦片战争至五四运动是中国政治思想的转型和变革时期

这一时期，封建制度渐趋没落，加之西方列强的侵略，中国沦为半殖民地半封建社会，面临着严重的政治危机和民族危机。中国传统政治思想发生剧烈震荡，开始向近代转变。

1840年第一次鸦片战争将中国拖进了近代社会，伴随着西方列强的侵略，西学东渐，引起中西文化的冲撞，致使中国政治思想连续发生三次历史性转向：首先是鸦片战争以后，下层民众以西方宗教文化为思想武器，反对清朝封建专制政权，形成太平天国"有田同耕，有饭同食""无处不均匀，无人不饱暖"的绝对平均思想，而以林则徐等为首的地主阶级改革派和以曾国藩、李鸿章等为首的洋务派则主张开眼看世界，师夷长技以制夷，求强求富。这一时期，人们对中国传统政治思想的主体部分虽还没有产生根本怀疑，但对其涉及技术和物质文明的部分已经产生明显的疑虑，一些有识之士主张学习西方的坚船利炮，以挽救中国所面临的严重危机。其次是以康有为、梁启超为代表的维新派和以孙中山为代表的资产阶级革命派，他们政治思想的具体内容虽有本质性差异，但都总结吸取了洋务运动失败的经验教训，主张从制度层面进行变革，建立新的政治体制，从而把近代中国学习西方的运动从器物层面推进到政治制度层面。但是，戊戌维新和辛亥革命相继失败，宣告了资产阶级君主立宪和共和民主方案在中国的破产，促使以陈独秀、李大钊等为代表的一大批先进分子开始从思想文化层面思考救国问题。第一次世界大战和俄国十月革命爆发，促动他们最终选择用马克思主义来根本解决中国问题，从而引发了近代中国政治思想发展进程中第三次也是影响最为深远的一次历史性转向。

这一时期政治思想的变革与中华民族救亡图存的时代使命相呼应。在这一过程中，以儒家思想为主体的传统政治思想由于不适应新的时代要求而丧失了指导地位，逐渐成为反思批判的对象。而一度被中国人艳羡并全力追求的西方资本主义"新文化"，也因为无法挽救中国的危亡而逐步由"新"变"旧"，并最终在五四时期被马克思主义取代，中国政治思想的发展也从此进入了一个全新的历史时期。

总的看来，中国古代政治思想主要探讨如何治理国家，而将国家的来源等问题归诸"天命"，事实上悬置了国体这一重要政治问题，掩盖了国家为君主私有独占的严酷现实。但思想家们围绕国家治理等问题，依然形成了丰富的政治思想，既有对天与人、德与刑、义与利、君与臣、君与民等相互关系的讨论，也有对国家安与危、治与乱、兴与衰的现实关怀和历史经验教训的总结，还包括各种治国理政的方针政策、具体措施等。这些内容集中地体现了历史上不同阶段的人们对于美好政治生活的向往，对于稳定政治秩序的追求。

近代以来，中国政治思想的重点逐渐发生了转向，思想家们特别关注国家的人民性，并在制度设计和建设上努力探索如何体现国家的人民性。具体内容主要有以下两个方面：（1）如何认识国家，包括国家的起源、本质、目的、作用、类型、人民和国家的关系等；（2）如何组织国家，即有关政治制度的设计、论证与评价，以及政治制度改革与政治革命等。根本上看，这一政治思想的巨变是中国进入近代以来民众在国家生活中政治地位不断提高的表现，也曲折反映了近代以来我国生产方式从农业经济的小生产向工商业的社会化大生产缓慢发展的历程。

三、中国政治思想的特点

在漫长历史上，中国政治思想逐渐形成了自己的显著特点。

第一，鲜明的"人文"性。这里"人文"一词，和西方人文主义所谓"人文"含义不同。宗教信仰在中国政治活动和政治思想中一直未占主导地位。公元前 11 世纪的西周初年，在宗法社会背景下，人伦道德被引入政治领域，成为联系天人关系的桥梁，使中国古代政治思想逐渐摆脱神灵信仰的羁绊，开启了人文化发展的新方向。《周易》提出："观乎天文，以察时变；观乎人文，以化成天下。"意思是说，懂得了"天文"，可以搞好农业生产；懂得"人文"，可以化民成俗、治理好国家。春秋战国时期，思想家越来越认识到人的重要性。孔子明确说："未知生，焉知死？""未能事人，焉能事鬼？"将鬼神信仰等宗教问题悬置起来，强调人生、人事对于人类社会的重要意义。《孝经·圣治章》提出"天地之性，人为贵"说，肯定人在世界万物中的独特地位。在这种思想影响下，即使西汉董仲舒所谓起主宰作用的"天"，也主要是为了论证和制约君权，而没有像西方中世纪那样，使人成为神的奴仆。秦汉时期，一些帝王祭祀天地、封禅泰山，利用迷信神化自己，受到司马迁等史学家的讥讽。甚至东汉谶纬迷信盛行、南北朝隋唐佛道二教繁荣，依然受到具有人文精神的儒家政治思想的批判和影响。

第二，注重经世致用。中国政治思想总体上不尚空谈，关注和力图解决实际政治问题；强调"实事求是"，提倡用具体材料立论，不尚思辨。

先秦是中国传统政治思想的大发展时期，诸子虽志趣不同甚至相互攻讦，但有一点是相同的，他们"各著书言治乱之事，以干世主"①，目的是入世资政，为当权者献计献策。司马谈总结说："夫阴阳、儒、墨、名、法、道德，此务为治者也。"② 孔子创建儒学，主要是针对当时礼坏乐崩、天下无道的社会政治现实，试图从理论上思考和解决现实政治问题，"孔子成《春秋》，而乱臣贼子惧"③。因此，儒学从一开始就具有浓郁的经世致用色彩。儒学主张内圣外王，就是通过修身实现齐家治国平天下的政治目标。道家虽然崇尚隐逸，但也思考和解决现实政治问题，提出君主无为、臣下有为的政治主张，形成黄老之学，在西汉初期影响很大。法家主张用强力统一天下，"为圣人执要"出谋划策，表现出强烈的现实关怀。

儒、道、法等虽经过历代的发展呈现为不同的学术流派和存在形态，但其经世致用的特质始终没有变化，明清之际的实学思潮和近代的经世思潮，尤为典型。顾炎武、黄宗羲、王夫之等思想家都不约而同评论时政，提出了各种"匡时济民"的社会政治改革方案，充分体现了"实习、实讲、实行、实用之

---

① 《史记·孟子荀卿列传》。
② 《史记·太史公自序》。
③ 《孟子·滕文公下》。

学"① 的特征。鸦片战争前后，以龚自珍、林则徐、魏源为代表，揭露社会政治矛盾，抨击时政，主张实行变革，对近代社会政治产生了重要影响。

第三，政治伦理化。与西方社会不同，中国社会跨入文明的门槛时，保留了氏族制的残余。统治者利用氏族血缘观念和亲情关系，发展了宗法制。宗法制在西周已经完备，成为社会结构的稳定因素之一，影响了此后整个中国古代社会。生长于宗法氛围中的中国政治思想，以孝悌的伦理关系为依托，着眼于从宗法伦理修养入手解决政治问题。作为中国古代政治思想的主体的儒家，以"天人合一"的世界观和人性论为理论基础，强调通过格物、致知、诚意、正心等修身活动，实现家国和谐、天下大治。在儒家看来，加强治国者的道德修养是治国理政的第一步；在此基础上教化民众，最终目标是"明明德于天下"，实现人人知道德、有道德、守道德的理想社会。孔子的德治思想、《大学》治国平天下的政治思想、孟子的仁政说等，完全将政治归结为一种人伦价值。仁义道德由此成为政治生活的重要内容：政治修养以道德修养为主要内容，贤才标准中道德占据首要位置，君王统治天下的合法性也来源于君王个人道德修养状况等。这充分体现了中国古代政治思想的伦理政治化、政治伦理化特征。

第四，朴素的辩证思维。中国古代从殷末周初成书的《周易》开始，到春秋末年的老子、孔子，已经开始有了朴素的辩证思维。《周易》提出："一阴一阳之谓道。"认为阴阳对立而又和谐统一，相辅相成而又相互转化；《老子》提出："有无相生"、祸福相倚、"反者道之动"等辩证观点；孔子提出"和而不同"及"过犹不及"的"中庸"观等。这些是中国思想史上朴素辩证思维的代表，深深地影响了后世思想家们的政治思维方式，使他们注意把政治问题放在对立统一的框架下进行思考。中国政治思想史中许多重要范畴，如天人、王霸、德刑、礼法、义利、公私、理欲、君民、古今、中西等，都是成对出现，思想家们运用本末、体用、隐显、主辅、先后、轻重等具有朴素辩证思维的观念来处理它们的关系，提出如：王霸杂用、德主刑辅、宽猛相济、德才兼备、民贵君轻、中体西用、居安思危等命题，既注意到两者的不同和对立，又注意到两者之间的联系和转化。思想家们还根据"万物并育而不相害，道并行而不相悖"②、"天下同归而殊途，一致而百虑"③ 等辩证思想，要求治国者兼容并

---

① 颜元：《存学篇·卷三》。
② 《礼记·中庸》。
③ 《易传·系辞下》。

包，容纳不同意见，学会和善于处理各种矛盾。

第五，历史的连续性。中国政治思想史源远流长，几千年持续不断发展，内容越来越丰富，体现出历史的连续性。从殷商神祖崇拜起，先后经历了先秦诸子、两汉经学、魏晋玄学、宋明理学、清代朴学、近代"新学"等不同发展阶段，各个历史时期也不乏思想创新，但许多政治范畴和命题如德治、仁政、民本、纳谏、用贤等一经提出，便长期延续，为后人反复讨论和强调，使中国传统政治思想史既有阶段性又有一贯性。这一特点与中华文明史持续不断发展密切相关。我国古代社会是农业社会，农业面积逐步扩大，从中原向南方、西部、东北逐步拓展，农业生产技术也日渐进步，精耕细作，产量很高，用较少的土地面积养活了大量人口。在此基础上，汉语言文字、多民族统一的民族国家格局、以"三教"为代表的人文理性信念等，没有中断发展进程。这些都是中国古代政治思想持续发展的基础。另一方面，在中华文明持续不断发展中，自给自足的自然经济在量上不断发展，但在性质上并没有根本改变；中央集权的专制制度不断加强，但"私天下"的实质并没有根本改变。在专制高压下，经典、礼法成为束缚人们思想的缰绳，政治思想发展缓慢，自由创造尤为艰难。即使偶有心得，也只能以经典注疏、借古喻今等方式，含蓄隐晦地表现出来。

第六，多学科（思想）融合。中国古代学问没有严格的学科划分，"中国古人并不曾把文学、史学、宗教、哲学各别分类独立起来，毋宁是看重其相互关系，及其可相通合一处。因此中国人看学问，常认为其是一整体，多主张会通各方面而作为一种综合性的研究"①。孔子提倡博文而约礼，影响到古人治学，形成重博览、达通识的学风。中国政治思想也总是和哲学思想、伦理思想等密切联系在一起。比如，中国古代思想家都热衷于"究天人之际，通古今之变"，从"天道"言说"人道"，以哲学论证政治，正如梁启超所说："凡伟大之学者必有其哲学上根本观念，而推演之以论政治。"② 从现代学科（划分）视野看，中国古代思想家在阐述政治思想时，融和了不同学科思想，从不同角度、运用不同方法认识和解决政治问题，既为政治思想提供有普遍意义的理论基础，又发挥人的理性能力，利用所有的文明成果，寻求和完善治国平天下

① 钱穆：《中国学术通义·四部概论》，罗联添编《国学论文选》，台北学生书局 1985 年版，第4 页。
② 梁启超：《先秦政治思想史》，东方出版社 1996 年版，第 14 页。

之道。

四、学习研究中国政治思想史的意义和方法

文化是民族的血脉，是人民的精神家园。中华文化 5000 多年持续不断，内容博大精深，是中华民族屹立于世界的独特精神标识。中华文化是中华民族安身立命的基础，是我们在世界文化激荡中立定脚跟、稳如泰山的根基。中华文化是我们最深厚的文化软实力，也是中国特色社会主义深植根脉的文化沃土。不忘本来才能开辟未来，善于继承才能更好创新。学习和研究中国政治思想史，对于新时代传承发展中华优秀文化，培育和弘扬社会主义核心价值观，建设中国特色社会主义，实现中华民族伟大复兴，具有十分重要的意义。

中国政治思想史是中华文化的重要组成部分。学习这门课程，有助于学生增强中国特色社会主义文化自信。学习和研究中国政治思想史，全面准确理解其中的内容，可以为新时代建设中国特色社会主义提供历史借鉴。中国特色社会主义道路是从中华 5000 多年文明的传承发展中走出来的；它植根于中华文化沃土，具有深厚的历史渊源和广泛的现实基础。我国古代主张民惟邦本、政得其民，礼法合治、德主刑辅，为政之要莫先于得人、治国先治吏，为政以德、正己修身，居安思危、改易更化，等等，这些都能给人们以重要启示。学习这门课程，明了中国政治思想史的特点和优点，有助于面对世界文化激荡，找准历史方位，准确、精准用力，坚定不移建设中国特色社会主义。在中国政治思想史中，积淀着中华民族最深沉的政治追求，每个时代都可以感受到中华儿女对美好政治生活的强烈向往。在新时代，中华优秀文化传统，更成为中华民族突出的政治优势，是我们最深厚的文化软实力。今天学习中国政治思想史，无疑有助于我们将这些优秀政治思想内容转化为建设中国特色社会主义的精神血脉，成为中华民族伟大复兴的丰厚滋养。中国政治思想史蕴含着丰富的思想道德资源，包括中华传统美德，以及相关的核心价值理念，是中华文化的精髓。其中的孝、悌、忠、信、礼、义、廉、耻等传统美德，仁者爱人、与人为善、天人合一、道法自然、自强不息等核心价值理念，依然是新时代提高全民族科学文化水平、建设中国特色社会主义道德的重要内容。学习研究中国政治思想史，有助于学生弘扬中华优秀传统美德，自觉培育和践行社会主义核心价值观。

中国政治思想史是我国高等院校政治学专业的基础课程。学习这门课程，

有助于学生深入了解和掌握历代政治思想家及其深邃的思想，了解和掌握悠久的中华优秀文化传统，培养高度的道路自信、理论自信、制度自信和文化自信，增强民族自豪感，充实做中国人的骨气和底气；能够帮助学生了解古代和近代政治思想的基本内容、发展历程，掌握独具特色的范畴、命题、理论及思维，进一步丰富政治知识，不断提高政治思维能力，为学习政治学和其他学科打下牢固的知识基础；可以帮助学生更好地坚持以马克思主义为指导，立足当代中国国情和现代化建设实践，古为今用，推陈出新，批判地吸收借鉴中国传统政治思想的合理成分，不断丰富和发展马克思主义政治学理论，积极推进中国特色社会主义政治建设。

除了知识的学习、理论思维的训练外，中华人文精神的传承、弘扬也非常重要。比如，古人所说的"先天下之忧而忧，后天下之乐而乐"的政治抱负，"位卑未敢忘忧国""苟利国家生死以，岂因祸福避趋之"的报国情怀，"富贵不能淫，贫贱不能移，威武不能屈"的浩然正气，"人生自古谁无死，留取丹心照汗青""鞠躬尽瘁，死而后已"的献身精神等，都体现了我国的优秀政治思想传统和中华民族精神，我们在新时代都应该大力继承和发扬。

学习研究这门课程需要掌握科学的方法。唯物史观是学习、研究中国政治思想史最根本的方法。社会存在决定社会意识，社会意识又反作用于社会存在；经济基础决定上层建筑，上层建筑对于经济基础又具有一定的反作用；人民群众是历史的创造者和历史发展的决定性力量；在阶级社会中，阶级斗争是社会发展的直接动力。运用唯物史观研究中国政治思想史，就要研究政治思想形成、演变和发展的社会历史原因与条件，政治思想与社会经济、政治、文化发展的关系及其相互联系，从总体上把握政治思想发展的特点与规律。

党的十九大报告指出："中国特色社会主义文化，源自于中华民族五千多年文明历史所孕育的中华优秀传统文化。"[1] 对绵延 5000 多年的中华文明，我们应该多一份尊重，多一份思考。对古代的成功经验，我们要本着择其善者而从之、其不善者而去之的科学态度，牢记历史经验、牢记历史教训、牢记历史警示，为建设中国特色社会主义提供历史借鉴。发展中国特色社会主义文化，就是以马克思主义为指导，坚守中华文化立场，立足当代中国现实，结合当今

---

[1]　习近平：《决胜全面建成小康社会　夺取新时代中国特色社会主义伟大胜利——在中国共产党第十九次全国代表大会上的报告》，人民出版社 2017 年版，第 41 页。

时代条件，发展面向现代化、面向世界、面向未来的，民族的科学的大众的社会主义文化，推动社会主义精神文明和物质文明协调发展。要坚持为人民服务、为社会主义服务，坚持百花齐放、百家争鸣，坚持创造性转化、创新性发展，不断铸就中华文化新辉煌。中国化的马克思主义理论应是我们新时代研究中国政治思想史的基本指导思想。

此外，中国政治思想史的具体研究方法还有以下几种：

1. 历史与逻辑相统一的方法

运用历史与逻辑相统一的方法研究中国政治思想史，要求人们将政治思想的历史发展过程与其逻辑进程有机结合起来。历史与逻辑的关系是：对于事物的历史考察是逻辑分析的基础，逻辑分析则是历史考察的深化。运用历史和逻辑相统一的方法，可以客观全面地揭示政治思想的本质及其发展规律。

政治思想是人们对政治现象或政治问题的认知与思考，依照马克思主义社会存在决定社会意识的原理，中国历史上人们的政治思想属于社会意识范畴，必然受到当时人们具体社会存在的制约和影响，受到一定社会生产生活条件或环境的制约。因而，对政治思想进行历史分析，要考察其时代背景、经济状况、社会政治和文化条件，描述政治思想的历史发展过程；同时，对政治思想进行逻辑分析，要准确把握思想家所用的政治思想概念的意义、命题的意义，以及这些政治思想命题之间的关系，揭示其政治思想内部可能的逻辑矛盾，并在此基础上，描述政治思想重要范畴意义和命题意义的逻辑演变过程。逻辑进程是历史过程的抽象反映；政治思想史的历史演变过程，和政治思想史的逻辑进程，在根本上是统一的。这就为我们运用历史和逻辑统一的方法学习和研究中国政治思想史提供了坚实基础。

2. 阶级分析方法

马克思主义阶级理论和阶级分析方法是认识人类阶级社会的科学方法。中国古代和近代社会是阶级社会，存在阶级差别和阶级斗争。中国传统的思想家、政论家、政治人物或帝王，无不具有特定的政治立场和阶级立场，他们阐发的思想和政治主张，要么是为封建统治阶级的根本利益服务，为封建帝王"家天下"的长治久安出谋划策，要么是为某个特定的阶级、阶层，或是某个社会群体、利益集团的利益着想。这就需要运用阶级分析方法，深入考察其思想背后的社会经济根源，透过政治思想现象观察其阶级本质，否则便难以揭示其政治思想实质，做出科学判断。在运用阶级分析方法时，要防止简单化、机械化、教条化等不良倾向，做到实事求是、全面客观。

3. 文献学方法

文献学方法指的是通过搜集、整理、鉴别和研究文献，以期对政治思想史实形成科学判断的方法。中国政治思想史研究的是历史遗存下来的思想，古代典籍和各种图书资料是学习和研究的主要依据。为此需要运用文献学方法，对中国古代和近代有关政治思想的文献资料做准确的考辨和整理，为科学研究提供可靠的史料依据。文献研究方法要求在学习和研究过程中，尽量使用原始文献。对于二次文献和三次文献，则有限度地使用。要做到资料可靠、翔实，解读准确，以确保学习和研究的科学性。

4. 定性研究方法

基于中国政治思想史的学科特点，定性研究方法将作为本学科的重要研究方法而得到普遍运用。这种方法要求在对政治思想史资料文献进行梳理基础上，科学分析历史上的政治思想内容，对其做出价值评价。

运用定性研究方法需要把握几个要点：一是对历史上的政治思想进行研究，必须掌握第一手资料，通过文本分析，以丰富的思想史实作为立论依据；二是要阐释和分析政治思想的内在逻辑，把握其主要特点和主要方面；三是要关注思想的内在矛盾性，关注思想的发展与变化，研究政治思想的主体构成，确定其理论性质。

定性研究方法的研究结论一般具有明显的概括性和思辨性，研究者本人的价值色彩相对较浓。为此，运用这种方法研究中国政治思想史，要分清哪些是古人的思想，哪些是研究者基于自身的知识结构、思维方式和政治立场而形成的思想。这就要求我们在学习和研究中国政治思想史时，要有科学的态度，运用科学的方法，具备较高的理论思维水平和政治学、历史学等学养，避免夹杂个人主观意见。

第一章　商代西周时期的政治思想

公元前 21 世纪，生活在黄河流域中心地带的华夏族建立了中国历史上第一个王朝——夏，这是中国早期国家的开端。夏朝的建立标志着中国古代文明进入一个新的历史阶段。公元前 16 世纪，商朝建立。公元前 11 世纪，周人灭商，至公元前 770 年，周王室迫于犬戎的压力东迁雒邑（今河南洛阳），史称西周。这一时期，是中国政治思想孕育萌芽的阶段，为后世政治思想的发展提供了丰富思想资源。

第一节　商代西周时期的社会历史背景

人们的思想活动总是在特定的社会历史条件下发生的。商周时期，在黄河流域自然地理条件和农业生产方式的影响下，独具特色的中华文化开始形成，产生了宗法、天命、重德、敬天保民、君主至上等政治观念，这些观念对后世产生了深远的影响。

一、中国早期国家形成的道路及特点

商、西周时期是中国早期国家形成、发展的重要时期。当时，中原地区华夏族的各个部落处于从氏族公社向国家形态转变的阶段，早期国家的一系列政治经济制度仍然在形成过程中。

在中国早期国家的形成过程中，以下因素起了重要作用。

首先，地理环境及生产方式。恩格斯在《家庭、私有制和国家的起源》一书中说："随着野蛮时代的到来，我们达到了这样一个阶段，这时两大陆的自然条件上的差异，就有了意义。"[①] 恩格斯所说的自然条件差异，指的便是地理环境的差异。在人类文明初期，地理环境在很大程度上影响着社会历史进程。

黄河流域气候温和，土地肥沃，水源充足，动植物资源丰富。与当时的生产力发展状况相适应，农业成为当时最主要的生产部门，畜牧业和手工业只是

---

① 《马克思恩格斯文集》第 4 卷，人民出版社 2009 年版，第 34—35 页。

辅助性的生产部门。在这种情况下，虽然有分工，但并不是社会性的大分工，而只是父系大家族内的自然分工，商品生产也不发达，与这种原始性的农业生产相适应，社会的生产单位往往是以家族组织为基础的自给自足的集体劳动组合。中国早期的国家形式就是在这种地理环境和自然经济生产方式的基础上形成的。

其次，家长制家庭。恩格斯在《家庭、私有制和国家的起源》一书中，曾经列举了国家产生的三种道路：一是雅典人的国家，氏族组织在商品经济的作用下产生阶级分化而转变为国家；二是罗马人的国家，由家长制家庭进入国家；三是日耳曼人的国家，即通过部落征服而进入国家。在中国古代，由于没有发达的海上贸易，氏族部落时期的家长制家庭公社并没有像雅典那样逐渐分解为个体家庭，而是在相当长的历史时期内被保留下来。也就是说，中国古代国家的形成，并不是因为家长制家庭解体和个体家庭与私有财产的充分发展，而是由家长制家庭直接进入国家。

关于家长制家庭，恩格斯在描述其主要特征时说："它包括一个父亲所生的数代子孙和他们的妻子，他们住在一起，共同耕种自己的田地，衣食都出自共同的储存，共同占有剩余产品。"① 现今留存下来的历史文献，如《诗经》《尚书》以及甲骨卜辞的有关记载表明，商代、西周时期存在着许多以"族"为单位的组织，甚至到春秋、战国时期仍然能够看到这种组织存在的痕迹。以"族"为单位的组织，平时是一个共耕团体，战时则是一级军事组织，其首领便是一个大家族的族长。

家族组织是中国早期国家的重要支柱。随着农业的发展，生产有了剩余，人口数量也在增长，父权家长制和私有制逐渐形成，导致社会内部的分化和阶级的产生。正是在父权家族力量的扩大过程中，某一显赫家族逐步控制乃至凌驾于社会之上，从而导致了国家的产生。这说明，中国早期国家的形成经历了"从家到国"的过程，具有"家国同构"的特征。

最后，部落征服。在上古时代，由于人口稀少，最初人们只是在某些地区形成了一些部落，单个部落处于相对封闭的状态，部落之间尚未建立起广泛联系。每一个部落内部，由于血缘关系和公社土地制度的作用，也没出现明显的阶级分化。因此，早期国家产生便不可能在"没有受到任何外来的或内部的

---

① 《马克思恩格斯文集》第 4 卷，人民出版社 2009 年版，第 70 页

暴力干涉"① 的情况下形成。战争成为部落之间交往的主要方式，也成为氏族组织向国家转化的动力。中国早期国家正是在部落征服的过程中形成的。

尧、舜、禹的时候，曾经发生过多次部落战争。征服战争扩大了部落联盟的统治范围，家长制家庭公社的家长权力也日益超出了部落的界限，靠血缘关系维系的家长制家庭公社，逐渐具备了地域组织的性质。

综上所述，中国早期国家的形成是在自然经济基础上，家长制家庭和部落征服共同作用的结果。这就决定了中国早期国家明显带有以下几个方面的特征：

第一，保留了部落的某些特征。夏、商时期，国家是征服者与被征服者结成的松散联盟。被征服者一方面要服从征服者的统治，一方面又具有很大的独立性。这种联盟关系，导致周边地区的方国、部落叛服无常，直到西周实行分封制度，封邦建国，中央和地方才形成相对稳固的统属关系。

夏、商、周三代对本部落成员和被征服者实行分治政策，这种政策至西周时期进一步完善发展为"国野"制度。在"国野"制度下，征服者居住在"国"中，被征服者居住于"野"，"国人"与"野人"在政治地位上有着明显的差别，"国人"可以当兵、入仕、受教育，"野人"则不能。早期国家内部国与野的对立，既是征服者与被征服者之间的对立，又是城与乡的对立。

第二，土地公有。在中国早期国家形成过程中，公社内部原有的土地公有制度被保留下来。土地最初由公社成员集体耕种，渐次演变为由公社成员平均占有，个体家庭单独耕种。每一年国家都要稽查人口，根据人口和土地的肥瘠情况重新分配土地，这就是《周礼》所说的"以岁时稽其人民而授之田野"。在平均占有土地的前提下，公社成员以家庭为单位向国家交纳等量的贡赋和劳役。公社成员都有资格参与政治事务，如《周礼·秋官·小司寇》所载："（小司寇）掌外朝之政，以致万民而询焉。一曰询国危，二曰询国迁，三曰询立君。"

第三，君主制度。早期国家形成以后，父系氏族公社时期家长的绝对权力演变为君主权力。公社内部的各级家（族）长，演变为国家机器的各个环节。中国早期国家自其形成始，就走上了君主制的道路。君主制的发展，是夏、商、西周社会政治制度发展的主要线索。在君主制之下，君主

---

① 《马克思恩格斯文集》第 4 卷，人民出版社 2009 年版，第 136 页。

具有至高无上的权力，自天子、诸侯、卿大夫、士至于庶人，形成了金字塔式的政治结构。不过，需要说明的是，由于这一时期中央与地方之间没有形成秦汉以后那种严格的隶属关系，权力高度集中的过程也没有完成，夏、商、西周时期的君主制与秦以后不同。

二、西周时期重要的政治、经济制度

随着早期国家的形成和发展，到西周初年，形成了一整套的政治、经济制度。

首先是宗法制度。在中国古代国家产生的过程中，原有的氏族部落内部的家族结构不仅没有被打破，反而成为早期国家的基础，到了西周时期，形成了体系完善的宗法制度。

宗法制度的主要内容是：天子、诸侯的诸子中，由嫡长子继承王位或君位，其余的庶子（亦称公子）另立宗族为该宗族的始祖。公子的嫡长子依例继承其父亲的权力，为宗族的大宗，其余诸子为小宗。宗法制度的核心是嫡长子继承制度。依据宗法制度规定，大宗有"收族"和"传重"的权力，掌握着父系大家族的命脉，是一个父系家族的代表。这种以血缘关系为基础的宗法制度，规定了每一个等级的权属和义务，通过共同的祖先、共同的宗庙以及共同的姓氏纽带，使从氏族社会遗留下来的父系家族组织成为相对稳定的社会组织。

其次是分封制度。西周初年，为了加强中央对地方的控制，实行了分封制，目的是"封建亲戚，以蕃屏周"[①]，把同姓兄弟、子侄、姻亲以及在灭商战争中功劳卓著的功臣等分封到各地，代表王室管理这些地区。在各诸侯国内，诸侯也依例分封子侄为卿大夫。分封的主要内容是土地和人民。周初封国七十一，同姓之国四十，兄弟之国十五，其中，较为重要的有齐、鲁、卫、唐（即后来的晋国）等。这些封国在政治上臣属于王室，负有向王室纳贡的义务和拱卫王室的责任。分封制度的确立，标志着中国早期国家进入了稳定发展的阶段。

最后是井田制。井田制是以土地公有为基础的定期分配土地的制度。父系家族公社时期的共耕制度，经夏、商两代的发展，在西周初年演变为在个体农

----

① 《左传》僖公二十四年。

户中定期分配土地的制度。井田制度的特点是以家庭为单位平均占有土地，每一个体农户需要向国家交纳十分之一的实物地租或九分之一的劳役地租，负担国家的劳役或兵役。村社农民三时务农，一时讲武，居则为农，战则为兵。这种兵农合一的村社组织，主要是通过井田制度维系的。

三、商代西周时期社会经济发展状况

中国古代以农立国，农业在社会生产生活中占有举足轻重的地位，同时，农业生产的发展水平也在根本上决定着人们的基本生活条件。商代、西周时期的农业生产已经达到较高水平。首先是农作物品种增多，黍、稷、稻、麦、麻、菽等在中原地区都有广泛种植。其次，农业生产技术也在不断提高。根据史书记载，当时人们已经懂得施用肥料，《诗经》的许多诗篇中都有关于西周初年农业丰收的记述，这是农业生产技术提高的结果。再次，商代、西周时期的农田水利事业有了长足发展。人们在长期的生产劳动过程中，积累了大量的农田灌溉和排水经验。西周时期的井田附有发达的沟洫系统，既可以用于灌溉，也可以用于排水，从而为农业生产的发展创造了良好条件。

商代、西周时期的畜牧业也有了较快发展。从殷墟考古发掘的情况来看，马、牛、羊、猪等家畜在当时都已经大量饲养。甲骨卜辞中有许多关于杀牲的记载，表明这一时期的家畜饲养业已经达到了较高水平。

商代、西周时期青铜器广泛使用提高了劳动生产率。青铜器的使用始于夏代，在夏代晚期遗址中已有青铜器物出土。到了商代、西周时期，青铜器铸造技术已经达到了很高的水平。商代、西周文化遗址中出土的青铜器，包括礼器、食器、兵器、乐器和生产工具等，一些青铜器不仅器型硕大、铸造精美，而且刻有铭文和精致花纹，充分体现了当时手工工匠的技艺水平和审美水平。

商代、西周时期的农业与手工业的发展，促进了人们在生产过程中的分工与协作。农民从事生产劳动的主要方式是"耦耕"，即两个农民为一组进行耕种。另外，《诗经》中还有"十千维耦""千耦其耘"等诗句，这些诗句描述的是村社农民在田间劳作的场景。从出土的商周大型青铜器的情况来看，当时的手工业作坊已经具备相当规模，作坊内部也存在着手工工匠之间简单的分工和协作。

四、商代西周时期文化发展状况

商代后期的甲骨文是当时世界上最为成熟的文字之一，西周时期的文字系

统在继承商代文字的基础上又有所发展。从出土的西周铜器上的铭文可以看出，西周时期的文字所表达的含义更加丰富而准确，已经成为人们思想表达和交流的重要工具。

原始的神灵观念在商周时期有了一定的发展。甲骨卜辞记载的商王室卜问对象，有帝、风神、雨神、雷神以及山川诸神，这表明商代后期人们的观念中，各种自然现象都被认为是神意的体现。另外，从甲骨卜辞也可以看出，商代后期人们所崇拜的神灵中，"帝"具有最高地位，主宰着自然界的一切事物，已经成为人们观念中的至上神。在"帝"等神灵之外，商人的卜问对象还包括商王自己的祖先，即先公先王，这说明商代人实际上也将自己的祖先当作神灵对待。到西周初，人们很少使用"帝"的概念，而更多使用"天"的概念。总之，事鬼敬神是商周时期较为普遍的现象。

神是生活在特定历史条件下的人们自己创造出来的，这一方面是由于人们认识能力的原因，另一方面也是人类群体生活的需要。现实的社会生活中产生了权力以后，人们总是需要为权力寻求一个合法性根据，从而说明权威统治的正当性。在生产力水平还不高、认识能力相对低下时，人们无法通过理性认识和实践来解决现实问题，往往向神灵寻求答案。上古时代的神灵崇拜，体现了当时人们面对自然和社会时的无力和无奈。

商代、西周时期，随着生产活动的发展，人们也逐渐积累了一定的科学知识。如在农业生产过程中，出于计算土地面积和产量的需要，人们形成了诸如方田、勾股等初步的数学知识，青铜器铸造等手工业劳动中所必需的知识和技术也在日益丰富发展。这为政治思想的产生提供了基本条件。

思想家关心思考的问题都是由现实社会提出来的。商代、西周是中国早期国家形成发展的重要时期，从有关文献记载来看，商代后期的人们已经初步具备了对社会政治生活进行理性认识的能力。国家是人类社会发展到一定历史阶段的产物，是"文明时代的概括"。当国家已经成为社会生活事实的时候，现实就要求思想家解释国家、权力等之所以存在的理由，以及统治者应该如何运用权力治理国家等一系列基础性问题。

第二节　商代的祖先崇拜与王权观念

殷商时期的政治思想处于中国古代政治思想发展的初始阶段，对后世影响深远。

一、商代占卜活动及其政治意义

《礼记·表记》借孔子之口说："殷人尊神，率民以事神。"这句话较为符合殷商时期的历史实际。殷墟出土的甲骨文绝大部分是商代统治者从事占卜活动的记录。从甲骨卜辞的内容可以看出，商代人们大体上是每事必卜，而且所卜问的事情大多与生产、生活以及军事活动有关。如："帝令雨足年？帝令雨弗足其年？"[①] 这是向"帝"卜问农业收成如何。又如："辛丑卜，争贞，我伐马方，帝受（授）我又（佑）？"[②] 这是商人在出征前卜问是否能够得到"帝"的保佑。此外，还有"贞，我其丧众人？"[③] 这是商王卜问是否会失去众人。除向"帝"等神灵卜问以外，商人遇事还要卜问祖先，也就是向商代的先公先王卜问以求得保佑。如："贞，于大甲告邛方出？"[④] 即向商代的先王大甲卜问邛这个方国是否会出兵来犯。

可见，在商代的政治活动中，占卜已经成为一项十分重要的事务，有着重要的政治意义。

首先，商代后期的占卜活动，是生活在特定历史条件下的人们为理解和把握必然性所做的努力。人类社会生活是由许多偶然事件构成的，但是人类的认识不可能只停留在偶然的层面上，人们总是要寻求寓于偶然性之中的必然性。商代后期"每事必卜"的现象表明，当时人们已经意识到了必然性的存在，并且开始了探求客观必然性的努力。只不过，由于认识能力相对低下，当时的人们只能通过占卜这种神秘方式来预测事物变化的趋势。

其次，商代后期的占卜活动，是统治者向臣民宣示其权力神圣性与合理性的手段。在上古时期人们的观念中，神是合理性的终极来源，神的意志至高无上，于统治者而言，这也是其行使权力的最高理由。确切地说，商代统治者解释的神意，归根结底是他们自身的意志。他们之所以每事必卜，其真实的原因在于，通过向神或祖先的卜问，把他们自己的意愿与神意联系在一起，从而向民众证明，他们所以掌握着至高无上的权力，是由超乎人的主观意志的至上神

---

① 《前》1. 50. 1。
② 《乙》5408。
③ 《佚存》487。
④ 《后》上 29. 4。

所决定的，他们的决断便是神的意志在现实生活中的体现。

二、甲骨卜辞中反映出来的商代神灵观念

从殷墟出土的甲骨卜辞来看，商人的神灵观念大体上处于多神崇拜的阶段，风、雨、雷、雹等自然现象以及方、社都各有神灵。甲骨文中多有向这些神灵卜问的记载。如："其又燎亳土，又（有）雨。"① "甲寅卜，其帝方，一羌、一牛、九犬。"② 这是商代统治者卜问方、社的事例。又如："癸未卜，宾贞，兹雹不惟降祸？十一月。癸未卜，宾贞，兹雹惟降祸？"③ "其燎于雪，又（有）大雨。"④ 这是商代人们以为自然现象具有神性的例证。在甲骨文中可以见到，商人已经有一个"帝"的概念，很多事情都要向"帝"卜问，如："我其已宾，乍帝降若？我勿已宾，乍帝降不若？"⑤ "贞，咸不宾于帝？"⑥ 从商人凡重大事件都要卜问于"帝"的情形来看，当时人们已经把它当作至上神来对待。但"帝"与其他诸神之间还没有形成严格的统属关系，商人遇事也常常向其他一些自然神卜问。

殷商时期的人们在崇拜神灵的同时，也形成了祖先崇拜观念，并有一套十分烦琐的祭祀仪式。殷墟甲骨文的记载表明，愈是后来，卜问先公先王的现象愈是频繁。从殷墟出土的甲骨文可以发现，商王朝在遇到比较重要的事情时，如农事、战争等，常常要向祖先卜问。如《后》上1.1："贞，于王亥　年？"商人不仅遇事向祖先卜问，而且也经常举行祭祀先公先王的仪式，有时专祀一王，有时数王合祭，如："甲戌卜，尹贞：王宾大乙肜夕，亡祸。"⑦ "癸丑卜，贞，王宾自上甲至于多后，衣亡尤。"⑧ 商人卜问、祭祀先公先王的用意，主要是为了求得祖先的保佑。

如上，商代人观念中的神灵大体上可以分为两类，一类是以"帝"为核心的、主宰各种自然现象的神灵，另一类是商王的祖先。这两种类型的神都是商

---

① 《前》4.17.3。
② 《殷墟卜辞》718。
③ 《合集》11423。
④ 《英藏》2366。
⑤ 《卜》367。
⑥ 《乙》7197。
⑦ 《合集》22721。
⑧ 《卜》296。

王进行统治的合理性来源，也是他们进行政治决策的依据。殷商时期人们没有构造出一个由至上神统治的神的世界，也不会把全部的道德理由和终极原因归结于唯一的至上神。正是这种多神崇拜的文化，从发生学意义上决定了中国社会没有出现宗教神学占统治地位的状况。

三、从祖先崇拜到王权至上观念

商代前期，由于刚刚从部落形态进入国家，氏族公社时期的习俗还有很大影响，旧的氏族贵族仍然拥有很大的权力。从商初伊尹放太甲起，到帝太戊时期，王权与贵族之间一直进行着激烈的交锋。在与贵族势力斗争的过程中，王权逐渐占据优势。商代中期盘庚迁殷以后，君主的绝对统治地位得到确立。随着君权不断强化，祖先崇拜观念逐渐发展成为王权至上的观念。《尚书·盘庚》三篇是商王盘庚在迁殷过程中的训话，集中反映了当时日益发展的王权至上观念："古我先王，暨乃祖乃父，胥及逸勤，予敢动用非罚。世选尔劳，予不掩尔善。兹予大享于先王，尔祖其从与享之，作福作灾，予亦不敢动用非德。"[①]这段话的意思是说，过去我的先王和你们的前辈曾经在一起过着安乐的生活，如果你们把祖先勤劳的传统继承下来，我决不会掩盖你们的美德。现在，我要大祭先王，你们的祖先也将一同受祭。你们作善受福，作恶受罚，都由我的先王和你们的祖先来决定，我不敢动用非分的刑罚和赏赐。在这里，盘庚实际上就是借用"先王"来表达自己的想法，即他手中的权力来自于先王，他是在代理先王统治国家和臣民，所以，他的意志与先王的意志是一致的。

商王盘庚在对臣民的训诫中，屡次强调先王与臣民的祖先之间的关系，其用意是为了说明，商王之所以统治着臣民，是因为先王统治着臣民的祖先。也即是说，今王对于臣民的统治合法，是因为先王早已统治着臣民的祖先。

在商代后期，已经产生了君主权力来自于天、君主是民众的主宰、民众必须服从商王统治的观念。《尚书·盘庚中》载商王盘庚训诫臣民时说："今予命汝一，无起秽以自臭，恐人倚乃身，迂乃心。予迓续乃命于天，予岂汝威，用奉畜汝众。"意思是说，你们必须专心地听从我的意见，不能被他人蒙蔽。我为你们祈求上天，使你们能够继续生存下去，我不是要用我的威势去压迫你们，而是为了养育你们。这说明，在商代后期，至少已经形成了这样一种观

---

① 《尚书·盘庚上》。

念,只有君主可以与上天对话,君主是沟通天、人的中介和桥梁,这实际上是春秋战国以后君权天授或君权神授观念的萌芽。在逻辑上,上天主宰民众的命运,而商王能够与上天沟通,商王实际上也就成了民众的主宰。民众必须服从天的意志,也就必须服从君主的意志。

盘庚在对臣民训话时又说:"无有远迩,用罪伐厥死,用德彰厥善。邦之臧,惟汝众,邦之不臧,惟予一人有佚罚。"[1] 这段话的大意是,无论亲疏远近,我对所有的人都同样对待,用刑罚惩治罪行,用爵禄赏赐善行。国家治理好了,是你们大家的功劳,如果国家治理得不好,是我一人的过失。盘庚这段话,实际上是强调施行赏罚的权力掌握在商王手中,把自己看作国家的当然代表,拥有统治国家的绝对权力。

从商代后期王权至上的观念可以看出,当时的统治者已经用"所有"的观念理解国家了。在商代的统治者看来,国家是商王的所有物,而民众则只能是商王的统治对象。商代后期的王权至上观念,是中国传统国家观念的雏形,虽然在内容上尚不完整,却体现了中国早期国家形成之初人们对于国家、政治权力的基本理解。这种认识,在很大程度上影响了后世的国家观。

第三节 西周初期的"敬天保民"思想

公元前11世纪上半叶,武王伐纣,推翻殷商王朝,建立周朝。纣王作为殷商最后一代君主,穷兵黩武,滥刑酷杀,骄奢淫逸,导致商王朝的灭亡。继之而起的周代统治者,以周公为代表,对殷商的灭亡进行了反思,他们的政治思想直接影响到后世儒家政治思想的形成,对古代政治思想的发展具有重大意义。

一、商周王朝更替对西周政治思想的影响

僻处西土的"小邦周"推翻了商朝的统治,这一历史事实改变了商周之际的历史进程,也为生活在西周初年的人们提出了必须认真思考的社会主题。从《诗经》《尚书》保留的西周初年的文献来看,西周初期的政治家和思想家的议

---

[1] 《尚书·盘庚上》。

论，主要是围绕以下两个方面展开的。

一是如何解释周人取代商王朝统治的合理性。在殷商时期，商王朝统治者宣称，他们的统治得到了神灵和祖先的保佑。由于神灵与祖先至高无上，所以，商王朝的统治以及商王的神圣性和合理性不容置疑。商周之际的沧桑巨变在客观上提出了一个新问题，如果说商王朝的统治曾经获得了神灵保佑的话，那么，商王朝为什么会灭亡？天命、神灵的保佑还可靠吗？周人取代商王朝统治是否合理？西周初年的统治者必须对这些问题作出解释。

二是如何吸取商王朝灭亡的历史教训，总结经验，巩固自己的统治。商王朝灭亡的根本原因是统治者的腐败和统治的暴虐，使其最终陷入众叛亲离的境地。西周初年的统治者清醒地认识到"殷鉴不远"①，应时刻牢记商王朝灭亡的历史教训，同时深切体验到民众在商周王朝更替中的重要作用。因此，如何约束统治集团自身的行为，实行顺应民心的政治统治，也成为西周初年的统治者所关心的问题。

商周之际的历史巨变，使得西周初期人们的思想观念也在发生着某种变化。

首先，"天""天命"成为政治思想的重要范畴。

"天"的概念出现在商代后期，商王盘庚在对臣民的训话中，也有商王代表天意统治民众的内容。不过，在商代后期，人们更多地把权力合法性的来源归结为以"帝"为核心的诸神和商王的祖先即"先公先王"。商代后期的卜辞中，"帝"以及先公先王是主要的卜问对象。西周初年，也有"帝"和"天"两个概念并用的情况，如《尚书·康诰》中提到商代早期得到了"天"保佑，又说周文王的德行被"上帝"感知到，因而"上帝"授命周人灭商。在这里，"上帝"与"天"在意义上完全相同，但在后来，"天"成为人们使用更多的概念。

西周初年人们所说的"天"有两方面含义：一是自然的"天"，是人们所感觉到的物质世界的一部分；二是必然意义的"天"，它代表着不以主观意志为转移的必然性，是万物所由来的本原。这种自然的"天"与必然的"天"混同的情况，在后世相当长的历史时期一直存在。

在西周初年人们的观念中，"天"与人类社会生活之间存在着某种联系，"天"决定着现实的政治生活。他们认为"天"是有灵性的，有着与人类相同

---

① 《诗经·大雅·荡》。

的道德情感，能够感知人类社会的善恶，能对统治者的行为进行观察并且作出道德评价，从而对统治者进行赏罚。

西周初年，与"天"相联系的概念是"天命"。在西周初年的文献中，有时天命也被表述为"上帝命"，本意是"上天授命"，就是"天"把统治天下的权力（大命）授给某个君主，或者对某个王朝加以保佑。如《诗经·商颂·玄鸟》所说的："天命玄鸟，降而生商。"实际上，"上天授命"是在认识能力有限的情况下，人们在必然之"天"与现实社会之间建立起来的联系，并以此来说明统治者治理天下的权力来自于"天"，"天命"就是现实政治统治的合法性来源。

西周初年人们所谈论的"天"，在主导方面是必然意义的"天"。战国时期孟子曾说："莫之为而为者，天也，莫之致而至者，命也。"① 孟子生活的时代虽然稍晚，但是孟子对必然之天和"天命"的理解，与西周初年人们的观念却是一致的。

这里所说的"天命"，主要有两个方面的意义：第一，"天命"是君主权力的来源。如西周早期的《大盂鼎》铭文："丕显文王，受天有大令（命）。"《师克盨》铭文："丕显文武，膺受大命，匍有四方。"第二，"天命"是绝对的权威，主宰人类社会的王朝兴衰，是不可抗拒的法则。周公说："予惟小子，不敢替上帝命。"② 统治者必须遵循天的意志来统治民众。

其次，统治者对于民众政治地位和作用的认识进一步深化。

在中国古代社会，如何对待民众、治理民众是政治统治的核心问题。早在商代后期，统治者就已经意识到了民众的重要性。《尚书·盘庚》篇有"重我民""畜民"等说法，殷墟甲骨文中也有许多有关商王是否"丧众"的卜辞。商周之际的历史巨变，充分体现了民心向背的重要作用，如何慎重对待民众力量成为西周初年政治家和思想家共同关心的问题。统治者应该承担起养护民众的责任，实行顺应民心的政治，改善民众的生存条件，获得民众的支持，以便达到长久统治的目的，成为这一时期统治者的基本认识。

西周初年政治家和思想家对于民众重要性的认识和理解，开启了中国古代"重民"的思想传统，春秋战国以后儒家"民本"思想实际上就是这种观念的

---

① 《孟子·万章上》。
② 《尚书·大诰》。

进一步发展。

二、周公的"敬天保民""明德慎罚"思想

周公是西周初年"敬天保民"思想的代表人物。周公，名旦，周武王的同母弟。灭商后两年，周武王去世，继位的成王诵年幼，由周公辅政。周公辅政期间，先后平定了"三监之乱"，营建东都雒邑，实行大规模的分封，并且为周王朝制定了一整套的礼仪制度，即所谓"制礼作乐"，从而巩固了周王朝的统治。周公是西周初年最有见识的政治家和思想家，提出了"敬天保民""明德慎罚"的政治思想。

1."惟命不于常"与天佑有德

周人"天"的观念在很大程度上是由周公阐发的。他认为，在夏、商、周三代王朝兴衰的历史过程中，"天"起着决定性作用。夏、商二代能够统治天下是上天授命的结果，夏、商王朝的覆灭也是因为失去了"天"的保佑。

周公认为，夏王朝被商王朝取代的原因是夏统治者失德，因此失去了"天"的佑助。"有夏不适逸"，上天"厥惟废元命，降致罚"[①]，让商人的先祖成汤革除了夏命。商王朝之所以能取代夏朝而统有天下，则是因为上天授命。周公在《酒诰》中说："我闻惟曰，在昔殷先哲王，迪畏天，显小民，经德秉哲。"这句话的大意是，我听说古时候殷代的那些明智的先王，敬畏天命，仁恤民众，修明道德，商王朝因此而得到上天的保佑。但是，商朝后期的国王，却违背了先王的治国之道，贪图淫乐，"荒腆于酒"，不勤政事，对民众施以暴政，结果招致民众的怨恨。商纣王没有什么德政可以让上天知道，上天所察知的都是酒气和民众的怨恨，于是，"天"便把丧亡降给了商朝，"庶群自酒，腥闻在上，故天降丧于殷"。按照周公的说法，商王朝的灭亡是纣王失德而受到了"天"的惩罚的结果。

至于周人为什么会取代商王朝的统治，周公解释说，这主要是因为周人有德，得到了"天"的佑助。"惟乃丕显考文王，克明德慎罚，不敢侮鳏寡"，"越我一二邦以修我西土。惟时怙冒，闻于上帝，帝休，天乃大命文王，殪戎殷。"[②] 大意是说，他的先人周文王修明道德，慎用刑罚，惠恤民众，不侮鳏

---

① 《尚书·多士》。
② 《尚书·康诰》。

寡。僻处西土的周人凭借文王的美德、仁政而声闻四方，并因此而受到"天"的褒奖，"天"授命周文王革除商王朝之命。

在周公看来，周灭商实际上是"天"使之然。既然周代商是"天"的意志，周人也就不敢放弃"天"的保佑，"予惟小子，不敢替上帝命，天休于文王，兴我小邦周"①。周公的这段话有两方面用意，一方面要求周王朝的各级统治者应谨慎治理国家，以免失去"天"的佑助；另一方面告诫被征服的殷商遗民要敬从天命，服从周王朝的统治。

周公用"天命"解释了商周王朝的兴替，而后得出了一个结论："惟命不于常。"② 意思是说，"天"对某个王朝的保佑不是固定不变的。这句话是周公在训诫其侄子康叔封时说的，其用意是告诫王室贵族，必须吸取前朝覆亡的教训，敬从天命，勤于政事，仁爱民众，只有这样才能求得长治久安。"惟命不于常"在西周时期成为人们广泛接受的观念，这一说法在《诗经·大雅·文王》中被表述为"天命靡常"，二者的意思是相同的。

"惟命不于常"并不是说"天命"本身变化无常，相反，"天命"始终是与统治者的德行相联系的，"天"只保佑那些有德的君主。在周公看来，"天命"所以"不常"的根本原因是人世间统治者的道德品行发生了改变，他们因此被天命抛弃。在这里，"天"显然有着与人类相同的道德情感，表明"天命"具有恒久不变的道德品质。

2. 敬从天命，怀保小民

在周公的观念中，"天命"是不可违背的绝对权威，统治者如欲求得"天"的保佑，就必须顺应天命，去除恶政。周公在告诫康叔封时说："恫　乃身，敬哉！天畏棐忱，民情大可见。"③ 意思是说，对待恶政，就要像疾病长在你自己身上一样，必须祛除，"天"的威严是可怕的，它是否真诚地保佑你，从民情中便可以看得见。换言之，"天"的意志是可知的，统治者如果要顺应天命，就必须努力体察天命；其途径便是体察民情，民情是反映天命的一面镜子。周公还说："人无于水监，当于民监。"④ 即统治者应该实行善政，时时刻刻关注民情。"敬天保民"重在保民，是周公政治思想的核心内容。

---

① 《尚书·大诰》，"文王"原本误为宁王，今据吴大澂说改。
② 《尚书·康诰》。
③ 《尚书·康诰》。
④ 《尚书·酒诰》。

周公认为，要做到敬从天命，怀保小民，统治者应该做到以下几点：

第一，要汲取商王朝灭亡的教训，不能贪图安逸，荒怠政事。周公认为，周人虽然推翻了商王朝的统治，但并非从此就一劳永逸，周王朝一旦失德，仍然要受到天的惩罚。"天降丧于殷，殷既坠厥命，我有周既受。我不敢知曰：厥基永孚于休；若天棐忱，我亦不敢知曰：其终出于不祥。"① 大意是，周人虽然承受了原来为殷人所有的天命，但不能说周人的基业永远是这样的牢固美好。

周公时刻担心周王朝的后继统治者忘记商王朝灭亡的教训，"不知天命不易"，丢掉前人的美德和治国传统。为了避免这样的事情发生，周公要求周成王"无淫于观、于逸、于游、于田，以万民惟正之供"②，即不能沉湎于游玩、田猎、享乐之中，一定要勤于国事。他一再告诫说，商王朝之所以丧国，就是因为"荒腆于酒"。所以，应时刻牢记商王朝的历史教训，"勿辩乃司民湎于酒"③，即不要使管理民众的官吏沉湎于酒。

第二，要体察民情。周公认为，治理民众是十分严肃的事情，统治者应谨慎小心地对待民众，一刻也不可荒怠，"治民祗惧，不敢荒宁"④。要使周王朝的统治得以巩固，就必须使民众安乐，而能否使民众安乐，则在于统治者能否体察民情。周公不止一次地告诫群臣子弟，要"知稼穑之艰难"，要理解民生之艰辛，"知小人之依"⑤。

体察民情不能局限于了解民众疾苦，重要的是体察民众心理。周公认为，小人所以产生詈怨，往往是因为统治者的暴政，如果统治者施以欺诈，小人便会詈怨。明哲的统治者善于从小人的詈怨中闻知己过，并不断地消除过错。"自殷王中宗及高宗及祖甲及我周文王，兹四人迪哲，厥或告之曰：'小人怨汝詈汝，则皇自敬德。'"⑥ 在周公看来，每一位君王都应该像商高宗、周文王那样，察觉到民众有不满情绪，不迁怒于民，而是反求诸己，修明自己的道德。只有这样，民众才能安居乐业，国家政治秩序才能稳定。

第三，要慎用刑罚。周公认为，刑罚是国家用来维持秩序的手段，但是，

---

①　《尚书·君奭》。
②　《尚书·无逸》。
③　《尚书·酒诰》。
④　《尚书·无逸》。
⑤　《尚书·无逸》。
⑥　《尚书·无逸》。

如果用刑不当，必将招致民怨。商王朝后期滥用刑罚导致民怨沸腾，是应该汲取的历史教训。因此，周公主张统治者修明道德，慎用刑罚。

《尚书·康诰》载，周公告诫康叔封要"义刑义杀"，古代"义"与"宜"通，"义刑义杀"即宜刑宜杀，要求刑罚的使用一定要适当。至于如何才能做到用刑适当，周公认为，关键在于"勿用非谋非彝"。谋、彝意为常典常刑。统治者在动用刑罚时必须以此为根据，不能随心所欲地滥用刑罚。

周公认为，在使用刑罚的过程中，统治者应根据罪人的认罪态度调节处罚的轻重，"人有小罪，非眚，乃惟终，自作不典，式尔，有厥罪小，乃不可不杀。乃有大罪，非终，乃惟眚灾，适尔，既道极厥辜，时乃不可杀"[①]。如果一个人犯了比较轻的罪过，却不思悔改、不反省，这样的人即使罪行不严重，也非杀不可。如果一个人犯了重罪，但有认罪悔改表现，而且罪有缘由，这样的人便可以不杀。同时，周公也主张在量罪定刑时，对于寇贼奸宄、杀人越货、不友不孝、不从王命者要严加惩处，使刑罚能够充分反映统治者的意志，起到稳定社会秩序的作用。

周公认为，国家动用刑罚的目的在于惩恶劝善，因此，在使用刑罚时应该以善为怀，要设法使民众心悦诚服，就像医治自己的疾病一样对待犯罪者的过错，从而使犯罪者能够改过自新。

周公的明德慎罚、敬天保民思想是商周之际特定历史条件下的产物，周公用"民情可见"的观点去解释天命，把天命理解为可以认识的对象。在对待天命的态度上，周公一方面主张要敬从天命，但又不盲目地依赖天命，甚至明确地指出"天不可信"[②]，这在很大程度上决定了中国传统政治思想的人文主义路向。另外，周公强调从民情知天命的观点，表明他看到了民众在社会政治生活中的重要作用，这一观念成为后代"重民"思想的主要来源。

小　结

商代、西周时期是中国早期国家形成、发展的重要时期。由于古代特定的

---

① 《尚书·康诰》。
② 《尚书·君奭》。

地理环境以及与之相应的社会生产条件，中国早期国家形成的道路与希腊、罗马有着显著的不同。商代、西周时期的早期国家并不是纯粹地域性结构，它在很大程度上带有家长制家庭关系的特征。到了西周初期，早期国家的各项政治、经济制度进一步完善，以土地定期分配为主要特征的井田制度、以血缘关系为纽带的宗法制度和以"封建亲戚，以蕃屏周"为主旨的分封制度成为早期国家的重要支柱。这构成了中国传统政治思想产生的基本环境。

商代后期萌发的君主至上观念，是中国早期国家的君主制度在人们头脑中的真实反映。以盘庚为代表的商王朝统治者，把君主权力的合理性归结于"帝"和祖先，从而强调了君主统治的神圣性与合理性。中国古代的统治者从一开始便是用"所有"的观念理解国家的。在商人看来，国家为君主所有，国家只能实行君主制，这反映了神灵的意志。于是，神灵成为商王君主至上观念的依据。

商代后期，人们的神灵观念日益明晰，"帝"逐渐具有了至上神的意味。在认识能力相对低下的历史条件下，对"帝"的崇拜所体现的是人们对于普遍必然性的关注。到了西周初年，"天"的概念逐渐取代了"帝"的位置，成为西周初期政治家和思想家们尊崇的对象。在西周初期人们的观念中，"天"和"天命"是政治合法性的终极来源，"天"的意志决定着人类社会的治乱兴亡。

西周初年的思想家用"天命不常"的观点解释了周灭商的合理性，把体察和遵守天命看作统治者的首要责任。与此同时，这一时期的思想家又认为天命是可知的，统治者可以通过民情体察天命。从这种认识出发，形成了以周公为代表的敬天保民思想，其实质是虚于敬天、重在保民。这一思想成为春秋以后重民思想的源头。

商周时期的政治思想，是中国政治思想的第一期。中国传统政治思想中的许多重要概念，如天、天命、德、刑等，实际上是在这一时期提出来的。这些概念、命题虽然简朴，但内蕴丰富。由于认识水平的原因，这一时期人们对于这些思想主题的理解尚显粗浅，却为后世政治思想的发展奠定了基础。

思考题

1. 简述商代王权至上观念的主要内容。

2. 简述西周时期敬天保民思想的基本内容与意义。

第二章　春秋时期的政治思想

公元前 770 年周平王东迁，至公元前 453 年，韩、赵、魏三家灭智伯而有其地，史称春秋时期。[①] 这一时期是中国传统政治思想形成、发展的重要时期。

第一节　春秋时期的社会历史背景

春秋时期，社会动荡，政治、经济关系发生急剧变化，西周时期的大一统政治格局不复存在，旧的政治、经济制度日益瓦解，社会政治生活出现了一系列新问题，这促使思想家进行深入思考。

一、王室衰微与社会秩序的动荡

春秋时期，王室地位发生了重大变化。西周初年，通过分封产生的各诸侯国，与周天子之间有着较为密切的血缘亲属关系，即所谓"同姓为兄弟，异姓为甥舅"。血缘关系成为维系王室与各诸侯国关系的重要纽带。西周王室拥有最高的政治权力和强大的经济、军事实力，相比各诸侯国，周王室始终处于支配地位。然而，东迁以后，周天子丢掉了原有的统治区域，其直接控制的"王畿"不过是成周一带的六百里土地，王室不再具有控制诸侯国的政治、经济实力。在这种情况下，周王室不仅不能支配各诸侯国，甚至要依赖晋、郑等诸侯国才能生存。周天子只是名义上的共主。

大国争霸是春秋时期的重要特点。春秋之初，中国历史便进入了"礼乐征伐自诸侯出"的时代。为了争夺霸主地位，一些诸侯国竞相扩张实力，大国之间相互攻伐，争夺与国。在大国争霸的过程中，先后出现了齐桓公、晋文公、楚庄王、吴王阖闾、越王勾践五位霸主。春秋时期的实际统治者是争霸战争中获胜的霸主，他们主持列国朝聘、会盟，从中小诸侯国征取贡纳，俨然西周时期的周天子。

[①]　平王东迁，西周历史结束，进入东周时代。按传统的历史阶段划分，东周时代分为春秋、战国两个时期。

与大国争霸政治形势相应，春秋时期的社会也变得动荡不安。司马迁曾评论说，春秋时期"弑君三十六，亡国五十二，诸侯奔走不得保其社稷者不可胜数"①。孟子说，春秋时期"臣弑其君者有之，子弑其父者有之"②。西周时期建立起来的政治统治秩序正在瓦解，原有的社会等级结构日益解体。

春秋中期以后，列国卿大夫在争霸战争中发展实力，纷纷攫取政权，各诸侯国陆续出现了卿大夫专权的局面。例如鲁国的三桓、郑国的七穆、卫国的孙氏和宁氏、宋国的华氏和向氏、晋国的六卿等。各诸侯国的卿大夫拥有自己的世袭领地和私人武装、家臣，如同一国之君。春秋后期的历史实际上是列国卿大夫互相兼并的历史。

到了春秋晚期，又出现了一个新的阶层，即卿大夫的家臣。最初，卿大夫的家臣作为卿大夫的臣僚，效忠卿大夫有如效忠君主。但后来，家臣逐渐掌握了实权，进而控制诸侯国的部分权力，如鲁国季氏的阳虎、晋国赵氏的董安余等，他们或者代表卿大夫参与列国会盟，或者决定卿大夫的废立。春秋末期是"陪臣执国命"的时期。

二、社会政治经济制度的瓦解

随着社会的动荡，自夏商时期形成至西周时期臻于完善的早期国家的政治经济制度也在发生着变化。

首先是分封制度的瓦解。西周初年实行分封制度的本意是"封建亲戚，以蕃屏周"。通过分封形成的诸侯、大夫，在其受封区域内世袭领土治民的权力。西周后期，由于周王室与诸侯国之间血缘关系日益疏远，分封制度实际上已经失去了原有的作用。随着各诸侯国内部动乱频繁发生，许多贵族失去了原有统治地位，加之列国间的争霸战争，逐渐打破了原有的分封格局。特别是王室东迁后，已经没有统御各个诸侯国的实力，西周时期由王室主持的分封制度已经无法维持下去。虽然在"三家分晋"时，周威烈王也曾封韩、赵、魏三家为诸侯，但这种"分封"只是在形式上承认了韩、赵、魏三家在权力争夺中获得胜利这一事实。

其次是井田制度日益瓦解。春秋时期，随着铁制工具的使用和生产力的提

---

① 《史记·太史公自序》。
② 《孟子·滕文公下》。

高，新的成片土地被开垦，原有的家长制家族也由于个体家庭的发展而日益解体，个体农户对于土地所有权的要求日益强烈，定期分配土地的井田制也逐渐走向瓦解。春秋时期，许多诸侯国都发生了改变原有土地制度的事件，如晋国的"作爰田"、鲁国的"初税亩"等。这标志着作为早期国家重要经济支柱的井田制度正在退出历史舞台。

在旧的社会制度逐渐瓦解的同时，春秋社会也在孕育着许多新生事物。其一是郡县的出现。鉴于西周时期分封制暴露出来的诸多问题，秦、晋、楚等国在取得新的土地时，便不再对这些地区进行分封，而是设立县、郡，由国家委派官吏直接管理，这就是后来郡县制度的萌芽。其二是成文法的出现。春秋以前，没有成文的法律，"议事以制，不为刑辟"①。到了春秋后期，由于阶级矛盾日益激化，列国先后制刑书，作竹刑，铸刑鼎。成文法的出现，是社会文明程度提高的重要标志。其三是出现官僚制度的萌芽。由于列国中郡县的出现，原有的世卿世禄制度已经不适应新的形势，由此出现了任职食俸而不领土的官僚。这些官僚上承君命，下理庶政，权力不能世袭。这标志着中国古代自夏商西周以来沿袭已久的职官制度正在发生着十分重要的变化。

三、思想的活跃与私人办学风气的兴起

1. "重民"观念的广泛传播

随着社会政治、经济环境的变化和人们认识能力的提高，人们对于社会政治生活的认识也在不断深化，思想文化领域呈现出前所未有的活跃状态。中国传统政治思想中的许多概念都在这一时期得到进一步阐发，如仁、礼等观念。《国语·周语下》载单襄公的话说："爱人能仁，利制能义。"《左传》昭公十五年说："礼，王之大经也。"《左传》昭公二十五年说："礼，上下之纪，天地之经纬也，民之所以生也。"这些观念为后世儒家所继承。此外，春秋时期人们围绕"忠""孝""义""利""法""刑"等概念展开的讨论，也成为春秋末年以至战国时期诸子百家思想的重要来源。

春秋时期，随着人们对社会政治生活的认识日益深化，也形成了一些对后世有深远影响的观念或思潮。其中，最有意义的是"重民"观念获得了广泛的社会认同。

---

① 《左传》昭公六年。

春秋时期，诸侯国之间战争频发，各诸侯国内部的阶级矛盾尖锐，许多诸侯国都经历了由盛转衰甚至灭亡的过程。动乱的社会现实，使得人们更加注意到了民众的重要性。人们已经认识到，民心向背决定着国之兴亡。例如，沈国令尹戌评论梁国灭亡说："民弃其上，不亡何待。"① 这一时期人们对于民众的社会政治作用有了充分的认识，那么，应该如何对待民众，也成为人们共同关心的话题。春秋初年，齐襄公执政昏乱，齐国大夫鲍叔牙评论说："君使民慢，乱将作矣。"② 陈国大夫逢滑说："国之兴也，视民如伤，是其福也；其亡也，以民为土芥，是其祸也。"③ 君主应该善待民众，不可简慢欺凌，已经成为春秋时期较为普遍的认识。

春秋时期对于民众重要性的认识，也体现于有关民与神关系的议论之中。一种较有代表性的认识是，民是神的主宰，君主应该尽力为民众做事，然后再去敬神："夫民，神之主也，是以圣王先成民而后致力于神。"④ 又如，虢国的史嚚说："国之将兴，听于民；将亡，听于神。"⑤ 基于这样的认识，人们大都认为，利民、养民是君主的责任，在他们看来，能否尽到这一责任是区分良君与暴君的标准。据《左传》襄公十四年记载，卫国国君因为施政暴虐，被卫人驱逐。晋国大夫师旷就这件事评论说：良君"养民如子"，民众对待这样的君主也如同父母一样，像卫君那样的"困民之主"，被民众赶跑是理所当然的。

春秋时期的重民观念，实际上就是战国时期儒家"民本"思想的先声。

2. 私人办学之风兴起

西周时期的一个重要特点是"学在官府"，政府举办的各级官府学校承担着向贵族子弟传授知识、培养德行与技能的职责。到了春秋晚期，孔子开创私人办学之风。孔子广招学生，编写改订了用于教学的《诗》《书》《礼》《乐》《易》《春秋》，并且带领自己的学生周游列国，宣传自己的思想主张，从而打破了学在官府的格局。在孔子的影响下，一些有知识的士人也纷纷开设学校，聚众讲学，私人办学在春秋末年日渐兴盛。

---

① 《左传》昭公二十三年。
② 《左传》庄公十年。
③ 《左传》哀公元年。
④ 《左传》桓公六年载随国季梁语。
⑤ 《左传》庄公三十二年。

这一时期私人开设的学校，其教学内容与教学方式，与原有官府学校有着很大不同。原有官府学校注重的是培养学生服务于国家的技能，而私人学校在传授知识的同时，更加注重宣讲办学者的思想主张。人们能够自由表达个人思想主张，为各种思想主张之间的交锋与论辩准备了条件，这也是中国政治思想在这一时期得以繁荣的一个重要因素。

在私人办学风气影响下，春秋晚期，士人阶层逐渐崛起。这一时期的士人，与原来分封制度下作为一个等级的"士"有着很大的不同。西周时期的"士"是统治阶级中地位最低的阶层，主要是一个政治等级；而春秋末年在私人办学的背景下出现的士人阶层，大多出身于社会下层，有着自己的一技之长和思想主张，他们成为春秋晚期以至战国时代最为活跃的社会力量。

第二节　孔子的礼、仁学说与德治主张

孔子（前551—前479），名丘，字仲尼，儒家学派创始人，伟大的教育家、思想家。他的祖先是宋国人，后来因为宋国发生内乱，逃到鲁国。其父叔梁纥为鲁国陬邑大夫，在孔子幼时便已去世，家道中落。二十岁时，孔子在鲁国季氏家族中做过"委吏"（管理仓库）、"乘田"（管理牛羊）。五十岁以后，孔子做了鲁国的中都宰、小司空和司寇，不久去职。以后，孔子以教书为业，广招门生。带领弟子周游列国，向各国统治者宣传他的政治思想主张。

孔子晚年删订了《诗》《书》《礼》《乐》《易》《春秋》，是为六艺，后世称"六经"。孔子去世后，其后学编的《论语》一书记录了孔子及其弟子的言行，是研究孔子政治思想的主要史料。

一、"天下有道"的政治理想

孔子追求符合道义的社会生活，他把"道"作为判断社会政治良否的标准。在他看来，符合道义的社会便是好的社会，谓之"有道"；不符合道义的社会便是"无道"的社会。"天下有道"是孔子的政治理想。

从《论语》记载的有关言论看，孔子所谓符合道义的社会主要具有以下几方面的特征：

第一，符合道义的社会应该是有着严格的等级结构和统一秩序的社会。孔子说："天下有道，则礼乐征伐自天子出；天下无道，则礼乐征伐自诸侯出。"① 较之"礼乐征伐自诸侯出"更加"无道"的社会便是"自大夫出""陪臣执国命"。在孔子看来，符合道义的社会只能有一个权力中心，社会政治、经济制度应该由这个权力中心制定，国家重大的政治事务也应该由这个中心决定。总之，"有道"的社会在政治上应该是高度统一的。

孔子所说的"有道"社会，有着严格的等级结构，等级结构是良好的社会秩序的条件。在等级结构下，人们的行为要严格遵循着各自的身份等级规定，做与自己的身份等级相符的事。齐景公问如何治理国家，孔子说："君君、臣臣、父父、子子。"② 这句话的本意是说君、臣、父、子都应该做符合自己职分的事情。由此看来，孔子设想的社会是一个君臣父子各尽其职、各安其分的社会。

在孔子所设想的"有道"社会里，国家的政治事务都由君主决定，卿大夫不能专擅国事，"天下有道，则政不在大夫。天下有道，则庶人不议"③。所以，孔子强烈反对春秋晚期普遍存在的卿大夫犯上作乱、违背身份等级制度的僭越行为。他曾指责鲁国大夫季氏说："八佾舞于庭，是可忍也，孰不可忍也。"④ 按照周礼，乐舞，天子八佾，诸侯六佾，大夫四佾。由于春秋末年礼崩乐坏，季氏也用八佾乐舞，在孔子看来，这种僭越行为是不可容忍的。

第二，"有道"的社会应该是道德品行良好的社会。孔子把道德的良善看作是政治的目的，在回答颜渊什么是"仁"的时候，孔子说："克己复礼为仁。一日克己复礼，天下归仁焉。"⑤ 在孔子所设想的社会里，每个人都应该具有良好的道德品质，这便构成了整个社会的良好道德氛围。"夫仁者，己欲立而立人，己欲达而达人。"⑥ 仁人君子能促成人们之间相互扶助和关爱，他们"修己以安百姓"⑦，以德行为本，实施安民之政，就能促成品德良好的理想社会。

---

① 《论语·季氏》。
② 《论语·颜渊》。
③ 《论语·季氏》。
④ 《论语·八佾》。
⑤ 《论语·颜渊》。
⑥ 《论语·雍也》。
⑦ 《论语·宪问》。

第三，"有道"的社会应该是社会关系和谐的社会。孔子认为，君臣之间、统治阶级与被统治的民众之间的关系应该是和谐的。君臣之间应该是"君使臣以礼，臣事君以忠"①，在统治者与民众之间，应该是"君子学道则爱人，小人学道则易使"②。君子"爱人"与小人"易使"是双方的义务。更多的时候，孔子强调统治者要爱人。如孔子评论子产说：子产有四种君子所应具备的品德，"其行己也恭，其事上也敬，其养民也惠，其使民也义"③。也就是说，只有统治者尽到爱民、养民的责任，才能获得民的服从。显然，在孔子所设想的"有道"社会里，民众应该受到正当的对待。

孔子理想社会的摹本是西周。在孔子看来，周代社会继承了夏商两代的优点，周代的礼制是自古以来最完善的制度仪则。孔子主张恢复周礼，"周监于二代，郁郁乎文哉，吾从周"④。不过，孔子也认识到，未来的理想社会不可能是周代社会制度的简单恢复，而应该有所损益。他说："殷因于夏礼，所损益，可知也；周因于殷礼，所损益，可知也；其或继周者，虽百世，可知也。"⑤ 孔子设想的"有道"社会是比周代社会的制度安排更为合理的社会。但尽管如此，孔子的"有道"社会思想无视社会阶层中新的变动，希冀回到过去建构理想社会，其本质是维护现存社会制度，为君主等级制度服务。

二、"礼"与德治教化

春秋时期，礼崩乐坏，思想家们探索社会秩序动荡的原因，寻求解决社会问题的途径。孔子认为，恢复礼制是走出社会动乱的根本途径，主张用"礼"规范社会生活，重建社会政治秩序。

在孔子之前不仅有了比较成熟的礼乐文明，而且对礼也有了初步的理性认识，如《左传》隐公十一年记载："君子曰：礼，经国家、定社稷、序人民、利后嗣者也。"《左传》昭公十五年又载："礼，王之大经也。"礼的本义是规范，是人们在社会生活中必须遵守的行为准则，包括政治、经济制度以及道德准则等。

---

① 《论语·八佾》。
② 《论语·阳货》。
③ 《论语·公冶长》。
④ 《论语·八佾》。
⑤ 《论语·为政》。

孔子把礼扩展到社会生活的各个领域，将礼治进一步系统化。他认为，礼是适用于社会生活方方面面的行为准则。无论是父子、夫妇、兄弟关系，还是君臣关系，都适用礼的规范。孔子在回答什么是孝时说："生，事之以礼；死，葬之以礼，祭之以礼。"①

礼是人们拥有正当的社会生活的根本保证，也是用来判断人的社会行为是否正当的尺度。孔子说："恭而无礼则劳，慎而无礼则葸，勇而无礼则乱，直而无礼则绞。"② 意思是说：恭敬而不用礼约束，便会烦扰不安；谨慎而不符合礼的规范，便会懦弱畏缩；勇敢而不按礼的规范做事，便是逆乱；直率而不守礼，便会伤人。恭敬、谨慎、勇敢、直率通常都被人们认为是美德，但在孔子看来，即使是美德也是需要由礼来规范的。离开了礼的规范，美德便不成其为美德。

孔子认为，礼是每个人在现实社会的立身之基，"不知礼，无以立也"③。孔子在教育他的儿子孔鲤时也提到："不学礼，无以立。"④ 每个人都应该自觉遵守礼的约束，"非礼勿视，非礼勿听，非礼勿言，非礼勿动"⑤。

孔子认为，礼是个人的行为规范，也是国家政治事务的规范。统治者必须按照礼的规范治理国家。"为政先礼，礼其政之本欤?"⑥ 基于这样的认识，孔子主张君主应该以礼节制自己的行为，按照礼的规定治理国家，"君使臣以礼"⑦，以此换得臣民的政治服从。"上好礼，则民莫敢不敬"⑧，"上好礼，则民易使也"⑨。统治者如果能够遵循礼的规范治理国家，为政治国将不再困难。这种以礼为规范的政治便是德政。

孔子认为，以德治国应该从以下几个方面做起：

第一，富民均平。

孔子主张实行富民政策。"子贡问政。子曰：足食，足兵，民信之矣。"⑩

---

① 《论语·为政》。
② 《论语·泰伯》。
③ 《论语·尧曰》。
④ 《论语·季氏》。
⑤ 《论语·颜渊》。
⑥ 《礼记·哀公问》。
⑦ 《论语·八佾》。
⑧ 《论语·子路》。
⑨ 《论语·宪问》。
⑩ 《论语·颜渊》。

在孔子看来，对于民众应该先富后教，即所谓"富之""教之"①，使民众富足是民服从统治的先决条件。从富民的愿望出发，孔子主张统治者应节制自己的欲望，不与民众争夺财利。孔子的学生有若回答鲁哀公"年饥，用不足，如之何"这一问题时说："百姓足，君孰与不足？百姓不足，君孰与足？"② 这句话表达的是孔门的一致理解。孔子及其门人清醒地认识到，民众富足是统治者富足的前提，统治者只有使民众的利益得到满足以后，才能谋求自己利益的满足。

在主张富民足民的同时，孔子强调应该实行均平的治国政策。孔子说："有国有家者，不患寡而患不均，不患贫而患不安，盖均无贫，和无寡，安无倾。"③ 孔子的这段话表达了他对于合理的社会财富占有状态的理解。在孔子看来，对于"有国""有家"的诸侯、卿大夫来说，不怕财富少，就怕财产占有不平均，不怕贫穷，就怕社会不安定。只要财富平均，也就无所谓贫穷。

孔子的均平思想，在中国历史上有着深远影响。此后的政治思想家往往以这一思想为根据，要求统治者施行均平的经济政策。曹魏时期的屯田制、隋唐时期的均田制，都是均平思想影响的结果。

第二，举贤才。

由优秀人才掌握国家的政治权力，是古往今来思想家共同关注的问题。孔子在总结了历史经验以后，感叹"才难"④。孔子认为，统治者能否有效地治理国家，关键是能否选拔那些德才兼备的人才。孔子的学生仲弓为季氏宰，问孔子如何才能处理好政事，孔子回答说："先有司，赦小过，举贤才。"⑤ 先有司，即当政者应该率先垂范，赦小过就是对人要宽容，孔子把举贤才放在与这两个方面同等的位置上，可见他对于人才问题的重视。

"举贤才"主张的基本精神，是强调国家各级官吏应具有良好的文化修养，孔子的学生子夏说："仕而优则学，学而优则仕。"⑥ 子夏这段话有助于理解孔子举贤才的思想。这句话的意思是：已经进入仕途的人们，在有余闲的时候，应该学习一些知识，而那些学有优长的人们则可以出仕做官。这一主张有两个

---

① 《论语·子路》。
② 《论语·颜渊》。
③ 《论语·季氏》。
④ 《论语·泰伯》。
⑤ 《论语·子路》。
⑥ 《论语·子张》。

方面的意义，一方面，它强调有良好学识的人可以做官，士人应该把为国家服务作为生活目标；另一方面，也涉及什么样的人才可以做官、掌握权力的问题，孔子的主观愿望是由文化素质较高的人来掌握国家的权力。

第三，教化主张。

孔子探讨的问题极为广泛，其中主要的是政治思想和伦理思想，目的是对统治者和民众进行教化。教化就是教育感化，政教风化，化民成俗。孔子开创了私人办学之风，他"有教无类"，"弟子三千，贤人七十"，不少学生出身于平民阶层。孔子主张教化应包括："志于道，据于德，依于仁，游于艺。"① 朱熹注为："艺，则礼乐之文，射、御、书、数之法。"②

孔子重视通过教育培养政治人才。他办学的目的是培养从政者，即所谓"学而优则仕"③。他自己也说："学也，禄在其中矣。"④ 他认为，政治人才应该加强道德、才能方面的修养，"志于道，据于德，依于仁，游于艺"。这体现了孔子德才兼备的人才观，对后世的政治思想及实践有着深远影响。

孔子把政治理解为统治者以自己的道德品质影响社会的过程。这样治国，"为政以德，譬如北辰，居其所而众星共之"⑤。在他看来，统治者应该具有良好的道德品质，并且在治理国家时身体力行，以自己的美德影响社会大众。孔子强调，治国者要以身作则。他说："政者，正也。子帅以正，孰敢不正。"⑥"其身正，不令而行；其身不正，虽令不从。"⑦ 朱熹解释说，"正"即"所以正人之不正也"⑧。

孔子作为一个政治思想家，始终关注着民生问题，认为统治者应该爱民、富民、教民、养民，改善民众的生存条件，减轻民众的经济负担，"节用而爱人，使民以时"⑨，甚至把惠民、养民作为政治评价的标准。另一方面，孔子却发现，教育民众时面临一定的困难，他说："民可使由之，不可使知之。"⑩ 对

① 《论语·述而》。
② 《四书章句集注·论语集注卷四》。
③ 《论语·子张》。
④ 《论语·卫灵公》。
⑤ 《论语·为政》。
⑥ 《论语·颜渊》。
⑦ 《论语·子路》。
⑧ 《论语集注·为政》。
⑨ 《论语·学而》。
⑩ 《论语·泰伯》。

于孔子这句话，朱熹解释说："民可使之由于是理之当然，而不能使之知其所以然也。程子曰：'圣人设教，非不欲人家喻而户晓也，然不能使之知，但能使之由之尔。若曰圣人不使民知，则是后世朝三暮四之术也，岂圣人之心乎？'"①

需要指出的是，孔子的教化思想中也存在一定的消极因素。后世封建统治者往往出于维护专制统治的需要，曲解孔子的教化思想，利用这些消极因素，实行愚民政策。应该将两者科学地区分开来。

三、"仁"与修身

"仁"与"礼"是孔子思想的核心概念，孔子的全部政治主张，基本是以这两个概念为出发点提出来的。

关于"仁"，孔子并没有给出一个确切的定义。但他在不同场合、针对不同对象做出过不同的解释。总的来看，仁的内涵丰富，要点有三：第一，爱人为仁。"樊迟问仁。子曰：'爱人。'"② 孔子尤其强调"爱人"是统治者应该具有的品质。第二，"克己复礼为仁"。其意就是克制自己，使自己的言行符合礼的规范。第三，敦朴厚重为仁。"知者乐水，仁者乐山"③，另外，孔子还说过"刚、毅、木、讷近仁"④。在孔子对于"仁"的解释中，最有意义的是"爱人"。

"爱人"为仁，体现的是孔子对于"仁"的基本理解。孔子认为，以友善的态度对待别人，是每一个人应该具有的品质。子张问仁于孔子，孔子回答："恭则不侮，宽则得众，信则人任焉，敏则有功，惠则足以使民。"⑤ 也就是说，能够广泛践行恭、宽、信、敏、惠五种品德，就是仁。孔子这句话的核心是强调待人要恭敬、宽厚、诚信、勤谨、慈惠。

孔子把"爱人"放在现实的社会关系中加以理解。在他看来，仁的品质在于"爱人"，而"爱人"则始于"爱亲"。孔子的学生有若说："孝弟也者，其为仁之本欤？"⑥ 有若的这句话与孔子对仁的理解是一致的。也就是说，孝敬父

---

① 《论语集注·泰伯》。
② 《论语·颜渊》。
③ 《论语·雍也》。
④ 《论语·子路》。
⑤ 《论语·阳货》。
⑥ 《论语·学而》。

母、顺从兄弟便是"仁"的起点。孔子所说的"爱人",是由近及远的爱,即从爱自己的父亲、兄长开始,把这种仁爱之心推广到与自己没有血缘关系的人。对孔子这一思想的内在逻辑,战国时期的孟子进一步诠释为"亲亲而仁民,仁民而爱物"①。这一说法合乎孔子思想的原意。孔子的"爱"是一种有差等的爱,即根据血缘关系的远近和社会地位的尊卑来决定"爱"的程度。

在孔子的思想学说中,"仁"是个人内在的道德品质,是参与社会生活的基本前提。一个人如果没有"仁"的品质,无论是在贫困还是富足的状态下,都不可能拥有符合道德的生活,"不仁者不可以久处约,不可以长处乐"②。是否具有"仁"的品质,也决定着一个人在社会生活中能否正当地对待他人,用孔子的话说,就是"唯仁者能好人,能恶人"③。

孔子引"仁"入礼。孔子认识到,礼仅有外在的形式,而无内在的精神,就不成其为礼。他说:"礼云礼云,玉帛云乎哉?乐云乐云,钟鼓云乎哉?"④这是说,礼不是只说的玉帛,乐不是只说的钟鼓,更重要的是其体现出的道德实质。他进而指出:"人而不仁,如礼何?人而不仁,如乐何?"⑤一个人没有仁德,他怎么能实行礼呢?一个人没有仁德,他怎么能运用乐呢?孔子引"仁"入礼,赋予礼更深刻的道德内涵和精神实质,为儒家礼治政治奠定了道德基础。

孔子所说的"仁",是通过个人道德修养而获得的品质,在修身以外再也没有获得这种品质的途径,"为仁由己,而由人乎哉?"⑥所以,孔子尤其重视个人的修养。"子路问君子。子曰:'修己以敬。'曰:'如斯而已乎?'曰:'修己以安人。'曰:'如斯而已乎?'曰:'修己以安百姓。'"⑦在孔子看来,修养的意义,特别是对于士大夫以上的社会阶层来说,决不仅仅局限于个人,而且关乎社会政治生活的质量。因为士大夫阶层对于提高社会政治生活质量承担着更多的责任,用孔子的学生曾子的话说,便是"士不可以不弘毅,任重而

①　《孟子·尽心上》。
②　《论语·里仁》。
③　《论语·里仁》。
④　《论语·阳货》。
⑤　《论语·八佾》。
⑥　《论语·颜渊》。
⑦　《论语·子路》。

道远"①，修身以成仁是士人终其一生的事业。

孔子认为，士君子的修养有十分重要的政治意义。这个阶层的道德品质将会影响到整个社会的风气，"君子笃于亲，则民兴于仁；故旧不遗，则民不偷"②。在孔子看来，只要士人不断地向周围的社会环境施加道德影响，即使他们没有从政，但在实际上也具有从政的意义。孔子在回答时人"子奚不为政"时说，如果以孝道事亲，以仁爱对待兄弟，所言所行都体现了为政之道，便已经是从政了。

孔子认为，士人进行修养，主要应该从以下几方面做起：

第一，养成"克己忍让"美德。孔子认为，在权力等各种利益面前礼让，是最高尚的道德的体现。"子曰：泰伯，其可谓至德也已矣！三以天下让，民无得而称焉。"③ 按照孔子的观点，如果每个人在社会生活中都能不计个人得失，"让"字当头，现实生活中的矛盾便可迎刃而解。即使是面对政治权力，人与人之间也应该以"让"为先，所以，孔子对于泰伯不肯做天子而逃于吴的传说推崇备至。

第二，恪守"忠恕"之道。孔子的学生曾参概括孔子的处世原则时说："夫子之道，忠恕而已矣。"④ 所谓"忠"就是"言以中心"，"中能应外"，也就是为人真诚；所谓恕，就是"以己量人"，亦即推己及人，以待己的态度待人。

"忠恕"的基本精神是恰当地理解自己与他人的利益。在社会交往中，把他人的利益摆在自己的前面，凡是自己想要获得的利益，应该让他人先获得，"己欲立而立人，己欲达而达人"；至少不能把自己不喜欢的事情强加于别人，这就是"己所不欲，勿施于人"⑤。

第三，安贫乐道、安分守己。孔子认为，作为士君子，应该节制自己的欲求，不能把个人欲求的满足作为生活目标，"君子食无求饱，居无求安"⑥。君子应该把美德和道义作为人生的追求，这种追求在任何情况下都不能放弃，

---

① 《论语·泰伯》。
② 《论语·泰伯》。
③ 《论语·泰伯》。
④ 《论语·里仁》。
⑤ 《论语·颜渊》。
⑥ 《论语·学而》。

"君子无终食之间违仁，造次必于是，颠沛必于是"。①

孔子认为，对于个人来说，修身的过程便是不断地反省自己的过程，每个人都要不断地在道德层面上检讨自己，"见贤思齐焉，见不贤而内自省也"②。孔子的学生曾子也说："吾日三省吾身：为人谋而不忠乎？与朋友交而不信乎？传不习乎？"③ 两相印证，足以说明，在如何具有良好道德品质的问题上，孔子的认识是一贯的。美德来自于个人的道德自觉，而每一个认识到自身所承担的社会责任的人，都应该有这种道德自觉。

在孔子的观念中，士人的个人生活与社会政治始终是联系在一起的，士人最高的道德追求是道义，符合道义的政治则是每一个人的理想。基于这样的认识，孔子认为，作为士人，应该恪守道义原则，在国家"有道"的时候可以从政，而在"无道"的国家里做官便是耻辱，"邦有道，谷；邦无道，谷，耻也"④。此外，孔子还说："邦有道，则仕，邦无道，则可卷而怀之。"⑤ 对于那些政治昏暗的国家，孔子认为最好的办法是选择离开；在整个天下都没有道义的情况下，最好的办法就是做一个隐士，"天下有道则见，无道则隐"⑥。不助纣为虐，这是士人最基本的道德底线。

同时也要注意到，孔子关于"仁"的思想，重视人的因素在社会政治中的作用，强调士君子道德修养在政治生活中的意义，因此主张贤人之治，将社会的良否寄托于圣人的出现，其结果就是走向"人治"，轻视"法"的作用。

四、"义"与政治伦理

"义"是孔子政治思想中一个非常重要的范畴。由孔子开其端的"义利之辨"，贯穿中国传统伦理史的始终，被视为中国伦理史上头等重要的问题，程颢曾说："天下之事，惟义利而已。"⑦ 朱熹更认为："义利之说，乃儒者第一义。"⑧ 这些思想奠定了中国古代儒家政治伦理的基本原则，对中国古代的政治

---

① 《论语·里仁》。
② 《论语·里仁》。
③ 《论语·学而》。
④ 《论语·宪问》。
⑤ 《论语·卫灵公》。
⑥ 《论语·泰伯》。
⑦ 程颢、程颐：《河南程氏遗书》卷十一。
⑧ 朱熹：《与延平李先生书》，《朱熹集》，四川教育出版社1996年版，第1019页。

生活有着深远影响。

关于"义"的本意,《礼记·中庸》所说:"义者,宜也。"意为恰当或正当,是指社会生活中规范人们行为的准则;"利"是指人的利益或功利,春秋时期人们所说的利主要是指物质利益,亦即财利。孔子主张"重义轻利"。孔子说,"君子喻于义,小人喻于利"①,君子懂得的是义,小人懂得的是利。这就是把义利作为区分君子、小人的标准。重视道义、轻视私利,成为儒家文化也是整个传统文化价值观中最主要的倾向、最重要的观点。这一观点对后世儒家影响至深。在他们看来,讲求利益会激起人的欲望,容易把人引向邪路,而讲求道义能使人品质高尚,使社会形成良好秩序。此后,注重仁义、讳言财利,成为传统政治伦理的基本价值准则。从孔子到王阳明,他们珍视道德价值,推崇高尚人格,节制个人私欲,主张运用道德手段协调个人与他人、与社会的利益关系。

孔子虽然贵义贱利,但他轻视的是个人私利,对公共利益却非常重视。孔子倡导公利高于私利,始终认为民族、人民的利益高于任何个人利益。孔子提出"因民之所利而利之"②,高度评价管仲"博施于民而能济众"的行为是"何止于仁,必也圣乎"③,表现出对百姓物质利益的关心。因此,主张为政治国要利民富民。为了促进物质生产,他还提出了许多具体主张,如倡导"均产相安""敛其从薄""使民认时"等惠民、养民措施。到孟子时,更提出"不违农时""制民之产"等一系列仁政措施。由此,儒家也提倡要最大限度、最广泛地满足人们物质生活的需要,利民富民也成为传统政治思想的基本价值观。

孔子也并非不讲个人功利,但他提出要"见利思义"。孔子认为人有追求财富和幸福的天性。他说:"富与贵,是人之所欲也。……贫与贱,是人之所恶也。"④"富而可求也,虽执鞭之士,吾亦为之。"⑤ 但孔子强调要以义制利、见利思义,反对不择手段唯利是图,强调个人利益的获取要符合道义、要遵守道德规范。他说:"不义而富且贵,于我如浮云。"⑥ "富与贵,人之所欲也,

---

① 《论语·里仁》。
② 《论语·尧曰》。
③ 《论语·雍也》。
④ 《论语·里仁》。
⑤ 《论语·述而》。
⑥ 《论语·述而》。

不以其道得之，不处也。"① "义然后取，人不厌其取。"② 当义与利发生冲突时，必须把义放在首位，舍生而取义。

由上可见，"义利之辨"主要包含两方面问题，即在政治生活中如何处理个人利益与集体利益、物质利益与精神追求的关系问题。虽然由于认识的差异，后世儒家内部在义利问题上也形成不同的观点，但都有着共同的价值追求，都主张公利高于私利，主张"见利思义"，这是"义利之辨"的精髓，是传统义利观的优秀成分。

第三节　老子"无为而治"的政治思想

老子，又称老聃，我国古代伟大的思想家、哲学家，道家学派创始人。据《史记·老子韩非列传》，老子是楚国苦县（今河南鹿邑）厉乡曲仁里人，曾入周为守藏史。传世的《老子》（又称《道德经》）一书相传为老子所作。

一、老子的"道"论

老子政治思想的核心概念是"道"。《老子》开篇便说："道可道，非常道，名可名，非常名。无名，天地之始；有名，万物之母。"老子认为，"常道"是不可以用语言来表达的，即"不可道"，"可道"的"道"都不是"常道"。

在老子看来，道先于物质世界并且独立于物质世界而存在。"有物混成，先天地生，寂兮寥兮，独立而不改，周行而不殆，可以为天下母。吾不知其名，字之曰道。"③ 老子所说的道，是物质世界的本原，并且决定着具体事物的属性。

老子所说的道，在本质上不是物质的概念。他说："天下万物生于有，有生于无。"④ 老子又说："道生一，一生二，二生三，三生万物，万物负阴而抱

---

① 《论语·里仁》。
② 《论语·宪问》。
③ 《老子》二十五章。
④ 《老子》四十章。

阳，冲气以为和。"① 在中国古代，思想家常常把物质世界发生的最初状态理解为一个整体，即所谓"一"。"一"的概念，相当于老子前面所说的"有"，老子所说的能够生"一"的道，相当于前面所说的"有生于无"的"无"。老子认为，在客观的物质世界之前，有一个其本质为"无"的道，正是这个道孕育了世界的万物。

在老子看来，"道"代表着事物发展的必然性，这种必然性是先验地生成而不是人为的，亦即"自然"。所以，老子也认为"道法自然"，即道的基本属性是"自然"。在老子看来，这种自然的道是自然界以及人类社会生活必须遵循的根本法则，是用来判断人类社会生活善恶的标准。理想的社会状态一定是与道相符合的。

老子认为，"道"是社会政治生活必须遵循的法则，"道"与统治者的政治活动有着天然的联系，《老子》二十五章说："故道大，天大，地大，王亦大。域中有四大，而王居其一焉。"虽然人类社会的君主可以与"道"并列为"大"，但君主治理国家的行为却要遵循"道"的基本精神，即所谓"人法地，地法天，天法道，道法自然"。由于道是整个世界的最高法则，统治者如果能够按照道的原则治理国家，就能够建立良好的政治秩序。"道常无为而无不为，侯王若能守之，万物将自化。"② 老子对于"道"与人类社会生活关系的理解，是其全部政治主张的理论前提。

老子是中国历史上最早从本体论的层面上对宇宙的根本法则"道"进行思考的思想家，作为春秋时期的思想家，他所特有的形上思维方式对于后世中国政治思想的发展有着十分深远的影响。

二、小国寡民的政治理想

老子的政治理想可以一言概括为"小国寡民"，这一理想与他对"道"的理解有关。老子在描述其理想中的社会时这样说："小国寡民，使有什伯之器而不用，使民重死而不远徙。虽有舟舆，无所乘之；虽有甲兵，无所陈之；使民复结绳而用之。甘其食，美其服，安其居，乐其俗，邻国相望，鸡犬之声相闻，民至老死不相往来。"③ 从老子对于理想社会的描述可以清晰地看到，老子

---

① 《老子》四十二章。
② 《老子》三十七章。
③ 《老子》八十章。

所设想的理想社会，主要有以下几个方面的特征：

其一，国家规模小，人口稀少。在这一点上，老子理想中的社会虽然不是一种无政府状态，但是，小的规模和稀少的人口，与人们在现实生活中所感受到的国家显然有着本质的差别。

其二，在老子描述的社会里，人们生活在原始状态下，人们在长期生产实践中所形成的知识与技能都失去了价值。

其三，在老子所设想的理想社会中，人们没有知识，没有欲望，完全过着没有目的的生活，对于原始质朴的生活感到十分满足。

其四，老子所描述的理想社会，是一个人与人之间没有交往的社会，每一个小国都处在相互隔离的状态下。

老子追求小国寡民的理想社会，主要是由于他深刻认识到了春秋时期社会政治生活中存在的问题，认为社会的动荡无序在根本上是由于人们背离了"道"的原则。他希望摆脱动乱的社会现实，回复到与道相符合的社会状态。于是，根据他对"道"的理解，对理想社会做出了构想。因此，老子的社会理想体现了强烈的社会批判精神，在老子看来，现实生活中的一切都不符合道的原则，都是人类社会从最理想的时代逐渐衰败的结果。基于这样的认识，老子对西周以来的礼乐制度进行了深刻批判，"故失道而后德，失德而后仁，失仁而后义，失义而后礼。夫礼者，忠信之薄而乱之首"[1]。老子实际上是用倒退的观念理解人类社会的历史。在他看来，人类历史是不断倒退的，这一看法无疑不符合人类社会不断发展的事实。不过，这种认识也包含着强烈的社会批判精神。老子说，"大道废，有仁义；慧智出，有大伪；六亲不和，有孝慈"[2]，这一说法揭示了一个基本事实，即仁义道德等伦理规范的产生，恰恰是人与人之间的关系日益紧张的结果。

尽管老子对现实社会的批判十分深刻，但他把某种原始状态作为其理想社会的摹本，这与社会发展的历史趋向是相悖的。

三、"无为而治"的政治主张

老子把道的本质理解为无，因此，他把无为而治作为基本的政治主张。老

---

① 《老子》三十八章。
② 《老子》十八章。

子说："爱民治国，能无知乎？"① 他认为，无为而治是最高的政治境界，只有圣人才能达到，"圣人处无为之事，行不言之教"②。由此可见，在老子的观念中，无为之治才是最好的政治。

老子认为，无为政治可以使民众保持质朴良善的品质，"其政闷闷，其民淳淳；其政察察，其民缺缺"③。也就是说，民众是否质朴，是由统治者为政治国的方式决定的。如果统治者能够以无为治国，民众也就一定会良善，如果统治者以所谓的"智慧"治国，民众就会失去良善的品质。"天下多忌讳，而民弥贫，民多利器，国家滋昏，人多伎巧，奇物滋起，法令滋彰，盗贼多有。"④统治者的政令愈是繁苛，社会秩序反倒愈是混乱，统治者在主观上愈是希图致治，其结果却愈是适得其反。在老子看来，所有这些现象都是统治者"有为"造成的，"无为"是解决这些问题唯一可靠的途径。

需要注意的是，在老子的思想体系中，"无为"只是达到"无不为"的手段，"无不为"才是目的，即所谓"无为而无不为"⑤。老子认为，只有无为才能达到"无不为""无不治"的目的，"取天下常以无事，及其有事，不足以取天下"⑥。如果统治者实行有为的政治，这一目的是无法达到的。老子在进一步阐述他的无为政治主张时说：统治者对待民众，要"虚其心，实其腹，弱其志，强其骨；常使民无知、无欲，使夫智者不敢为也，为无为，则无不治"⑦。通过统治者的无为政治，使民众变得无知、无欲。可见，老子还是站在统治者的立场上考虑问题的。

老子的无为政治主张主要包括以下几个方面：

第一，不尚贤，使民不争。老子认为，社会道德的沦丧，在于人有争夺之心，而争夺之心的根源在于尚贤。如果不尚贤，就可以收到制止社会纷争的效果，即所谓"不尚贤，使民不争"⑧。实际上，民有争心，个人私欲的产生，根本原因在于私有财产的积聚，这实际上是社会发展的必然结果。在某种意义

---

① 《老子》十章。
② 《老子》二章。
③ 《老子》五十八章。
④ 《老子》五十七章。
⑤ 《老子》四十八章。
⑥ 《老子》四十八章。
⑦ 《老子》三章。
⑧ 《老子》三章。

上，"争"既是社会动乱的根源，同时又是社会发展的动力。老子想要制止人与人之间的纷争，表明他对于人类社会有史以来实现的发展进步存在着错误的认识。另外，老子也错误地理解了尚贤与"争"之间的关系。尚贤与"争"之间固然存在着一定的联系，但绝不是社会纷争的根源，不尚贤也不能达到制止社会纷争的目的。

第二，"不贵难得之货，使民不为盗。"① 老子认为，现实生活中之所以盗贼多有，主要是因为人们过于看重"难得之货"，提高了难得之货的价值，才刺激了一些人的欲望。因此，老子主张"不贵难得之货，使民不为盗"。老子的这一说法显然存在一定问题。当然，难得之货之所以贵重，其中当然有人为的因素，但是，货物的贵重与否，根本上不取决于人的主观愿望，而取决于其内在的价值。"不贵难得之货"在现实中是不可能的。另外，盗贼是财产私有制度的伴生物，虽然盗贼行窃的目标可能是难得之货，但是，难得之货并不是产生盗贼的根源。所以，"不贵难得之货"不可能取得消灭盗贼的效果。

第三，"绝圣弃智"，"绝仁弃义"。老子认为，社会动乱不安的根本原因在于人类社会的礼义制度和文化知识。人类社会的一切文明成果不仅不利于社会秩序的安定，反而在客观上导致了人类道德的败坏和社会秩序的混乱。"五色令人目盲，五音令人耳聋，五味令人口爽。"② 老子还说："慧智出，有大伪。"按照老子的逻辑，如果统治者以智治国，民众也将相应地变得聪明，并将运用智慧反抗统治者，其结果必然是越治越乱。所以，治理国家的要诀是取消文化，不以智慧治国。"以智治国，国之贼；不以智治国，国之福。"③

第四，慎征伐。老子深刻认识到了战争是社会动乱和苦难的根源，因此他强烈反对战争。老子认为："天下无道，戎马生于郊。"④ 在任何时候，战争都是天下无道的表现。因此，老子主张专制国家的统治者对待战争应该慎重，只有在不得已的时候才能发动战争。"兵者，不祥之器，非君子之器，不得已而用之。"⑤ 老子虽然不是一个寝兵主义者，但是，他对战争基本上持否定态度。

---

① 《老子》三章。
② 《老子》十二章。
③ 《老子》六十五章。
④ 《老子》四十六章。
⑤ 《老子》三十一章。

在老子看来，凡是乐于在战场上取胜的人，都是乐于杀人者，而乐于杀人者则不可能得到天下。"夫乐杀人者，则不可得志于天下矣。"① 所以，想要得志于天下的统治者，就不能随意发动战争。同时，老子认为，战争的一个必然结果是导致社会经济凋敝，"大军之后，必有凶年"②。有些统治者常常试图通过战争掠夺别国财物，但是，计其所得，反不如所失之多，为积累财富着想，也应该谨慎地对待战争。

老子无为而治的政治主张，具有一定的积极意义，如反对战争，反对专制国家的横征暴敛，这表明老子是一个十分关注社会下层民众疾苦的思想家。老子无为而治的政治主张为战国秦汉年间的黄老学派所继承，进而提出了"清静无为""与民休息"的政治主张，这一主张对西汉初年社会经济的迅速恢复起到了十分重要的作用。但是，老子无为而治的政治主张也带有明显的局限，这一主张在本质上是为统治者服务的。"无为"政治的结果是使民众复归于原始、蒙昧的自然状态，显然不符合人类社会发展的历史趋向。

小　结

王室衰微、动荡无序是春秋社会的基本特点。早期国家赖以依存的政治、经济制度日益瓦解，新的社会制度尚未形成，连绵不绝的争霸战争给人们带来了深重灾难。如何治理国家，恢复和重建社会政治秩序，成为这一时期政治思想的主题。

随着社会生产力的发展以及语言、文字水平的提高，人们对社会政治生活的理解日益深刻，对民与君、民与国、民与神的关系的讨论不断深入。这一时期的重民思潮，是对西周初年敬天保民思想的继承和超越。"国之将兴，听于民；将亡，听于神"的认识，清晰地表明人们正在摆脱商周时期的神灵观念，转而从人类社会内部寻求治乱兴衰的原因。于是，统治者应该如何对待民众，便成为思想家愈益关注的重大问题。

作为中国历史上伟大的思想家，孔子和老子是这一时期的代表。他们分别

---

① 《老子》三十一章。
② 《老子》三十章。

创立的儒家学派和道家学派，开创了中国历史上最为重要的两大思想传统，具有划时代意义。针对"礼坏乐崩""天下无道"的社会现实和商周宗教思想背景，借助以六经为代表的历史文献，批判地考察礼乐制度，孔子提出"为政以德"，老子提出"无为而治"，他们系统、深入地思考以国家治理为中心的"政""治"问题，引领古代政治思想进入新的阶段。

孔子与老子都设计了各自的理想社会。无论是孔子的"有道"之世，还是老子的"小国寡民"，着眼点都是如何从混乱的社会现实中走出来，实现稳定的社会秩序与正当合理的政治统治。

孔子以仁、礼为核心的政治思想体现了对社会生活的伦理关注。孔子用道德的观点理解社会政治，把道义原则作为政治评价的标准，强调统治者应该以"德"治国。这一认识为战国以后的思想家继承下来，成为中国传统政治思想的核心价值。

在老子的思想体系中，"道"是天地万物的本原，也是规范自然界与人类社会秩序的普遍法则。用符合"道"的方式实现符合"道"的社会理想，是老子"无为而治"政治主张的基本精神。老子政治思想的价值首先体现在思维方式上。老子对于终极原因或者世界本原的追问，表明春秋时期的思想家，已经具有了在更抽象的水平上理解社会政治生活的能力。老子用逻辑的方式论证"道"的真实意义，就是要说明人类社会在本来的意义上应该是什么样的社会。

孔子和老子的政治思想，是中国政治思想史上最早成体系的学说，标志着中国传统政治思想进入了哲理化阶段。他们的政治思想经过发展，构成古代中国政治思想的主干，产生了广泛而深远的影响。汉魏以后中国传统政治思想哲理化的过程，实际上就是儒、道两种思想传统逐渐合流的过程。

孔子主张治国要顺天应人、执守中道、和而不同，在此基础上做到君臣协力，选用贤能，爱民、富民、教民，以建立和谐稳定的人伦政治秩序。孔子的政治思想凸显了人在政治活动中的主体地位，强调人性修养是影响政治活动的根本因素，这是应该肯定的。后世封建统治者利用孔子的顺天、尊君、礼治、教化等思想，逐渐形成了以"三纲五常"为核心的礼教制度，成为维护和巩固封建专制统治的工具，这和孔子的政治思想已经有了很大不同，应该加以区别。

老子主张治国者应认识和遵循天道，顺应自然，以建立稳定和谐的政治秩序。他的政治思想极大地提高了古代政治思想的理论思维水平。当然，他的思想中也包含着否定人类文明、忽视人的主观能动性等消极因素。

思考题

1. 试述孔子"天下有道"的政治理想。
2. 疏理孔子德治思想的基本内容。
3. 老子"道"论的基本内容及其意义是什么?
4. 简述老子"小国寡民"的政治理想。

第三章　战国时期的政治思想

"战国"这一名称得自西汉刘向编纂的《战国策》。这一时期起自公元前453年，止于公元前221年秦统一六国。战国时期是中国古代社会从小邦林立的状态走向统一的重要历史阶段，也是古代政治思想发展和繁荣的重要时期。

第一节　战国时期的社会历史背景

战国时期，没有春秋时期那样的霸主，周天子连名义上的共主也不是了，"上无天子，下无方伯，力攻争强，胜者为右"①。各诸侯国之间战争的目的不再是争夺霸主地位，而是攻城略地。为取得战争的胜利，各国陆续进行变法，实行富国强兵的政策，争相延揽人才。随着士人阶层的崛起，思想领域出现了"百家争鸣"的局面。

一、兼并战争与统一的历史趋势

战国时期的兼并战争客观上促进了统一的进程。这一时期，战争规模较之春秋时期有所扩大。春秋时期即使是规模较大的战役，战争双方投入的兵力最多不过数万人，而在战国时期，一场战争投入的兵力少则十余万人，多则数十万。战争中的攻防手段、战争技术也远较春秋时期先进。战国初，见诸记载的诸侯国有二十多个。在此后的二百余年里，这些诸侯国之间频繁征战，互相兼并，逐渐形成了齐、楚、燕、韩、赵、魏、秦七雄并立的局面，最终由秦实现统一。中国从此进入大一统的多民族国家发展阶段。

就中国古代社会的历史情形而言，统一的意义是巨大的。中国古代历史反复证明，只有国家统一，百姓才有安康的生活；国家分裂将会给民众带来灾难。这是因为：一方面，天下"定于一"，小邦林立的分裂状态的结束是社会秩序安定的基本条件；另一方面，国家统一可以密切中原地区和周边地

---

① 《战国策·序》。

区的关系，促进各地区之间的交往，从而为国家的发展奠定基础。从这个意义上说，国家统一自古以来就是中国社会发展的内在要求，也是不可阻挡的历史趋势。

二、列国变法

进入战国后，从商周时代延续下来的政治经济制度，已经远远不能适应社会需要，甚至成了各国发展的桎梏。因此，战国初，魏、楚、赵、韩、秦等国先后变法，对原有的政治、经济制度进行改革。变法成为战国时代的政治潮流。列国变法的结果，有的成功了，有的失败了，其社会效果也不尽相同，但无论怎样，变法使原有的社会政治结构与制度发生了根本改变，国力也随之发生变化。例如秦国在商鞅变法后便成为七雄之中最为强盛的国家。

战国时期实行变法的列国，虽然国情各不相同，但有着十分相似的变法举措。

首先，各国变法在政治上的共同指向是打击旧的贵族势力，削弱或废除世卿世禄制度。在周王朝分封制度下，列国普遍实行世卿世禄制度，贵族集团长期垄断国家的各级权力。战国时代，新兴的士人阶层在政治上的要求愈益迫切，这个阶层成为战国变法的主力。废除世卿世禄制度成为列国变法的主要内容，所反映的便是这个阶层的政治要求。

其次，奖励耕战，实行富国强兵政策。战国时代是各国兼地略土的时代，富强是各国生存发展的必由之路。这样的历史环境使得富国强兵成为战国社会的主题，而列国发生的变法运动，也充分体现了参与变法的人们对这一主题的认识和理解，同时，也体现了人们为富国强兵而做出的努力。

最后，废除井田制度，实现土地私有。以土地定期分配为主要特征的井田制度，在列国变法过程中也在发生着改变。其中最典型的是秦国的商鞅变法，"裂井田，开阡陌"①，民众可以对自己所占有的土地进行买卖。这表明，商周以来的村社土地制度已经演变为土地私有制。

战国时期的变法运动，从各个方面改变着春秋以来的中国社会。人们对西周以来的政治、经济制度不再修修补补，而是大刀阔斧地进行改革。西周时期那些作为早期国家支柱的井田制度、分封制度，都随着变法运动的深入逐渐退

---

① 《汉书·食货志》。

出历史舞台。

三、郡县的出现

郡县，早在春秋晚期出现于秦、楚等国，到了战国时期，郡县的设置已经较为广泛。郡县长官由国君任免，从而加强了王室对各个地区的控制。

起初，郡县之间并没有严格的隶属关系，大体上是内地设县，边地设郡。到了战国后期，随着郡县设置日渐增长，便逐渐形成了郡县两级制。秦统一中国以后，郡县制度推行于全国。

在郡县制度下，郡县主要官员由国君任免，没有世袭垄断的权力，因此，郡县制有利于加强中央集权和社会秩序的安定。秦以后中国社会统一的中央集权制国家的发展，在很大程度上得益于郡县制度。

四、思想领域的百家争鸣

自春秋末年起，士人逐渐成为政治舞台上最为活跃的政治力量。士人有着良好的文化素养，拥有较高的治国才能和军事谋略，发挥着愈来愈重要的作用。战国时期，士人受到列国统治者的普遍重视，养士之风盛行。当时，士人活动不受国界限制，所到之处大多受到统治者的礼遇。士人的活跃，为战国时期思想文化的繁荣创造了条件。另外，战国时期战争频繁，列国统治者无暇顾及对思想文化领域的控制，这也为思想界的百家争鸣提供了空间。

战国时期出现了许多思想流派，据《汉书·艺文志》记载，较为重要的有儒家、墨家、道家、名家、法家、农家、杂家、纵横家、阴阳家、兵家、小说家等。面对急剧变化的社会，他们纷纷提出自己的政治主张，探索实现国家统一的途径，提出解决社会问题的办法，形成了百家争鸣的局面。

汉人司马谈《论六家要旨》在论及战国时期百家之学时说："天下一致而百虑，同归而殊涂（途）。夫阴阳、儒、墨、名、法、道德，此务为治者也。"[1] 在百家争鸣过程中出现的百家之学，学术旨趣与思想倾向各不相同。如，农家主张劝课农桑，阴阳家主张"敬顺昊天""舍人事而任鬼神"[2]。不过，百家之学有一点是共同的，人们关注的都是如何从动荡无序的社会中走出

---

① 《史记·太史公自序》。
② 《汉书·艺文志》。

来，实现对社会的有效治理，稳定社会秩序。在这方面，儒、墨、道、法四家思想学说尤为典型。

战国时期，孔子创立的学派被称为儒家，主要代表人物是孟子和荀子。关于儒家学派的特点，司马谈的《论六家要旨》和东汉班固的《汉书·艺文志》均有所概括，两者的说法也大体相同。"儒家者流，盖出于司徒之官，……游文于六艺之中，留意于仁义之际，祖述尧舜，宪章文武，宗师仲尼。"① 班固的这段话大体符合儒家的思想实际。儒家学派重视对夏商周三代文化传统和政治制度的继承，战国儒家观念中的理想社会是尧舜时代或者夏商周三代，儒家崇尚仁义道德，主张实行仁政或者礼治。

墨家的创始人是墨子。据说，墨子最初曾经学习孔子之术，后来，因为不满儒家的繁文缛节，转而批判儒家。战国初，墨学一度成为显学，"杨朱、墨翟之言盈天下"②。讲求实用是墨家思想的基本特点，荀子在评论墨子的这一特点时说："墨子蔽于用而不知文。"③ 针对列国实际情况，墨子提出了许多具体的政治主张，其中较为重要的有尚同、兼爱、尚贤、非攻等。

道家的创始人是老子。司马谈在论及道家思想的特点时说："道家无为，又曰无不为，其实易行，其辞难知，其术以虚无为本，以因循为用，无成执，无常形，故能究万物之情。"④ 道家学派虽然没有儒家那样严格的学术传承，但他们都秉承老子的价值理念，把道看作世界的本原和价值判断的标准，在政治上主张无为而治，通过无为以达到无不为的境界。道家学派在战国时期较为重要的代表人物有庄周、列御寇等。

战国时期，法家的主要代表人物有李悝、商鞅、慎到、申不害和韩非。按照章太炎的说法，"著书定律为法家"⑤。关于法家学派的特点，司马谈在《论六家要旨》中说："法家不别亲疏，不殊贵贱，一断于法，则亲亲、尊尊之恩绝矣……若尊主卑臣，明职分不得逾越，虽百家弗能改也。"法家重视"法"的作用，主张以"法"治国。在政治上主张实行极端的君主专制统治，认为君主应该操法、术、势三柄，用来驾驭群臣、统治民众。法家主张实行

---

① 《汉书·艺文志》。
② 《孟子·滕文公下》。
③ 《荀子·解蔽》。
④ 《史记·太史公自序》。
⑤ 《检论·原法》。

富国强兵的政策，认为耕与战是富国强兵的根本途径。其中，商鞅重"法"，申不害重"术"，而慎到则强调"势"的决定作用。韩非是法家的集大成者，在继承前期法家政治思想的基础上创立了法、术、势兼用的政治理论，极大地丰富了法家的政治思想。

第二节　孟子的"仁政"思想

孟子（前372—前289），名轲，邹（今山东邹城）人，受业于子思门人。其生活年代约与梁惠王、滕文公同时。孟子曾经在齐、鲁两国做过客卿，但时间都不长。他曾效法孔子带领学生游说列国，宣传自己的政治主张，但始终没有为各国统治者所接受。后来退隐，与其学生万章等人作《孟子》七篇。

一、"性善"论

孔子说："性相近也，习相远也。"① 他认为人性的差别主要产生于后天的习染。"性近习远"之说并没有对人性的善恶做出明确判断。战国思想家不满足于这一说法，对人性的善恶问题展开了讨论。

孟子认为，人的本性是善的，表现为"人皆有不忍人之心"，包括恻隐之心、羞恶之心、辞让之心和是非之心。善的本性支配着人的行为，可以通过人们的社会行为得到证明。"所以谓人皆有不忍人之心者，今人乍见孺子将入于井，皆有怵惕恻隐之心。非所以内交于孺子之父母也，非所以要誉于乡党朋友也，非恶其声而然也。由是观之，无恻隐之心非人也，无羞恶之心非人也，无辞让之心非人也，无是非之心非人也。恻隐之心，仁之端也；羞恶之心，义之端也；辞让之心，礼之端也；是非之心，智之端也。"② 按照孟子的说法，善是人之所以为人的本质属性，也是人类社会群体生活所以可能的前提。

孟子认为，人的善良本性不是来自于后天习得，而是先天的，即所谓"良知良能"，"人之所不学而能者，其良能也；所不虑而知者，其良知也"。③ 比如，"孩提之童，无不知爱其亲者，及其长也，无不知敬其兄也。亲亲，仁也；

---

① 《论语·阳货》。
② 《孟子·公孙丑上》。
③ 《孟子·尽心上》。

敬长，义也。无他，达之天下也”①。

孟子所说的“人性”，是人之所以为人的共同属性。在他看来，人所以有共同的本质，与人与人之间有着共同的感官偏好在道理上是一致的。“口之于味也，有同嗜焉，耳之于声也，有同听焉，目之于色也，有同美焉。至于心，独无所同然乎？心之所同然者何也？谓理也、义也。”② 按照孟子的逻辑，人们有着同样的感官要求，也就一定有着共同的心理特征和道德品质。

战国思想家所说的人性是关于人的普遍本质的假定，它体现的是思想家对于人类普遍本质的基本理解，而这一理解则是其全部政治思想学说的理论支点。在某种意义上说，思想家对于人的本质属性做出了怎样的判断，也就在何种程度上理解了社会政治生活，便会有什么样的政治主张。

由于孟子对人的本性作了乐观的估价，他因此而断定，每一个人都有可能充分发挥自己的道德自觉。对君主来说，可以充分发挥善的本性而施仁政；对于普通的社会大众来说，则可以通过充分发挥个人的道德自觉来实现人性的良善。基于这样的认识，孟子认为，每个人都有良好的道德前景，甚至提出了“人皆可以为尧舜”的命题，“尧、舜之道，孝弟而已矣。子服尧之服，诵尧之言，行尧之行，是尧而已矣”③。这就是说，如果充分地发挥善的本性，效仿圣人言行，每个人都能达到圣人的道德境界。

一个人能否达到善，全靠存养与扩充；而这两者，都要依靠修养与教化。在孟子看来，只有通过教化，不断完善、超越自身，才能成为一个真正的人。但教化不是以外在的礼乐制度涵养浸润人心，而是扩充“我固有之”的恻隐、羞恶、辞让、是非之心于人伦关系之中，从而形成现实的仁、义、礼、智诸德。孟子在此基础上，提出了系统的教化方法和措施。他把教化的基点置于人心之上，从而在人心中找到教化的内在根据，主张不须外求，只要涵养本心。

二、“王道”论

“王道”概念最早见于《尚书·洪范》，“无偏无党，王道荡荡”，其本义是指圣王的治国之道。战国时期的儒家也常常使用王道这一概念来形容符合道义的政治，他们强调王道是古代帝王——特别是夏商周三代的成圣成王之道；

---

① 《孟子·尽心上》。
② 《孟子·告子上》。
③ 《孟子·告子下》。

同时，对于"王道"的具体内容也做了某些规定。在战国儒家看来，王道就是以仁义道德治国，并因此获得民众广泛支持的政治。与王道相对的概念是霸道，在战国儒家看来，霸道指的是称霸之道，即春秋五霸谋取霸主地位的方式。他们治理国家所依恃的只是暴力，以"力"服人。在战国时期儒家学派内部，无论人们的政治主张有什么差别，在倡导王道、反对霸道这一点上是一致的。

孟子倡导王道而拒绝暴政。他认为，以春秋五霸为代表的政治根本不值一提。当齐宣王就齐桓、晋文的霸业向他请教时，孟子说："仲尼之徒无道桓、文之事者，是以后世无传焉，臣未之闻也。无以，则王乎？"① 意思是说，孔子的门徒从来不说这些事情，后世无传，所以他对齐桓公、晋文公的霸业一无所知，如果非要让他说些什么的话，只能讨论王道。

孟子所说的王道是符合道义的政治。他认为，统治者在治理国家的时候应该道义优先，不能有任何追逐利益的主观动机。他刚到魏国时，梁惠王问他的到来能否会有利于梁国②，孟子断然回答说："王何必曰利？亦有仁义而已矣。"③ 在孟子看来，为政治国如果只是逐利，便不可能善待民众，这对统治者来说是十分危险的。"王曰'何以利吾国？'大夫曰'何以利吾家？'士庶人曰'何以利吾身？'上下交征利而国危矣。"④ 在另一处，孟子又说："为人臣者怀利以事其君，为人子者怀利以事其父，为人弟者怀利以事其兄，是君臣、父子、兄弟终去仁义，怀利以相接，然而不亡者，未之有也。"⑤ 既然"怀利"是亡国之道，那么作为统治者，为政治国就绝对不可以言利。

孟子认为，治理国家之所以要道义优先，是因为道义之于社会生活具有重要的地位，甚至比生命更为重要。"生亦我所欲也，义亦我所欲也，二者不可得兼，舍生而取义者也。"⑥ 志士仁人应该舍生取义，而治国更不可以忘义逐利。

孟子所以倡导王道而反对霸道，也表达了他期望统一的愿望。孟子在讲述以仁义治国的理由时不止一次地说，以仁义道德治国是统一天下、成圣成王之

---

① 《孟子·梁惠王上》。
② 当时，魏国迫于秦的压力，把国都从安邑迁到大梁，人们因此称魏为梁。
③ 《孟子·梁惠王上》。
④ 《孟子·梁惠王上》。
⑤ 《孟子·告子下》。
⑥ 《孟子·告子上》。

道，这是统治者所能达到的最高境界。依恃暴力最多只能像齐桓公、晋文公那样成为短时期的霸主，能为社会带来稳定秩序的则是前者。

在孟子生活的战国时代，统一是人们的普遍愿望，也是客观的历史发展趋势。尽管孟子拒绝用"利"的观念解释政治，但是对统治者来说，通过某种方式实现统一而成为王者，无疑是最大的利益。所以，孟子告诫统治者，为政治国不可以只逐利，而应施行仁政。在孟子看来，实行仁政，虽不"言利"，最终却能得到"王天下"的大利，而人们平常所说的"利"只是小利。

孟子倡导"王道"，也体现了他对民生问题的关注。在他看来，行王道，对每个国家的统治者来说并不困难，无非是统治者把自己的仁爱之心施于政治，承担起"保民"的社会责任。当齐宣王问孟子怎样做才能成就王业的时候，孟子径直回答说："保民而王，莫之能御也。"① "保民"，就是为民众提供基本生存条件，如孟子所说："养生丧死无憾，王道之始也。"② 也就是说，好的政治只能是从改善民生开始。

三、君权天授论

君主权力来自于何处？君主对臣民的统治为什么是合理的？臣民为什么要服从君主的统治？这些都是商周以来人们思考的问题。由于认识不同，不同时代的人们给出的答案也各不相同。孟子对这一问题的解释是君主权力来自于天。

据《孟子·万章上》记载，有一次，孟子的学生万章问，历史上是否有尧把天下交给舜这件事，孟子回答，根本没有这种事，"天子不能以天下与人"。那么，如果天子不能把天下交给别人，舜究竟是从谁那里得到了天下，或者说究竟是谁把权力交给了舜？孟子回答说："天与之。"天通过什么方式把权力交给了舜？他解释道："天子能荐人于天，不能使天与之天下；诸侯能荐人于天子，不能使天子与之诸侯；大夫能荐人于诸侯，不能使诸侯与之大夫。昔者，尧荐舜于天，而天受之；暴之于民，而民受之。故曰：天不言，以行与事示之而已矣。"③ 意思是说，作为天子只能把人推荐给天，不能把天下直接交给这个人；就像诸侯只能把某个人推荐给天子，再由天子授予其职位一样。所以，没

---

① 《孟子·梁惠王上》。
② 《孟子·梁惠王上》。
③ 《孟子·万章上》。

有尧将天下交给舜这样的事情。

在春秋战国时代，尧舜"禅让"被认为是历史事实，人们也大多以此为依据，相信历史上确曾有一个"选贤与能"的时代。孟子不满足于这一说法，他试图透过这样的历史故事，在更高的层次上对君主的权力来源做出解释。

孟子认为，君主的权力并不是由某个人交予的，而是来自于天。也就是说，"君权天授"。按照孟子的解释，舜获得权力的过程是：天子"荐之于天，而天受之；暴之于民，而民受之。"① 作为前任天子的尧将舜推荐给天，天接受了舜；天又把权力交给了舜，让舜治理国家，而后，舜也被民众接受了。从而，天的意志成为事实。所以孟子认为，君主的权力在根本上来自于天。

西周初年的敬天保民思想把民情视为反映天命的镜子，"人无于水监，当于民监"②。孟子的君权天授论继承了这一思想传统。在孟子看来，一方面，天是不以人的主观意志为转移的，"莫之为而为者，天也；莫之致而至者，命也"③。它决定着人类社会所发生的一切。尧舜禅让，商继夏、周代商，都不是偶然的，而是由体现着普遍必然性的"天"决定的。另一方面，"天"又是有意志、有灵性的，它与民心是一致的，它的感觉来自于民众的感觉，"天视自我民视，天听自我民听"④。"天"有着与人类相同的道德情感，能够做出与人类相同的道德判断和抉择，对人世间的君主权力也一定能够做出与民众相同的判断。这样，民心便成为君主权力合法性的真实来源。按照孟子的说法，只有被民众接受的权力才是合理的，不符合民心的君主统治也就没有了存在的理由。

孟子的君权天授论一方面强调天是君主权力的来源，另一方面也强调君主权力必须遵守天的意志。在孟子看来，现实生活中的君主权力来自于天，君主秉承天的意志统治天下，所以，君主便不可以违背天的意志而滥用手中的权力。《孟子·梁惠王下》记载，齐宣王问孟子，历史上是否有"汤放桀，武王伐纣"的事情，孟子回答说：这在史书上确实有记载。齐宣王进一步问臣是否可以弑君时，孟子说："贼仁者谓之贼，贼义者谓之残，残贼之人谓之一夫。闻诛一夫纣矣，未闻弑君也。"按照孟子理解，一旦违背了天的意志，对民众

---

① 《孟子·万章上》。
② 《尚书·酒诰》。
③ 《孟子·万章上》。
④ 《孟子·万章上》引《尚书·泰誓》语。

施以暴政，君主便不成其为君主，其手中的权力便应该被褫夺。基于这一点，孟子对历史上的"汤武革命"备加称道。

如何约束君主权力，是古代思想家普遍思考的问题之一。生活在战国时代的孟子显然意识到了对君主权力进行约束的必要性。但遗憾的是，在如何约束君主权力这一问题上，孟子只是希望通过"汤武革命"这种方式革除暴政，除此之外，他并没有做出更多的构想。

四、施仁政的政治主张

以"性善"说为出发点，孟子在政治上主张施仁政，"以不忍人之心，行不忍人之政，治天下可运之掌上"[①]。孟子认为，仁政是治国的基本原则，能不能行仁政是决定一个国家成败得失的关键。基于这样的想法，孟子把夏、商、周三代以来政治兴亡的根本原因都归结为统治者能不能行仁政，进而认为，仁对社会生活中的每一个人来说都是至关重要的。"三代之得天下也，以仁；其失天下也，以不仁。国之所以废兴存亡者亦然。天子不仁，不保四海；诸侯不仁，不保社稷；卿大夫不仁，不保宗庙；士、庶人不仁，不保四体。"[②]

孟子对仁的理解，大体上本于孔子的"仁者爱人"说。孟子认为："人能充无欲害人之心，而仁不可胜用也。"[③] 不过，与孔子相比，孟子更强调人的道德自觉。"仁，人心也"[④]，仁爱之心主要体现为人的一种主观意志。孟子的仁政主张，就是把这种仁爱之心推行到社会政治中去，"以不忍人之心，行不忍人之政"。将仁爱之心用于治理国家，就是行仁政。换言之，也就是把植根于家庭内部的仁爱关系推广于整个社会。所以孟子说："仁之实，事亲是也；义之实，从兄是也；智之实，知斯二者弗去是也；礼之实，节文斯二者是也；乐之实，乐斯二者，乐则生矣。"[⑤] 施仁政，应该从事亲开始；施仁政的目的，是推广和维护以仁爱为本的社会道德。

与孔子一样，孟子对统治者的道德品质也提出了较高要求。孟子认为，施仁政的首要条件是统治者应该具备良好的道德品质，"是以惟仁者宜在高位，

---

① 《孟子·公孙丑上》。
② 《孟子·离娄上》。
③ 《孟子·尽心下》。
④ 《孟子·告子上》。
⑤ 《孟子·离娄上》。

不仁而在高位，是播其恶于众也"①。在孟子看来，统治者仁与不仁事关重大，因为，他们作为天下的表率，其行为对庶民百姓影响很大。因此，孟子把施仁政的希望寄托在统治者身上。他在《离娄上》说："君仁莫不仁，君义莫不义，君正莫不正，一正君而国定矣。"把良好的政治生活与稳定的社会秩序寄希望于君主的道德品质，孟子的仁政主张在本质上仍然是人治。

孟子主张君主应该与民同乐，"乐民之乐者，民亦乐其乐；忧民之忧者，民亦忧其忧"②。与民同乐的目的，在于统治者能够在最大限度上得到民众支持；只有得到民众支持，专制国家的政治秩序才能稳定，统治者的地位才能稳固。于是，孟子得出了得民心者得天下的结论："桀纣之失天下也，失其民也。失其民者，失其心也。得天下有道：得其民，斯得天下矣。得其民有道：得其心，斯得民矣。"③ 由于民心的向背是社会政治的决定力量，因此，孟子认为，君、民、国家三者之间，"民为贵，社稷次之，君为轻"④。这一观点，并不否定君主专制制度，但是，在那个历史时代能够有这样的认识，却是十分难得的。这表明，孟子确实看到了民众在社会政治生活中的重要作用，意义深远。

如何实行仁政，孟子提出了一些较为具体的主张。

其一，"制民之产"。"制民之产"就是使民众能够有恒产，有恒产然后有恒心，"若民，则无恒产，因无恒心"。孟子设想："五亩之宅，树之以桑，五十者可以衣帛矣；鸡豚狗彘之畜，无失其时，七十者可以食肉矣；百亩之田，勿夺其时，八口之家可以无饥矣。"⑤ 要达到这一目标，孟子认为最有效的办法就是恢复井田制。在与滕文公对话时，孟子通过描述周代的井田制，阐述了自己的主张："夫仁政，必自经界始"，"方里而井，井九百亩，其中为公田。八家皆私百亩，同养公田。公事毕，然后敢治私事。"⑥ 在中国古代社会，小农经济稳定与否，直接关系到社会秩序的稳定。孟子恢复井田制的主张，表明他确实意识到了这一问题的重要性，值得肯定。不过，孟子主张恢复已经退出了历史舞台的井田制来实现社会稳定，显然是不合时宜的。

其二，轻徭薄赋。赋税是战国时期民众身上最为沉重的负担，因此，孟子

---

① 《孟子·离娄上》。
② 《孟子·梁惠王下》。
③ 《孟子·离娄上》。
④ 《孟子·尽心下》。
⑤ 《孟子·梁惠王上》。
⑥ 《孟子·滕文公上》。

主张在制民之产基础上轻徭薄赋。《梁惠王下》载，孟子向齐宣王讲述周文王的治国之道时说："昔者文王之治岐也，耕者九一"，"关市讥而不征，泽梁无禁。"在《滕文公上》中，孟子又进一步提出"诸野九一而助，国人什一使自赋"的主张。孟子这一主张的前提是恢复周代的国野制度，使国人交纳十分之一的实物地租，"野人"向国家服九分之一的力役。不过，随着社会政治、经济结构的深刻变革，国野制度在战国时期已经荡然无存了。孟子试图通过恢复国野制度轻徭薄赋，也是不实际的。不过，由于战争的原因，战国时期是民众赋役负担空前沉重的时期，如孟子所说，这一时期有"布缕之征""粟米之征""刀布其敛"等，孟子主张轻徭薄赋，均齐赋税，建立固定的税法，呼吁统治者能够取民有制，具有一定的积极意义。

其三，保护工商业。商周时期有着"工商食官"的传统。春秋以后，这一格局开始打破，到了战国时期，私人工商业有了一定的发展。但是，列国征战导致关塞阻隔，关市之征繁重，严重地阻碍了工商业发展。因此，孟子主张对工商业实行保护政策，免除关税。"关，讥而不征。"[1] 对商品交换过程的税收也应该免除，"市廛而不征，法而不廛"[2]，以促进工商业的发展。

孟子仁政思想的核心内容是改善民生。孟子认为，现实生活中"庖有肥肉，厩有肥马，民有饥色，野有饿莩"的现象，无异于统治者"率兽而食人"[3]。这表明，孟子对民众的疾苦予以了更多关注。他把改善民生看作是统治者的社会责任显然是有道理的，但与此同时，孟子把改善民生的希望完全寄托于统治者的道德自觉，认为统治者"以不忍人之心，行不忍人之政"便可以解决全部的社会政治问题，这显然不切实际。

第三节　荀子的礼治思想

荀子（约前313—前211），名况，字卿，战国末赵国人。荀子一生游历了齐、燕、秦、楚等国，曾在齐的稷下学宫讲学，并"三为祭酒"。在春申君当政时，荀子到楚国，任兰陵令。春申君死后，荀子去职，退而著书。今存《荀

---

[1] 《孟子·公孙丑上》。
[2] 《孟子·公孙丑上》。
[3] 《孟子·梁惠王上》。

子》三十二篇，大部分为其本人所作，有数篇是他的学生记录的荀子言行录。

一、"性恶"论

荀子全部政治思想的理论出发点是性恶论。"今人之性，生而有好利焉，顺是，故争夺生而辞让亡焉；生而有疾恶焉，顺是，故残贼生而忠信亡焉；生而有耳目之欲，有好声色焉，顺是，故淫乱生而礼义文理亡焉。"① 事实上，现实生活中的人，就其本性来说，是一个复杂的多面体。如果说，孟子更多地看到了人性善的一面，荀子则更多地看到了人性恶的一面。

荀子认为，人的本性是与生俱来的，与后天的习得没有关系，"凡性者，天之就也，不可学，不可事"②。在荀子看来，人性之恶是生来如此的，"不可学、不可事而在人者，谓之性"。这种认识所强调的显然是人性的先验性。

荀子指出，人恶的本性表现为某种与生俱来的感官需求。"目好色，耳好声，口好味，心好利，骨体肤理好愉佚，是皆生于人之情性者也。"③ 由于人类的感官需求所致，便自然产生了财产占有欲和好利之心。"今人之性，饥而欲饱，寒而欲暖，劳而欲休，此人之情性也。"荀子认为，人的欲望是无法满足的。"人之情，食欲有刍豢，衣欲有文绣，行欲有舆马，又欲夫余财蓄积之富也。然而穷年累世不知足，是人之情也。"④ 总之，人的利欲之心永远没有止境。人的好利本性也表现为人的权势欲望，"夫贵为天子，富有天下，名为圣王，兼制人，人莫得而制也，是人之情之所同欲也"⑤。

人恶的本性必然引起社会动乱，进而导致贫穷。"欲恶同物，欲多而物寡，寡则必争矣。""争则乱，乱则穷矣。"⑥ 人类恶的本性，破坏了社会秩序和财产关系的稳定，社会道德也因此而沦丧。荀子认为，既然在任何情况下都不能使人的欲望得到满足，那么，社会政治活动的任务就不是满足人的欲望，而是时时刻刻抑制人恶的本性。

荀子认为，在恶的本性支配下，每个人都是计利而行的，"妻子具而孝衰

---

① 《荀子·性恶》。
② 《荀子·性恶》。
③ 《荀子·性恶》。
④ 《荀子·荣辱》。
⑤ 《荀子·王霸》。
⑥ 《荀子·富国》。

于亲，嗜欲得而信衰于友，爵禄盈而忠衰于君"①。有了妻子以后对父母的感情就减弱了，自己的嗜欲满足以后对友情便淡漠了，爵高、禄厚以后便不再那么忠于君主了。荀子对人的自私自利本性的刻画可谓深刻。

荀子注意到了人的社会性，认为群体生活是人类社会生活的本质，"人生不能无群"②。但是，人恶的本性却是群体生活最大的破坏力量。因此，必须对人恶的本性加以控制，从而保证人们能够拥有符合道德的生活。在荀子看来，人类的群体生活必须是符合道德的生活，可是人的本性又不包含人类群体生活所必需的"善"，所以，人就必须努力摆脱恶的本性，通过人为的努力创造出人类社会所必要的善，这就是"化性起伪"。

关于"性"与"伪"的差别，荀子说："人之性恶，其善者伪也。"③ "不可学，不可事而在人者，谓之性；可学而能，可事而成之在人者，谓之伪——是性伪之分也。"④ 关于"伪"的确切含义，唐代杨倞注："伪，为也，矫其本性也，凡天性而人作为之者皆谓之伪。"清人郝懿行则直训伪为"作为"，这些说法都有一定的道理。概言之，人的本性是与生俱来的，而不是从人的后天实践中获得的；"伪"指的是，为了抑制人类恶的本性，人们经由道德努力即人为的活动而获得的结果。

荀子所说的伪，包含了人为的善，就是礼义。荀子认为，只有礼义才可以使人向善，才是维系群体生活的力量。荀子举例说，如果循着人的本性，兄弟之间将难以避免财产纷争，但是在礼义的教化下，则可以把财产让与国人。所以，化性起伪、隆礼重法是实现良好的社会生活的可靠途径。

在荀子看来，"化性起伪"要依靠四种力量：一是"立君上之执（势）以临之"，二是"明礼义以化之"，三是"起法正以治之"，四是"重刑罚以禁之"。如果没有这四种力量约束，人恶的本性则将进一步膨胀，"强者害弱而夺之，众者暴寡而哗之，天下之悖乱而相亡，不待顷矣"⑤。按照荀子的理解，由于每个人的本性都是恶的，所以，实现优良社会生活的途径不可能是人的道德自觉，而是必须通过外部的约束和教化，克制、约束人的本性，以实现良好的

---

① 《荀子·性恶》。
② 《荀子·王制》。
③ 《荀子·性恶》。
④ 《荀子·性恶》。
⑤ 《荀子·性恶》。

社会生活。

荀子对人性做了悲观判断，但是对于人的道德前景却持乐观态度。在荀子看来，尽管人的本性是恶的，不过人们可以通过礼义约束和教化，使恶的本性得到抑制，甚至可以成圣成贤。用他的话说，就是"涂（途）之人可以为禹"。荀子说："凡禹之所以为禹者，以其为仁义法正也。然则仁义法正有可知可能之理。然而涂之人也，皆有可以知仁义法正之质，皆有可以能仁义法正之具，然则其可以为禹明矣。"[①] 荀子论证的思路是：因为仁义法正都是可知、可学的，每个人都有学习仁义法正的资质，所以人完全可以抑制自己的本性，"化性起伪"，而成为禹那样的圣人。

在人人都可以成圣人这一点上，荀子的性恶论与孟子的性善论实际上殊途同归。孟子认为人性善，其目的是引导人们尽可能地发挥自己善的本性；荀子认为人性恶，是想通过对恶的本性的抑制，最后达到善的结果，成为禹那样的圣人。所不同的是，孟子强调的是人的道德自觉，而荀子则强调外在的社会教化和礼法约束的重要性。

二、礼治与恢复三代之治

从人性恶的观点出发，荀子主张实行礼治。围绕礼的起源、本质以及礼在社会政治生活中的作用等问题，荀子提出了较之以往思想家更为深刻的看法。

1. 关于礼的起源

礼产生的根本原因是什么，春秋战国时期的思想家都试图做出自己的解答。荀子在《礼论》中详细阐述了他的看法："礼起于何也？曰：人生而有欲，欲而不得，则不能无求，求而无度量分界，则不能不争。争则乱，乱则穷。先王恶其乱也，故制礼义以分之，以养人之欲，给人之求。"这里荀子指出在礼的产生过程中，主要是两方面因素在起作用。第一，礼是人与人之间利欲冲突的结果。在荀子看来，每个人都有与生俱来的欲望，而人的欲望又是无止境的，这样，在利欲需求没有"度量分界"的人组成的社会里，人与人之间的纷争便是不可避免的。为了防止社会秩序因为利欲纷争而动荡不安，就必须通过礼来予以调解。第二，礼是圣王制定的。荀子认为，尽管社会有着礼产生的内在需求，但是，圣王却是礼能够产生的关键因素，礼是先王意志的体现。

---

① 《荀子·性恶》。

作为调解社会成员之间的利益、规范社会成员行为的政治社会制度，"礼"是伴随着中国早期国家的出现而产生的，并且在早期国家的发展过程中不断完善。与以往的思想家相比，荀子把礼归结于人与人之间的利益冲突和社会矛盾发展的结果，这一认识显然更接近于历史实际。

2. 礼的作用

荀子十分重视礼在社会生活中的作用。他所理解的礼主要有两个方面的功能。第一，礼是个人的行为准则。如果没有礼的约束，人便不成其为人，"人无礼则不生"①。第二，礼是统治者治理国家过程中必须遵循的规范。《荀子·大略》说："礼，政之挽也，为政不以礼，政不行矣。"荀子十分强调礼的政治功能，他从统治者的治国需要出发，归纳出礼的四个本质特征："治辨之极，……强国之本，……威行之道，……功名之总。"② 是否实行礼治，决定着统治者在政治上的成功与失败，"王公由之，所以得天下也；不由，所以陨社稷也"③。

在荀子看来，礼是约束社会政治生活各个方面的行为规范。一方面，只有在礼的约束下，人们才有可能拥有正当的社会生活；另一方面，礼是社会秩序稳定的重要保障。

3. 关于礼与法的关系

在中国古代社会，人们所说的"法"主要是指刑罚。在荀子之前，儒家学派的代表人物孔子和孟子虽然并不完全拒绝统治者在治国过程中使用刑罚，但他们却很少提及法。与孔孟不同，在强调礼的作用的同时，荀子对法也予以了相当的重视，主张"隆礼重法"、德法并举。这是因为，荀子认为人的本性是不可靠的，只有在外部强制性规范的作用下才能正常生活，"法"即是这种外部规范的一部分。在荀子著作中，"法"有两种含义，有时指历史传统或先王之道，如"王者之法""三王之法"等，这和荀子所说的礼没有差别。另外，法也有政策、法令、法律的意义，如他在《议兵》中所说"立法施令，莫不有比"，《礼论》说"刑法有等"，这和法家所说的法是相同的。

荀子显然吸收了战国法家的思想成分，他主张"布陈于国家刑法"④。不过，在荀子的思想体系中，法与礼并不是同等重要的。较之于法，礼具有更为

① 《荀子·修身》。
② 《荀子·议兵》。
③ 《荀子·议兵》。
④ 《荀子·王霸》。

重要的地位，礼是具有政治指导作用的一般原则，而法不过是统治者治理国家时所运用的必要手段。《荀子·王制》说："礼义者，治之始也。"《荀子·君道》又有："法者，治之端也。"也就是说，礼义是治国之本，而法则是治术之末，法必须体现礼的基本精神。基于这样的认识，荀子主张实行礼治，而反对以法治国。

不过，荀子认为，作为统治者治理国家的工具，法以其强制性特征，对礼具有重要补充作用。"不教而诛，则刑繁而邪不胜；教而不诛，则奸民不惩；诛而不赏，则勤励之民不劝；诛赏而不类，则下疑，俗俭（险）而百姓不一。"① 所以，统治者在实行礼治的同时，法也不可偏废，而是礼治为主，礼法并用。

荀子认为，实行礼治的关键在人。在他看来，"有乱君，无乱国；有治人，无治法"②。也就是说，即使有了礼义法度，也仍然需要有道德品质良好的"人"来执行，所以，国家的治乱在根本上不是取决于礼义法度，而是取决于人。"法不能独立，类不能自行，得其人则存，失其人则亡。法者，治之端也；君子者，治之原也。"③

较之孔、孟，荀子虽然更多地注意到了外在规范的重要性，甚至对法的功能也能予以正面的评价，但就其主导的方面来说，他所主张的礼治仍然是人治，这也正是荀子与"专任刑法而欲以致治"的法家学派区别所在。

4. 恢复三代之治

复古是先秦儒家一贯的思想倾向。春秋末年的孔子在阐述自己的社会理想时，每每把他所设想的理想社会与西周的全盛时期联系在一起，因此，孔子的社会理想本身便带有鲜明的复古倾向。孔子的这一思想方式被战国儒家继承下来，如，孟子把尧舜看作是最理想的政治楷模，因此"言必称尧舜"，同时由于尧舜时代早于夏商周三代，所以孟子的复古主张又可以概括为"法先王"。与孟子稍有不同的是，荀子反对把尧舜时代作为理想政治的摹本，而是把"三代"看作是理想社会，因此他反对孟子的"法先王"，而主张"法后王"，"百王之道，后王是也"④。荀子在这里所说的"后王"是指夏商周三代的圣王。

---

① 《荀子·富国》。
② 《荀子·君道》。
③ 《荀子·君道》。
④ 《荀子·不苟》。

法后王也就是恢复夏商周三代的政治制度。

关于"法后王"，荀子提出了几条理由：

第一，先王事迹久远而模糊，后王更易于效法。荀子认为，百王之道一以贯之，后王与先王一脉相承，那种以为"古今异情，其所以治乱者异道"① 的说法实际上是妄人之说。按照荀子的看法，尽管往古圣王数以百计，但是他们的治国之道却没有根本不同。不同的只是，愈是距今久远的圣王，愈是难以效法，因为他们的事迹由于时间的原因已经十分模糊，"故曰：欲观圣王之迹，则于其粲然者矣，后王是也。彼后王者，天下之君也；舍后王而道上古，譬之是犹舍己之君，而事人之君也"②。荀子所说的"后王"是百王之中的后王，也就是夏商周三代的君主。他主张法后王，因为后王时代较近，事迹明了，易于效法。

第二，三代的制度是有史以来最完美的制度，三代的政治也是最好的政治，所以恢复三代之制便是复古。"王者之制，道不过三代，法不贰后王，道过三代谓之荡，法贰后王谓之不雅。……夫是谓复古，是王者之制也。"③

荀子认为，"后王"之法比现实社会的一切政治制度高明得多，而且已经完整地保存下来了，只是用不得其人。《荀子·君道》说："羿之法非亡也，而羿不世中，禹之法犹存，而夏不世王。"如果能够找到像羿、禹那样的人，用"后王"之法治理国家，就一定能够收到天下大治的成效。

法后王的基本内容，就是全面恢复古代的政治秩序。对此，荀子在《王制》中曾经说过："衣服有制，宫室有度，人徒有数，丧祭械用皆有等宜。声，则凡非雅声者举废；色，则凡非旧文者举息；械用，则凡非旧器者举毁。"在《王霸》中，荀子对于国家的政治、经济制度又作了一番总体设计："农分田而耕，贾分货而贩，百工分事而劝，士大夫分职而听，建国诸侯之君分土而守，三公总方而议，则天子共己而已矣。"这实际上就是要恢复井田制和西周的分封制度。

三、尚贤使能与富国富民

荀子主张尚贤使能。他认为，为政治国，君子或贤人比良法更为重要，"故有良法而乱者，有之矣；有君子而乱者，自古至今，未尝闻也"④。因此，

---

① 《荀子·非相》。
② 《荀子·非相》。
③ 《荀子·王制》。
④ 《荀子·王制》。

荀子特别重视用人。

荀子认为，能否尚贤关乎国家的存亡，"尊圣者王，贵贤者霸，敬贤者存，慢贤者亡，古今一也"①，能不能尚贤使能，是区分明君与否的重要标准，也是国家治乱的关键。荀子在《君道》中写道："明主急得其人，而暗主急得其势。"急于得人的君主，一定会收到"身佚而国治"的成效，或者成王，或者成就霸业，而不急于得人的君主，只能是"身劳而国乱"，最终必然导致国家灭亡。

与孔、孟一样，荀子认为，君主应该善于选用德才兼备的人才，而臣下的道德素质尤为重要，因为它决定着君主在政治上成功的程度，"与积礼义之君子为之则王，与端诚信全之士为之则霸"②。君主如杲任用道德品质高尚的君子，便可以成就三代圣王那样的伟业，如果任用道德修养稍差一些但也能讲求诚信的士人，则可以成就春秋五霸那样的大业。

在荀子看来，明君与庸主的最大差别，就在于前者善于用人。在《臣道》篇，荀子将臣分为态臣、篡臣、功臣、圣臣四种，荀子告诫说："态臣用则必死，篡臣用则必危，功臣用则必荣，圣臣用则必尊。"所以，君主要善于辨别臣下的忠奸，把治理国家的事务委托给那些"内足使以一民，外足使以距难""上则能尊君，下则能爱民"的功臣和圣臣。

尚贤使能是君主的第一要务，而君主尚贤使能的关键是要善于择相，因为相是百官之首，"强国荣辱在于取相矣，身能，相能，如是者王"③。

在用人原则上，荀子主张"无德不贵，无能不官"，根据人的才能决定取舍。荀子反对西周以来的世卿世禄制度，认为统治者应该"无恤亲疏，无偏贵贱，唯诚能之求"④。

荀子的尚贤主张，是对孔子"举贤才"思想的继承和发展。战国时期，正是新旧政治制度交替的时期，列国通过变法以及施行郡县制，使得新型的官僚制度逐渐取代旧的领主制度，在这样的历史条件下，荀子的尚贤主张有着重大的现实意义。

在经济上，荀子主张实行富国富民的政策。他认为，足国、富民是统治阶

---

① 《荀子·君子》。
② 《荀子·王霸》。
③ 《荀子·王霸》。
④ 《荀子·王霸》。

级最为重要的责任，"王者富民"①，圣王明君首先要承担起这一责任。至于富国富民的具体措施，荀子说："足国之道，节用裕民，而善臧其余。节用以礼，裕民以政，彼裕民故多余，裕民则民富，民富则田肥以易，田肥以易则出实百倍，上以法取焉，而下以礼节用之。余若丘山，不时焚烧，无以臧之。"② 荀子注意到生产、分配、消费是一个完整的经济过程，认为国家应该把握其中的各个环节，以达到富国富民的目的。

至于富国与富民的关系，荀子认为，富民是富国的前提，"下贫则上贫，下富则上富"③。富国与富民是一致的，所以，统治者应该"计利而畜民"④。荀子对富民与富国之间关系的认识无疑是正确的。如何达到富国富民的目的，荀子提出了如下具体措施：

首先，以礼调节人的物欲。荀子认为，人的物质利欲与财富的多寡存在着一定的矛盾，即"欲多而物寡"。因此，需要用礼来调节、抑制欲望："养人之欲，给人以求，使欲必不穷乎物，物必不屈于欲。"⑤ 通过礼调节人的欲望就是"节用以礼"，这样就可以使人的物质利欲与财富达到相对平衡。

其次，实行重农抑商政策。荀子认为，富国富民的关键在于发展生产，而发展生产的关键在于发展农业。由于荀子把粮食作为社会财富的标志，因此只有农民才是"生之者"，工商业者及士大夫则是"食之者"。所以，荀子主张"省工贾，众农夫"⑥。国家要运用行政手段，最大限度地限制工商业者和士大夫的人数，这样，"生之者众，食之者寡，则财恒足"⑦。

荀子农本商末的思想主张，明显是受到了战国前期法家特别是商鞅的影响。农业在中国古代是最为重要的生产部门，荀子主张重农抑商，自有其社会历史根源，但是工商业同样也是社会生产和经济生活的重要组成部分，特别是在战国时代，工商业的发展和繁荣对古代中国从分裂走向统一，起到了极大的促进作用，荀子显然忽视了这一点。

最后，通过薄税敛的政策，保障社会经济的稳定与发展。荀子在《富国》

---

① 《荀子·王制》。
② 《荀子·富国》。
③ 《荀子·富国》。
④ 《荀子·富国》。
⑤ 《荀子·礼论》。
⑥ 《荀子·君道》。
⑦ 《荀子·富国》。

中说："轻田野之税，平关市之征，省商贾之数，罕兴力役，无夺农时。"以往的思想家，凡主张轻徭薄赋者，大多从仁爱与道德的立场出发，事实上，奉劝统治者为了仁爱的原则而轻赋税之征，并没有什么说服力。荀子第一次把国家的赋税制度与社会生产的发展、富国富民结合起来，站在国家经济利益的立场上去解释国家的经济政策，这比以往的思想家前进了一大步。

第四节   墨子以兼爱、尚贤为核心的政治思想

墨子（前468—前376），名翟，战国初期鲁国人，曾在宋国做大夫。《淮南子·要略训》说："墨子学儒者之业，受孔子之术，以为其礼烦扰而不说，厚葬靡财而贫民，久服伤生而害事，故背周道而用夏政。"可见墨子最初受业于儒家，后来，由于思想观点不同，转而成为墨家的创始人。

墨子的学说在战国时期影响很大，《韩非子·显学》说："世之显学，儒墨也。儒之所至，孔丘也；墨之所至，墨翟也。"孟子也说："杨朱、墨翟之言盈天下。"① 在战国时期，墨子的学说很受社会下层民众的信从。墨氏生徒在当时统称为"墨者"，墨者组织严密，有一套十分严明的纪律，称为"墨者之法"。其中规定："杀人者死，伤人者刑。"② 墨子的思想内容十分庞杂，其中涉及军事、政治、逻辑、伦理等。墨子及其后学的思想保留在《墨子》一书中。

墨子思想的重要特点是注重实用，他的基本主张都是针对当时社会问题而提出。他说："凡入国，必择务而从事焉。国家昏乱，则语之尚贤、尚同；国家贫，则语之节用、节葬；国家憙音湛湎，则语之非乐、非命；国家淫僻无理，则语之尊天、事鬼；国家务夺侵凌，则语之兼爱、非攻。"③ 墨子思想的这一特点，在一定程度上制约了其思想学说的理论深度。墨子较为重要的政治主张有兼爱、非攻、尚贤、尚同等。

一、兼爱与非攻

孟子说："墨氏兼爱。"④ 面对列国兼并、社会秩序急剧动荡的现实，墨子

---

① 《孟子·滕文公下》。
② 《吕氏春秋·去私》。
③ 《墨子·鲁问》。
④ 《孟子·滕文公下》。

和当时其他思想家一样，寻求导致社会动乱的根源，探索解决社会问题的办法。墨子认为，社会动乱的根本原因在于人与人之间不相爱。"圣人以治天下为事者也，必知乱之所自起，……起不相爱。臣子之不孝君父，所谓乱也。子自爱，不爱父，故亏父而自利；弟自爱，不爱兄，故亏兄而自利；臣自爱，不爱君，故亏君而自利，……父自爱也，不爱子，故亏子而自利；兄自爱也，不爱弟，故亏弟而自利；君自爱也，不爱臣，故亏臣而自利。是何也？皆起不相爱。"① 墨子把一切社会政治问题的根源归结于人与人之间不相爱，导致人们自私自利，亏人利己。如诸侯爱自己的国家而不爱别人的国家，所以，攻打别人的国家而利自己的国家。

由于墨子把社会动乱根源归结为人与人之间不相爱，"兼相爱"便成为解决一切社会问题的根本途径。"天下之人皆不相爱，强必执弱，众必劫寡，富必侮贫，贵必傲贱，诈必欺愚。凡天下祸篡怨恨，其所以起者，以不相爱生也。是以仁者非之。既以非之，何以易之？子墨子言曰：以兼相爱、交相利之法易之。"②

墨子认为，兼相爱、交相利是解决社会纷争最有效的途径。"视人之国若视其国，视人之家若视其家，视人之身若视其身。是故诸侯相爱则不野战，家主相爱则不相篡，人与人相爱则不相贼，君臣相爱则惠忠，父子相爱则慈孝，兄弟相爱则和调，天下之人皆相爱，强不执弱，众不劫寡，富不侮贫，贵不傲贱，诈不欺愚。"③ 这样，便可以实现稳定的社会秩序。

从兼爱思想出发，墨子反对战争，提倡"非攻"。他认为，一切战争都是违反道义的行为，罪莫大焉。具体理由有：

第一，战争是人类社会最严重的亏人自利行为，亏人自利便是不义。墨子将战争与日常生活中的盗贼相类比：假如有一个人进入别人园圃，窃人桃李，这种行为被他人知道必定会遭到非议，被当政者知道必定会受到惩罚。何以如此？是因为盗贼"亏人而自利"。至于盗窃别人的家畜，其不义程度更甚，而战争则是最大的亏人自利。据此，墨子认为，一切战争都是不义的。

第二，杀人是不义的行为，战争中必然杀人，因此，战争是人类社会最严重的不义行为。墨子推论说："杀一人，谓之不义，必有一死罪矣。若以此说

---

① 《墨子·兼爱上》。
② 《墨子·兼爱中》。
③ 《墨子·兼爱下》。

往，杀十人，十重不义，必有十死罪矣；杀百人，百重不义，必有百死罪矣。"① 每个人都知道这种行为是违反道义的，可是对战争这种最严重的杀人行为，人们却根本看不到它的不义，"今至大为不义，攻国，则弗知非，从而誉之，谓之义，情不知其不义也"②。

第三，战争影响民众生活，妨碍社会生产发展。墨子认为，无论在什么时候发生战争，民众的生产和生活都受影响。"冬行恐寒，夏行恐暑……春则废民耕稼树艺，秋则废民获敛……百姓饥寒冻馁而死者不可胜数。"③ 春秋战国时期的战争，大多带有掠夺的性质，一些国家的统治者往往把战争作为获得财富的重要手段。对此，墨子指出：凡是以掠夺财富为目的而发生战争的国家，最终一定是得不偿失，"计其所得，反不如所丧者之多"④。

战国时期，列国之间的战争连绵不绝，极大地影响了民众的正常生活。墨子反对战争，表明他对人民大众的生活状况十分关注，因此，墨子的非攻主张有一定的合理性。但是，墨子反对战争，把战争一概视为不义行为却是片面的认识。战争是由错综复杂的因素引起的社会政治现象，墨子制止战争的愿望固然良善，但是，他并没有认识到，在某些特定的历史条件下，战争也是解决社会问题的途径之一。

二、尚贤主张

墨子认为，当时各诸侯国的王公大人在主观上都想把国家治理好，但是，其客观效果却往往适得其反，其中最主要的原因就是不得其人。他说：现在那些治理国家的王公大人，都希望国家富强、人口众多、社会秩序安定，可实际上却是"不得富而得贫，不得众而得寡，不得治而得乱"，造成这一现象的根本原因便是"不尚贤"，"是在王公大人为政于国家者，不能以尚贤事（使）能为政也"。⑤

墨子认为，列国统治者之所以不尚贤，是因为他们根本不知道尚贤的重要性。"今王公大人，有一衣裳不能制也，必藉良工；有一牛羊不能杀也，必藉

---

① 《墨子·非攻上》。
② 《墨子·非攻上》。
③ 《墨子·非攻中》。
④ 《墨子·非攻中》。
⑤ 《墨子·尚贤上》。

良宰。故当若之二物者，王公大人未知以尚贤使能为政也。"① 王公大人在制衣服的时候一定要用"良工"，在屠宰牛羊的时候一定要用"良宰"，可是，在治理国家这样重大的问题上，却不知尚贤使能。"亲戚则使之，无故富贵；面目佼好则使之，无故富贵。"② 战国初期，尽管旧的世卿世禄制度已经动摇，但是，任人唯亲仍然普遍存在，因此，墨子的尚贤主张对否定旧的世卿世禄制度有一定的积极意义，反映了当时新兴士人阶层的政治要求。

关于尚贤的原则，墨子指出，统治者在选用人才的时候，应该遵循任人唯贤的原则，"不党父兄，不偏富贵，不嬖颜色。贤者举而上之，富而贵之，以为官长；不肖者抑而废之，贫而贱之，以为徒役"③。针对当时各国普遍存在的贵族垄断权力的现象，墨子提出，应该"官无常贵，民无终贱"④，一方面把那些无德无能的官员清理出去；另一方面，从社会下层选拔人才，不拘出身，不论贵贱，从而形成官与民的相互流动。

墨子的尚贤主张，较之儒家的尚贤主张更为激进，是其政治思想中的精华。儒家虽然也主张尚贤，但是，亲亲、尊尊仍然是儒家政治哲学中最重要的原则，并没有在根本上否定传统的世卿世禄制度。墨子主张不别亲疏，不论贵贱，显然比儒家的尚贤主张前进了一大步，有利于扩大国家的统治基础。

三、尚同主张

墨子认为，他所生活的社会动荡不安，原因是人们的意见不统一。解决这一问题的关键是尚同。

为了说明尚同的重要性，墨子对人类社会的历史做了这样的解释：在人类刚刚出现，还没有产生"正长"的远古时代，人与人之间的意见各不相同，"是以一人则一义，二人则二义，十人则十义，其人兹众，其所谓义者亦兹众，是以人是其义以非人之义，故交相非也"⑤。人与人之间的意见分歧，导致人与人之间相互怨恨，无法合作，"有余力不能以相劳。腐朽余财不以相分，隐匿

---

① 《墨子·尚贤中》。
② 《墨子·尚贤中》。
③ 《墨子·尚贤中》。
④ 《墨子·尚贤上》。
⑤ 《墨子·尚同上》。

良道不以相教，天下之乱若禽兽然"①。墨子认为，人们的意见不一致，导致了人与人的相互非难，而"交相非"的根本原因，是没有一种能够统一人们意见的力量，"天下之所以乱者，生于无正长"②。

墨子认为，一旦人类社会产生了政治上的统治者，就有了统一人们意见的力量。"正长既已具，天子发政于天下之百姓，言曰：闻善而不善，皆以告其上，上之所是，必皆是之，所非，必皆非之。"③ 这段话的意思是，在"正长"产生以后，天子便向天下百姓发布命令，要把所闻知的不同意见禀告于君主，君主所赞同的，就必须赞同，君主所反对的，也就一定要反对。

墨子认为，每个人都应该放弃自己的观点而服从君主意见，以君主的好恶为依据，以君主的是非为是非。"凡国之万民，上同乎天子，而不敢下比，天子之所是，必亦是之，天子之所非，必亦非之，去而不善言，学天子之善言，去而不善行，学天子之善行。"④ 墨子认为，每个人都必须以君主为榜样，一言一行都效法君主，任何人在君主面前都不得保留自己的意见。

墨子尚同主张的核心理由，是认为每个人都有自己的意见，而且人与人之间无法达成共同的认识，所以，人们也就无法对"义"达成共同的理解。确切地说，墨子"人各异义"的说法是有道理的，可是，其人与人之间无法达成共同认识的观点却是错误的。在墨子看来，真理一定属于居于统治地位的人，"义不从愚且贱者出，必自贵且知者出。"⑤ 很明显，墨子在强调人与人之间无法达成共同认识的同时，也否定了民众作为认识主体的权利。墨子这一主张的基本导向，必然是极端的君主专制政治。

第五节　庄子以返璞归真为主旨的政治思想

庄子（约前369—前286），名周，战国中期人。原籍蒙（今河南商丘附近，一说安徽蒙城），曾为楚国漆园吏。《汉书·艺文志》载《庄子》五十二

---

① 《墨子·尚同上》。
② 《墨子·尚同上》。
③ 《墨子·尚同上》。
④ 《墨子·尚同中》。
⑤ 《墨子·天志中》。

篇，今存三十三篇，为庄子及其弟子和后学所作。庄子对社会现实持有强烈的批判态度，一生无意仕途。庄子基本上继承了老子无为而治的政治思想。

一、至德之世的社会理想

庄子把自己理想中的社会称为"至德之世"或"无何有之乡"。《庄子·马蹄》篇对至德之世描述为："故至德之世，其行填填，其视颠颠。当是时也，山无蹊隧，泽无舟梁；万物群生，连属其乡；禽兽成群，草木遂长。……夫至德之世，同与禽兽居，族与万物并。恶乎知君子小人哉！同乎无知，其德不离；同乎无欲，是谓素朴。"庄子所说的"至德之世"，与老子所构想的理想社会十分相像，都是基于对"自然"的理解而做出的构想，只不过庄子的"至德之世"要比老子的"小国寡民"更加原始。

"返璞归真"是庄子理想社会的基本特征。在庄子理想中的社会里，人已经回归"素朴""民如野鹿"的状态，人与自然界的万物之间没有任何差别，与"万物群生，连属其乡"，在这个社会里，没有知识和文化，没有私有财产，也没有私有观念，人们劳动只是为了饱腹，"知作不知藏"①，除此以外，没有任何其他的主观目的。庄子理想中的社会，完全是在自然规律的调节下运行的。在庄子看来，只有在这样的社会里，人才真正恢复到了本真的状态。

在庄子设计的理想社会中，人与人之间没有交往，人们都靠个人能力来生活。《庄子·大宗师》有这样一段话："泉涸，鱼相与处于陆，相呴以湿，相濡以沫，不如相忘乎江湖。"又说："鱼相忘乎江湖，人相忘乎道术。"现实生活中的全部社会关系和人际交往，在庄子的理想社会中已经没有任何意义。

庄子对于理想社会的构想，在一定程度上体现了庄子对自由的追求。在庄子看来，只有在纯粹的自然状态下，人们的生活才是自由的。现实生活中的人们之所以是不自由的，是因为其对于外物有所依赖，即所谓"有待"。而在"至德之世"或"无何有之乡"，摆脱全部社会关系束缚的人，也就摆脱了对于外物的任何依赖，"乘天地之正，而御六气之辩，以游无穷者，彼且恶乎待哉！"② 因此人可以获得最大限度的自由。

庄子认为，因为摆脱了全部社会关系的束缚，身处"无何有之乡"的人便

---

① 《庄子·山木》。
② 《庄子·逍遥游》。

可以最大限度地实现自己的价值。《逍遥游》言，惠施有一棵大树，"其大本臃肿而不中绳墨，其小枝卷曲而不中规矩"，苦于这棵树毫无用处。于是，庄子建议他把这棵树植于"无何有之乡，广莫之野"，在那里，"不夭斤斧，物无害者，"他便再也不会因为这棵树无用而苦恼了。这实际是说，只有摆脱外物的束缚，事物才有可能真正实现自身价值。

庄子所构想的理想社会固然体现了对自由的追求，可是，庄子忽略了至关重要的一点，即自由是不可能在脱离人类社会的群体生活、脱离人的全部社会关系的条件下实现的。

二、社会批判精神

庄子对当时社会始终持强烈批判态度。他认为，自神农、黄帝以来的历史，是不断退化的历史，由最初没有圣人，而产生了圣人，由最初的"混沌"状态，进而产生了智慧，产生了礼义制度。总之，人类文明进步的一切成果，在庄子看来都是原初的"道德"衰败的结果。从这样的认识出发，庄子认为，他所生活的战国时代，是人类有史以来最糟糕的时代。庄子对现实社会的批判集中在以下两个方面：

第一，圣人名曰治天下，其实是乱天下。春秋战国时期，崇拜圣贤的观念流行，在很多思想家看来，历史是由圣人创造的，礼义制度是圣人制定的，百姓通过圣贤的教化才真正成其为人，古往今来的历史便是圣人治天下的历史。庄子却认为，人们所称道的圣人都不是尽善尽美的，他们和常人一样，都有自己的缺点，对当时人们所推崇的黄帝直至周代的文王、武王等圣人，庄子一一指出他们在道德上的缺失。"黄帝尚不能全德，而战涿鹿之野，流血百里，尧不慈，舜不孝，禹偏枯，汤放其主，武王伐纣，文王拘羑里。"[①] 庄子认为，这几个人共同的弱点，便是被"利"迷惑了自己的真性而做出了违反人类天性的事情，因此不仅不应该把他们当作圣人，而且应该引以为耻。

针对时人所说的圣人拯救民众、圣人治天下的说法，庄子尖锐地指出，"圣人"实际上是历史的罪人，三皇五帝名为治天下，实际上是乱天下。社会所以纷然扰乱，主要是圣人"治天下"的结果，"治，乱之率也，北面之祸也，

---

① 《庄子·盗跖》。

南面之贼也"①。

至于当世的统治者，庄子认为，他们的品行较之以往的君主更差，所以，现实社会较之以往也更糟。他提出，古代的君主，总是把功劳归于民众，把过失归于自己，每当社会发生问题的时候，总是要"退而自责"，在自己身上寻找原因。可是，现实的君主却恰恰相反，"匿为物而过不识，大为难而罪不敢，重为任而罚不胜，远其涂而诛不至。民知力竭，则以伪继之，日出多伪，士民安取不伪？"② 现实生活中的伪诈、盗窃等行为，都源自君主的暴政。于是，庄子得出结论说，现实生活中的君主与盗贼没有本质差别，"小盗者拘，大盗者为诸侯"③，诸侯与盗贼都是盗贼，不同的是盗贼仅仅盗窃财物，而诸侯却盗窃天下国家。

第二，现实社会的伦理规范都是道德衰败的结果。春秋战国时期，以孔、孟为代表的儒家学派倡导忠、孝、仁、义、礼，希望通过提高人的道德修养、加强礼义教化而实现良好的社会生活秩序。庄子却认为，忠、孝、仁、义、礼并不意味着道德的进步，反而是道德衰败的标志。道德愈是败坏，礼义规范也就愈是隆盛。"且若亦知夫德之所荡而知之所为出乎哉？德荡乎名，知出乎争。名也者，相轧也；知也者，争之器也。二者凶器，非所以尽行也。"④ 为时人多所称道的名分与智慧，正是使人类社会的道德衰败的凶器，名与智不仅不能使人的道德良善，反而只能使道德愈加败坏。

庄子认为，儒、墨所倡导的礼义、兼爱，事实上是专制国家政治统治的工具。"今世殊死者相枕也，桁杨者相推也，刑戮者相望也，而儒墨乃始离跂攘臂乎桎梏之间。意！甚矣哉！其无愧而不知耻也甚矣！吾未知圣知之不为桁杨椄槢也，仁义之不为桎梏凿枘也。"⑤ 庄子的这一认识无疑是深刻的。但是，庄子将"仁义"视为"桎梏凿枘"的说法过于偏激，人类社会是"仁义"规范维系的群体，伦理规范是人类社会生活必不可少的要素，舍此，人类的群体生活将无法持续。

三、君道无为的思想主张

虽然庄子所描述的理想社会带有浓重的"无政府"色彩，但庄子无法回避

① 《庄子·天地》。
② 《庄子·则阳》。
③ 《庄子·盗跖》。
④ 《庄子·人间世》。
⑤ 《庄子·在宥》。

的问题是，人类社会的群体生活总是需要通过某种方式进行管理。庄子本人虽然没有论及这一问题，但其后学所作的《庄子》外、杂篇对这一问题却有着较为深入的讨论，在总体上，庄子后学继承了老、庄无为而治的思想并且有所发展。他们认为，自三皇五帝以来，圣人治天下的历史实际是乱天下的历史，基于这样的认识，他们认为帝王应该顺应自然，"无为而治"，从而达到天下大治的目的。

庄子后学认为，帝王治国应该顺应天道，而天道的本质在于无为、自然，只有顺应天道，天下才会为帝王所用，帝王才能成为天下的主人。否则，帝王将会为天下所用，使自己处于臣下的位置。"夫帝王之德，以天地为宗，以道德为主，以无为为常。无为也，则用天下而有余，有为也，则为天下用而不足。"① 与老子一样，庄学所说的"无为"，是一种极高明的统治术，无为的目的在于政治统治的有效和社会秩序的安定。"古之畜天下者，无欲而天下足，无为而万物化，渊静而百姓定。"② 这句话道出了他对无为政治的全部理解。在庄学看来，无为政治之所以能够收到天下安定的功效，就在于这种政治统治方式适应了天道的本质。

《庄子》认为，"无为"主要是对君主而言。在君主无为的同时，臣下应该有为，即所谓"君臣不同道"。如果君主无为，臣下也无为，便是"上与下同德"，而臣下一旦与君主同德，臣下便不再是臣下。如果臣下有为，而君主也有为，便是"上与下同道"，上下同道的结果是君主不成其为君主。所以，庄子得出结论说，无为，只能是君主分内之事，而臣下应该有为，"上必无为而用天下，下必有为为天下用"。③

至于君主应该如何实行无为政治，庄子主要强调了两个方面：

第一，君主应该虚静恬淡。《庄子·天道》用"水静则明"的比喻说明了帝王应该心静恬淡的道理。"水静则明烛须眉，平中准，大匠取法焉。"这段话的意思是，当水平静的时候，便清澈透明，可以照见须眉那样细微的事物，还可以为工匠提供水平的基准。而圣人的心便是宇宙万物的镜子，如欲照见万物，也必须虚静恬淡，"夫虚静恬淡，寂寞无为者，天地之平，而道德之至"。庄子认为，虚静恬淡，便是万物之本，要收到天下安定的功效，统治者必须心

———————————

① 《庄子·天道》。
② 《庄子·天地》。
③ 《庄子·天道》。

如止水。

第二，不以智慧机巧治国。"不以智治国"的主张最早是老子提出来的，庄子对这一主张做了更细密的论证。庄子在《德充符》中说，智慧、信义约束、道德以及百工技艺，都是天赋予人的，也是上天用来养人的。可是，运用智慧的结果产生了伪诈，礼义约束成了人们的桎梏，道德成为把人们胶固在一起的手段，百工技巧成了商业交换的工具，所有这一切，都使智、约、德、工丧失了本真。在庄子看来，本真的丧失是由于统治者动用心机而造成的。如果圣人不用心机，就不会因智慧而产生伪诈，人与人之间没有离散，也就用不着想办法来维系人与人之间的关系，如果素朴的本质没有丧失，道德便全无必要，如果不贵难得之货，也就没有了商业交换。"圣人不谋，恶用知；不斫，恶用胶；无丧，恶用德；不货，恶用商。"① 总而言之，"不以智治国，国之福"②。

与老子的主张相似，庄子主张"无为"，也是要达到无不为的目的，"不赏而民劝，不罚而民畏"③，这便是庄子无为主张最终要达到的功效。

君道无为的思想反映出了道家学派中庄学的基本思想趋向，这一思想成为汉初黄老学派的重要思想来源。

第六节　商鞅的法治思想

商鞅（约前395—前338），又名公孙鞅、卫鞅，战国时卫国人。商鞅曾在魏相公叔痤门下为中庶子。秦孝公时入秦，被任命为左庶长，主持变法。由于变法成绩卓著，迁大良造，封于商，号商君。变法以后，秦国大治，成为七国中最为强大的国家，"兵革大强，诸侯畏惧"④。《汉书·艺文志》著录有《商君书》二十九篇，另有《公孙鞅》二十七篇，今存《商君书》二十四篇，为商鞅及其后学所作。

商鞅是战国前期法家主要代表人物，其法治思想吸收了战国初年李悝的思

---

① 《庄子·德充符》。
② 《老子》六十五章。
③ 《庄子·天地》。
④ 《战国策·秦策一》。

想成分，是中国传统法治理论的重要组成部分。

一、人性好利论

商鞅法治思想的出发点是人性好利论。他认为，人的本性是好利的，其主要表现为人的生存需求以及由此而产生的欲望，"民之性，饥而求食，劳而求佚，苦而索乐，辱则求荣，此民之情也"①。因此，在利与弊之间，每个人都要趋利而避害，"民之生：度而取长，称而取重，权而索利"②。他认为，这种趋利避害的本性在每个人那里都是相同的。

商鞅认为，人性好利是与生俱来的。"民生则计利，死则虑名"③，"民之欲富贵也，共阖棺而后止"④，终其一生不会发生改变。在商鞅看来，人的一生，就是逐利的一生。人的全部行为，都可以用"逐利"二字解释，"名利之所凑，则民道之"⑤。由于人的好利本性，礼义法度对于人的约束作用是十分有限的，"民之求利，失礼之法；求名，失性之常"⑥。因此，既不能期望用礼义去限制人好利的本性，也不能期望人的好利本性发生改变。

在商鞅看来，对专制国家来说，人具有好利的本性并不是坏事，君主正可以因势利导，充分利用人好利的本性和趋利避害的心理，使民众勇于耕战，以达到富国强兵的目的。

商鞅的人性论，有其合理的一面。在战国诸子中，商鞅是第一个从经济方面认识人性的思想家。商鞅对人性的理解，以及利用人的本性实行富国强兵政策的观点，也适应了战国时代的社会需要。

二、"利出一孔"与奖励耕战

战国时期，法家主张实行富国强兵政策，这一思想在商鞅的政治思想中体现得更为突出。商鞅认为，国家只有两件事最为重要，一是耕，一是战，国家强盛与否，主要决定于国家的政治、经济、军事实力，而耕和战则是政治、经济实力增强的基础。只要把耕战这两件事抓好，国家就可以富强，"国待农战

---

① 《商君书·算地》。
② 《商君书·算地》。
③ 《商君书·算地》。
④ 《商君书·赏刑》。
⑤ 《商君书·算地》。
⑥ 《商君书·算地》。

而安，主待农战而尊"①，"兵农怠而国弱"②。因此，商鞅提醒君主，要设法把百姓引导到耕战的轨道上来，"入令民以属农，出令民以计战"③，使民众完全服从于富国强兵的需要。为了达到这一目的，国家要实行奖励耕战的政策，同时，堵塞耕战以外的任何利益渠道，民众的任何利益满足，都只能通过耕战这一渠道获得，商鞅把这种政策安排称为"利出一孔"④。

在商鞅的政治思想中，耕与战是相互促进、相辅相成的两项事业。一方面，耕可养战。农业生产的发展，不仅可以使国家富强，为战争提供物质基础，更重要的是，农业生产本身就是培养战士的学校。《商君书·算地》说："（民）属于农则朴，朴则畏令。私赏禁于下，则民力抟于敌，抟于敌则胜。"农民的重要特点之一是朴。商鞅所说的朴，指农民在小生产状态下形成的愚昧无知，而愚昧无知的农民最容易受统治者驱使。农民的第二个特点是穷，由于贫穷，就能吃苦，权衡利弊的心理也就越重。如果农民看到参战能够获得巨大利益，不勇于参战则将受到惩罚，那么，权衡利弊，民众在战场上就将舍生忘死。"夫民之情朴，则生劳而易力，穷则生知而权利，易力则轻死而乐用，权利则畏罚而易苦。易苦则地力尽，乐用则兵力尽。"⑤ 在商鞅看来，农民贫困并不是坏事，反倒是发展耕战事业的有利条件，这是因为，贫困的农民更容易为专制国家所利用。

商鞅认为，农业的主要作用在于"生力"，即增加国家的财力物力，财富一旦增加到一定数量，就需要"杀力"，即消耗财力、物力，战争便是最有效的"杀力"手段，因此，农与战要相互交替。"力多而不用则志穷，志穷则有私，有私则有弱，故能生力不能杀力，曰自攻之国，必削。"⑥ 也就是说，一旦民众的生活水准和国家的财力达到一定的程度，就要发动战争，消耗民力与财力，经常使民众处于贫困线上，这样，民众就得努力生产，创造更多的财富。因此，战争实际上起到了促进农业生产的作用。

商鞅认识到，农与战，并不是民众喜欢的事情，"民之外事莫难于战"，

---

① 《商君书·农战》。
② 《商君书·弱民》。
③ 《商君书·算地》。
④ 《商君书·国蓄》。
⑤ 《商君书·算地》。
⑥ 《商君书·说民》。

"民之内事莫苦于农"。① 所以，欲使农民勇于耕战，必须以法为工具，把民众驱使到耕战的轨道上来。驱民耕战手段有二，一是赏，二是罚，"以刑治民则乐用，以赏战民则轻死"②，重赏与重罚恰好符合农民权衡利弊、趋利避害的心理。"民见战赏之多则忘死，见不战之辱则苦生，赏使之忘死，而威使之苦生。"③ 在赏与罚的驱使下，民不得不耕，不得不战。

富国强兵是战国中期社会政治生活的主题，以商鞅为代表的法家学派倡导耕战政策，则是实现富国强兵的最有效的途径。在商鞅以富国强兵为目的的耕战思想指导下，秦国迅速强大起来，积累了实力，为统一中国打下了坚实基础。

三、法治主张

在战国前期法家的诸流派中，商鞅以重法而独成一家。商鞅虽然也谈到术与势，但是，其法治理论更为缜密。商鞅主张实行法治，使"天下之吏民无不知法者"④，通过法治达到天下大治。

商鞅认为，法是治理国家的根本，只有实行法治，国家才能安定，治理国家不可一日无法。"法令者，民之命也，为治之本也，所以备民也。为治而去法令，犹欲无饥而去食也，欲无寒而去衣也，欲东而西行也。"⑤ 法对国家之所以如此重要，主要是因为法具有以下作用：

第一，定分。"分"主要是指人与人之间的财产分界，"定分"指明确财产的所有权。商鞅认为，人与人之间的冲突主要是由财产方面的原因引起的，其主因即在于财产所有权不明确，"名分未定"。商鞅举例说："一兔走，百人逐之，非以兔为可分以百，由名分之未定也。夫卖兔者满市，而盗不敢取，由名分已定也。故名分未定，尧、舜、禹、汤皆如鹜焉而逐之，名分已定，贪盗不取。"在商鞅看来，财产名分不清是由于"法令不明"，且名分不定的财产，人人欲得，因此社会必然动乱。"故夫名分定，势治之道也，名分不定，势乱之道也。"⑥ 基于这样的认识，商鞅主张通过法来确定人与人之间的财产分界。

---

① 《商君书·外内》。
② 《商君书·弱民》。
③ 《商君书·外内》。
④ 《商君书·定分》。
⑤ 《商君书·定分》。
⑥ 《商君书·定分》。

第二，胜民。商鞅指出，法的作用对象是人民，如果法能够有效地约束民众，国家就强盛，反之，国家一定混乱。"民胜法，国乱，法胜民，兵强。"① 商鞅对民众的道德品质作了极低的评价，他认为，所有的臣民都是奸民，统治者应该充分认识到民众奸猾的本性。"以良民治，必乱至削，以奸民治，必治至强。"② 如果君主把臣民当做良民对待，国家势必陷入混乱，只有把民众看作奸民，国家才能强盛。为此，商鞅把法理解为最有效的统治民众的工具。

第三，富国强兵。在《商君书》中，法常常是与耕战并举的。《壹言》说："法制明则官无邪，国务壹则民应用，事本搏则民喜农而乐战，夫圣人之立法化俗，而使民朝夕从事于农也，不可不知也。"商鞅认为，设法立制的目的，是为了使民众服从专制国家的需要，君主应该操刑与赏两种工具，"立爵而民羞之，设刑而民乐之"③。也就是说，如果对勤于农事、勇于参战的人进行奖励，那些没有在战争中立功、不勤于务农的人将感到羞愧；用刑罚惩罚那些惰于农事、不勇于参战的人，可以使勤于农事、勇于参战的民众感到快乐。在法的驱使下，民众勇于耕战，国家必然富强。

关于法的实施，商鞅主张：

第一，刑无等级。商鞅认为，法、信用和权力是治理国家的可靠保证。三者之中，法由君臣共同使用，信用是君臣共同建立的，权力为君主所独有。"君臣释法任私必乱。故立法明分，而不以私害法，则治；权制独断于君，则威；民信其赏则事功成。"④ 所以，法的基本精神是"公"，法必须为全体臣民所共守。

法既然需要为全体臣民所共守，在执法过程中就要"刑无等级"。商鞅说："壹刑者，刑无等级，自卿相将军以至大夫庶人，有不从王令、犯国禁、乱上制者，罪死不赦。"⑤ 除君主外，任何人都不能逃脱法的制裁，爵禄不得抵刑，功不得抵过，善不可当恶。"有功于前，有败于后，不为损刑；有善于前，有过于后，不为亏法。"⑥ 无论何人，一旦违法，必须受到法的制裁。

第二，明法利民。商鞅认为，实行法治的首要一点就是要公布法令条文，

① 《商君书·说民》。
② 《商君书·说民》。
③ 《商君书·算地》。
④ 《商君书·修权》。
⑤ 《商君书·赏刑》。
⑥ 《商君书·赏刑》。

让全体臣民知晓。"古之明君，错法而民无邪，举事而材自练，赏行而兵强。此三者，治之本也，夫错法而民无邪者，法明而民利之也。"① 商鞅所说的错法，就是明法，使"天下吏民无不知法"；通过这样的手段，可以增强吏民的法制观念，"吏不敢以非法遇民，民不敢犯法以干法官也"②，从而使境内臣民都成为知法守法者。

欲使臣民都能够知法守法，下述两个条件是必需的：其一，法令条文本身必须明确易知。"故圣人为法，必使之明白易知。"③ 法令条文简明易知，即使是最愚钝的民众也能理解。其二，培养一批熟知法的官吏宣传法。"为置法官，吏为之师，以道（导）之知"④，官吏的首要条件是熟悉法令条文，能够做民众学习法的老师，官吏如果不能向民众清楚解释法令便是失职。《商君书·定分》对如何处置这些失职官吏曾经作过一些设想。如，当有人问及执法官吏某一条法律条文时，官吏必须明白无误地解释，如果拒绝解释或解释有错误，吏民因此而犯罪，执法官吏必须负法律责任。

第三，轻罪重罚。商鞅认为，为了实现法治，必须使民众对法有所畏惧，其唯一的办法是轻罪重罚，严刑苛法。"立君之道，莫广于胜法；胜法之务，莫急于去奸；去奸之本，莫深于严刑。"⑤ 商鞅说，严刑苛法的根本目的，是以杀止杀，以刑去刑。"故行刑重其轻者，轻者不生，则重者无从至矣。此谓治之于其治也。"⑥ 如果以重刑处置犯有轻罪的人，犯轻罪者被处以死刑，重罪就不会出现了。因而，商鞅认为，国家设置了法律，可还是有犯罪的人，那一定是由于刑罚太轻的缘故。轻刑等于无刑。

根据以刑去刑的目的，商鞅认为，轻罪重罚是完全正当的。"以战去战，虽战可也；以杀去杀，虽杀可也；以刑去刑，虽重刑可也。"⑦ 在表面上看，商鞅的说法有其合理性，但是，这一思想主张一旦被用于实践，将不可避免地出现暴政酷刑、民无宁日的悲惨局面。事实上，历史上的任何时代，违法犯罪现象的原因是多方面的，特别是社会矛盾错综复杂的战国时代，刑轻绝不是人们

---

① 《商君书·错法》。
② 《商君书·定分》。
③ 《商君书·定分》。
④ 《商君书·定分》。
⑤ 《商君书·开塞》。
⑥ 《商君书·画策》。
⑦ 《商君书·画策》。

犯法的主要原因，同样，重刑也无法制止犯罪行为。

在主张轻罪重罚的同时，商鞅还认为应该刑于将过，即对那些没有犯罪事实、仅有犯罪动机的人实行惩罚。"刑加于罪所终，则奸不去；施赏于民所义，则过不止。刑不能去奸，而赏不能止过者，必乱。故王者刑于将过，则大邪不生；赏施于告奸，则细过不失。"① 在商鞅看来，如果仅仅把刑罚施于犯罪以后，则不能制止犯罪现象发生；如果国家只是奖励那些符合道义的行为，民众将永远不会免于过错。因此，应该用刑于犯罪之前，以有效防止犯罪。

商鞅的法治理论在先秦法家中很有典型性。他提出的刑无等级、一断于法，较之以往的思想家的确有所进步，但是，商鞅法治思想的局限性也十分明显。首先，尽管商鞅主张刑无等级，但是，刑无等级并不等于"法律面前人人平等"，在任何时候，专制君主都在"法"的制裁范围之外，只是臣民在法面前才是平等的，实际上，刑无等级的背后是极端不平等。所以，商鞅的法治理论在本质上是为君主专制统治服务的。其次，商鞅片面强调"法胜民则国治"，这样，法只能用于约束民众的行为，民众在法的面前只有服从、守法的义务。但是，法却不保护个人的权利和尊严。这也恰恰是中国传统法治理论与现代法治理论的根本区别所在。最后，商鞅虽然主张法令公开，执法公正，但他又主张刑于将过、刑于未然，这意味着统治者在施法处罚民众的时候，完全可以脱离事实根据，其结果是法治过程也必然带有很大的随意性。

第七节　韩非法术势兼用的君主专制思想

韩非（约前280—前233），出身于韩国贵族，与李斯同为荀子的学生。韩非所处的时代，正值战国末期，秦国日强，山东六国日削，秦统一中国之势已经不可阻挡。目睹韩国的衰弱，韩非曾经上书韩王安，谏其修明法制，但未被采纳。于是，韩非作《说难》《孤愤》《五蠹》等十万余言，这些作品传到秦国，秦王政读后感叹说："寡人见此人与之游，死不恨矣。"但韩非到了秦国以后，并没有受到秦王政的信用。后因李斯等陷害，下狱而死。

韩非是战国法家的集大成者，创立了法术势兼用的君主专制理论。今存

①　《商君书·开塞》。

《韩非子》五十三篇，完整地保留了韩非的政治思想。

一、历史观与人性论

韩非把历史分为上古、中古、近古和当今四个时期。《韩非子·五蠹》提到，上古之世，"人民少而禽兽众"，人们过着"茹毛饮血"的生活。于是，有圣人作，"构木为巢，以避群害"，"钻燧取火，以化腥臊"；中古之世，"天下大水，而鲧、禹决渎"；近古之世，"桀纣暴乱而汤武征伐"；当今则是兼地略土、力功争强的时代。韩非认为，从上古到当今，每一个时代都各有特点，"上古竞于道德，中古逐于智谋，当今争于气力"。韩非对这些历史时代特征的概括，虽然并不准确，但他把历史理解为进化的过程却是正确的。

由于历史时代不同，韩非认为，人们不能拘于先王之道，株守于历史上"圣人"的做法，"是以圣人不期修古，不法常可，论世之事，因为之备"[1]。如果一味效法先王，这不是对先王的尊重，而是愚蠢。对于儒者效法尧舜的主张，韩非斥为"非愚即诬"。因为两三千年以前的尧舜之道，已经无法验证，更无法效仿，没有事实参验便称道尧舜，只能是愚昧的表现。所以，韩非极力反对儒家以古非今、效法先王的主张。

韩非认为，从上古到当今，在以下几个方面都发生了变化：

第一，物质财富供求关系的变化。韩非说，上古之时，人口稀少，"丈夫不耕，草木之实足食也；妇人不织，禽兽之皮足衣也。不事力而养足，人民少而财有余"，今则不然，"今人有五子不为多，子又有五子，大父不死而有二十五孙，是以人民众而货财寡，事力劳而供养薄"[2]。人口增长速度远远超过物质财富增长的速度，物质财富的供求关系也因此而发生了变化。

第二，权力本质的变化。韩非在《五蠹》篇指出，在尧作天子的时候，"茅茨不翦，采椽不斫，粝粢之食，藜藿之羹"。禹为天子时，"身执耒臿，以为民先"。他们享受的不过是当今监门小吏的待遇，付出的却是臣虏之劳。而当今的县令，"一日身死，子孙累世絜驾"。古代天子的权势，不如当今的县令，因而人们会"轻辞古之天子，难去今之县令"。

上古讲辞让，当今尚争夺，这并不是由于人的道德衰败，而是历史进化的

---

[1] 《韩非子·五蠹》。

[2] 《韩非子·五蠹》。

结果，时势使然。"事因于世，而备适于事"①，不同的历史时代有不同的特点，不同的历史时代也应该有不同的治国原则。

韩非的人性论，部分地受到了荀子性恶论的影响，同时，他也继承了商鞅人性好利的观点。韩非认为，人性好利主要是根源于人们的生存需求，"以肠胃为根本，不食则不能活，是以不免于欲利之心"②。由于每个人都有生存的需求，因此，每个人也就都有欲利之心。

韩非认为，人的任何行为都受好利的本性支配，计利而行是人的行为法则，父子、君臣之间也是如此。"父母之于子也，产男则相贺，产女则杀之，此俱出父母之怀衽，然男子受贺，女子杀之者，虑其后便，计之长利也。"③《外储说左上》又说："人为婴儿也，父母养之简，子长而怨，子盛壮成人，其供养薄，父每怒而谯之。子父，至亲也，而或谯或怨者，皆挟相为而不周于为已也。"父子关系，在本质上是经济关系。韩非认为，像儒家所说的父慈、子孝，事实上是不存在的，"千金之家，其子不仁，人之急利甚也"④。父子之亲尚且如此，无父子之情的人们之间，更是利益的交换关系。所以，儒家所说的君臣之间以忠信仁义相待是不可靠的。"臣尽死力以与君市，君垂爵禄以与臣市。君臣之间，非父子之亲也，计数之所出也。"⑤

韩非认为，应该从利的角度解释人的全部社会行为。例如，王良爱马，越王勾践爱人，爱马并不是为了马，爱人也不是为了人，其根本原因是要利用马驰骋，驱使人民去打仗。同样，"医善吮人之伤，含人之血，非骨肉之亲也，利所加也。故舆人成舆，则欲人之富贵；匠人成棺，则欲人之夭死也。非舆人仁而匠人贼也，人不贵则舆不售，人不死则棺不买，情非憎人也，利在人之死也"⑥。总之，人不是道德的人，而是追逐利益的人。

韩非认为，人的好利本性根源于人的生物本能。人性不仅不应该抑制，而且应该受到尊重。因为，事实上并不存在不好利的人。"夫陈轻货于幽隐，虽曾、史可疑也，悬百金于市，虽大盗不取也"⑦。如果把贵重货物藏起来，即使

---

① 《韩非子·五蠹》。
② 《韩非子·解老》。
③ 《韩非子·六反》。
④ 《韩非子·难四》。
⑤ 《韩非子·难一》。
⑥ 《韩非子·备内》。
⑦ 《韩非子·六反》。

是曾、史那样的贤人也有偷盗的可能；而把百金摆在市上，即使是大盗也不会窃取。人好利的本性是不是表现出来，要视客观条件而定。因此，他认为，利之所在，民之所凑，国家应该充分引导和利用民众好利的本性，使其为君主专制政治服务。

韩非的人性好利论，对于人际关系实质的揭露是深刻的，好利确实反映了人性的一个侧面。但是，韩非以人性好利为由，完全否定了伦理道德的价值，无疑带有片面性。在人类社会里，支配社会的力量并不仅仅是单纯的经济力量，人毕竟不同于其他动物，人的社会关系也不只是单纯的利害关系。

二、君主至上的观念

君主、国家、臣民三者之间的关系是春秋战国时期思想家讨论较多的问题。孟子认为民贵君轻，荀子主张尊君爱民，韩非则站在极端君主专制政治的立场，认为君主的利益高于一切。

韩非认为君主是国家的主人，国家是君主的私有物，"国者，君之车也"①。而从《韩非子》可见，韩非更关注君臣关系，他虽然强调君主应该有臣下辅佐，"凡五霸所以能成功名于天下者，必君臣俱有力焉"②，但是，韩非也主张一切要从君主的利益出发，臣下的利益应该绝对服从君主的利益。《韩非子·外储说右下》说："人主者，守法责成以立功者也。闻有吏虽乱而有独善之民，不闻有乱民而有独治之吏。故明主治吏不治民，说在摇木之本与引网之纲。"吏是君主借以统治民众的工具，君主治理好了臣下，也就治理好了万民。因而，臣的价值在于满足君主的需要；一切妨害君主利益的臣，都在清除之列。

关于君主与民众的关系，韩非认为，"君上之于民也，有难则用其死，安平则尽其力"③，民众要无条件地服从君主的统治，无条件地为君主所用。《韩非子·外储说右下》记载：秦襄王有病，而百姓为之祈祷，秦襄王知道以后，"訾其里正与伍老二甲"。事后，秦襄王解释道："彼民之所以为我用者，非以吾爱之为我用者也，以吾势之为我用者也。故遂绝爱道也。"这段话的意思是，民众所以能够为君主所用，不是因为民众爱戴君主，而是因为他们不得不为君主所用。因此，君主对民众不能行仁爱之道，只能用权势迫使民众绝对服从。

---

① 《韩非子·外储说右下》。
② 《韩非子·难二》。
③ 《韩非子·六反》。

以君主利益至上为原则，韩非对民进行了品分：贵生之士为降北之民，文学之士为牟食之民，辩智之士为伪诈之民，兼勇之士为暴傲之民，任誉之士为当死之民。这几种民都在制裁之列，其原因就在于他们对君主无所用，"博习辩智如孔墨，孔墨不耕耨，则国何得焉？修孝寡欲如曾史，曾史不战攻，则国何利焉？"① 只有愚昧厚朴、守法殉诚者才是良民。

韩非以君主利益为中心的政治理论，其核心是君主利益高于一切。"欲利而身，先利而君；欲富而家，先富而国。"② 一切以满足君主的利益需要为前提，是韩非提出的处理君与臣民之间关系的准则。这无疑是"民为贵、君为轻"思想的反动。不过，在战国时代，加强君权对结束割据分裂的局面，实现富国强兵以至最终完成统一事业，具有一定的积极意义。

三、法、术、势兼用的主张

以君主利益至上为出发点，韩非主张君主应该法、术、势兼用。韩非评论申不害说："虽用术于上，法不勤饰于官。"商鞅用法治秦，"然而无术以知奸，则以其官强也资人臣而已矣。""申子未尽于术，商君未尽于法也。"韩非关于法、术、势兼用的思想在理论深度和广度上都有了较大发展。

1. 法、术、势的内涵及其相互关系

韩非认为："法者，编著之图籍，设之于官府，而布之于百姓者也。……故法莫如显。"③ 韩非所理解的法有如下特征：第一，法是用文字形式肯定下来的成文法。第二，法的对象是民众。第三，法要公开。知法是守法的前提，因此，国家公布法，要使境内人人知晓，"境内卑贱莫不闻"。

韩非所说的"术"，就是权术，指君主驾驭臣下的手段。韩非对权术重要性的认识，主要受到了战国前期法家申不害的影响，但对申不害的术治思想有所发展。"术者，因任而授官，循名而责实，操生杀之柄，课群臣之能者也，此人主之所执也。"④ 术与法的差别在于，法是用来统治全体人民的工具，而术的对象则是群臣、百官，是君主驾驭群臣、考察群臣的手段。法要公开，术则藏于胸，为君主所独有，"术者，藏之于胸中，以偶众端而御群臣者也。故法

---

① 《韩非子·八说》。
② 《韩非子·外储说右下》。
③ 《韩非子·难三》。
④ 《韩非子·定法》。

莫如显，而术不欲见"①。术是驾驭群臣的秘术，不可以让任何人知道，"则亲爱近习莫之得闻也"，除君主外，其他人无须也不应该知道如何用术。

"势"指权势，是权力与地位的总称，是君主运用法、术的前提。韩非在《八经》中说："势者，胜众之资也。"在《人主》中又说："势者，人主之爪牙也。"韩非认为，势，是君主能够君临臣民的根本条件，有势与无势，是君与臣的根本差别所在。君主之所以能够制服臣下，并不是由于君主的品行、才能高于臣下，主要是因为君主手中掌握着势。对君主而言，掌握权力是其行法与用术的根本条件，道德与才能都不起决定作用。韩非告诫君主：一定要牢牢地控制臣下，一旦君主失势，君主将反为臣下所制。韩非说："夫虎之所以能服狗者，爪牙也，使虎释其爪牙而使狗用之，则虎反服于狗矣。人主者，以刑德制臣者也，今君人者释其刑德而使臣用之，则君反制于臣矣。"②

势的内容包括刑和德两个方面，也就是实行赏罚的权力，君主只有操刑、德二柄，才能制服臣下，否则，一旦臣下掌握了赏罚的权力，君主将为臣下所制。韩非在《二柄》篇说："明主之所致其臣者，二柄而已矣。二柄者，刑、德也。何谓刑、德？曰：杀戮之谓刑，庆赏之谓德，为人臣者畏诛罚而利庆赏，故人主自用其刑德，则群臣畏其威而归其利矣。"韩非认为，聪明的君主，一方面以杀戮约束臣下，一方面用庆赏诱导臣下，从而牢牢地控制着自己手中的权力。

韩非认为，对君主来说，法、术、势是相辅相成的关系，三者缺一不可。"国者，君之车也，势者，君之马也，无术以御之，身虽劳犹不免乱。有术以御之，身处佚乐之地，又致帝王之功也。"③ 三者之间，势是君主运用法与术的前提，而法与术则是君主用来维护自己的权力与地位的手段。只不过法与术的对象不同，法是用来镇压民众反抗的工具，而术则是驾驭臣下的手段。

2. 防范臣下以及君主用术的要领

韩非认为，权力对君主来说至关重要，而对君主权力的威胁来自内外两个方面，"难之从内起，与从外作者相半也"。不过，对君主来说，最大的威胁来自统治集团内部。韩非说，自周宣王以来，亡国者数十，"臣弑君而取国者众

---

① 《韩非子·难三》。
② 《韩非子·二柄》。
③ 《韩非子·外储说右下》。

矣"①。因此，韩非认为，圣明的君主，不用苦身忧民，操末耨以修畎亩，也不必躬行节俭，"不安子女之乐，不听钟石之声"，而要善于统治臣下。

韩非告诫君主说，君主最危险的敌人是左右近习、后妃、大臣，以及弟兄、显贵，"乱之所生六也，主母、后姬、子姓、弟兄、大臣、显贵"②。这些人无时无刻不在觊觎君主手中的权力，最有弑君篡权可能的首先是这些人。《韩非子·难四》说："臣主之间，非兄弟之亲也。劫杀之功，制万乘而享大利，则群臣孰非阳虎也。事以微巧成，以疏拙败。群臣之未起难也，其备未具也，群臣皆有阳虎之心。"在韩非看来，臣下都是阳虎一类犯上作乱的人；群臣没有犯上作乱，也是由于"其备未具"，一旦时机成熟，人人都有犯上作乱的可能。所以，"知臣主之异利者王，以为同者劫，与共事者杀"③。君主对臣下绝不能信任，信人就会受制于人，"人主之患在于信人，信人则治于人"④。唯一可行的办法，就是用术愚弄臣下。

关于君主运用权术的秘诀，简言之就是不可捉摸，"明主其行制也天，其用人也鬼"⑤。《韩非子》将用术的要领阐述得淋漓尽致。

第一，君主无见其所欲。韩非认为，君主应该让自己显得高深莫测，使任何人都不知道自己的好恶，"若天若地，孰亲孰疏，能象天地，是谓圣人"。⑥在《主道》篇中韩非又说："君无见其所欲，君见其所欲，臣将自雕琢；君无见其意，君见其意，臣将自表异。故曰：去好去恶，臣乃见素。"这段话的大意是，君主不能流露自己的好恶，如果君主表现出自己的好恶，臣下便将设法钻君王的空子，如果君主的底细不为臣下所了解，臣下无机可乘，只好勤勤恳恳地为君主做事。

第二，虚静无事，以暗观疵。受道家思想的影响，韩非认为，君主要无为，无为的主要内容就是对任何事情都不表态，凡事藏而不露。首先让臣下尽力去做，让臣下发表意见，然后自己伺机捉捕臣下的过失。"道在不可见，用在不可知，虚静无事，以观疵，见而不见，闻而不闻，知而不知。"⑦君主遇事

---

① 《韩非子·说疑》。
② 《韩非子·八经》。
③ 《韩非子·八经》。
④ 《韩非子·备内》。
⑤ 《韩非子·八经》。
⑥ 《韩非子·扬权》。
⑦ 《韩非子·主道》。

应该故意装聋作哑，在暗中观察臣下的一举一动。韩非认为，自己能够观人，而不让人观己的君主才是明主。

君主"以暗观疵"，但臣下又不得不言事，不得不做事。《南面》说："主道者，使人臣有必言之责，又有不言之责，言无端末，辩无所验者，此言之责也。以不言避责，持重位者，此不言之责也。人主使人臣言者必知其端末以责其实。不言者必问其取舍以为之责。"如此，发表意见者，要负责任，不发表意见者，也要被追究责任。臣下既不可以无根据地乱说，又不可以为了保全自己而敛口不言。

第三，设法割断大臣与民众、大臣与大臣之间的联系，使臣下不能结成朋党，在民众之中难以养成声望，这样，臣下只能唯君主之命是从。"朋党相和，臣下得欲，则人主孤，群臣公举，下不相合，则人主明。"[1] 如果臣下之间朋党比周，事实上孤立了君主；如果臣下之间矛盾重重，遇事则只能仰赖君主的明断。

韩非认为，凡是可能引起民众赞誉的事情，都应由君主去做，臣下不得染指。《外储说右上》记载：孔子的学生子路为郈令，用自己的私俸为修沟渠的民夫做了一顿饭。孔子派子贡"往覆其饭，击毁其器"。韩非借孔子之口发议论说："天子爱天下，诸侯爱境内，大夫爱官职，士爱其家，过其所爱曰侵。今鲁君有民而子擅爱之，是子侵也。"君主如果能使民众憎恨自己的臣下，臣下也就失去了反叛君主的力量。

第四，严格控制重臣的政治、经济实力。韩非认识到，私家割据，权臣的政治、经济实力膨胀是春秋晚期以来分裂的主要因素，这些人政治、经济实力膨胀，主要得益于分封制度。大大小小的封臣依据其世袭领地，形成足以与君主对抗的割据王国。战国时，虽然分封制度正在瓦解，但是列国仍存在着大大小小的封臣，多者门客数千人，这是削弱君权的重要因素。故韩非说："凡人主之国小而家大，权轻而臣重者，可亡也。"[2] 在他看来，"国地削而私家富"是当时国家贫弱的主要原因。君主应该尽量限制封臣的政治经济势力，"欲为其地，必适其赐"[3]。

第五，循名责实，参验群臣。《六反》说："听其言必责其用，观其行必求

---

① 《韩非子·外储说左下》。
② 《韩非子·亡征》。
③ 《韩非子·扬权》。

其功"，其目的在于使群臣能够勤于职守，言行相符。但另一方面，参验又意味着君主用术察奸。《韩非子·八经》对"参验"进行了详细的解说，即："握明以问所暗，诡使以绝黩泄，倒言以尝所疑，论反以得阴奸，设谏以纲独为，举错以观奸动。"其中"倒言以尝所疑，反论以得阴奸"就是故意说错话，说反话，以察验臣下是否忠诚。"设谏以纲独为"，谏者，间也，就是用间谍监视臣下的言行，对臣下实行特务统治。他甚至主张对臣下实行暗杀，"生害事，死伤名，则行饮食"。因而，韩非所说的参验群臣主要是用阴谋的手段监视、控制臣下。

韩非关于"术"的理论，是当时的历史条件下，统治集团内部钩心斗角、尔虞我诈的真实写照。在客观上，它适应了当时加强君主权力的需要，但是，韩非的权术思想也包含许多消极的东西，如他主张君主为巩固自己手中的权力而不择手段，甚至用各种不道德的手段对待臣下。后世出现的许多暴君、暴政，都不同程度地受到了这种思想的影响。

3. 法治的重要性与实行法治的原则

韩非强调法对治国的重要意义。首先，法是全体臣民的行为规范，"一民之轨莫如法"①。只有在法的约束下，全体人民才有统一的行动。其次，法是制止社会动乱的有力工具。只有实行法治，才会避免人与人之间的争夺。《韩非子·守道》说："法分明，则贤不得夺不肖，强不得侵弱，众不得暴寡。"最后，法是惩治犯罪行为的准绳。韩非认为，以法为准绳，惩治犯罪，即使是受到法的制裁的人也能接受，"以罪受诛，人不怨上"②。如果不按法办事，则将导致滥杀无辜，罚罪不当。

韩非认为，治国必须实行法治。如果实行法治，治国将是很容易的事情，"以法治国，举措而已矣"③。因此，韩非坚决反对儒家以德治国和尚贤等主张，认为治国应该"上法不上贤"④，如果把治国的希望寄托在贤人身上，难免发生社会动乱，"废常上贤，则乱"⑤。韩非在《用人》中说："释法术而心治，尧不能正一国；去规矩而妄意度，奚仲不能成一轮；废尺寸而差短长，王尔不

———————————

① 《韩非子·有度》。
② 《韩非子·外储说左下》。
③ 《韩非子·有度》。
④ 《韩非子·忠孝》。
⑤ 《韩非子·忠孝》。

能半中。使中主守法术，拙匠执规矩尺寸，则万不失矣。"如果按法办事，国有常法，即使是庸才也可以治国，"立法非所以备曾史也，所以使庸主能止盗跖也"①。

关于实行法治的具体原则，主要有以下几点：

第一，法一而固。韩非认为，法是全体臣民的行为准则，因而，法必须统一，全国只能有一个法。同时，法要相对稳定，"法莫如一而固"②。如果法彼此矛盾，朝令夕改，民众将无所适从。韩非在评论申不害时说："申不害，韩昭侯之佐也，韩者，晋之别国也。晋之故法未息，而韩之新法又生，先君之令未收，而后君之令又下。申不害不擅其法，不一其宪令，则奸多。……故托万乘之劲韩，十七年而不至于霸王者，虽用术于上，法不勤饰于官之患也。"③

第二，以其所重禁其所轻。韩非认为，人人都有趋利避害的心理，任何人都不会冒生命危险而牟取微利，因此，应该实行严刑苛法，以制止犯罪。"夫严刑者，民之所畏也，重罚者，民之所恶也，故圣人陈其所畏，以禁其邪，设其所恶，以防其奸，是以国安而暴乱不起。"④由于实行严刑苛法，民众自然而然地产生对法的畏惧心理，人们不敢以身试法，这样，便起到了制止一切奸邪行为、安定国家的作用。

第三，法不阿贵。韩非在《有度》篇中说："法之所加，知者弗能辞，勇者弗敢争，刑过不避大臣，赏善不遗匹夫。"韩非认为，在法律面前，全体臣民是平等的，法高于一切，任何人都不得枉法，这就是"法不阿贵"的原则。法不阿贵的根本保证是官吏公正执法。因而，韩非明确指出，官吏的职守就是贯彻法令，执行法令。韩非在《外储说左下》假托孔子说："吏者，平法也。"官吏对法来说，只能是因循，而不得主观随意，"法也者，官之所以师也。"⑤

韩非法、术、势兼用的政治理论，是以加强君权、维护君主利益为出发点的极端专制主义理论。这一理论付诸实践，所出现的只能是苛政；韩非把君主的利益置于臣民利益之上，主张君主通过权术来愚弄臣下，用严刑苛法统治民众，无疑是不可取的。但是，韩非对专制君臣关系的揭露，却很真实。他对历

---

① 《韩非子·守道》。
② 《韩非子·五蠹》。
③ 《韩非子·定法》。
④ 《韩非子·奸劫弑臣》。
⑤ 《韩非子·说疑》。

史进化过程的认识，也较为接近历史实际。

韩非是中国历史上著名的政治思想家之一，他以人性好利为出发点，把政治与道德分开，用非道德的观点，客观地认识和理解社会政治生活，有其合理性。韩非法、术、势的理论，围绕君臣关系中的权力运行情况进行分析，把握住了专制政治的要害，与同时代的其他思想家相比较，韩非的思想更为深刻。

小　结

战国时代是中国古代社会从小邦林立走向统一的历史阶段。如何实现富国强兵以及国家的统一成为思想家共同关心的问题。儒、道、墨、法诸家竞相争鸣，相互辩难，推动中国古代政治思想进入繁荣时期。

战国时代是社会变革的时代，秦汉以后的许多重要的政治经济制度，如郡县制、官僚制等，都可以追溯至这一历史时期。秦国在商鞅变法期间，废井田，开阡陌，这标志着以土地公有为基础的村社土地制度已经退出历史舞台。

春秋末年孔子开创的私人办学之风以及士人阶层的崛起，为思想文化领域里的百家争鸣提供了基本的社会条件。百家争鸣过程中形成了许多思想流派，其中较为重要的是儒、道、墨、法四家。

儒家重视对夏商周三代的文化传统和政治制度的继承。战国时期，儒家以孟子、荀子为代表，继承孔子"德"治思想，分别发展了"仁"和"礼"的学说，出现了儒学内部两大分野，影响深远。孟子提出"性善""良知"说，主张施仁政，希望统治者能够"以不忍人之心，行不忍人之政"。孟子重视民众在社会政治生活中的地位与作用，认为"民为贵，社稷次之，君为轻"，主张统治者"制民之产"，实行轻徭薄赋的政策，改善民众的生存条件。荀子以"性恶"论为其政治理论的出发点，主张"隆礼重法"，通过礼义教化实现良好的社会秩序。荀子把恢复三代之治作为自己的政治理想，主张实行尚贤使能和富国富民的政策。

墨家学派的创始人墨翟，其思想学说的显著特点是讲求实用。墨子认为，战国时代社会动乱的根本原因在于人与人之间不相爱，主张通过兼相爱、交相利，解决现实社会的纷争。墨子反对列国之间的兼并战争，认为战争是人类社会中最严重的亏人自利的行为，因此主张非攻。墨子认为，统治者不能有效治理国家的根本原因是不尚贤，因此倡导尚贤使能，应该不拘亲疏，不论贵贱，任人唯贤。

道家学派这一时期的主要代表人物是庄子。庄子继承了老子无为而治的思想主张，但较老子走得更远。庄子把"至德之世"或"无何有之乡"作为政治理想，主张回到"民与万物群生"的蒙昧状态。庄子具有强烈的社会批判精神，认为圣人治天下实际上就是乱天下，"小盗者拘，窃国者为诸侯"，自黄帝、尧舜以来的历史便是道德不断衰败的历史，历代的"圣王"是社会动乱的根源。

战国前期法家的代表人物有李悝、慎到、申不害和商鞅，到了战国后期，法家主要的代表人物是韩非。前期法家的思想主题是富国强兵和建法立制，而战国后期法家更多关注的则是如何实现有效的君主专制统治。韩非是法家思想的集大成者，也是战国时期专制思想的最典型代表人物。他借助老子的"虚"论、荀子的礼法论，汇聚法、术、势，丰富和完善了法家思想。法家思想的要点在于以君主为中心，探讨君主如何对付臣民，维护和巩固自己的统治。但法家坚持君主利益至上的价值取向，以阴谋手段驾驭臣下，以严刑苛法统治民众等思想主张，其理论局限和消极影响也是显而易见的。

思考题

1. 孟子"性善"论的基本内容。
2. 荀子礼治思想的主要内容及其意义。
3. 墨子兼爱主张的基本内容及其理论价值。
4. 庄子"君道无为"政治思想的基本内容。
5. 法家政治思想的基本特点。
6. 韩非法、术、势兼用的政治思想的意义与局限。

第四章　秦汉时期的政治思想

秦朝结束了春秋战国持续近五个半世纪的分裂状态，在中国历史上首次建立了统一的中央集权国家，秦王朝实行的郡县制度与官僚制度，彻底改变了夏商周三代中央与地方之间联系松散的状态，实现了真正意义上的国家统一。在秦汉时期，思想文化领域发生了重大变化，儒学逐渐成为占统治地位的思想，为以儒家为主的中国古代政治思想传统的形成奠定了基础。

第一节　秦汉时期的社会历史背景

秦始皇统一中国，建立了中央集权的封建帝国，在制度上多有创建。两汉进一步巩固并发展了中央集权制度。这一时期的政治思想与统一帝国的建立和发展有着密切的关联。

一、社会经济状况

秦国自商鞅变法后，废除了井田制，实行一系列的富国强兵政策，为统一中国奠定了基础。秦统一全国后，废除六国旧制，制定和颁布法律，统一度量衡、钱币和文字等，这些举措对促进全国各地的经济文化交流，巩固中央集权国家，起了重要作用。如颁布"使黔首自实田"① 的法令，在全国范围内推行土地私有制，统一赋税制度。这些政策对秦代及后世的经济社会发展有着重大的影响。

秦始皇热衷于通过各种方式强化帝王威严，巩固其专制统治。他大兴土木，建造骊山陵墓、修建万里长城、修筑阿房宫以及贯穿南北的驰道等。这些工程规模浩大，再加上对匈奴、南越战争的需要，民力、物资耗费巨大，民众的赋役负担极为繁重。秦统一后，满目疮痍的社会生产尚未得到恢复，便又遭到了严重破坏，极大地损害了经济社会的发展，并最终导致秦王朝迅速走向灭亡。

---

① 《史记·秦始皇本纪》。

　　秦末战乱使大量编户农民逃亡、人口锐减、土地荒芜，极大地破坏了社会生产。西汉初，社会经济状况残破凋敝，"民穷财匮"，"民散人亡，户口可得而数裁什二三"。①《汉书·食货志》记述当时经济匮乏的状况说："自天子不能具醇驷，而将相或乘牛车。"在这样的状况下，汉初统治者不得不把恢复生产作为首要任务。

　　西汉文帝、景帝时期，统治者以黄老道家的"清静无为"思想作为政治指导，实行轻徭薄赋、重农抑商、"与民休息"的政策，积极发展农业生产。经过约六十年的休养生息，汉初严峻的经济状况得以缓解和改善，社会秩序日趋稳定。汉初统治者之所以选用黄老道家思想，与这一时期的经济和社会状况有着直接的联系，体现了经济基础对上层建筑的制约作用。

　　西汉中期，社会经济走出汉初困境，促使汉武帝意欲有所作为，遂策问天下，寻求较之黄老之术更为适宜的治国方略。这一时期经济的发展是儒家政治思想得以上升为国家政治意识形态的重要原因。

　　到了东汉时期，农业及手工业在西汉的基础上又有所进步。牛耕普遍、垦田增多，人口大增。以造纸术、瓷器、织花机、水排等为代表的手工业发明层出不穷，极大地促进了中国古代物质文明的发展。

　　随着经济的发展，豪强势力日益强盛。豪强地主具有兼并性与割据性，成为经济社会发展的阻碍和破坏力量。东汉末年，豪强对经济发展、社会稳定和政治统一的破坏日趋严重，成为导致东汉末年衰败分裂的重要原因之一，也是引发汉末社会政治批判思潮的一个重要历史原因。

二、政治状况

　　统一后的秦朝在政治方面有两个显著的特点。一是在政治体制上有所创建，二是施政暴虐。关于后者，主要表现为严刑酷法，滥用民力，严重激化了社会矛盾。公元前206年，强盛一时的秦帝国被农民战争推翻，给后世帝王留下了深刻的教训。

　　关于政治体制的创建，秦统治者总结历史经验与实践，建立起一套不同于以往的政治制度，主要有两个方面。

　　其一，皇帝制度。夏商周时代，全国最高统治者称作王或天子，主要特点

_____

① 《汉书·高惠高后文功臣表》。

是王的权力地位至上，王位世袭，亲贵合一，这时尚未形成皇帝制度。

皇帝制度正式形成于秦朝。秦始皇议帝号及相关称谓可以视为皇帝制度的开端，称为名位制。随着历史的发展，经后代统治者的补充和丰富，名位制还包括皇族成员的专用名号、皇帝纪元的年号、庙号、谥号、尊号、陵寝名号等。同时，皇帝制度也不断完善，包括太子制、后宫制、宫省制、服御制、宗室制等。这些制度是维护封建统治者根本利益的政治保障，也是古代帝王专制思想的制度体现。

其二，郡县制和官僚制。秦统一后在全国确立郡县制。与之相应，又设立官僚制。这一系列的制度设置，改变了西周"封诸土而建诸侯"，"封建亲戚，以蕃屏周"的分封制度，建立了由封建王朝直接统管的郡县地方官府；改变了以往的"世卿世禄"贵族官制，变为由朝廷派遣各级官员。这些制度与秦统治者强化法治的政治指导思想相关联，有利于中央集权，也是为了满足秦统治者"天下一统"政治统治的需要，更是封建统治阶级的政治利益和统治意志在制度层面的体现。

从历史发展的角度看，郡县制和官僚制的确立和推广，对维护国家统一、促进民族融合具有历史合理性和积极意义，应当予以肯定。

西汉建立后，政治制度基本承袭秦制，同时也根据统治的需要而有所调整。例如西汉时期一度郡国并行，既沿用了秦代郡县制，又部分恢复了分封制。不过，汉代封主只享有经济权和部分行政权，没有独立的军事权，其权势与西周的分封制有很大的不同。

西汉初年，由于郡国并行，分封制与郡县制并存，极大地削弱了中央对地方的掌控，致使地方封国势力渐至强大，终于尾大不掉，酿成了重大政治事件。公元前154年的"七国之乱"被平定后，汉武帝进一步削藩。西汉中期之后，地方封国多被削夺，余下的封国也受到中央政府的严格限制，汉王朝中央集权和统一局面得到进一步巩固。

三、文化状况

秦帝国政治上的高度统一使得春秋战国以来的思想争鸣失去存在的社会政治条件。同时，统治者也提出了统一思想文化的政治要求。秦朝建立之初，统治者以法家思想作为政治指导思想，但没有禁绝其他各家学说，而是根据统治的需要，有选择地使用。然而，这种局面没能长期维持。公元前213年，秦始皇颁布《焚书令》，收缴焚毁民间藏书，禁绝言论，天下"以吏为师"。公元前212年，秦始皇又借故逮捕了460余位方士和儒生，全部坑杀于咸阳。史称"焚书坑儒"。"焚书坑儒"是一场巨大的文化劫难。这种灭绝文化的做法集中暴露了秦朝统治者专横与残暴的本质。

西汉建立后，思想解禁，百家之学复又活跃起来，史称"百家余绪"。起初，汉朝统治者推崇黄老道家，并不看重儒家。但儒生们仍然积极地为汉家王朝献计献策，寻找长治久安之方。这一时期的代表人物有陆贾、贾谊等。陆贾的思想以儒为主，兼融道、法；贾谊则以儒为主，兼及法、墨，体现了汉初"百家余绪"时期诸子之学相互融合的思想特点。

汉武帝时期，西汉走出了初年的困境，渐至达于鼎盛。讲求"清静无为"的黄老道家之学不再适应形势发展。董仲舒以儒为主，吸收阴阳五行、法、墨等家的观点，提出了天人合一政治论，为君主专制、政治大一统、尊卑等级作了系统的理论论证，得到了统治者的认可。汉武帝"独崇儒术"，采取多种措施提高儒学和儒生的政治地位，儒学升为官学，成为国家政治意识形态。到了汉元帝时期，儒学的统治地位得以巩固。此后，儒学成为中国政治思想的主流。

东汉王朝建立后，统治者继续奉行儒学，重视君臣纲纪和礼制德化。他们采取多种方式奖励名节、表彰孝悌，奖用儒生、兴学教化。加之察举取士"必采名誉"，从而形成了这一时期最富有特色的"名教"政治。

儒学在获得崇高政治地位的同时，也成为君主专制的附庸，不可避免地走向僵化。西汉中期以后，谶纬之学开始流行。东汉中元元年（56年），光武帝刘秀"宣布图谶于天下"，给予谶纬之学以官方身份，致使其在东汉时期广为流行。

谶纬以讲论阴阳五行、天人感应为主要理论特征，为封建王朝的合法性、帝王的统治政策及行为的正当性作论证。新莽及刘秀政权的建立，都曾利用谶纬制造舆论，借为助力。谶纬流行导致儒学神秘化与庸俗化，其论说之迷信与虚妄，引发了有识之士对谶纬的批判。王充、桓谭是批判谶纬之学的代表人物。其中，王充著有《论衡》一书，对谶纬的批判尖锐、深刻，在中国政治思想史上具有重要影响。

东汉晚期，政局混乱，危机日深，出现了以王符、仲长统为代表的政治反思思潮。他们对东汉社会政治的批判全面而深入，作为对君主专制利弊成败的反思，具有一定的历史合理性。

第二节　秦始皇天下一统的政治思想

秦始皇（前259—前210），姓嬴名政。13岁继王位，22岁执掌朝政，公元前221年统一天下。秦始皇是中央集权君主专制制度的创立者，这一制度对维护多民族国家的统一和发展具有极其重要的意义。他主持制定的官制及政治规制等大体上为后世所继承。不过，他"举措暴众，而用刑太极"①，致使强大的秦帝国二世而亡。

一、君权至上的统治思想

秦始皇在政治指导思想上秉承先秦法家传统，信奉并实践法家的"以法治国"主张。《史记·秦始皇本纪》说：秦始皇"刚毅戾深，事皆决于法"。先秦法家思想强调维护君主的至上权威，这一特点在秦始皇的统治思想中极为突出。秦始皇实现了江山一统大业之后，即着意于强化君主权威，加强专制统治。

首先，更改帝王名号。李斯等迎合君主意图，奉承道："今陛下兴义兵，诛残贼，平定天下，海内为郡县，法令由一统。自上古以来未尝有，五帝所不及。"② 上古有三皇，其中"泰皇"最为尊贵，就建议秦王尊称泰皇。秦始皇受到李斯等人启发，决定将三皇五帝的名号合一，称为"皇帝"。从此"皇帝"就成为君主的专用称号。

同时，嬴政还规定了一些皇帝专用的其他称谓，如称皇帝的命为"制"，令为"诏"，皇帝自称为"朕"。这些称谓从形式上强化了君主的至尊地位。

其次，取消谥法。为了进一步强化君主的权威，秦始皇还提出取消谥法。帝王谥号是"死而以行为谥"，即帝王去世以后才议行谥号。他认为，"子议父，臣议君也，甚无谓，朕弗取焉"，于是下诏："自今已来，除谥法，朕为始皇帝，后世以计数，二世三世至于万世，传之无穷。"③ 在秦始皇的观念中，君

---

① 《新语·无为》。
② 《史记·秦始皇本纪》。
③ 《史记·秦始皇本纪》。

主的权威是至高无上而不可侵犯的，群臣百官是皇帝的臣仆，臣下不可以评议君主的功过是非。

在当时的历史条件下，议帝号及专用称谓并非简单的称谓问题，而是对君权至上观念的确认。"皇帝"尊号把帝王至高无上地位和权威推向了顶峰，意味着在政治理念上确认了皇帝就是全国最高统治者。在皇帝名号覆盖下，国家的最高权力将有所归属，天下臣民要无条件绝对服从君主。皇帝尊号的确立和取消谥法是秦始皇君主专制思想的具体表现。

据《史记》记载，秦始皇大权独揽，将立法、司法、行政、军事诸权集于一人之手，"天下之事无大小皆决于上"①。秦始皇将君主权威强化到了无以复加的地步。

二、中央集权与"天下一统"的政治思想

秦帝国建立之初，为实现对全国的有效统治和管理，针对行政体制的选择展开了一番激烈的争论。李斯与周青臣等执法家主张，他们延续法家一脉的君权至上思想，主张强化中央集权，实行郡县制。王绾、淳于越等坚持儒家思想，主张实行分封制。

李斯针对王绾、淳于越的观点提出，春秋战国以来之所以诸侯混战，征伐连年，根源正在于分封制。实行分封制，势必会架空中央政权，重蹈诸侯割据争战的覆辙。实行郡县制则去除了诸子、功臣发动战争图谋割据的客观条件，可以确保帝国的中央集权、政治统一和秩序安定。

李斯的观点完全符合秦始皇强化君权的政治主张。经秦始皇决断，罢去了王绾的丞相之职，以李斯代之。废除分封制，全面推行郡县制。郡守、县令由朝廷任免，职位不可世袭，直接受朝廷统管和监督。

郡县制取代分封制是中国政治制度发展史上的大事，自秦朝始，基本为后世王朝所遵循。历史实践表明，郡县制相对分封制更有利于中央对地方的控制，有益于巩固中央集权，防范分裂，维护社会稳定和国家统一。

秦始皇又实行了官僚制。根据这种制度，中央和地方的主要官员都由君主任免，并可随时撤换，官职不能世袭，根据官爵的等级发给俸禄。中央实行三公九卿制。三公指丞相、太尉、御史大夫，他们都向皇帝负责，共同辅佐皇

---

① 《史记·秦始皇本纪》。

帝。九卿则分管具体事务。地方官设有郡守、县令（长）。县以下设有乡、亭、里，皆有正长。

郡县制与官僚制的确立，体现了秦始皇加强中央集权的统治思想，适应了封建王朝政治一统的需要，被后世历代王朝沿用。

秦始皇的天下一统思想主要有以下内容：

其一，天下一统于皇帝，土地、臣民无不为皇帝所有。秦始皇宣称统一天下，四海臣服，是皇帝明察和德行所致。如泰山刻石："皇帝临位，作制明法，臣下修饬。二十有六年，初并天下，罔不宾服。"① 琅琊刻石："六合之内，皇帝之土。西涉流沙，南尽北户。东有东海，北过大夏。人迹所至，无不臣者。"② 在秦始皇看来，天下一统即意味着皇帝拥有天下。商周以来君主权力至上的观念在秦始皇这里达到了极致。

其二，皇帝一统天下具有政治正当性。秦始皇统一天下后，热衷于"刻石颂秦德"，颂扬其本人的伟大功绩，也表达了秦始皇一统天下的正当性。这些刻石文辞主要强调了两点：一是六国"贪戾无厌，虐杀不已"。秦始皇因"哀众"而"振救黔首，周定四极，"③ 其统一天下是功德的体现。二是"皇帝明德，经理宇内，视听不怠"④。因为皇帝有德，其"普施明法，经纬天下"⑤，制定法规，管理民众则是理所当然的。政治统治的正当性是秦始皇大一统政治思想的立论基础。

其三，维系天下一统的政治秩序，构建长治久安的政治局面。秦始皇向往着秦帝国能万世一系，长治久安，为此就要构建统一的政治秩序。这一思想在刻石文辞中表露无遗，如"大圣作治，建定法度，显箸纲纪"，"治道运行，诸产得宜，皆有法式"。"法度""纲纪""法式"等所要维系的正是天下一统的政治秩序。

在实际社会政治生活中，天下一统的政治秩序主要体现为普遍的身份等级规范。秦始皇规定，民众要"贵贱分明，男女礼顺，慎遵职事"，"尊卑贵贱，不逾次行"，"端直敦忠，事业有常"。⑥ 同时还要形成风俗，达成社会共识。

---

① 《史记·秦始皇本纪》。
② 《史记·秦始皇本纪》。
③ 《史记·秦始皇本纪》。
④ 《史记·秦始皇本纪》。
⑤ 《史记·秦始皇本纪》。
⑥ 《史记·秦始皇本纪》。

秦始皇在刻石中"宣省习俗",强调"大治濯俗,天下承风,蒙被休经。皆遵度轨,和安敦勉,莫不顺令"。① 黎民百姓必须"顺令""守法",遵守尊卑贵贱身份等级,以保证"常治无极,舆舟不倾"。这充分表明了秦始皇对大一统政治局面长治久安的强烈期许和高度认同。

统一天下是战国时期统治者们共同的政治向往,在这一点上,法家、儒家等政治思想流派具有一致性。事实上,秦始皇在建立政权过程中,以法家思想作为政治指导,同时也兼收诸家。秦博士里就有不少是儒生。秦始皇登泰山封禅,也是儒生们出的主意。这表明秦王朝建立之初,秦始皇的着眼点主要在于国家统一和君主专权。随着天下一统思想的逐渐强化,再由于李斯的建议,秦始皇实行了"焚书坑儒"的政策,实现了思想文化领域的空前专制。

秦始皇天下一统的政治思想,顺应了中国从分裂走向统一的历史趋势,反映了封建统治阶级共同的政治目标和利益要求,客观上则促进了中华民族多元一体格局的形成,推动了中国历史的进一步发展。

三、严刑峻法的法治主张

尚武恃刑、轻罪重罚是战国时期秦国法家的治国主张之一。秦始皇秉承这一传统,实行严刑峻法。秦始皇称帝前后的《秦律》较之商鞅时发生了很大变化,名目繁多,极为严苛且刑罚酷烈。如《焚书令》规定"诽谤者,族","以古非今者,族","偶语诗书者,弃市"等。公元前227年,"荆轲为燕太子丹刺秦王",未能成功,被"诛九族"。秦王政仍然"恚恨不已,复夷轲之一里,一里皆灭"②。秦始皇专任刑罚,"而奸邪并生,赭衣塞路,囹圄成市,天下愁怨"③。这种丝毫不加掩饰的政治暴力思想是法家重刑主张的极端化发展。

以秦始皇、李斯为代表的秦统治者承袭了韩非的文化专制思想,并付诸政治实践。秦统治者以暴力方式收缴焚烧书籍、坑杀儒生,"天下以吏为师",将专制统治推向极致。这正是秦始皇严刑重罚思想的典型表现,体现了秦统治者政治思想的专制本质。

秦始皇的严刑峻法和文化专制思想,带来了严重的后果。一是秦统治者滥刑酷杀和滥用民力,加剧了社会矛盾,将百姓推到了死亡的边缘,最终引发了

① 《史记·秦始皇本纪》。
② 《论衡·语增》。
③ 《汉书·刑法志》。

秦末农民战争。二是思想文化的残暴专制，不仅造成了民族文化的空前浩劫，而且将士人阶层推向了对立面，削弱了秦统治集团的政治基础。此两者相互叠加，加速了秦朝的灭亡。

第三节　李斯极端专制的政治思想

李斯（？—前208），楚国上蔡（今河南上蔡县）人。平民出身，早年曾为"郡小吏"，后师事荀况，习"帝王之术"。后来到了秦国，初为客卿，后任廷尉。秦统一六国后，官至丞相。秦始皇死后，李斯与赵高共同矫诏谋杀太子扶苏，拥立胡亥。后被赵高诬陷，腰斩于咸阳，夷灭三族。

李斯著述多为奏书，主要保存于《史记》本传及《古文苑》。

一、文化专制思想

法家主张以法为教，韩非曾提出"无书简之文，以法为教；无先王之语，以吏为师"① 的思想文化专制主张。李斯的思想主张与韩非是一致的。

其一，李斯认为，统一思想学术有利于国家政策法令的实施。"今诸生不师今而学古，以非当世，惑乱黔首。"② 在他看来，对君主制定和颁布的法令制度，臣民是没有资格品评议论的，只能绝对服从，这是臣民的政治义务。可是，当时诸子百家之学还在流行，呈现多种学说并存的局面。这就使得人们以自己所学为据，评论或批评朝廷颁布的制度、政令和法令。这种状况冲击了国家制度政令的权威性，对制度政令的实施和执行形成了严重阻碍。

其二，统一思想学术有利于强化君主权威。李斯指出，各家私学"乃相与非法教之制。闻令下，即各以其私学议之，入则心非，出则巷议"，"非主以为名，异趣以为高，率群下以造谤"。③ 各家之学非但不服从君主政令，而且以自家学说为标准，批评政治，发泄不满，沽名钓誉，抬高自己。如果任其发展，"则主势降乎上，党与成乎下"④，秦始皇至高无上的政治权威必然会受到严重

---

① 《韩非子·五蠹》。
② 《史记·秦始皇本纪》。
③ 《史记·李斯列传》。
④ 《史记·李斯列传》。

损害。

其三，统一思想学术符合天下一统的政治需要。李斯说："古者天下散乱，莫能相一，是以诸侯并作，语皆道古以害今，饰虚言以乱实，人善其所私学，以非上所建立。"① 他认为，古时思想纷乱、私学众多是由于"天下散乱"，诸侯相争。而今秦始皇"并有天下"，制度、政策法令由皇帝制定，不容各家私学议论，评头品足。

根据上述理由，李斯提出了"别黑白而定一尊"②，以法家思想统一臣民。具体规定有三点：

一是收书烧书。李斯提出除"医药卜筮种树之书"不烧，其他"史官非秦记皆烧之。非博士所职，天下敢有藏《诗》《书》、百家语者，悉诣守、尉杂烧之"。"吏见知不举者同罪。令下三十日不烧，黥为城旦。" 也就是说，除秦国史书外，其余各国史书，民间收藏的《诗》《书》及诸子百家的著作都应焚毁，只有医药、卜筮和农业方面的书籍可以保留。二是禁绝言论。"有敢偶语《诗》、《书》者弃市。以古非今者族。"③ 三是以法家思想作为唯一合法学术，"若有欲学者，以吏为师"。④

李斯的主张得到了秦始皇的赞许，下令"收去诗书百家之语以愚百姓，使天下无以古非今"⑤。

李斯的思想文化专制政策将那些可能成为秦帝国积极拥戴者的众多士人排斥在外，削弱了秦帝国的统治基础，对强秦二世而亡不无推助。同时，李斯运用政治暴力禁锢思想，毁掉了大量典籍，造成了中华民族文化发展史上的空前灾难。

二、"督责之术"与帝王专权思想

秦始皇死后，秦二世胡亥即位，宠信、重用赵高。为了博取信任，李斯向秦二世进献了"督责之术"。"督责之术"是一种君主统驭群臣的政治权术，其依据有二：一是论证君主纵欲享乐的合理性。李斯认为，君主对天下臣民、土

地拥有最高支配权，应该穷奢极欲，尽情享受。"是故主独制于天下而无所制也。能穷乐之极矣"①，如果拥有天下而不能为所欲为，就是使天下成为束缚的枷锁。君主纵情享受，合理而且必要。二是有助于君主独擅天下。李斯提出，督责术对君主来说，其重要性还体现在可以确立和保证君与臣民之间尊卑、上下的主从关系。"臣主之分定，上下之义明"②，使群臣百官不得不尽心竭力为君主效劳，君主就能独掌大权，为所欲为，尽情享受。

督责之术的具体手段或做法主要有两条：

一是"深罚"。李斯说："明主圣王之所以能久处尊位，长执重势而独擅天下之利者，非有异道也。能独断而审督责、必深罚，故天下不敢犯也。"③ 所谓"督责"，就是以刑罚监督臣下，"深罚"即严刑重罚。李斯认为，"督责之术"能使"臣无邪""天下安""主严尊"，君主"所欲无不得矣"。君主以严刑督察群臣百官，"则臣不敢不竭能以徇其主矣"④，从而使君主的权威达于至尊。

二是"独断"。在李斯看来，圣明的君主都能够独擅权力，控制臣子，自行裁决一切政务，群臣百官不过是君主实现利与欲的工具。"独操主术以制听从之臣，而修其明法，故身尊而势重也。"⑤ 君主独自掌握权势，只按自己的意愿裁断，才能随心所欲。君主大权独揽，就没人敢于违抗。他说："明君独断，故权不在臣也。然后能灭仁义之涂，掩驰说之口，困烈士之行，塞聪掩明，内独视听。""故能荦然独行恣睢之心而莫之敢逆。"⑥ 李斯将申不害、韩非等先秦法家思想推向极端，把统治集团所有成员都变成了帝王的政治工具，以实现最为彻底的君主"独制""独断""独听""独行"。这是彻底的帝王专制思想。

李斯赞同商鞅的重罚思想，说："商君之法，刑弃灰于道者。夫弃灰，薄罪也，而被刑，重罚也。彼唯明主为能深督轻罪。夫罪轻且督深，而况有重罪乎？故民不敢犯也。"⑦ 实施严刑重罚，"群臣百姓救过不给，何变之敢图？"⑧ 在李斯看来，严惩轻罪，可以使天下臣民不敢触犯刑律，时刻处于恐惧之中。

---

① 《史记·李斯列传》。
② 《史记·李斯列传》。
③ 《史记·李斯列传》。
④ 《史记·李斯列传》。
⑤ 《史记·李斯列传》。
⑥ 《史记·李斯列传》。
⑦ 《史记·李斯列传》。
⑧ 《史记·李斯列传》。

这样一来，就没有人再敢欺君犯上了。

李斯是秦帝国政治制度和统治政策的主要制定者，试图维护秦王朝的统一局面，但他将法家思想推向极端，极力主张实行严刑峻法、思想文化专制等政策，结果加速了秦朝灭亡。

第四节　陆贾儒道结合的政治思想

陆贾（约前 240—前 170），西汉初期重要思想家。作为刘邦的重要谋臣，参与了楚汉战争和西汉王朝的创建过程。

陆贾的政治思想主体为儒学，他经常向刘邦称道《诗》《书》。刘邦对儒生的迂论颇为反感，斥责陆贾："乃公居马上而得之，安事《诗》、《书》!"陆贾反驳说："居马上得之，宁可以马上治之乎？且汤、武逆取而以顺守之，文武并用，长久之术也。"刘邦深为陆贾这番话所折服，随即请陆贾"试为我著秦所以失天下，吾所以得之者何，及古成败之国"的道理。① 陆贾写一篇，上奏一篇，共计十二篇，总称《新语》。

一、以仁义为本的治国主张

陆贾从历史上王朝兴败的经验中总结出，治理国家应当以仁义为本，即要"握道而治，据德而行。席仁而坐，杖义而强"②，"治以道德为上，行以仁义为本"③。为救治秦政积弊，解决汉初百业凋敝的现实问题，陆贾从以仁义为本的治国方针出发，提出要着重处理好三个关系。

一是德治与刑罚的关系。陆贾认为，治理国家的基本方略可以分为两种类型。大凡亡国之君都是尚刑恃力，实施暴政，如"秦二世尚刑而亡"④，"秦以刑罚为巢，故有覆巢破卵之患"⑤。圣人则以仁义治天下，"以仁义为巢"⑥，故而天下大治，一代王朝亦可长治久安。暴政与仁政相较，仁政是以否定暴政为

---

① 《史记·郦生陆贾列传》。
② 《新语·道基》。
③ 《新语·本行》。
④ 《新语·道基》。
⑤ 《新语·辅政》。
⑥ 《新语·辅政》。

前提条件的，所谓"桀纣不暴，则汤武不仁"①。聪明的帝王将以暴政暴君为鉴，实施仁义之政。

陆贾还指出，仁义之政并不排斥刑罚。不过，刑罚的作用是"除恶"，而不能起到"劝善"的作用。劝善则要通过德治教化来实现，"尧舜之民可以比屋自封……教化使然也"②。

二是义与利的关系。陆贾总结秦朝速亡的教训，指出当政者贪利刻薄就是无德，必然招致民怨。他说："故察于财而昏于道者，众之所谋也；果于力而寡于道者，兵之所图也。"③ 统治者自身无德，一味地贪财积财，寡义而恃力，不能施仁义之政于天下，必然导致庶民反抗。据此，他提出"据土子民，治国治众者，不可以图利"，否则"教化不行，而政令不从"④，统治秩序是难以建立的。

三是政策与民心的关系。陆贾认为，当权者实行的政策要合于民心。"夫欲建国强威辟地服远者，必得之于民"⑤，合民心者才能得到百姓拥戴，实现治理。同时，政策规定应简要明了，"设道者易见晓，所以通凡人之心，而达不能之行。道者，人之所行也"⑥。否则百姓难以知晓和遵行。

秦朝严刑峻法的教训为汉初实施儒家仁义之政提供了依据。陆贾据此提出，要关注并解决统治者与被统治者之间的利益分配、德刑关系和政策导向问题。其政治主张切中时弊，对缓解汉初社会矛盾，消除秦政积弊，促使汉统治者形成新的治国思路具有积极意义。

二、无为而治的政治主张

西汉初年，"黎民得离战国之苦，君臣俱欲休息乎无为"⑦。汉高祖刘邦在诏书中提出要"偃兵息民"⑧，表明汉初统治者恢复经济、实现社会稳定的政治意愿。正是基于这种状况，陆贾力主实施无为而治，将无为而治视为仁义之

---

① 《新语·思务》。
② 《新语·无为》。
③ 《新语·本行》。
④ 《新语·怀虑》。
⑤ 《新语·至德》。
⑥ 《新语·慎微》。
⑦ 《史记·吕太后本纪》。
⑧ 《汉书·高帝纪》。

政的政策体现。

陆贾根据历史上正反两方面经验，为无为而治的政策选择做论证。上古圣人以"无为"治理国家，都实现了大治。如虞舜"弹五弦之琴，歌南风之诗，寂若无治国之意，漠若无忧民之心，然天下大治"。而秦王朝"事愈烦，而天下愈乱。法愈滋，而奸愈炽"①，最终导致速亡。鉴于这些历史经验和教训，陆贾提出了无为而治的理想图景："君子之为治也，块然若无事，寂然若无声，官府若无吏，亭落若无民。"国家不发动战争，不征发徭役，是以"邮驿无夜行之卒，乡闾无夜召之征"。百姓能安居乐业，"老者息于堂，丁壮者耕耘于田"②。显然，这幅图景融贯了黄老道家"清静无为"和"与民休息"的政治理念。

陆贾"无为之治"的政治主张也体现了儒家的政治理想，"在朝者忠于君，在家者孝于亲，于是赏善罚恶而润色之，兴辟雍庠序而教诲之"，这是典型的儒家伦理与教化。"长幼异节，上下有差，强弱相扶，小大相怀，尊卑相承，雁行相随。"③ 这里则贯穿着儒家关于身份等级秩序的政治理念。

陆贾的理想政治将儒家的德治、忠孝、仁义、教化及身份等级思想融合到了道家的无为而治之中，这样的"无为"政治有别于先秦老子道家的"为无为而无不为"，体现了汉初黄老道家学派的理论特色。

陆贾无为而治的主张，要求官府减少对社会的行政干预，减少徭赋，减轻刑罚。他描绘的无为而治的理想，又包含着儒家的德治教化的政治秩序，如臣忠子孝、尊尊亲亲、上下有序、老安少怀等。在陆贾的政治思想中，礼义道德教化与清静无为巧妙结合为一体。可知陆贾的黄老道家思想融合了儒家道德学说，并以儒家政治原则为底色。他向往的无为而治实是另一种形式的有为："故无为者，乃有为也"④。这样的理想社会，正是稍后"文景之治"的某种写照。

三、"统物通变"的政治调节思想

陆贾认为，上古圣人之所以能成功地实现天下大治，还因为他们能做到

---

① 《新语·无为》。
② 《新语·至德》。
③ 《新语·至德》。
④ 《新语·无为》。

"统物通变"①。"统物"指能悉察天文、地理和人事，做到"天人合策"；"通变"则是根据时势与世事的发展变化，进行适宜的调节，不墨守成规，也不僵化教条。

陆贾说，圣人能"观天之化，推演万事之类"②，"仰观天文，俯察地理，图画乾坤，以定人道"③。圣人通过洞察天地乾坤，以"天道"为据，来确立"人道"，制定运用于社会政治的原则与方法。这就是"天人合策"。其中既有儒家天人相合的思想因素，也包含着道家遵循自然法则的政治理念。在天道的笼罩下，人的行为有了依据，同时也论证了统治者政策选择和统治行为的合理性。

在陆贾看来，圣人确立"人道"是人类社会历史进化的重要阶段。原初状态下的人们与自然无别，并无"人道"。后来出现了圣人，据天道而定人道，"民始有悟，知父子之亲，君臣之义"，创建出了物质文明和政治文明。在圣人指引下，人们始知"种桑麻"，"铄金镂木"，"立狱制罪"，"定五经，明六艺"④，人类社会才得以进入文明阶段。

陆贾基于历史变化的认识，力主历史经验要为现实社会政治服务，古为今用。从历史发展的进程看，"圣人不必同道"，"万端异路，千法异形，圣人因其势而调之"⑤，聪明的统治者会从历史经验中找寻到当今统治天下所需要的借鉴。他说："善言古者，合之于今；能术远者，考之于近。"⑥ 治国理民不能拘泥于上古圣王，而应从实际需求出发，善于通变，"因世而权行"。

陆贾的政治思想以仁义为本，又倡导无为之治，对汉初儒学恢复有所助益，符合汉初亟须恢复社会政治秩序的要求，适应了汉初由乱到治的历史发展趋势，对汉初统治者的政策选择有着重要影响。

第五节　贾谊儒法相济的政治思想

贾谊（前200—前168），河南洛阳人，"颇通诸家之书"，被汉文帝召为博

---

① 《新语·道基》。
② 《新语·明诚》。
③ 《新语·道基》。
④ 《新语·道基》。
⑤ 《新语·思务》。
⑥ 《新语·术事》。

士。他主张采用儒家"治国安邦"的政治思想，明礼义、定制度，完善政治意识形态，加强中央集权，以弥补黄老"清静无为"的不足。作为青年新进，贾谊不能见容于朝廷守旧权臣，其政治主张也有违于汉文帝、汉景帝推崇的黄老思想，因而受到排斥，被冷落谪贬，英年早逝，年仅 33 岁。著述今存《过秦论》《治安策》《新书》等。

一、总结秦朝速亡教训

强秦二世而亡，对西汉初年的统治者及其思想家们来说，无疑是一个巨大的教训。贾谊著《过秦论》，分为上、中、下三篇。集中讨论了一个问题：秦国能剿灭六国统一天下，不可谓不强大。六国的所有勇武之军、智谋之士都败在了秦国手下。那么，为什么却被"瓮牖绳枢之子，氓隶之人，而迁徙之徒也，才能不及中人"的一介匹夫陈胜振臂一呼，而天下响应，竟然二世而亡。其原因何在？

贾谊认为，秦朝统治者的根本错误在于没有随着政治形势的变化而调整其政治指导思想。争夺天下需要富国强兵，在扩张势力、攻城略地、建立政权的过程中，"强侵弱""众暴寡""高诈力"是必要的战略选择。然而，政权到手，天下一统之后，就需要改变战略，变"高诈力"为"贵顺权"，统治者要着眼于"守威定功"。既然"攻守之势"不同，就应该随着时势之变化而调整战略与政策，这就是所谓"取与守不同术也"。秦统治者没有认识到攻、守之势的变化，将战争思维照搬于政权建设过程中，"其道不易，其政不改，是以所以败之也；孤独而有之，故其亡可立而待也"①。

贾谊还指出，仅仅是秦始皇施暴政，虐天下，秦朝不至于二世而亡。继任的秦二世和子婴也不知调整政治指导思想，"三主惑而终身不悟，亡，不亦宜乎！"贾谊说："君子为国，观之上古，验之当世，参以人事，察盛衰之理，审权势之宜，去就有序，变化因时，故旷日长久，而社稷安矣。"② 明智的帝王理应"相时而立仪，度务而制事"③，善于把握时势变化而调整战略与政策。

贾谊"取与守不同术也"的认识，强调"守"天下与"取"天下不同，要求统治者根据国家政治形势的变化，及时调整政治指导思想和政策，超越了

① 《新书·过秦下》。
② 《新书·过秦下》。
③ 《新书·立后义》。

前人秦亡于严刑酷法、滥用民力的认识，对汉代统治者及后世多有启迪。

二、民本思想与倡四维、兴教化的主张

民本思想是儒家一脉的传统政治认识。战国时期孟子提出"民贵君轻"，可以视为先秦重民思想的认识制高点。贾谊则通过总结秦朝灭亡教训，将民本思想提升到了一个新的认识高度。

（一）民本与施仁政

鉴于秦的速亡，特别是认识到了秦末战乱中民众反抗暴政的巨大力量，贾谊继承了儒家传统的重民思想，强调民是政治之本。他说："闻于政也，民无不为本也。国以为本，君以为本，吏以为本。故国以民为安危，君以民为威侮，吏以民为贵贱，此之谓民无不为本也。"① 又说："灾与福也，非粹在天也，又在士民也。"② 既然民在社会政治生活中具有如此重要的地位和作用，那么统治者就必须学会调节和处理好君与民的关系。他告诫汉代统治者说："故夫民者，至贱而不可简也，至愚而不可欺也。故自古至于今，与民为仇者，有迟有速，而民必胜之。"③

贾谊的这一论断，深刻揭示了统治者与被统治者的依存关系，把先秦以来的民本思想推进到新的阶段。当然，贾谊强调重民，从来就没有站在民的立场上，而是站在统治阶级的立场上，告诫汉代当政集团，民低贱、愚昧，但不可简慢、轻视和欺凌。因为历史事实证明，与民对立乃至矛盾激化，必将被民推翻。从民本思潮源流看，周公提出保民思想，可以视为重民思潮的源头。孟子提出"民贵君轻"，指出了民在政治生活中的重要性。荀子提出"君舟民水"说，旨在说明统治者与被统治者之间的依附和消长关系。这个说法被后世唐太宗李世民重复，遂广为人知。贾谊则回答了前人提出的问题：民之所以重要，是因为在君与民的关系消长中，历史事实已然证明，民是最终的胜利者。

贾谊作为西汉初期的思想家，当然也会受到汉初"百家余绪"的影响，他的政治思想是儒法结合，以儒为主。他对汉初的政治弊端和隐患有着清醒认识，故而一反时尚的黄老"清静无为"，力主实行儒家传统的德治、教化、仁政等治国方略。

---

① 《新书·大政上》。
② 《新书·大政上》。
③ 《新书·大政上》。

贾谊深知"一夫不耕，或为之饥，一妇不织，或为之寒"①。黎民百姓是社会中的"大族"，他们人数最多，又是生产者，故而"多力"。以君主为首的统治集团须依赖黎民百姓之"力"方能生存，否则社会就没有了衣食之源，帝国及其统治者也将难以存生。此之谓"以民为力"。

在贾谊看来，黎民百姓是国家的根本，统治者的基本国策是"固本"，具体政策就是仁爱民众，实施德政，其要点有二：

其一，实行仁政以利民、富民。贾谊主张重本轻末、重农抑商等。与先秦儒家思想相较，这些认识并无创建，不过，鉴于汉初百业凋敝，急于恢复生产的现状，贾谊的仁政主张符合当时的社会需求，与汉初"与民休息"、恢复和发展生产的治国思路相符合，具有一定的积极意义。

其二，减轻刑法，政不扰民。贾谊指出，统治者要慎用刑罚，不可扰民、伤民，并认为这是区分暴政与仁政的主要标准。凡暴政必繁刑严诛，滥刑酷杀；仁政则约法省刑，赏罚得当。贾谊说，强秦二世而亡的主要原因正是"繁刑严诛，吏治深刻；赏罚不当，赋敛无度"，使天下臣民"蒙罪者众，刑戮相望于道"，无论官民都"人怀自危之心"。② 历史的经验已经证明，刑罚宽严直接关系到国家的治乱，贾谊奉劝汉代统治者务必谨慎，宁失之有罪，也不可滥杀无辜。

（二）倡四维，兴教化

贾谊继承了儒家传统的礼制与教化思想，认为"以礼治国"是上古以来的成功治国之道；同时，从另一方面看，秦朝速亡的一个重要原因正是其不施礼义。事实证明，秦统一天下后，"凡十三岁而社稷为墟"③，依仗强力与事功的治国方式不能长保社稷。他告诫汉统治者，以礼治国是实现长治久安的必由之路。

贾谊将礼治作为治国方略的首选，认为与法治相较，礼治有着特殊的功效。他分析说："凡人之智，能见已然，不能见将然。夫礼者禁于将然之前，而法者禁于已然之后，是故法之所用易见，而礼之所为生难知也。"④ 礼的治理效用主要在教化，一般是在罪错发生之前，通过道德礼教"劝善"，可以防范

---

① 《新书·无蓄》。
② 《新书·过秦下》。
③ 《新书·俗激》。
④ 《治安策》。

恶行发生，防患于未然。当然，礼并不具备法的强制力，法作为治理手段也不可丢弃。法的治理作用在于罪错发生之后，对罪错行为施以刑罚惩戒。两者相较，理应以防范为主。

为此，贾谊提出，实行礼治就需要"张四维"，以加强道德教化。如："管子曰：'四维：一曰礼，二曰义，三曰廉，四曰丑。四维不张，国乃灭亡。'"① 即弘扬"礼、义、廉、丑（耻）"四种德行，以此教化天下，实现大治。

贾谊提出"张四维"兴教化的主张具有现实的针对性。他看到汉初社会"以侈靡相竞，而上无制度，弃礼义、捐廉丑日甚"。人们为了谋求利益，不顾廉耻，多有"无义行"，甚至发生"到大父矣，贼大母矣，踝妪矣，刺兄矣"等忤逆恶行。② 贾谊指出，听任这种状况发展下去，必将发生严重政治危机。前朝强秦就因为"四维不张，故君臣乖而相攘，上下乱僭而无差"，最终导致"奸人并起，万民离畔"。这是深刻的历史教训。贾谊提醒西汉统治者，如今汉家天下正在重蹈前朝之覆辙，"今四维犹未备也，故奸人冀幸，而众下疑惑矣"，当政者务必警醒。③

贾谊认为，"张四维"兴教化的要害在移风易俗，要"使天下移心而向道"，使得人们能遵守身份等级规范，懂得廉耻，循规蹈矩，"令主主臣臣，上下有差，父子六亲，各得其宜"，由此而"世世常安，而后有所持循矣"④，构建稳定的政治秩序。

三、礼法兼施与强化中央集权

贾谊如同中国历史上的绝大多数政治思想家一样，是坚定的尊君论者。他清楚地看到了西汉王朝面临的政治危机，为此提出了一系列旨在强化中央集权的政治主张。

（一）巩固中央集权，强化君权

汉初统治者以黄老道家"清静无为"思想作为政治指导思想，治理成效显著，改善了汉初窘迫局面。朝野舆论大多认为"天下已安""已治"，

---

① 《新书·俗激》。
② 《新书·俗激》。
③ 《新书·俗激》。
④ 《新书·俗激》。

唯独贾谊以为不然。他从天下太平的表象中看到，汉帝国存在着严重的社会政治危机，恰如人们躺卧在干柴之上，只是"火未及燃耳"，随时都有可能爆发。为此他明确提出要兴礼义、定法制，以礼义为据，巩固中央集权，强化君权。

贾谊认为，黄老道家的"清静无为"已不再适应"方今之势"。他提出了三点依据。一是实施黄老道家"无为而治"，减少了中央对地方的政治干预，导致地方封国权力过大，已经危及皇帝权威，削弱了中央的政治统治能力和统治效果，甚至危及帝国安全。二是实施黄老道家的"与民休息"政策，导致了严重的贫富两极分化。一方面是"富民"与"居官"者互相勾结，兼并土地，追逐利禄，竞相奢华；另一方面则是黎民百姓饥寒交迫，流离失所，社会冲突十分严重。三是汉初统治者无力抗击匈奴而采取了和亲政策，至今边患不绝，为此亟须增强国家实力，积极防御。黄老道家一味无为而治，很不利于国家安全。

为了消除上述弊端，解除危机，贾谊认为必须强化君主权威，加强中央集权。他提出了两点具体措施。

其一，强化君主权威。贾谊说："天子如堂，群臣如陛，众庶如地，此其辟也。"君主好比殿堂，"故陛九级上，廉远地，则堂高；陛亡级，廉近地，则堂卑。高者难攀，卑者易陵，理势然也"。台阶越多，殿堂就越显巍峨，"故古者圣王制为列等……等级分明，而天子加焉，故其尊不可及也"①。贾谊的这一主张旨在加强和完善君臣等级，为维护君主的至上权威提供制度保障。

其二，削弱地方封王势力，加强中央集权。针对当时有些地方封国已坐大成势，尾大不掉，威胁中央的严重状况，贾谊提出了著名对策："众建诸侯而少其力。"② 目的是将诸侯势力化大为小，分散其权力，弱化其势力，使之无力与中央皇权相对抗。

贾谊认为，通过实施礼治，完善官制，尊卑有序和削弱封王势力，强化君主权威，朝廷才有实力采取有力措施扭转边疆的被动局面。他提出了一些具体政策，同时强调要通过厚施仁德，招附民众，从根本上解除边患。

---

① 《新书·阶级》。
② 《汉书·贾谊传》。

（二）礼法兼施，以礼为主

贾谊的政治思想是儒法兼容，具体到治国方略上则是礼法兼施，以礼为主。

1. "劝善"用礼，强化等级秩序

首先，贾谊认为，实施礼治的关键是依据礼的原则建立严格的君尊臣卑等级秩序。礼的主要政治功能是"别贵贱，明尊卑"，确立等级秩序；其中，确立君尊臣卑秩序是第一位的。

贾谊认为，礼治不仅要设置法度，还要在礼治的实施过程中予以完善。他指出，君主的至上权威需要群臣百官以相应的身份地位来维系。君主要礼遇群臣，才能在实际政治操作中促成"尊尊贵贵"的等级秩序，树立尊卑上下等级观念。同时，群臣百官受到礼遇，感受到身份地位的相应规定，认同尊崇君主就是天经地义之事，这样一来，君主的政治权威就会进一步增强。

据此贾谊指出，汉初法治不分贵贱。大臣犯法，"束缚之，系绁之，输之司空，编之徒官。司寇、牢正、徒长、小吏骂詈而榜笞之"①。这种情况有悖于"刑不上大夫"的礼治原则，对尊卑贵贱身份等级是严重的破坏。于是他提出要恢复"礼不及庶人，刑不至君子"的制度。"廉耻节礼以治君子，故有赐死而亡戮辱。是以系、缚、榜、笞、髡、刖、黥、劓之罪不及大夫，以其离主上不远也。"② 官僚制度和身份等级规定是维护君主专制权威的基础，严格尊卑贵贱即意味着强化君臣尊卑秩序，即所谓"尊君之势"，给予君主至上权威以秩序保障。

其次，为了全面加强礼治，贾谊提出，礼所蕴含的贵贱尊卑身份等级要贯彻到社会政治生活的各个方面。在《服疑篇》中，贾谊详细列举了尊卑贵贱不同等级身份的有关规定。在他看来，"名号""权力"和"事势"是区别尊卑贵贱的主要制度，"车舆""服章""器械"等制度仪节，具有鲜明的象征意义。包括旗章、冠履、衣带、车马、妻妾、宫室、床席、器皿、死丧等，总谓之"服章"。实施这些具体规章可以"以礼化俗"，将儒家倡导的身份等级原则融入人们的社会生活，使得天下吏民习以为常，最终达成尊尊、敬上、尊天子的理想政治局面。

---

① 《新书·阶级》。

② 《汉书·贾谊传》。

2. "惩恶" 用法，慎用赏罚

贾谊说，"人主法而境内轨矣"①，"法立而不犯，令行而不逆"②。他认为，法和礼一样，都是君主统治天下不可或缺的手段。虽说在治理效果上礼与法有所不同。不过，与礼相较，法的治理效用更为直接。礼与法优长互补，"相须为用"③。

贾谊实施法治的主导思想是 "慎刑"，包括两个要点：一是 "约法省刑"。贾谊主张 "虚囹圄而免刑戮，去收孥污秽之罪，使各反（返）其乡里"④。量刑要适度，不搞严刑峻法，去除 "忌讳之禁"⑤，反对以言论治罪。二是 "疑罪从去，疑赏从予"。贾谊力主 "诛赏" 要慎重，"故与其杀不辜也，宁失于有罪也。故夫罪也者，疑则附之去已；夫功也者，疑则附之与已"，这样就不会出现 "无罪而见诛" 或 "有功而无赏" 的现象。⑥ 这就是说，赏罚必须慎重，宁肯漏判有罪者也决不滥杀无辜；对罪行有疑问者按无罪处理，对功赏有疑问者按有功来执行。以此体现统治者能慎用刑赏。

贾谊对强秦二世而亡教训的总结和重民思想，是其政治思想的闪光之处。一部《过秦论》脍炙人口，是中国古代政治思想史上的名作。他提出的 "取与守不同术" 论，强调从打天下到治天下，必须实现战略和策略上的转换。它深刻阐明了历代王朝建立之初都会面临的共同问题，揭示了中国古代王朝从建立到治理的一般规律，迄今仍能启人心智。

第六节　《淮南子》中的黄老政治思想

《淮南子》一名《淮南鸿烈》，由西汉淮南王刘安招集门客编写而成。刘安（前179—前122）是刘邦之孙，史载其 "为人好读书鼓琴"，有文才。他 "招致宾客方术之士数千人，作为《内书》二十一篇，《外书》甚众，又有《中

---

① 《新书·道术》。
② 《新书·五美》。
③ 相须或作 "相需"，相互依存、配合之意。
④ 《新书·过秦下》。
⑤ 《新书·过秦下》。
⑥ 《新书·大政上》。

篇》八卷"①，今存《内篇》二十一篇。

《汉书·艺文志》将《淮南子》列为杂家类。然而通观全书，《淮南子》融儒、法、阴阳诸家，思想略显驳杂，其主要内容是黄老道家思想。黄老道家是先秦道家的一个派别，因崇尚黄帝与老子，故名。其理论特点有三：一是继承了老子"道"的思想，主张遵循自然之道。二是积极主治，凡儒、墨、法等有利于治理天下的思想，兼收并蓄，用为治道。三是主张清静无为。

刘安编书的主要目的是讲论帝王之道，意在为汉帝国提供全面的政治方案。汉武帝最初见到《淮南子》也曾"爱秘之"。但是后来汉武帝调整统治思想，独倡儒学，加之刘安因"谋反"而自杀，故而终有汉一代，《淮南子》对社会政治的影响相对有限。不过，从中国政治思想史的传承发展看，《淮南子》作为汉初黄老学派理论的集大成之作，具有重要的学术价值。

一、清静无为的政治主张

《淮南子》作者认为，"道"是天地万物的本原和存在的基础，"覆天载地""禀授无形"。② 人是道的产物，因而人的活动要符合"道"，谓之"体道"；落实到政治活动中，就是"无为"。《原道训》说："达于道者，反于清静；究于物者，终于无为。"人能"无为"才合乎道的要求，因为"无为者，道之体也"。故而"无为为之而合于道"，就是要因循物之自为，顺应自然。

"无为"体现在政治上，就是君主应当以"无为"作为统治原则。《诠言训》说："君道者，非所以为也，所以无为也。"在《淮南子》作者看来，君主依据"无为"原则治理天下有莫大好处："清静无为则天与之时；廉俭守节则地生之财。"③

《淮南子》作者指出，无为不是消极等待，无所作为，而是"圣人内修其本，而不外饰其末。保其精神，偃其智故，漠然无为而无不为也，澹然无治而无不治也"④。一方面，君主要顺应自然之道，"私志不得入公道，嗜欲不得枉正术"，不得以个人的意志或私利干扰治道。另一方面，统治者也不可完全放

---

① 《汉书·淮南衡山济北王传》。
② 《淮南子·原道训》。
③ 《淮南子·主术训》。
④ 《淮南子·原道训》。

任自流，无所作为，而是"循理而举事，因资而立功"①。

《淮南子》作者批评那些无所作为论者，指出有人认为"无为"就是"寂然无声，漠然不动，引之不来，推之不往"，事实并非如此。像神农、尧、舜、禹、汤等圣人，就深知无为之道，他们恰恰不是无所作为。神农教民种五谷，尝百草；尧立孝慈仁爱，放逐欢兜；舜筑墙作屋，南征三苗；禹决江疏河，平治水土；汤布德施惠，逐桀历山等。上古圣人都能"劳形尽虑，为民兴利除害而不懈"，"而称之为无为，岂不悖哉！"② 可知《淮南子》倡导的"无为"是循道而行，为民兴利除害。

具体到治国策略，无为之治有两个要点。一是"省事""节欲"。《淮南子》作者认为："为治之本，务在于安民。"既要"安民"，统治者必须"省事"和"节欲"③。如果帝王事繁欲多，群臣就会聚敛无度，徭役迭兴，致使生产荒废，百姓不得安生。因此，《淮南子》作者要求统治者减轻对百姓的剥削，致力于发展农业生产，令百姓生活安定。

二是"法宽刑缓"，不可累施刑罚。《主术训》举例说：古代神农氏治理天下，"威厉而不杀，刑错（措）而不用，法省而不烦"。法宽刑缓，囹圄空虚，人们和睦，不怀奸心，天下大治。可是到了"末世"，情况大变，"智诈萌兴，盗贼滋彰"，以至于"上下相怨，号令不行"④。统治者不懂得从根本上予以整治，反而"削薄其德，曾累其刑"。这种本末倒置的做法，如同"扬堁而弭尘，抱薪以救火"一样，当然不能达到治理的目的。

《淮南子》提出的无为而治、"省事""节欲"、法宽刑缓等政治主张，显然是西汉建国六七十年来治国经验的总结。汉初君臣选择并践行了黄老道家清静无为、与民休息的政策，这是实现"文景之治"的主要策略，《淮南子》就此作了思想总结并充分肯定。

二、"法与时变，礼与俗化"的制度调节主张

《淮南子·谬称训》说："圣人察其所以往，则知其所以来者。"⑤ 圣人通

---

① 《淮南子·修务训》。
② 《淮南子·修务训》。
③ 《淮南子·诠言训》。
④ 《淮南子·主术训》。
⑤ 《淮南子·谬称训》。

过考察历史来认识当今，《淮南子》也通过历史来认识社会政治，提出"法与时变，礼与俗化"，立足于当下，反对复古。

《淮南子》作者认为，时势是不断变化的，那些"以一世之度制治天下"①而固守古制、不思变革的认识与做法是愚蠢的。时势发生了变化，制度礼法也要随之而变，才是符合自然之道的。《泰族训》说："圣人事穷而更为，法弊而改制，非乐变古易常也，将以救败扶衰，黜淫济非，以调天地之气，顺万物之宜也。"② 意思是随时而变制与无为而治非但不矛盾，反而正是无为的要求。《齐俗训》也指出："世异则事变，时移则俗易。故圣人论世而立法，随时而举事。"③ 统治者不可泥古不化。《淮南子》得出结论："是故不法其已成之法，而法其所以为法。所以为法者，与化推移者也。"④

基于上述认识，《淮南子》作者认为礼义法度应当适应时势发展而相应地加以调节。"先王之制，不宜则废之；末世之事，善则著之。"⑤ 一切当以"利民""周事"为转移。变与不变，各因其宜。所以特别强调"法与时变，礼与俗化，衣服器械，各便其用，法度制令，各因其宜"⑥。既然一切都是可以变的，礼义法度当然不能例外。这种根据时势发展变化进行政治调节的思想，体现了《淮南子》作者的政治理性与智慧。

三、兼容仁义与法势术的治国之道

《淮南子》秉承黄老道家学派兼容并蓄的思想传统，借鉴了先秦法家的明法重势用术思想，同时也十分看重儒家的仁义德治主张。他们把仁义德治视为治国之本，法治刑杀作为辅助手段。与此相关，《淮南子》对儒家的用贤、人治等理论也多有吸收。

（一）明法重势用术

《淮南子》作者认为，"法"是治理天下的工具。《泛论训》说："法度者，所以论民俗而节缓急也；器械者，因时变而制宜适也。"⑦ "故法制礼义者，治

---

① 《淮南子·说林训》。
② 《淮南子·泰族训》。
③ 《淮南子·齐俗训》。
④ 《淮南子·齐俗训》。
⑤ 《淮南子·泛论训》。
⑥ 《淮南子·泛论训》。
⑦ 《淮南子·泛论训》。

人之具也，而非所以为治也。"① 这里说得很清楚，法度不是治国的根本，而是一种治国工具。

作为君主统治天下的重要工具，法如同"权衡规矩"，具有规范性与公正性。《主术训》说："法者天下之度量，而人主之准绳也。"法的特点是"一定而不易，不为秦楚变节，不为胡越改容，常一而不邪，方行而不流"②。

依据法的特点，《淮南子》提出，"言事者必究于法"③，要求君主以法为"准绳"，作为判断是非功过、罪与非罪的标准。无论贵、贱、贤、不肖，在法的面前一律平等对待。如《主术训》说："悬法者，法不法也；设赏者，赏当赏也。法定以后，中程者赏，缺绳者诛。尊贵者不轻其罚，而卑贱者不重其刑。"《淮南子》在这里强调的是法的公平与公正性。统治者能做到"犯法者虽贤必诛，中度者虽不肖必无罪"，就能杜绝私利、私意、私情，"故公道通而私道塞矣"。如此方能树立公道，阻塞私门，取得理想的统治效果。

《淮南子》特别指出，君主实施赏罚，不能以自己的爱憎好恶为转移。"国有诛者而主无怒焉，朝有赏者而君无与焉。诛者不怨君，罪之所当也；赏者不德上，功之所致也。"④ 君主要依功而赏，据过而罚，虽顺从自己而无功则不赏，虽违逆自己而无过则不罚。这样，就能达到"赏一人而天下誉之，罚一人而天下畏之"⑤，维护君主的政治权威。

《淮南子》十分看重"势"在政治上的重要性。他们认为："权势者，人主之车舆也。"君主号令天下，使全国臣服，关键在于拥有权势。"摄权势之柄，其于化民易矣。""尧为匹夫，不能仁化一里；桀在上位，令行禁止。由此观之，贤不足以为治，而势可以易俗明矣。"⑥ 君主权势足以服众，而贤不足以服人。有了权势，像夏桀那样德行败坏的君主，也可以宰制天下，令行禁止。

《淮南子》还继承了先秦法家的"术治"思想，认识到"有术则制人，无术则制于人"，主张君主要善于以"术"统驭群臣百官，因为君臣之间没有父子之情、骨肉之亲，始终存在着矛盾，只有"执术而御之"⑦，才能令君主有效

---

① 《淮南子·泛论训》。
② 《淮南子·主术训》。
③ 《淮南子·主术训》。
④ 《淮南子·主术训》。
⑤ 《淮南子·泛论训》。
⑥ 《淮南子·主术训》。
⑦ 《淮南子·主术训》。

地统驭群臣百官。

（二）仁义为本，法度为末

《淮南子》主张法治，但并不排斥儒家仁义学说，而是将仁义视为更为根本的治国原则，体现了黄老道家学派兼收诸家治国之道的理论特点。

《淮南子》作者认为，仁义礼乐是"先王之道"，君主治国理应以仁义为本，法度为末。《泰族训》说："治之所以为本者，仁义也；所以为末者，法度也"，"今重法而弃仁义，是贵其冠履而忘其头足也。"① 在《淮南子》看来，仁义在政治上的作用非法度所能及。"民无廉耻，不可治也。非修礼义，廉耻不立，民不知礼义，法弗能正也。"法能诛杀不孝之人，但不能使人"为孔、曾之行"；法能惩罚盗窃罪犯，却不能使人"为伯夷之廉"②。可见，《淮南子》作者注重法治，但更看重儒家的仁义教化思想，表明他们确乎吸取了秦朝鄙视仁义、强化"法治"而骤亡的教训，在政治指导思想上有所调整。

（三）国以贤治

《淮南子》作者认为，治理国家，实现长治久安，必须由贤人执政，"故法虽在，必待圣而后治"。他们说的贤人是集德行与智慧于一身的政治人才，"国之所以存者，非以有法也，以有贤人也；其所以亡者，非以无法也，以无贤人也"③。所以，能否任用贤人执政治国是关系国家治乱存亡的重大问题。"所任者得其人，则国家治"；反之，"所任非其人，则国家危"④。凡是圣明的君主，都能"举贤以立功"，不肖之君则"举其所不同"。周文王任用太公望、召公奭成就了王业，齐桓公任用管仲、隰朋，则称霸诸侯，这就是"举贤以立功"。吴王夫差任用太宰嚭，以致丧国，秦朝任用李斯、赵高，终于灭亡，这就是"举所与同"⑤。

与贤人政治的主张相关，《淮南子》也比较注重儒家德治和人治思想，强调统治者"其身正，不令而行；其身不正，虽令不从"⑥。法度不能自行实施，必须有待贤人运用和执行才能达到治理的目的。特别是君主要带头守法，做天

---

① 《淮南子·泰族训》。
② 《淮南子·泰族训》。
③ 《淮南子·泰族训》。
④ 《淮南子·主术训》。
⑤ 《淮南子·泰族训》。
⑥ 《论语·子路》。

下臣民的表率，"人主之立法，先自为检式仪表，故令行于天下"①。

《淮南子》的政治思想延续了先秦黄老道家的传统，兼容各家，体现了汉初"百家余绪"时期诸子之学的复兴与进一步融合，同时，也是对"文景之治"治国经验的总结。作为汉代黄老道家学派的一部代表作，它在中国古代政治思想史上占有重要地位。

第七节　董仲舒天人合一的政治思想

董仲舒（前179—前104），广川（今河北景县）人，主要活动于景、武之世。景帝时任博士，汉武帝继位后，以对策得体擢升江都王相，后改任胶西王相。他是西汉初期著名的公羊学大师，在政界和学界均有很大影响。晚年居家时，"朝廷如有大议，使使者及廷尉张汤就其家而问之，其对皆有明法"②。他的《举贤良对策》为汉武帝崇儒提供了理论依据。

董仲舒创立的公羊学将阴阳五行学说融贯于整个理论，对先秦儒家思想进行了调整与重构。班固说他"始推阴阳"，盖非虚言。

阴阳五行学说流行于战国时期，代表人物是齐人邹衍。这一学派政治思想的特点是，在天人配合、天人感应的基础上，探寻高度程式化的政治规律。他们认为，人的一切政治活动都必须注重天人和谐，遵循阴阳五行的运行规则，不能听由君主或当权者任意而为。阴阳五行学派文献现存于其他典籍中，如《礼记》中的《月令篇》、《吕氏春秋》中的"十二月令"等。

董仲舒的政治思想以儒为主，杂糅阴阳五行、法、墨等诸家学说，形成了系统的天人合一政治论，其著作主要有《春秋繁露》《举贤良对策》等。

一、天的权威与人副天数

董仲舒认为，西汉帝国是在亡秦废墟上建立起来的，但是几十年来并没有找到医治亡秦之弊的良方。如何"化亡秦之弊"，以谋长治久安，成为董仲舒关注的焦点。基于这样的愿望，董仲舒借助于阴阳五行学说，从宏观上把人类

---

① 《淮南子·主术训》。
② 《汉书·董仲舒传》。

社会与天地宇宙视为一个整体，以调节天人关系作为其政治思想的基本出发点，由此而形成了独具特色的天人合一政治论。

董仲舒从《春秋》中总括出一条基本原则："《春秋》之道，奉天而法古。"① 在他看来，"天"涵容着整个宇宙和社会，由十项内容组合而成，叫作"十端"或"天之数"，即"天、地、阴、阳、木、火、土、金、水，九，与人而十者，天之数毕也"②。"十端"有着内在关系。董仲舒认为，天的运动形态是气，"天地之气，合而为一，分为阴阳，判为四时，列为五行"，人则涵容在天地之中，"天气上，地气下，人气在其间"③。天通过阴阳五行的环节与人沟通，于是天不再是单纯的自然物，而是具有人一样的意志感情："春，爱志也；夏，乐志也；秋，严志也；冬，哀志也。"④ 天的运行规律也含有道德意义，"天地之常，一阴一阳。阳者天之德也，阴者天之刑也"⑤。天还"与人相副"，人的形体和内在的道德、情感、意志都是从天那里演化而来的。董仲舒说："为生不能为人，为人者天也……天亦人之曾祖父也，此人之所以乃上类天也。"比如，"人之形体，化天数而成；人之血气，化天志而仁；人之德行，化天理而义；人之好恶，化天之暖清；人之喜怒，化天之寒暑；人之受命，化天之四时"⑥。天和人外在相同，内在相通，小而为人，大而为天，"以类合之，天人一也"⑦。

董仲舒的"天人合一"思想将天视为某种神秘主义的人格化，他说："天者，百神之大君也。"⑧ 这种认识既不同于原始神秘主义的神灵崇拜，更不同于自然天道，而是融自然规律、伦理原则和神秘性权威为一体，成为一种理性与神秘主义的混合物。

董仲舒认为人是"天"的派生物。这一认定提升了人的地位，使之远离禽兽世界，与天等同。不过，人是天的"十端"之一，必须遵从天道的指引和约束。"天人合一"论为调节天人关系提供了理论基础，一切有关人间社会政治

---

① 《春秋繁露·楚庄王》。
② 《春秋繁露·天地阴阳》。
③ 《春秋繁露·人副天数》。
④ 《春秋繁露·天辨在人》。
⑤ 《春秋繁露·阴阳义》。
⑥ 《春秋繁露·为人者天》。
⑦ 《春秋繁露·阴阳义》。
⑧ 《春秋繁露·郊语》。

问题的解答都可以从中找到立论依据。

二、"君权天授"与"天谴"说

维护君权至上是董仲舒的基本政治主张之一。他把君主看作国家政治的核心，说："君人者，国之元。"① 为了给君权至上提供合理依据，董仲舒提出了"君权天授"说。他说："《春秋》之法：以人随君，以君随天。"② 这句话的意思是，在人、君、天三者之间，君主位于中间，天高于君主，"人"即天下臣民从属于君。这里讲的是天与君、人之间的从属关系。这种关系构成了君权天授和天谴说的认识基础。

董仲舒又说："圣人何其贵者，起于天。至于人而毕。"③ "古之造文者，三画而连其中，谓之王。三画者，天、地与人也。……取天、地与人之中以为贯而参通之，非王者孰能当是？"④ 在他看来，人们不能直接与天联系，必须由帝王或圣人作中介。这里的圣人是理想的王。对天来说，王是芸芸众生的总代表，"下至公侯伯子男，海内之心悬于天子"⑤，王代表人类与天对话；对民而言，"王者承天意以从事"⑥，代表天治理人间。因而，"王者，天之所予也"，"唯天子受命于天，天下受命于天子"。⑦ 君主的权力来自天。

正是基于上述认识，董仲舒断言君主能"立于生杀之位，与天共持变化之势"⑧。天之常道是"一而不二者"⑨，君主必须在政治上保持"大一统"局面，实行专制统治，全国臣民都要无条件服从君主。董仲舒说，民之从君，如同体之从心，"心之所好，体必安之；君之所好，民必从之"⑩。臣之于君，好比地之事天，"臣之义比于地，故为人臣下者，视地之事天也"⑪。君主是社会政治生活中唯一的最高权威。董仲舒的论证直接为汉武帝及封建统治者强化君主专

---

① 《春秋繁露·立元神》。
② 《春秋繁露·玉杯》。
③ 《春秋繁露·天地阴阳》。
④ 《春秋繁露·王道通三》。
⑤ 《春秋繁露·奉本》。
⑥ 《汉书·董仲舒传》。
⑦ 《春秋繁露·为人者天》。
⑧ 《春秋繁露·王道通三》。
⑨ 《春秋繁露·天道无二》。
⑩ 《春秋繁露·为人者天》。
⑪ 《春秋繁露·王道通三》。

制与集权提供了理论依据。

董仲舒认为，在强化君主权威的同时，也应该对君主权力有所约束，在他看来，"天"是制约君主权力的重要力量，君主治理天下必须遵循天的法则，"圣人副天之所行以为政"。"天有四时，王有四政。""庆赏罚刑，当其处不可不发，若暖清寒暑，当其时不可不出也。"① 假如君主滥用权力，有背天道，天就会给予责罚，此即谓"天谴"说。

董仲舒说："灾者，天之谴也；异者，天之威也。"② 当君主个人行为导致政治动乱，引发某种危机时，天就"先出灾异以谴告之。谴告之而不知变，乃见怪异以惊骇之。惊骇之尚不知畏恐，其殃咎乃至"。君主见到"五行变至，当救之以德，施之天下，则咎除"。③ 否则会出大乱子。

天谴说在当时政治条件下不无一定的合理之处。封建时代的天灾总与人祸相伴行，政治越黑暗，压榨越残酷，自然灾害的危害程度就越大。而且，有些天灾就是直接由人祸引发出来的。同时，在君权至上的时代，人们批评君主常常招来杀身之祸。董仲舒以天作为批评君主的工具，利用天的权威给君主以一定的制约，在当时不失为一种明智之举。然而，董仲舒企图在不损害君主绝对权威的前提下约束君权，所利用的权威没有任何法律效力。人类文明史早已证明，只有权力才能约束权力。因而，天谴说至多能对君主形成某种心理威慑，却不能改变或阻止君主独断专行的事实。事实上，天谴说成了统治阶级自我政治调节的理论之一。

三、阴阳合分论与德治主张

董仲舒的"天"是一个具有内在秩序的运行体系，"天地之常，一阴一阳"④。阴阳之道作为"天"的运行规律，直接规范着人们的社会政治关系和统治者的政策原则。

（一）阴阳合分论与"三纲五常"

董仲舒用阴阳之道概括人们的社会政治关系，提出阴阳合分论。他认为，世间任何事物或现象都不是孤立存在的，必有与其相对的方面，形成一系列对

---

① 《春秋繁露·四时之副》。
② 《春秋繁露·必仁且智》。
③ 《春秋繁露·五行变救》。
④ 《春秋繁露·阴阳义》。

应关系，如上下、左右、寒暑、昼夜、君臣、父子、夫妻等。这些关系都受阴阳之道的支配，所谓"物莫无合，而合各有阴阳"①，如"君为阳，臣为阴；父为阳，子为阴；夫为阳，妻为阴"。阴阳之道的内在秩序为"阴兼于阳"，阳制约阴。在具体的社会政治关系中，"妻者夫之合，子者父之合，臣者君之合"。"君臣、父子、夫妇之义，皆取诸阴阳之道。"②

阴阳合分论将整个社会一分为二，又合二为一，形成了相互区别又相关联的两方：一方是君、父、夫，为天生的主宰；另一方是臣、子、妻，是天生的从属。这三对关系是最基本的社会政治关系，又称为"三纲"。董仲舒认为，"王道之三纲，可求于天"③。"三纲"本源于天，意味着人类社会最基本的三类主从关系都本源于天。而人类社会就是由无数这样的主从关系叠垒而成的，君主则居于顶端。后来，唐孔颖达注疏《礼记·乐记》"然后圣人作为父子君臣以为纪纲"时，引《礼纬·含文嘉》的"君为臣纲，父为子纲，夫为妻纲"，明确概括为"三纲"。

与"三纲"相联系，董仲舒又提出五常之道："夫仁、谊（义）、礼、知、信五常之道，王者所当修饬也。"④"三纲五常"成为统治者用以规范社会政治关系的基本政治原则，也是社会最基本的道德行为规范。

董仲舒继承了先秦儒家礼的思想，通过阴阳合分论，将礼蕴含的身份等级原则表述为阴阳之道的体现。"礼者，继天地，体阴阳，而慎主客，序尊卑、贵贱、大小之位，而差内外、远近、新故之级者也。"⑤然后概括出三纲说，将复杂的身份等级关系简约化，由此构成的基本政治秩序给予君主专制以原则性的保障。

在董仲舒之前，韩非早已提出："臣事君，子事父，妻事夫，三者顺则天下治，三者逆则天下乱，此天下之常道也。"⑥到东汉时《白虎通义》集汉儒诸说，对三纲五常做了系统论述，"三纲者，何谓也？君臣、父子、夫妇也"⑦，使之更加神圣化和绝对化。在《白虎通义》中，天和地、日和月的自然关系被

---

① 《春秋繁露·基义》。
② 《春秋繁露·基义》。
③ 《春秋繁露·基义》。
④ 《汉书·董仲舒传》。
⑤ 《春秋繁露·奉本》。
⑥ 《韩非子·忠孝》。
⑦ 《白虎通义·三纲六纪》。

解释成君和臣、夫和妻的社会政治关系，并以此作为现实君臣尊卑关系的依据。"天道所以左旋，地道右周何？以为天地动而不别，行而不离，所以左旋右周者，犹君臣阴阳相对之义也。"①　"地之承天，犹妻之事夫，臣之事君也。其位卑，卑者亲视事，故自同于一，行尊于天也。"②

"君为臣纲"思想，是为了"尊君卑臣，强干弱枝"。与之相应，父为子纲，突出父权、族权，实际上将自然血缘关系政治化。君臣关系如同父子关系，"臣子之于君父，其义一"③，"臣之于君，犹子之于父"④，臣对君尽忠，便如子对父尽孝，自然而然。夫为妻纲要求女性"三从"，"未嫁从父，既嫁从夫，夫死从子"⑤，以维护父家长制。"三纲"互相支持，使政治关系血缘化，血缘关系政治化。"三纲五常"论证了君主统治秩序的天然合理性，逐渐发展为封建礼教的核心，成为封建统治者维护专制制度、巩固统治秩序的有力工具。随着历史的发展，"三纲五常"越来越成为禁锢人们精神的枷锁，严重地阻碍着社会进步，明末清初特别是近代以来受到越来越猛烈的批判。

（二）德治主张

董仲舒运用阴阳之道规范封建统治者的政策原则，提倡德刑兼备，"德治"为主。他说："天道之大者在阴阳。阳为德，阴为刑；刑主杀而德主生。"⑥　天道的特点是"任德不任刑"，君主遵循天道治国，就必须推行德治。德治主要有两个方面：

其一，行教化。董仲舒说："圣人之道，不能独以威势成政，必有教化。"⑦又说："天生民，性有善质，而未能善"⑧，必待"王教之化也"。他否定了孟子的"人皆可以为尧舜"说，提出性有三品。其中"圣人之性"已臻至善之境，无须教化；"斗筲之性"溺于贪恶，不可教化；唯有"中人之性"才是教化的对象。这显然是孔子"上智下愚"说的发展。"性三品"说认为"善过性，圣人过善"，圣人及君主的本性完美。一般民众"受未能善之性于天"，畏

---

① 《白虎通义·天地》。
② 《白虎通义·五行》。
③ 《白虎通义·诛伐》。
④ 《白虎通义·丧服》。
⑤ 《白虎通义·爵》。
⑥ 《汉书·董仲舒传》。
⑦ 《春秋繁露·为人者天》。
⑧ 《春秋繁露·深察名号》。

作"斗筲"小人，只有"退受成性之教于王"①。教化成为封建统治者的政治特权。

董仲舒将教化喻为堤防。认为假若堤防毁坏，必然奸邪痈溃，"刑罚不能胜"。因此，聪明的君主"南面而治天下，莫不以教化为大务"。实行教化的主要方法是"立大学以教于国，设庠序以化于邑"。通过广泛的教育宣传，使得人人都能"贵孝弟而好礼义，重仁廉而轻财利"②，成为君主的忠臣和顺民。"教化"能取得刑杀手段难以取得的统治效果。

其二，施仁政。董仲舒认为，政治弊害莫大于贫富对立，"大富则骄，大贫则忧。忧则为盗，骄则为暴"③。他要求统治者把握住导致贫富矛盾激化的度，推行仁政，勿与民争利，以避免贫富冲突加剧，唯有如此才符合天道。他说："夫天亦有所分予，予之齿者去其角，傅其翼者两其足。"④ 圣明君主依天施政，"使诸有大奉禄，亦皆不得兼小利、与民争利业，乃天理也"⑤。具体规定有："限民名田，以赡不足，塞并兼之路"，"薄赋敛，省徭役，以宽民力"，"盐铁皆归于民"，"去奴婢"，"除专杀之威"⑥ 等。董仲舒深知民是君的统治对象和财利之源，希望通过某种限制以保障百姓的基本生活需求。这固然有利于民，但从根本上进一步巩固了君主专制的社会与物质基础。

董仲舒主张"德治"，并不排斥刑罚，只是认为不可专任刑罚。"刑之不可任以成世也，犹阴不可任以成岁也"，否则就是"逆天，非王道也"⑦。德与刑的施用比例是百与一，恰如天之"暖暑居百，而清寒居一。德教之与刑罚，犹此也"⑧。既然天不废阴，君亦不可废刑。董仲舒特别提醒君主行"德治"的同时必须牢牢把握住权力。"国之所以为国者德也，君之所以为君者威也。故德不可共，威不可分。德共则失恩，威分则失权"，因此君主要"固守其德，以附其民，固执其权，以正其臣"⑨。

---

① 《春秋繁露·深察名号》。
② 《春秋繁露·为人者天》。
③ 《春秋繁露·度制》。
④ 《汉书·董仲舒传》。
⑤ 《春秋繁露·度制》。
⑥ 《汉书·食货志》。
⑦ 《春秋繁露·阳尊阴卑》。
⑧ 《春秋繁露·基义》。
⑨ 《春秋繁露·保位权》。

从总体上看，董仲舒政策主张的立足点是调和。他一方面严格等级规范，另一方面又力求缓和社会冲突。他认为理想的政治局面是"中"与"和"。中、和本是天道运行的最佳状态，天道作用于人类社会，也要实现融洽与和谐，"是故能以中和理天下者，其德大盛"。"中和论"为董仲舒缓和社会对立的德治思想提供了理论依据。

四、重在调节的政治哲学理念

董仲舒将他所崇尚的政治原则称为"道"，并认为道是万世不易的永恒法则。他的名言是"道之大原出于天，天不变，道亦不变"①。然而，政治运行本身千变万化，三代以来，改朝换代已是不容否认的事实。怎样才能解决原则与变化着的现实的矛盾呢？董仲舒提出了经、权、更化等概念。

他说："《春秋》之道，固有常有变。"② "天之道，有伦，有经，有权。"③ "常"或"经"指事物的根本法则，"变"或"权"指对事物运行发展的应变和调节。其中，经是根本，权是补充。董仲舒认为应变的范围和程度是有限制的。他说："夫权虽反经，亦必在可以然之域。不在可以然之域，故虽死亡，终弗为也。"④ 经和权要求统治者能在坚持"道"的前提下，根据政治运行的实际状况进行适当的局部调节。调节有多种形式，最重要的有两种："更化"和"有道伐无道"。

"更化"是指某种制度形式上的调节。董仲舒认为君权是天的赐予，为彰明天志，受命之君"必徙居处，更称号，改正朔，易服色"，以此顺应天道。"若夫大纲、人伦、道理、政治、教化、习俗、文义"是不可更改的，"故王者有改制之名，无易道之实"。⑤ 在他看来，人类社会是一部"道"的演进史，王朝更迭不过是"道"的外在形式的循环转换，所谓"三正""三统"⑥ 的依次交替，如此往复无穷。"道"的内核即君主专制的基本原则与制度则万世一系，永世长存。

---

① 《汉书·董仲舒传》。
② 《春秋繁露·竹林》。
③ 《春秋繁露·阴阳终始》。
④ 《春秋繁露·玉英》。
⑤ 《汉书·董仲舒传》。
⑥ "三正"：夏正建寅，商正建丑，周正建子。"三统"：夏为黑统，商为白统，周为赤统。三正、三统是董仲舒运用阴阳五行学说对历史上的王朝更替所做的解释。

"有道伐无道"指的是易姓更王，君权交替。董仲舒认为："道者万世亡（无）弊"，治乱得失的根本原因在于君主是否遵道而行。假如君主违道，又不知更化，反而"举其偏者以补其弊"，就会导致"有道伐无道"，改朝换代。董仲舒把道和行道者分开来认识，成功地解释了政治原则与政权更迭的内在联系，为中国封建时代频繁的王朝交替找到了合理依据。他还说："秦无道而汉代之"，汉家天下得之于"有道伐无道"，其合理性毋庸置疑。

董仲舒的经、权思想是汉代统治阶级政治成熟的体现。儒家政治理论经过董仲舒的一番加工，更具坚定的原则性和调节的灵活性，增强了统治阶级的政治应变能力。

五、天人合一论的历史影响

董仲舒的天人合一论融入了阴阳五行学说，讲论天人感应。这种理论特点促成了谶纬之学的发展，自西汉中期以后愈演愈烈，深刻影响了东汉政治思想的面貌。

"谶"，一名"图谶"，即以隐语、图符等神秘形式来预言吉凶祸福。《四库全书总目提要》解释："谶者，诡为隐语，预决吉凶。"[①] "纬"与"经"对称，"纬者，经之支流，衍及旁义"[②]，实是以神秘化的方式解经。谶纬虽以讲论阴阳五行、天人感应、预言吉凶为主要理论特征，但是，其落脚点仍然是社会政治问题。因而"谶纬中所载的灾变或符瑞的征兆主要是政治性的，它反映现实政治上的重大事故或预示政治上即将来临的重大变化"[③]，旨在为君主专制的统治合法性与正当性作论证。

两汉之际的新莽政权和东汉王朝的建立，都曾利用谶纬制造舆论。东汉光武帝刘秀于中元元年（56 年）"宣布图谶于天下"，使得神秘主义的谶纬经说正式获得了官方认可，为东汉时期谶纬思想的泛滥起到了助推作用。

东汉章帝建初四年（79 年），被尊为"国宪"的《白虎通义》刊布于天下。儒家经典原本含有的政治理性和理论思辨性被谶纬迷信缠绕，渐至消融，一路走向了庸俗化与神秘化。谶纬思想构成了东汉王朝政治意识形态的主流。

谶纬之学是阴阳五行、天人感应、天人合一政治思维的极端表现形式，其

---

① 《四库全书总目提要》卷六，中华书局 1965 年版，第 47 页。
② 《四库全书总目提要》卷六，中华书局 1965 年版，第 47 页。
③ 钟肇鹏：《谶纬论略》，辽宁教育出版社 1991 年版，第 151 页。

核心价值是神化王权。论者通过将神、自然和人糅为一体，编造出逻辑荒谬却言之凿凿的政治神话。臆造的政治神话经过政治权力的认可，荒谬也就变成了真理。正当天神地祇、圣人鬼怪的崇拜、迷信铺天盖地，弥漫了整个东汉社会之际，王充著《论衡》一书作当头棒喝，深刻批判了谶纬之学，为东汉末期的政治反思及魏晋玄学的兴起开启了怀疑与批判之先河。

天人感应论是汉代正统政治思想的主要理论。董仲舒以神化了的"天"作为最高范畴，以天人感应作为主要思维方式，以君权神授和天谴论作为主要理论内容，构筑起庞大而完备的政治思想体系。他提出的君权天授论、天谴论、三纲五常思想等，论证了封建统治的合法性，触及封建统治阶级维系政治统治而必须解决的根本问题，因此得到后来封建统治者的认可而延续下来。

第八节　王符民本德化的政治思想

王符，字节信，自号潜夫，安定（今甘肃镇原东南）人。生年约在汉章帝元和二年（85），卒年约在汉桓帝延熹五年（162）。王符"少好学，有志操"①，出身细族孤门。其时豪门大族垄断仕途，王符不得仕进，一直隐居于民间，故名其著作为《潜夫论》。

王符生活的年代正值东汉末世，宦官、外戚专权，豪强兼并，政治腐败、混乱，农民起义频繁爆发。王符"指讦时短，讨谪物情"②，对东汉后期社会政治进行了尖锐深刻的批判。

一、民本德化思想

王符对汉末政治的批判可谓淋漓尽致。他指出，当今正逢衰世，上至公卿列侯，下至尉令，大小官吏，无不贪残暴虐，鱼肉百姓，"令长守相，不思立功，贪残专恣，不奉法令，侵冤小民"③。他由此得出结论："衰世群臣，诚少贤也，其官益大者罪益重，位益高者罪益深尔。"④ 官吏品级高低与罪责大小成

---

① 《后汉书·王符传》。
② 《后汉书·王符传》。
③ 《潜夫论·考绩》。
④ 《潜夫论·本政》。

正比，表明整个官僚机构已经腐败透顶。官吏利用手中的权力，与地方豪强相勾结，侵夺百姓；贵族豪强则依仗权势，交通官府，勾结官吏，横行霸道，无恶不作。

王符深切感受到官僚腐败贪残，民生艰难困苦。他对东汉以来君主专制的诸多弊端进行了批判性反思，力主重民和实施德治。

（一）"民为国基"的重民思想

王符继承了先秦以来儒家的民本思想，提出"国以民为基"① 的命题。即国由民所产生，国因民而存在，"国之所以为国者，以有民也"②。民是国与君主须臾不可离的根基和条件，国之财富皆出之于民，君主之所用都是民所提供的。在这里，王符强调了国及君主对民的依赖关系。

王符认为，人类社会最初并无君臣上下之分，后来由于强者欺凌弱者，黎民百姓、老幼孤寡备受其害，社会生活秩序难以为继，于是"天命圣人使司牧之"③。圣人秉承"天命"治理社会，给人民带来安定的生活，并为人民所拥戴，君主由此产生。王符认为，"天之立君"并不是对君主个人的私爱，也不是让君主奴役黎民，而是要君主为百姓"诛暴除害"④。他说："天以民为心，民安乐则天心顺，民愁苦则天心逆。"⑤ 在天、君、民三者之间，王符把民与天紧密联系在一起，认为"民心"就是"天心"。君主循天之道，就应尽到利民、养民的责任，"爱之如子，忧之如家，危者安之，亡者存之，救其灾患，除其祸乱"⑥，关心民众的疾苦。

利民的具体表现是"富民"。王符说："夫为国者以富民为本。""富民"的关键是以农为本，"夫富民者，以农桑为本，以游业为末"，"守本离末则民富，离本守末则民贫"。⑦ 王符继承了儒家传统的重农抑商思想，力主"守本"。同时，他特别指出，不仅"末业"妨碍"本业"，繁重的徭役也是妨害农业生产的重要因素，为此，他专门撰写了《爱日》一文，提出："国之所以为国者，以有民也；民之所以为民者，以有谷也；谷之所以丰殖者，以有人功

---

① 《潜夫论·边议》。
② 《潜夫论·爱日》。
③ 《潜夫论·班禄》。
④ 《潜夫论·班禄》。
⑤ 《潜夫论·本政》。
⑥ 《潜夫论·救边》。
⑦ 《潜夫论·务本》。

也；功之所以能建者，以日力也。"① 他要求统治者施行惠民政策，减轻农民的徭役负担，以保障农业劳作有足够的农时投入。"圣人深知，力者乃民之本也，而国之基，故务省役而为民爱日。"② 这一主张体现了王符对汉末政治弊害认识的深刻，对破坏农业生产之症结体会的深切，可谓前无古人。王符的"为民爱日"思想将儒家传统的"以农为本"思想提升到了新的认识高度。

王符指出，自古以来，民乱必国危，统治者的横征暴敛则是导致民乱的重要原因。统治阶级的暴政，使百姓"骨肉怨望于家，细民谤讟于道"③。百姓为生活所迫，"饥寒并至，则安能不为非？"④ "为非"必遭官吏的严厉惩罚，结果是"愁怨者多""下民无聊"⑤，必然会铤而走险，爆发严重的政治危机。这些批判性认识直指农民暴动的政治根源，讲论深刻。

（二）德化论

王符认为德治、仁政是治国首务。他说，"人君之治，莫大乎道，莫盛乎德"，明智的帝王"皆敦德化而薄威刑"⑥。如何"德化"？王符强调了两点：

其一，当权者要修身正己，为人表率。"德者，所以修己也"⑦，"人君身修正赏罚明者，国治而民安"⑧。这种认识显然是儒家传统的"上行下效"人治思想的延续。

其二，"德化"必须与"富民"结合起来。这一认识与孔子的"先富后教"思想是一脉相承的。东汉末年，豪门权贵奢侈无度，官府横征暴敛，官吏贪赃枉法，致使民不聊生。为此，王符主张先富民，再教化。他说："夫为国者，以富民为本，以正学为基。民富乃可教，学正乃得义。"⑨ 在他看来，实施儒家的德化政治，必须以"富民"为基础。如若众庶百姓处于饥寒之境，所谓教化根本无从谈起。

王符的德化思想大体上延续儒家传统认识，没有什么创见。不过，这些认

---

① 《潜夫论·爱日》。
② 《潜夫论·爱日》。
③ 《潜夫论·忠贵》。
④ 《潜夫论·浮侈》。
⑤ 《潜夫论·浮侈》。
⑥ 《潜夫论·德化》。
⑦ 《潜夫论·德化》。
⑧ 《潜夫论·正列》。
⑨ 《潜夫论·务本》。

识是先秦儒家政治思想中最有价值的部分，王符于汉末乱世而努力倡导，应予以肯定。

二、法治主张

王符认为，仅有"德化"难以治乱，整治"乱国"须用法治。"法令赏罚者，诚治乱之枢机也，不可不严行也。"① 他针对当时吏治败坏、世风恶劣的状况，提出必须"明罚敕法"才能纠正。他认为，法治是维系政治秩序的必要手段，"国无常治，又无常乱，法令行则国治，法令弛则国乱"②，而统治者必须树立法治的权威，"政令必行，宪禁必从，而国不治者，未尝有也"③。

王符的法治主张大体上延续了先秦法家思想，尤其重视势和术的作用。他说："所谓术者，使下不得欺也；所谓权者，使势不得乱也。术诚明，则虽万里之外，幽冥之内，不得不求效；权诚用，则远近亲疏，贵贱贤愚，无不归心矣。"④ 王符看到汉末乱象的要害之处在统治集团内部，朝臣、宦官、后党、帝党争权夺势，政局纷乱不已。为此，他要求君主运用权势与权术，"术诚明""权诚用"，以此控制群臣百官，"下不得欺""势不得乱"，整治乱象，恢复秩序。

王符很看重君主在实施法治中的作用，要求君主"明操法术，自握权柄"。他说："君诚能授法而时贷之，布令而必行之，则群臣百吏莫敢不悉心从己令矣。"⑤ 即如果君主能制定和颁布法律，并检查执行情况，使得君主的政令切实贯彻执行，群臣百官就不敢不服从君主了。君主能做到令行禁止，才能避免"法轻君卑"，真正做到法重而君尊，实现治理。

三、明君论

王符认为："国之所以治者，君明也，其所以乱者，君暗也。"⑥ 君主本人明暗与否直接关系着国家的存亡治乱。他认为理想的君主理应具备以下条件：

其一，君主要率先做到公正无私，然后才能防范和制裁臣僚以私害公。王

---

① 《潜夫论·三式》。
② 《潜夫论·述赦》。
③ 《潜夫论·衰制》。
④ 《潜夫论·明忠》。
⑤ 《潜夫论·衰制》。
⑥ 《潜夫论·明暗》。

符说："夫国君之所以致治者，公也。公法行则轨乱绝。佞臣之所以便身者，私也。私术用则公法夺。"① 君主是国家的主宰者，理应维护国家的整体利益，实施"公法"以杜绝私意和私利，整治贪官污吏，防范以私害公。

其二，君主要善于"用人唯贤"。王符说："王者法天而建官……是故明主不敢以私爱，忠臣不敢以诬能。夫窃人之财，犹谓之盗，况偷天官以私己乎？"② 君主"用人唯贤"则公，"用人唯亲"则私。他要求君主从国家的公利出发"尚贤""任贤"，不可出于"私爱"而重用亲信。

其三，君主要能"兼听"。他说："君之所以明者兼听也，其所以暗者偏信也。"③ 明主如何"兼听"？有两个要点：一是君主要善于纳谏。王符说："故国之道，劝之使谏，宣之使言，然后君明察而治情通矣。"④ 在他看来，"人君常有过"，需要群臣进谏。君主善于"兼听纳下"，使得"贵臣不得诬，而佞人不得欺"，君主就能明智而且明察。二是君主要善听卑贱者的意见。王符引用《诗》云："先民有言，询于刍荛。"意思是说，有些事情，君主甚至应去询问砍柴的樵夫。他要求君主能"参听民氓，断之聪明"⑤。如果君主"隔限疏贱""慢贱信贵"，"不纳卿士之箴规，不受民氓之谣言"⑥，就不能了解下情，不利于治理天下。

总之，"兼听"要求君主"无距言""无慢贱"，善于纳谏和了解民情。当然，言者未必都可以采用，但"有用"与否只有听后才能知晓，如此才能"上无遗失之策，官无乱法之臣"⑦，成为理想中的明君。

四、选用贤才主张

王符针对汉末乱政提出的又一个救治良方是重贤。他说："国以贤兴。"⑧又说："凡有国之君，未尝不欲治也，而治不世见者，所任不贤故也。"⑨ 任贤与否是治国的关键。"国以贤兴，以谄衰；君以忠安，以忌危。此古今之常论，

① 《潜夫论·潜叹》。
② 《潜夫论·忠贵》。
③ 《潜夫论·明暗》。
④ 《潜夫论·明暗》。
⑤ 《潜夫论·潜叹》。
⑥ 《潜夫论·明暗》。
⑦ 《潜夫论·明暗》。
⑧ 《潜夫论·实贡》。
⑨ 《潜夫论·潜叹》。

而世所共知也。"① 针对为什么"衰国危君继踵不绝者,岂世无忠信正直之士哉?诚苦忠信正直之道不得行耳"②,他认为,贵戚豪强垄断仕途,导致贤才不得任用,政治愈发衰败。

王符说:"养寿之士,先病服药;养世之君,先乱任贤,是以身长安而国永永也。"③ 明君应该在危乱未至之时就能选用贤才,这样贤臣可以帮助君主防微杜渐,以消弭祸乱的根源。现在国家已然危乱,王符认为,这时更要"待贤而治",贤才在国家危乱之际才愈发重要。为此,君主要诚心"思贤"和掌握"得贤"之法。这就是说,君主要有求得"贤人之佐治"④ 的真诚愿望,同时还要有"得贤之术"。

为达到这一目的,君主要克服两个障碍:一个是骄臣"隐贤""蔽贤"。王符说:"人君选士,咸求贤能","然群司贡荐,竟进下材。"⑤ 这是由于"在位者好蔽贤而进党","思贤之君"同"愿忠之士"便彼此相隔,结果围绕君主的只能是那些贵戚宠臣和奸佞猾吏。另一个是"以阀阅取士"。王符把那些占据高位厚禄的世袭王公贵族称为"噬贤之狗",抨击他们"率皆袭先人之爵,因祖考之位,其身无功于汉,无德于民,专国南面,卧食重禄,下殚百姓,富有国家,此素餐之甚者也"⑥。王符认为,不打破这种以门阀取士的制度,所谓尚贤使能,只是一句空话。

王符针对汉末乱政,批判官僚贪残、豪强横行、百姓涂炭,提出了重民、德化、法治和举贤等救治之方。这些认识很具有时代特色。东汉后期以降,社会诸方面的弊端充分暴露出来。经济上,土地兼并严重,个体小农纷纷破产流亡。政治上混乱、腐败。君主专制统治恶性发展,外戚、宦官集团互相倾轧,交替执政。累世公卿的门阀大族出现。他们把持了选官的权力,按门第选用士人。官僚队伍政治、道德素质低下,贪污纳贿、钩心斗角。思想上,以谶纬神学为主的统治思想无法应对尖锐复杂的社会矛盾,地位动摇。深重的社会危机,使统治阶级中一部分人的头脑逐渐清醒起来。他们试图寻找消除危机、化解矛盾的政治出路,表现在政治思想上,就是出现一股政治反思与批评思潮。

---

① 《潜夫论·实贡》。
② 《潜夫论·实贡》。
③ 《潜夫论·思贤》。
④ 《潜夫论·实贡》。
⑤ 《潜夫论·叙录》。
⑥ 《潜夫论·三式》。

代表人物为王符、仲长统、左雄、崔寔、郎颛和荀悦等，其中仲长统的认识颇为深刻，主要反对和批判宦官专权，在选官用人方面有诸多见解。不过总的来看，王符的思想是最具代表性的。他的思想以儒为主，儒法结合，体现出批判与构建相结合的理论特点。对于问题的把握和阐述也最全面。其中对于民本德治、德法兼用、明君尚贤的阐述，反映了统治阶级中下层的呼声，体现了对于广大民众的同情，具有一定的进步性。

小　　结

秦、汉都是地域辽阔、民族众多的大帝国。如何建立和巩固中央集权的封建制度，维护国家的大一统，实现长治久安，成为这一时期政治思想的主题。秦统治者"别黑白而定一尊"，沿用法家思想，并将之推向极端，实行思想文化专制，导致权力基础和统治能力受到双重削弱，终致二世而亡。汉初统治者吸取强秦骤亡的教训，同时迫于国家窘境，推崇黄老思想，主张"与民休息"。汉武帝为加强中央集权，"罢黜百家，独崇儒术"。至汉元帝时全面尊儒，以儒家思想为主体的政治思想传统基本确立。

汉代儒学已然融合了诸子之学，思想上愈加丰富。以董仲舒的天人合一论为代表的汉代儒家政治思想，在理论上解决了权力合法性、相对政治制约、政治秩序原则和政策原则等重要政治问题，适应了封建统治阶级的根本利益和政治需求，从而跃升为国家统治思想，并为中国传统政治思想与文化主体结构提供了核心政治价值系统。

此后政治思想的发展大体上是这一主流思想的传承与流变。谶纬之学将儒学原本具有的理性精神扫荡殆尽，形成了遍及朝野的政治迷信。虽然东汉统治者极力倡导名教，却也难以扭转危机四伏的末世乱象。以王符为代表的政治批判思想，开启了社会政治批判与反思之先河，对后世批判思想的发展影响深远。继之而起的是儒家政治思想一统天下的局面被打破，为汉末三国政治思想的多元发展提供了条件。

总的看来，这一时期的统治者先后利用法家、黄老、儒家学说作为治国指导思想，探索大国治理方略，间或运用阴阳家学说为皇权做论证。汉帝国确立了以儒家为主的国家意识形态，不仅为君主专制统治进行了理论证明，而且还对德法并用、君臣分工、民"本"的政治地位等进行了新探索，对维护和巩固国家统一起到了积极作用。

人文地、理性地探求治国之道，是秦汉时期政治思想的积极因素。封建统治阶级为了维护和巩固自己的统治，往往不惜利用天命鬼神、谶纬迷信粉饰自己。针对这种现象，头脑清醒的有识之士，吸收先秦诸子的理论思维成果，以人文反对天命鬼神，以理性批判迷信，有力地抑制了封建迷信的泛滥，为中国古代政治思想留下了宝贵遗产。

作为这一时期"民"的主体的农民，虽然还没有提出自己的政治主张，但他们不只以生产劳动为秦汉帝国提供了必要的经济基础，而且以陈胜吴广起义、绿林赤眉起义、黄巾军起义等实际行动，表达了对封建专制统治的不满和反抗。汉末形成的《太平经》，保留了不少农民向往公平、互助的理想社会的思想材料。这些都是秦汉时期政治思想的组成部分。

秦汉时期政治思想最显著的贡献，在于从理论上论证了大一统的君主专制中央集权制度，确立了以三纲五常为核心的封建统治思想体系。这是中国政治思想发展的重要成果，为后世王朝所因袭。

思考题

1. 为什么说秦统治者将法家思想推向了极端？

2. 陆贾总结秦朝二世而亡的教训有哪些主要观点？

3. 贾谊为什么提出重民思想？怎样评价这一思想？

4. 《淮南子》政治思想的主要内容。

5. 董仲舒的天人合一政治思想在理论上为汉代统治者解决了哪些问题？

6. 如何评价王符的政治批判思想？

第五章　三国两晋南北朝时期的政治思想

汉末三国两晋南北朝时期，天下大乱，国家分裂。汉代儒学独尊的局面被打破，政治思想呈现出多元化发展的趋势。这一时期出现了玄学思潮，在认识深度上，对中国传统政治思想的发展意义深远。此外，如曹操的"唯才是举"主张、北魏孝文帝的"孝治"思想、鲍敬言的"无君"论等也各有特点，异彩纷呈。

第一节　三国两晋南北朝时期的社会历史背景

从汉末三国到隋统一中国的三百多年时间里，虽然也曾有过西晋短暂的统一，但大多数时间里，中国处于分裂的状态。周边地区的少数民族入主中原，南北政权长期的对峙与战争，民族矛盾与社会矛盾交织，成为这一时期政治思想发展的基本环境。

一、社会经济状况

三国两晋南北朝时期，社会动荡，战乱不已，给社会生产和人民生活造成巨大破坏。战乱导致农民离开土地，大量逃亡，成为"流民"。西汉以来的"编户齐民"制度瓦解，土地荒芜，民生凋敝。豪强地主趁机大肆兼并土地，扩张势力，割据一方。汉以来的社会政治秩序陷入混乱。

曹魏、西晋的统治者出于巩固政权、确立统治秩序和满足战争物资需求的目的，采用"屯田制"的方式组织农民，促使"流民"回到土地上，恢复农业生产。因而，这一时期的土地所有制形式、生产方式带有一定的泛军事化色彩。

三国至南北朝时期，社会经济制度历经了屯田制、占田法、户调制、均田制等。在此过程中，社会经济制度与政治思想一定程度上呈现互动关系。例如，曹操利用军法组织农民进行生产，就是其法治思想在社会政治和农业经济方面的实践。同时，实行屯田制度，运用军法组织农民进行农业生产，对于曹操的法治思想也具有一定的促进作用。

二、政治状况

公元 220 年，曹魏代汉；公元 221 年，刘备称帝；公元 222 年，孙权称帝。三国鼎立形成。265 年，司马炎建立晋朝，恢复了短暂统一。317 年，司马睿在建康（今南京）即位，史称东晋。此后，南北长期对峙。从 420 年起，南方先后经历宋、齐、梁、陈四个王朝；在北方，匈奴、鲜卑、羯、氐、羌等建立政权，较重要的有十六个，史称十六国时期；439 年，拓跋魏统一北方，但很快又分裂为东魏和西魏，而北齐、北周又分别继之。589 年，隋统一中国，结束了分裂局面。

三国两晋南北朝基本因袭汉制，并有所损益，但远未解决当时的各种社会矛盾。这一时期各统治集团之间及其自身的矛盾比汉代更加尖锐复杂。

其一，阶级矛盾日益激化。失地、破产农民采用"流民暴动"等方式沉重打击了封建地主阶级。例如西晋末年的李特起义、杜弢起义，399 年孙恩起义，以及稍后的卢循造反等。十数年间，席卷经济中心地区，加速了两晋政权的崩溃。尖锐的阶级矛盾促使思想家们反思动乱根源，为重建统治秩序提供方案。

其二，统治集团内部的矛盾日益尖锐。曹魏文帝实行九品中正制。此后，依门第高低选官、做官成为门阀世族的特权。统治阶级内部的矛盾因之变得空前尖锐，篡代杀戮频仍，内讧不断。这种政治状况对玄学思想家嵇康、阮籍有着直接影响，促使他们对司马氏集团倡导的虚伪"名教"有了比较真切的认识，这是他们提出"越名教而任自然"政治思想的主要原因之一。

其三，少数民族逐鹿中原促进了民族融合。自西晋末期始，北方匈奴、鲜卑、羯、氐、羌等各少数民族统治集团乘汉族政权内乱之机，纷纷角逐中原，建立政权。这些少数民族政权之间有时也能相互联合，相安无事；有时又互相争夺，发动战争，加剧了这一时期的政治与社会动荡。同时，民族之间的冲突促进了包括汉族在内的各民族之间的沟通与融合。比如，386 年，鲜卑族拓跋氏建立北魏政权。北魏统治者认同儒家治道，孝文帝实施汉化改革，推行孝治，推动了鲜卑族与汉族的交流与融合。这一时期的民族沟通与融合为北魏前期统治者和孝文帝的政治思想提供了社会、政治条件。

三、文化状况

三国两晋南北朝时期的思想文化领域呈现出多元化的特点。两汉时期确立了政治统治地位的儒家思想受到了玄学、佛教和道教的冲击。两汉时期儒学的官学化以及东汉时期谶纬的流行，使传统儒学变得日益庸俗，而东汉末年腐败的政治现实，更加剧了人们对儒家纲常名教的质疑。因此，在曹魏正始年间出现了以王弼、何晏为代表的玄学思潮。玄学家奉《老子》《庄子》和《周易》为经典，名为"三玄"，在玄学的影响下，魏晋时期的文人士大夫以玄谈为风尚，治理国家、强国富民却被讥为俗事。

两晋南北朝时期，佛、道二教广为流行，佛教寺庙遍布全国各地，寺庙僧徒众多。南北方割据政权的统治者，多有信奉佛、道二教者。最典型的如南朝梁武帝，曾经三次舍身同泰寺，甚至在侯景叛军已经攻进台城的时候，梁武帝仍在与群臣宣讲佛法。再如北魏太武帝拓跋焘笃信道教，甚至以"太平真君"为年号。佛、道二教的繁盛可见一斑。

在佛、道二教广泛传播的情况下，传统的儒家思想在政治上的统治地位受到了严峻挑战。在思想文化领域，两汉时期儒家独尊的情形已经演变成为儒、道、佛三家并立的局面。

南北朝时期，由于儒、道、佛三家对政治上的统治地位的争夺，三者之间的关系也变得愈益复杂。中国历史上曾经有过三次严重的毁佛事件，其中有两次发生在这一历史时期。南北朝时期发生的毁佛事件，既有深刻的政治、经济、文化根源，也与帝王个人的好恶密切相关。

尽管南北朝时期佛教与道教繁盛，但佛、道二教并没有取代儒家思想的统治地位。因为，佛、道二教并不能对南北方割据政权的政治统治提供足够的理论支持，在统治阶级的治国实践中只能依赖儒家经术。所以，即使是在受到玄学、佛教与道教严重挑战的情况下，南北方的儒学仍然在不断地发展着，儒家思想仍然是与实际的政治进程联系最为紧密的思想学说。不过，由于长期对峙，南北方的儒学也呈现出各不相同的特点。直到唐初孔颖达等作《五经正义》以后，才实现经学的统一。

第二节　曹操的法治和"唯才是举"政治思想

曹操（155—220），字孟德，小字阿瞒，一名吉利，沛国谯（今安徽亳州）人。史载他"少机警，有权数，而任侠放荡，不治行业"①。曾任洛阳北部尉。

---

① 《三国志·魏书·武帝纪》。

参与平定黄巾军起义，拥有了军事实力，后平定北方。曹操挟持了汉献帝，以汉丞相而号令天下。216 年，受封为魏王。曹丕称帝后，被追谥为武皇帝。

曹操"博览群书，特好兵法，抄集诸家兵法，名曰接要，又注孙武十三篇，皆传于世"①。其政治思想多见于政令、表和奏事中。后人辑有《曹操集》。

一、倡导法治

汉武帝时期，儒家学说上升为官学，德治思想开始占据主导地位，礼义教化成为思想主流。然而，曹操从走上仕途就偏向于法家思想。早年任洛阳北部尉时，即表现出法治才干。执掌大权后，便全面推行法治。史称"魏之初霸，术兼名法"②，"魏武好法术，而天下贵刑名"③。

曹操采用与汉代孝治传统相悖的治国方略，与其对刑礼关系的理解和判断有关。他说："夫治定之化，以礼为首；拨乱之政，以刑为先。"④ 在曹操看来，礼讲求身份等级规范与秩序，适用于治世。刑名法术则凸显了政治暴力与政治权威，适用于乱世。时世不同，治国策略当然有别。汉末天下大乱，曹操急于"拨乱"，故而要"以刑为先"，刑名法术也就成为曹操的基本统治方略。

曹操的刑名法术治国思想主要表现在三个方面。

一是运用刑杀等强力手段整治和抑制地方豪强。汉末战乱时期，诸侯蜂起，地方豪强成为全国统一和恢复秩序的极大障碍。曹操继承了战国时代秦法家的重罚思想，占领冀州之后，厉行法治，"重豪强兼并之法"，着重运用刑杀手段治理地方，稳定秩序，取得了明显成效。

二是注重赏罚在统治军队和管理各级官员中的作用。曹操明确指出"礼不可以治兵"⑤，认为无论治吏还是治军，赏功罚罪都是最为有效的方法。他说："未闻无能之人，不斗之士，并受禄赏，而可以立功兴国者也。故明君不官无功之臣，不赏不战之士。"⑥ 曹操将刑名法术思想贯彻到政治实践中，重用刑杀，奖惩分明，激励官兵效命。

三是运用军法组织农业生产。汉末战乱，粮食生产遭受严重破坏。曹操认

① 《三国志·魏书·武帝纪》裴注引孙盛《异同杂语》。
② 《文心雕龙·论说》。
③ 《晋书·傅玄传》。
④ 曹操：《以高柔为理曹掾令》，《曹操集》，中华书局 1974 年版，第 81 页。
⑤ 《十一家注孙子·谋攻》，曹操等注，郭化若译，中华书局 1962 年版，第 46 页。
⑥ 曹操：《论吏士行能令》，《曹操集》，中华书局 1974 年版，第 59 页。

为："夫定国之术，在于强兵足食。秦人以急农兼天下，孝武以屯田定西域，此先代之良式也。"① 他吸纳了前朝统治者的成功经验，推行屯田制，运用军事组织的方式组织和管理农民，恢复农业生产。这有效地解决了军粮问题，为曹操实现强兵足食、平定北方提供了物质保障。

二、"唯才是举"的人才观

曹操深知战争不仅仅是军力的角逐，也是智力的较量，由此他十分注重人才的选用。

毛玠、崔琰以清廉公正著称于世，曹操任用他们主管官员选用，选任的官员都是"清正之士"。毛玠本人俭朴廉洁，在他的影响下，"天下之士莫不以廉节自励"②。任用清廉公正之人负责选用清正廉明之士，体现了曹操在选官用人思想上延续汉以来主流政治思想传统的一面，对于延续和稳定政治局面，提高曹魏集团的统治效率很有助益。

另一方面，曹操在选官用人标准上突破了汉以来"名教"的束缚。东汉末年以降，世族豪门垄断了官吏选举，名实不符已成严重时弊。所谓"品藻乖滥，英逸穷滞，饕餮得志，名不准实"③。面对这种状况，曹操推行名法之治，务求实际，提出了"唯才是举"主张。

建安十五年（210 年）春，曹操下《求贤令》说："自古受命及中兴之君，曷尝不得贤人君子与之共治天下者乎！……若必廉士而后可用，则齐桓其何以霸世？今天下得无有被褐怀玉而钓于渭滨者？又得无有盗嫂受金而未遇无知者乎？二三子其佐我明扬仄陋，唯才是举，吾得而用之。"④

建安十九年十二月的《敕有司取士毋废偏短令》说："夫有行之士，未必能进取；进取之士，未必能有行也。陈平岂笃行，苏秦岂守信邪？而陈平定汉业，苏秦济弱燕。由此言之，士有偏短，庸可废乎？有司明思此义，则士无遗滞，官无废业矣。"⑤

建安二十二年秋八月，又颁布《举贤勿拘品行令》，列举伊挚、傅说、管

---

① 曹操：《置屯田令》，《曹操集》，中华书局 1974 年版，第 55 页。
② 《三国志·魏书·毛玠传》。
③ 《抱朴子·外篇·名实》。
④ 《三国志·魏书·武帝纪》。
⑤ 《三国志·魏书·武帝纪》。

仲、萧何、曹参、韩信、陈平等人为例，指出他们或是出身低贱，或是"负污辱之名，有见笑之耻"，但是他们都能"成就王业，声著千载"。最典型者如"吴起贪将，杀妻自信，散金求官，母死不归，然在魏，秦人不敢东向，在楚则三晋不敢南谋"。由此曹操令曰："今天下得无有至德之人放在民间，及果勇不顾，临敌力战；若文俗之吏，高才异质，或堪为将守；负污辱之名，见笑之行，或不仁不孝而有治国用兵之术。其各举所知，勿有所遗。"①

曹操三次下令求贤，清楚表明他的选才标准重在是否具有治国用兵之术，是否进取之士。曹操之所以提出"唯才是举"，就在于他把拥有"才智"视为获取天下的关键，"吾任天下之智力，以道御之，无所不可"②。据《举贤勿拘品行令》，"唯才是举"的对象也包括"放在民间"的"至德之人"，但是，在认识上和实际操作中，曹操在选用人才标准上注重的依然是才而非德行。这一选用人才的标准与传统选官用人主张看似冲突，实则体现了曹操注重管理实效的政治思维特点。

实践证明，在汉末战乱不已的特定历史条件下，"唯才是举"作为选用"高才异质"的人才标准取得了一定的效果。但是，离开具体的历史环境，把这一标准作为人才选拔的一般标准显然有失偏颇。作为人才，道德是其素质与人格的重要内涵。德行败坏，只会给社会带来危害。而且，失德者才能愈高，危害愈重。这个道理，古人业已明了。诚如司马光所言："才者，德之资也；德者，才之帅也。""自古昔以来，国之乱臣，家之败子，才有余而德不足，以至于颠覆者多矣……故为国为家者，苟能审于才德之分而知所先后，又何失人之足患哉！"③ 据此，为国家选用人才，务须德才兼备。

曹操的政治思想与他所处的特殊政治环境有关。曹操生于汉末，面对的时代特点是天下大乱，诸侯混战、割据，社会政治陷于严重失序状态。为了平息战乱，实现统一，恢复统治秩序，曹操一方面延续东汉以来的政治传统，利用汉献帝的政治权威，任用贤能之士，以稳定局面；另一方面在政治思想上提出并实施法治和"唯才是举"的人才选用主张，为的是运用政治强制手段"拨乱"为治；同时招揽天下异才，以战胜强劲对手孙吴集团和蜀汉集团，统一天下。曹操的政治思想和举措没能遏制门阀政治的延续，但他的选用人才主张引

①　《三国志·魏书·武帝纪》，裴注引《魏书》。
②　《三国志·魏书·武帝纪》。
③　《资治通鉴》卷一，《赵襄子使张孟谈潜出见二子》。

发了汉末名理之学有关才性问题的讨论，成为玄学思潮兴起的思想动因之一。

第三节　诸葛亮德刑并用的政治思想

诸葛亮（181—234），字孔明，琅琊阳都（今山东沂南境内）人。其父诸葛珪曾为泰山郡丞。诸葛亮早年避乱荆州，流寓襄阳，耕读于襄阳城西隆中。研习儒、法、道、兵、纵横诸家学说，胸怀大志，期于用世。建安十二年（207 年）出山，辅佐刘备，建立蜀汉政权，与曹魏、孙吴成三国鼎立之势。刘备死后，辅佐后主刘禅。建兴十二年（234 年）卒于五丈原军中。追赠丞相武乡侯，谥忠武侯。

诸葛亮清廉节俭，鞠躬尽瘁，其人格、事功与思想均在历史上有重要影响。著述有《诸葛忠武侯文集》，清人张澍所辑。中华书局据此整理点校为《诸葛亮集》。

一、"兴复汉室"与德刑并用的政治主张

诸葛亮在隆中与刘备讲论天下大势，作《隆中对》，提出了"兴复汉室"、成就霸业、实现统一的政治目标。为实现这一"攘除奸凶，兴复汉室，还于旧都"[1] 的政治抱负，诸葛亮在治国思想上延续了儒家传统的德治教化为主、法治刑杀为辅的治国方略。他说："为君之道，以教令为先，诛罚为后，不教而战，是谓弃之。"[2] 这一认识显然是西汉统治者"杂用王霸"政治思想的延续。

诸葛亮以礼制德化作为治国之本。他说："治国之政，其犹治家。治家者务立其本，本立则末正矣。"[3] 这里说的"本"指的是德治，治国犹如治家则是儒家"修身、齐家、治国、平天下"的思想传承。具体表现在三个方面：

其一，提出"君臣之道"，规范君臣关系。诸葛亮说："君臣之政，其犹天

---

[1]　诸葛亮：《前出师表》，《诸葛亮集》，段熙仲等编校，中华书局 1960 年版，第 5 页。
[2]　诸葛亮：《便宜十六策·教令第十三》，《诸葛亮集》，段熙仲等编校，中华书局 1960 年版，第 72 页。
[3]　诸葛亮：《便宜十六策·治国第一》，《诸葛亮集》，段熙仲等编校，中华书局 1960 年版，第 60 页。

地之象；天地之象明，则君臣之道具矣。君以施下为仁，臣以事上为义。二心不可以事君，疑政不可以授臣。上下好礼，则民易使，上下和顺，则君臣之道具矣。"① 这里讲了三层意思：一是君臣之间等级分明。君主在上，统属群臣百官；臣僚在下，侍奉君主。君臣之间如"天地之象"，这是君臣关系的根本规定。二是规范君臣关系的准则是道德。君主以仁德统摄臣下，群臣以义侍奉君上。臣对君要忠心不二，君对臣则予以信任。仁德、忠义成为君与臣的行为规范。三是君臣之间依礼而行，在社会政治生活中形成严整的身份等级秩序，则"上下和顺"，百姓易于管理，以实现有效统治。诸葛亮有关君臣之道的思想贯穿着先秦儒家正统的礼制德化政治理念。

其二，为政以德，以民为本。在政治实践中，诸葛亮的礼制德化思想表现为安民、仁政主张。诸葛亮提出："为政以安民为本，不以修饰为先。"② 诸葛亮秉承了儒家思想传统，将礼制德化用于治民，以"安民"作为为政之本。如何安民？关键在于实施仁政，即要"存恤"百姓，轻徭薄赋，劝民耕桑，不害农时。所谓"制之以财，用之以礼，丰年不奢，凶年不俭，素有蓄积，以储其后，此治人之道"③。民得安养，则国富民强。仁政思想是儒家政治思想中最正面的表达，诸葛亮将这一思想用于汉末战乱之世，有利于恢复生产，稳定局面。

其三，处理民族关系，强调德化。诸葛亮在《隆中对》中提出"西和诸戎，南抚夷越"，主张采用怀柔调和方式处理民族关系。他在治理蜀汉时，将德化思想付诸实践，对蜀汉境内或接壤的少数民族，采取"攻心为上"的和解政策。建兴三年（225 年）春，诸葛亮率军南征，对南部首领孟获即采用了这一策略。诸葛亮也将德化思想用于民族地区治理，如选拔有德官员、躬行教化、传播先进生产方式等，由于政策开明，取得了成功。

诸葛亮的法治思想主要体现在治军方面。他吸纳了先秦法家的赏罚思想，尤其强调奖惩务须公平，"赏不可不平，罚不可不均"④。诸葛亮深知"用法

---

① 诸葛亮：《便宜十六策·君臣第二》，《诸葛亮集》，段熙仲等编校，中华书局 1960 年版，第61 页。

② 《三国志·蜀书·蒋琬传》。

③ 诸葛亮：《便宜十六策·治人第六》，《诸葛亮集》，段熙仲等编校，中华书局 1960 年版，第65 页。

④ 诸葛亮：《便宜十六策·赏罚第十》，《诸葛亮集》，段熙仲等编校，中华书局 1960 年版，第70 页。

明"是制胜天下的关键。他不仅以此公平整治臣僚百官，而且能身体力行，体现了他法治思想的严肃性。史家陈寿评价诸葛亮能"开诚心，布公道"，"刑政虽峻而无怨者，以其用心平而劝戒明也"。① 其中，"刑政虽峻而无怨者"一句确实反映出诸葛亮法制公平的思想特色。

诸葛亮重视德刑并用，与刘备集团面临的形势密切相关。当时，曹操"已拥百万之众"，又占有政治优势，"此诚不可与争锋"。孙权"据有江东，已历三世"，依靠江南世族，势力强盛，"此可以为援而不可图也"。② 为了站稳脚跟，聚集实力与曹、孙集团争夺天下，实现其"霸业可成，汉室可兴"的政治目标，针对曹操唯才是举的做法，诸葛亮坚持儒家传统德治主张，以德化民，收拢人心；同时兼用法家治军治国。"德、刑并用"构成其政治思想的主要特点。

二、尚贤、任贤的人才思想

诸葛亮将人才选用提高到"治国之道"的高度。他说："治国犹如治身。治身之道，务在养神；治国之道，务在举贤。"③ 诸葛亮选拔录用人才，以尚贤、任贤为标准，真正做到了不拘一格，"尽时人之器用"④。主要体现在三个方面：

第一，不存成见，量才任用。诸葛亮对于那些原本属于敌对阵营的人才，如黄权、李严、董和等，都能够做到不存成见，量才任用，这是其"举贤"思想的具体体现。

第二，不论出身，不论资排辈。如蒋琬原为"州书佐"，出身低微。诸葛亮认为蒋琬是"社稷之器，非百里之才也"⑤，遂加以重用。诸葛亮卒后，蒋琬任尚书令，在维持蜀汉政权方面发挥了巨大作用。这一事例充分表明了诸葛亮不拘出身资历选用人才的思想。

第三，举贤使能，务尽其用。诸葛亮一旦发现人才，毫不迟疑，立即举荐任用。倘若政绩突出，则予以升迁，务使才尽其用。例如杨洪以答对汉中发兵

① 《三国志·蜀书·诸葛亮传》。
② 《三国志·蜀书·诸葛亮传》。
③ 诸葛亮：《便宜十六策·举措第七》，《诸葛亮集》，段熙仲等编校，中华书局1960年版，第65页。
④ 《三国志·蜀书·杨洪传》。
⑤ 《三国志·蜀书·蒋琬传》。

问题展示了才略，令诸葛亮十分满意，即刻予以重用。表明诸葛亮选用人才思想重在德才兼备。同时他也能加强管理，"循名责实，虚伪不齿"①。

诸葛亮的政治思想兼及德、刑，注重统治实效，在促成三国鼎立局面和稳定蜀汉社会政治秩序方面，发挥了重要作用。其中的某些内容，诸如为政以德、安民为本、执法公平、以身垂范等，今天仍然具有一定的积极意义。

第四节　玄学家的政治思想

魏晋玄学是以老庄学说解释、论证儒家礼法名教，以儒为主，儒道结合的一种政治哲学思想。玄学家推崇《老子》《庄子》《周易》，称之为"三玄"，故称"玄学"。玄学政治思想讨论的主题是"本末有无"，即名教与自然的关系问题。名教指汉代以来的礼法制度、伦理纲常。关于自然，玄学家有三种观点：一是何晏、王弼的"贵无派"，认为无即自然，指的是万物的本体或本原。二是嵇康、阮籍的"竹林派"，认为自然指的是符合人之自然本性的孔孟儒学倡导的道德原则与政治原则。三是裴頠、郭象的"崇有派"，认为自然就是自然而然，指的是事物生成和存在的状态。玄学家讨论名教与自然的关系，主要目的是为当时的政治统治进行合法性论证。

与汉代政治思想相较，玄学思想特点鲜明，主要体现在三个方面：一是理论抽象。它一般不讨论具体的政治问题，而是关注圣人、名教与道的关系，也就是关注政治制度、政治原则及秩序的合理性。二是主题集中。玄学家用"本末有无"论证"名教与自然"的关系，进一步强化了中国传统政治思想的政治伦理化特征。三是主张无为而治。在治国方略方面，作为对于两汉政治的反思，玄学家们大多主张实行无为政治。

贵无派借鉴道家"无"的思想，以"无即自然"作为"有即名教政治"的本原，为君主专制提供了合法依据。然而，他们在理论上将名教和自然分开表述，就给蔑视当政统治集团的竹林派提供了理论空间。嵇康、阮籍藉此重新诠释自然的含义，批判假名教的虚伪和丑陋，在思想上动摇了统治者赖以为治的名教权威。有鉴于此，崇有派亦再次诠释"无"的含义，认为无即没有，不

---

① 《三国志·蜀书·诸葛亮传》。

可言说。名教自有，自然即是合理，从而为君主统治的合法性做了相对圆满的
论证。

一、何晏、王弼的贵无派玄学思想

何晏（？—249）①，字平叔，南阳宛（今河南南阳）人。"少有异才"，善
谈《周易》和《老子》。何晏为金乡公主驸马，归属于曹爽为首的曹氏集团，
在与司马氏集团的权力斗争中，因曹爽失败而被杀。何晏著作有《老子道德
论》《周易何氏解》《论语集解》等十余种，今存《论语集解》和《全三国文》
辑录的《无名论》《道论》《无为论》，以及一些片言只语。

王弼（226—249），字辅嗣，魏国山阳（今河南修武）人。出身世家大族，
自幼聪慧，十余岁便能通读《老子》《庄子》。官至尚书郎。王弼在政治上与何
晏同党，依附曹氏集团。正始十年（249 年），染疾而亡，年仅 24 岁。

王弼是魏晋玄学的主要奠基人，就其理论深度和思想体系完整性而言，成
就远胜于何晏。著有《老子注》《周易注》《论语释疑》《老子指略》等，今人
楼宇烈的《王弼集校释》收录最全。

何晏、王弼的理论活动时期主要在曹魏正始年间（240—248），史称"正
始之音"。他们提出世界"以无为本"。"无"是天地万物的本原，"有"是存
在着的具体事物，"有"本于"无"。这一思想表现在政治上，"有"即名教，
"无"即自然，名教以自然为本原，以此来论证政治统治的合法性。

（一）何晏"无为""无名"的政治思想

何晏提出："天地万物皆以无为本。无也者，开物成务，无往不存者也。
阴阳恃以化生，万物恃以成形，贤者恃以成德，不肖恃以免身。故无之为用，
无爵而贵矣。"② 这里说得很清楚，"无"是万物本原，又潜藏于万物，是万物
赖以生成和演变的依据。何晏崇尚的"无"与汉儒崇尚的"天"有其相同之
处，但也有较大差别。何晏的"无"重在说明万物的自然性，这对于汉儒神秘
天命观是某种程度的冲击或调整。

由此，在政治原则上，何晏提出要"无为""无名""返太素"，实行无为
之治。君主应该默默行事，行无名，去有名。他说："为民所誉，则有名者也。

---

① 何晏生年大约在初平四年（193 年）至建安七年（202 年）之间。
② 《晋书·王衍传》引。

无誉，无名者也。若夫圣人，名无名，誉无誉，谓无名为道，无誉为大。"① 儒家政治思想十分注重身份等级、正名和礼教，何晏提出无为、无名，则是要简政、返朴，这种认识导向是与汉代名教思想相悖的。

不过，通观何晏的政治思想，虽然他将自然与名教并举，倾向于抑名教而扬自然，但他并没有放弃名教。何晏尊崇孔子，作《论语集解》，其政治思想儒学色彩浓重，赞同儒家传统的道德仁义和修身治国等理念。如说："慎而不以礼节之，则常畏惧。"② "善为国者必先治其身，治其身者慎其所习。"③

作为玄学思潮的初期人物，何晏提出"以无为本"、无为、无名等观点，表现出对名教思想的游离，但又有一定程度的看重与认同。他已经意识到名教与自然的冲突，并试图在理论上解决这个问题。不过，何晏在名教与自然的关系上尚未给出明确的论断，显示出初期玄学的理论缺陷。

（二）王弼"名教出于自然"的政治思想

1. "名教出于自然"说

王弼主张"以无为本"，认为"无"是一切事物的本原。他说："万物万形，其归一也。何由致一？由于无也。"④ "天下之物，皆以有为生。有之所始，以无为本。"⑤ 在王弼看来，"无""道""自然"是相通的。"道者，无之称也，无不通也，无不由也，况之曰道。"⑥ "自然者，无称之言，穷极之辞也。"⑦ "以无为本"说构成了王弼政治思想的本体论基础。

基于这一认识，王弼阐述了"名教出于自然"的思想。他认为，"自然"为本，"名教"为末；"自然"为母，"名教"为子；"名教"本于"自然"，出于"自然"。⑧ 王弼努力证明，名教与自然并不相悖，互为表里；维护君主专制等级秩序的"名教"之治，其实正是出于"自然之道"。王弼的这一观点是现实政治的某种反映。曹魏政权后期，门阀士族势力日益强盛，他们力图恢复名教的权威，以强化和巩固统治。王弼的"名教"本于"自然"说，为"名教"

---

① 何晏：《无名论》，《全三国文》卷三十九。见清严可均辑《全上古三代秦汉三国六朝文》。
② 何晏：《论语集解·泰伯》，中华书局1985年版，第103页，注。
③ 《三国志·魏书·齐王芳纪》。
④ 《老子道德经注校释·四十二章》，楼宇烈校释，中华书局2016年版，第117页，注。
⑤ 《老子道德经注校释·四十章》，楼宇烈校释，中华书局2016年版，第110页，注。
⑥ 《王弼集校释·论语释疑·述而》，楼宇烈校释，中华书局1980年版，第624页，注。
⑦ 《老子道德经注校释·二十五章》，楼宇烈校释，中华书局2016年版，第64页，注。
⑧ 《老子道德经注校释·三十八章》，楼宇烈校释，中华书局2016年版，第95页，注。

的政治合法性与正当性提供了新的政治哲学论证。

2. 无为而治的政治主张

王弼推崇老子的"无为而治"，认为治理社会应崇尚和顺应"自然""无为而治"。"善治政者，无形、无名、无事、无政可举，闷闷然，卒至于大治。"① 这就是说，政治必须因循自然之道，笃守无为之术，使万物自化。王弼的"无为而治"主要包含如下内容：

其一，君主无为。王弼提出要"以无为为君，不言为教"②。君主应"执一统众"③。"君主无为"不是要君主无所作为，而是要君主掌控最高权力，统领群臣百官；具体的和实际的管理则是由臣僚操作达成的。这一认识已经从老子道家的"无为之治"稍稍偏离了出来，更接近于"君上无为，臣下有为"思想。从当时的政治状况来看，魏帝曹芳年少，曹爽、何晏专权，王弼提出的君主无为，或有为曹、何擅权辩护的意味。

其二，"愚"民政策。王弼认为"愚"是与自然相通的。《老子注》云："愚，谓无知守真，顺自然也。"④ 圣、智、巧、仁、义虽有可取之处，但有了这些规范，一定会招致更多的祸害。常人只知圣、仁之善，"未知圣之不圣也"，"未知仁之为不仁也"⑤。既然圣、智、仁、义等道德规范弊多于利，"愚"民之策便是最佳选择。王弼说："竭其聪明以为前识，役其智力以营庶事，虽［得］其情，奸巧弥密，虽丰其誉，愈丧笃实。"⑥ 当政者的高明之处不是显示自己的圣、智、仁、义，而是运用智慧使民众"和而无欲，如婴儿也"⑦。民众返璞归真，有如儿童，无智无欲，就便于统治了。

其三，反对严刑峻法。王弼认为"名教"、礼法出于"自然"，就必须合乎自然无为之道。如果法网繁密，刑罚酷烈，万物就会失去"自然"状态，百姓就会"无所措手足"，铤而走险，"则上下大溃矣"⑧。王弼反对严刑峻法有其现实原因。曹魏政权实行"名法之治"，带来了法繁刑威等严重后果。王弼的

---

① 《老子道德经注校释·五十八章》，楼宇烈校释，中华书局 2016 年版，第 151 页，注。
② 《老子道德经注校释·二十三章》，楼宇烈校释，中华书局 2016 年版，第 57 页，注。
③ 《王弼集校释·论语释疑·里仁》，楼宇烈校释，中华书局 1980 年版，第 622 页，注。
④ 《老子道德经注校释·六十五章》，楼宇烈校释，中华书局 2016 年版，第 57 页，注。
⑤ 《老子道德经注校释·老子指略》，楼宇烈校释，中华书局 2016 年版，第 199 页，注。
⑥ 《老子道德经注校释·三十八章》，楼宇烈校释，中华书局 2016 年版，第 94 页，注。"虽［得］其情"一作"虽德其情"。
⑦ 《老子道德经注校释·四十九章》，楼宇烈校释，中华书局 2016 年版，第 129 页，注。
⑧ 《老子道德经注校释·七十二章》，楼宇烈校释，中华书局 2016 年版，第 179 页，注。

观点体现了当时统治者想要调整"名法之治"的治国思路,对于缓解黎民百姓遭受的压迫与苦难有一定的积极意义。

何晏的"贵无"论旨在说明万物的自然性,他意识到并有意解释名教与自然间的关系,但没有进一步阐明。王弼的"贵无"论较之何晏更为完善,旨在说明世事万物的本原。何晏与王弼的思想相异之处是,何晏的"贵无"没有完成本体论证,王弼则指明了"无"的本体性质,在一定程度上形成了本体论认知。

二、嵇康、阮籍对纲常名教的批判

嵇康(224—263),字叔夜,谯国铚县(今安徽宿州西南)人。"早孤,有奇才。"青少年时便不守儒家正统,"学不师受,博览无不该通"。年长后"尤好老、庄之业",为"竹林七贤"之一。嵇康"与魏宗室婚",曾官拜中散大夫,后世称"嵇中散"。司马氏掌权后,友人山涛劝说他到司马昭政权任职。他愤然写下《与山巨源绝交书》,拒绝参与,被司马昭处死。著述今存《嵇康集》十卷,为鲁迅所校订。

阮籍(210—263),字嗣宗,陈留尉氏(今河南尉氏县)人。其父曾任魏丞相掾。他"博览群籍",少年成名,与嵇康同为"竹林七贤"的核心人物。曾在司马氏政权里做过散骑常侍、步兵校尉等官,后世亦称"阮步兵"。阮籍放荡不羁,不拘礼法,鄙视名教,终日纵酒以自保。著述今存《阮籍集》。

司马氏集团取代曹魏政权是在名教的大旗下进行的。他们以"无君之心"的罪名诛杀异己,以"不孝"的名义废弑曹氏皇帝。嵇康、阮籍在政治上倾向于曹魏政权,虽有"济世之志",却难以施展。他们借酒以避世,行为怪诞,思想激越,提出了"越名教而任自然"的政治思想,对以司马氏集团为代表的虚伪"名教"进行了激烈批判。嵇康、阮籍是玄学思潮中的非正统派,他们的思想对后世有深远影响。

(一)嵇康的"越名教而任自然"说

在名教与自然的关系上,嵇康提出了"越名教而任自然"[1]。它有两层含义:其一,"名教"不同于"自然"。名教即纲常伦理是追名逐利的工具,自然是合乎人之自然本性的道德及政治原则,两者有别。其二,应该超越、摆脱

---

[1] 嵇康:《释私论》,《嵇康集》,戴明扬校注,人民文学出版社1962年版,第234页。

"名教"的束缚，不谋富贵，不尚名节，以求得自然人性的归复。

基于上述认识，嵇康进一步讥讽和批判名教圣人，"每非汤武而薄周孔"①，"轻贱唐虞而笑大禹"②，反对"立六经以为准"③。显然，嵇康对于君主专制赖以维系的礼法制度、伦理纲常的批判，较之何晏、王弼要激烈得多。他不仅批判假"名教"，而且连圣人、经典等传统权威一并予以否定。在当时的历史条件下，敢于公开与代表着统治阶级根本利益的主流政治思想唱反调，体现了嵇康的个性和士人风骨。

不过，必须指出的是，嵇康的思想深处并没有真正摆脱传统礼法纲常的羁绊。首先，从他描绘的理想社会来看，他所主张的仍然是等级分明、礼法俱备的君主专制制度，所谓"君静于上，臣顺于下"④。其次，嵇康反对虚伪的仁义。他力图论证仁义出于自然本性，说是"宗长归仁，自然之情"⑤。嵇康认为自然中包含着仁义，也包含着名教，只要"任自然"，人们就可以"默然从道，怀抱忠义，而不觉其所以然也"⑥。可知，嵇康的"越名教而任自然"并不等同于老、庄道家的绝圣弃智、毁弃礼法。他的"越名教"之论是针对司马氏集团的假"名教"所发。也就是说，嵇康所否定的是当时门阀士族张扬的虚伪礼教，而不是要否定伦理纲常和君主专制制度本身。

嵇康从"任自然"理论出发，猛烈抨击现实社会中的一切恶浊现象和门阀士族的残暴政治。他指斥统治者"凭尊恃势，不友不师，宰割天下，以奉其私"，"骄盈肆志，阻兵擅权，矜威纵虐，祸蒙丘山"，并断言当时社会已是"大道陵迟"。名教及礼法刑赏本来是用来除暴安良的，结果却成了当权者用以"奉私"和争权夺利的工具。天下名分已然颠倒，"下疾其上，君猜其臣，丧乱弘多，国乃陨颠"⑦，大乱将不可避免。

嵇康批判虚伪礼教和残酷法制，主张恢复或实现源于自然的真名教，形成了中国历史上反思和批判封建礼教的认识高峰，在当时的社会政治条件下是难能可贵的。

---

① 嵇康：《与山巨源绝交书》，《嵇康集》，戴明扬校注，人民文学出版社1962年版，第122页。
② 嵇康：《卜疑》，《嵇康集》，戴明扬校注，人民文学出版社1962年版，第139页。
③ 嵇康：《难自然好学论》，《嵇康集》，戴明扬校注，人民文学出版社1962年版，第262页。
④ 嵇康：《声无哀乐论》，《嵇康集》，戴明扬校注，人民文学出版社1962年版，第221页。
⑤ 嵇康：《太师箴》，《嵇康集》，戴明扬校注，人民文学出版社1962年版，第310页。
⑥ 嵇康：《声无哀乐论》，《嵇康集》，戴明扬校注，人民文学出版社1962年版，第222页。
⑦ 嵇康：《太师箴》，《嵇康集》，戴明扬校注，人民文学出版社1962年版，第312页。

（二）阮籍抨击礼法的思想

阮籍也是"越名教而任自然"论者。相较而言，阮籍具有将"名教"与"自然"相调和的倾向，他虽然不拘礼法，甚至宣扬无君，却很少直接抨击现实政治。

阮籍"傲然独得，任性不羁"①，以鄙弃名教、不守礼法而闻名于世，宣称："礼岂为我设哉！"他对士族豪门的"礼法"极端蔑弃，批判道："汝君子之礼法，诚天下残贼、乱危、死亡之术耳，而乃自以为美行不易之道，不亦过乎？"②他愤世嫉俗，极为鄙视那些道貌岸然的礼法"君子"。他讥讽这些人是衣裤中的虱子，将被正统儒者视为安身立命根本的礼教法度说成是虱子孳生的"坏絮"。阮籍的揭露和抨击相当深刻、辛辣，对正统儒家思想具有强烈的冲击力。

阮籍向往的是一种无君无臣、不受礼法名教束缚的"自然"社会。在这样的社会里，"明者不以智胜，暗者不以愚败，弱者不以迫畏，强者不以力尽。盖无君而庶物定，无臣而万事理，保身修性，不违其纪"③。阮籍认为君臣、礼法、名教是一切祸乱的根源，他说："君立而虐兴，臣设而贼生，坐制礼法，束缚下民。欺愚诳拙，藏智自神。"④阮籍这里斥责的是制礼作法、立君设君之过，实际上是藉此以抨击司马氏集团的残酷统治。

阮籍抨击礼法，鄙弃名教，也并非真要废弃礼制法度。他向往的是代表庶族地主利益的礼制法度，即与"自然"相通，能"达于自然之分，通于治化之体"的真名教。⑤他说："圣人以建天下之位，守尊卑之制，序阴阳之适，别刚柔之节。"⑥真名教是圣人制定的，"顺之者存，逆之者亡，得之者身安，失之者身危"⑦。与"自然"相通的礼制法度才是治理天下的保障。

据此，阮籍提出了循道崇德、保教守法以治理天下的主张，其要点有二：一是"刑教一体，礼乐外内"。他说的礼是"尊卑有分，上下有等"，乐指"人安其生，情意无哀"。两者不可偏废。同样，刑杀与教化也是相辅相成的，

---

① 《晋书·阮籍传》。
② 阮籍：《大人先生传》，《阮籍集》，陈伯君校注，中华书局1987年版，第170页。
③ 阮籍：《大人先生传》，《阮籍集》，陈伯君校注，中华书局1987年版，第170页。
④ 阮籍：《大人先生传》，《阮籍集》，陈伯君校注，中华书局1987年版，第170页。
⑤ 阮籍：《通老论》，《阮籍集》，陈伯君校注，中华书局1987年版，第159页。
⑥ 阮籍：《通易论》，《阮籍集》，陈伯君校注，中华书局1987年版，第130页。
⑦ 阮籍：《通易论》，《阮籍集》，陈伯君校注，中华书局1987年版，第130页。

"刑弛则教不独行"。阮籍认为礼乐、刑教都是统治天下的必要手段，如若有所偏废，则上下尊卑亲疏远近陷于混乱，必将导致政治失序。二是法与德并施，"固法以威民"。阮籍认为刑罚有如德治，不可或缺。他说："先王之驭世也，刑设而不犯，罚著而不施。"法治刑杀与德治教化并用，"保教守法，高履治安"，两者都很重要。他告诫说："失刑者严而不检，丧德者高而不尊。故君子正义以守位，固法以威民。"① 德治用来规范和维系统治者，法治刑杀则用以威吓百姓。阮籍的认识实质上是汉家"杂用王霸"思想的延续。

在嵇康与阮籍的时代，"名教"的虚伪性日益突出，反映在他们的政治思想中，"名教"与"自然"的冲突也日渐凸显。嵇康、阮籍对虚伪"名教"进行抨击，但这并不意味着嵇康、阮籍厌弃那些符合庶族地主利益的"礼法"与"名教"，反之，在他们看来，真正的"名教"是与"自然"相统一的，因而是值得坚守和需要提倡的。嵇康、阮籍关于"越名教而任自然"的认识相通，所不同的是，嵇康较之阮籍对虚伪"名教"的批评更为彻底。

三、裴頠、郭象的崇有论对名教的维护

裴頠（267—300），字逸民，河东闻喜（今山西闻喜）人，出身于贵族官僚家庭。其父裴秀是西晋开国功臣之一。裴頠"通博多闻"，死于八王之一赵王伦之手，年仅 34 岁。著《辨才论》，未成而遇害。另有《崇有论》，今存，载《晋书》本传。

郭象（约 252—312），字子玄，河内②（今属河南）人。"少有才理，好《老》、《庄》，能清言。"曾任东海王司马越的太傅主簿。著作今存《庄子注》；《论语体略》已散佚，仅存部分文字于皇侃《论语义疏》中。

265 年，司马氏代魏，建立西晋王朝。在其 50 余年的统治过程中，门阀士族地主阶级的政治地位得到了进一步巩固。裴頠、郭象提出"崇有论"，论证"名教即自然"，为西晋统治者的政治合法性提供了理论依据，适应了门阀士族集团的统治需要。

（一）裴頠的崇有论

裴頠认为，何晏、王弼的"贵无论"将"有"与"无"分开讲论，留有

---

① 阮籍：《通易论》，《阮籍集》，陈伯君校注，中华书局 1987 年版，第 124 页。
② 郭象籍贯，《晋书》本传无载。《世说新语·文学》注引《文士传》谓为河南；《经典释文·序录》谓为河内，今属河南。

理论漏洞，致使竹林诸君抨击名教，凌乱不堪，遂重新诠释"无"和"有"的内涵，以正其说。

裴𬱖认为，何晏、王弼将"无"释为万物之本是说不通的。所谓"无"就是"没有"，"没有"怎能生成万物？"有"即万有，指万物。万有是相互依存而生的。他说："夫总混群本，宗极之道也。方以族异，庶类之品也。形象著分，有生之体也。化感错综，理迹之原也。"① 这里说的"宗极之道"就是万有的总合。万有根据它们不同的特征，可以分为不同的类别；一切有生之物，都是有形有象的；万有的变化、联系，总是会体现在一定的关系之中，因而是有规律可循的。这个规律就是"理"。

裴𬱖指出，万有表现为不同的种类，每一类都有其不足之处，必须依赖他物而存在。这样一来，世界就成为一个相互关联和相互依赖的关系网。对于物的存在和相互关系而言，即产生了一个"宜"与"不宜"、应该与不应该的量度问题。在裴𬱖看来，圣人就是基于这个缘故才创立了政治。"故大建厥极，绥理群生，训物垂范，于是乎在。"② 换言之，自然万物相互依赖，相反而不可相无，这是人类政治生活得以成立的基础。圣人依此而建立标准、原则以垂范，人类的生存才成为可能。政治的目的是"宝生"，政治的手段则是"存宜"。"宝生"必须"存宜"，"存宜"是为了"宝生"，故"人之既生，以保生为全"③。这就是名教存在的根据，同时也说明了名教（宜）与自然人性（欲）之间的关系。名教的产生是源于众生"不足"和"依他"的本性，圣人不过是顺其性而已。

裴𬱖认为，在有无之间，"无"应为"末"，"有"才是"本"，否则就是"怀末以忘本"，必将导致"天理之真灭"④。他在逻辑上将贵无派的"本"与"末"完全颠倒过来。这里说的"天理"即礼教。裴𬱖又说："贱有则必外形，外形则必遗制，遗制则必忽防，忽防则必忘礼。礼制弗存，则无以为政矣。"⑤ 在裴𬱖看来，因"贵无"而导致的"贱有"，其结果是使得礼制毁坏无存，政治统治便难以为继了。在这里，裴𬱖把否定贵无和主张崇有的政治原因讲得十

---

① 《晋书·裴𬱖传》。
② 《晋书·裴𬱖传》。
③ 《晋书·裴𬱖传》。
④ 《晋书·裴𬱖传》。
⑤ 《晋书·裴𬱖传》。

分清楚。

基于崇有论，裴頠肯定了设官建职、任官得人等政治举措，表现出积极的政治态度。"故人知厥务，各守其所，下无越分之臣，然后治道可隆。"① 裴頠向往的有序政治是建立在严密的身份等级制度之上的，这正是"崇有论"肯定名教所追求的政治实践效果，显然是符合西晋统治者的政治需要的。

（二）郭象的崇有论

1. 名教即自然

郭象关于"有"表述更为明确。他指出，"无"不能生"有"，"有"只能"自生"。"无既无矣，则不能生有；有之未生，又不能为生，然则生生者谁哉？块然而自生耳！""故造物者无主，而物各自造。物各自造而无所待焉，此天地之正也。"② 在郭象看来，世上并不存在一个"造物"之主，世事万物皆"块然而自生"，亦即自己生成出来的，这种情形叫作"独化"。

郭象关于"有"的解读把各类事物的生成与存在绝对化，否认了事物之间的相互关联和影响。这样一来，礼制法度、伦理纲常、君臣上下、富贵贫贱等政治制度与规则的生成与存在也被绝对化，它们自然生成本身就是其得以存在的理由，合乎自然的"至理"，从而为君主专制本身及统治秩序的合法性与正当性提供了依据。

在名教和自然的关系上，郭象提出了"名教即自然"的论断。在他看来，名教与自然不是末与本的关系，而是内在相通，原本一致的，名教就是自然。他说："天地万物，凡所有者，不可一日而相无也，一物不具，则生者无由得生。一理不至，则天年无缘得终。"郭象认为名教与自然无非是事物的一体两面。郭象说："夫理有至极，外内相冥，未有极游外之致而不冥于内者也。"③ "外内相冥"，外指名教，内指自然；冥者，默契、暗合，两者的关系就是一体两面。只有圣人才真正理解这个道理，"故圣人常游外以弘内，无心以顺有。故虽终日挥形，而神气无变；俯仰万机而淡然自若"④。

何晏、王弼将名教与自然分开来讲，理论上留有缺陷。因而嵇康、阮籍才有"越名教而任自然"之说，危及西晋统治者的政治合法性论证。郭象将名教

---

① 《群书治要·晋书上·百官志》。
② 郭象：《庄子·齐物论》注。
③ 郭象：《庄子·大宗师》注。
④ 郭象：《庄子·大宗师》注。

与自然合为一体，弥补了前人的理论缺陷。名教即自然，封建统治阶级的政权、制度和规则都是自然而然的存在物；自然的存在就是合理的，封建统治的合法性得到了哲学论证。

2. "无为"论

在治国方略方面，郭象也选择了"无为而治"，认为"无为"不是无所作为，而是顺应自然，少私寡欲，不做损物伤性之事，人们和谐共处，各安其业。他批评说："世以任自然而不加巧者，为不善于治也。"其实，这正是"揉曲为直，厉弩习骥，能为规矩，以矫拂其性，使死而后已"。违背事物的自然本性"乃谓之善治也，不亦过乎！"① 文中"任自然而不加巧"是郭象对于"无为政治"的最为精准的解释。他认为，君主治国不能纯任自然而"加巧"，否则会导致"揉曲为直""厉弩习骥"等违反事物自然本性的状况，其结果只能是愈治愈乱，"死而后已"。世间万事万物各有其能其用，善为政者应当识其能，因其性，尽其用。依照自然之道、自然之性和自然之理进行统治与管理，方能达成善治。

郭象提出，与君道无为相对的是臣道有为："主上无为于亲事，而有为于用臣。臣能亲事，主能用臣……故各司其任，则上下咸得，而无为之理至矣。"② 郭象认为，无为而治是说君主统御臣下，群臣百官各司其任，各尽其能。用臣是君主的权力，"亲事"是臣的职责。君臣之间权责分明，方能实现治理。君主的权位藉此而更为尊贵。

综上所述，裴頠与郭象"崇有"思想的区别是：裴頠论证"名教"的合理性，基于万有的"不足""依他"本性，"名教"的合法性是有条件的，其论证稍有曲折；而郭象"名教即自然"的命题，对于纲常名教的合理性的论证显然更为直接。

玄学政治思想发展到"崇有论"可谓告一段落，"名教即自然"从政治哲学的层面完成了封建统治"自然即合理"的论证。

何晏、王弼的贵无思想涉及政治哲学本体论思维。他们提出"有之所始，以无为本"，这里说的"无"指的是万物的本原，因而他们在认识上涉及了本体论思维。但在理论的构建过程中，玄学家们的思维最终回落到了政治体制与

---

① 郭象：《庄子·马蹄》注。
② 郭象：《庄子·天道》注。

制度本身。这是因为裴頠、郭象重新解释了"有"的内涵，提出"无既无矣，则不能生有"；"然则生生者谁哉？块然而自生耳"。这一论断将万物的本原回归于事物自身。"有"者"自有"，与之对应，"名教即自然"。这样一来，政治体制及其政治原则的存在本身就是其存在的理由，无须到天地万物之外去找寻。中国传统政治哲学的本体论突破最终是由宋明理学完成的。

第五节 鲍敬言的"无君"思想

鲍敬言，两晋之际思想家，其生平事迹和著作篇目等均无可考，其言论主要保存在《抱朴子·诘鲍》中。据载，他曾经与葛洪辩论，葛洪称其"好老庄之书，治剧辩之言，以为古者无君，胜于今世"。由此可知，鲍敬言为道家人物，是"无君"论者。

一、批评君主与等级观念

两晋之际，恰逢乱世，鲍敬言对于君主专制的批判，是东汉以来社会政治批判思潮的接续。

（一）对君主制度的批判

鲍敬言认为，君主制度是造成庶民苦难的主要根源。首先，君主穷奢极欲，加之贵族官宦，一味压榨小民。鲍敬言严厉批判君主只知腐化享乐，盘剥百姓。他说："人君采难得之宝，聚奇怪之物，饰无益之用，厌无已之求。""人君后宫三千，岂皆天意。谷帛积则民饥寒矣！"[①] 非但君主如此，官僚贵族无不穷奢极欲，所谓"有司设则百姓困，奉上厚则下民贫"。君主及其官贵们欲壑难填，聚集财富，贪得无厌，百姓则饥寒困苦，造成了人间的种种苦难。

其次，赋役繁重，小民不堪负载。鲍敬言指出，以君主为首的统治者们横征暴敛，赋役繁重不堪，导致民不聊生。他说："民乏衣食，自给已据，况加赋敛，重以苦役。下不堪命，且冻且饥。"君主唯恐百姓不堪忍受而聚众造反，就以"厚爵重禄"笼络官僚效命，又"严城深池"以防备百姓作乱。其实君主并不懂得"禄厚则民匮而臣骄，城严则役重而攻巧"。百姓"饥寒并至，下不

---

① 《抱朴子·诘鲍》。

堪命"，以至于"冒法犯非"①，正是由于统治者的贪婪与残暴。

鲍敬言已经明确认识到君主及其统治集团的财富来自于赋敛。小民贫困到饥寒交迫，濒临死亡的边缘，就会铤而走险。鲍敬言质问道："食不充口，衣不周身，欲令勿乱其可得乎?"② 应该说，鲍敬言对社会动乱及官逼民反的认识是颇为深刻的。

最后，滥用刑罚，百姓困苦不堪。鲍敬言指出："君臣既应，众慝日滋。"以君主为首的统治集团与百姓之间的深刻冲突是难以调和的。统治者一味地运用刑杀惩治百姓，"闭（防）以礼度，整之以刑罚"，"肆酷恣欲，屠割天下"。一旦百姓忍无可忍，奋起抗争，便势不可当，统治者采用什么制裁手段都是无济于事的。"是犹辟滔天之源，激不测之流，塞之以撮壤，障之以指掌也"③，正如同用一撮黄土、一只手掌去堵塞滔天的洪水一样，十分可笑。

鲍敬言认为，统治者建章立制的目的是要治理天下，可实际结果却是越治越乱。究其缘由，"此皆有君之所致也"④。他由此得出结论：君主是万恶之源。只要有君主在，罪恶和祸害就不可避免。

（二）"强凌弱""弱服强"的君主起源论

"君权天授"思想是君主专制的主要理论支柱之一。鲍敬言通过对君主源起的"考察"，断定儒家所说的"天生蒸民，而树之君"纯属欺人之谈，"岂其皇天谆谆言，亦将欲之者为辞哉?"他一针见血地指出，所谓上天立君，是那些想做君主的人编造出来的，君主的产生与"皇天"无关。

鲍敬言明确指出，君主的产生，无非是强者压服弱者、智者欺诈愚者的结果。他说："夫强者凌弱，则弱者服之矣；智者诈愚，则愚者事之矣。"由于弱者愚者屈服和侍奉于强者和智者，"则君臣之道起焉"。君主的产生"由乎争强弱而校愚智，彼苍天果无事也"⑤。天下百姓之所以遭受"隶属役御"，就是经由"争强弱而较愚智"形成的。君主为了维持统治，对天下臣民就要"防之以礼度，整之以刑罚"，于是礼义法度伴随着君权而产生。

鲍敬言对于君主源起的解释，比较接近历史事实。他意识到君主产生的根

---

① 《抱朴子·诘鲍》。
② 《抱朴子·诘鲍》。
③ 《抱朴子·诘鲍》。
④ 《抱朴子·诘鲍》。
⑤ 《抱朴子·诘鲍》。

源在人类社会内部，而非天意。他也认识到了暴力和征服在君主产生过程中的作用。他对君主制度的批判是相当深刻的，具有一定的进步性。

二、平等观与"无君"理想

鲍敬言对儒家"尊卑有序"的等级观念持否定态度，他以天地万物的平等为依据，论证了人类社会的平等性。他说："夫天地之位，二气范物。乐阳则云飞，好阴则川处。承柔刚以率性，随四八而化生，各附所安，本无尊卑也。"① 在鲍敬言看来，天地是由阴阳二气所形成的，阳气飞升起来便成为天，阴气如川水流止便成为地，由此化生万物。天地和其他万物一样，并无尊卑之分。既然万物是天然平等的，人作为万物之一，相互之间也是天然平等的。

鲍敬言认为，人类社会确实曾经存在过一个自然平等的时代。"曩古之世，无君无臣。穿井而饮，耕田而食，日出而作，日入而息。汎然不系，恢尔自得，不竞不营，无荣无辱。"这是一种自由自在、丰衣足食的社会生活境况。在这一时期，没有君主，没有等级，人与人之间自然相处，没有欺诈与战争，没有礼教与刑罚，"安得聚敛以夺民财，安得严刑以为坑阱"②。

然而，随着后世君臣贵贱等级的出现，这一理想社会状况发生了变化，出现了贫富、争夺，以及仁义礼法等制度规定。"道德既衰，尊卑有序"，统治者聚敛无度，大兴土木，极度奢华，穷兵黩武，极尽凌暴。再加上"尚贤则民争名，贵货则盗贼起，见可欲则真正之心乱，势利陈则劫夺之塗开"③，人类社会陷于极度混乱之中。"曩古之世"平等、自然的生活状况永远逝去了。

在鲍敬言看来，这一切都是由于人和社会的自然性遭到破坏而造成的。后世儒家所弘扬的"天尊地卑""君尊臣卑"等名教思想，以及现实社会政治中的君主制度，都不是出自民意。百姓要求的是恢复自然天性，获得自由自在的生活，而这些只有在废除"尊卑有序"的君主专制制度之后才有可能实现。

鲍敬言力主回到无君无臣的理想社会。在他看来，即使是最开明的君主统治，也不如没有君主的社会。"故散鹿台之金，以钜桥之粟，莫不欢然，况乎本不聚金，而不敛民粟乎？休牛桃林，放马华山，载戢干戈，载櫜弓矢，犹以

---

① 《抱朴子·诘鲍》。
② 《抱朴子·诘鲍》。
③ 《抱朴子·诘鲍》。

为泰，况乎本无军旅，而不战不戍乎？"① 这就是说，最轻微的赋敛，不如没有赋敛，偃武修文，不如本来就没有战争。

鲍敬言批判君主和身份等级，向往无君社会，提倡平等，这些思想在当时的历史条件下，在中国古代君主专制的"语境"下，是"吉光片羽，弥足珍贵"的，尤其是鲍敬言揭露的君主穷奢极欲，对百姓横征暴敛，"重以苦役。下不堪命，且冻且饥"，以及穷兵黩武等，他将这些灾难归咎于君主，"此皆有君之所致也"。这样的认识已然包含着对君主专制制度本身的某种否定。

要言之，从传统政治思想批判性认识的深刻程度看，鲍敬言显然走在了时代的前面。他的无君理想反映了下层民众对美好社会的向往，但由于缺乏必要的历史条件和切实可行的途径而流于空想。即便如此，他在中国政治思想史上仍然占有独特而重要的地位。

小　结

三国两晋南北朝时期，国家长期分裂，战乱频仍。如何重建统治秩序，争夺正统地位，促进民族融合，实现国家统一，成为这一时期政治思想的主题。围绕这一主题，政治思想家们从不同的立场出发，针对各自关心的重点问题，提出了自己的思想主张，使这一时期的政治思想呈现丰富多彩的面貌。

曹操、诸葛亮等人的政治思想，反映了统治者消除战乱、重建统治秩序的要求；玄学家重释名教，为封建制度进行论证，适应了地主阶级维护和巩固封建统治的利益和需要；鲍敬言对君主的批判和否定，则表达了下层民众的呼声。

这一时期政治思想的发展线索有二：一是经由西晋、东晋和南朝延续下来的儒家正统政治思想，体现了从两汉至隋唐政治思想延传的历史连续性和相对稳定性。二是以曹操、玄学思想家和鲍敬言为代表的非正统政治思想。这些思想的生成源于正统政治思想，同时又有其特定的思想形成背景及特点，与正统政治思想系统既有关联，又有区别。他们提出的政治理念和主张，有的被正统思想所吸纳，有的则不能被纳入政治思想主体。曹操的"唯才是举"，嵇康、

---

① 《抱朴子·诘鲍》。

阮籍的"越名教而任自然"，鲍敬言对君主专制的批判等就被排斥在正统思想之外。但非正统政治思想构成了这一时期政治思想的重要内容。

从中国传统政治思想的发展历程看，玄学思潮达到这一时期政治思想的制高点。曹操的法治与选官用人思想对汉代名教思想形成了冲击，引发了名理之学的兴起，继而产生了玄学思潮。玄学思潮涉及本体论思维，虽然理论上没有完成，但仍然可以视为中国传统政治思想理论突破的一次努力和尝试，对于提高中国传统政治思想的理论思维水平，具有重要意义。

此外，这一时期的政治思想也包含着一定的批判精神。例如嵇康、阮籍，他们虽然没有彻底否定君主专制，但揭露了封建统治阶级假借名教维护其统治的实质，批判了其虚伪性。鲍敬言更进一步将批判的锋芒直指专制君主，深刻揭露了君主的起源并非天意，而是对小民暴力征服的结果，君主的统治建立在对小民横征暴敛基础上。他猛烈抨击统治集团骄奢淫逸、盘剥压榨百姓、滥用刑杀，实际上已经将封建统治阶级的阶级本性暴露无遗。这些思想对于深入认识封建统治阶级的本质很有意义。这一时期的批判思想和理性精神，对后世影响很大。

思考题

1. 如何评价曹操"唯才是举"的选官用人思想？

2. 玄学思潮的主题是什么？怎样理解这一主题？

3. 为什么说"贵无论"是为统治阶级的政治合法性作论证？

4. 怎样认识鲍敬言的"无君论"在中国政治思想史上的重要地位？

第六章　隋唐时期的政治思想

隋唐时期是中国古代统一多民族国家发展的重要阶段。这一时期，以儒家政治思想为主体的主流政治思想得到进一步丰富与发展。隋朝王通提出的"三教可一"论，推动了儒学的复兴。贞观年间，唐太宗李世民诏令中书侍郎颜师古校定五经文字，国子监祭酒孔颖达等编撰《五经义疏》，后名《五经正义》，结束了汉末以来儒家经典散佚、文理乖错、经学派别纷争的局面。唐太宗与贞观统治集团的重民、谏议思想为唐初"治世"奠定了思想基础，李世民也成为中国古代帝王践行德治思想的典型。唐朝中叶韩愈的道统学说、柳宗元的"封建论"、唐末罗隐的"明君论"各具理论特色，是中国传统政治思想的重要组成部分。

此外，作为域外文化的佛教经由三国两晋南北朝时期的广泛传播，在隋唐时期与儒学冲突、交流、融合，完成了自身的中国化，并为宋代理学家援佛入儒提供了文化条件。

第一节　隋唐时期的社会历史背景

隋朝国力强盛，在经济、政治、文化上多有创建，但二世而亡。唐朝统治者吸取隋朝国祚短促的教训，开创了闻名于史的"贞观之治"和"开元盛世"。这为政治思想的发展奠定了基础。

一、社会经济状况

隋唐之前，社会经济发展规模以汉代为最大。进入隋唐时代，社会经济的发展有了一定的提升。有学者估算，唐朝耕地面积最多时约合现在的 5 亿亩至 6.6 亿亩。[1] 这一时期，人口也有了迅速的增长，据唐后期史学家杜佑估计，唐朝盛时人口总数应达 1300 万户以上[2]，按政府统计的户口数字比例折算，则

---

[1] 参见汪籛：《汪籛隋唐史论稿》，中国社会科学出版社 1981 年版，第 51、56 页。
[2] 《通典·食货七·历代盛衰户口》。

人口总数应当达到 7000 万~8000 万。

隋唐时期，社会政治环境相对稳定，手工业有很大发展。制瓷业从制陶业中分离出来，出现了很多名窑。还出现了雕版印刷术，促进了造纸业发展。

从工商业发展看，经汉魏之际大动乱，工商业经济衰退严重，南北朝时期的商业活动远逊于两汉。这一时期，南方商业活动盛于北方，黄河流域及北方地区的工商业明显处于衰退状态。到隋唐，工商业复兴繁荣起来。

唐朝中期的"安史之乱"成为影响南北经济地位消长的重大事件。这次战乱使得北方著籍户口严重减耗，中原人口大量南迁。据李吉甫《元和国计簿》，唐宪宗时南方户数已占全国申报户数的近 60%。这时南方已经是朝廷主要财赋来源，大运河也真正成为朝廷的生命线。

南北经济的差别在唐末大动乱后继续加大。五代十国时期，南方经济恢复较为顺利，北方则朝代更迭频繁，战乱不已，使得南北经济差异进一步扩大，从而为宋代全国经济中心的最终转移提供了条件。

隋唐时期，统治者沿用北魏以来的均田制。在赋役制度上，以"庸"代"役"，即不愿应役者可用绢、布代替力役。

赋税制度在唐朝中叶发生了重大变化。概括而言，古代中国的赋役制度以两税法为界，可以分为前后两个时期。前期的赋税对象以人为主，凡编户齐民，不论其家庭占有土地多少，以丁壮为计算单位，征收定额租调。后期则由"舍地税人"发展为"舍人税地"，赋税由计丁变为按资产征收。唐朝中叶，宰相杨炎实施了"两税法"改革，促成了赋税体系的转换，从而推动了土地私有化的发展，有助于人身依附关系的松动。

唐代社会经济的繁荣为思想文化的发展提供了物质基础。

二、政治状况

581 年，北周贵族杨坚夺取北周政权，建立隋朝，于 589 年灭陈，重新统一全国。611 年爆发隋末农民战争，数年后，隋朝灭亡。在隋末战乱中崛起的李渊父子翦除群雄，于 618 年建立唐朝，统一中国。唐太宗贞观年间物阜、政通、人和，史称"贞观之治"。这一治世的形成，显然与李世民统治集团的政治思想有直接关联。

唐玄宗开元、天宝年间（713—756），社会稳定，经济、文化空前繁荣，国力臻于鼎盛，史称"开元盛世"。

　　唐朝天宝—广德年间发生的"安史之乱"（755—763），标志着大唐王朝由盛转衰。此后，唐朝饱受藩镇割据困扰。朝廷内部党争不已，国力每况愈下。虽然唐顺宗永贞年间发生了由王叔文、柳宗元等人领导的革新运动，但是这些努力并不能改变唐朝的颓势。柳宗元加强中央集权和政治革新等政治思想与这一时期的政治状况也有着密切的关系。

　　黄巢领导的农民起义是对大唐王朝最沉重的一击。907年，唐朝被朱温的后梁取代，中国又进入了分裂状态，史称"五代十国"。

　　从政治制度来看，隋唐时期的地方行政区划基本沿袭秦汉制度，其间或有调整变化。这一时期最富于特色的是"节度使"的设置。节度使原本是唐玄宗天宝年间设置于边地的军事机构。节度使拥有所辖地区的军、民、财政大权，权势既重，往往不听中央节制，甚而拥兵自重，成为唐王朝的政治离心力量。至唐代中期终于酿成战乱，并最终成为唐朝末年国家分裂的主要制度根源。

　　在人才选用方面，科举制代替了魏晋以来的门阀制度。开皇七年（587年）隋文帝以科举为定制，隋炀帝创进士科，以诗赋取士。唐袭隋制，考试科目以进士、明经两科最为显要。科举制为封建统治选拔培养了大量人才，使得士大夫阶层的集群性日益明晰和凸显，强化了士大夫群体的自我认同。隋唐时代许多重要政治思想家往往是经由科举出身的名臣。科举制作为君主专制时代的人才选拔制度，具有一定的先进性，意义重大，影响深远。

三、文化状况

　　隋朝国祚短促，但文化发展端倪可见。唐代则是中国古代文化发展的鼎盛时期，无论诗词歌赋、小说话本、音乐舞蹈，还是器物建筑、服饰餐饮等，都有了高水平的发展，构成了史称"盛唐"的主要文化内涵。推动唐代文化繁盛的动力源自这一时期的经济发展、政治相对稳定和制度完善，同时也与汉末以来的民族融合和域外文化的广泛融入密切相关。

　　在文学上，初唐沿袭南朝遗风，又自创新境，南北文风逐渐融合，其成就远超前朝。中外交流空前发达，唐王朝与西域、中亚地区的文化联系日益紧密，京师长安成为欧亚内陆文化的汇聚地，以儒家思想为主体的中国文化对于东亚各国的影响也日益广泛。

　　南北朝以来佛教盛行，成为这一时期政治思想的社会文化背景。佛教源于印度，西汉末东汉初就已传入中国，南北朝时期广泛传播和流行。由于佛教

"削发""不揖君亲"等教义与中国政治文化传统存在内在的矛盾，所以屡遭禁抑。作为一种外来文化，佛教首先要面对的就是与本土文化的关系问题。至唐代，佛教基本完成了中国化进程。以中国化的佛性说作为理论基础的佛教宗派先后崛起，如天台宗、华严宗、禅宗、净土宗等，并占据了主流地位。佛教教义和宗教道德的宗法伦理化，从文化和信仰层面更为广泛地融入了社会生活。

在这一过程中，佛教面临着两个关键问题：

一是与世俗权力的关系。佛教传入中国之后，曾与世俗权力之间存在着尖锐的冲突，魏晋时期关于"沙门不敬王者论"的讨论是这一冲突的理论表现；被称为"法难"的"三武一宗之厄"①则是这一冲突的政治行为体现。在这一过程中，佛教逐渐从最初的"削发""不揖君亲"逐渐转向礼敬帝王。为了迎合王权的需要、适应生存环境，佛教对自身的教义作了调整。如，唐朝僧人法琳便提出，佛教教义中具有忠、孝的内涵，"去君臣华服，虽形阙奉亲，而内怀其孝，礼乖事主，而心戢其恩"②。贞观时期的玄奘更是称颂帝王"以轮王之尊，布法王之化"③。唐代佛教发生的这一变化，意味着在中国历史上，无论内生还是外来，从来不曾有过高于王权的教权，宗教始终都是帝王手中的工具。

二是与纲常名教的关系。汉魏以来，佛教不敬君亲的思想倾向与儒家纲常伦理始终存在着尖锐的冲突，及至隋唐时期，正统儒家对于佛教一直持强烈排斥态度。作为外来文化的佛教为解决自身的"生存"问题，就必须化解与传统儒学的这一矛盾。南北朝时期，佛教本身即已表现出某种与儒家道德观念相认同的倾向，"道法之于名教，如来之于尧孔，发致虽殊，潜相影响，出处诚异，终期则同"④。佛教的轮回业报说亦与儒家天命论相融合，强化了宗法道德的影响，在面向社会大众宣扬纲常名教方面，发挥着特殊作用。宗法化的佛教道德在一定程度上扩大了纲常名教的社会影响力，伴随着宗教信仰的泛化，为君主专制的等级秩序提供了文化和精神支持。

佛教对隋唐政治思想的影响主要体现在政治哲学方面。韩愈的道统学说就是仿照佛教"法统"而建构的。李翱作《复性书》，援用"佛性"阐释儒家"性说"。柳宗元也明确提出"统合儒释"的主张，认为："浮图诚有不可斥

---

①　指的是北魏太武帝、北周武帝、唐武宗和后周世宗的灭佛事件。

②　法琳：《答诏问释教利益对》，《全唐文》卷九〇三，中华书局 1983 年版，第 9427 页。

③　玄奘：《请入少林寺翻译表》，《全唐文》卷九〇六，中华书局 1983 年版，第 9450 页。

④　慧远：《沙门不敬王者论》，《弘明集》，刘立夫等译注，中华书局 2011 年版，第 326 页。

者，往往与《易》、《论语》合，诚乐之，其于性情奭然，不与孔子异道。"①
这些认识为后世宋明理学援佛入儒开启了先河。

总之，隋唐时期佛教的发展，促使传统儒学吸收了佛教的思维方式，推动
了中国传统政治思想的哲理化进程。程朱理学"理一分殊"的命题，就是参照
了佛教"理事圆融"的论证方式而提出来的。

从隋唐时期政治思想的发展看，王通提出"三教可一"的政治思想当是汉
以来佛教与传统儒学趋向合流的理论体现。

域外文化与本土文化的融合过程始终伴随着深刻的冲突。佛理对于儒家思
想的政治伦理价值具有直接冲击性。作为回应，以唐代韩愈为代表，提出了
"道统"学说，旨在努力维护儒家传统政治思想的价值体系，为后世理学思想
的形成奠定了认识基础。

两汉以来的主流政治思想在隋唐时期继续发展，李世民贞观集团的政治思
想、柳宗元的政体理论，以及唐末罗隐的明君论，都可以视为这一思想脉络的
发展与嬗变。诸多政治思想主题，如重民、尚贤、谏议、仁政、法治等，在这
一时期也都得到重新诠释，体现了思想家们对于传统政治思想的传承与发展。

第二节　王通"三教可一"的政治思想

王通（584—617），字仲淹，门人私谥"文中子"。隋绛郡龙门（今属山西
万荣县）人，出身于官宦儒学世家。王通以著书讲学为业，其书多仿效"六
经"，计有《礼论》《乐论》《续书》《续诗》《元经》《赞易》等多种，均已散
佚。此外，王通与学生的一些谈话，由其子记录下来，仿照《论语》编为《中
说》十卷，今存，这是研究王通政治思想的主要史料。

一、"三教可一"论

所谓"三教"，即儒、佛、道。汉末以来，佛教、道教的传播日益广泛，
与之相反，由于长年战乱，君主专制的大一统局面不复存在，儒学的官学权威
性也受到冲击，与势头正盛的佛、道二教相较，明显衰落。隋朝统一天下后，

---

① 柳宗元：《送僧浩初序》，《柳宗元集》卷二十五，中华书局 1979 年版，第 673 页。

大一统政治局面渐至恢复，统治阶级内部矛盾有所缓和，反映到意识形态上，即表现为儒、佛、道三教并立与调和的倾向。王通"三教可一"论就是在这一政治与文化背景下提出来的。

王通认为，与儒学相比，佛、道二教也有一定政治功用，但它们又各有弊端。佛乃"西方之教"，不合中国风习民情，恰如"轩车不可以适越，冠冕不可以之胡"一样，用于"中国则泥"①。至于道教，王通斥之只会讲论长生久视，更是欺人之谈，他们"仁义不修，孝悌不立，奚为长生"!② 王通认为，佛道二教流弊丛生的主要原因不在它们自身，而在于当政者用之不当。他说："《诗》、《书》盛而秦（周）世灭，非仲尼之罪也；虚元长而晋室乱，非老庄之罪也；斋戒修而梁国亡，非释迦之罪也。《易》不云乎，苟非其人，道不虚行。"③ 问题的根源是统治者没能合理有效地利用佛、道。

在王通看来，对待三教的正确态度应该是将三者融合为一，让它们互相融通、吸收，取长补短。王通的政治思想即以儒为主，兼及佛、道。他坚持周孔之道，又援佛、道入儒。如他以"元气"释天，以"元识"释人，认为"天者，统元气焉"，"人者，统元识焉"④。元气变化莫测，非人力所及，但人的认识能力同样神妙。人在气、形之中，人得之而为理性。这个思路明显受到佛家唯识论的影响。

王通的政治思想也明显受到道家影响。《中说·立命》篇所述"至治之世"与庄子之"无何有之乡"十分相像。文中说："至治之代，五典潜，五礼措，五服不章，人知饮食，不知善藏，人知群居，不知爱敬，上如标枝，下如野兔。何哉？盖上无为，正自己足故也。"不过，王通说的"无为"与先秦道家的"无为"有所不同。先秦道家主张无为之治，小国寡民；王通则主张君主少有作为，"其上湛然，其下恬然"⑤。这种认识是儒家向往的圣人"垂衣裳而天下治"理想政治的翻版。

此外，王通明确提出，"五常，一也"⑥。他认为，仁义为政教之本，徒有

① 《中说·周公》，阮逸注，中华书局 1985 年版，第 14 页。
② 《中说·礼乐》，阮逸注，中华书局 1985 年版，第 24 页。
③ 《中说·周公》，阮逸注，中华书局 1985 年版，第 14 页。
④ 《中说·立命》，阮逸注，中华书局 1985 年版，第 34 页。
⑤ 《中说·周公》，阮逸注，中华书局 1985 年版，第 15 页。
⑥ 《中说·述史》，阮逸注，中华书局 1985 年版，第 26 页。

仁义而无礼，则"不可行也"①。仁义礼智信是性之本、道之本；礼则是"道之旨"，守礼则"道在其中矣"②。以周孔之道为主干，兼容佛道，形成通变、无弊的统治思想，是王通政治思想的主旨。

二、王道政治与仁政主张

王通所处之世，长期的分裂战争刚刚结束，隋王朝草创未久，天下尚未达治。王通继承两汉主流政治思想，为重振儒学、拯救危机，极力倡导王道与仁政。

（一）王道理想政治

基于对隋代社会现实的深刻体认，王通渴望建立一个长治久安的理想社会，于是提出王道政治论。他站在传统儒家政治思想的立场上，把秦汉以来的历史发展视为一个王道衰败、不断退化的过程。他感叹道："道之不胜时，久矣。吾将若之何？""甚矣，王道难行也。"③ 王通认为，由于"上失其道"由来已久，百姓不会甘于穷困，必然起而举事，铤而走险。他说："上失其道，民散久矣。苟非君子，焉能固穷？"④ 百姓们厌乱已久，早就希望施行王道和仁政。虽然王通感叹王道难行，但是对于王道政治的实现仍然充满了信心。《中说·问易》载："贾琼问：'太平可致乎？'子曰：'五帝之典，三王之诰，两汉之制，粲然可见矣。'" 王通的意思是，既然夏、商、周、两汉的典籍、诰命、制度都已保存下来，完全可以从中汲取有益内容，重建王道政治。

王通认为，王道的基本内容早已由伊尹、周公、孔子所提出，倡明王道就是倡明周公、孔子之道，故而王道又称"周孔之道"。他认为，君子得时为政，应学周公；不得时在野，应学孔子著述与讲学。他自己的处境是"不为时用"，所以要学孔子。《中说·魏相》载："子居家，不暂舍周礼。门人问子，子曰：'先师以王道极是也。如有用我者，我则执此以往。通也，宗周之介子，敢忘其礼乎！'" 所谓宗周之介子，就是以孔子第二自居，向往能够像孔子那样讲道议政，成为一代宗师。故而王通的著述大都拟诸孔子六经。孟子说："孔子成《春秋》而乱臣贼子惧。" 王通即效法孔子撰写了一部从战国到南北朝的编

---

① 《中说·礼乐》，阮逸注，中华书局 1985 年版，第 21 页。
② 《中说·关朗》，阮逸注，中华书局 1985 年版，第 36 页。
③ 《中说·王道》，阮逸注，中华书局 1985 年版，第 1 页。
④ 《中说·事君》，阮逸注，中华书局 1985 年版，第 10 页。

年史，名为《元经》，自称是为救衰世而作："《小雅》尽废而《春秋》作矣，小化皆衰而天下非一帝。《元经》所以续而作者，其衰世之意乎！"① 王通以建立王道政治为己任，体现了士人的济世情怀和对于儒家理想政治的向往。

（二）仁政主张

王通认为，历史上实行仁政的样板，一是周公，二是两汉"七制之主"。他赞扬周公时代的仁政，认为周公所做的一切都从仁政和德治出发，能大公无私，安宁天下而厚苍生。此外，王通认为，相距较近、便于效法且又称得上王道、仁政的则是两汉"七制之主"，即汉高祖、文帝、武帝、宣帝和东汉光武帝、明帝、章帝。他说："七制之主。其以仁义公恕统天下乎！其役简，其刑清，君子乐其道，小人怀其生，四百年间天下无二志，其有以结人心乎！终之以礼乐，则三王之举也。"② 这里的颂扬或有溢美，体现了王通对实施仁政的极度向往。

王通的"仁政"主张包括如下内容：

其一，爱民厚生。王通认为，君主应当庇护百姓，宁愿失去天下也要爱惜"一民"的性命。《中说·天地》载："李密问王霸之略。子曰：'不以天下易一民之命。'"作为封建时代的政治思想家，能提出"不以天下易一民之命"，把黎民的生命看得如此重要，确乎难能可贵。另据《中说·述史》载，董常问王通："《元经》之帝元魏，何也？子曰：乱离斯瘼，吾谁适归，天地有奉，生民有庇，即吾君也。"王通作《元经》，将北朝拓跋魏的君主也称为帝，就因为他们能够敬奉天地神明、庇护百姓，使生民有所依托。

王通将爱民厚生、庇护百姓视为仁政的重要内容，并作为普遍标准用以裁量所有君王，表明了他对实行仁政主张的坚定与执着。

其二，轻徭薄赋。王通继承了儒家传统的仁政思想，主张实行富民政策，轻徭薄赋，减少税收，使民能自足，上下相安。他强调说："多敛之国，其财必削。"多敛必然加重百姓的负担，反过来又会影响国家的财政收入。所以他主张"兵卫少而征求寡"，使"国不费而民不劳"③，以维持社会的安定。

其三，宽刑狱。王通生活的时代，统治者暴虐无道。特别是隋炀帝"政猛""法急"而"狱繁"，违背了儒家的礼义教化之道。为此，王通力主德化

---

① 《中说·礼乐》，阮逸注，中华书局1985年版，第24页。
② 《中说·天地》，阮逸注，中华书局1985年版，第6-7页。
③ 《中说·王道》，阮逸注，中华书局1985年版，第3页。

而治，极力倡导法缓狱简。他说："子曰：'政猛宁若恩，法速宁若缓，狱繁宁若简，臣主之际，其猜也宁信。执其中者，惟圣人乎！'"① 王通认为，为政之道，与其过猛，毋宁用宽；实行法治，与其过急，毋宁用缓；刑狱与其过繁，毋宁用简；君臣之间，与其猜忌，毋宁互信。与此相反，如果统治者暴虐无道，横征暴敛，法急狱繁，必将民心散乱，天下不治。

在王通看来，要做到法缓、狱简，甚至有法而人不犯，关键在于统治者要能"推诚"和"以心化"。《中说·周公》载："陈守谓薛生曰：'吾行令于郡县而盗不止，夫子居于乡里而争者息，何也？'薛生曰：'此以言化，彼以心化。'陈守曰：'吾过矣。'退而静居，三月盗贼出境。子闻之，曰：'收善言，叔达善德。'"这一段记载虽然有些夸张，但恰恰反映了王通的一个基本政治主张：为政息盗不能单纯依靠"行令"，而应"推诚"和"以心化"，实行礼义道德教化，使盗贼改恶从善。

王通倡导三教可一，又力倡儒学，对于恢复和振兴儒学，延续和传播两汉以来的儒家政治思想有重要作用。进入唐代，儒、释、道三教得以进一步融合，儒家政治思想也得以恢复和发展，并且得到了唐初统治者的重视，这与王通的努力是分不开的。

第三节　唐太宗贞观统治集团的政治思想

唐太宗李世民（599—649），祖籍陇西狄道（今甘肃临洮县），一说陇西成纪（今甘肃秦安）人，唐高祖李渊次子。李世民发动"玄武门之变"而继承君位，年号"贞观"（627—649）。李世民贞观统治集团吸取隋朝二世而亡的教训，励精图治，制定并实行了一系列的开明政策，取得了明显的政治效果。李世民在位23年间，大唐帝国政治修明、经济繁荣、文化发达，史称"贞观之治"。李世民及其统治集团的政治思想主要记录在唐神龙年间由史官吴兢编撰的《贞观政要》一书中。

一、唐太宗贞观统治集团对隋亡教训的总结

以唐太宗为首的贞观统治集团秉承主流政治思想，讲求务实，开创了一代

---

① 《中说·关朗》，阮逸注，中华书局1985年版，第36页。

治世，这与他们总结并汲取隋朝二世而亡的历史教训有关。

（一）贞观统治集团

唐太宗是中国历史上难能可贵的明君之一。在他周围，聚集了一批良臣名将，如魏征、房玄龄、杜如晦、李靖、李勣、长孙无忌、王珪、温彦博、虞世南、刘洎、褚遂良、马周、戴胄等，构成了贞观统治集团。这一统治集团具备两个优势：

其一，贞观君臣大都有着丰富的资政阅历和政治实践经验，同时具有较高的政治素质和文化素质。李世民本人采用儒家思想治国，即位之始即孜孜以求贤士，务在择官，除旧布新。他所用的文臣武将也能奉行儒道，并直言极谏。如魏征不仅学识渊博，更有经国之才。参与朝政，追随李世民左右，前后进谏二百余事，提出许多治国良策，为贞观盛世局面的开创作出了重要贡献。再如房玄龄，据《旧唐书》本传载，他"既总任百司，虔恭夙夜，尽心竭节，不欲一物失所……明达吏事，饰以文字，审定法令，意在宽平"，被称为"良相"。又如杜如晦，聪明识达，有王佐之才，被李世民视为心腹，经常参谋帷幄。当时军国多事，杜如晦能剖断如流，深为人们折服。《旧唐书》评论说："房、杜二公，皆以命世之才，遭逢明主，谋猷允协，以致升平。议者以比汉之萧、曹，信矣。"[1]

其二，贞观统治集团君臣和谐相处，具有强韧的政治向心力。唐太宗以善于求谏、纳谏、选贤、用贤而著称于史。他在政治理念上对于恪守君道有着清醒认识，深知君臣遇合的重要性。他明确指出："正主任邪臣，不能致理；正臣事邪主，亦不能致理。惟君臣相遇，有同鱼水，则海内可安。朕虽不明，幸诸公数相匡救，冀凭直言鲠议，致天下于太平。"[2] 李世民深知"人君必须忠良辅弼"，才能够"身安国宁"，所以他要求君臣上下"各尽至公，共相切磋，以成治道"。君与臣各守其道，才能造就"君臣上下"协力同心的君臣关系。

贞观统治集团内部强大的政治认同感和凝聚力，为创建"治世"提供了条件。"君臣遇合"是自古以来公认的理想君臣关系，贞观统治集团在一定程度上实现了这一政治理想。

（二）以隋为鉴，居安思危

贞观统治集团的成员原本是隋朝臣民，他们目睹了隋王朝的灭亡，深感隋

---

① 《旧唐书·房玄龄杜如晦传》。
② 《贞观政要·求谏》。

朝“统一寰宇，甲兵强盛”，可是“一旦举而弃之，尽为他人之有”。① 如此触目惊心的历史教训，引发了李世民君臣的深刻反思。隋朝二世而亡成为他们思考和确立治国方略的重要镜鉴。

李世民君臣从多个方面总结了隋朝灭亡的教训。一是奢侈无度。“隋炀帝志在无厌，惟好奢侈，所司每有供奉营造，小不称意，则有峻罚严刑。上之所好，下必有甚，竟为无限，遂至灭亡。”② 君主纵奢无度，到头来王朝倾覆，君主自身难保。二是杜绝言路。隋文帝晚年对群臣多所疑惧，遇事自专决断，百官不敢多言直言。隋炀帝则刚愎自用，独断专行。到了后期，由于多行不义，更因怕人非议，使得“臣下钳口，卒令不能闻其过”③。唐太宗由此得出结论：“人欲自照，必须明镜；主欲知过，必藉忠臣。”④ 三是用人不贤，小人掌权。隋文帝为其子和大臣所杀，隋炀帝也死于宠臣宇文化及之手。在唐太宗看来，这都是偏信佞臣，令小人掌权的恶果。“谗邪者必受其福，忠正者莫保其生”⑤，“君臣如此，何得不败”⑥。

贞观君臣由此得出了一个重要的经验，就是为了防范重蹈覆辙，必须要有居安思危的政治意识。魏征就曾告诫唐太宗说：“自古失国之主，皆为居安忘危，处理忘乱，所以不能长久。”⑦

贞观统治集团曾就“创业与守业孰难”的问题进行讨论，以期制定长治久安的施政方略。魏征的答案是守业难。他说，天下“既得之后，志趣骄逸，百姓欲静而徭役不休，百姓凋残而侈务不息，国之衰弊，恒由此起。以斯而言，守成则难”⑧。进而李世民又问：“守天下难易？”魏征认为“甚难”。他说：“自古帝王，在于忧危之间，则任贤受谏。及至安乐，必怀宽怠，言事者惟令兢惧，日陵月替，以至危亡。圣人所以居安思危，正为此也。安而能惧，岂不为难。”⑨

---

① 《贞观政要·君道》。
② 《贞观政要·俭约》。
③ 《贞观政要·君臣鉴戒》。
④ 《贞观政要·求谏》。
⑤ 《贞观政要·君道》。
⑥ 《贞观政要·君臣鉴戒》。
⑦ 《贞观政要·政体》。
⑧ 《贞观政要·君道》。
⑨ 《贞观政要·君道》。

事实上，李世民对居安思危的道理十分清楚。他把治理国家比喻为养病："治国与养病无异也。病人觉愈，弥须将护，若有触犯，必至殒命。治国亦然，天下稍安，尤须兢慎，若便骄逸，必至丧败。"① 他还对侍臣说："朕观古来帝王，骄矜而取败者，不可胜数。"例如西晋、隋朝，都是在统一天下后，其帝王"心逾骄奢，自矜诸己，臣下不复敢言，政道因兹弛紊"②。贞观君臣的居安思危思想使他们能切实吸取隋朝灭亡的教训，并进而为践行儒家的重民、仁政思想提供了认识前提。

二、仁政思想

隋朝统治者崇佛、道而抑儒学，作为隋朝二世而亡的连带教训，贞观君臣转而推崇儒学。李世民即位后，立即推行崇儒政策，在制度方面随之采取了相应的措施。一是设置弘文馆，精选天下儒生充当学士。李世民常常与这些学士们"讨论坟典，商略政事，或至夜分乃罢"③。可见他对儒学之士的重视。二是尊崇儒家宗师孔子，设立"孔子庙堂"，封孔子为"先圣"，颜渊为"先师"。三是扩建国子监学舍四百余间，以扩大招收生员的规模。通过这些努力，尊崇儒学很快就成为风尚，"是时四方儒士，多抱负典籍，云会京师"，"儒学之盛，古昔未之有也"。④

贞观二年（628 年），李世民对侍臣们明确表示，他推崇的是尧舜之道，周孔之书。统治天下与儒家学说的关系"如鸟有翼，如鱼依水，失之必死，不可暂无耳"⑤。具体而言，李世民选用儒家治道主要体现在仁政与重民两个方面。

（一）仁义治国

李世民讲论治国之道，处处离不开"仁义"和"仁政"。他说："朕观古来帝王，以仁义为治者，国祚延长，任法御人者，虽救弊于一时，败亡亦促"；"为国之道，必须抚之以仁义，示之以威信，因人之心，去其苛刻，不作异端，自然安静。"⑥ 在他看来，商、韩之法居于次要地位，儒家的"仁义"道德才是最高治国原则。

---

① 《贞观政要·政体》。
② 《贞观政要·政体》。
③ 《贞观政要·崇儒学》。
④ 《旧唐书·儒学上》。
⑤ 《贞观政要·慎所好》。
⑥ 《贞观政要·仁义》。

李世民以"仁义"作为治国基本原则代表了贞观统治集团的共同认识。如魏征就曾明确指出："仁义，理之本也；刑罚，理之末也。""故圣哲君临，移风易俗，不资严刑峻法，在仁义而已。"① 实际上，贞观统治集团在政治实践中所推行的政策大体上属于儒家的"仁政"范围，主要有与民休息、刑罚宽平、轻徭薄赋、减少土木兴建和战争等。

（二）"国以民为本"

李世民经历了隋末农民战争，对于百姓的政治力量和作用有着亲身感受，他承袭了儒家传统的民本思想，提出："可爱非君，可畏非民，天子者，有道则人推而为主，无道则人弃而不用，诚可畏也。"② 这里是告诫统治者，对民的力量要有畏惧感，有德的君主会得到百姓拥戴而得天下，反之就会被民抛弃。

基于这样的认识，李世民提出"国以民为本"③，"君依于国，国依于民"④，把民视为国家和君权的根基。他深知："为君之道，必须先存百姓，若损百姓以奉其身，犹割股以啖腹，腹饱而身毙。"⑤ 李世民提出的"存百姓"在贞观统治集团中是有共识的，如魏征在上疏中就明确提出："荀卿子曰：君，舟也，民，水也。水所以载舟，水所以覆舟。故孔子曰：鱼失水则死，水失鱼犹为水也。"⑥ 君主失去民，就不成其为君，而民没有君主依然还是民。君和民之间，民比君重要，民的力量巨大。贞观君臣能从历史教训中认识到民的力量，继承儒家传统的民本思想，用于政治实践，正是贞观统治集团的高明之处。

唐太宗关注民生疾苦和社会安定，提出"无为而治，德之上也"。作为一项治国政策，李世民的"无为而治"有两层含义。一是儒家以道德教化天下，这种无为而治的最高境界是"鸣琴垂拱，不言而化"，无须君主"劳神苦思，代下司职，役聪明之耳目"，二是黄老道家的清静无为，君主治国要"简静"或"清静"⑦，减少对社会的政治干预。李世民深知"君能清静，百姓何得不

---

① 《贞观政要·公平》。

② 《贞观政要·政体》。

③ 《贞观政要·务农》。

④ 《资治通鉴》卷一九二。

⑤ 《贞观政要·君道》。

⑥ 《贞观政要·君臣鉴戒》。

⑦ 《贞观政要·君道》。

安乐"①。他"夙夜孜孜，惟欲清静，使天下无事"，以无为思想作为政策指导，力求实现"徭役不兴，年谷丰稔，百姓安乐"的理想政治局面。

李世民从隋朝灭亡的教训中认识到，纵欲是祸乱之源："伤其身者不在外物，皆由嗜欲以成其祸。"② 他以隋炀帝奢侈身亡而自勉，戒奢从俭，"奢侈者可以为戒，节俭者可以为师矣"③。他还以历史上官吏纵奢身亡的事例告诫群臣，对于贪奢官吏则予以惩治。在这方面，李世民能做到身体力行。大臣们几次提出为他重修一座"台榭"，但他考虑到费资甚巨而拒绝。他曾想修一座行宫，后经臣下劝阻，即令停办。为了节省开支，他下令放还三千宫女。李世民能够将合理的政治理念融贯到政治行为中去，在中国古代帝王中，实不多见。

三、法治思想

李世民贞观统治集团十分看重法在治理国家中的作用，称"法"为"国之权衡也，时之准绳也"④，对于法家以法为治的政治思想有所借鉴和吸收。李世民主持制定《贞观律》，建立赏罚制度，强化法制。长孙无忌等人为《贞观律》作注，是为《唐律疏议》。《唐律疏议》包括律、令、格、式四种法律形式，形成了一套相对完备的法制体系。

（一）立法注重公平、稳定、宽简

李世民即位之初就强调立法必须公平，"以天下为公"。他赞扬诸葛亮立法公平。魏征也以管子"圣君任法不任智，任公不任私"的思想劝诫君主，认为君主立法的关键是摒私而立公。他说："公之于法，无不可也，过轻亦可。私之于法，无可也，过轻则纵奸，过重则伤善。圣人之于法也，公矣。"⑤

李世民认为法令应保持相对稳定性，不可多变，他说："法令不可数变，数变则烦。官长不能尽记，又前后差违，吏得以为奸。"⑥"诏令格式若不常定则人心多惑，奸诈益生。"⑦ 李世民还以殿屋做比喻，形象地说明保持法令稳定性的道理："治天下如建此屋，营构既成，勿数改移；若易一椽，正一瓦，践

---

① 《贞观政要·政体》。
② 《贞观政要·君道》。
③ 《贞观政要·俭约》。
④ 《贞观政要·公平》。
⑤ 《贞观政要·公平》。
⑥ 《资治通鉴》卷一九四。
⑦ 《贞观政要·赦令》。

履动摇，必有所损。若慕奇功，变法度，不恒其德，劳扰实多。"① 当然，李世民不是说法令不可以改变，而是说不可以多变，不能朝令夕改。

关于法之宽简，李世民提出"死者不可再生，用法务在宽简"②。具体言之："国家法令，惟须简约，不可一罪作数种条，格式既多，官人不能尽记，更生奸诈，若欲出罪即引轻条，若欲入罪即引重条。数变法者，实不益道理，宜令审细，毋使互文。"③ 李世民在位期间修订法典，即贯彻了宽简的原则，"凡削烦去蠹，变重为轻者，不可胜纪"④。

（二）克制私情，带头守法

在君主专制时代，皇帝口含"天宪"，言出法立，生杀任情。以言代法、以情代法，都是君主专制的痼弊。李世民在位时期，特别是贞观前期，情况则有所不同。

李世民比较重视法律对于治理过程的作用。贞观元年，吏部尚书长孙无忌无意中带佩刀进宫，而守门校尉一时疏忽未能发现。封德彝奏请判处校尉死刑，对长孙无忌却处罚甚轻。李世民准奏。大理寺卿戴胄认为不公，指出："校尉不觉，无忌带刀入内，同为误耳。夫臣子之于尊极，不得称误，准律云：'供御汤药、饮食、舟船，误不如法者，皆死。'陛下若录其功，非宪司所决；若当据法，罚铜未为得理。"⑤ 李世民接受了戴胄的批评，表示要带头守法，他说："法者非朕一人之法，乃天下之法，何得以无忌国之亲戚，便欲挠法耶？"最终下令"免校尉之死"。

贞观九年，盐泽道行军总管、岷州都督高甑生诬告功臣李靖"谋反"，按律当斩，有人因为高甑生是秦府功臣请求宽恕。李世民不准，他说："虽是藩邸旧劳，诚不可忘，然理国守法，事须画一，今若赦之，使开侥幸之路。且国家建义太原，元从及征战有功者甚众，若甑生获免，谁不觊觎，有功之人，皆须犯法。我所以必不赦者，正为此也。"⑥

正是由于李世民能带头守法，强调法乃"天下之法"，才出现了"贞观之

---

① 《资治通鉴》卷一九六。
② 《贞观政要·刑法》。
③ 《贞观政要·赦令》。
④ 《资治通鉴》卷一九四。
⑤ 《贞观政要·公平》。
⑥ 《贞观政要·刑法》。

初，志存公道，人有所犯，一一于法"① 的局面。李世民在一定程度上能做到尽量减少对法制的干预，甚而在一定程度上使皇权受制于法，这在专制帝王中也是不多见的。

（三）严格执法，"一断于律"

赏与罚是专制帝王手中的两大权柄，用为统治天下、驾驭臣民的有力工具。李世民十分重视赏罚对治国的作用，认为赏与罚是国家的大事，必须慎重。"赏当其功，无功者自退；罚当其罪，为恶者咸惧。则知赏罚不可轻行也。"魏征认为，赏用以劝善，罚用以惩恶，因而赏罚之得失，关系到国家的安危。"夫刑赏之本，在乎劝善而惩恶，帝王之所以与天下为画一，不以贵贱亲疏而轻重者也。"② 统治者要做到"一断于律"，赏不遗远亲，罚不阿亲贵。

李世民君臣把赏罚视为治理国家的重要手段，并要求赏罚"以公平为规矩，以仁义为准绳"③，即赏罚要在儒家思想指导下进行，这是汉以来德主刑辅治国方略的延续和实践。

严格治吏是李世民以法治国的内容之一。整饬吏治包括择人任官，以及依法对官员实行惩处与奖励等。李世民主张严惩贪官污吏，他曾亲自掌握刺史的选择和任命，将各州守令的名字刻于室内屏风上，并在上面记载官员的政绩优劣，对官员的表现了然于胸。如果发现官员有劣迹，即刻严惩。对于司法官吏的考核尤其严格。李世民"深恶官吏贪浊，有枉法受财者，必无赦免。在京流外有犯赃者，皆遣执奏，随其所犯，置以重法"④。

四、谏议思想与政策主张

在居安思危的意识影响下，贞观君臣秉承仁政爱民、以法治国的基本精神，在重大决策问题上，主张为政治国应该求谏纳谏，重农、轻徭薄赋、重贤。

（一）求谏纳谏

唐太宗充分认识到，君主个人的能力是有限的，国家政务繁多，即使心尽力竭，也不可能尽善尽美。若"日断十事，五条不中，中者信善，其如不中者

---

① 《贞观政要·公平》。
② 《贞观政要·刑法》。
③ 《贞观政要·择官》。
④ 《贞观政要·政体》。

何？以日继月，乃至累年，乖谬既多，不亡何待"？① 同时，李世民也认识到以往统治者对"谏"的错误态度。他多次对臣下说："自古人君莫不欲社稷永安，然而不可得者，只为不闻己过，或闻过而不能改也。"② 又说，"明主思短而益善，暗主护短而永愚"，"直言鲠议，致天下太平"。他要求群臣如若看到自己有过失，必须直言规谏：　"有谠言直谏，可以施于政教者，当拭目以师友待之。"③

为了求谏，李世民切实采取了一系列措施。他提高谏官的地位，贞观元年（627 年）规定：若"宰相入内平章国计，必使谏官随入，预闻政事"④。谏官的职责就是发现错误，并及时进谏。他还规定官员五品以上者赐座讲话，鼓励其大胆进言，而且对进谏者采取奖励提升政策。这样，使臣下消除了顾虑，敢于进谏。

在求谏问题上，谏议大夫褚遂良指出，忠臣进谏是为了爱君。"忠臣爱君，必防其渐，若祸乱已成，无所复谏。"褚遂良的观点得到李世民的赞同，并加以补充。指出历史上一些帝王常以"业已为之""业已许之"⑤ 作为借口而拒谏，这都是危亡之祸。他说的"夫以铜为镜，可以正衣冠；以古为镜，可以知兴替；以人为镜，可以明得失"⑥ 成为传世名言。

李世民不仅乐于求谏，而且能纳谏，因此，贞观时期谠言直谏蔚然成风。贞观时期诤臣济济，最著名的当属魏征。他每每直谏，从不留情面，有时惹得龙颜大怒，仍不退让。以至于李世民有时想做某些事情，想到魏征可能会谏阻，便会自行中止。

传统儒家主张为君尽君道，为臣尽臣道，而谏议则是统治集团内部调解君臣关系、实现善治的重要机制，贞观君臣将这一观念用于政治实践，成为中国历史上进谏和纳谏的典范。

（二）重农

李世民认为："凡事皆须务本。国以人为本，人以衣食为本，凡营衣食，

---

① 《贞观政要·政体》。
② 《贞观政要·任贤》。
③ 《贞观政要·政体》。
④ 《贞观政要·求谏》。
⑤ 《唐鉴》卷三，《太宗下》，白林鹏等校注，三秦出版社 2003 年版，第 71 页。
⑥ 《贞观政要·任贤》。

以不失时为本。"① 在他看来，一代王朝的长治久安取决于百姓的存亡，而百姓的存亡又取决于他们的生活状况。人离不开衣食，而"营衣食"要靠农业。要想实现天下大治、长治久安，必须重视农业生产。他讲的十分明确："国以民为本，人以食为命，若禾黍不登，则兆庶非国家所有。"② 所以，他"唯思稼穑之艰，不以珠玑为宝。"③ "以农为本"是李世民治国方略的一项基本原则。

为了促进农业生产的恢复和发展，唐太宗即位后切实推行均田制和租庸调法。均田制鼓励垦荒和宽乡占田，租庸调法旨在不夺农时。这些法令制度的推行，反映了统治阶级整体的、长远的利益，在一定程度上限制了土地兼并，限制了士族、豪强地主对土地的垄断，对唐初农业生产的恢复和发展起到了积极推动作用。此外，李世民还采取了一些奖农、劝农措施，制定了限制徭役的法令。这些政策无不体现了贞观统治集团的重农思想。

（三）轻徭薄赋

轻徭薄赋是"安天下""存百姓"的重要措施之一。李世民说："民之所以为盗者，由赋繁役重，官吏贪求，饥寒切身，故不暇顾廉耻耳。朕当去奢省费，轻徭薄赋，选用廉吏，使民衣食有余，则自不为盗，安用重法邪！"④ 他深知传统儒家所说的"百姓不足，君孰与足"⑤ 的道理，认为"凡理国者，务积于人，不在盈其仓库"⑥。因此，他把省徭赋的目的放在使民富足上。他说："今省徭赋，不夺其时，使比屋之人，恣其耕稼，此则富矣。"⑦

基于这样的认识，李世民采取了不少措施，如多次诏令减免全国或某些地区的赋役、租赋。在租庸调法里规定了依照灾情轻重减收或免收租庸调的具体办法。控制宫宇台阁的营造，减少百姓额外"劳弊之事"。为防止滥用人力，在《唐律·营缮令》里，从刑法上约束对农民的役使。这些具体措施，减轻了农民负担，保障了农民的生产时间，从而调动了农民的积极性，促进了农业生产的发展。

---

① 《贞观政要·务农》。
② 《贞观政要·务农》。
③ 《旧唐书·良吏传》。
④ 《资治通鉴》卷一九二。
⑤ 《论语·颜渊》。
⑥ 《贞观政要·辩兴亡》。
⑦ 《贞观政要·务农》。

（四）重贤

李世民贞观统治集团的重贤思想有三点最为突出：重视人才、任人唯贤、用人所长。

李世民认为，人才是治理国家的关键："为政之要，惟在得人"，并认为"能安天下者，惟在用得贤才"①。他大力兴办学校，完善科举制度。扩大了国子监的规模，生员从隋时的 70 人增至 8000 多人，比隋文帝时期扩大了百倍之多。科举考试的科目也更加完备，确立了育才目标与人才评价的客观标准。士人参加科举考试，达到其标准者，便可以入仕为官。

李世民任人唯贤，在考察与任用人才时，把"贤能"与否作为唯一的评价标准。只要是贤者，便可以为其所用，不计贵贱、亲疏，不计个人恩怨。如李靖身兼文武，出将入相，曾平定边塞外患并建立赫赫战功。作为隋末名将，他曾经试图告发李渊造反，李渊将其擒获欲杀之，被李世民救下，并在日后加以重用。魏征原本是太子李建成的谋士，曾经辅助李建成剿灭刘黑闼，立有大功；又力谏早除李世民，以绝后患。玄武门之变后，李世民爱惜魏征才智，不计前嫌，加以重用。这为他日后开创"贞观之治"盛世局面奠定了坚实的人才基础。

"用人如器，各取所长"②，也是李世民用人思想的重要组成部分。依据"贤才"标准将人才选拔上来，是其用贤思想的第一步，更为重要的问题是如何使用这些人才，如何委以最适合的官职，使人才的能力得到最大程度的发挥。李世民对群臣百官的优长与弱项都有准确的认识，如房玄龄能谋，杜如晦善断，魏征能谏等。他善于用群臣之长，形成了人才济济的贞观统治集团，在帝国统治和治理上取得了非凡成就。

综上，李世民贞观统治集团在政治思想上继承和发展了儒家德治思想的合理部分，进一步丰富和深化了儒家王道仁政的传统。在这种思想指导下，唐王朝实行了一系列有利于社会发展和百姓生活的政策，客观上减轻了人民负担，缓和了社会矛盾，推动了生产发展，促进了文化繁荣和民族融合，达到了封建王朝发展的高峰。唐朝亦成为当时世界上最强大的帝国。应该指出的是，由于时代和阶级的局限，李世民贞观统治集团的政治思想是为了加强君主专制统

---

① 《贞观政要·择官》。
② 《资治通鉴》卷一九二。

治，他们没有也不可能从制度层面解决封建王朝长治久安的问题，最终无法摆脱人亡政息的历史命运。

第四节　韩愈以"道统"论为核心的政治思想

韩愈（768—824），字退之，号昌黎，邓州南阳（一说河阳，治所在今河南孟州市）人，唐代杰出思想家、文学家。自幼刻苦攻读，精通六经百子之学。贞元八年（792 年）进士，贞元十八年被擢为"四门博士"，次年拜监察御史，不久遭贬。唐宪宗时先后任国子博士、史馆修撰、考功郎中、中书舍人。元和十四年（819 年）正月，因上表谏迎佛骨，再度被贬。唐穆宗即位后召拜国子祭酒，并先后擢升兵部侍郎、吏部侍郎、京兆尹兼御史大夫等职。

韩愈历经唐中期德宗、顺宗、宪宗、穆宗四朝，屡遭抑退，颇为坎坷。韩愈的政治倾向基本上是保守的，他对当时的永贞革新等政治改革持否定态度。唐代中期以后，佛教泛滥，韩愈力主维系儒学道统，是批判佛教的代表人物。著述今存《韩昌黎文集》。

一、以排佛树儒为主旨的道统论

韩愈的道统论是基于其排佛倡儒的需要而提出来的。元和十四年，唐宪宗决定派人将陕西凤翔法门寺的佛骨迎入宫中供奉，对此，韩愈上表谏迎佛骨，直言迷信佛教之害。他认为，佛骨乃"朽秽之物"，对国家社稷乃至皇帝本人皆无益处。历史上敬佛的皇帝寿命都不长。此外，佛教是"夷狄之一法"，"不知君臣之义"，有害于君权的维护和巩固。他提出："乞以此骨付之有司，投诸水火，永绝根本，断天下之疑，绝后代之惑。"[1] 此表激怒了唐宪宗，韩愈因此被贬至潮州。他曾在后来的一首诗中写道："一封朝奏九重天，夕贬潮州路八千。欲为圣朝除弊事，肯将衰朽惜残年。"表明了他反佛的坚定态度。

韩愈借鉴佛、道二教思想，系统提出了以排佛倡儒为主旨的道统学说。他认为，与佛教的"法统"一样，儒家也有自己一套从尧、舜、禹、汤、文、武、周公至孔、孟的传授谱系，谓之"道统"。他本人则以儒家"道统"的继

---

[1]　韩愈：《论佛骨表》，《韩昌黎文集》，马其昶校注，古典文学出版社 1957 年版，第 356 页。

承人自居。韩愈指出："斯吾所谓道也，非向所谓老与佛之道也。尧以是传之舜，舜以是传之禹，禹以是传之汤，汤以是传之文武周公，文武周公传之孔子，孔子传之孟轲，轲之死，不得其传焉。"① 这个"道统"传到孟子就中断了，他自己的历史使命就是要恢复和发扬儒家"道统"，阐扬儒家的纲常名教，"以兴起名教，弘奖仁义为事"②，延续和加强儒家思想的统治地位。这表明唐代儒家开始自觉地以"道"和"道统"来概括自己的学说体系，标志着儒学的新发展。

韩愈"道统论"的中心思想是儒家一向倡导的仁义道德。《原道》篇说："博爱之谓仁；行而宜之之谓义；由是而之焉之谓道；足乎己，无待于外之谓德。"即博爱就叫作"仁"；人们行为能够遵循礼教纲常叫作"义"；按照仁义的道理去做就是"道"；实行仁义孜孜不倦，自然心安理得，不假外求，这就是"德"。仁义与道德的区别在于前者有一定的实际内容，而后者比较抽象，需要以实际内容去充实。在韩愈看来，佛、道是不讲仁义的，它们虽然也讲道德，但没有仁义的实际内容。它们的错误就在于违背仁义道德，追求"清静寂灭"，抛弃君臣父子等伦理纲常，"灭其天常；子焉而不父其父，臣焉而不君其君"。对老子那种"去仁与义"的道和佛教"弃君臣、去父子、禁生养"的道，理应加以反对，使它们无存身之地。③

韩愈进一步指出，儒家之道与释老之道的一个重大区别在于，儒家之道不仅仅止于道德自觉的层面，不仅仅是一种内心的境界，而且要体现在具体行动上。所谓仁存乎内，义见乎行，心和行的统一才是"道"的全部。儒家讲求"修身、齐家、治国、平天下"，佛、道则是"欲治其心，而外天下国家，灭其天常；子焉而不父其父，臣焉而不君其君，民焉而不事其事"④。因此，释老之道无补于国家社稷，而儒家之道则是道德与政治一体化的最高原则。这样，韩愈通过反对释老，极大地强化了儒家作为主导意识形态的统治地位。

韩愈的道统论旨在维系儒学价值体系，强调和彰明儒学的真理性，以与佛教抗衡。道统描述了一个"圣圣相传"的系列，提升了先秦儒学的权威性。为此韩愈抨击后世经说，力主回归先秦儒学经典文风，否定六朝以来的骈体文

---

① 韩愈：《原道》，《韩昌黎文集》，马其昶校注，古典文学出版社 1957 年版，第 10 页。
② 《旧唐书·韩愈传》。
③ 韩愈：《原道》，《韩昌黎文集》，马其昶校注，古典文学出版社 1957 年版，第 10 页。
④ 韩愈：《原道》，《韩昌黎文集》，马其昶校注，古典文学出版社 1957 年版，第 10 页。

风，史家谓之"文起八代之衰"，是为延至宋代的古文运动。于是，唐中期起始有疑经惑古之风，至宋愈烈。加之书院自由讲学，遂有理学萌生。由是之故，韩愈的道统论为后世理学的形成奠定了认识基础。

二、尊君主张

韩愈崇君、尊君的思想倾向十分明显，首先表现在他充分肯定了君主制度、等级制度的绝对性。他认为，等级制度将君、臣、民分为三个等级，"君者出令者也，臣者行君之令而致之民者也，民者出粟米、麻丝，作器皿，通财货以事上者也"。君主是社会政治的主宰，臣是执行君命的工具，民众是有政治义务而无政治权利的被统治者。在韩愈看来，君、臣、民每一等级都应各守其职，各尽其分。"君不出令，则失其所以为君；臣不行君之令而致之民，民不出粟米、麻丝，作器皿，通财货以事其上，则诛。"① 按照这一说法，如果"君不出令"，便失去了作君主的资格；臣不"行君之令"、民不"事其上"则非诛不可。韩愈的尊君思想继承了荀子隆礼尊君的思想，而有别于孟子的民贵君轻论。

其次，韩愈从圣、道、君相通的高度论证君权独尊的合理性，这就是他的圣人创制说。在他看来，圣人是为了教化民众、解决民生问题而出现的。"民之初生，固若禽兽夷狄然"②，只是由于圣人的出现，人才与"禽兽"区别开来。韩愈在《原道》中写道："有圣人者立，然后教之以相生养之道。为之君，为之师，驱其虫蛇禽兽而处之中土。寒，然后为之衣，饥，然后为之食；木处而颠，土处而病也，然后为之宫室。为之工，以赡其器用；为之贾，以通其有无；为之医药，以济其夭死；为之葬埋祭祀，以长其恩爱；为之礼，以次其先后；为之乐，以宣其抑郁；为之政，以率其怠倦；为之刑，以锄其强梗。相欺也，为之符玺、斗斛、权衡以信之；相夺也，为之城郭、甲兵以守之。害至而为之备，患生而为之防。"③ 概言之，圣人的出现就是民众的福祉，人类的物质文明、精神文明和社会政治制度都源自圣人的发明创造，"如古之无圣人，人

---

① 韩愈：《原道》，《韩昌黎文集》，马其昶校注，古典文学出版社 1957 年版，第 9 页。
② 韩愈：《送浮屠文畅师序》，《韩昌黎文集》，马其昶校注，古典文学出版社 1957 年版，第 148 页。
③ 韩愈：《原道》，《韩昌黎文集》，马其昶校注，古典文学出版社 1957 年版，第 9 页。

之类灭久矣"①。

韩愈认可的圣人实际上就是现实政治中的君主，所谓"帝之与王，其号名殊，其所以为圣一也"②。他的最终结论是要说明，由于君主制度的建立，君主对民众进行了有效的教化和治理，人类才有今天的福祉与文明。这就从人类历史的角度论证了君主专制制度的合理性。

尽管韩愈政治思想中也有兼济天下、关心民瘼的一面，但这种认识是完全服从于他所高度认同的君主制度的。他倡言道统，维护君主权威至上，从圣、道、君相通的高度为君主政治辩护，从这个意义上讲，韩愈是君主政治制度及统治思想的坚定卫道士。

第五节　柳宗元以政体论为中心的政治思想

柳宗元（773—819），字子厚，河东解（今山西运城）人，世称"柳河东"；晚年被贬为柳州刺史，故称"柳柳州"。出身于官僚家庭。21 岁中进士，初授校书郎，后任蓝田县尉，监察御史。唐顺宗时期，积极参与永贞革新。革新失败，被贬至永州（今湖南零陵），其间写了大量揭露社会弊端、抨击时政的文章。元和十四年（819 年）10 月，死于柳州刺史任所，年仅 46 岁。其著述由刘禹锡编为《柳河东集》，今存。柳宗元的《天说》《天对》和《封建论》等都是中国政治思想史上的名篇。

一、国家起源与政体思想

对于君主及国家产生的根本原因，传统儒学解释为"天命人归"，柳宗元则提出了相反的看法。他认为，君主与国家的出现是人与人之间利益冲突尖锐化的结果，亦即人类社会自身矛盾激化的结果。他提出，人类历史是一个自然过程，其间自有其不以人们主观意志为转移的必然趋势，柳宗元称之为"势"。他说："彼（指人类）其初与万物皆生……人不能搏噬，而且无毛羽，莫克自奉自卫。"③ 人不能像禽兽那样搏击和自卫，为了生存，人类就必须利用外物。

---

① 韩愈：《原道》，《韩昌黎文集》，马其昶校注，古典文学出版社 1957 年版，第 9 页。
② 韩愈：《原道》，《韩昌黎文集》，马其昶校注，古典文学出版社 1957 年版，第 9 页。
③ 柳宗元：《封建论》，《柳宗元集》，中华书局 1979 年版，第 70 页。

利用外物就会引起争夺，众人争夺不息，就得找寻能够判断是非的明智之人，听从他的命令。如果有人不服从明智之人的决断，就必须加以惩罚，使之畏服，"由是君长刑政生焉"。这就是国家和法律产生的过程。

随着国家的产生，又形成了一系列制度与规则，就是封建制。这种制度自下而上，由里胥、县大夫、诸侯、方伯、连帅，直至天子而构成。柳宗元说："自天子至于里胥，其德在人者，死必求其嗣而奉之。故封建非圣人意也，势也。"① 这里说的"封建"，指商周时期实行的封土、建侯的分封制。柳宗元认为，从天子到乡里之长，凡是有恩德于人民者，在其死后人们一定会遵奉他们的后代为首领。实行"封建"不是出于圣人的意志，而是"势"所决定的。

基于上述认识，柳宗元提出郡县制优于分封制。在他看来，郡县制的产生和封建制的衰亡同样是"势"之必然。他认为，分封制并不是最为完善的政治体制，商周实行分封制是迫于形势、风俗和实力而为之。后来周朝"威分于陪臣之邦，国殄于后封之秦"，则是因为分封制不利于加强中央权威。在他看来，国家政治制度的演变趋势是权力日益集中。秦统一天下后，废"封建"而置郡县，这是符合必然之"势"的。郡县制有利于选贤任能，明显优于分封制。

柳宗元还依据历史事实批驳了"夏、商、周、汉封建而延，秦郡邑而促"的观点。他指出，汉、晋郡县制与分封制并行，由于封君权力过大引起了政治动乱，秦末天下动荡却是"有叛人而无叛吏"，汉初叛乱迭起却"有叛国而无叛郡"，唐代藩镇割据却"有叛将而无叛州"。这些事实表明，郡县制有利于国家统一。柳宗元认为，天宝以后的动乱在于藩镇割据，藩镇割据则是由于兵骄将悍所致，与郡县制无关。对朝廷来说，当务之急是把兵权和州县官吏的任免权收归中央，通过"善制兵，谨择守"②，加强中央集权，维护国家统一。

二、礼刑论

自先秦以来，礼与法、刑的关系一直是政治思想家探讨的重要问题。柳宗元的主导思想是儒家学说。他非常重视"礼"的作用，主张"儒以礼立仁义，无之则坏"。同时，他对法、道、释各家思想也能兼收并蓄。例如他对法家以法为治的思想就有所吸收，认为礼与刑在原则上是一致的，但两者又各有其不

① 柳宗元：《封建论》，《柳宗元集》，中华书局 1979 年版，第 70 页。
② 柳宗元：《封建论》，《柳宗元集》，中华书局 1979 年版，第 74 页。

同的功用，"其本则合，其用则异"。

武则天时期，徐元庆为父报仇，杀了仇人后向官府自首。依律杀人者当死；依纲常礼教，徐元庆为父报仇，合乎孝义。谏官陈子昂写《复仇议状》，认为礼和法不可偏废，主张"诛而后旌"，即先把徐元庆判决死刑，而后再表彰他。时隔一个世纪，柳宗元重评此案，写了《驳复仇议》。他认为，如徐元庆之父徐爽是"不陷于公罪，师韫之诛，独以其私怨，奋其吏气，虐于非辜"。那么，徐元庆杀死县尉赵师韫，为父报仇然后自首，就应予表彰，而非处死。反之，如果徐爽是"不免于罪"，罪当该死，徐元庆为报父仇而杀人就应当处死，不应旌表，因为"旌与诛莫得并焉"。①

柳宗元说："礼之大本，以防乱也，若曰无为贼虐，凡为子者杀无赦；刑之大本，亦以防乱也，若曰无为贼虐，凡为理者杀无赦……诛其可旌，兹谓滥，黩刑甚矣；旌其可诛，兹谓僭，坏礼甚矣。果以是示天下，传于后代，趋义者不知所向，违害者不知所立，以是为典可乎？"②柳宗元认为陈子昂既主张按礼的原则旌表徐元庆，又按法治原则处死他，这是自相矛盾，导致法典混乱。柳宗元强调定罪量刑要以事实为根据，既要合法，又要合乎情理，"穷理以定赏罚，本情以正褒贬"。

柳宗元针对晚唐法治松弛、藩镇割据、独霸一方、擅行非法的状况，提出要"申严百刑，斩杀必当"③。他批判"刑不上大夫"的传统观念，强调有罪必诛，赏罚严明。认为如果对重罪"释而弗诛"，那么就"无以行令"了。特别是对于那些骄纵不法的"凶渠元逆"务须严惩，微恶尽除，以绝后患。这些认识对于严格法治、维护中央法治权威和稳定政治秩序是有一定积极意义的。

三、政治革新主张

柳宗元以"致大康于民""利安元元"为理想，他积极参与永贞革新，提出许多有益的政治革新主张。革新失败，柳宗元经历了长达十余年的贬抑生涯，更深入了解到下层民众的疾苦，进一步体察到现实社会的黑暗。这一时期他提出了更多切合时弊的革新主张，体现在用人制度、赋税制度等方面，主要目的是为了打击腐朽的宦官、割据势力，抑制土地兼并，减轻百姓负担和维护

① 柳宗元：《驳复仇议》，《柳宗元集》，中华书局 1979 年版，第 102—103 页。
② 柳宗元：《驳复仇议》，《柳宗元集》，中华书局 1979 年版，第 102 页。
③ 柳宗元：《时令论上》，《柳宗元集》，中华书局 1979 年版，第 86 页。

国家统一。

唐中期以来一个非常突出的社会问题是赋税不均,处于弱势地位的贫民承受了过重的赋役负担,生活极度困苦。柳宗元著《捕蛇者说》一文,慨叹"赋敛之毒,有甚是蛇者乎",就是针对这种状况而发。柳宗元认为,赋税不均的原因主要有两点。一是富豪之家通过贿赂官府而逃税。二是土地兼并而导致土地不均、经界不定,很多农民失去了土地,被富人役使,由此农民要承受双重负担;而皇帝的减免赋税之举又往往施惠于富人。

为此,柳宗元主张从两个方面解决问题。一是要修改两税法。两税法依户籍资产征收。柳宗元认为,农业税应该按照人丁占有土地的多少来征收,而不能把税收依据扩大到土地以外。因为如果征收树林税、牲畜税等土地之外的赋税,就等于动员农民砍树杀猪。这在民生已经凋敝的情况下,会进一步恶化农民的生存境况。所以,除工商税外,一律只凭人丁占有土地数额计税。二是约束官吏,查实贫富,调整赋税。他主张以法律严格约束官吏,逐级核查民户资产,一旦查实贫富之间的真正差别,就要减免穷人的赋税,增加富人的赋税。

柳宗元在政治革新中十分重视人才的选拔和任用,以此作为国家治理的关键:"使贤者居上,不肖者居下,而后可以理安。"[①] 他主张用人唯贤,反对用人唯亲,抨击因宦官专权、藩镇割据而产生的"不肖居上,贤者居下"的不合理局面。

柳宗元在被贬永州后写过一篇反对世袭特权的《六逆论》,批判唐代腐朽势力所奉的古训"六逆之说"。"六逆"说见诸《左传》隐公三年,卫大夫石碏提出了"六逆"之说,即"贱妨贵,少陵长,远间亲,新间旧,小加大,淫破义,所谓六逆也"。柳宗元分析道:"余谓少陵长,小加大,淫破义,是三者固诚为乱矣。然其所谓贱妨贵,远间亲,新间旧,虽为理之本可也,何必曰乱?"[②] 在这里,柳宗元对"少陵长,小加大,淫破义"的说法未能给予否定,显然是延续着儒家身份等级和政治伦理传统思想。不过,他明确指出"贱妨贵,远间亲,新间旧"非但不是祸乱之源,而且是治国之本。他以历史实例为据,阐明"贵不足尚""亲不足与""旧不足恃"。在柳宗元看来,择君置臣应该以"圣且贤"为标准,要选拔既有品德又有才干的人。贵者、亲者、旧者未

---

① 柳宗元:《封建论》,《柳宗元集》,中华书局1979年版,第74页。
② 柳宗元:《六逆论》,《柳宗元集》,中华书局1979年版,第95页。

必贤，贱者、疏者、新者未必愚。如果贱者、疏者、新者符合"圣且贤"的标准，就可以取代不肖的贵者、亲者、旧者。柳宗元的《六逆论》否定了宦官、贵族等特权阶层在政治上的垄断地位，批判了封建等级制度，强调了"圣且贤"的用人标准，是有一定进步意义的。

此外，柳宗元在《梓人传》中还提出，称职的宰相应当依法办事。他认为，宰相治理天下要"条其纲纪"，"齐其法制"，就像梓人"有规矩绳墨以定制"一样。"夫绳墨诚陈，规矩诚设，高者不可抑而下也，狭者不可张而广也。"[①] 这也是官居宰相者应有的态度，要坚定执法，按绳墨规矩办事。显而易见，柳宗元的任人唯贤主张在一定程度上否定了世袭特权，对于唐代贵族官僚子弟享有"恩荫"特权、藩镇割据势力"父死子继"等政治现象具有批判意义。

柳宗元是一位面向现实、富于创新精神的思想家。他反对复古，不以三代为典范，否定圣人创造历史的说法，深化了对国家起源及政体的认识，批判了封建等级制度，并积极参加政治革新。尽管他的政治思想还是以维护中央集权、缓和社会矛盾和维系政治秩序为主旨，但在唐代晚期政局混乱、国家分裂危机加深的状况下，具有历史的合理性。

第六节　罗隐以"明君论"为核心的政治思想

罗隐（833—909），字昭谏，新城（今浙江富阳）人，自号江东生。幼时即以才学出名，可是由于其言论多讥讽之辞，人亦狂妄，加之相貌甚丑，三十年间，十举进士而不第，穷愁失意，遂名为"隐"。光启三年（887年）入镇海节度使钱镠幕府，任钱塘令、节度判官、司勋郎中等职。唐亡，后梁以谏议大夫征罗隐入朝，不就。著有《甲乙集》《谗书》《两同书》等。今有中华书局校点本《罗隐集》。

晚唐社会动荡、政治腐败，罗隐有感于衰世败象，加之一生坎坷，激发了他的批判精神。罗隐政治思想的核心是"明君论"。他既深刻批判了政治弊害，又提出了政治理想。其政论笔锋犀利，寓意深刻。学界一般将罗隐的思想归为

---

① 柳宗元：《梓人传》，《柳宗元集》，中华书局1979年版，第480页。

道家。但通观其全部政论，明显与老庄道家或黄老道家有所不同，而是具有儒道结合、以儒为主的理论特色。

一、对君主专制的批判

罗隐通过批判历史和现实中的君主，树立其明君形象。事实上，他提出"明主"的种种规定，也正是为了对君主予以批判。既然明君应当具备种种条件，那么与这些规定相悖的君主，如不讲仁德、恃强行政、追求奢华、不谙用贤之道等就都在罗隐的批判之列。

（一）批判君主家天下

中国的君主制度历来为家族世袭，家天下的观念根深蒂固。罗隐却提出，天下应是天下人之天下，而非帝王一家之天下，并且认定君位世袭绝非自古以来就是如此。

一般认为，尧、舜均以其子不肖，不传子而传贤。罗隐认为这种说法并不可信，应是"陶、虞之心，示后代以公共"。他认为，尧舜治理天下，明察一切，"大无不周，幽无不照，远无不被，苟不能肖其子，而天下可以肖乎"？以尧舜之德能，不可能连自己的儿子都不能教化，否则如何教化天下？这不过是尧舜的一番苦心罢了。他们是为了天下人的公利而舍弃己子，所谓"欲推大器于公共，故先以不肖之名废之"①。罗隐重新解释历史上关于尧舜"禅让"权位的传说，其目的是为了说明，君位世袭不是从来就有的，不可视为天经地义。后世君位世袭，极大地背离了古代圣君的至公之心。这是对于后世帝王家天下的深刻批判。

（二）批判君主为私夺权

罗隐认为，开国君王夺取天下与强盗劫掠财物性质相同，在他看来，开国之君无不是为了一己私利。他在《英雄之言》中将强盗比之于西楚霸王项羽、汉高祖刘邦。强盗见到财物就拿，声称是由于饥寒交迫，而那些将国家据为己有之人，却声称是救民于水深火热之中。强盗声称饥寒，用不着费笔墨驳斥，而那些"英雄"声称"救彼涂炭者，则宜以百姓心为心"，实际是打着救民的旗号以实现一己之私利。

---

① 罗隐：《谗书·丹商非不肖》，《罗隐集系年校笺》，李定广系年校笺，人民文学出版社 2013 年版，第 683 页。

在罗隐看来，那些所谓的"英雄"们若真是为了救民，就应该顺从百姓之心，根据民心决定自己所为，而事实远非如此。如项羽见到秦始皇出游时的威严与奢华，十分向往，"则曰'可取而代'"。刘邦见秦宫室富丽便垂涎三尺，说："居宜如是。"① 这说明他们所宣称的推翻暴秦救民于水火之言不过是一种托词罢了。就本质而论，刘邦、项羽之类所谓开国"英雄"其实与强盗并无区别。

（三）批判君主统治腐败

罗隐继承儒家性善说，认为没有人生来便是奢侈放纵者，变坏的根本原因在于其自身不能抵制外界影响，君主亦然。对君主而言，其左右的阿谀佞臣，是"人"的影响；其穷奢极欲巡幸出游，是"事"的影响；欣赏所谓祥物，是"物"的影响。三者有其一，就是国家大害。

他以汉武帝为例。汉武帝即位之初国家富庶，然而在左右佞臣的鼓动下，愈发好大喜功，穷奢靡费，举行封禅大典以求福。臣僚们恭迎汉武帝，声称在其登山之时，听到山岭有呼"万岁"之声。汉武帝信之，以为是上天佑己，越发丧失了清醒。"然后逾辽越海，劳师弊俗，以至于百姓困穷者。"② 罗隐最后得出结论："东山万岁之声"正是汉武帝治国先强后弱、先富后穷的原因所在。

罗隐特别指出，君主腐败的根本原因在于君主自身。虽然外界的人、事、物三方面都有可能使君主腐化，但毕竟只是一种外力，只要君主自身能够抵制，就不会产生恶果。因此，修养与仁德对于君主来说显得尤为重要。

二、"明君"政治理想

罗隐抨击君主的目的不是要否定君主专制，反之，他向往的是合乎儒家理想的有道明君。在这一点上，他延续了儒家的传统政治伦理思想，同时有所增益。

（一）论君主的合理性

罗隐认为，君主统治、管理国家具有天然的合理性。在他看来，人类社会存在君主制度和贵贱等级之分是完全合乎自然的。所谓"贵贱之分，出于自

---

① 罗隐：《谗书·英雄之言》，《罗隐集系年校笺》，李定广系年校笺，人民文学出版社 2013 年版，第 685 页。
② 罗隐：《谗书·汉武山呼》，《罗隐集系年校笺》，李定广系年校笺，人民文学出版社 2013 年版，第 729 页。

然"，"一气所化，阳尊而阴卑；三才肇分，天高而地下"。① 罗隐指出，世间万物皆有等级之分，如"龟龙为鳞介之长，麟凤处羽毛之宗，金玉乃土石之标，芝松则卉木之秀"，这些都合乎自然。之所以如此，是因为诸物所禀赋的气质不同，"龟龙有神灵之别，麟凤有仁爱之异，金玉有鉴润之奇，芝松有贞秀之姿，是皆性禀殊致，为众物之所重也"②。不仅如此，自然万物还有强弱之分，恃强凌弱同样合乎自然："夫强不自强，因弱以奉强；弱不自弱，因强以御弱。故弱为强者所伏，强为弱者所宗，上下相制，自然之理也。"③ 万物之中人最为贵，在人类社会内部同样要遵循上述规律，即人与人之间有着贵贱、强弱之分。

在罗隐看来，普通百姓天生是贱者、弱者，他们无以自立而生存，必有赖于贵者（君主）的统治和管理。他说："人不自理，必有所尊，亦以明圣之才，而居亿兆之上也。是故时之所贤者，则贵之以为君长；才不应代者，则贱之以为黎庶。"④ 总之，人类本身就存在着等级差别，君主管理国家和实行等级制度是合理的，完全符合自然之道。

罗隐认为，君主在社会政治生活中至关重要。国家治理得好坏，百姓能否安居乐业，完全决定于君主，故而君主是治乱之本。他说："夫万姓所赖，在乎一人；一人所安，资乎万姓。则万姓为天下之足，一人为天下之首也。"如果出现管理不善或政治危机，有时看似症结在社会下层，其实皆与君主有关，"岂失之于足，实在于元首也"⑤。君主素质和能力的高下直接关乎天下兴亡与帝国安危。为此，罗隐集中探讨了"明君"问题。

（二）论明君

罗隐认为世道兴衰的关键在君主。如果圣君在位，"位胜其道，天下不得不理也"，否则，"位不胜其道，天下不得不乱也"。⑥ 为实现天下大治，罗隐提出了一系列判别明君与暴君的标准，树立起一个理想化的明君典范。在罗隐看来，明君应当具备如下素质：

---

① 罗隐：《两同书·贵贱》，《罗隐集》，中华书局 1985 年版，第 1 页。
② 罗隐：《两同书·贵贱》，《罗隐集》，中华书局 1985 年版，第 1 页。
③ 罗隐：《两同书·强弱》，《罗隐集》，中华书局 1985 年版，第 2 页。
④ 罗隐：《两同书·贵贱》，《罗隐集》，中华书局 1985 年版，第 1 页。
⑤ 罗隐：《两同书·损益》，《罗隐集》，中华书局 1985 年版，第 3 页。
⑥ 罗隐：《谗书·圣人理乱》，《罗隐集系年校笺》，李定广系年校笺，人民文学出版社 2013 年版，第 689 页。

1. 仁德

罗隐认为，君主的首要素质是仁德，"盛德以自修，柔仁以御下"。尽管"贵者"统治"贱者"是一种必然，但君主之所以高贵取决于其是否仁德，而不在于其地位与权力。"所谓强者，岂壮勇之谓耶？所谓弱者，岂怯懦之谓耶？盖在乎有德，不在乎多力也。"① 如果没有仁德，虽有权势，君位也不会长久；相反，如果修德，不待求之，其身自贵，"苟以修德，不求其贵，而贵自求之"②。

罗隐还明确指出，在社会政治生活中，贵与贱的关系并非永恒不变，有德之人虽然有时暂居贱位，日后却可以跃居贵位；无德之人，虽然暂居贵位，日后却可由贵而贱。例如舜早年"处于侧陋，非不微矣"，但由于有德，得到了尧之禅位。相反，桀为君王，"亲御神器，非不盛矣"③，但不修其德，结果被放逐，丧失君位，由贵而贱。总之，仁德是衡量明君的根本标准。

2. 德主力辅

罗隐认为，明君治理国家要充分认识权力的作用，德与力必须相互辅助。在他看来，有德之人必须借助权力才能治理国家，使百姓安居乐业。故而君主要德力相辅。他说："大舜不得位，则历山一耕夫耳；不闻一耕夫能窜四凶而进八元。吕望不得位，则棘津一穷叟耳；不闻一穷叟能取独夫而王周业。"④ 政治权力是不可或缺的，但与德相较，其重要性并不相等。合理的选择是重德而轻力。对德与力的不同态度，可以用来区分"明君"与"暴君"。前者深察民心而不能用武力强制，"知众心不可以力制，大名不可以暴成。故盛德以自修，柔仁以御下，用能不言而信洽，垂拱以化行"⑤。

罗隐还认为，在政治权力足以保障基本统治秩序的基础上，柔弱并不可怕，"尧不胜衣，天下亲之如父母"。相反，那些暴君抛弃仁德而专恃强力，即使表面无比勇武刚强，最终也会"社稷为墟，宗庙无主，永为后代所笑"⑥。罗隐的结论是：柔弱任德者为明君，恃强任力者为暴君。

---

① 罗隐：《两同书·强弱》，《罗隐集》，中华书局 1985 年版，第 2 页。
② 罗隐：《两同书·贵贱》，《罗隐集》，中华书局 1985 年版，第 2 页。
③ 罗隐：《两同书·贵贱》，《罗隐集》，中华书局 1985 年版，第 2 页。
④ 罗隐：《谗书·君子之位》，《罗隐集系年校笺》，李定广系年校笺，人民文学出版社 2013 年版，第 710 页。
⑤ 罗隐：《两同书·强弱》，《罗隐集》，中华书局 1985 年版，第 3 页。
⑥ 罗隐：《两同书·强弱》，《罗隐集》，中华书局 1985 年版，第 3 页。

3. 知"损益之道"

罗隐告诫君主须知"损益之道",要以俭治国。他指出,古代圣王皆以俭治国,他们"务修俭德,土阶茅宇,绨衣粗裘,舍难得之货,捨无用之器,薄赋敛,省徭役,损一人之爱好,益万人之性命"①,相反,古代暴君无不是因穷奢极欲而亡国丧命。所以"益莫大于主俭,损莫大于君奢。奢俭之间,乃损益之本也"②。如能以俭行政,便可以收到最佳统治效果。

罗隐说:"俭主之理,则天下无为。天下无为,则万姓受其赐。"③ 他认为,节俭的主张与道家无为而治的思想一脉相承,君主具有节俭的品质,就会无为而治,减少对社会生活的干预,使天下黎民百姓得到益处,安居乐业。

4. 重贤并善于驭臣

罗隐认为,君主的个人能力是有限的,必须选用贤才。明君的一个重要素质便是能够礼贤下士,敬重贤才,"是故明主之于天下也,设坛授将,侧席求贤,贲束帛于丘园,降安车于途巷"④。作为明君要懂得理乱之道,通晓文武兼治。所谓"夫家国之理乱,在乎文武之道……故防乱在乎用武,劝理在乎用文"⑤。君主借助贤人辅佐,善于把握文武之道,根据不同的形势和具体情况合理运用,才能够治理好国家。

同时,明君还必须具备驾驭群臣百官的能力。罗隐认为:"夫君者,舟也;臣者,水也。水能浮舟,亦能覆舟;臣能辅君,亦能危君。"⑥ 君主善于驾驭臣下,就是能识真伪,辨忠奸,礼敬贤臣,赏善罚恶,既要充分发挥臣的才干,又要将群臣百官牢牢地置于掌握之中。罗隐认为,明乎用人得失,才可称为圣王。

罗隐的政治思想兼及儒道,对于君主专制既有批判,又有建树。君主专制的本质特征是权力的家族私有化。罗隐批判君主专制,指出君主的权力应当是示天下以"公共",那些开国之君则有如强盗,将天下据为己有。这些认识显然涉及君主专制权力的本质问题,深刻而难得。罗隐提出的明君理想,通过与暴君比较,认为明君理应具有四项标准,这些认识涉及国家首脑的政治和道德

---

① 罗隐:《两同书·损益》,《罗隐集》,中华书局 1985 年版,第 4 页。
② 罗隐:《两同书·损益》,《罗隐集》,中华书局 1985 年版,第 3 页。
③ 罗隐:《两同书·损益》,《罗隐集》,中华书局 1985 年版,第 4 页。
④ 罗隐:《两同书·敬慢》,《罗隐集》,中华书局 1985 年版,第 5 页。
⑤ 罗隐:《两同书·理乱》,《罗隐集》,中华书局 1985 年版,第 9 页。
⑥ 罗隐:《两同书·得失》,《罗隐集》,中华书局 1985 年版,第 10 页。

素养问题，具有某种考量或制约君主资格的认知倾向。总的来看，罗隐的明君论认识深邃，蕴含着高层次的政治理性，在中国政治思想史上别具一格，具有鲜明的历史价值和学术价值。

小　结

隋唐时期是中国封建社会的鼎盛时期，专制主义中央集权在制度上、理论上渐趋成熟和完备。

以唐太宗贞观统治集团为代表的统治者，努力强化专制主义的中央集权制度，思想上三教并用，以儒为主，融合道、法诸家政治思想，探索和总结治国之道，并用于实践，取得显著成效，积累了宝贵经验。一些儒家学者或吸收佛道思想成分，构建儒家"道统"，为儒学思想的国家意识形态正统地位提供理论支持，或从制度层面反思君主制和郡县制的经验教训，这些都适应了维护多民族国家统一、巩固封建统治的需要。唐末王仙芝、黄巢起义，第一次明确提出了"平均"口号，表达了农民对理想社会的向往。

这一时期政治思想的发展线索可以概括为两条：一是两汉以来主流政治思想的延传与发展，以唐初统治者修订《五经正义》和李世民贞观统治集团的政治思想为代表；二是基于域外思想文化与传统政治思想的冲突或交融而形成的政治思想，如王通以儒为主的"三教可一"论、韩愈的"道统"论等。

王通、韩愈的政治思想，其立场、思路和论点虽颇有差异，但都体现了"文化融合"的时代特征。王通向往王道政治，提出"三教可一"，推动了儒学的振兴和发展，顺应了国家统一的历史趋势。韩愈提出"道统"论和尊君主张，试图维护中国传统政治思想的主体价值，继而维护君主专制统治。"道统"论从历史演变的角度总结儒学一以贯之的传统，在理论上取得新进展，成为汉唐经学向宋明理学发展的重要环节。

李世民及贞观统治集团、柳宗元等，其政治思想导向和特点亦有不同，不过他们的思想都可以视为唐朝"繁荣昌盛"的反映。李世民及贞观统治集团居安思危，主张仁政、重民、法治公平，又能践行谏议，将儒家政治思想中积极有益的部分用于政治实践，对于促进唐初社会发展起到了推动作用。韩愈提出道统学说，源于他深刻认识到佛、道等教对唐王朝统治构成的潜在威胁和对儒学的冲击，所以他断定必须"辟佛老"，以强化儒学的正统性和权威性。韩愈从另一个方面为维系儒家政治思想与本土文化主流的延传提供了理论支撑。柳宗元的《封建论》用理论和史实批判封建分封制，阐明郡县制对于加强中央集权、维护国家统一的必然性和合理性，代表了我国古代郡县说的最高成就。

晚唐罗隐的明君论寄托了对理想君主专制的向往，可以视为对唐代政治的反思，也是唐朝末年政治衰败在政治思想上的反映。

隋唐时期的政治思想，是在儒学理论形态发生重大调整和改造的背景下发展起来的。汉末以来，玄学、佛教、道教等思想体系的冲击，使儒学一度呈现衰落之势。隋唐时代的政治统一与经济文化的发达繁荣，为儒学振兴创造了条件。隋唐儒学吸纳了释、道二家的合理成分，以天道自然论弱化了天人感应论，以道统论强化了自我派别意识，以复性论对抗佛教的佛性论和道家的道性论，从而以进一步哲理化的"道"为旗帜，促成了自身理论形态的转型，遂在中唐以后走向复兴。

思考题

1. 王通为什么要提出"三教可一"论？为什么说他推动了儒学的复兴？
2. 韩愈的"道统"论在政治思想发展史上具有什么意义？
3. 试述唐太宗贞观统治集团政治思想的主要内容与特点。
4. 简述柳宗元政治革新主张的主要内容。
5. 谈谈罗隐"明君论"的意义与局限。

第七章　宋元时期的政治思想

　　两宋时期，经济社会进一步发展，中央集权的专制制度进一步完善，思想文化呈现出繁荣局面。但由于两宋与北方少数民族政权长期对峙，连年征战导致社会矛盾加剧，宋王朝陷入内忧外患的境地。与此相应，出现了以范仲淹、李觏、王安石为代表的注重变革的政治思想，以张载、二程和朱熹、陆九渊为代表的理学家的政治思想，以及以陈亮、叶适为代表的反对空谈性理、讲求功利的政治思想。

　　元朝结束了两宋以来南北长期对峙的局面，建立了疆域空前辽阔的大帝国。元朝统治者为巩固其在中原的统治，多采汉法，同时，汉族士大夫为了维护儒家正统文化的传承，也极力促成统治者对理学的认可。仁宗时恢复科举，确定了程朱理学在政治上的统治地位，并最终促成了理学的官学化。在这一过程中，许衡的政治思想发挥了重要作用。

第一节　宋元时期的社会历史背景

　　宋元时期的政治思想，既有注重解决现实问题的具体政治主张，也有思辨性、哲理性极强的博大宏富的思想体系。这是由这一时期特定的社会经济、政治、文化条件所决定的。

一、社会经济状况

　　北宋的建立，结束了五代十国分裂割据、长期动乱的局面。政权的统一大大推动了生产的发展。

　　北宋时，农业生产得以恢复，生产工具进一步改良，生产技术得到普遍推广，生产效率有了很大提高。到南宋时，随着农田水利的兴建、圩田的大量开垦、农作物优良品种的推广、经济作物种植面积的扩大等，农业生产达到了新的水平。当时，江、淮、湖、广的农业已十分发达，茶树、棉花、甘蔗大量栽种，水稻的种植更加普遍。

　　两宋时期，手工业和商业都有很大进步，丝织、造纸、制瓷、采矿、冶铁、造船等行业，都有显著发展。宋代瓷器享誉一时，远销海外。造纸业和印刷业在制造工艺水平和质量上也都有了很大提高。宋代商业发达，海上贸易尤为繁盛，出现了纸币和手工业行会，兴起了许多商业繁荣的城市。

元统一后，在中原和江南地区发达的农业生产和商业经济的影响下，元朝统治者开始重视农业，实施了一些有利于农业生产的措施，生产技术、垦田面积、水利兴修以及棉花种植等都超过了前代。元朝疆域辽阔，民族众多，水陆交通发达，纸币广为流通，促进了手工业和商业的发展，出现了大都（今北京）、杭州、泉州等闻名于世的商业大都市。

社会经济的繁荣，为当时学校教育和书院讲学提供了充足的物质条件，讲学风气盛行，各派学说不断出现，促进了政治思想的发展。

二、政治状况

鉴于唐朝中后期藩镇割据的历史教训，北宋统治者采取一系列措施，改革政治体制，削弱地方权力，加强中央集权。

在中央，限制宰相权力。在宰相之下添设参知政事、枢密使，又设置三司使，以分宰相的军、政、财权。又令枢密使与统兵的高级将领互相牵制，以防范将军擅权。在地方，削弱州郡权力。将州郡地方的财权和兵权全部收归中央，规定州郡长官改由文人担任，并设通判（副长官）加以牵制。又将全国州郡划分为十五路，由中央政府直接派出官员管辖，以防范地方权力过大而威胁中央。这些措施有效地加强了君主专制的中央集权，但也导致机构重叠，官员激增，"冗官"现象严重。

在军事上，限制高级将领的兵权。任命资历威望较浅者担任次一级军官，并时常更调，同时不断更换军队驻屯地区，避免将帅与兵士之间形成过度紧密的关系，防范军队与地方势力相互勾结，以免形成不利于中央政权的分裂因素。同时，北宋沿用了唐朝后期的雇佣兵制度，将破产失地的农民收容到军队中，致使军队人数不断增长。从宋太祖到宋仁宗八十余年间，军队人数从25万猛增到125万。军队员额的猛增，使"冗兵"现象十分严重，极大地加重了国家财政负担。

两宋王朝与西夏、辽、金、蒙古等少数民族政权长期对峙，战乱不断，边患问题十分严重，在与北方少数民族政权的战争中始终无法取得优势，形成鼎峙并存的格局。同时，无论是战争还是媾和，都需要花费大量的经费，使得国家财政困难雪上加霜，"冗费"问题十分突出。

同时，由于宋代田制不立、不抑兼并，社会阶级矛盾不断加深。官僚大地主大量兼并土地，并且享有免除赋役的特权，但大量农民却因交不起土地税而变卖土地，致使两极分化愈演愈烈。宋代的农民起义此起彼伏，接连不断。

宋初统治者强化中央集权的种种措施，虽然取得一时之效，却最终导致政治弊端严重，特别是军队数量的增加。面对冗官、冗兵、冗费及由此引起的社会危机，一大批富有思辨色彩、忧国忧民的政治家和思想家，从思想文化领域进行反思，兴起了一股改革思潮，出现了李觏通变救弊的政治思想、王安石的变法政治思想等。

元朝的统一，一方面加强了各族人民之间的联系，各民族间的相互交流与融合更加密切，另一方面也带来了严重的民族压迫。元朝统治者实行民族等级制度，把中国境内的人划分为四个等级，第一等为蒙古人，第二等是色目人，第三等是汉人，第四等是南人。如何缓解尖锐的民族矛盾，获得汉族民众的支持和认同，以巩固对中原地区的有效统治，是元朝统治者必须面对和思考的重大问题。元代政治思想的发展多与此关联。

三、文化状况

宋朝时期，文化繁荣灿烂，风格独特鲜明，理学、文学、史学、艺术以及科学技术领域硕果累累，达到了中华文化史上的又一座高峰。活字印刷、指南针及火药的发明和应用，更是对人类作出了杰出的贡献。诚如陈寅恪所言："华夏民族之文化，历数千载之演进，造极于赵宋之世。"①

唐末及五代的长期割据与混乱，使封建传统伦理道德规范遭到极大破坏，纲常松弛，道德式微。为维护中央集权封建专制政权的稳定和巩固，宋朝统治者大力宣扬纲常名教。加之宋初以来，一些有识之士为扭转内忧外患的局面而进行的改革归于失败，许多思想家逐渐把目光转向强化伦理道德的修养和灌输。在这种背景下，以灭欲存理、正人心术为主旨的理学思潮应运而生，到南宋时成为学术思潮的主流。

这一时期，儒、佛、道三教合一，为理学思潮的形成奠定了思想基础。宋

---

① 陈寅恪：《邓广铭宋史职官志考证序》，《金明馆丛稿二编》，生活·读书·新知三联书店2001年版，第277页。

代学者承继了唐代以来怀疑传统经学的学风，敢于直接就经文进行探索，相互辩难、相互启发，独立思考、大胆立论、讲注义理，推动了儒学自身逻辑的不断深化和升华，最终形成了理学这一重要的学术思想和政治思想体系。此外，科学文化的进步，也促使人们对自然和社会进行深入思考，成为理学思潮形成的一个重要条件。

元朝建立以后，中国各民族文化得以广泛交流与融合，北方的游牧文化和中原礼乐文明逐渐融合。元朝统治者逐渐认识到儒家政治学说对加强和巩固封建统治的重要性，加之诸如许衡等儒士的积极宣扬与倡导，理学逐渐得到元朝统治者的认可，并最终被立为官学。从此，理学成为中国社会占据统治地位的政治思想。

两宋时期是中国古代政治思想较为繁荣的时期，思想的多元化是这一时期思想文化领域的突出特点，对后来的中国社会有着重要影响的许多思想流派都形成于这一时期。其中较为重要的有以周敦颐、张载、二程、朱熹为代表的理学，以李觏、王安石、陈亮、叶适为代表的功利主义学派。

第二节　李觏富国强兵的政治思想

李觏（1009—1059），字泰伯，建昌军南城（今江西南城）人。出身于小地主家庭，少时家境衰落。进士不第，以教书为生。晚年由范仲淹推荐为太学助教，后为直讲。晚年创办盱江书院，人称盱江先生。

北宋庆历初（1042—1043），宋仁宗支持以范仲淹为代表的地主阶级革新派实行改革，史称"庆历新政"。李觏的政治思想受此影响，力主改革，富国强兵。其著述被后人编为《直讲李先生文集》，2011 年中华书局汇集出版的《李觏集》最为完备。

一、天道观

天道观是李觏政治思想的理论基础。他说："大哉乎乾之四德也，而先儒解诂未能显阐，是使天道不大明，君子无所法。若夫元以始物，亨以通物，利以宜物，贞以干物，读《易》者能言之矣。"[①] 李觏把《周易》中所讲的元、

[①] 《删定易图序论论五》。

亨、利、贞看成是世界万物运动变化的客观规律，是自然的本性，亦即天道。他还说："常者，道之纪也，道不以权，弗能济矣。是故权者，反常者也。"① 李觏认为，圣人君子效法天道而行政事，天道大明，才能有所遵循。但是，也不能一味袭故蹈常，而要讲究通变，"道不以权，弗能济矣"，善于权变才合乎天道。

鉴于当时"积弱积贫"的状况，为实现民富国强，李觏支持改革，强调"救弊之术莫大乎通变"②，提出了义利统一和王霸并用的思想、通变救弊之策、均田安民的民本思想，以及强兵主张等。

二、义利统一观与王霸并用论

义利之辨是儒家学说的核心论题之一，其主流思想主张重义轻利。孔子说："君子喻于义，小人喻于利。"③ 李觏倡导义利统一、重视财利，提出了"焉有仁义而不利"的义利统一观。他说："利可言乎？曰：人非利不生，曷为不可言？"④ 李觏认为，历代儒家耻于言利欲，实际上，利欲是人们得以生存的根本条件。"孟子谓'何必曰利'，激也，焉有仁义而不利者乎？"⑤ 只讲仁义而不讲利，是褊狭的看法，义与利并不是不可调和的，在一定条件下是可以统一的，只要符合礼的规定，追求利欲就是合乎人性的。他进一步指出，就整个国家来看，财力是立国的根基。治国之实，必本于财用。他逐一列举了国家和民生的各种设施和活动，认为非财利不能行其事，"舍是而克为治者，未之有也"⑥。在《富国策》中，他针对当时的社会矛盾和积弊，提出了"去十害，取十利"的具体主张，体现了他注重实效、力主富国强兵的政治思想。

与义利统一观相对应，李觏提出了王霸并用的政治思想。他认为，王道与霸道都是治理国家的手段，两者相辅相成。"所谓王道，则有之矣，安天下也；所谓霸道，则有之矣，尊京师也。非粹与驳之谓也。"⑦ 李觏称颂管仲、商鞅等人，"管仲之相齐桓公，是霸也"，"商鞅之相秦孝公，是强国也。明法术耕战，

---

① 《易论》第八。
② 《易论》第一。
③ 《论语·里仁》。
④ 《原文》。
⑤ 《原文》。
⑥ 《富国策》第一。
⑦ 《常语下》。

国以富而兵以强"。① 他把霸道视为强兵富国的重要手段，这充分体现了他渴望一扫北宋积弊、富国强兵、安天下的强烈愿望。

三、通变救弊之策

李觏主张根据形势的变化和时政的弊端，及时调整统治方略和具体政策。为此他提出了三个方面的具体策略。

第一，君主"自治"才能"治人"②。李觏认为通变救弊、富国强兵的关键是君主。他特别强调天立君以为民，君主理应"循公而灭私"③，"以天下之身为身"，"以天下之心为心"，④ 才能达到"自知""自治"，进而实现"知人""治人"⑤。

第二，君主应广开言路，兼听博纳。李觏指出："刚亢不能纳言，自任所处，闻言不信，以斯而行，凶可知矣。"⑥ 他进一步强调："夫为令之弊有四：初不审，终不断，言者矜，闻者争也。" "人主能知弊之所在，则可以行令矣。"⑦

第三，慎选官吏，驭臣以法。李觏继承了"明主治吏不治民"的传统观念，他指出："君不能自治其民，治之者官吏也。"因此，"置吏不可不慎也"⑧。针对北宋"法禁怯而不禁豪"的弊端，他提出："持法以信，驭臣以威。信著则法行，威克则臣惧，法行臣惧，而后治可图也。"⑨ 但他也同时认识到："政不可以峻刻也。虽不可过，亦不可未至而止也。"⑩

四、均田安民、地尽国用的思想

李觏秉承传统的重民思想，强调安民、得民。他说："立君者，天也；养民者，君也。非天命之私一人，为亿万人也。"君主的职责在于养民，民心向

---

① 《寄上范参政书》。
② 《安民策》第五。
③ 《上富舍人书》。
④ 《安民策》第五。
⑤ 《上富舍人书》。
⑥ 《易论》第九。
⑦ 《庆历民言三十篇·慎令》。
⑧ 《安民策》第七。
⑨ 《庆历民言三十篇·本仁》。
⑩ 《易论》第三。

背关乎天命，所以"天命不易哉！民心可畏哉！是故古先哲王皆孳孳焉以安民为务也"①。针对当时"贫民无立锥之地，而富者田连阡陌"②，"天下无废田"，人民"耕不免饥，蚕不得衣"③ 的社会状况，他主张采用周礼实行井田制，认为"井地立则田均，田均则耕者得食，食足则蚕者得衣"④，这样就能安民富国。

李觏认为，谷米是百姓生存的依靠，租税是国家富强的财源。他指出，虽然当时天下安定，但是"地力不尽，田不垦辟"，"谷米不益多，租税不益增"。为此他提出：一是抑制末业，使民务农，"一心于农，则地力可尽矣"⑤；二是广泛授田，则"人无不耕"，"地无不稼"，"则利岂有遗哉"⑥？三是国家设置"爵级"，奖励种田农民。

李觏进一步指出，均平土地、发展农业生产的最终目的不仅仅是安民，更重要的是"民用富而邦财丰"⑦，进而实现国家富强。

五、"强兵"之策

李觏认为，军队强大是国家强盛的重要因素。"国之于兵，犹鹰隼之于羽翼，虎豹之于爪牙也。羽翼不劲，鸷鸟不能以死尺鷃；爪牙不锐，猛兽不能以肉食。兵不强，圣人不能以制褐夫矣。"⑧ 因此，他主张采取有力措施以强兵。

李觏提出了兵农合一的主张。他认为，北宋冗兵积弊沉重，军费开支浩大，解决这一问题的关键是采用兵农合一的政策。"士不特选，皆吾民也；将不改置，皆吾吏也。有事则驱之于行阵，事已则归之于田里。无招收之烦而数不阙，无禀给之费而食自饱。"⑨

李觏还提出了具体的强兵之策。比如，实行军屯。他说，军屯能积谷于边，"外足兵食，内免馈运"，"利则进战，否则坚守，国不知耗，民不知

---

① 《安民策》第一。
② 《富国策》第三。
③ 《潜书》。
④ 《潜书》。
⑤ 《富国策》第二。
⑥ 《国用》第四。
⑦ 《国用》第四。
⑧ 《强兵策》第一。
⑨ 《军卫》第一。

劳"。① 又如，设置乡军。设置乡军既可用于维护地方治安，又可以利用人之爱亲戚、重财物的天性，使其"守战至死"。乡军与边防戍兵相配合，"屯军以征戍，乡军以守备"②，形成遍及全国的军事网，以增强国家的军事力量。再如，精选勇兵良将。他指出，统治者往往认为军队数量多可以强国，殊不知"兵多则不择"，怯弱之兵反而会削弱国力。他主张精选勇士，使军队勇敢善战，如此则北宋"庶乎强国矣"③。李觏反对"以言择将"，主张通过实战考察，选拔真正的将才。"国之所以为国，能择将也"，"将才如神"，则"功业易可成也"。④

综上所述，李觏结合北宋的社会现实，提出了富国强兵的主张，切中时弊，具有很强的针对性。其中，他提出的王霸并用的强国论和义利统一观，对南宋时期的陈亮、叶适等以功利为核心的政治思想产生了深刻影响。他的政治思想所体现的强烈改革气息，对稍后的王安石变法起到了积极的推动作用。但是，他通变救弊的目的在根本上是为了巩固封建君主专制统治，维护封建统治阶级的根本利益，这也体现了他政治思想的局限性。

第三节　王安石的变法思想

王安石（1021—1086），北宋著名的思想家和政治改革家。抚州临川（今江西临川）人。字介甫，号半山。封荆国公，世称王荆公。绍圣年间赐谥曰"文"，一称王文公。出身于小官吏家庭。自幼聪颖，读书过目不忘，青年时期便有"矫世变俗"之志。庆历二年（1042）以进士第四名及第，历任州县地方官吏。熙宁二年（1069）任参知政事。在宋神宗的支持下，王安石积极变法，推行新政。熙宁九年罢相后，退居江宁（今江苏南京）。十年后病逝于江宁钟山。

王安石于熙宁六年亲自主持经义局，重新训释《诗》《书》《礼》等儒家

---

① 《强兵策》第一。
② 《强兵策》第三。
③ 《束士》。
④ 《强兵策》第六。

经典，"既成，颁之学官，天下号曰新义"①，作为科举取士的标准读本，人称
"荆公新学"。著述今存《临川集》《临川集拾遗》《周官新义》《老子注》等。
1974 年中华书局出版《王文公文集》汇集最全。

一、五行说

王安石以变法为核心的政治思想，是为解决当时社会存在的实际问题而提
出的，这种思想具有一定的理论基础，即五行论。王安石以《尚书·洪范》中
的五行为思想资料，通过自己的解释，提出以五行为中心的世界图式，用以说
明宇宙万物的形成和变化。他认为，世界的本原是太极，五行是从太极而来
的，他说："太极生五行，然后利害生焉。"② 在《洪范传》中，他认为五行是
指水、火、木、金、土五种物质元素，五行的变化产生万物。他说："盖天地
之用五行也，水施之，火化之，木生之，金成之，土和之。施生以柔，化成以
刚，故木桡而水弱，金坚而火悍，悍坚而济以和，万物之所以成也。"③ 他改造
了《尚书·洪范》中的五行思想，提出："五行也者，成变化而行鬼神"④，
"有变以趣时，而后可治也。"⑤ 也就是说，必须顺应历史趋势而进行变革，这
样才能治理好国家。他根据五行的变化来论述万物的发展变化，进而论述社会
的发展变化。王安石的五行说注重发展变化，认为发展变化是宇宙的根本法
则。他讲五行变化，重在论述社会变革，从而论证变法的可行性。总之，王安
石的政治思想正是奠定在他的五行论理论基础之上的，他的政治思想具有不尚
空谈、面向实际的特点，并付诸改革实践。

二、"变祖宗之法"的政治主张

王安石对当时北宋王朝"官乱于上，民贫于下，风俗日以薄，才力日以困
穷"⑥ 的危机局面深感忧虑。为挽救政治危机，王安石提出要"变风俗，立法
度"⑦，进行改革。

---

① 《宋史·王安石传》。
② 《原性》，《临川先生文集》卷六十八。
③ 《洪范传》，《临川先生文集》卷六十五。
④ 《洪范传》，《临川先生文集》卷六十五。
⑤ 《洪范传》，《临川先生文集》卷六十五。
⑥ 《上时政疏》，《临川先生文集》卷四十七。
⑦ 《答手诏封还乞罢政事表劄子》，《临川先生文集》卷四十四。

王安石认为，先王之法"三十年为一世"，"久必蔽"，因此"世必有革，革不必世"①。"夫因循苟且，逸豫而无为，可以侥幸一时，而不可以旷日持久。"②

王安石认为，先王之政的基本制度是相同的，但因其"所遇之势""所遭之变"的差异，其"施设之方"各有不同。因此，法先王之政，"当法其意而已"③。

王安石认为，变法"贵乎权时之变"，要从实际出发，不能简单模仿古人之制。"古之人以是为礼，而吾今必由之，是未必合于古之礼也。"④ 变法必须根据当时的形势，针对现实问题和实际需要，生搬硬套只会导致天下之害大。同时，要善于把握改革的时机，"待天下之变至焉，然后吾因其变而制之法耳"⑤。

王安石的变法论充分反映了他改革政治、变法强国的积极进取态度。王安石提出"天变不足畏，祖宗不足法，人言不足恤"⑥，表明他推行变法的决心。但是，他坚持君主专制的基本制度不能动摇，这反映出其改革思想的局限性。

三、"众建贤才"的思想

王安石特别重视法度与贤才在治理国家中的重要作用。"盖夫天下至大器也，非大明法度不足以维持，非众建贤才不足以保守"；"贤才不用，法度不修，……旷日持久，则未尝不终于大乱。"⑦ 在王安石看来，贤才与法治紧密联系，缺一不可。

早在变法之初，王安石就认识到人才是变法成败的关键，力主"众建贤才"。他说："方今之急，在于人才而已。"⑧ "得其人缓而谋之，则为大利；非其人急而成之，则为大害。"⑨ 王安石认为，任贤得人的关键在于君主，"人之

---

① 《周官新义》附《考工记》卷上。
② 《上时政疏》，《临川先生文集》卷四十七。
③ 《拟上殿劄子》，《临川先生文集》，卷四十一。
④ 《非礼之礼》，《临川先生文集》卷六十七。
⑤ 《夫子贤于尧舜》，《临川先生文集》卷六十七。
⑥ 《宋史·王安石传》。
⑦ 《上时政疏》，《临川先生文集》卷四十七。
⑧ 《上仁宗皇帝言事书》，《临川先生文集》卷三十八。
⑨ 《上五事劄子》，《临川先生文集》卷四十一。

才，未尝不自人主陶冶而成之者也"①。为此，他论述了"教""养""取""任"之道。"教之之道"即严格"教道之官"的人选和教学内容；"养之之道"即"饶之以财，约之以礼，裁之以法也"，即给予人才以一定的物质待遇；"取之之道"是考察言行才德，"试之以事"，合格者方授以官职；"任之之道"即依据才德高下任命职务。同时还要施行"考绩之法"，如此方能使贤才"得尽其智以赴功"，无能之人"固知辞避而去矣"②。

王安石主张"众建贤才"，其目的在于革除吏治积弊，克服政治经济危机，挽救宋王朝，其思想主张不乏真知灼见。

四、均平思想与理财主张

北宋中期，官僚大地主兼并土地之风盛行，使得国家税收锐减，财用不足，贫富悬殊，国力日削。王安石针对这种状况，深刻揭露了兼并大户坐享厚俸，致使富者骄奢淫逸，贫民朝不保夕。他说："今一州一县便须有兼并之家，一岁坐收息至数万贯者，此辈除侵牟编户齐民、为奢侈外，于国有何功，而享以厚俸？……今富者兼并百姓，乃至过于王公，贫者或不免转死沟壑。"③ 为此他关切百姓疾苦，主张调节贫富不均，表达了均平的政治理念。他对宋神宗说："天付陛下九州四海，固将使陛下抑豪强、伸贫弱，使贫富均受其利。"④ 在王安石推行的新法中，实际贯穿着"均平"思想。"抑豪强、伸贫弱"体现了他调节贫富分化、缓和贫富对立的思想，具有历史的合理性，应该予以肯定。

王安石针对国家财政严重不足的状况，指出"公私常以困穷为患者，殆以理财未得其道，而有司不能度世之宜而通其变耳"⑤。为了发展经济，增加国库收入，必须注重理财。为此，他"观前世治财之大略"⑥，提出了一系列理财思想。

理财必须急农事。他特别强调发展农业生产，认为理财的首要问题是重视

---

① 《上仁宗皇帝言事书》，《临川先生文集》卷三十八。
② 《上仁宗皇帝言事书》，《临川先生文集》卷三十八。
③ 《续资治通鉴长编》卷二四〇。
④ 《续资治通鉴长编》卷二三二。
⑤ 《上仁宗皇帝言事书》，《临川先生文集》卷三十八。
⑥ 《上仁宗皇帝言事书》，《临川先生文集》卷三十八。

农业。他说："理财以农事为急，农以去其疾苦，抑兼并，便趣农为急。"① 通过裁抑兼并，减轻农民疾苦，为农业发展创造条件。

理财必须以"良吏善法"做保障。王安石认为，理天下之财，一是必须有良好的法度作为保障，法度不善，即使有财也不能很好地管理；二是必须有好官来遵守和执行法度，官吏不良，有善法也不能遵守。他说："合天下之众者财，理天下之财者法，守天下之法者吏也。吏不良，则有法而莫守，法不善，则有财而莫理。有财而莫理，则阡陌闾巷之贱人，皆能私取予之势，擅万物之利，以与人主争。"② 王安石"良吏善法"的理财思想，切中时弊，具有一定的积极意义。

王安石变法是宋代最重要的一场政治改革运动。变法所呈现的积极进取精神，反映了北宋统治者试图振作的一面。新法在一定程度上打击了豪强，抑制了兼并，有利于中小地主阶级的利益，在推动社会生产和改善财政状况方面也取得了一定的效果。但在改革弊政方面，王安石变法并没有取得明显成效。究其原因，由于保守派的强烈反对与朋党之争，迫使王安石两度罢相，新法时兴时废，不久夭折。而从本质上讲，王安石变法是封建统治阶级为维护和巩固专制统治进行的自我调整，并未触动大地主土地所有制，农民的处境也没有得到根本的改变，因此它不可能使北宋从根本上摆脱封建统治的危机。这说明王安石的政治思想有着不可克服的历史局限性。尽管如此，王安石的政治思想和变法实践，仍然为后来的政治改革提供了思想借鉴。

第四节　张载以仁政为核心的政治理想

张载（1020—1077），字子厚，凤翔郿县（今陕西眉县）横渠镇人，世称横渠先生。北宋初期著名理学家，"关学"学派创始人。仁宗嘉祐二年（1057）中进士，曾任丹州云岩县令。宋英宗末年，任签书渭州判官公事，协助渭州军帅蔡挺筹划边防事务。宋神宗初年，任崇文院校书，不久辞职，回乡讲学。后又任同知太常礼院，不到一年即告退回乡，在途中病逝于临潼。

---

① 《续资治通鉴长编》卷二二〇。
② 《度支副使厅壁题名记》，《临川先生文集》卷八十一。

著述今存《正蒙》《横渠易说》《经学理窟》《语录》等，1983 年中华书局出版的《张载集》收录最全。

一、"天人合一"论

张载的政治思想以仁政为核心，具有改革时弊的倾向，这种思想是以他的"天人合一"论为基础的。他说："一物两体，气也。"① "神，天德；化，天道。德，其体；道，其用。一于气而已。"② 又说："凡可状，皆有也；凡有，皆象也；凡象，皆气也。"③ 张载继承并发展了中国古代关于气的学说，把气作为物质性的实体，包含着矛盾的两个方面。正是由于这两个方面神妙不测的能动作用，形成了世事万物的种种运动变化。张载认为，有形象可见的万物和无形象可见的虚空，都是由气所构成的，世界万物都统一于气。

在气一元论的基础上，张载提出天人合一说。他说："天人合一。"④ "阴阳者，天之气也；刚柔缓速，人之气也。生成覆帱，天之道也；仁义礼智，人之道也。损益盈虚，天之理也；寿夭贵贱，人之理也。"⑤ 张载所说的天，指的是自然，人是自然界的一部分，天与人是合一的，都统一于气。人之气源于天之气，人之道源于天之道，人之理源于天之理。

张载的天人合一思想，在于论证人是自然界的一部分。天与人不可分割，人道、人理本于天道、天理，仁义礼智的人道是符合天道的，君主推行仁政治理国家，则是符合天理的。这为他的仁政思想奠定了理论基础。

二、"为万世开太平"的政治理想

张载志存高远，抱负宏大，他的仁政思想旨在为天下万民确立仁道的准则，具有高远的精神境界。他说："为天地立心，为生民立道，为去圣继绝学，为万世开太平。"⑥ 其中，"为生民立道""为万世开太平"集中地体现了张载的政治思想。这被视为儒家"内圣外王"人生理想境界的写照，对儒家政治精神和理想政治人格的影响至为深远。

---

① 《正蒙·参两篇》。
② 《正蒙·神化篇》。
③ 《正蒙·乾称篇》。
④ 《正蒙·乾称篇》。
⑤ 《语录中》。
⑥ 《近思录拾遗》。

（一）"仁道及人"的政治主张

张载从"为万世开太平"的政治抱负出发，提出了具体的实现路径："仁道及人。"他说："仁道有本，近譬诸身，推以及人，乃其方也。必欲博施济众，扩之天下，施之无穷。""道远人则不仁。"① 张载继承了儒家传统的仁政思想，主张施仁政，以仁道感化民心、博施于天下万民，将仁道推及天下之人，以实现孔孟圣人向往的理想政治局面。

具体言之，实现"仁道及人"的主要路径是"足民"。张载说："欲生于不足则民盗，能使无欲则民不为盗。假设以子不欲之物赏子，使窃其所不欲，子必不穷。故为政者在乎足民，使无所不足，不见可欲而盗必息矣。"② 他认为，统治者必须满足百姓的生活需求，使百姓生活得以富足，"无所不足"，才能使民安定，社会稳定，形成良好的政治秩序。这些认识显然是孔子以来"足民"思想的延续，也是儒家传统仁政理想最为正面的表达。

（二）"井地治天下"的均平思想

张载的仁政理想，既从精神层面注重提升百姓的素质，也切实关注百姓的物质利益。张载看到，北宋时期的贫富不均现象极为严重，已经成为国家治理的巨大障碍。他说："贫富不均，教养无法，虽欲言治，皆苟而已。"③ 为此，他从解决土地问题入手，提出了"井地治天下"的均平思想，以此来缓解尖锐的社会矛盾。

张载说："井田亦无他术，但先以天下之地棋布画定，使人受一方，则自是均。"④ 井田制是西周时期的土地制度，张载主张"井田"，并不是主张回到西周时代，而是想以此解决当时土地兼并所造成的贫富不均问题。在他看来，"治天下不由井地，终无由得平。周道止是均平"。"周道"的实质是"均平"，实现的途径则是"井地"，否则"终无由得平"。他提出，由皇帝下令，把土地收归国有，然后测量，把土地分成棋盘式的小块，每一块为一百亩，平均分给农民耕种；取消招佃耕种的"分种"和出租土地的"租种"；在限制地主收取地租方面也做了规定。张载认为，"治天下之术，必自此始。今以天下之土棋

---

① 《正蒙·至当篇》。
② 《正蒙·有司篇》。
③ 《横渠先生行状》。
④ 《经学理窟·周礼》。

画分布，人受一方，养民之本也"①，希望以此实现均平理想政治。

张载认为，实行"井地治天下"的关键在于要与封建制互为表里。他指出："井田而不封建，犹能养而不能教；封建而不井田，犹能教而不能养。"②因此，"井田"与"封建"两者需有效结合，才能实现"有教有养"的理想政治局面。

三、恢复宗法与分封的思想主张

为使宋王朝摆脱政治困境，张载和其他思想家一样，到先王之道中寻找解救之方。为此，他提出加强宗法制的主张。

首先，加强宗法能敦厚风俗，增强人们的道德习尚。在他看来，"宗法不立，则人不知统系来处"，血缘宗亲观念淡薄，"无百年之家，骨肉无统，虽至亲，恩亦薄"③。实行和加强宗法制，就能利用血缘关系"管摄天下人心，收宗族，厚风俗，使人不忘本"④，从社会制度层面保障封建道德的普及和深入人心。

其次，加强宗法制能为君主专制建立坚实的权力基础。张载说："宗子之法不立，则朝廷无世臣。"⑤公卿大夫往往崛起于贫贱，如不立宗法，死后族散，其家不传。"如此则家且不能保，又安能保国家。"⑥反之，"宗法若立，则人人各知来处，……公卿各其保家，忠义岂有不立？忠义既立，朝廷之本岂有不固？"⑦

宗法制度是君主专制的社会基础，宗法观念及其相关道德观念是维护君主专制的社会心理基础。张载对于这一点显然有所领悟，故而将强化宗法制作为巩固宋王朝的一项重要政策。

与加强宗法制相关，张载还主张施行分封制。他认为，治理天下在于"简""精"，分封制恰好合乎这样的政治要求。他说："所以必要封建者，天

---

① 《经学理窟·周礼》。
② 《性理拾遗》。
③ 《经学理窟·宗法》。
④ 《经学理窟·宗法》。
⑤ 《经学理窟·宗法》。
⑥ 《经学理窟·宗法》。
⑦ 《经学理窟·宗法》。

下事之，分得简则治之精，不简则不精。故圣人必以天下分之于人，则事无不治者。"① 张载提出实行分封制，就是想通过分封制来巩固君主专制的政治秩序。

张载提出加强宗法和实行分封制，目的是形成稳定的统治秩序，为推行"仁道"理想政治建构社会道德与制度前提。

张载的政治思想富于理想性。他继承了儒家传统的仁政思想，并在仁道的社会政治理想方面有所发挥。张载的四句话逐渐流传为"为天地立心，为生民立道，为去圣继绝学，为万世开太平"，这四句话被后世尊称为"横渠四句"，在士人群体中间产生了深远影响。其中蕴含着的崇高道德精神具有强大的感召力，激励着知识分子承担历史使命、担当社会责任、追求崇高境界，因而成为了优秀传统政治思想的精粹。

第五节 二程以仁政为核心的政治思想

二程即程颢、程颐。程颢（1032—1085），字伯淳，世称明道先生。河南伊川人，出身于官僚家庭。嘉祐二年（1057）进士，曾任地方官吏，后任监察御史里行。熙宁二年（1069）王安石推行新法，程颢为其属官。因多次上疏反对新法，批评新学而遭贬，旋即罢归，与程颐在洛阳讲学。元丰八年（1085）宋哲宗继位，被召回任宗正寺丞，未及上任而病故。嘉定中赐谥"纯公"。

程颐（1033—1107），字正叔，世称伊川先生，长期在洛阳讲学。宋哲宗元祐元年（1086）擢崇政殿说书。宋哲宗亲政后，绍述新政，程颐被目为奸党，放归田里。绍圣四年（1097）被送至涪州"编管"。建中靖国元年（1101）宋徽宗即位后，程颐才恢复自由，回洛阳"权判西京国子监"，不久革职。大观元年（1107）卒于家。嘉定中谥"正"。

程氏兄弟师事周敦颐。周敦颐（1017—1073），道州营道（今湖南道县）人，宋代理学的创始人之一，著有《太极图说》，在本体论的层面上对传统儒家倡导的伦理原则做了阐释。周敦颐思想学说的核心概念是"诚"，认为"诚

---

① 《经学理窟·周礼》。

者圣人之本"①，强调统治者应该重视个人的道德修养，正心以正朝廷，朝廷正则天下治。程氏兄弟在继承周敦颐思想学说的基础上，提出了系统的"天理"论。二程的著作、语录被整理为《河南程氏遗书》《河南程氏外书》《河南程氏文集》《周易程氏传》《河南程氏经说》《河南程氏粹言》等。1981 年中华书局出版的《二程集》（全四册）汇集较全。

一、"天理"论

"理"是宋代理学的核心范畴，是理学政治思想的理论基础。二程的贡献突出地体现在"天理"观上，他们最先将"理"或"天理"上升为思想领域的最高范畴。

程颢和程颐认为，"理"或"天理"是世界的本原。他们说："阴阳，气也，形而下也；道，太虚也，形而上也。"② 气的实质是阴阳，道、太虚都是"形而上"的，属于"理"。二程说："有理而后有象，有象而后有数。"③ "有理则有气，有气则有数，……数者，气之用也。"④ 他们认为，天地万物，甚至象、气、数等皆归本于天理，"天理云者，这一个道理，更有甚穷已，不为尧存，不为桀亡"⑤。天理即是天地万物的本原。

由此，二程明确提出了"天者，理也"⑥ 命题。程颢说："吾学虽有所受，天理二字却是自家体贴出来。"⑦ "天理"既是他们政治哲学体系的最高范畴，也是最高的精神性本体。理是自然万物的根本法则，也是社会的根本法则，"父子君臣，天下之定理"⑧。他们认为与君主专制相应的伦理纲常是一种永恒的理，人世间的政事是以天理为准绳的，这样他们把天理与伦理纲常紧密联系起来了。

二程讲天理，重在论证君主统治的合理性。他们认为，圣人就是根据这种

① 《通书》第一章。
② 《河南程氏粹言·论道篇》。
③ 《答张闳中书》，《二程文集》卷第十。
④ 《河南程氏粹言·天地篇》。
⑤ 《河南程氏遗书》卷第五。
⑥ 《河南程氏遗书》卷第十一。
⑦ 《河南程氏外书》卷第十二。
⑧ 《河南程氏遗书》卷第五。

永恒的天理来治理天下国家的，"圣人循天理而欲万物同之"①。他们把天理绝对化，认为自然界乃至社会生活都必须遵循天理，即"圣人奉天理物之道"②。认为圣人（君主）推行仁政，理应顺民心、厚民生，这才是符合天理的王道之治。这种理一元论的天理观，实际上是把当时封建统治的政治秩序绝对化、永恒化，为北宋王朝的统治作辩护，也为二程自己的政治思想提供了理论根据。

二、"发政施仁"的仁政思想

二程把实现王道理想作为救治时弊的根本路径。他们指出："治今天下，犹理乱丝，非持其端，条而举之，不可得而治也。"当今天下有"危乱之虞，救之当以王道也"③。王道理想是儒家政治理想的最终模式，二程延续了儒家这一传统认识。

救治时弊和治理天下须依靠王道，实现王道的关键是仁政。二程继承了先秦以来儒家传统的仁政思想，指出："王道之本，仁也。"④ 他们将"仁"提升到天地万物的道德本原地位。站在"仁"的高度观察世界，则自己与万物浑然一体。二程说："若夫至仁，则天地为一身，而天地之间，品物万形为四肢百体。夫人岂有视四肢百体而不爱者哉。"⑤ 因此，仁政是最理想的治国方略。

关于如何实行王道，他们提出："人君欲附天下，当显明其道，诚意以待物，恕己以及人，发政施仁，使四海蒙其惠泽可也。"⑥ 仁政的精髓是"仁心"，认为治理天下，最根本的在于君主要有仁心，并将仁心运用到治国中，实施仁政，诚以待物，推己及人，使天下百姓蒙受君主的惠民之政，从而令天下大治。

具体而言，施仁政最根本的是顺民心、厚民生。二程从维护封建专制统治的需要出发，继承了儒家传统的民本思想，并有所发挥。他们说："为政之道，以顺民心为本，以厚民生为本，以安而不扰为本。"⑦ 要求统治者实行"养民"政策："使人遂其生养之道，此大本也。"⑧ 养民方法有二：一是要爱惜民力。

---

① 《河南程氏遗书》卷第五。
② 《论十事劄子》，《河南程氏文集》卷第一。
③ 《上仁宗皇帝书》，《河南程氏文集》卷第五。
④ 《上仁宗皇帝书》，《河南程氏文集》卷第五。
⑤ 《河南程氏遗书》卷第四。
⑥ 《君臣篇》，《河南程氏粹言》卷第二。
⑦ 《代吕公著应诏上神宗皇帝书》，《河南程氏文集》卷第五。
⑧ 《书解》，《河南程氏经说》卷第二。

二程说："养民之道，在爱其力。"统治者要尽量避免耗用民力，使民安于生产，如此"民力足则生养遂，生养遂则教化行而风俗美，故为政以民力为重"①，天下晏然而大治。二是要足食保民。二程说："保民之道，以食为本。"② 为满足人民衣食之需，统治者必须"务农重谷"，重视农业生产，以保证百姓衣食无虞。这样的认识显然是孔子"庶、富、教"德治思想的继承和发展。

三、"以择任贤俊为本"的人才观

二程认为，实施仁政的关键在于任贤。历代统治者都深知人才的重要，都要任用合乎统治需要的人才，"天下之治，由得贤也；天下不治，由失贤也"③。为此他们提出，统治者要善于选用人才，以择任贤俊为本。

二程指出："盖有天下者，以知人为难，以亲贤为急。"④ 对于统治者来说，知人善任并不容易。"善言治天下者，不患法度之不立，而患人材之不成。"⑤ 这就是说，人才与制定法度相较，人才更重要。统治者拥有天下和治理天下，首先要意识到人才的重要性。作为君主，应该做到"以择任贤俊为本，得人而后与之同治天下"，这是"帝王之道也"。⑥儒家本就有君主用贤则天下治的看法，二程继承了这一传统理念，认为君主治理天下，必须以知人善任、亲近贤人为急务。

二程认为，求贤才的关键并非贤才之多寡，而在于求贤才的方法，所谓"世不乏贤，顾求之之道何如尔"⑦。至于如何择贤，二程提出了"慎择"，认为只有慎重挑选，方能求得真才，实现"贤者在位，能者在职"⑧，人尽其才，各尽其责。

四、"仁义未尝不利"的义利观

二程还探讨了义利关系问题。义利之辨是儒家政治思想的传统论题之一。

① 《春秋》，《河南程氏经说》卷第四。
② 《为家君应诏上英宗皇帝书》，《河南程氏文集》卷第六。
③ 《上仁宗皇帝书》，《河南程氏文集》卷第五。
④ 《河南程氏遗书》卷第四。
⑤ 《河南程氏遗书》卷第四。
⑥ 《书解》，《河南程氏经说》卷第二。
⑦ 《上仁宗皇帝书》，《河南程氏文集》卷第五。
⑧ 《为家君应诏上英宗皇帝书》，《河南程氏文集》卷第六。

和重义轻利的传统看法不同，二程认为，义内含着利，义与利不可截然分开。二程说："凡顺理无害处便是利，君子未尝不欲利。然孟子言'何必曰利'者，盖只以利为心则有害。如'上下交征利而国危'，便是有害。'未有仁而遗其亲，未有义而后其君。'不遗其亲，不后其君，便是利。仁义未尝不利。"① 这就是说，合乎理而无害的就是利。君子也有利的需求。只要有利于君、亲，就是仁义。他们甚至认为利是人生所必需，"人无利，直是生不得，安得无利"②，人求利不要妨害仁义，"圣人于利，不能全不较论，但不至妨义耳"③。这无疑是对传统义利观的继承。

据此，二程得出结论："大凡出义则入利，出利则入义，天下之事，惟义利而已。"④ 在服从封建秩序的前提下，认为遵守亲亲、尊尊的仁义道德就是利，"仁义未尝不利"。必须指出的是，二程论利的合理性，是以仁义道德原则为边界的，只有在此基础上，求利才不妨碍仁义。

总之，二程面对北宋王朝积贫积弱的现状，从理论高度思考现实问题。他们融通《论语》《大学》《中庸》《孟子》四书以及其他思想，提出"性即理"命题，将仁义道德的人性内涵提升到"天理"高度，要求治国者通过学习不断提高自身修养，将自己对"天理"的"体贴"运用到政治活动中，施行仁政，达到治国平天下的目的。二程的努力，推动儒家政治思想发展到了崭新阶段。当然，作为其理学思想体系的有机组成部分，二程的政治思想在本质上试图为君主专制统治进行理论证明，是为维护和巩固封建统治服务的；它对南宋朱熹的德治思想产生了直接影响，进而成为中国古代封建社会后期封建统治阶级思想的重要组成部分。

第六节　朱熹以德治为核心的政治思想

朱熹（1130—1200），字元晦，一字仲晦，号晦庵，别称紫阳。徽州婺源（今属江西）人。其家为"婺源著姓"，父朱松"以儒名家，吏部公擢进士第，

---

① 《河南程氏遗书》卷第十九。
② 《河南程氏遗书》卷第十八。
③ 《河南程氏外书》卷第七。
④ 《河南程氏遗书》卷第十一。

入官尚书郎，兼史事"①。19 岁中进士，历任福建同安县主簿、枢密院编修官、秘书省秘书郎、焕章阁待制兼侍讲等官职。晚年卷入党争，因反对权臣韩侂胄，被罢官。直至南宋理宗崇尚理学，才恢复名誉。朱熹是程颐的四传弟子，继承了二程的理学思想，成为宋代理学的集大成者。他生于福建，大部分时间在福建讲学，故其学世称"闽学"。

朱熹的著作很多，重要的有《四书章句集注》《周易本义》《朱文公文集》《朱子语类》等。2010 年上海古籍出版社出版的《朱子全书》（修订本）汇集较全。

一、"天理"观

朱熹思想体系的核心范畴是"理"或"天理"。"天理"观是他有关"天理"的讨论，也是其以德治为核心的政治思想的理论基础。他继承并发挥二程的天理思想，建立了相对完备的理一元论理学思想体系。

朱熹认为，理是万物的根本，既有道德属性，是封建道德的根本准则，又是自然界的基本原则。朱熹说："天地之间，有理有气。理也者，形而上之道也，生物之本也；气也者，形而下之器也，生物之具也。"② 他认为理是第一性的，是万物生成的根本；气是第二性的，是万物生成的材料。正是以天理论为基础，才形成了朱熹以德治为核心的政治思想。他说："宇宙之间，一理而已……其张之为三纲，其纪之为五常，盖皆此理之流行，无所适而不在。"③"盖三纲五常，天理民彝之大节，而治道之本根也。"④

朱熹认为，圣人君主推行德治是符合天理的，从而为封建帝王施政的合理性进行论证。在他看来，封建统治阶级奉行的"三纲五常"是天理的体现，是治国的根本。朱熹为政以德的仁政思想、"足食为先"的民本思想、"仁义为先"的义利思想以及改革时弊的政治主张等，都可以从其天理观推论出来。

朱熹"天理"观的重要内容就是"理一分殊"论。他说："'理一分殊'。合天地万物而言，只是一个理；及在人，则又各自有一个理。"⑤ 朱熹在继承北

---

① 王懋竑：《朱子年谱》卷一上。
② 《答黄道夫》，《朱文公文集》卷五十八。
③ 《读大纪》，《朱文公文集》卷七十。
④ 《戊申延和奏劄一》，《朱文公文集》卷十四。
⑤ 《朱子语类·理气上》。

宋诸子思想的基础上，对"理一分殊"又详加阐述。"理只是这一个，道理则同，其分不同。君臣有君臣之理，父子有父子之理"①，天理规范着每一种行为准则，是为"分殊"，而每一种行为准则又都是天理的体现。这样，"理一分殊"论也就为君主专制制度的合理性作了完美的论证。在朱熹看来，封建统治阶级奉行的"三纲五常"是天理的体现，是治国的根本。

二、"为政以德"的仁政观

朱熹提出为政以德的仁政思想，这是他政治思想的核心。他对仁和德做了自己的解释，认为"德字从心者，以其得之于心也。如为孝，是心中得这个孝，为仁，是心中得这个仁，若只是外面恁地，中心不如此，便不是德"②。仁是一种先天的根本的东西，仁的原则是无往不利的；德是一种道德上的修养，如果人心能与天理统一，与仁统一，也就具备了德。德表现为善心，有德的人把仁德的善心推行于政事，就是为政以德。他说："政之为言正也，所以正人之不正也。德之为言得也，得于心而不失也……为政以德，则无为而天下归之，其象如此。"③"先王之道，仁政是也。"④ 朱熹认为，君主要遵守先王之道，推行仁政，只有用仁德之心来处理天下国家的事情，才能使天下顺服。在朱熹看来，仁、德等是人性的本质内涵，而政治是人性的表现，政治活动的优劣体现了治国者人性修养的高低；只有达到较高人性修养境界的治国者才有可能治理好国家，只有达到最高人性修养境界的圣人才能治国平天下。这是儒家德治思想的要点。

关于君主如何做到为政以德，朱熹强调君主应修德。他说："'为政以德'，不是欲以德去为政，亦不是决然全无所作为，但德修于己而人自感化。然感化不在政事上，却在德上。盖政者，所以正人之不正，岂无所作为。但人所以归往，乃以其德耳。故不待作为，而天下归之，如众星之拱北极也。""'为政以德'者，不是把德去为政，是自家有这德，人自归仰，如众星拱北辰。"⑤ 他认为，君主的意志是天理的体现，具有无上的权力，君主行仁政，必须修养君

---

① 《朱子语类·性理三》。
② 《朱子语类·论语五》。
③ 《四书章句集注·论语集注》。
④ 《四书章句集注·孟子集注》。
⑤ 《朱子语类·论语五》。

德，以仁德之心去感化人民，以身率人，使人感化，人们就会像众星拱卫北极星一样拥戴君主。

朱熹认为，为政以德的要务在于恤民，要维护封建统治，获得民心不容忽视。他继承了儒家传统的民本思想，提出"人君为政在于得人"①、"天下之务莫大于恤民"②的观点。为了"得人"与"恤民"，朱熹又提出"足食为先"。他说："生民之本，足食为先，是以国家务农重谷……盖欲吾民衣食足而知荣辱，仓廪实而知礼节，以共趋于富庶仁寿之域。"③"惟民生之本在食，足食之本在农，此自然之理也。"④他认为，民众生存的根本条件是丰衣足食。百姓衣食富足，有了基本的生活保障，才有可能遵行礼义道德，形成理想的政治秩序。

三、"仁义为先"与理欲之辨

在义与利问题上，朱熹主张以仁义为先。他说："窃闻之古圣贤之言治，必以仁义为先，而不以功利为急。"⑤儒家圣贤历来强调仁义为先，朱熹具体解释了其缘由。他说："义者，宜也。君子见得这事合当如此，却那事合当如彼，但裁处其宜而为之，则何不利之有。君子只理会义。"⑥他认为，义就是适宜，适宜才能有利。故圣贤之治必须以仁义为先务，不应急功近利。在这一认识基础上，朱熹提出了"理欲之辨"。

"存天理、灭人欲"是二程和朱熹政治道德学说的重要命题，诚如朱熹所言："圣贤千言万语，只是教人明天理，灭人欲。"⑦他们认为"天理"和"人欲"是对立的。

朱熹说："盖天理者，此心之本然，循之则其心公而且正。"⑧也就是说，那些符合三纲五常、仁义礼智的意识和行为都符合天理。与此相反，则属于人欲，即所谓："合道理底是天理，徇情欲底是人欲，正当其界分处理会。"⑨为

---

① 《四书章句集注·中庸章句》。
② 《宋史·道学三》。
③ 《劝农文》，《朱文公文集》卷一百。
④ 《劝农文》，《朱文公文集》卷九十九。
⑤ 《送张仲隆序》，《朱文公文集》卷七十五。
⑥ 《朱子语类·论语九》。
⑦ 《朱子语类·学六》。
⑧ 《辛丑延和奏扎二》，《朱文公文集》。
⑨ 《朱子语类·尚书一》。

此，朱熹说："人之一心，天理存，则人欲亡；人欲胜，则天理灭。"① 所以，他主张"学者须是革尽人欲，复尽天理，方始是学"②。朱熹明确将天理与人欲对立起来，主张恢复和保持体现天理的公心，去掉利欲的私心，即循天理之公，灭人欲之私。

朱熹把"存天理、灭人欲"视为最高的道德规范，约束的对象是包括君主在内的天下人。朱熹在政治上是坚定的君权维护者，认为君主是政治生活的核心。因而，君主个人品行对于国家治乱至关重要。他指出，如果政治上出现奸臣，原因就在于"天理有所未纯，人欲有所未尽，是以为善不能充其量，除恶不能去其根"③。鉴于此，君主须时刻检查内心："此为天理邪？人欲邪？"对天理要"敬以充之"，对人欲则"敬以克之"，并将这种对照检核"推而至于言语动作之间，用人处事之际"，于是"圣心洞然，中外融澈，无一毫之私欲得以介乎其间"④，天下必然大治。

朱熹的"理欲之辨"为约束君权提供了某种道德依据，在君主专制时代，具有一定的积极意义。当然，这种制约的目的和效果并非削弱君权，约束个别君主的某些欲求，更符合封建统治阶级的整体利益。

四、改良积弊的治理观

朱熹鉴于南宋偏安一隅的局面和社会腐败的积弊，提出了"变科举，均田产，振纲纪，罢和议"等政治主张，其中改革军制、均田产是他治理观的中心内容。

首先，改革军制。针对当时军制的状况，朱熹指出："今将帅之选，率皆膏粱驵子，厮役凡流，徒以趋走应对为能，苟苴结托为事，物望素轻，既不为军士所服，……上所以奉权贵而求陛耀，下所以饰子女而快己私。"⑤ 他认为，军队中的将帅，都是一些纨绔子弟，既无德又无才，根本不能治军，更不能为朝廷打仗。所以，他要求改革军制。

其次，"均田产"。朱熹看到，当时上自朝廷，下至百官，直到州县，都视

---

① 《朱子语类·学七》。
② 《朱子语类·学七》。
③ 《宋史·道学三》。
④ 《宋史·道学三》。
⑤ 《庚子应诏封事》，《朱文公文集》卷十一。

民如草芥，巧取于民，赋敛沉重，民众饿死甚多。朱熹担心"万一民贫不堪诛剥，一旦屯结，自为扰乱，而盗贼蛮猛，相挺而起"①。他同情王安石变法，主张改革社会积弊。朱熹认识到，土地是"天下之大本"，"今豪民占田或至数百千顷，富过王侯，是自专封也，买卖由己，是自专其地也"②。当时地主大肆兼并土地，他便主张限田，以防止兼并；同时土地经界混乱，农民赋税不均，他又提出清丈土地、合理负担赋税的具体措施。并认为，"宜以口数占田为立科限，民得耕种，不得买卖，以赡贫弱，以防兼并，且为制度张本"③，以纠正"版籍不正，田税不均……贫者无业而有税……富者有业而无税"④ 的状况。

此外，他创建社仓，存取粮食，春放秋收，既帮助农民度过饥荒，又使农民避免高利贷的剥削。朱熹的上述主张，有助于缓和当时的社会矛盾，具有一定的进步意义。

朱熹是宋代理学的集大成者，他与二程都把"理"即"天理"视为思想领域的最高范畴，以此构成其政治思想的理论基础。程朱理学是儒学发展的一个重要阶段。他们以传统儒学为主体，在思维方式上吸收了佛、道之长，以"天理"统合儒家传统的德治仁政、礼义教化，形成了一套相对完备的政治哲学思想体系，在认识深度上完成了本体论突破，儒家政治思想的哲理化程度有了极大的提升，为君主专制提供了更具说服力的合法性论证。

程朱理学的政治思想适应了我国封建社会从前期向后期转变、君主专制进一步加强的需要，更为有效地维护了君主专制统治。南宋理宗以后，历代封建王朝都大力推行程朱理学。元仁宗时期，朱熹的《四书章句集注》被定为学校的必读教材和科举取士的标准答案，此后延续了七百多年，对中国封建社会后期产生了重大而深远影响。

第七节　陈亮、叶适以功利为核心的政治思想

一、陈亮的功利思想

陈亮（1143—1194），字同甫，号龙川，婺州永康（今属浙江）人，其学

---

① 《行官便殿奏劄三》，《朱文公文集》卷十四。
② 《井田类说》，《朱文公文集》卷六十八。
③ 《井田类说》，《朱文公文集》卷六十八。
④ 《经界申诸司状》，《朱文公文集》卷二十一。

派史称"永康学派"。曾讲学于龙川书院，世称龙川先生。据《宋史·陈亮传》载，他"家仅中产"，属于中小地主家庭。少时热心国事，喜谈兵略，作《中兴五论》，反对朝廷"和议"，又上书宋孝宗，力主抗金，受到当权者的嫉恨，两次被诬入狱。晚年考中进士，授官，未到任而病死。陈亮是中小地主兼商人利益的代表，提倡功利，反对空谈性命义理。在南宋阶级矛盾和民族矛盾十分尖锐的情况下，他始终站在中小地主阶级的立场，主张改革，与官僚大地主顽固派进行了不懈的斗争。著有《龙川文集》，中华书局出版有《陈亮集》。

1. "道行于事物之间"的哲学思想

陈亮的功利思想，与他的自然观是一脉相承的。他主张"道行于事物之间"，这成为他政治思想的理论基础。他说："夫道非出于形气之表，而常行于事物之间者也。"[1] "夫盈宇宙者，无非物；日用之间，无非事。古之帝王，独明于事物之故，发言立政，顺民之心，因时之宜。"[2] 陈亮认为"道"即事物的根本法则或规律，这种法则或规律不是离开事物而独立存在的，而是存在于事物本身。道就在日用事物之中，故而"赫日当空，处处光明。闭眼之人，开眼即是"[3]，每位践行者都能或多或少把握和体验"道"。"夫道之在天下，何物非道，千途万辙，因事作则，苟能潜心玩省，于所已发处体认，则知'夫子之道，忠恕而已'，非设辞也。"[4] 他所说的事物，指的是充塞宇宙的一切事物，包括伦理、制度及其践行，同时也指百姓日常生活事物。

陈亮主张"道行于事物之间"，关注百姓日用之间的"事"，认为只有明确认识这种日常之道，体顺民心，关心百姓日常利益，才能有助于国家政治秩序的稳定与巩固，从而为强调民利的重要性奠定认识基础。

2. "正人心、活民命"的思想

陈亮在人性问题上与朱熹的观点是对立的。理学家朱熹让人民遵守封建道德规范；陈亮则将道还原至百姓日常生活，提出了"人之同欲"的思想。他说："耳之于声也，目之于色也，鼻之于臭也，口之于味也，四肢之于安佚也，性也，有命焉。出于性，则人之所同欲也；委于命，则必有制之者而不可违

---

[1] 《勉强行道大有功》，《龙川文集》卷九。
[2] 《六经发题·书》，《龙川文集》卷十。
[3] 《又乙巳秋书》，《龙川文集》卷二十。
[4] 《与应仲实》，《陈亮集》，中华书局 1987 年版，第 319 页。

也。富贵尊荣，则耳目口鼻之与肢体皆得其欲；危亡困辱则反是。"① 人的物质欲望就是人的本性；自然界中有一种客观的不以人们的意志为转移的准则，就叫作命。无论正当的本性也好，还是客观的命也好，都离不开人的欲望；满足人的正当物质欲望，就是顺应道的准则，符合蕴含在事物之中的道。

基于上述认识，陈亮认为统治者要注重民心的纯正和百姓生活的基本保障。他说："既得正人心、全民命之本矣，而犹欲臣稽古今之宜，推治化之本。""正人心以立国本，活民命以寿国脉。""人心无所一，民命无所措，而欲论古今沿革之宜，究兵财出入之数，以求尽治乱安危之变，是无其地而求种艺之必生也，天下安有是理哉！"② 陈亮认为，人心不纯正，百姓生活安危问题解决不了，就不能建立稳定的政治秩序，国家也不能富强。因而，统治者使民心安定，民生有所保障，才是立国的根本。

3. 提倡事功的功利主张

陈亮反对空谈性命义理，积极提倡事功。他说："始悟今世之儒士自以为得正心诚意之学者，皆风痹不知痛痒之人也。举一世安于君父之仇，而方低头拱手以谈性命，不知何者谓之性命乎。"③

陈亮与朱熹、吕祖谦、陆九渊等人过从甚密，但对他们空谈性命义理却深为不满，嘲笑他们实际上是一些"风痹不知痛痒之人"，认为要从事学问，应以"适用"为主，"正欲搅金银铜铁镕作一器，要以适用为主耳"④。

他揭露理学末流互相欺骗、互相蒙蔽、误国误民的实质，说："自道德性命之说一兴，而寻常烂熟无所能解之人自托于其间，以端悫静深为体，以徐行缓语为用，务为不可穷测以盖其所无，一艺一能皆以为不足自通于圣人之道也。于是，天下之士始丧其所有而不知适从矣。为士者耻言文章行义，而曰'尽心知性'，居官者耻言政事书判，而曰'学道爱人'，相蒙相欺，以尽废天下之实，则亦终于百事不理而已。"⑤ 他还批判当时一些书生严重脱离实际，只"知经义之为常程，科举之为正路"⑥，一旦政局有变，国家发生危难，他们便不知所措。他说："书生之智，知议论之当正而不知事功之为何物，知节义之

---

① 《问答·下》，《龙川文集》卷四。
② 《策·廷对》，《龙川文集》卷十一。
③ 《上孝宗皇帝第一书》，《龙川文集》卷一。
④ 《又乙巳春书之一》，《陈亮集》，中华书局 1987 年版，第 346 页。
⑤ 《送吴允成运干序》，《陈亮集》，中华书局 1987 年版，第 271 页。
⑥ 《戊申再上孝宗皇帝书》，《龙川文集》卷一。

当守而不知形势之为何用，宛转于文法之中，而无一人能自拔者。"① 在他看来，与其空谈性理，以求灭欲存理，王道纯正，不如躬行礼法，追求合乎道的事功，在具体的道德践行和政治运作中去实现理想的社会政治局面。

陈亮倡导事功，注重政治思想的社会政治实践，较之理学家们空谈义理更具现实针对性和时效性，但在维护君主专制的根本问题上，两者并无分歧。

4. "君臣勠力"的君臣观

在中国封建社会中，治理国家必须处理好君臣关系。陈亮把维系君臣关系视为中兴大业的关键，给传统的君臣观赋予了新的内容，提出了"君臣勠力、事无不济"的主张。君臣观是其政治思想的重要组成部分。

陈亮指出："上下同心、君臣勠力者，事无不济；上下相蒙、君臣异志者，功无不隳。"② 认为君臣各执职事，正确处理好君臣的关系，上下同心合力，没有异志，这是事功告成的重要保证。他针对南宋政治之弊，就如何理顺君臣关系提出了具体的建议。

其一，"君以仁为体，臣以忠为体"。陈亮认为，调整君臣关系在于严守君臣之道。在他看来，"君以仁为体，臣以忠为体"。具体而言，"君行恩而臣行令"，"君当其善，臣当其怨"，"君任其美，臣受其责"。③

其二，"操其要于上，而分其详于下"。陈亮肯定君主集权的政治体制，但"后世不原其意，束之不已，故郡县空虚而本末俱弱"④。因而有必要反其道而行，矫治权力过度集中之弊。他认为，帝王应深明"执要之道"，持权应恰如其分，"操其要于上，而分其详于下。凡一政事、一委任，必使三省审议取旨，不降御批，不出特旨，一切用祖宗上下相维之法"⑤。他提出要"重六卿之权""任贤使能""多置台谏""精择监司"，重新配置君臣权限。同时，郡县也要拥有一定的财、政、军权，充分发挥地方官府的管理职能。如此才能真正做到上下同心，本末俱强。

其三，重用"雄伟英豪之士"。陈亮鉴于朝廷上下庸才当道的状况，屡次敦请皇帝要使用"雄伟英豪之士"。他说："有非常之人，然后可建非常之功。

---

① 《戊申再上孝宗皇帝书》，《龙川文集》卷一。
② 《论励臣之道》，《龙川文集》卷二。
③ 《论正体之道》，《龙川文集》卷二。
④ 《上孝宗皇帝第三书》，《龙川文集》卷一。
⑤ 《论执要之道》，《龙川文集》卷二。

也。"① 只有循名责实，以"绩效取人"，"合文武为一涂，惟才是用"②，才能真正得人，能够解决实际面临的诸多政治问题。

其四，帝王应无"私天下之心"。帝王"一有私天下之心"③，就会导致君臣关系紊乱。君主能做到"大公"是振兴纲纪、建构秩序的关键环节。陈亮说的"公"，其实就是君臣大义、君臣定分，指的就是君臣上下尊卑等级秩序。这样的"公"显然有利于封建统治阶级整体利益。

陈亮主张改革政治体制，调整君臣关系，形成"君臣戮力"的高效能统治集团，以重振国威。然而南宋政治积弊深重难返，他的君臣观只能流为空谈。

5. 王霸杂用的政治主张

陈亮辨析王霸、义利关系，认为其间自有贯通处，主张王霸杂用。他指出，王与霸、义与利是同一事物的不同表现。"诸儒自处者曰义曰王，汉唐做得成者曰利曰霸……说得虽甚好，做得亦不恶，如此却是义利双行，王霸并用。"④ 在理论上称为王道，实践中则表现为霸道。如果进一步剖析历史上的王道政治，如被程朱津津乐道的三代之世，其中也杂有霸道。陈亮举出夏启灭有扈氏、武王伐纣、周公平定三监之乱等史实，认为三代之世攻伐纷争，直接导源于三皇五帝。"使若三皇五帝相与共安于无事，则安得有是纷纷乎！"⑤ 三代之纷争又开启五霸争强斗狠，"五霸之纷纷，岂无所因而然哉"！⑥ 因而王、霸之道本混然相杂，因循往复，两者并无根本区别。

陈亮认为，王道与霸道在立道为"公"的前提下可以统一起来。他说："道之在天下，至公而已。"⑦ "至公"就是判定王、霸的准绳。譬如，汉唐之君其心"发于仁政""禁暴戡乱""爱人利物"⑧，这种"至公之心"正是道的体现。所以说"有公则无私，私则不复有公。王霸可以杂用，则天理人欲可以

---

① 《戊申再上孝宗皇帝书》，《龙川文集》卷一。
② 《与徐彦才大谏》，《陈亮集》，中华书局1987年版，第313页。
③ 《问答上》，《龙川文集》卷四。
④ 《又甲申秋书》，《陈亮集》，中华书局1987年版，340页。
⑤ 《又乙巳春书之一》，《陈亮集》，中华书局1987年版，第344页。
⑥ 《又乙巳春书之一》，《陈亮集》，中华书局1987年版，第344页。
⑦ 《又丙午秋书》，《陈亮集》，中华书局1987年版，第354页。
⑧ 《又乙巳春书之一》，《陈亮集》，中华书局1987年版，第344页。

并行矣"①。这种"王霸杂用""天理人欲"并行的思想，体现了他政治思想的
务实品格。

　　陈亮抨击道学、倡行事功的政治思想体现了他对社会政治问题的关注和思
考，蕴含着某种反思和批判精神。在南宋一片"穷理尽性"的吟诵中，颇具生
气。他注重实践，关注现实，代表了传统政治思想的进步倾向。但是，陈亮提
倡功利，却又认为功利是"苟且之政"②，这说明他的政治思想也存在着不可
克服的局限性。

二、叶适"以利与人"的政治思想

　　叶适（1150—1223），字正则，号水心，温州永嘉（今属浙江）人。出身
于"贫匮三世"的小地主家庭。淳熙五年（1178）中进士，历任太学正、太常
博士、尚书左选郎官、权兵部侍郎、宝文阁待制等。开禧三年（1207），被诬
附和韩侂胄起兵遭革职，返乡。晚年居永嘉城外水心村讲学，后人称为水心先
生，其开创的学派史称"永嘉学派"。著述今存《水心文集》《水心别集》及
《习学记言序目》等。前两种由中华书局于 1961 年合编为《叶适集》出版，
《习学记言序目》也于 1977 年由中华书局校勘出版。

　　1. "通变在于事物"的自然观

　　叶适"以利与人"政治思想的理论基础是"通变在于事物"的自然观。他
说："物之所在，道则在焉。物有止，道无止也。非知道者不能该物，非知物
者不能至道。道虽广大，理备事足，而终归之于物，不使散流。"③ 他所谓
"物"，指客观存在的事物，道即事物的规律。有物必有道，道虽然广大，但具
备一切事理，道存在于一切事物之中。

　　既然道贯通一切事理，并最终仍然归结到物，要借助于具体的物来展现，
那么，在政治上，道作为最高政治原则，须通过具体的器数、事物来体现。基
于这一认识，叶适指出，圣人要顺应道的规则治理国家。他说："上古圣人之
治天下，至矣。其道在于器数，其通变在于事物。"④ 圣人治理天下，必须遵循
事物的规律。他解释说："盖世之治、道之行，而事之合乎道，世之乱、道之

---

① 《又丙午秋书》，《陈亮集》，中华书局 1987 年版，第 354 页。
② 《六经发题·周礼》。
③ 《习学记言序目》卷四二七。
④ 《水心别集·进卷·总义》。

废，而事之悖乎道，皆其理之固然。"① 治乱与否，关键在于是否合乎道；道存在于事物之中，治国必须遵循事物本身的法则。同时，圣人的治道需要在具体事物中参验其功效。"无验于事者，其言不合，无考于器者，其道不化，论高而实违，是又不可也。"② 这清晰地展现出叶适强调事功与践行的思想趋向。

2. "宽民"之政的治国思想

叶适的民本思想重在宽民。他说："为国之要，在于得民。民多则田垦而税增，役众而兵强。田垦税增，役众兵强，则所为而必从，所欲而必遂。"③ 民是君主建立功业的基本前提，统治者应"以养人为大"④，视民如子，施行仁政。

叶适抨击了宋王朝的政治弊端，申明了宽民之政的重要性。他指出："'名实不欺，用度有纪，式宽民力，永底阜康'，此诏书也。两浙盐丁既尽免矣，方以宽民，而何至于复取乎！参考内外财赋所入，经费所出，一切会计而总藏核之，其理固当。"⑤ 他要求皇帝诏令有关部门"详议审度"，对于那些"害民最甚"的赋税，要予以"裁节"。"减所入之额，定所出之费，不须对补，便可蠲除"，以缓解百姓的沉重负担，"小民蒙自活之利，疲俗有宽息之实"。⑥

叶适强烈抨击那些不施仁政、不能宽民治国的君主，说："古人未有不先知稼穑而能君其民，能君其民未有不能协其居者。"后世之君"弃而不讲，……乃以势力威令为君道，而以刑政末作为治体"⑦。在叶适看来，连号称"明君"的汉文帝、唐太宗"其实去桀纣尚无几也"⑧，与"博施济众"的仁政理想相距甚远。叶适深知百姓在政治中的重要性，力主解除民众疾苦，尽量减轻赋役，免除杂苛负担，从而达到治国安邦的目的。

3. "以利与人"的功利思想

叶适政治思想的核心是"以利与人"。他说："仁人视民如子，知其痛毒，若身尝之，审择其利，常与事称。疗之有方，予之有名，不以高论废务，不以

---

① 《习学记言序目》卷九。
② 《水心别集·进卷·总义》。
③ 《民事中》，《水心别集》卷二。
④ 《水心文集·东嘉开河记》。
⑤ 《上宁宗皇帝札子三（开禧二年）》，《水心文集》卷一。
⑥ 《上宁宗皇帝札子三（开禧二年）》，《水心文集》卷一。
⑦ 《习学记言序目·毛诗》。
⑧ 《习学记言序目·毛诗》。

空意妨实。"① 治国者应宽民重民，不能空谈，必须有实际体现，要真正让民众得到实惠。

他批评董仲舒"正其谊不谋其利，明其道不计其功"的观点，明确提出了自己的主张。他说："'仁人正谊不谋利，明道不计功'，此语初看极好，细看全疏阔。古人以利与人，而不自居其功，故道义光明。后世儒者行仲舒之论，既无功利，则道义者乃无用之虚语尔。"②

叶适强调义统一于利，认为离开了利就无所谓义。他赞同古代圣王"以利与人"的做法，反对虚言道义，注重民利，认为只有这样，才能显示出道义的光明。他批判理学家空谈性命义理，无益于国计民生。他说："读书不知接统绪，虽多无益也；为文不能关教事，虽工无益也；笃行而不合于大义，虽高无益也。立志不存于忧世，虽仁无益也。"③ 在他看来，社会生活中没有实际功效的事情是没有用处的，仁义道德也只有在有利于社会民生的时候才有意义。

南宋时期，江南地区工商业的发展较快，在社会生活中占有显著地位，叶适的功利思想是对这一重大社会现实的回应。他还提出了本末并兴的主张，认为"夫四民交致其用而后治化兴，抑末厚本非正论也"④。士农工商四民应互为补充，不可偏废，厚本抑末主张是没有道理的。他提倡本末并兴，主张既要发展农业，也要发展工商业。叶适对儒家传统的重农抑商思想进行了反思与调整，具有一定的进步性。

4. 重势分权的治国主张

关于君臣关系、中央与地方关系，叶适提出了重势分权的主张。他认为，君主应重势，即掌握绝对的权势；同时应该分权，强化地方应对危局的权力。

关于重势，他讲道："古之人君，若尧、舜、禹、汤、文、武，汉之高祖、光武，唐之太宗，此其人皆能以一身为天下之势。……故夫势者，天下之至神也。……知其势而以一身为之，此治天下之大原也。"⑤ 叶适认为，所谓"势"就是政治上的绝对集中统一，君主必须掌握绝对的权势，这是治国的根本保证。

---

① 《平阳县代纳坊场钱记》，《水心文集》卷之十。
② 《习学记言序目·汉书三》。
③ 《赠薛子长》，《水心文集》卷之二十九。
④ 《习学记言序目·史记一》。
⑤ 《治势上》，《水心文集》卷之一。

叶适不仅重势还主张分权，他认为分权是一项重要的治国之道。他说："昔之立国者，知威柄之不能独专也，故必有所分；控制之不可尽用也，故必有所纵。……呜呼，靖康之祸，何为远夷作难而中国拱手欤？小民伏死而州郡迎降欤？边关莫御而汴都摧破欤？"① 他认为，应该处理好中央集权与地方分权的关系，在君主拥有绝对权势的前提下，还应分权给地方，以便加强地方的防御能力。

综上所述，叶适认真考虑了南宋政治、经济和军事等现状，批判了理学家空谈性命义理的习气，提出了"以利与人"的政治思想。他注重实际，强调践行，关心百姓疾苦，讲求实际功效，具有一定的进步意义。但在强调功利的同时，他又替富人辩护，认为"富人为天子养小民"②，表明了其政治思想的地主阶级性质。

第八节 许衡以"得天下心"为核心的政治思想

许衡（1209—1281），字仲平，号鲁斋，怀州河内（今河南沁阳）人，其学派史称"鲁斋学派"。他幼而好学，后来从辉州姚枢家中录得《伊川易传》《四书集注》《小学》《大学或问》等程朱经典，方知理学义旨。忽必烈即帝位，将许衡召至京师，参与制定朝仪官制，位进中书左丞。至元八年（1271）任集贤大学士兼国子祭酒，主管太学事。忽必烈"亲为择蒙古弟子俾教之"③。至元十七年许衡与王恂、郭守敬等人共同完成了著名的《授时历》的制定。至元十八年卒，谥"文正"。

许衡的著作大都收录于后人编纂的《鲁斋遗书》和《许文正公遗书》中。其中，《时务五事》集中体现了他的政治思想。

一、许衡与理学的官学化

鉴于蒙古贵族统治天下的实际状况，许衡特别强调儒家思想的普及和"洒扫应对"的实践。他入主太学期间，致力推广儒学，遭到蒙古权贵的强烈抵

---

① 《水心别集·外稿·应诏条奏六事》。
② 《水心别集·进卷·民事下》。
③ 《元史·许衡传》。

制。但毕竟使理学进入国家最高学府，儒学经典成了国子诸生的教科书，其结果"数十年，彬彬号称名卿材大夫者，皆其门人"①。许衡将深奥难解的理学知识加以简化和实践化，促进了儒学的普及，扩大了理学的影响，加速了理学的官学化进程，对蒙古贵族统治者的汉化进程起了重要的推动作用。

由于许衡的努力，在他去世后，儒学继续受到朝廷的重视，得以不断推广。至大四年（1311），元仁宗爱育黎拔力八达即位，重用儒臣，推行儒术治国。即位当年派人"以太牢祠孔子"，扩充国子生员至三百人。皇庆二年（1313），"以宋儒周敦颐、程颢、颢弟颐、张载、邵雍、司马光、朱熹、张栻、吕祖谦及故中书左丞许衡从祀孔子庙廷"②，以示崇儒。同年诏令"设科取士"③并明确规定取士标准："举人宜以德行为首，试艺则以经术为先，词章次之。浮华过实，朕所不取。"④　程、朱注释的"四书"、《诗》《易》等经典被定为科场标准答案，"非程朱学，不试于有司"⑤。至此，理学上升为官方学术，许衡推广儒学的努力取得了显著成效。

据《辽史·兴宗本纪》载，兴宗"好儒术"，儒家政治思想深刻影响了统治阶级的思想。西夏时期，崇宗令建"国学"，推崇儒家政治思想。金世宗也推崇儒家经典，宣扬仁义道德，科举以儒家经书为准绳。但直至元朝统一中国后，理学才彻底实现了官学化，进一步成为统一的多民族国家的统治思想。

二、以"爱与公"而"得天下心"的思想

蒙古贵族入主中原建立政权，最重要的政治问题就是统治合法性的问题。统治者怎样才能获得民众的认可？许衡把它表述为"得天下心"的问题。

许衡指出："古今立国规模虽各不同，然其大要在得天下心。得天下心无他，爱与公而已矣。"强调取得政治合法性"得天下心"的前提是"爱与公"⑥，"爱则民心顺，公则民心服，即顺且服，于为治也何有？……必吾之爱、吾之公达于天下而后已，至是则纪纲法度施行有地，天下虽大可不劳而理

---

① 《送李扩序》，《元文类》卷三十五。
② 《元史·仁宗本纪》。
③ 《元史·仁宗本纪》。
④ 《行科举诏》，《元文类》卷九。
⑤ 《圭斋文集·赵忠简公祠堂记》。
⑥ 《时务五事》，《许衡集》卷七。

也。"① 在他看来，通过"爱与公"而"得天下心"，取得统治合法性后，国家治理并不困难。

许衡认为，要达到"爱与公"必须有仁心、行仁政。他说："仁者，性之至而爱之理也，爱者，情之发而仁之用也。公者，人之所以为仁之道也。……克己则公，公则仁，仁则爱。"② 可见，无论是"爱"的办法，还是"公"的办法，最后都归结为"仁"，归结为君主的仁爱之心、仁爱之政。"得天下心"的根本在于君主能够做到"仁"。他认为，只要"齐一吾民，使之富贵"，解决基本的民生问题，君主"笃信而坚守之"，"则天下之心，庶几可得，而致治之功，庶几可成也"③。这样，君主通过"爱与公"的仁心、仁政，最终"得天下心"，从而解决了元朝政权的统治合法性问题。

三、"必行汉法"的治国主张

元朝的统治疆域十分广大，多民族杂居，风俗不同，采用什么样的治国方略关乎国家的统一和长治久安。为此，许衡明确提出"必行汉法"的主张。

第一，历史经验证明，"北方奄有中夏，必行汉法，可以长久"④。从魏、辽、金这三个少数民族政权的统治经验来看，因为他们"能用汉法"，所以能够"历年最多"，而那些不能很好地使用"汉法"治国的政权，都"乱亡相继"，这是"昭昭然"的历史事实。

第二，就当时的统治形势而言，"非用汉法不可"⑤。许衡认为，如果元朝的统治仍局限于"远漠"，是否用"汉法"无关紧要。但以"今日之形势"，即在统治着以中原汉民族为主要人口的广大地域，南北风俗各异的情况下，沿用积累了历代大一统帝国统治成功经验的"汉法"则是一种必然选择。

第三，改用"汉法"，"非三十年不可成功"⑥。许衡认为，对元朝政权来说，改用"汉法"，一定会遇到来自"万世国俗"与"累朝勋贵"的阻力，"其势有甚难者"⑦。但只要坚定地、耐心地推行下去，一定可以成功。"期大

---

① 《时务五事》，《许衡集》卷七。
② 《语录上》，《许衡集》卷一。
③ 《时务五事》，《许衡集》卷七。
④ 《时务五事》，《许衡集》卷七。
⑤ 《时务五事》，《许衡集》卷七。
⑥ 《时务五事》，《许衡集》卷七。
⑦ 《时务五事》，《许衡集》卷七。

事于近，则急迫仓皇而不达，此创业垂统所当审择也"①，他认为，以元朝政权的"北方之俗"改用"汉法"，至少三十年才可以成功。

四、对君主基本素质的探讨

与其他思想家探讨君主素质的思路不同，许衡从君主角色的难度来思考这一问题。在其《时务五事》中，许衡专门探讨了"为君难六事"，即践言、防欺、任贤、去邪、得民心、顺天道。在他看来，这"六事"是君主角色的难度集中之处。如果进一步予以概括思考，"举其要，则修德、用贤、爱民三者而已。此谓治本，本立则纪纲可布，法度可行，治功可必。否则爱恶相攻，善恶交病，生民不免于水火，以是为治，万不能也"②。这样，在许衡的思考中，"修德""用贤""爱民"三者就成为君主的最基本素质。君主在此基础上才可以运用"纪纲""法度"，收到致治之功。许衡认为，君主素质是关乎君主专制统治的重要政治问题，封建统治秩序的稳定与国家的长治久安均系于此，因而需要着力培养和提高。

宋元之际，儒学受到前所未有的猛烈冲击，北方游牧文化与南方的礼乐文明经历了从激烈的冲突、对抗，走向调和与融合的过程。在这个过程中，以许衡为代表的儒者发挥了巨大的作用，一方面他们维系了儒学传承；另一方面，他们成功推动了理学的官学化，并在这样一个政治思想发展特殊的时代中，对现实政治问题进行深入思考，提出了"得天下心""必行汉法"等具有进步性的政治主张。

小　结

宋王朝从建立起，就面临严峻而复杂的内外局势。外部先后与辽、西夏、金、蒙古等少数民族政权对峙，边患不断；内则强化君权，扩充军队，导致国家"冗官冗兵"，社会政治危机严重。一些有识之士关心时政，深为宋王朝的命运担忧。他们或为克服危机，积极谋求改革和调整，或从学术出发，试图创

---

① 《时务五事》，《许衡集》卷七。
② 《时务五事》，《许衡集》卷七。

立一种比汉唐儒学更为完善的政治学说，用以规范人心，重振纲纪，从而为君主统治提供永恒法则。

与此相应，这一时期政治思想主要有两条主线：一是以李觏、王安石等为代表的改革思想。他们追求富国强兵，希望通过改革，消除时弊，强化君权，维护统治秩序。其思想注重解决现实问题，强调实效性。

二是以张载、二程、朱熹等为代表的理学政治思想。理学集孔子以来中国思想文化之大成，是宋代以来影响最大的政治思想体系，也是维护君主专制统治的精神支柱。理学政治思想是宋代政治思想家在继承和发展汉唐经学的基础上，援佛入儒，融合佛、道，发展和构建的更为精深的政治理论。他们把儒家的修身、齐家、治国、平天下的政治思想理论化、系统化，提出了更完备的治国方略，尤其是为专制统治进行了理论论证，为两宋王朝统治的正统性提供了理论支持，也进一步丰富和完善了中国传统儒家政治思想。但理学政治思想抽象地强调"天理"在政治生活中的决定性作用，没有为当时统治者解决社会积弊、克服深重危机提供操作性强而又行之有效的对策，形而上学色彩很浓。对此，南宋时期陈亮、叶适提出功利思想，反对空谈心性，主张务实和学以致用，这对后世政治思想的发展产生了较大影响。

元朝虽然国祚相对较短，但其政治思想的发展也有特色，鲁斋学派是其主要代表。需要指出的是，元朝统治者采取积极措施，把《四书章句集注》列为科举考试的内容和标准，从文化上促进了民族融合，有助于维护国家统一；同时，程朱理学也由此上升为官学，成为此后中国封建社会的国家意识形态。

宋元政治思想丰富多彩，其中不乏真知灼见。特别是这一时期出现的有关义利关系的讨论，在传统儒学讲求道义而轻忽利益的认识基础上有所改进，如李觏、二程、陈亮、叶适等。他们在理论上将义与利相提并论，甚或偏重事功。这种认识既是这一时期社会经济发展的反映，同时也给后世政治思想的发展打下了认识基础，是中国传统政治思想的优秀成分。

思考题

1. 李觏政治思想的主要内容是什么？

2. 试述王安石变法思想的主要内容及其意义。

3. 试述宋代理学家政治思想的特点。

4. 试述陈亮、叶适功利思想的主要特点。

5. 试述许衡的基本政治主张。

第八章　明清时期的政治思想

明清时期，疆域辽阔，人口众多，统一的多民族国家得到进一步巩固和发展。同时，明清统治者既强化君权，又注重治吏安民，使君主权力进一步绝对化，对思想文化的禁锢也极其突出和严厉。在此背景下，产生了王阳明以"致良知"为核心的政治思想、李贽个性鲜明的反儒学正统的政治思想。明末清初的社会剧变，催生了以黄宗羲、顾炎武、王夫之、唐甄、戴震等为代表的反专制的政治思想，为中国政治思想的转型产生了一定的启蒙作用。

第一节　明清时期的社会历史背景

明清时期政治思想的重要特点体现为对传统君主专制统治进行了深刻的反思和批判。这些思想的产生与这一时期专制集权的弊端更加突出、资本主义的萌芽等新因素密切相关。

一、社会经济状况

明初，洪武到宣德六十多年间，即 1368 年到 1435 年，土地高度集中的状况受到遏制，手工业者的地位得到提高，从而推动了社会生产的发展。

明中叶以后，随着商品经济的发展，出现了资本主义萌芽。粮食、生丝、蔗糖、烟草、绸缎、纸张、染料、油料、木材、瓷器以及各种手工艺品大量涌进市场；家庭副业在社会生产生活中地位提高；粮食和经济作物、原料和手工业品生产的地域分工趋势日渐显露，江南形成松江、苏杭、芜湖、铅山、景德镇等五大手工业区域，分别以棉纺、丝织、浆染、造纸、制瓷等闻名。各地出现大量巨商大贾和著名商号，手工业品行销四方，江南地区城市经济尤为繁荣。嘉靖年间，东南倭寇来犯，扰乱生产，明朝统治者令戚继光抗倭，并令东南沿海居民内迁远离海岸线，防止沿海地区与倭寇联系，东南沿海地区的对外贸易和交流也因此受到了限制。

清初，在经济方面，由于实行了恢复农业、手工业生产和商业的措施，农业生产有了显著发展，商业繁荣，对外贸易发达。明清之际生产方式的变化，为政治思想的成熟和反思批判提供了必要的条件。

二、政治状况

朱元璋起自社会底层，又亲历元末战乱，对民间疾苦颇为了解，对元朝亡国的教训有着深刻认识。为加强君主集权及维护统治阶级的整体利益，开国以后他非常注重"安民""恤民"，肯定儒家"重民"、仁政之说。他即位后，采取各种措施，加强君主专制统治。朱元璋首先通过改变中央和地方的机构设置，达到集权的目的。在中央机构中，废去中书省和丞相，分相权于吏、户、礼、兵、刑、工六部，使六部直属于皇帝，又以兵部和五军都督府分掌兵权，刑部、大理寺、都察院分典刑狱，而一切兵刑大权均总揽于皇帝。永乐年间，明成祖朱棣设立内阁作为议政机构，而决策权仍然由皇帝直接掌握。永乐以后，内阁职权虽渐重，拥有代批和"票拟"章奏之权，但最后决策权仍掌握在皇帝手中。在地方机构中，废除元代的行省，在全国设十三布政使司。地方事务由三司管理：布政使掌民政，按察使掌司法，都指挥使掌兵权。此外，明太祖在都察院下设置监察御史，派出官员为巡按御史，代皇帝巡视地方，弹劾官吏，监察民情，从而加强了监察机构的职能。

厂卫制度是明代君主专制强化的重要标志。洪武年间，为了加强对文武百官和民众的控制，朝中设立锦衣卫，作为侍从皇帝的军事机构，兼管侦察、逮捕和审讯等事。明成祖时期设立东厂，明宪宗时又增设西厂，作为维护君主专制的特务机构，其活动范围自京师遍及各地。

明朝中叶起，土地兼并日趋激烈。皇帝、王公、勋戚、宦官所设置的庄田数量之多，超过了以往任何时代，一般的官僚地主豪绅也大肆掠夺土地。明朝建立不到一百年，土地从850余万顷锐减到422余万顷。他们不仅抢掠农民的土地，而且还侵占军卫屯田，致使大量农民、军户成为流民。阶级矛盾极其尖锐，这导致明中期以后农民起义连绵不断。明末李自成、张献忠的农民大起义与清军的入侵，最终促使大明王朝走向灭亡。

清承明制，进一步强化中央集权的专制制度。入关之初，清政府面临着空前严峻的政治局面。为了适应新的统一国家的需要，清统治者自定都北京后，即改其旧有政体，依仿明朝政体，改订制度，颁布法律，削弱诸王。至康熙平定三藩之乱后，清代的中央集权统治进一步强化并巩固。雍正七年（1729）设立辅助皇帝处理军务的临时机构军机处，此后，该机构演化成为处理全国军政大事的常设中枢机构，其裁决权完全出自皇帝。

明清时期随着中央集权制度的强化，对民族地区的管理也达到了新水平，民族地区与中央关系日益密切。明太祖立国之后，遣使诏谕吐蕃地区，在该地区建立乌思藏行都指挥使司和朵甘行都指挥使司等机构，明成祖又封授各地藏族政教首领，确立了藏族地区的统治秩序。明成祖将内地各省的建置推行于贵州，以加强统治。

清朝建国前，皇太极已征服了漠南蒙古诸部。康熙时又战胜准噶尔部，取得了对蒙古诸部的统治。顺治遣使迎五世达赖，并赐印封号，肯定达赖对蒙藏地区的教权，康熙时派遣官员入藏办理西藏事务，平定西藏叛乱，确立了对西藏的有效管理。康熙元年（1662），郑成功从荷兰殖民者手里收复了沦陷38年的台湾。

三、文化状况

明清时期，程朱理学作为官学在思想学术领域继续发挥着统治作用。朱元璋即位之初，首立太学，"一宗朱氏之学，令学者非'五经'、孔、孟之书不读，非濂、洛、关、闽之学不讲"①。洪武六年（1373），他谕国子监博士赵俶等，"一以孔子所定经书为教"②，又明确规定，科举考试以钦定的"四书""五经"为内容，以程朱理学为标准。明永乐十三年（1415），朱棣下令以程朱理学为中心编纂《五经大全》《四书大全》《性理大全》三书，作为统治思想的工具。明朝统治者的这些做法为后继的清朝统治者所完全继承，从而使程朱理学的官学地位一直持续到晚清。

但是，这一时期思想文化领域也出现了若干新的特点。

明中叶出现了王阳明的"心学"。"心学"讨论的中心议题仍是心性义理，但已经表现出对于朱熹理学的批判倾向。王门后学中出现了"异端"思想，王艮的泰州学派提出平等思想，李贽则批评圣人和儒家经典，对整个封建意识形态进行重新审视和评价，在明代政治思想发展中最具特色。

明朝末年，针对王学末流的空谈学风，一些进步思想家提倡实学，反对空谈，主张改革时弊，顾宪成、高攀龙、刘宗周等为其代表。这一时期，还出现

---

① 《东林列传》卷二《高攀龙传》。
② 《明史·赵俶传》。

了自然科学方面的重要著作，如宋应星的《天工开物》、徐光启的《农政全书》等。

明清之际，程朱理学走向没落，其弊端日益暴露。尤其是面对明朝灭亡的惨痛教训，思想界的有识之士开始对传统儒学进行反思，对专制制度进行批判，产生了以李贽、黄宗羲、顾炎武、王夫之、唐甄、戴震等为代表的启蒙思潮。清代中期，考据之学盛行，但社会问题仍然为一些思想家所关注。例如，作为著名经学家的洪亮吉，曾对吏治腐败、贪污成风、赋役繁重等现象进行了深刻的批判，这一思想实际上是晚清议政风气的源头。

古学和古文献整理出现高潮。明成祖朱棣于1403年下令对古代典籍进行编辑整理，用六年时间编成《永乐大典》22 877卷，后增修全书装11095巨册，引书七八千种，总字数达3.7亿，是中国历史上最大的类书。该书"上自古初，下及近代，经史子集，与凡道、释、医卜、杂家之书，靡不收采……凡天文、地理、人伦、国统、道德、政治、制度、名物，以至奇闻异见，谀词逸事，悉皆随字收载"[①]。

清朝统治者也对文化典籍的整理表现出极大热情。康熙中期开始编辑《古今图书集成》，雍正六年（1728）完成。全书共一万卷，分装为5020册，是我国现存完整而最大的类书。它共分历象、方舆、明伦、博物、理学、经济六大汇编、三十三典，内容囊括天、地、人及一切庶类和圣功王道，成为百科知识总汇。1773年，乾隆皇帝下令编纂《四库全书》，1787年告成，共计收书3460余种，79337卷，装订成3600多册。围绕着《四库全书》的编纂，全国著名学者汇集于京城，戴震等就是其中的代表。著名的乾嘉汉学开始形成并产生重要影响。这些举措一方面对于保护和传承古代文化典籍作出了巨大贡献，但另一方面，在收集和整理编纂该书的过程中，清政府对于其中一些对于其统治不利的图书和内容也进行了删改，反映了清朝统治者"寓禁于藏"的文化专制思想。此外，清统治者大兴文字狱，仅文献记载的就有七八十起。统治者一方面用血腥的屠杀来禁锢思想，另一方面还著书立说，以论证其统治的合法性。例如清雍正皇帝的《大义觉迷录》就非常典型。

明清时期，西学开始传入中国。西方传教士给中国带来了天文历算等自然科学知识。明万历年间，意大利传教士利玛窦来华，带来了西方的著述和工艺

---

① 《永乐大典·凡例》。

品。他长期居住在京师，与士大夫交往甚多，并曾受到明神宗的赏识。据统计，明万历至清顺治时，翻译出版的西方宗教及科学技术书籍多达 150 余种。以礼部侍郎徐光启等为代表的士大夫研习西学，成为一时的风气。清康熙皇帝曾亲自学习西方的天文历算知识，任用南怀仁等西方传教士。

对待西学，清朝统治者采取了"节取其技能，而禁传其学术"① 的方针，对其算学、天文、水利等技艺方面的学问加以接受，而拒绝其"学术"即宗教的传播，另一方面，由于罗马教廷粗暴干涉中国内部事务，康熙皇帝诏令禁止天主教在中国传播，并责令传教士离境。

第二节　王阳明"明德亲民"的政治思想

王阳明（1472—1529），名守仁，字伯安，余姚（今属浙江）人，世称阳明先生。正德初，任礼部左侍郎。正德十一年（1516）擢右佥都御史，官至南京兵部尚书。因镇压农民起义、平定叛乱有功，晋封新建伯，死后谥"文成"。著作由门人辑成《王文成公全书》，一称《阳明全书》。上海古籍出版社出版有吴光等人编校的《王阳明全集》。

一、"心即理"与"致良知"的理论基础

王阳明政治思想的理论基础主要有两个方面：一是"心即理"，一是"致良知"。

南宋时期，陆九渊提出"心即理"，他对天理的认识与程朱无异，但在心性论和修习方法上，与朱熹的"格物穷理"说相异趣。陆九渊主张"吾心即是宇宙"，修习之道为"发明本心"，成为宋代理学思潮"心学"一脉的开创者。

王阳明的思想以"心即理""致良知"，"知行合一"为主旨。陆九渊说："人皆有是心，心皆具是理，心即理也。"② 王阳明承袭了这一说法，认为"人者，天地万物之心也；心者，天地万物之主也。心即天，言心则天地万物皆举之矣"③。王阳明直言"心即理"，他说："夫物理不外于吾心。外吾心而求物

---

① 《四库全书总目提要》卷 125，子部第 35，《寰有铨》。
② 《与李宰二》，《象山先生全集》卷十一。
③ 《答季明德丙戌》，《王阳明全集》卷六。

理，无物理矣；遗物理而求吾心，吾心又何物邪？心之体，性也，性即理也。故有孝亲之心，即有孝之理；无孝亲之心，即无孝之理矣；有忠君之心，即有忠之理；无忠君之心即无忠之理矣。理岂外于吾心邪？"[①] 心是一切的主宰，是世间万物的根源。

"致良知"是王阳明心学思想的核心命题。所谓"良知"就是"是非之心"[②]，也就是"天理"或"道"。在他看来，"天地间活泼泼地，无非此理，便是吾良知的流行不息"[③]，天地之间"何尝又有一物超于良知之外，能作得障碍"？"良知"是造化的精灵，它们"生天生地，成鬼成帝，皆从此出，真是与物无对"[④]。所谓"致良知"就是致心中的良知，人们只要自觉扩充心中的"良知"，就能成为与万物一体的圣人。"良知"是每一个人先天就具有的，"苟能致之，即与圣人无异矣"，"良知所以为圣愚之同具，而人皆可以为尧舜者"。[⑤]

基于这样的认识，王阳明进一步提出了"万物一体"说。"大人者，以天地万物为一体者也，其视天下犹一家，中国犹一人焉。……大人之能以天地万物为一体也，非意之也。其心之仁本若是，其与天地万物而为一也。"[⑥] 他以这样的认识来考察社会，就形成了"天下一家"的理想政治模式。这个模式以"明明德"为体，以"亲民"为用。

王阳明讲圣人之心与天地万物为一体，重在说明圣人君子爱民如子，推己及人，以仁心推行仁政，从而为他的以德治为核心的政治思想提供理论依据。王阳明认为，当一个人修心达到高远的境界，诚如圣人之心与天地万物合为一体，就能视天下如同一家，不分远近内外，就能把仁心推及天地万物，在政治上就能做到明德而亲民。

二、"明德亲民"的德治思想

王阳明政治思想的核心是"明德亲民"的德治思想，即发扬内心光明的仁德、亲爱于民，从而达到治国平天下的目的。

---

① 《答顾东桥书》，《王阳明全集》卷二。
② 《杂著·书朱守乾卷》，《王阳明全集》卷八。
③ 《传习录下》。
④ 《传习录下》。
⑤ 《书魏师孟卷》，《王阳明全集》卷八。
⑥ 《大学问》。

　　王阳明说："明明德者，立其天地万物一体之体也。亲民者，达其天地万物一体之用也。故明明德必在于亲民，而亲民乃所以明其明德也。"① 王阳明对这个推己及人的德治过程有详细的解释："亲吾之父，以及人之父，以及天下之父，而后吾之仁实与吾之父、人之父，与天下人之父而为一体矣，实与之为一体，而后孝之明德始明矣。亲吾之兄，以及人之兄，以及天下人之兄，而后吾之仁实与吾之兄、人之兄与天下人之兄而为一体矣。实与之为一体，而后弟之明德始明矣。"② 将这一方法推而广之，"君臣也，夫妇也，朋友也，以至于山川鬼神鸟兽草木也，莫不实有以亲之，以达吾一体之仁，然后吾之明德始无不明，而真能以天地万物为一体矣。夫是之谓明明德于天下，是之谓家齐国治而天下平"③。王阳明认为，如果每个人都能依照这一方法明其"明德"，推广吾心之良知，就能形成人人相亲，各安其分、各勤其业的理想社会。那时，天下之人就会"皆相视如一家之亲。其才质之下者，则安其农、工、商贾之分，各勤其业以相生相养，而无有乎希高慕外之心"④。可见，王阳明"天下一家"的"明德亲民"德治理想社会，是在明代中叶特定社会条件下对儒家传统的仁政理想的重构。

　　王阳明提出的明德亲民，致其良知，万物一体，天下一家，既是最高的道德境界，也是一种理想的政治目标。明德在于亲民，亲民是为了明德，整个天下都明德，就能实现家齐、国治而天下平。王阳明对当时官僚争权倾轧、鱼肉百姓的现象极为不满，希望当权者遵行圣人训典，"能公是非，同好恶，视人犹己，视国犹家"⑤，推行仁政，怜惜小民，真正感悟到"生民之困苦荼毒，孰非疾痛之切于吾身者乎"?⑥ 由此看来，王阳明设计的这一政治模式并不单纯是一种理想，而有着明确的现实针对性和社会批判意义。

三、地方治理主张

　　王阳明的心学思想具有强烈的实践性特征，在具体的政治主张方面，提出了诸多具体的地方治理措施，如社学、乡约、"十家牌法"等。

———————————

① 《大学问》。
② 《大学问》。
③ 《大学问》。
④ 《答顾东桥书》，《王阳明全集》卷二。
⑤ 《答聂文蔚》，《王阳明全集》卷二。
⑥ 《答聂文蔚》，《王阳明全集》卷二。

（一）社学

王阳明大力提倡教育为本，兴办社学。他说："各官仍要不时劝励敦勉，令各教读务遵本院原定教条尽心训导，视童蒙如己子，以启迪为家事，不但训饬其子弟，亦复化喻其父兄；不但勤劳于诗礼章句之间，尤在致力于德行心术之本；务使礼让日新，风俗日美，庶不负有司作兴之意，与士民趋向之心。"①

王阳明还在教育中注重"成德为事"。他说："学校之中，惟以成德为事，而才能之异，或有长于礼乐，长于政教，长于水土播植者，则就其成德，而因使益精其能于学校之中。迨夫举德而任，则使之终身居其职而不易，用之者惟知同心一德，以共安天下之民。"②

（二）乡约

"乡约"一词源于《周礼》《礼记》，是"乡规民约"的意思，成文的乡约在宋代就已出现。王阳明制定的乡约，在地方治理上突出了两点：一是由民众推选约长、副约长、约正、约史、知约、约赞等职，约长开会征求民众意见，博采公意以纠恶扬善；二是劝民为善，以德为主，以刑为辅，"孝尔父母，敬尔兄长，教训尔子孙，和顺尔乡里……息讼罢争，讲信修睦，务为良善之民，共成仁厚之俗"，"军民人等若有阳为良善，阴通贼情，贩买牛马，走传消息，归利一己，殃及万民者，约长等率同约诸人指实劝戒，不悛，呈官究治。"③

（三）"十家牌法"

王阳明认为，明朝后期民变不断发生的原因在于官府对民众控制不严，他主张实行"十家牌"，以加强对民众的控制。具体内容是："凡置十家牌，须先将各家门面小牌挨审的实，如人丁若干，必查某丁为某官吏，或生员，或当某差役，习某技艺，作某生理，或过某房出赘，或有某残疾，及户籍田粮等项，俱要逐一查审的实。十家编排既定，照式造册一本留县，以备查考。"④ 这种措施以十家为单位，把每个人的经历、职业、社会关系、身体特征等一并登记造册，付存官府，便于官府掌握，以此加强对人民的有序治理。王阳明"十家牌法"的根本宗旨是为封建统治服务的，他说："自今各家务要父慈子孝，兄爱弟敬，夫和妇随，长惠幼顺……务兴礼让之风，以成敦厚之俗。吾愧德政未

---

① 《颁行社学教条》，《王阳明全集》卷十七。
② 《答顾东桥书》，《王阳明全集》卷二。
③ 《南赣乡约》，《王阳明全集》卷十七。
④ 《申谕十家牌法》，《王阳明全集》卷十七。

敷，而徒以言教，父老子弟，其勉体吾意，毋忽！"①

王阳明的政治思想强调人人心中具有天理良知、以心的是非为是非、不受任何偶像的束缚等，这些认识一方面对于追求个性解放、批判封建权威、发挥主观能动作用都具有重要的促进作用，这一道德理想主义的思想启发了王艮、李贽、黄宗羲等思想家提倡平等和反思批判君主专制。同时，他强调知行合一、力行实践的精神对于矫正社会政治上表里不一的弊端有重要的思想意义。但是，另一方面，王阳明在思想上是坚定的君主制度维护者。他所提倡的"致良知"，实际上就是要人们"去此心之人欲，存吾心之天理耳"②，简言之就是存理灭欲，最终实现其"破心中贼"的目的。因此，王阳明的德治思想就其实质而言，就是不断深化政治化的伦理，着力维护君主专制统治秩序。

第三节　张居正加强中央集权专制的政治思想

张居正（1525—1582），字叔大，号太岳，湖广江陵（今属湖北荆州）人。少时"颖敏绝伦"，嘉靖二十六年（1547）进士。从隆庆元年入阁至万历元年（1567—1573），先后加少保、太子太保、太子太傅，授吏部尚书、加少傅兼建极殿大学士、加少师兼太子太保等职衔。神宗即位后，进中极殿大学士。隆庆六年（1572）任内阁首辅。时新即位的万历皇帝年仅 10 岁。张居正执政十年，辅佐小皇帝，推行种种改革。死后谥"文忠"。著述今存《张文忠公全集》四十七卷，一名《张太岳集》。

一、"振纪纲"以加强中央集权

张居正认为，明王朝当时最为严重的危机是君主势衰，政事弛靡，政局失控。"国威未振，人有侮心"，"人乐于因循，事趋于苦窳"③，君臣纪纲不肃，法度不行，"上下务为姑息，百事悉从委徇"④，致使"科条虽具，而美意渐

---

① 《十家牌法告谕各府父老子弟》，《王阳明全集》卷十六。
② 《传习录上》。
③ 《与李太仆渐庵论治体》，《张太岳集》。
④ 《陈六事疏》，《新刻张太岳先生文集》卷三十六。

荒；甲令虽勤，而实效罔获"①。他认为，这是各级官吏长期怠惰形成的积习。为强化中央集权，维护君主专制赖以运行的官僚机器，他"审几度势"，提出了一整套"救时"方案，其核心便是"振纪纲"。

张居正认为，"振纪纲"就是要强化君臣统属关系，加强君主对整个官僚体系的控制。主要有四层内容：

其一，君主要亲自总揽法纪刑赏之权。张居正认为："君子为国，务强其根本，振其纪纲。"②"人主以一身而居乎兆民之上，临制四海之广，所以能使天下皆服从其教令整齐而不乱者，纪纲而已。纲如网之有绳，纪如丝之有总。"③法纪刑赏之权如同"太阿之柄"，"不可一日而倒持也"。他希望统治者"奋乾刚之断，普离照之明"，"张法纪以肃群工，揽权纲而贞百度，刑赏予夺，一归之公道"。④

其二，国家大事，君主要独断专行。张居正认为，"天下之事，虑之贵详，行之贵力，谋在于众，断在于独"，如果"议论太多，或一事甲可乙否，或一人而朝由暮跖，或前后不觉背驰，或毁誉自为矛盾，是非淆于唇吻，用舍决于爱憎"，那么，就会"政多纷更，事无统纪"，国家就会出现混乱。因此，他建议皇帝"扫无用之虚词，求躬行之实效"，凡事一旦做出决定，就不能听任臣下再去"议论"，而是要"断而行之"⑤。

其三，强化君主诏令的绝对权威。张居正说："君者，主令者也；臣者，行君之令，而致之民者也。"在专制政治条件下，政治的运作基本上是由君主颁行诏令而推动的，"天子之号令，譬之风霆"⑥。因此，张居正明确要求提高君主诏令的权威。

其四，君主要严明法制。张居正认为，君主"无威"，臣下就会"无法"，严明法制是强化君威的制度保障。他详细辨析了"徇情"与"顺情"、"振作"与"操切"的差别，坚决反对徇情和操切。他认为，顺情指"因人情之所同欲者而施之"；徇情则是"不顾理之是非，事之可否，而惟人情之是便而已"；操切乃"严刑峻法，虐使其民而已"。张居正认为，正确的做法是"情可顺而不

① 《辛未会试程策一二三》，《新刻张太岳先生文集》卷十六。
② 《杂著》，《新刻张太岳先生文集》卷十八。
③ 《陈六事疏》，《新刻张太岳先生文集》卷三十六。
④ 《陈六事疏》，《新刻张太岳先生文集》卷三十六。
⑤ 《陈六事疏》，《新刻张太岳先生文集》卷三十六。
⑥ 《陈六事疏》，《新刻张太岳先生文集》卷三十六。

可徇，法宜严而不宜猛"①。严明法制，执法公平，才能使君主权威振作起来。

张居正力主"振纪纲"的目的是为了"强公室，杜私门"②，强化中央集权，巩固君权。在他看来，通过法治手段以振纪纲、巩固中央集权专制统治，才能革除积弊。在这方面，他自觉以秦始皇为榜样，认为"三代至秦，浑沌之再辟者也，其创制立法，至今守之以为利"，"使始皇有贤子守其法而益振之"，那么，"即有刘项百辈，何能为哉"！③ 这些都体现了其政治思想的专制特性，而他的民本思想、安民之道也是建立在这个基础之上的。

二、重民生的施政理念

张居正以民本为核心的政治思想，是建立在法惟"时宜""民安"的社会变化观基础之上的。他说：　"夫法制无常，近民为要，古今异势，便俗为宜……法无古今，惟其时之，所宜与民之所安耳，时宜之，民安之，虽庸众之所建立不可废也。戾于时，拂于民，虽圣哲之所创造，可无从也。"④ 他认为，"法不可以轻变也，亦不可以苟因也"⑤，要随时代的变化和民众的需要而适时适度地加以改变。这里所讲的"法制无常，近民为要""民安"是治理国家的重要根据。

张居正继承了前人的思想，阐发了"立君为民"的民本观。他说："天之立君以为民也。"⑥ 认为君主作为天子是代天行事，是"天"为了解除天下黎民百姓的疾苦而设立的，目的是"使之齐一其乱而均适其欲，衣食其饥寒而拊循其疾苦"⑦。他主张作为君主，就应当以民生为重。他要求君主"轸念民穷，加惠邦本"⑧，"愿皇上重惜民生，保固邦本"⑨，提倡注重民生。

基于上述认识，张居正进一步提出了安民之道的施政理念。他说："惟百姓安乐，家给人足，则虽有外患，而邦本深固，自可无虞。惟是百姓愁苦思

---

① 《陈六事疏》，《新刻张太岳先生文集》卷三十六。
② 《与李太仆渐庵论治体》，《新刻张太岳先生文集》卷二十五。
③ 《杂著》，《新刻张太岳先生文集》卷十八。
④ 《辛未会试程策一二三》，《新刻张太岳先生文集》卷十六。
⑤ 《辛未会试程策一二三》，《新刻张太岳先生文集》卷十六。
⑥ 《人主保身以保民辛未程论》，《新刻张太岳先生文集》卷十五。
⑦ 《人主保身以保民辛未程论》，《新刻张太岳先生文集》卷十五。
⑧ 《陈六事疏》，《新刻张太岳先生文集》卷三十六。
⑨ 《请罢织造内臣对》，《新刻张太岳先生文集》卷四十四。

乱，民不聊生，然后夷狄盗贼，乘之而起。盖安民可与行义，而危民易与为非，其势然也。”“凡不急工程，无益征办，一切停免。敦尚俭素，以为天下先。”建议“勅下吏部，慎选良吏，牧养小民。其守令贤否殿最，惟以守己端洁，实心爱民”，“庶民可生遂，而邦本获宁也”，“审几度势，更化宜民者，救时之急务也”。① “窃闻致理之要，惟在于安民，安民之道，在察其疾苦而已。”② 张居正认为，民是国家的根本，要想治国安邦，必须安定百姓，安民的首要问题在于关心民众疾苦，使百姓能生活下去。这样，虽然有外患，国家也可以保持安定的局面。

张居正清楚地认识到豪门势力、贪官污吏、富商大贾盘剥贫民的社会政治现状，并给予无情的揭露。他说：“外求亲媚于主上，以张其势，而内实奸贪淫虐，陵轹有司，搏刻小民，以纵其欲。”③ “富民豪侈，莫肯事农，农夫藜藿不饱，而大贾持其赢余，役使贫民。”④ “广中数年多盗，非民之好乱，本于吏治不清，贪官为害耳。”⑤ “法纪未张，吏不恤民，驱而为盗，此皆酿祸之根。”⑥ “吏治之不清，纪纲之不振，故元气日耗，神气日索。”⑦ 张居正认为，这些豪门势力、贪官污吏和富商大贾骄侈贪淫，致使民不聊生，根本原因是“吏治不清”，于是提出“拯罢困之民”必须“诛贪贼之吏”⑧，“所在强宗豪民，敢有挠法”，应“明诏切责”⑨，并提出一些具体措施抑制豪强，他说：“凡庄田、屯田、民田、职田、养廉田、荡地、牧地皆就疆理，无有隐奸”⑩，目的是防止豪强兼并土地。

为了实现其安民的施政理念，张居正在税收制度方面实行了改革。万历九年（1580）在全国通令实行“一条鞭法”。按照这种税制规定，各州县的田赋、徭役，以及其他杂税统算在一起，一律改为按地亩折纳，征收银两，上缴政府。如果需要出工服役，政府出钱招募，其余所应缴纳的杂税贡物，一律免

① 《陈六事疏》，《新刻张太岳先生文集》卷三十六。
② 《请蠲积逋以安民生疏》，《新刻张太岳先生文集》卷四十六。
③ 《论时政疏》，《新刻张太岳先生文集》卷十五。
④ 《赠水部周汉浦榷竣还朝序》，《新刻张太岳先生文集》卷八。
⑤ 《答两广刘凝斋条经略海寇四事》，《新刻张太岳先生文集》卷三十一。
⑥ 《答两广总督熊近湖论广寇》，《新刻张太岳先生文集》卷三十一。
⑦ 《与殷石汀论吏治》，《新刻张太岳先生文集》卷三十一。
⑧ 《杂著》，《新刻张太岳先生文集》卷十八。
⑨ 《张太岳行实》，《新刻张太岳先生文集》卷四十七。
⑩ 《张太岳行实》，《新刻张太岳先生文集》卷四十七。

除。"一条鞭法"作为一项重要的税制改革，体现了张居正通过改革税制来实现安民之道的施政思想，标志着封建税制由赋役制向租税制的转化，在一定程度上起到了"贫民不致独困，豪民不能并兼"① 的政治调整作用。

张居正的民本思想是儒家传统思想的继承与发展，具有一定的进步性和鲜明的务实精神，在一定程度上兼顾到了百姓的实际利益。不过，就实质而言，张居正讲求民本的目的是为了维护大明王朝的政治统治。他在提倡以民为本的同时，又坚决主张镇压百姓的反抗。他说："圣王杀以止杀，刑期无刑，不闻纵释有罪以为仁也。"② 他提出："盗者必获，获而必诛，则人自不敢为矣。"③ 这显然是由他的政治立场所决定的。

三、禁私学，实行文化专制

张居正认为，学风与政风相通，相互影响，想要根本扭转政治上虚浮空论的颓败现象，必须从转变学风开始。为此张居正提出了"学以致用"。

张居正主张，学问应以修己治人为导向。他说："凡学，官先事，士先志。士君子未遇时，则相与讲明所以修己治人者，以需他日之用。及其服官有事，即以其事为学，兢兢然求所以称职免咎者，以共上之命。未有舍其本事，而别问一门以为学者也。"④

基于这样的认识，张居正力主禁私学，积极推行文化专制政策，提出了三点规定：其一，"不许别创书院"。张居正把宋以来的民间所设书院视为聚党空谈场所，坚决反对。他明确规定："今后各提学官督率教官生儒，务将平日所习经书义理，着实讲求，躬行实践，以需他日之用，不许别创书院，群聚徒党，及号召他方游食无行之徒，空谈废业。"⑤ 凡有违背，提学官和"游士人等"一并严办。其二，取士"以宋儒传注为宗"。张居正说："国家明经取士，说书者以宋儒传注为宗。"科举考试以此为准，凡有异端邪说，"炫奇立异者，文虽工弗录"⑥。其三，严禁书生干政。张居正惟恐儒生直言讦政，扰乱人心，

---

① 《张太岳行实》，《新刻张太岳先生文集》卷四十七。
② 《答宪长周友山言弥盗非全在不欲》，《新刻张太岳先生文集》卷二十九。
③ 《答总宪吴公》，《新刻张太岳先生文集》卷二十八。
④ 《答南司成屠平石论为学》，《新刻张太岳先生文集》卷二十九。
⑤ 《请申旧章饬学政以振兴人才疏》，《新刻张太岳先生文集》卷三十九。
⑥ 《请申旧章饬学政以振兴人才疏》，《新刻张太岳先生文集》卷三十九。

规定"天下利病，诸人皆许直言，惟生员不许，今后生员务遵明禁"①。这是典型的文化专制政策。

张居正继承和发展了正统儒家政治思想。一方面强化中央集权，实行文化专制政策；另一方面又重惜民生，实行"安民之道"。将尊君与重民相结合，正是汉唐以来"杂用王霸"政治思想的主要特征。张居正作为君主专制的坚定护卫者，他的政治思想是封建统治阶级政治意志的体现。

第四节　李贽反儒学正统的政治思想

李贽（1527—1602），字卓吾，号温陵居士，泉州晋江（今福建泉州）人。出身商人家庭。少时通习五经，嘉靖三十一年（1552）举人。历任共城（今河南辉县）教谕，南京国子博士、南京礼部司务、南京刑部主事、员外郎、郎中等官职。在京期间，潜心问道，研习王阳明学说，师事王艮之子王襞，得泰州学派真传。万历五年（1577）调任姚安知府，因厌恶仕宦生活而辞官。万历二十七年《藏书》刊行，遭当权者忌恨，被明朝政府以"敢倡乱道，惑世诬民"的罪名下狱，自刭于狱中。

李贽一生刚正不阿，痛恨道学虚伪，为世俗所不容。著述甚丰，达五十余种。主要有《藏书》《续藏书》《焚书》《续焚书》《史纲评要》《四书评》《李氏文集》等，皆存。

一、"童心"说

程朱理学发展到明代，日趋教条僵化。李贽对此深感不满，他批评当时的理学"阳为道学，阴为富贵，被服儒雅，行若狗彘"②。为此，他提出了童心说。

李贽说："夫童心者，绝假纯真，最初一念之本心也。"③ 他所讲的童心，也就是真心，是一个人纯真无瑕的本质体现，"夫童心者真心也"。李贽说："若失却童心，便失却真心；失却真心，便失却真人。人而非真，全不复有初

① 《请申旧章饬学政以振兴人才疏》，《新刻张太岳先生文集》卷三十九。
② 《三教归儒说》，《续焚书》卷二。
③ 《童心说》，《焚书》卷三。

矣。童子者，人之初也；童心者，心之初也。"① 在李贽看来，世间最纯真的就是童心，因而童心不可失。由于人们有"闻见从耳目而入"、而后"有道理从闻见而入"，结果失去童心。"童心既障，于是发而为言语，则言语不由衷；见而为政事，则政事无根柢；著而为文辞，则文辞不能达。"甚至"欲求一句有德之言，卒不可得"②。在李贽的眼里，那些"伪道学"们就是这样一群假仁假义之人。

以童心的标准来衡量，满口道德的"伪道学"们反不如市井小民有德。李贽说："市井小夫，身履是事，口便说是事，作生意者但说生意，力田作者但说力田。凿凿有味，真有德之言，令人听之忘厌倦矣。"③

李贽的童心说表达了这样一种观念：源于人之真心、有真情实感的话是真德之言。他批评道学虚伪，否定了理学家的权威，将人们习以为常的贵贱尊卑颠倒了过来。以童心为标准，李贽对儒家经典提出质疑，在一定程度上否定了其正统性。

二、对儒学的反省批判

李贽以童心说为基础，对儒家传统政治思想进行了深刻反思与批判，提出了许多惊世骇俗之论。

（一）反思传统是非观念

李贽说："人之是非，初无定质；人之是非人也，亦无定论。无定质则此是彼非，并育而不相害；无定论则是此非彼，亦并行而不相悖矣。"④ 他否定以往以孔子的是非作为是非标准，认为："天生一人自有一人之用，不待取给于孔子而后足也。若必待取足于孔子，则千古以前无孔子，终不得为人乎？"⑤ 孔子从来也没有教人学孔子，而是始终强调"为仁由己""君子求诸己"⑥，但是，令人遗憾的是，自汉以来至于宋，"中间千百余年，而独无是非者，岂其人无是非哉？咸以孔子之是非为是非，故未尝有是非耳"⑦。人人有是非，不能

① 《童心说》，《焚书》卷三。
② 《童心说》，《焚书》卷三。
③ 《答耿司寇》，《焚书》卷一。
④ 《藏书·世纪列传总目前论》。
⑤ 《答耿中丞》，《焚书》卷一。
⑥ 《答耿中丞》，《焚书》卷一。
⑦ 《李温陵集》，《藏书·世纪列传总目前论》卷十四。

将孔子的是非作为公是公非。李贽认为："夫是非之争也，如岁时然，昼夜更迭，不相一也。昨日是而今日非矣，今日非而后日又是矣。虽使孔子复生于今，又不知作如何是非也。"① 这一论证，不但符合客观事实，也对孔子的圣人形象提出了质疑，还孔子以本来面目，当然也就否定了自汉代以来儒学的正统是非观念。

（二）批判传统等级观念

李贽对传统的等级观念进行了深刻批判。李贽的思想源于阳明心学，在有关世界本源的认识上，李贽对太极为万物本源说进行了反思，重申天地为万物本原，提出"万物生于两"的命题。他说："夫厥初生人，惟是阴阳二气，男女二命，初无所谓一与理也，而何太极之有。"为此，他认为："然则天下万物皆生于两，不生于一，明矣。"② 李贽的这一认识，虽然在理论上存在瑕疵，但严重冲击了万物归于一的理学正统思维，实际上否定了天理的绝对权威。

李贽进而提出道不远人，他说："道本不远于人……人即道也，道即人也，人外无道，而道外亦无人。"③ 既然如此，道就体现在人伦物理当中。他说："故曰：'明于庶物，察于人伦。'于伦物上加明察，则可以达本而识真源。"④ 这些认识，为他的平等观奠定了认识基础。

李贽认为人与人之间没有什么本质的差别，进而提出"凡圣无别"的平等思想。他说："圣人之意若曰：尔勿以尊德性之人为异人也。彼其所为，亦不过众人之所能为而已。"⑤ "圣人所能者，夫妇之不肖可以与能……若说夫妇所不能者，则虽圣人亦必不能，勿高视一切圣人为也。"⑥ 他认为圣人与凡民在能力和道德修习方面并没有差异，所谓"尧舜与途人一，圣人与凡人一"⑦。李贽的平等思想，突破了儒家传统所倡导的"人皆可以为尧舜"的道德平等思想，强调了圣凡之间本性和能力的平等，有着独特的思想意义。

李贽还提出了"致一之道"的思想，他说："致一之理，庶人非下，侯王

① 《李温陵集》，《藏书·世纪列传总目前论》卷十四。
② 《夫妇论》，《焚书》卷三。
③ 《明灯道古录》卷十九。
④ 《答邓石阳》，《焚书》卷三（一）。
⑤ 《李温陵集》，《明灯道古录》卷十九。
⑥ 《李温陵集》，《明灯道古录》卷十九。
⑦ 《李温陵集》，《明灯道古录》卷十八。

非高。"① 从圣凡平等推导出君民平等。在李贽的思想中，"一时之民心，即千万世之人心，而古今同一心也"②。统治者能够认识到这个道理，就能够消除等级隔阂。李贽讲："大舜无中，而以百姓之中为中；大舜无善，而以百姓之迩言为善，则大舜无智，而唯合天下、通古今以成其智。"③ 这种上下同体的平等思想在君主专制制度日益强化的明代，实属振聋发聩，具有进步意义。

（三）对传统善恶观的反思

李贽对"善"作了诠释，认为如同"是非"是人人都有的，善也是人人具有的，"又何必专学孔子而后为正脉"？他说："舜惟终身知善之在人，吾惟取之而已。"④ 世间许多人都不明白"善与人同"的道理，往往"徒慕舍己从人之名"⑤。他还认为："夫人本至活也，故其善为至善"，"至善者，无善无不善之谓也。"⑥ 这就是说，从个人真心发出的言行均是善。李贽认为，善与人同，善的标准将随世而变，随人而变，并无固定的标准。所以说："夫大人之学，止于至善。至善者，无善之谓。"⑦

在李贽的观念中，真与善是统一的。他因而批评当世之人不懂得什么是真正的善。人们往往把圣人所说的乡愿品质错误地当成了善，实际上是善恶不分。李贽的这些认识否定了圣人为至善标准，语出惊人，挑战了儒家政治思想的最高权威。

（四）对传统义利观的反思

李贽反对传统的义利观，提出："天下曷尝有不计功谋利之人哉！"他以传统的天谴论为例，批评说："夫欲明灾异，是欲计利而避害也。今既不肯计功谋利矣，而欲明灾异者何也？既欲明灾异以求免于害，而又谓仁人不计利，谓越无一仁义何也？所言自相矛盾矣。"那些讲论灾异者，"若不是真实知其有利于我，可以成吾之大功，则乌用正义明道为耶？"⑧

据此，李贽明确提出了崇尚功利的主张。他说："夫欲正义，是利之也；

---

① 《李氏丛书·老子解下篇》。
② 《李温陵集》，《明灯道古录》，卷十九。
③ 《李温陵集》，《明灯道古录》卷十九。
④ 《答耿司寇》，《焚书》卷一。
⑤ 《寄答耿大中丞》，《焚书》卷一。
⑥ 《藏书》卷三十二。
⑦ 《藏书》卷三十二。
⑧ 《焚书·续焚书·贾谊》卷五。

若不谋利，不正可矣。吾道苟明，则吾之功毕矣；若不计功，道又何时而可明也。"① 他反对汉儒董仲舒提出的"正其谊不谋其利，明其道不计其功"，否定正统的义利观，主张义与利统一，道与功统一。谋利就是正义，计功就是明道。李贽说："自朝至暮，自有知识以至今日，均之耕田而求食，买地而求种，架屋而求安，读书而求科第，居官而求尊显，博求风水以求福荫子孙。种种日用，皆为自己身家计虑，无一厘为人谋者。"②

李贽对于利的肯定，基于对现实社会政治生活的观察与体认。他抨击传统义利观的虚伪，否定了儒家正统观念，显然是具有进步意义的。

三、"至人之治"的治道思想

李贽提出了理想的治道原则："至人之治，因乎人者也。"所谓"因乎人者"，也就是顺从民的需要或天性而加以"利诱"或"顺应"。

李贽认为人的需要是不同的。他说："夫道者，路也，不止一途；性者，心所生也，亦非止一种已也。"③ 因此之故，为政者就应该尽可能满足人们的各种需求，李贽说：圣人之治，"贪财者与之以禄，趋势者与之以爵，强有力者与之以权。能者称事而官，惬者夹持而使。有德者隆之虚位，但取其瞻；高才者处以重任，不问出入。各从所好，各骋所长，无一人之不中用。何其事之易也"？④ 顺民之性以利诱民，就是按照民的需要并以利诱导民，具体而言就是"只就其力之所能为、与心之所欲为、势之所必为者以听之，则千万其人者，各得其千万人之心，千万其心者，各遂其千万人之欲"。这样，就能做到"物各付物，天地之所以因材而笃也，所谓万物并育而不相害"。⑤ 简言之，李贽认为使民众各得其心，各从所好，各遂其欲，各展所长，人人尽其才，就能实现至人之治。

李贽所倡导的至人之治与先秦道家所提倡的无为而治，在基本理路上是相近的。他最为崇尚上古五帝中的轩辕氏，认为轩辕氏开创的"寓兵于井田"是至人之治的最好范例。轩辕氏认为"民至愚也，而可以利诱"，但不可使知之；

---

① 《藏书》卷三十二。
② 《答耿司寇》，《焚书》卷一。
③ 《论政篇》，《焚书》卷三。
④ 《答耿中丞》，《焚书》卷一。
⑤ 《李温陵集》，《明灯道古录》卷十八。

"至神也，而不可以忠告"，但可以顺应之。"于是为之井而八分之，使民咸知上之养我也。"寓兵于农，寓田于井，对民"可使之由者同井之田，而不可使之知者则六艺之精，孝弟忠信之行也"①。李贽认为，当今之君应当从轩辕氏的治世中汲取至治的精义，并且要吸取历史教训。例如商鞅虽然深知至治之道，但他不懂"不可使知者而欲使之知"的道理，最后惨遭车裂。李贽因而总结说："圣人之道，非以明民，将以愚之。鱼不可以脱于渊，国之利器不可以示人。"② 对民众应顺性以利诱而不可使知礼法，有所作为不可以脱离实际民情，治国之道以及采取的措施不可以昭明天下。

　　总体上看，李贽的思想"大抵是人之非，非人之是"③。它对儒家政治思想的批判严重冲击了封建专制统治下的正统观念，具有强烈的反权威精神。他的批判思想为明末清初启蒙思想的产生提供了重要的思想资源，李贽因而在一定程度上成为近代启蒙思想的先驱。但由于时代的局限，他所提出的一些解决现实问题的主张，未能彻底摆脱旧的正统思想的束缚。

第五节　黄宗羲反专制的政治思想

　　黄宗羲（1610—1695），字太冲，号南雷，别号梨洲老人，余姚（今属浙江）人。崇祯元年（1628），在刑部会讯时锥刺宦官许显纯，名震朝野。明朝灭亡后，举兵抗清，坚持八年而败。此后，多次拒绝清政府征召。著述有《明夷待访录》《孟子师说》《宋元学案》《明儒学案》等。浙江古籍出版社出版的《黄宗羲全集》，收录较全。

　　黄宗羲亲眼目睹了明末清初的改朝换代和社会巨变，深刻反思君主专制之弊害，形成了具有进步意义的反专制思想。黄宗羲是明末清初启蒙思想家的代表。

一、"人各自私、人各自利"的人性观念

　　在《明夷待访录·原君》中，黄宗羲提出："有生之初，人各自私也，人

---

① 《兵食论》，《焚书》卷三。
② 《兵食论》，《焚书》卷三。
③ 《泛皋藏稿》卷五。

各自利也。"在他看来，就像"好逸恶劳"一样，"自私""自利"都是"人之情也"。他一改传统的义利观念，肯定了个人私利的合理性，并以此为理论依据，猛烈批判专制君主打着"公"或"义"的旗号，实质上却以天下为私有，独占天下之利。他指出，古代的圣人尧、舜等虽然都是"不以一己之利为利，而使天下受其利，不以一己之害为害，而使天下释其害"，但是，他们所付出的勤劳"必千万于天下之人"；不过，他们毕竟也是人，也有人之常情，"夫以千万倍之勤劳而己又不享其利，必非天下之人情所欲居也"，所以他们才会以天下为公，为天下兴利除害而不愿久任其事。但后来的帝王把天下变成个人的私产，他们为了夺取权力，完全不顾民众死活，"其未得之也，屠毒天下之肝脑，离散天下之子女，以博我一人之产业，曾不惨然！曰：我固为子孙创业也。其既得之也，敲剥天下之骨髓，离散天下之子女，以奉我一人之淫乐，视为当然，曰：此我产业之花息也。然则为天下之大害者，君而已矣。向使无君，人各得自私也，人各得自利也。呜呼！岂设君之道固如是乎"？① 三代以降，君主在观念上确立了"以我之大私为天下之大公"，于是"以天下之利尽归于己，以天下之害尽归于人"②。他们"使天下之人不敢自私，不敢自利，以我之大私为天下之大公。始而惭焉，久而安焉，视天下为莫大之产业，传之子孙，受享无穷"③。在君主专制制度下，天下成为君主一家一姓之私产，而民众却"不敢"讲求"自私""自利"。黄宗羲肯定了个人私利，揭露了君主统治的虚伪性，否定了君主专制的合理性。

黄宗羲并不是简单地肯定民众私利的合理性，而是对民众的私欲作了区分。他说："古今无无事功之仁义，亦无不本仁义之事功。四民之业，各事其事，出于公者，即谓之义，出于私者，即谓之利。"④ 他认为，"天下虽大，万民虽众"，但概括起来，却并不复杂，实际上"只有欲恶而已"，君主治理天下，"所操甚约"，只要把握住"欲恶"二字即可。⑤ 合理的私欲或私利是应当满足和保护的，而不合理的贪欲是应当受到限制的。如果人性是自利的，那么，不应当因为君主的出现而有所改变。相反，君主只有满足了民众合理的私

---

① 《明夷待访录·原君》。
② 《明夷待访录·原君》。
③ 《明夷待访录·原君》。
④ 《国勋倪君墓志铭》，《南雷文定四集》。
⑤ 《孟子师说》卷四。

利才是最好的选择，即君主应当"以我之好恶，絜而为天下之好恶，恕也，仁也"①。这就是说，君主不但不应限制民众的好恶利欲，反而应当像满足自己的欲望一样来满足民众的愿望，这就是仁政。

黄宗羲的人性观念是对传统君主专制统治理论的颠覆。君主专制的人性论基础源于孔子的"惟上智与下愚不移"，以后有孟子性善与荀子性恶之说，汉儒董仲舒基于前贤之论提出性三品说。其论或有不同，但论点则一。即圣人性至善，小人性自恶，善应治恶。这种理论给君主专制奠定了理论基础。黄宗羲虽然没有能够走出君主专制的藩篱，但是在认识上将君主专制统治的逻辑起点放在满足一般社会成员的利益上面，赋予了"人性"以新的含义，启发人们对君主专制统治的重新思考。

二、"天下为主君为客"的天下观

先秦以来，政治思想的主流观点是"天降下民，作之君，作之师"，君主是天下的主人。也有思想家提出"天子为天下"的认识，但这并不妨碍君主的政治主宰地位。"为天下"是对君主职权、责任或道德义务的认识，并不涉及君主的政治定位。黄宗羲在传统认识基础上，明确提出了"天下为主君为客"的观点。

黄宗羲说："古者以天下为主，君为客，凡君之所毕世而经营者，为天下也。今也以君为主，天下为客，凡天下之无地而得安宁者，为君也。"② 黄宗羲明确提出"天下之人"才是主人，君主则处于客位，君主的所有作为都是为了天下之人。这一认识超越了前人，足以启迪后世。

黄宗羲区分了天下和君主这两个范畴，认为天下治乱的关键是百姓的"忧乐"。他说："天下之治乱，不在一姓之兴亡，而在万民之忧乐。"③ 黄宗羲认为，百姓的忧乐是判断天下治乱兴亡的标准，也是衡量统治合法性的标准。他说："桀、纣之亡，乃所以为治也；秦政、蒙古之兴，乃所以为乱也。"统一天下并不意味着天下大治，王朝覆灭也不一定就是天下大乱。有的朝代更迭，则与治乱无关，如"晋、宋、齐、梁之兴亡，无与于治乱者也"。④

---

① 《孟子师说》卷四。
② 《明夷待访录·原君》。
③ 《明夷待访录·原臣》。
④ 《明夷待访录·原臣》。

黄宗羲将"天下"与"君主"区分开来，试图跳出君主和国家一体的结构体系，用"天下"一词来指称国家，以区别于君主一姓的王朝。需要说明的是，黄宗羲所提出的"天下"与传统的一姓王朝之私虽然有了本质的不同，但与现代意义上的国家仍有一定差距。尽管如此，他的天下观毕竟凸显了民众的地位；相对于天下而言，君主只是客而已。这一思想与他重视民众利益的思想是一脉相承的，为后人重新思考君主专制统治合法性问题，提供了一个有积极意义的视角，对认识国家与民众关系具有启蒙意义。

三、注重民生的民本思想

黄宗羲的民本思想很有特点，他既注重仁义，同时也注重功利的合理性，赋予民本思想以新的含义。

黄宗羲继承了孟子的仁义思想。他说："国之所以治，天下之所以平，舍仁义更无他道。"[1] "仁是乾元，义是坤元，乾坤毁则无以为天地矣。"[2] 在他看来，仁义是天地之本，也是唯一合理的治道。不过，黄宗羲认为，后世士人对孟子不言利而只讲仁义有所误解，实际上仁义与功利是统一的，两者不得偏废。传统儒家认为王政是德治教化，霸业指的是强力事功，黄宗羲则指出："霸者只在事功上补凑，王者在心术上感动。"[3] 有仁心就是王政，而只重视事功就是霸业。"王、霸之分，不在事功而在心术：事功本之心术者，所谓'由仁义行'，王道也；只从迹上模仿，虽件件是王者之事，所谓'行仁义'者，霸也。"[4] 由此看来，黄宗羲反对只讲仁义或偏重事功，主张将仁义与功利统一起来。

在这样的认识基础上，黄宗羲主张关注百姓的实际民生，将仁政体现为百姓的实际利益。为此，他提出要实行仁政，降低税率，以减轻民众负担。他提出要"授田于民，以什一为则，未授之田，而二十一为则"，将赋税原则恢复到三代的水平。这一主张虽有不切实际之嫌，但确实体现了他重视民生的思想特色。

民本思想是传统儒家政治思想中最具有正面意义的命题之一，但是，不论

---

① 《孟子师说》卷一。
② 《孟子师说》卷一。
③ 《孟子师说》卷七。
④ 《孟子师说》卷一。

在理论上还是在政治实践中，民本始终是与君本相维系的，对于封建统治者而言，以民为本不过是一种治国之术。民本不牢固，君本必虚浮，统治阶级的政治思想家们正是看到了这一点，所以不厌其烦地呼吁以民为本。黄宗羲在继承传统认识的基础上，提出义利统一和注重民生，对前人之论有所超越，具有一定的积极意义和进步性。

四、以"天下之法"取代"一家之法"

黄宗羲说："三代以上有法，三代以下无法。"① 他所说的法是法度，是礼义道德制度法规的总称，指的是君主统治天下的所有手段。他认为，三代以上的法是"天下之法"，而三代以下的法为"一家之法"。他说："二帝、三王知天下之不可无养也，为之授田以耕之；知天下之不可无衣也，为之授地以桑麻之；知天下之不可无教也，为之学校以兴之，为之婚姻之礼以防其淫，为之卒乘之赋以防其乱。此三代以上之法也，因未尝为一己而立也。"所以谓之"有法"。"后之人主，既得天下，唯恐其祚命之不长也，子孙不能保有也，思患于未然以为之法。然则其所谓法者，一家之法，而非天下之法也。"黄宗羲认为，"一家之法"完全是为了统治者自身利益而制定实施的："此其法何曾有一毫为天下之心哉，而亦可谓之法乎？"② 故而谓之"无法"。在黄宗羲看来，三代以下的法度没有考虑天下百姓的利益，故而不成其为法。

黄宗羲用以区分一家之法与天下之法的标准是一个"公"字。他认为，天下既然不是一家一姓的天下，那么法度就应该是为天下之人设定的，应当维护天下之人的利益，而非一家一姓的利益。他说："三代之法，藏天下于天下者也"，而后世之法，则"藏天下于筐箧者"。③ 后世一家之法的根本弊端在于，颠倒了"天下为主君为客"的原则，将法度看成是维护自身利益的工具，即所谓"利不欲其遗于下，福必欲其敛于上"。将君主及其统治集团的利益放在绝对首要的地位，而置民众的利益于不顾，必然导致百姓的不满和抗拒。其结果是法度越多越繁，百姓与君主的矛盾也越来越深。"天下之人共知其筐箧之所在，吾亦鳃鳃然曰唯筐箧之是虞，故其法不得不密。法愈密而天下之乱即生于

① 《明夷待访录·原法》。
② 《明夷待访录·原法》。
③ 《明夷待访录·原法》。

法之中，所谓非法之法也。"① 一家之法是导致社会政治秩序混乱的根本原因。据此，黄宗羲主张以天下之法取代一家之法。

黄宗羲对"一家之法"的批判，在法理上动摇了君主专制制度的根基。他提出"天下之法"的命题具有一定的超越性，体现了他对君主专制反思的理性深度，对于后世人们走出君主专制和传统政治思想之藩篱具有深远的启蒙意义。

五、变法救世的政治措施

黄宗羲在反思和批判君主专制弊端的基础上，提出了一系列变法救世的具体措施。

（一）置相权以分君权

黄宗羲说："有明之无善治，自高皇帝罢丞相始也。"② 朝政混乱、宦官专权乃至最终亡国，其根源都是宰相制度的罢废。

黄宗羲说："原夫作君之意，所以治天下也。天下不能一人而治，则设官以治之。是官者，分身之君也。"③ 他说的"分身之君"，就是分君权的意思。他认为，百官之中，宰相最为重要。原因在于，上古王位的继承"不传子而传贤"，那时的人们把天子之位视同宰相之位，但后来"天子传子，宰相不传子，天子之子不皆贤"，这时宰相的重要性便显现出来，天子之子若不贤，还可"赖宰相传贤足相补救，则天子亦不失传贤之意"。但是，"宰相既罢，天子之子一不贤，更无与为贤者矣"。④ 自从朱元璋罢相之后，入阁办事的阁老们虽仍被人们视同"宰相"，权力也极大，但他们不过只是一些"宫奴"而已，无法与古之宰相同日而语，不可能从根本上匡救君主的过失。

为完善君主制度，防止阉宦专权，黄宗羲主张恢复宰相制度。他建议设"宰相一人，参知政事无常员，每日便殿议政，天子南面，宰相、六卿、谏官东西面以次坐，其执事皆用士人。凡章奏进呈，六科给事中主之，给事中以白宰相，宰相以白天子，同议可否。天子批红，天子不能尽，则宰相批之。"同时，"宰相设政事堂，使新进士主之，或用待访者。……四方上书言利弊者及

---

① 《明夷待访录·原法》。
② 《明夷待访录·置相》。
③ 《明夷待访录·置相》。
④ 《明夷待访录·置相》。

待访之人皆集焉，凡事无不得达"。① 从上述制度构想中，可以看出，黄宗羲是想用相权去分割过于集中的君权，用相权牵制君主的权力。在他所设计的这一制度框架下，君主虽然仍处"南面"之位，但是，宰相与大臣都可以在其"东西面以次坐"，方向与位置不同，但都是平等地"坐"在一起讨论国政，朝议之所执事人员"皆用士人"，没有宦官出场的机会。同时，宰相有独立的办公机构"政事堂"及相应的办事人员，而且在君主不能批完奏章的情况下，可以与君主一样直接批答奏章。黄宗羲的这一建议虽然没有被当时的统治者采纳，却为近代的政治家们设计政治变革方案提供了重要思想资源。

（二）设学校以议政

黄宗羲把学校视为兼具教育与议政功能的场所。他说："天子之所是未必是，天子之所非未必非，天子亦遂不敢自为非是，而公其非是于学校。"② 学校的意义不仅在于培养人才，还在于为政治活动提供"治天下之具"。他说："学校所以养士也，然古之圣王，其意不仅此也，必使治天下之具皆出于学校，而后设学校之意始备。"③

黄宗羲的设学校以议政的思想主要包括：学官"毋得由自选除。郡县公议，请名儒主之"，"其人稍有干于清议，则诸生得共起而易之"。④ 天子率公卿亲往太学，"就弟子之列。政有缺失，祭酒直言无讳"⑤。地方官员若有政事缺失，学校可以"小则纠绳，大则伐鼓号于众"⑥。

黄宗羲推崇乡校议政、群臣听谏、处士横议、太学生干政、书院谠论、士大夫"清议"及帝王听讲经书、采纳民意之类，并使之制度化，这些都是具有积极意义的，但总体上讲这些都没有超出君主专制的范围。

黄宗羲的变法救世思想，在认识的深刻程度上超越前贤。他反思君主专制之弊，力主对君主的权力要有所制约，提出恢复宰相制度和学校议政，为中国传统政治思想增添了新的思想内涵，具有一定的启蒙色彩和鲜明的历史进步性。虽然黄宗羲的政治思想仍然受到儒家传统政治观念和君主专制的局限，但

① 《明夷待访录·置相》。
② 《明夷待访录·学校》。
③ 《明夷待访录·学校》。
④ 《明夷待访录·学校》。
⑤ 《明夷待访录·学校》。
⑥ 《明夷待访录·学校》。

也足以启迪后人，在中国政治思想史上占有重要地位。

第六节　顾炎武明道救世的政治思想

顾炎武（1613—1682），字宁人，江苏昆山人。初名继绅，后更名绛。1645 年清兵攻破南京，顾炎武立志恢复明朝，更名炎武，号亭林，世称亭林先生。早年曾参加政治性学术团体——复社，议论朝政，反对宦官权贵，青年时代留心于经世致用之学，注意民生利弊得失及国家大事。明亡后，清兵南下，他在苏州、昆山等地参加抗清斗争，失败后避祸江南，晚年定居陕南，致力于学，至死不仕清。

顾炎武一生著述不辍，在经、史、地理、音韵、金石、诗文等多方面均有精深造诣，开一代朴学风气之先。著作有《日知录》《天下郡国利病书》《亭林诗文集》等。

一、经世致用思想

顾炎武与黄宗羲、王夫之都是清初经世致用思想的著名代表人物。他们都反思和批判宋明理学。所不同的是，黄宗羲师承刘宗周，推崇王学，主要以程朱的性理之学为批判对象；顾炎武对于宋明以来的理学与心学两大派别均持批判态度，且其对宋明理学的批判也远较黄宗羲彻底，这成为其经世致用思想的认识前提。

顾炎武区别了"古之理学"与"今之理学"，认为古代的理学也就是经学，以通经致用、明理救世为宗旨，而宋明理学则空谈心性、天道而自我标高，违背了儒学的传统。在他看来，"古之所谓理学，经学也"①；而"今之所谓理学"指宋明以来的理学，"理学之名自宋人始有之"，实是宋儒创造出来的。理学家所空谈的性、命、天道，都是孔子及其门人所不讲的；而孔子、孟子所重视的东西，又为理学家们所丢弃殆尽。"今之君子则不然……终日讲危微精一之说"，"是故性也、命也、天也，夫子之所罕言，而今之君子之所恒言也；出

①　《与施愚山书》，《亭林文集》卷三。

处、去就、辞受、取与之辨，孔子、孟子之所恒言，而今之君子所罕言也。"①

　　就学术思想的发展演进来说，宋明理学无疑是传统儒家思想在新的历史条件下的表现形式，顾炎武在批判宋明理学时，用传统儒学思想的一些基本范畴与宋明理学相对照，认为宋明理学实际上是对于传统儒家思想的背离。顾炎武的这一认识，看到了宋明理学的偏颇，抓住了问题的实质。

　　顾炎武从明朝灭亡的教训中，深切认识到了理学家的清谈误国。平心而论，理学作为传统儒学发展的一个新阶段，较之以往的儒学形态更为精致，是一种更高层次的政治哲学形态。但理学在强调抽象思辨的同时，对事功的一面重视不够，而其末流更是崇尚"空虚之学"。顾炎武将明朝的衰亡归咎于理学，实际上是对理学末流"清谈"误国的批判，他试图恢复早期儒学通经致用的实践精神，达到救世的目的。

　　顾炎武进一步指出，理学的清谈之所以较魏晋玄学的清谈危害更大，是因为理学家把以治国平天下为要务的儒家思想变成了空谈。他认为，儒家思想在本质上是"修己治人"的"实学"，而不是性命天道的空谈。在顾炎武看来，传统儒家的基本精神是经世致用，其批判宋明理学的目的在于进一步弘扬儒家的经世致用精神，以修己治人的实学取代空谈性命的理学。"君子之为学，以明道也，以救世也"②，明道救世是顾炎武政治思想的基本精神。

二、对"私天下"的君主专制制度的批判

　　顾炎武激烈批判秦汉以来的政治体制，认为君主权力高度集中，是造成政治弊端的根源。他说："古之圣人，以公心待天下之人，胙之土而分之国；今之君人者，尽四海之内为我郡县犹不足也。"③ 专制君主出于"专大利"的目的，"一兵之籍，一财之源，一地之守，皆人主自为之也。欲专大利，而无受其大害，遂废人而用法，废官而用吏"④，专制君主把天下视为自己的私产，集政权、财权、兵权于自己一身，为了使其专制统治得以稳定，只能是"废人而用法，废官而用吏"，用严刑苛法统治天下，"内外上下，一事之小，一罪之

①　《与友人论学书》，《亭林文集》卷三。
②　《与人书二十五》，《亭林文集》卷四。
③　《郡县论一》，《亭林文集》卷一。
④　《法制》《日知录》卷八。

微，皆先有法以待之"①。然而，自秦以来以"刑政"治天下，结果"事功日堕，风俗日坏"，说明严刑苛法不足以治天下。

顾炎武深刻剖析了封建统治者私天下、据国家权力为己有的危害与后果。一方面，专制君主集一切权力于一身，根本无法胜任使天下致治的责任。他说："后世有不善治者出焉，尽天下一切之权，而收之在上。而万几之广，固非一人之所能操也。"② 中国幅员辽阔，政事万端，要由君主一个人对于如此众多的政治事务一一做出决断，这确实是一个人的能力所不及的。另一方面，君主权力过度集中，剥夺了郡县守宰的事权，各级官吏之间相互猜忌，相互牵制。各级地方官吏由于没有任何自主权，在政治上也不可能有任何建树，也没有办法尽到自己的责任。顾炎武说："人人而疑之，事事而制之"，结果"不知有司之官，凛凛焉，救过之不给，以得代为幸，而无肯为其民兴一日之利者，民乌得而不穷，国乌得而不弱？"③ 专制权力必然造成一种无责任的政治，当所有的官员事实上只为皇帝一人服务时，就不可能尽职尽责，为民兴利。"是故天下之尤急者，守令亲民之官，而今日之尤无权者，莫过于守令。守令无权，而民之疾苦不闻于上，安望其致太平而延国命乎？"又说："夫辟官、莅政、理财、治军，郡县之四权也，而今皆不得以专之……是以言莅事，而事权不在于郡县，言兴利而利权不在于郡县，言治兵而兵权不在于郡县，尚何以复论其富国裕民之道哉！"④ 在他看来，君主个人独裁，是导致民众疾苦、国家穷困的根源。顾炎武反思君主专制的弊害如此深刻，十分可贵。

顾炎武通过对周代"班爵"制度的阐发，试图从理论上否定封建专制制度下的绝对君权。他指出，君主与公、侯、伯、子、男并没有什么差别，君主本来并没有自尊独裁的权力。他说："班爵之意，天子与公侯伯子男一也，而非绝世之贵。是故知天子一位之义，则不敢肆于民上以自尊，知禄以代耕之义，则不敢厚取于民以自奉。"⑤ 顾炎武的这一观点，并非君民平等的思想，只不过说明了天子与公卿、大夫、士以及庶人在官者"一位"，还没有天子与万民平等的内容。但不容怀疑的是，顾炎武的这一认识，在理论上否定了君主的绝对

---

① 《法制》，《日知录》卷八。
② 《守令》，《日知录》卷九。
③ 《郡县论一》，《亭林文集》卷一。
④ 《守令》，《日知录》卷九。
⑤ 《周室颁爵禄》，《日知录》卷七。

权力，在君主专制制度日益强化的明清时代，敢于这样认识君主的思想家实属鲜见。

在对君主专制进行批判的同时，顾炎武区分了"国家"和"天下"两个概念，以说明君权的相对性。顾炎武说："有亡国，有亡天下，亡国与亡天下奚辨？曰：易姓改号，谓之亡国；仁义充塞，而至于率兽食人，人将相食，谓之亡天下。"① 在他看来，"国家"指一家一姓的朝廷，而"天下"则指万民的天下。一家一姓的朝廷灭亡，是亡国；而道德沦丧、人与人相残，是亡天下。他还指出，对于保国还是保天下，朝廷与民众担负的责任不同，"保国者，其君其臣，肉食者谋之；保天下者，匹夫之贱，与有责焉耳矣"②。保国家是朝廷的事情，保天下则普通民众也有责任。这就把民众在政治生活中的地位提升到一个新的高度。顾炎武的这一观点，对后世影响深远，梁启超将其概括为"天下兴亡，匹夫有责"。

顾炎武以"公天下"思想对君主专制进行了深刻批判。他试图改革弊政，"拯斯人于涂炭，为万世开太平"，但其目的却是为了维护和调整君主专制制度。他说："人之大伦曰君臣，曰父子。"③ "恒者久也，天下之久而不变者，莫若君臣父子。"④

三、"寓封建之意于郡县"的政治主张

为了矫治君主权力过度集中的弊端，顾炎武提出了分权"众治"的主张，要求合理划分君主权力和地方权力。他说："所谓天子者，执天下之大权者也。其执大权奈何？以天下之权，寄之天下之人，而权乃归之天子。自公卿大夫至于百里之宰，一命之官，莫不分天子之权，以各治其事，而天子之权乃益尊。"⑤ 顾炎武认为，自天子至于公卿大夫、百里之宰构成了由合至分的权力系统。天子居于这一权力系统的顶端，总揽天下大权，而各级官吏的作用是与天子分权，只有实现政治权力由合至分的过程，才能达到统治目的；而天子也正是由于有各级官吏分权，其地位才愈益尊崇。顾炎武还说："人君之于天下，

---

① 《正始》，《日知录》卷十三。
② 《正始》，《日知录》卷十三。
③ 《子胥鞭平王之尸辨》，《亭林文集》卷六。
④ 《莱州任氏族谱序》，《亭林文集》卷二。
⑤ 《守令》，《日知录》卷九。

不能以独治也，独治之而刑繁矣，众治之而刑措矣。"① 由此看来，分权是极为必要的。分权能够发挥各级统治者的作用，即使不用刑罚也能致治。如果君主独揽大权，必然导致名目繁多的刑罚，不可能实现天下大治的目标。顾炎武的分权主张，无疑是对明朝皇权过度集中进行反思的结果，但他所谓的分权不是权力制衡，而是君臣分权治事，以避免君权过度集中。

顾炎武提出了"寓封建于郡县之中"的分权措施，主张从中央到地方层层分权，由郡县分割中央政府的权力，由宗族分割郡县的权力。宋、明以来，"辟官、莅政、理财、治军"等治国理政的四大权力都集中在中央政府，由君主一人决断，这是导致国家弊政的一个重要原因。他认为，郡县制与分封制都有一定的弊病，"封建之失，其专在下，郡县之失，其专在上"②。在顾炎武看来，最好的办法就是把郡县制与分封制度的某些优点结合起来，将由君主独揽的权力分割给地方郡县，提高郡县官吏的自主权。

具体做法如下：其一，"尊令长之职"，把辟官、莅政、理财、治军四权授予郡县长官。做法是把知县改为五品，正名为县令，选拔熟悉风土人情的人担任。试用期为三年，如果三年后称职，即行转为"真"；再三年，如果称职则封其父母；乃至终生称职，县令致仕时，可以推荐自己的子弟接任。这实际是在县令这一级别上变相恢复了世官世禄制度。其二，"谨乡里之治"，完善乡、亭基层组织。乡里组织的作用，一可以分县令之权，二可以治民，"以县治乡，以乡治保，以保治甲"③。如此，可以收到天下大治，"若网之在纲，有条而不紊"的成效。其三，"复宗族之制"。为了防止地方守宰专断地方，顾炎武认为，最好的办法是恢复古代的宗族制度，由"天下之宗子各治其族，以辅人君之治，罔攸兼于庶狱，而民自不犯于有司，风俗之醇，科条之简，有自来矣"④。换言之，也就是把宗族权力与政权结合在一起，实现对民众的统治。

顾炎武认识到了君主专制集权的政治弊端，并且试图通过分权来限制君权，匡正过度集权之弊。但是，受到历史条件限制，顾炎武没有能够找到解决这一问题的根本办法，只好把希望寄托于恢复古制上。他所设想的宗族制度、乡亭制度，大都仿效《周礼》的村社组织，其分权治众的政治主张，也由于

---

① 《爱百姓故刑罚中》，《日知录》卷六。
② 《郡县论一》，《亭林文集》卷一。
③ 《里甲》，《日知录》卷八。
④ 《爱百姓故刑罚中》，《日知录》卷六。

"寓封建于郡县"而带有浓厚的复古色彩。

四、正人心、厚风俗的主张

顾炎武秉承儒家思想传统，批判繁刑苛政。他认为，对于国家来说，必要的法制和禁令是不可偏废的。法制禁令本身就能起到正人心、厚风俗的作用，"法制禁令，王者之所不废，而非所以为治也，其本在正人心、厚风俗而已"①。顾炎武认为，法制禁令虽然必要，却也不能完全依靠法制禁令治国。因为法制禁令刻板、僵化，束缚人的主观能动性，往往使人才变为懦夫。

顾炎武认为，治理国家的关键在于人才，得人才则治，不得人才则乱。而治人的关键则在于教化，离开教化，不可以言治。顾炎武评论明朝政治说："自万历以上，法令繁而辅之以教化，故其治犹小康；万历以后，法令存而教化亡，于是机变日增而材能日减。"② 总之，在顾炎武看来，"法愈繁而弊愈多"③，只有教化才是致治的唯一途径。顾炎武指出，行教化的目的在于"正人心、厚风俗"。风俗浅薄、人心不正是导致社会动乱的根本原因，社会政治的腐败也是由于风俗浅薄造成的。他说："乃以今观之，则无官不赂遗，而人人皆吏士之为矣；无守不盗窃，而人人皆僮竖之为矣。"④ 顾炎武将社会动乱的根本原因归为风俗教化，显然有些偏颇，但他对于封建政治腐败本质的揭露则是深刻的。

顾炎武希望用良好的道德为政治统治奠定基础。在他看来，正人心、厚风俗的基本内容是"张四维"。他说："礼义廉耻，国之四维；四维不张，国乃灭亡。……礼义治人之大法，廉耻立人之大节。盖不廉则无所不取，不耻则无所不为，人而如此，则祸败乱亡亦无所不至。"⑤ 顾炎武认为，四维之中，耻最为重要，廉耻是所有道德行为的基础，人的一切违反礼义道德的行为都生于无耻。因此，必须通过行教化，使人们有廉耻之心，才能够自觉地遵守礼义规范。关于行教化的具体办法，顾炎武也作了一些设想，诸如恢复清议，"立间师，设乡校，存清议于州里，以佐刑罚之穷"⑥。奖励名节，对于笃信好学、方

---

① 《法制》，《日知录》卷八。
② 《人材》，《日知录》卷九。
③ 《法制》，《日知录》卷八。
④ 《名教》，《日知录》卷十三。
⑤ 《廉耻》，《日知录》卷十三。
⑥ 《清议》，《日知录》卷十三。

正有道者，"除其租赋，复其丁徭"[1] 等。所有这些设想，都没有能够超越传统思想的范围。

顾炎武对行教化、正人心、厚风俗寄予厚望，他称这种政治为"以名为治"，"汉人以名为治，故人材盛，今人以法为治，故人材衰"[2]。不过，"以名为治"归根结底依赖于道德教化，但道德堕落终究不是明末清初最为突出的问题。顾炎武批判专制政治的严刑峻法，指斥专制政治下"君臣上下，怀利以相接"等，都是十分深刻的。但是，他试图从道德建设入手，解决社会政治问题，又流于空想。顾炎武提出行教化、以名为治的主观原因，在于他只看到了专制主义法律、政治制度为害天下，却没有认识到封建的纲常名教也在导致社会政治的败坏。

第七节　王夫之以"公天下"为核心的政治思想

王夫之（1619—1692），字而农，号姜斋，湖南衡阳人。晚年隐居衡阳石船山，世称"船山先生"。王夫之生于儒学世家，少负俊才，留心时务，志在经世。24 岁中举人，赴京会试，因路阻作罢。王夫之曾举兵衡山，武装抗清。南明灭亡后，颠沛流离，隐居僻壤达四十年，坚持反清，竟"完发以终"。他反思亡明教训，立志明道救世，一生著述宏富。王夫之的思想充满了批判精神。

王夫之著述今存《周易外传》《尚书引义》《诗广传》《读四书大全说》《张子正蒙注》《思问录》《黄书》《噩梦》《俟解》《读通鉴论》《宋论》等，大都收入《船山遗书》。1982—1996 年，岳麓书社编辑出版了《船山全书》十六册，收录较全。

一、理气、道器说

清初，黄宗羲、顾炎武鉴于明王朝灭亡的教训，对宋明理学进行了尖锐的批判，倡导经世致用的学风。在这一点上，王夫之与他们是相同的。然而，王

---

[1] 《名教》，《日知录》卷十三。
[2] 《名教》，《日知录》卷十三。

夫之思想的深刻之处在于他总结古代哲学思想，达到了古代理论思维的最高水平。其自然观与道器观成为其政治思想的理论基础。

在总结、批判宋明理学时，王夫之对陆王心学进行了猛烈抨击，认为"陆子静出而宋亡"①，同时，他对程朱理学也进行了根本矫正。

程朱理学的一个重要命题，是"理在气先"，认为理是人类社会与自然界的本原。而王夫之则认为，世界统一于物质性的气，"天人之蕴，一气而已"②。由于气的变化和运动而产生了人和万物，"二气之运，五行之实，始以为胎孕，后以为长养"③。同时，王夫之也指出，所谓的理是依附于气存在的，宇宙之间并没有"虚托孤立之理"④。如果离开了气，理也就不存在了，"若无气处，则俱无也"。理学家认为，"理在气先"，强调理的绝对性，目的在于论证封建纲常伦理的合理性与永恒性。王夫之关于理气关系的论述动摇了程朱理学的理论基础，可谓击中要害。

道器关系是中国思想史上的一个重要论题，传统儒家历来认为，"形而上者谓之道，形而下者谓之器"。这种思想方法也为程朱理学家继承下来，他们对于道器关系的基本看法是"道在器先"，"未有这事，先有这理"。没有父子，先有父子之理，没有君臣，先有君臣之理，总之，道是独立于器而存在的精神实体。从自然观出发，王夫之说："天下惟器而已矣。道者，器之道，器者，不可谓之道之器也。无其道则无其器，人类能言之；虽然，苟有其器矣，岂患无道哉？"⑤ 在王夫之看来，人类社会的物质存在是器，道只能依附于器而存在。也就是说，事物发展变化的规律存在于具体的客观事物之中，这就在根本上否定了程朱理学的道器观。

王夫之政治哲学思想针对程朱理学之弊端而发，重点论述了理依于气，以及天下惟器、器之道的思想，为他的批判君主专制思想奠定了理论基础。

二、"公天下"以批判专制的思想

王夫之反思明朝灭亡的原因，把"三代"以降亡国乱天下的根源归结于帝

---

① 《乾称篇下》，《张子正蒙注》卷九。
② 《读四书大全说》卷十。
③ 《太甲二》，《尚书引义》卷三。
④ 《读四书大全说》。
⑤ 《周易外传·系辞上》。

王把天下据为"一姓之私"，实行极端专制，为此提出了"公天下"的思想，"以天下论者，必循天下之公，天下非夷狄盗逆之所可尸，而抑非一姓之私也"①，并以此对君主专制进行了深刻批判。

王夫之首先揭示了"公"与"私"的内涵，认为天下为公、君为私。他说："一姓之兴亡，私也；而生民之生死，公也。"② 在王夫之看来，君主一家一姓的兴亡是私事，而广大民众的生死存亡才是国家的公事。原因在于："国祚之不长，为一姓言也，非公义也。秦之所以获罪于万世者，私己而已矣。斥秦之私，而欲私其子孙以长存，又岂天下之大公哉?"③ 在这里，王夫之深刻反省了传统的"家天下"的观念，并对这种尊君观念进行了批判。他认为，天下国家是广大民众的天下国家，而不是君主个人的一人之私，不能把天下国家与君主个人等同看待；只为君主个人，并不是为公，而是为君主个人之私。进而，他指出皇帝也是"可禅、可继、可革"的④，以此对传统的君权无限论提出了挑战。他说："中国财足自亿也，兵足自强也，智足自名也。不以一人疑天下，不以天下私一人。休养厉精，士佻粟积……足以固其族而无忧矣。"⑤ 王夫之认为，中国有优越的物质人口条件，如果不把天下交付君主一人，整个国家就会大有希望。

王夫之对历代专制弊端进行了猛烈抨击。他批判帝王"孤高于上"⑥，"出纳无讽议之广，折中无论道之司，以一人之耳目心思，临六典分司之烦冗"⑦。他揭露君主专制的实质是以"私"乱天下"公理"⑧，结果破坏君臣关系，使法制废弛、政治腐败、民不聊生，最终亡国乱天下。

但另一方面，王夫之又为君权进行辩护，认为"君臣之义，生于性者也"⑨，天子应该"以绝乎臣民而尊者也"⑩。虽然王夫之认为君权可以削弱，

---

① 《读通鉴论·叙论一》。
② 《读通鉴论·敬帝三》。
③ 《读通鉴论·秦始皇一》。
④ 《黄书·原极第一》。
⑤ 《黄书·宰制第三》。
⑥ 《读通鉴论·文帝（一三）》。
⑦ 《读通鉴论·唐高祖（八）》。
⑧ 《读通鉴论·玄宗（一二）》。
⑨ 《读通鉴论·唐高祖（一二）》。
⑩ 《读通鉴论·五代中（五）》。

但不容许有庶人之议，不容许臣下"贷于众以袭义而矜其君"①，他把封建等级制、君臣关系看成是天经地义的，不可改变的。由此可见，王夫之政治思想存在着内在矛盾与局限，仍然没有突破传统政治思维模式。

三、"宽以养民"的民本思想

王夫之批判君主专制、主张"公天下"，提出了"以民为基"的主张。他说："君以民为基……无民而君不立。"②"人君之当行仁义，自是体上天命我作君师之心，而尽君道以为民父母，是切身第一当修之天职。"③王夫之认为，君主应以民众为根基，民心是否稳定，意味着国家根基是否稳固。因此，君主应关心民众，并将此作为自己的"第一天职"。

以民本思想为出发点，王夫之提出了朴素的平均观。他说："聚者有余，有余者，不均也。聚以之于彼，则此不足；不足者，不均也……故平天下者，均天下而已！"④他看到了有余与不足的矛盾是社会较为突出的问题，提出了"均天下"的口号，并针对封建社会中的重要问题如土地问题提出了自己的主张。他说："若土，则非王者之所得私也。天地之间，有土而人生其上，因资以养焉。有其力者治其地，故改姓受命而民自有其恒畴，不待王者之授之。"⑤他认为，土地是广大民众生存的条件，凡是有劳动力的人都可以治理土地，使其为民造福。土地不应是君主个人的私有财产，也不能凭君主的权力来授予。王夫之认为，君主可以统治天下的人，但不可以把土地据为私有。他讲论土地问题是以民众的利益作为出发点的。

不仅如此，王夫之以民本思想为基础，还提出了"宽以养民，严以治吏"的治国策略。他说："严者，治吏之经也；宽者，养民之纬也；并行不悖，而非以时，为进退者也。……故严以治吏，宽以养民，无择于时而并行焉，庶得之矣。"⑥他还说："夫为政者，廉以洁己，慈以爱民，尽其在己者而已。"⑦为了实现其宽以养民的政治主张，他提出两个方面的措施：一是"轻徭薄赋"

---

① 《宋论·理宗》。
② 《周易外传》卷二。
③ 《读四书大全说》卷八。
④ 《诗广传》卷四。
⑤ 《噩梦·衡阳王夫之撰》。
⑥ 《读通鉴论·桓帝（二）》。
⑦ 《读通鉴论·隋文帝（一○）》。

"藏富于民"①；二是重教轻刑。他批判封建统治者严刑峻法，"如之何以羞恶是非之激发妨其恻隐邪？绝人之腰领，死者不可复生矣；轻人之窜逐，弃者不可复收矣；坏人之名节，辱者不可复荣矣"②。王夫之看到明朝封建暴政所带来的恶果，主张通过"宽以养民"来缓和当时的阶级矛盾。他主张重德教，反对任刑罚。这些都是实现他的民本思想的重要保证。但不得不承认，王夫之的这两条保证措施并没有多大力度。轻徭薄赋、藏富于民，重教轻刑，都需要在一定条件下才能发挥作用。如果整个政治体制弊病严重，仅靠这两条无法实现治理的目的。

王夫之的民本思想具有很大的进步性。他总结历史经验教训，针对当时政治上的积弊，提出比较全面的民本思想，其中的重要内容即"不以天下私一人"的思想，对反专制思想的形成和发展起到了一定的启蒙作用。但王夫之的民本思想也存在着一定的局限性。他强调以民为本，又对民持保留态度。他说："由乎人之不知重民者，则即民以见天，而莫畏匪民矣；由乎人之不能审于民者，则援天以观民，而民之情伪不可不深知而慎用之矣。"③由于阶级与时代的局限，王夫之不能充分相信民众。他还主张严君子小人之防，把庶民比做禽兽，他说："庶民者，流俗也。流俗者，禽兽也。"④这反映出王夫之的思想意识深处，仍然是正统的观念在支撑，而他顺应时代变化所提出的诸多政治主张多为权宜之举，并非思想观念的根本转变。

王夫之始终受制于儒家传统的德治思维，将政治康明的全部希望寄托在君主一个人身上，"夫平治天下在乎人君之一心，心以立道"⑤。这就是王夫之全部政论的归结点。在某种意义上，其思想的复杂性、矛盾性十分明显。

第八节　唐甄反专制的政治思想

唐甄（1630—1704），字铸万，号圃亭，四川达州人。出身书香门第，清

---

① 《读通鉴论·隋文帝（一一）》。
② 《读通鉴论·玄宗（一）》。
③ 《泰誓中》，《尚书引义》卷四。
④ 《俟解·衡阳王夫之撰》。
⑤ 《孟子·离娄上》，《四书训义》卷三十一。

顺治举人。任山西长子县知县，不久因与上司意见冲突而被革职。后"困于远游，厄于人事"①，穷困潦倒。晚年卖文为生，病逝于苏州。

唐甄在政治思想方面有独到见解，对于治理国家非常自信。他说："使我立于明主之侧，从容咨询，舍其短而用其长，以授之能者而善行之，可以任官，可以足民，可以弭乱，不出十年，天下大治矣。"②

唐甄著有《潜书》传世。该书原名《衡书》，是唐甄积三十年心血的苦心之作，集中反映了他的政治思想。

一、"学即其政，政即其学"的思想主张

唐甄的思想渊源于阳明心学。在《潜书·悦入》中，唐甄自道："甄晚而志于道，而知即心是道，不求于外而壹于心。"在《潜书·尚治》篇中又说："天地虽大，其道惟人；生人虽多，其本惟心；人心虽异，其用惟情；虽有顺逆刚柔之不同，其惟情则一也。是故君子观于妻子，而得治天下之道；观于仆妾，而得治天下之道；观于身之骄约，家之视效，而得治天下之道。"唐甄所提的"其道惟人""其本惟心""其用惟情"的观念，是对阳明心学基本思想的表述。

但是，唐甄的思想与阳明心学又有着明显差异。阳明心学主旨在于明心见性，而唐甄虽然以心为本，但其根本目的却在于"得治天下之道"，明心见性只是其手段。他说："事不成，功不立，又奚贵无用之心，不如委其心而放之。"③ 以"平治天下"为标准，唐甄对于程朱理学进行了批判："程朱讲学而未及为政，故其言学可师也，其言政皆可疑也。"④ 唐甄强调儒学与佛教、道家思想不同，是有关平治天下的学问。"儒之为贵者，能定乱、除暴、安百姓也。"⑤ 因而，"古之圣人，言即其行，行即其言，学即其政，政即其学"⑥。在唐甄看来，儒学如果脱离了政，就不成其为学；不以治国安民为目的，修身也就成了一句空话，"修身治天下为一带，取修身割治天下，不成治天下，亦不

---

① 《潜书·潜存》。
② 《潜书·潜存》。
③ 《潜书·辨儒》。
④ 《潜书·有为》。
⑤ 《潜书·辨儒》。
⑥ 《潜书·有为》。

成修身"①。

"即政是学，即学是政"的"政学合一"之论，在王阳明及阳明后学王畿、欧阳德、邹守益、王艮及其弟子林春那里有着大同小异的表述，可以视为心学的一种基本观点。唐甄鉴于宋明理学家空谈性理，试图使儒学重新成为有益于治国平天下的实学，而在晚明清初经世思潮背景下重申这一观点，显然表现出了强烈的救世精神。

二、对专制君主的反思与批判

唐甄认为："治天下者惟君，乱天下者惟君。"② 这句话表明，他一方面承认君权至上，另一方面又对专制君主进行深刻反思与猛烈抨击。

唐甄首先撕下了君主神圣的外衣。传统思想认为，君权天授，君权神圣不可侵犯。唐甄则指出，君主是人而不是神。"天子之尊，非天帝大神也，皆人也。"③ 唐甄在理论上把君主与平民百姓等同起来，将君主的地位从神拉回到人，使君主丧失了神圣的权威，从而在理论上动摇了君主专制的基础。

唐甄进一步揭露了君主的本质，指斥帝王皆贼。他说："自秦以来，凡为帝王者皆贼也。"④ 为什么这样说？因为"杀一人而取其匹布斗粟，犹谓之贼；杀天下之人而尽有其布粟之富，而反不谓之贼乎"⑤。在唐甄看来，既然杀一个人而抢夺其财物就是贼，那么，通过战争而杀戮天下人并占有他们的财物就当然是贼。唐甄以刘邦屠咸阳、刘秀屠百城为例说："使我而事高帝，当其屠城阳之时，必痛哭而去之矣；使我而事光武帝，当其屠一城之始，必痛哭而去之矣。吾不忍为之臣也。"⑥ 清楚地表明了他的立场。历史上统治阶级之间的政治斗争和权力角逐，总是要殃及社会，最终总是由黎民百姓负担深重的灾难。唐甄"帝王皆贼"的认识，正是在这一点上揭示了历史的真相。唐甄批判历代帝王皆贼，其思想之深刻，话语之尖锐，体现了他作为政治思想家的胆识。

---

① 《潜书·性功》。
② 《潜书·鲜君》。
③ 《潜书·抑尊》。
④ 《潜书·室语》。
⑤ 《潜书·室语》。
⑥ 《潜书·室语》。

从帝王皆贼的认识出发，唐甄进一步指出，正是由于帝王的昏庸，才导致政治昏暗、官吏扰民、民不聊生。历代帝王对于社会的动乱负有不可推卸的责任，帝王的存在是社会动乱的真正根源。他说："天下难治，人皆以为民难治也，不知难治者非民也，官也。"① 官吏扰民只是造成社会混乱的表面现象，其根源却在君主，因为"治乱非他人所能为也，君也。小人乱天下，用小人者谁也？女子、寺人乱天下，宠女子、寺人者谁也？奸雄、盗贼乱天下，致奸雄、盗贼之乱者谁也？"② 人们常常以为奸佞、女人、宦官乱天下，然而，使奸佞、女人、宦官能够乱天下者正是专制君主。

唐甄认为，自秦汉以来，贤君少而乱君多。原因有二：

第一，帝王之家很少有贤人。"天之生贤也实难，博征都邑，世族贵家，其子孙鲜有贤者。何况帝室富贵，生习骄恣，岂能成贤。"故而一代王朝传位十多世，"有二三贤君，不为不多矣"，其他的君主"非暴即暗，非暗即辟，非辟即懦"，正是这些"懦君蓄乱，辟君生乱，暗君召乱，暴君激乱，君罔救矣，其如斯民何哉"！③ 在唐甄看来，明君少而昏君多，是君主世袭所不可避免的现象。儒家传统思想提倡贤人政治，唐甄批判"帝室富贵""岂能成贤"，意在要求以贤者为君，明显具有否定君权世袭的思想倾向，这种观念对君主专制政治是一种强烈冲击。

第二，由尊君卑臣而造成。唐甄说："人君之尊，如在天上，与帝同体，公卿大臣，罕得进见；变色失容，不敢仰视，跪拜应对，不得比于严家之仆隶。"君与臣地位悬殊，在这种情况下，"臣日益疏，智日益蔽；伊尹、傅说不能诲，龙逢、比干不能谏，而国亡矣"④。他认为，君主至高无上的尊贵地位使得君臣之间如狼牧羊，大臣见了皇帝，胆战心惊，臣下的人格与意见都不能得到帝王的尊重，而皇帝也就成了孤家寡人。社会政治只能是愈来愈昏暗，直至国家灭亡。

在唐甄看来，专制君主视天下为私产，独断专行，恣意妄为，造成了民不聊生、天下动乱。但"帝王皆贼"的命题并没有否定君主专制制度。相反，他还提出了为君之道，主要内容包括：

① 《潜书·柅政》。
② 《潜书·鲜君》。
③ 《潜书·鲜君》。
④ 《潜书·抑尊》。

其一，君主要抑尊。唐甄认识到，君主自尊是阻隔君臣之间联系的屏障，"势尊自蔽"，"是故人君之患，莫大于自尊；自尊则无臣，无臣则无民，无民则为独夫"。① 因此，君主应该尽量提高大臣的地位，使臣下能够"攻君之过"，以期建立合理的君臣关系，君臣之间能够在政治上相互补充。

其二，君主要向天下人求教。"位在十人之上者，必处十人之下；位在百人之上者，必处百人之下；位在天下之上者，必处天下之下"②，君主应该向社会各阶层人士求教，以访求治国安邦之道。

其三，君主应该以节俭示天下。"人君能俭，则百官化之，庶民化之，于是官不扰民，民不伤财；人君能俭，则因生以制取，因取以制用，生十取一，取三余一，于是民不知取，国不知用，可使菽粟如水火，金钱如土壤，而天下大治。"③ 唐甄认为，君主的所作所为对于民众有着十分重要的影响。如果君主提倡节俭，天下必然形成节俭的风气。官不扰民，民不伤财，就能实现天下大治。

其四，君主要知人善任，尚贤与能。"明君欲兴上治，举贤以任官，必审官以尽其所学。稽古以为名，顺时以定职，期于允宜，以安天下之民。"④ 使贤任能又分为两个层次，一是审官，使官吏的特长能够得其所宜，尽量发挥。二是定职，使官吏有明确的职权范围，名正言顺，履行自己的职责。这样，贤明的君主辅之以贤明的臣下，天下必达于治。

三、"财用为生民之命"的养民思想

在明末清初的社会动荡中，百姓充分显示了自己的力量。这使得一部分思想家敏感地认识到民众力量的重要性，唐甄则是其中最为突出的一个。

唐甄认为，在社会政治生活中，民无时无刻不在发挥着作用。他说："政在兵，则见以为固边疆；政在食，则见以为充府库；政在度，则见以为尊朝廷；政在赏罚，则见以为叙官职……国无民，岂有四政！封疆，民固之；府

---

① 《潜书·任相》。
② 《潜书·抑尊》。
③ 《潜书·富民》。
④ 《潜书·卿牧》。

库，民充之；朝廷，民尊之；官职，民养之，奈何见政不见民也！"① 国家的军事、政治、法律、财政，都与民联系密切，倘若国家没有民，"兵""食""度""赏罚"四政也就无以存在了。唐甄对于民的认识基本上没有超出传统民本思想的范围。在他的政治观念中，民并不是社会政治的主体，而只是统治者实行政治统治的基础。"是故明德之君，不侈其尊富强大也。以为我实民之父母，民实我之男女。"② 这表明唐甄对民的认识受儒家传统民本思想的影响比较深。

唐甄进而提出，统治者必须以养民为务。"古之贤君，举贤以图治，论功以举贤，养民以论功，足食以养民。虽官有百职，职有百务，要归于养民。"③ 养民是君主为政最根本的出发点，是治国的根本环节。唐甄说："天下之官皆弃民之官，天下之事皆弃民之事，是举天下之父兄子弟尽推之于沟壑也，欲治得乎！天下之官皆养民之官，天下之事皆养民之事，是竭君臣之耳目心思而并注之于匹夫匹妇也，欲不治得乎！诚能以是为政，三年必效，五年必治，十年必富，风俗必厚，讼狱必空，灾祲必消，麟凤必至。"④ 如果统治者弃其民众，推天下父兄子弟于沟壑之中，根本不可能达到治的目的。如果君臣上下都以养民为务，重视民众的利益和愿望，三年便可收其成效，五年可以达治，十年国家必然富强。

唐甄认为养民的关键在于富民，统治者要实行有利于民生的政治、经济政策。他说："众为邦本，土为邦基，财用为生民之命。"⑤ "为治者不以富民为功。而欲幸致太平，是适燕而马首南指者也。"⑥ 在唐甄看来，富民与治国是紧密联系在一起的，作为国家的基础的因素有二：一为众，二为土，民对于国家来说更为重要，而财用则是民的立身之基。因而，要达到平治天下的目的，必须使民众能够财用充足。唐甄还在《潜书·达政》一篇中，提出了养民善政十八条，大体可以分为四类。第一类是鼓励民众从事生产，务农殖谷，发展农林渔业生产；第二类是实行轻徭薄赋的政策，"廪蓄不私敛""纳赋有方"；第三类是行教化，倡节义，使民众能够遵守伦理道德；第四类是实行社会福利政

---

① 《潜书·明鉴》。
② 《潜书·厚本》。
③ 《潜书·考功》。
④ 《潜书·考功》。
⑤ 《潜书·卿牧》。
⑥ 《潜书·考功》。

策，诸如"发济不失时"等。唐甄养民善政的基本精神是尽量减轻民众负担，为此，他提出了减省官吏的主张。他说："官多，则禄不得不薄；禄薄，则侵上而虐下，为盗臣，为民贼。故养民之道，必以省官为先务焉……多官害民。"① 与历史上的那些卓越的思想家一样，唐甄充分认识到供养官吏是民众身上最沉重的负担，官吏本身就是害民之贼，这一认识已经多少接触到了封建政治的本质。

唐甄强调养民的根本原则是实行均平政策。他认为，财用是民众的立身之基，"国之宝"，因此财富不能掌握在少数巨室豪富之手。他指出："财者，国之宝也，民之命也……圣人以百姓为子孙，以四海为府库，无有窃其宝而攘其命者，是以家室皆盈，妇子皆宁。反其道者，输于幸臣之家，藏于巨室之窟。蠹多则树槁，痈肥则体敝，此穷富之源，治乱之分也。"② 在唐甄看来，家室皆盈才是国家富裕的标志，如果财富输于悻臣之家，藏于巨室之窟，悻臣、巨室对于国家来说，恰恰犹如树木的蛀虫一样，危害国家的经济利益。

至于为什么要实行均平的养民政策，唐甄在《潜书·大命》中说："天地之道故平，平则万物各得其所。及其不平也，此厚则彼薄，此乐则彼忧。……王公之家，一宴之味，费上农一岁之获，犹食之而不甘。吴西之民，非凶岁为麦贝粥，杂以苊秆之灰，无食者见之，以为是天下美味也。人之生也，无不同也，今若此，不平甚矣。……是以舜禹之有天下也，恶衣菲食，不敢自恣，岂所嗜之异于人哉？惧其不平以倾天下也。"这就是说，社会财富的不平均是一种极不合理的现象。一部分人的富有是建立在另一部分人的贫穷基础上的。在王公贵族豪华奢侈的另一面，是广大民众的贫穷，贫富的极端分化，必然导致社会的动乱。因而唐甄认为，真正明智的统治者应该如同舜和禹那样，"恶衣菲食，不敢自恣"，以自己的俭朴求得天下均平，以达到宽以养民的目的。

明末清初的社会动荡，使唐甄深刻认识到了民众的力量和作用，也进一步促使他对于君主专制有了深刻的反思。但是，唐甄毕竟是封建时代的思想家，在他的政治思想中，倡导民本却无法从中疏导出民权的主张，认识到君主是社

---

① 《潜书·省官》。
② 《潜书·富民》。

会动乱的根源，却仍然寄望于君主制度，体现了中国传统政治思想共有的局限性。

第九节　戴震以批判理学为核心的政治思想

戴震（1724—1777），字慎修，又字东原，徽州府休宁县（今安徽黄山）人。少时读书用功，"日数千言不肯休"①，勤于思考。21 岁时师从著名学者江永。乾隆二十七年（1762）举人，乾隆三十八年被召为《四库全书》纂修官。乾隆四十年会试下第，特命参加殿试，赐同进士出身，被乾隆授翰林院庶吉士。不久病逝于北京。

戴震对于音韵学、文字学、经学有重要贡献，对天文、算学、地理等自然科学也有深入研究，开创了乾嘉朴学中的"吴派"。在政治哲学方面，抨击理学家"存天理，灭人欲"之说，斥之为"以理杀人"，对晚清以来的学术思潮产生了深远影响。其政治思想主要体现于《原善》《孟子私淑录》《孟子字义疏证》和《答彭进士允初书》等著作中，著述被辑为《戴东原先生全集》《戴震全集》传世。

一、对理学的批判

戴震的政治思想大致可分为两个时期，前期褒扬汉学与宋学，后期批判宋学。戴震不仅批判宋学的学风和方法，而且触及宋学的理论内核，反对理学家"存天理，灭人欲"的主张，斥责其"以理杀人"。

有关天理的认识是宋明理学的理论基石，戴震釜底抽薪，批评理或天理是宋儒的杜撰。他说："六经、孔、孟之书不闻理气之辨，而后儒创言之，遂以阴阳属形而下，实失道之名义也。"② 戴震查阅了孔、孟的言论以及六经传记的记载，发现"理字不多见"。所见到之仅称"察之而几微必区以别之名也，是故谓之分理。在物之质，曰肌理，曰腠理，曰文理"。他又引用许慎《说文解字序》的解释："知分理之可相别异也。"这"分理"即是用以区别不同事物

---

① 段玉裁：《戴震年谱》，见《戴震集》，上海古籍出版社 2009 年版，第 454 页。
② 《天道》，《孟子字义疏证》卷中。

的本质和规律的。据此，戴震对天理做了新的诠释，他说："分之各有其不易之则，名曰理。""是故明理者，明其区分也。"所谓"理"就是分析具体事物时用以区别不同质的概念；所谓明理就是要懂得区别不同事物的道理。戴震经过考察后指出："古人所谓理，未有如后儒之所谓理者矣。"他认为，宋儒之所谓"理"，其实是"心之意见"，即"凡事至而心应之，其段于心，辄曰理如是，古贤圣未尝以为理也"。戴震对"理"范畴的新阐释，亦即是对宋儒"理"范畴的修正。

在对"理"范畴重新解释的基础上，戴震阐述了自己的人性论。戴震通过对宋明以来的"理欲观"的重新审视，将道德伦理建立在万民具体的感性欲求之上，在感性欲求之中寻求中正不失之善，而不是用灭欲的方式来建立社会之善。他说："人生而后有欲、有情、有知，三者血气心知之自然也。""喜怒哀乐之情，声色臭味之欲，是非美恶之知，皆根于性而原于天。"戴震充分肯定情与欲的正当合理性，他说："理者，存乎欲者也。"所谓"天理"，即是"自然之分理"，是"以我之情絜人之情而无不得其平是也"。"情得其平，是为好恶之节，是为依乎天理。"所以立身行事，只要合乎"人之常情"，虽"不言理而理尽于此"。① 他明确反对宋明儒者把理欲截然分为两者的观点，他说："天下惟一本，无所外。有血气，则有心知；有心知，则学以进于神明，一本然也；有血气心知，则发乎血气心知之自然者，明之尽，使无几微之失，斯无往非仁义，一本然也。"②

戴震认为程朱理学将天理与人欲对立起来，导致"后儒以理杀人"。自宋以来，所谓理或天理常常是个人的偏见私见，有势位者更是以私见为理，欺压弱者，为祸于民。他说："宋以来儒者，以己之见，硬坐为古贤圣立言之意，而语言文字实未之知。其于天下之事也，以己所谓理，强断行之……是以大道失而行事乖。"由于人们以"心之意见"当作理，所谓理的判定标准就不是人的认识，而是取决于势力。权势者"负其气，挟其势位，加以口给者，理伸；力弱气慑，口不能道辞者，理屈"③。于是"此理欲之辨，适成忍而残杀之具，为祸又如是也"。"诚见夫诐辞邪说之深入人心，必害于事，害于政，天下被其

---

① 《理》，《孟子字义疏证》卷上。
② 《理》，《孟子字义疏证》卷上。
③ 《理》，《孟子字义疏证》卷上。

祸而莫之能觉也。"① 理学的理欲之辨，结果只能是压制人们正当的利益要求。

戴震进而指出尊贵者用理"责制"卑贱者，"理"成了统治者治民的工具。他说："尊者以理责卑，长者以理责幼，贵者以理责贱，虽失谓之顺。卑者、幼者、贱者以理争之，虽得谓之逆，于是下之人不能以天下之同情、天下所同欲达之于上。上以理责其下，而在下之罪人，人不胜指数。人死于法，犹有怜之者，死于理其谁怜之！"② 戴震揭示了统治者推崇理学的奥秘：理与政治权力相结合，理就会凭借着权力的至上威力而成了评判是非的标准，于是掌权者即尊贵者就可以理所当然地在理即天理的名义下任其所为，可以以非为是，似是而非。戴震对理学的批判无疑是深刻的。

戴震抨击理学并没有离开义理二字，其真正目的是要树立"孔学之义理"在思想文化上的绝对主导地位。戴震在学术上偏离了帝王高举的正统思想旗帜，被卫道士目为"异端"，抨击者斥责他"离经叛道过于杨、墨、佛、老"，从清代政治思想主流的立场来看，戴震确实表现出某种反传统精神。但戴震的最终立场或根本用意只是离经而不叛道。他说："圣人之道，在六经。汉儒得其制数，失其义理；宋儒得其义理，失其制数。"③ "六经者，道义之宗而神明之府也。"④ 这是汉代以来经学思维方式的延续。戴震在治学上"舍注求经"、回归原典，要求超越程朱理学，从更为原始的儒学经典中寻找政治思想的理论依据。

戴震生当康乾时代，在思想空气普遍沉闷的情况下，能对作为官方意识形态的"程朱理学"及其现实危害性进行深刻的理论批判，可谓独树一帜，振聋发聩，具有促进思想解放的启迪意义。但以戴震为代表的一代学者重新考订"理"的内涵，重申"理欲之辨"，重新树立"孔学之义理"，其意在恢复数百年来被扭曲湮没的圣学真权威，其思想立场并没有超越儒家传统政治思想的窠臼。

二、"体民情""遂民欲"的政治理想

基于"天理者，节其欲而不穷人欲也"⑤ 的认识，戴震提出最好的政治就

---

① 《理》，《孟子字义疏证》卷上。
② 《理》，《孟子字义疏证》卷上。
③ 戴震：《与方希原书》，《戴震集》，上海古籍出版社 2009 年版，第 189 页。
④ 戴震：《古经解沈序》，《戴震集》，上海古籍出版社 2009 年版，第 189 页。
⑤ 《孟子字义疏证》卷上。

是让人都能满足自己欲望的政治。他说:"圣人治天下,体民之情,遂民之欲,而王道备。"① 在理想的政治社会里,统治者应该体察民情、满足民众的欲望。

统治者要做到"体情遂欲",必须有相应的个人道德修养。戴震说:"天下之事,使欲之得遂,情之得达,斯已矣。惟人之知,小之能尽美丑之极致,大之能尽是非之极致,然后遂己之欲者,广之能遂人之欲;达己之情者,广之能达人之情。道德之盛,使人之欲无不遂,人之情无不达,斯已矣。"② 他认为,人人都应该拥有满足自身合理情欲的机会和条件,"遂己之欲,亦思遂人之欲,而仁不可胜用矣;快己之欲,忘人之欲,则私而不仁"③。在戴震看来,只有使广大民众的"欲"得以"遂","情"得以"达",才符合古代圣人的要求,也才符合天理的要求。可以看出,在戴震那里,"体情遂欲"既是一种道德理想,又是一种政治理想,其德治思维仍然十分明显。

实现"体情遂欲"的政治理想,离不开"君君臣臣"的封建专制制度。戴震说:"凡天之文,地之义,人之纪,分则得其专,合则得其和。分也者,道之条理也;合也者,道之统会也。条理明,统会举,而贵贱位矣。贵者君之,贱者臣之,而治化出矣。征之于臣道妻道无失,知其君道立矣。"④ 这表明,戴震还没有超出君主专制思想的约束。

小　结

明、清两朝都建立了统一的多民族国家,经济、政治、文化等方面较之宋、元有了进一步发展,并出现了一些新的因素,主要有:封建专制中央集权发展到顶峰,明中叶以后出现了资本主义萌芽,随着西方资本主义的殖民扩张,西学开始东渐。

与这种社会状况相适应,这一时期的政治思想除了民族关系、中外文化关系等思想之外,主要有两条线索:一是站在朝廷的立场维护君主统治秩序的政治思想。以王阳明和张居正为主要代表,力主维护国家统一和君主专制制度,

---

① 《孟子字义疏证》卷上。
② 《孟子字义疏证》卷下。
③ 《原善》卷下。
④ 《法象论·原善上》。

在理论与实践两个层面都进行了卓有成效的尝试。王阳明作为心学思想的集大成者，建构了以"致良知"为核心的理论体系，肯定人人都固有"良知"，人们修养的重点就在于觉悟自己的"良知"，并将之体现于"事事物物"中。他认为三纲五常也是"良知"的内涵，并且断定人人都可以"致良知"，这就提升了个人在封建统治秩序中的主体地位。在治国理念上，他强调"明德亲民"，在具体措施上则加强对基层的控制，尤其以"十家牌法"最有代表性。王阳明心学的教化主旨是要觉悟自己的"良知"，"破心中贼"，约束自己的思想，进而约束自己的行为，以维护君主专制的统治秩序。其心学成为程朱理学之外的另一派思想体系，对后世的政治思想产生了深远影响。张居正作为一代权相，一方面提出"振纪纲"，加强中央集权，禁毁私学，推行思想文化专制政策，加强对社会和思想文化的控制，以巩固统治权力；另一方面又重视民生，爱惜民力，实施"安民之道"，以稳固君主专制的社会根基。张居正是统治阶级及其正统思想家的典型。

二是从个别的异端思想发展到对君主专制的深刻反思、批判乃至否定的思潮。这一脉络从王门后学中的李贽开始，代表思想家有黄宗羲、唐甄、戴震等。李贽的思想以"童心"说、"平等"观为基础，对传统政治观念和思想权威进行了整体反思和批判。黄宗羲则对君主专制进行了深刻反思，他提出的"天下为主君为客"和"学校议政"，使中国古代民本思想达到极致，对近代一些思想家理解民主观念起了一定的启蒙作用。顾炎武批判"私天下"的专制制度，王夫之提出"不以天下私一人"说，唐甄揭露"帝王皆贼"，戴震抨击程朱理学是"以理杀人"。他们反思封建统治，揭露封建专制的自私本性，批判封建统治意识形态，将天下和君主区分开来，要求以"天下为主"，即以"民"为"主"，"民"是国家的"主"人，将天下兴亡的责任寄托在"匹夫"即民众的身上。这些认识从天下观的角度，把孟子的民贵君轻思想发展到一个新的高度，可谓振聋发聩，体现了这一时期政治思想发展的反专制倾向，极具积极意义和进步性。

上述两条线索都延续到了近代，因此，这一时期的政治思想，既可以看成是古代政治思想的终结，也可以看成是近代政治思想的前夜。尽管这一思潮囿于时代局限，思想上未能突破儒家传统的制约，制度上也没有超出君主制，但是其中提出的诸多反思、批判君主专制的观念，已具有近代精神意蕴，发挥了一定的启蒙作用，成为近代资产阶级改良派和革命派宣传改良或革命的思想资源，在中国政治思想史上占有重要地位。

思考题

1. 试述王阳明德治思想的主要内容及特点。
2. 李贽反思传统观念的主要内容有哪些？
3. 试述黄宗羲反专制思想的主要内容及历史意义。
4. 顾炎武分权治众思想的主要内容有哪些？
5. 简述王夫之民本思想的主要内容。
6. 唐甄反专制思想的主要内容是什么？有何意义？

第九章 鸦片战争时期的政治思想

鸦片战争时期是中国社会从封建社会走向半殖民地半封建社会的转折时期，剧烈的社会变动引发了社会思潮的深刻变化。这一时期出现了以林则徐、龚自珍、魏源为主要代表的地主阶级改革派。他们提倡通经致用，讲求兴利除弊，又敢为天下先，"开眼看世界"，提出"师夷长技以制夷"的历史性课题，开启了近代中国向西方学习的艰难而曲折的历程。中国政治思想史从此进入一个新的发展阶段。

第一节 鸦片战争时期的社会历史背景

一、清朝面临的统治危机

18 世纪中期，在清朝鼎盛的"康乾盛世"，中国国民生产总值约占世界的三分之一强①，是世界上最强盛的国家之一。但是好景不长，从 18 世纪末开始，清王朝由盛转衰。政治上，吏治腐败，贿赂公行。社会矛盾尖锐化。

在经济上，土地兼并与日俱增。嘉庆年间，官僚、地主、高利贷者采用种种手段，掀起了兼并土地的狂潮。苏州、常州、湖州一带的良田，百分之七八十集中到地主手中。广大农民所负担的正额地租一般占其收获物总量的50%以上，有的甚至高达70%以上。农民辛勤劳动一年，除了缴纳沉重的封建租赋之外，所剩无几，很难维持生活。军事上，由于承平日久，武事荒废，军队也渐渐失去战斗力。

清王朝的腐朽统治使国内阶级矛盾日趋激化，秘密结社遍及全国，农民起义接连发生。1796 年至 1804 年爆发了遍及湖北、四川、河南、陕西、甘肃五省的白莲教大起义，这成为清朝由盛转衰的标志。1813 年爆发了天理教起义，1820 年爆发了新疆甘肃的回民起义，1832 年在湖南广西交界处发生了苗民瑶民

---

① Paul Bairoch: International Industrialization Levels from 1750 to 1980, *Journal of European Economic History*, vol 11, 1982; Paul Kennedy, *The Rise and Fall of Great Powers*, New York: Vintage Press, 1989, p. 149.（中译本见［美］保罗·肯尼迪：《大国的兴衰》，蒋葆英等译，中国经济出版社 1989 年版，第 186 页。）

起义。这一切都表明，清朝的专制统治已是危机重重。

对清王朝的统治造成更大挑战的是叩关而来的西方资本主义列强。此时，西方主要国家先后完成了资产阶级革命，工业革命也在加速推进，西方各国急于开拓海外市场，加紧海外掠夺。美洲、非洲、亚洲等大部分地区已被西方列强瓜分完毕，地大物博的中国就成为了他们觊觎的主要对象。当时，清政府采取闭关政策，使中国处于与世隔绝的状态。以英国为首的西方资本主义国家为了改变巨额的贸易逆差，急于打开中国市场，扩大对华贸易，于是向中国大量走私鸦片，造成中国白银大量外流。

鸦片贸易给西方殖民者带来了高额利润，却给中国造成了深重的灾难。鸦片泛滥毒害和摧残了中国人民的精神和体质，造成了社会生产力的严重萎缩，导致社会购买力日益下降，银贵钱贱，财政枯竭。鸦片战争前夕，中国每年金银输出已达 1000 多万元。[①] 这迫使清王朝开始下决心解决鸦片问题。当清政府开始严禁鸦片时，英国不惜采取种种卑劣手段破坏中国的禁烟运动，直至最后发动侵略战争。鸦片战争后，清王朝更加腐败，加之外敌不断入侵，国土不断被蚕食，民族生存面临严重危机。

由于长期闭关锁国和"天朝上国"意识，人们对外部世界知之甚少。直到鸦片战争爆发，绝大多数中国人仍不知英国在何方，国土多大。中英已经开战两年了，道光皇帝竟然提出"究竟该国地方周围几许？""英吉利到回疆有无旱路可通？""与俄罗斯是否接壤？"这样的问题。许多封疆大吏对西方的认识与道光皇帝相差无几，在广东负责与英国交涉的耆英称，英兵在夜间"目光昏暗"，总兵骆秉章则称英兵"以象皮铜皮包护上身，刀刃不能伤"，只需"以长梃俯击其足，应手即倒"。[②] 西方国家已经携其坚船利炮打上门来，当时中国统治阶层中的大多数人，都把英国发动的侵略战争等同于历史上传统的华夏与夷狄之间的战争。朝野上下，一致使用"剿夷""讨逆"一类词语，不平等条约签订后，还自我安慰说是"抚夷"成功。近代中国人对西方的茫然无知可见一斑。

二、地主阶级改革派的出现

清王朝后期内外交困的社会现实，引发了思想文化领域的经世致用思潮。

---

① 严中平：《英国资产阶级纺织利益集团与两次鸦片战争史料（上）》，《经济研究》1955 年第 1 期。

② 陈恭禄：《中国近代史》，商务印书馆 1936 年版，第 74 页。

提倡经世思想的主要是一些士大夫。他们有着强烈的忧患意识，预感到了社会大动荡的风暴即将来临，遂发出"不忧一家寒，所忧四海饥"的感慨。他们中的部分人不满现状，力主采取措施革除弊政，化解危机，在政治上成为地主阶级改革派。

地主阶级改革派是倡导经世思想的政治中坚和思想精英，主要由两部分人构成：一类是统治阶级上层中的有识之士，如陶澍、贺长龄、林则徐、黄爵滋等，他们往往以地方大吏的身份，利用手中权力，在可能的范围内积极实践改革，推行一些有利于国计民生的政治主张，在水利、漕运、盐法、币制、禁烟等大政上有所兴革，取得了良好政绩，赢得了较高的声誉，是改革派的政治领袖。另一类则是官卑职小或未登仕途的士大夫，如龚自珍、包世臣、魏源、姚莹等，他们往往侧重于言论文章，著书立说，以其广博的学识、深刻的思想为依托，提出改革理论，并在实践上积极出谋划策，是改革派思想理论方面的主要代表。

地主阶级改革派从维护封建统治立场出发，在其权责范围内推行了一系列改革，达到了"自改革"思潮所能达到的高度，是鸦片战争时期提倡经世思潮、推动社会改革的主导力量。他们虽然没有共同的政治纲领，没有形成任何统一的组织形式，但有大体一致的政治抱负，在政治上彼此呼应、互相声援，学术上以文会友，互相砥砺，无形中成为社会改革力量的核心。在维护封建统治的前提下，他们以抨击秕政误国，呼吁社会改革，谋求"师夷长技"，抵抗外来侵略，而走到了时代前列。

三、地主阶级改革派政治思想的变化

鸦片战争时期，地主阶级改革派大力提倡经世之学，以期匡救时弊，但其思想内容在鸦片战争前后还是有着明显变化。

鸦片战争前，地主阶级改革派经世致用思想主要探究两大问题：一是研究和试图解决鸦片泛滥而引起的社会和财政经济危机。以林则徐为代表的地主阶级改革派以经世为己任，及时反映情况或提出对策，使道光皇帝得以及时了解鸦片危害实情并下令查禁鸦片。二是抨击时政，揭露社会黑暗与政治的腐败，要求整饬吏治，实施变革。以龚自珍为代表的地主阶级改革派对腐败的官僚政治给予了严厉的揭露与批判。他们认为只有实行变革，才能挽救社会危机。

鸦片战争后，地主阶级改革派的经世思想实现了从"通时务"到"知夷务"的转变，提出"师夷长技以制夷"，即学习西方"长技"，以抵抗西方的侵略。他们主张向西方学习的主要是军事技术，即其坚船利炮及养兵练兵之法。

应该说，地主阶级改革派探求西学与抵御外侮的思想和实践，不仅推动了经世致用思潮的发展，而且带动和影响了一大批学者放眼看世界。徐继畬于1848年著成《瀛环志略》，详细叙述了西方诸国的史地沿革、风土人情及社会变迁，介绍了西方国家的经济政治制度、殖民情况和科技文化等。梁廷枏于1846年写成《海国四说》，分别介绍了美国、英国、意大利、荷兰、葡萄牙等国的历史、现状及其与中国的关系，并且涉及基督教问题。姚莹于1845年撰写《康輶纪行》，对英、俄等国的情况作了探讨，揭露了其侵略中国的野心。这些著作成为当时中国了解西方的主要途径。

与此同时，清代乾嘉时期由祁韵士、徐松等人开创的西北史地之学，此时也把目光投向中亚、俄国、欧亚大陆交通等，三部代表作应运而生。一是张穆的《蒙古游牧记》，"稽史籍，明边防"，"贵乎经世致用"；二是魏源的《元史新编》，通过总结地域辽阔的元朝灭亡的教训为现实政治提供殷鉴；三是何秋涛的《朔方备乘》，80卷，其中40卷是对中国北部边疆及俄国的描述，考察了中俄交往的历史、两国边界的形成，隐含对"北徼"俄国侵略威胁的警觉和防范之意。

总之，鸦片战争是中国近代史的开端。从此，中国由一个独立的封建主权国家逐步沦为半殖民地半封建国家，中国社会的主要矛盾也由地主阶级和农民阶级的矛盾转变为帝国主义与中华民族之间的矛盾，封建主义与人民大众之间的矛盾。这种社会属性决定了中国近代政治思想史的主题首先是反帝、反封建。这一时期，各个阶级、各种社会力量、各种政治派别的各种思想主张、理论方案以及解决办法，大都围绕着救亡图存、振兴中华、实现民族独立与解放而展开。

与整个中国古代不同的是，这一时期的中国已经被卷入世界近代化潮流。中国一方面要反抗西方侵略、捍卫民族独立和国家主权；另一方面，也不得不学习西方的"长技"并探讨与西方共处的方法。近代思想家们所能利用的思想资源已经大大拓展，不仅有以儒家为主体的思想传统，还有来自西方的思想文化，这使得中国近代政治思想的发展开始表现出与古代截然不同的特点。

第二节　龚自珍的"自改革"政治思想

龚自珍（1792—1841），字璱人，一字伯定，号定盦，又名巩祚、易简，浙江仁和（今杭州）人。出身世代书香家庭，是段玉裁的外孙，少年即得段玉裁教诲，广泛涉猎经、史、子、集。1819 年，在北京师从今文经学家刘逢禄学习《公羊春秋》，使他找到了表达自己改革思想的手段。他的仕宦生涯并不顺利，第六次会试才得中进士。曾任内阁中书、宗人府主事和礼部主事等官职，1839年因讥议朝政，得罪权贵，愤然辞官南下。此后在丹阳云阳书院、杭州紫阳书院教书，1841 年秋暴病卒。龚自珍一生著作颇丰，后人将其编成《定盦文集》《龚自珍全集》等。

一、"通经致用"的经世思想

龚自珍在中国近代政治思想史上的突出贡献，就是倡导"通经致用"，开了晚清一代"议政"风气。针对晚清学术界脱离现实、脱离政治的弊病，龚自珍强调指出：学术起源于政治，学术与政治本来是统一的，舍政治即无学术。他说："自周而上，一代之治即一代之学也；一代之学，皆一代王者开之也。"① 那种与现实绝缘，以训诂文物为尽圣人之道的考据学派，不明白学术即政治的道理，他们脱离实际，"上不与君处，下不与民处"，结果是"王治不下究，民隐不上达，国有养士之资，士无报国之日"，这样发展下去，"终必有受其患者"。② 因此，他号召士大夫要面对现实，力倡"箸议""塾议"，即私人议论国政。为了论证私人议政的合理性，他在《上大学士书》中说："夫有人必有胸肝，有胸肝则必有耳目，有耳目则必有上下百年之见闻，有见闻则必有考订同异之事。"有考订异同，则必有是非，必有"感慨激奋"，居上位者自然可以择其是者而行之，择其非者而弃之，而居下位者无此实力，只能"昌昌大言之"而已。③ 议政不仅是为官者的权利，同时也应是所有有识之士的共有权利。

① 《龚自珍全集》，王佩铮校，上海古籍出版社 1999 年版，第 4 页。
② 《龚自珍全集》，王佩铮校，上海古籍出版社 1999 年版，第 5 页。
③ 《龚自珍全集》，王佩铮校，上海古籍出版社 1999 年版，第 319 页。

因此，士大夫应勇于表达观点。只有这样，才能转移社会风气，改变社会政治弊病丛生、积重难返的局面。这为当时士大夫议政提供了理论依据。

如上所述，龚自珍认为，一代之治即一代之学，而把它们结合于一的，则是史。他说："史之外无有语言焉；史之外无有文字焉；史之外无人伦品目焉。史存而周存，史亡而周亡。"他总结周亡的教训指出："灭人之国，必先去其史；隳人之枋，败人之纲纪，必先去其史；绝人之才，湮塞人之教，必先去其史；夷人之祖宗，必先去其史。"① 因此，为政必"尊史"。所谓"尊史"，不是尊其职位，而是"尊其心"而"善入"，"天下山川形势，人心风气，土所宜，姓所贵，皆知之"，对于礼、兵、政、刑、掌故、文体、人物，就像自己的家事一样熟悉，而要做到这样，就必须甘于像"别子"那样"尊史"，尊其心，尊其言，最终达到"出乎史，入乎道，欲知大道，必先为史"的境界。②

龚自珍从 21 岁开始写作政论文章，壮年膺服今文经学之后，不局限于文本，在现实中寻先圣微言大义，勇于抨击时政，在中国近代政治思想史上，开启了思想解放的先河。正如梁启超所说："晚清思想解放，自珍确与有功焉。光绪所谓新学家者，大率人人皆经过崇拜龚氏之一时期。初读定盦文集，如受电然。"③ 说明龚自珍的确是开晚清风气的大师。

二、"讥切时政，诋排专制"的社会批判思想

伴随着封建社会的衰落，作为清王朝统治支柱的君主专制制度愈显其反动和腐朽。治"春秋"者论史，有"三世"之分，认为有文字记载以来，"世有三等，三等之世，皆观其才；才之差，治世为一等，乱世为一等，衰世别为一等"。④ 龚自珍据此"三世说"，对清王朝的种种社会弊端进行了无情的针砭和尖锐的批判。

首先，清王朝已经由盛世转为衰世。由于承平日久，统治阶级从上至下还沉浸在天下恬然、歌舞升平之中。龚自珍清醒地意识到在表面太平的背后隐藏着巨大的社会危机。他指出，嘉庆、道光以来国势陵夷，已由"人功精英""政于京师"的盛世变为"日之将夕，悲风骤至"的衰世。"衰世者，文类治

① 《龚自珍全集》，王佩铮校，上海古籍出版社 1999 年版，第 21、22 页。
② 《龚自珍全集》，王佩铮校，上海古籍出版社 1999 年版，第 80、81 页。
③ 梁启超：《清代学术概论》，中华书局 1989 年版，第 54 页。
④ 《龚自珍全集》，王佩铮校，上海古籍出版社 1999 年版，第 6 页。

世，名类治世，声音笑貌类治世。"① 就是说衰世表面上与治世相似，实则根本不同，整个社会上下无才，少数"才者""蚤夜号以求治"，求治而不得，"悖悍者则蚤夜号以求乱"。在这种情况下，整个社会呈现出一片凄凉的悲惨景象，犹如"履霜之属，寒于坚冰；未雨之鸟，戚于飘摇；痒瘘之疾，殆于痈疽；将萎之花，惨于槁木"②。这种社会"譬之于人，五官犹足，手足犹足，而关窍不灵，运动皆滞"，整个机体已经完全老化。龚自珍的这种比喻，正是当时社会衰败的真实写照，它提醒世人：社会已经陷入了深刻危机之中，"夜之漫漫，鹘旦不鸣"，如此下去，将有"'山中'之民，有大声音起，天地为之钟鼓，神人为之波涛矣"③。龚自珍意在以此给清朝统治者敲响警钟。

其次，清朝的君主专制造成了种种政治弊害。一是君主大权独揽，以威胁利诱手段实现了"一人为刚，万夫为柔"的专制统治。君主为了树立至高无上的绝对权威，不惜摧折大臣的廉耻之心，"仇天下之士，去人之廉，以快号令，去人之耻，以嵩高其身"④，而且还要千方百计对文武百官"约束之，羁縻之"，对府州县官更是严加限制与惩处，"左顾则罚俸至，右顾则降级至，左右顾则革职至"。无所不在的皇权使得大小官员"不能行一谋，专一事"⑤。二是官场的腐败黑暗。龚自珍揭露清王朝的官场积弊甚重，"大官不谈掌故，小臣不立风节，典法陵夷，纪纲颓坏"⑥，以至于出现"官不执法，幕不守法，因而愚民犯法，书役弄法，棍徒玩法"⑦ 的混乱状态。三是八股取士压抑、扭曲个性，扼杀人才。"科场之文，万喙相因"，千篇一律，缺乏实际内容和创新精神，毫无用途，"世子以腐烂时文互相弋取科名以去，此人才所以日下也"⑧。"避席畏闻文字狱，著书只为稻粱谋。"⑨ 读书已没有了"为天地立心，为生民立道，为去圣继绝学，为万世开太平"的远大理想，而是完全蜕变为当官发财的手段。选人用人一味强调论资排辈，士子从秀才、举人到中进士入翰林院，

① 《龚自珍全集》，王佩铮校，上海古籍出版社 1999 年版，第 6 页。
② 《龚自珍全集》，王佩铮校，上海古籍出版社 1999 年版，第 7 页。
③ 《龚自珍全集》，王佩铮校，上海古籍出版社 1999 年版，第 88 页。
④ 《龚自珍全集》，王佩铮校，上海古籍出版社 1999 年版，第 20 页。
⑤ 《龚自珍全集》，王佩铮校，上海古籍出版社 1999 年版，第 35 页。
⑥ 《龚自珍全集》，王佩铮校，上海古籍出版社 1999 年版，第 321 页。
⑦ 《程祖洛传》，《清史稿》，中华书局 1977 年版，第 11625 页。
⑧ 参见冯天瑜等：《中华文化史》下，上海人民出版社 1990 年版，第 933 页。
⑨ 《龚自珍全集》，王佩铮校，上海古籍出版社 1999 年版，第 471 页。

已年过 30 岁。从翰林院庶吉士逐级升迁至尚书，大抵又需 30 年至 35 年。如此则贤者得不到破格提拔，愚而不肖者却得以凭资历升迁，久而久之，必造成"仕久而恋其籍，年高而顾其子孙"① 的现象。这种官场陋习压抑人才，以至于出现"左无才相，右无才史"的人才匮乏局面。

最后，土地兼并、贫富悬殊等经济领域中的问题严重。龚自珍认为，统治者横征暴敛，置人民死活于不顾，用"加赋""加盐价""开捐例"等办法进行搜刮，此举无异于"割臀以肥脑"，"自啖自肉"，② 自取灭亡。由于土地兼并造成贫富不均日益严重，"豪强兼并……无田者半天下"③。这就使得"贫者日愈倾，富者日益壅"④，"自京师始，概乎四方，大抵富户变贫户，贫户变饿者"⑤。农民占社会的绝大多数，但生活却极度贫困，东南几省一向是富庶地区，而赋税极为繁重，"不论盐铁不筹河，独依东南涕泪多。国赋三升民一斗，屠牛那不胜栽禾"⑥。沉重的赋税使江南农民被迫抛弃耕地，杀掉耕牛，以求活命。一大批贪婪无耻的官僚"豺踞而鸮视，蔓引而蝇孳"⑦，民众生活在悲惨的境遇之中，统治者怎么能够安享太平呢？

龚自珍"讥切时政、诋排专制"⑧，对清王朝的社会黑暗、官场腐败做出了深刻而有力的批判，并将批判的矛头直指维护封建统治的君主专制制度。

三、挽救衰世的社会改革思想

在对社会现实的批判中，龚自珍逐步认识到了进行社会改革的必要，"自古及今，法无不改，势无不积，事例无不变迁，风气无不移易"⑨。如果墨守旧法，固步自封，必然导致改朝换代，政权易姓。为此，龚自珍指出，摆在清王朝面前只有两条道路，一条是主动实行的"自改革"，另一条是由外力引发的"劲改革"。他急切地呼吁："一祖之法无不弊，千夫之议无不靡。与其赠与来

---

① 《龚自珍全集》，王佩铮校，上海古籍出版社 1999 年版，第 33 页。
② 《龚自珍全集》，王佩铮校，上海古籍出版社 1999 年版，第 106 页。
③ 吴铤：《因时论十·田制》，赵靖、易梦虹主编：《中国近代经济思想史资料选辑》上册，中华书局 1982 年版，第 57 页。
④ 《龚自珍全集》，王佩铮校，上海古籍出版社 1999 年版，第 78 页。
⑤ 《龚自珍全集》，王佩铮校，上海古籍出版社 1999 年版，第 106 页。
⑥ 《龚自珍全集》，王佩铮校，上海古籍出版社 1999 年版，第 521 页。
⑦ 《龚自珍全集》，王佩铮校，上海古籍出版社 1999 年版，第 3 页。
⑧ 梁启超：《清代学术概论》，上海古籍出版社 1998 年版，第 75 页。
⑨ 《龚自珍全集》，王佩铮校，上海古籍出版社 1999 年版，第 319 页。

者以劲改革，孰若自改革？"① 即清王朝只有实行由上而下的自我改革才能继续
生存下去。龚自珍"自改革"思想包括：

其一，改革科举制度，取消八股文，改试策论。具体办法是将考八股文改
为考"讽书射策"，其中不仅考经义，还要"兼策本朝事"。如考生答不出，必
须写上"未闻"二字。考卷也不再以所谓"馆阁体"（特指官方使用的楷书）
好坏作为取士标准等，他希望以此来克服士人不关心现实的弊病。龚自珍还强
调选拔人才必须充分尊重个性，"各因其性情之近，而人才成"②，即主张因势
利导，自然成才，而不能以外在的功利标准来强加干涉，毁其才华。他在《病
梅馆记》中所说的"病梅"，实际是君主专制制度下扼杀人才的形象写照："斫
其正，养其旁条，删其密，夭其稚枝，锄其直，遏其生气，以求重价：而江浙
之梅皆病。"③ 他指出，人才是天下大治的基础和保证，"又以一代之治，必有
一代之人才任之"④。八股取士既然不能达到选拔人才的目的，那就需要及时变
革，破除科举制度的束缚，"不拘一格降人才"。

其二，君主要以礼待臣，以便实现君臣共治天下。他认为，君主治理国家
不能独断专权，应把君权分给大臣，从而使政权由君主和大臣共同执掌，"为
天子者，训迪其百官，使之共治吾天下"。对臣下只能"责之以治天下，不必
问其若之何以为治"。他批评清王朝"天下无巨细，一束之于不可破之例"的
官场陋规，即使官至总督，实际上也不能"行一谋，专一事"。为了改变臣子
"朝见长跪、夕见长跪"的制度，龚自珍认为可以"仿古法以行之，正以救今
日束缚之病"⑤。其中古代的朝仪制度最可借鉴。他考证古代朝仪中有"主坐
臣坐""主立臣立""主坐臣立"三种形式，"坐而论道，谓之三公"⑥。唐宋盛
行时，大臣讲官还享受赐坐、赐茶之举，这样的君臣关系才是合乎传统与合乎
情理的，远胜于明清两朝臣下见君主所行的三跪九叩之礼。如果臣下对君王只
能唯唯诺诺，"岂有为主人分一夕之愁苦者哉"？因为平日惯于听命的官僚早已
失去独立的意志和人格，这种表面上的忠诚与服从是最不足恃的，万一国家有
事，他们遂纷纷作鸟兽散，"伏栋下求俱压焉者鲜矣"。因此，他主张以"厉之

① 《龚自珍全集》，王佩铮校，上海古籍出版社 1999 年版，第 6 页。
② 《龚自珍全集》，王佩铮校，上海古籍出版社 1999 年版，第 338 页。
③ 《龚自珍全集》，王佩铮校，上海古籍出版社 1999 年版，第 186 页。
④ 《龚自珍全集》，王佩铮校，上海古籍出版社 1999 年版，第 116 页。
⑤ 《龚自珍全集》，王佩铮校，上海古籍出版社 1999 年版，第 35 页。
⑥ 《龚自珍全集》，王佩铮校，上海古籍出版社 1999 年版，第 31 页。

以礼出乎上，报之以节出乎下"① 等方法进行调整，使君臣之间形成平等相待、相互尊重的关系，从而实现对国家共同有效的治理。

其三，提出了具有重大意义的经济改革主张。他认为救治社会危机的根本办法是"尚平"。他在《平均篇》中探究历朝危亡的原因时指出，社会"贫富不相齐"的现象是逐步形成的，最初并不一定很严重，但由"小不相齐，渐至大不相齐；大不相齐，即至丧天下"②。而解决这一致命的社会问题的办法就是"田相齐"的土地分配方案。但他的所谓"田相齐"不是真正的"平均"，而是按封建宗法等级分田，目的是强化封建宗法制度和自然经济，用血缘关系的纽带，把穷人束缚在土地上，以此来抑制土地兼并问题。此外，他还提出要重视农业生产经营，采取若干富国利民的措施；注重组织流民生产，提出迁移内地流民开垦西北边疆的建议，这些都含有富国强兵的意义。

其四，改革边防制度。龚自珍所生活的时代正是清朝边关烽火四起之时。西北边疆有沙俄威胁，东南沿海有海盗的骚扰，尤其是英国在鸦片贸易受到禁止的情况下正在积极策划以战争打开中国大门，他担心中国遭到强敌的入侵，提醒世人，"近惟英夷，实乃巨诈，拒之则叩关，狎之则蠹国"③。为防患于未然，他又提出要对边防制度进行改革。

龚自珍作为晚清地主阶级进步思想的代表人物，在中国近代思想史上最重要的贡献就是他对封建衰世的批判和对改革的呼唤，"但开风气不为师"，开创了鸦片战争前夕思想解放的风气。需要指出的是，龚自珍把改革的希望寄托在清朝统治者的身上，实践证明这是不切实际的。

第三节　林则徐的"经世"思想

林则徐（1785—1850），字元抚，又字少穆，福建侯官人，近代杰出的爱国政治家、思想家和诗人。"苟利国家生死以，岂因祸福避趋之"是其人生信条。他曾在多地任职。1837 年任湖广总督。1838 年被任命为钦差大臣，赴广东查禁鸦片。鸦片战争爆发后被革职查问，流放新疆伊犁。途经镇江时，将《四

---

① 《龚自珍全集》，王佩铮校，上海古籍出版社 1999 年版，第 32 页。
② 《龚自珍全集》，王佩铮校，上海古籍出版社 1999 年版，第 78 页。
③ 《龚自珍全集》，王佩铮校，上海古籍出版社 1999 年版，第 229 页。

洲志》及有关外国资料交给魏源，嘱其编撰《海国图志》。1845 年被重新起用为陕甘总督，次年转任陕西巡抚。1850 年奉旨前往广西镇压农民起义，赴任途中病逝于潮州普宁县（今广东普宁市）。著作有《林则徐全集》等。

一、禁烟思想

随着嘉道年间鸦片泛滥，吸食鸦片已经成为一种社会风尚，"其初不过纨绔子弟，习以奢靡"，"嗣后上自官府、缙绅，下至工商、优隶，以及妇女、僧尼、道士，随在吸食。置买烟具，为市中日"。① 林则徐在江苏任职时就开始关注鸦片问题，经多年调查分析，逐渐形成了严禁鸦片的思想。

首先，充分认识到鸦片吸食的危害。他认为"鸦片之为害甚于洪水猛兽"②。鸦片会吸食成瘾，浪费钱财，摧残身体，导致社会购买力下降。他在实际查访后发现，原本富庶的苏州、汉口等地，由于鸦片泛滥，导致货物滞销，民生凋敝，究其原因，"一言以蔽之曰：鸦片烟而已矣"③。

他认为，鸦片泛滥已不仅是有伤"人心风俗"的道德问题，更是危及社稷安全和"国计民生"的重大社会政治问题。他给道光皇帝上奏，痛陈鸦片贸易之害，"鸦片以土易银，直可谓谋财害命"，是中国社会的"大弊之源"。如果放任烟毒泛滥，将会造成"中原几无可以御敌之兵，且无可以充饷之银"④ 的危险局面。为此，他坚决主张在全国开展禁烟运动，认为"民情非不畏法，习俗大可转移，全赖功令之森严，始免众心之涣弛"⑤。道光皇帝采纳了林则徐等人的意见，并任命他为钦差大臣。林则徐于 1839 年 3 月抵达广东查禁鸦片，并郑重表示："若鸦片一日不绝，本大臣一日不回，势与此事相始终，断无中止之理。"⑥

其次，严令外商呈缴鸦片，并保证不再贩卖。林则徐认为，禁烟要达到的目的是"已来者尽数呈缴，未来者断绝不来"⑦。而要使未来之鸦片断绝不来，

---

① 包世臣：《庚辰杂著二》，《鸦片战争》（一），神州国光社 1954 年版，第 515 页。
② 《林则徐集·奏稿》，中华书局 1985 年版，第 884 页。
③ 《林则徐集·奏稿》，中华书局 1985 年版，第 600 页。
④ 《林则徐集·奏稿》，中华书局 1985 年版，第 601 页。
⑤ 林则徐：《楚省查拿烟贩收缴烟具情形折》，《林则徐集·奏稿》，中华书局 1985 年版，第 598 页。
⑥ 林则徐：《谕各国商人呈缴烟土稿》，《林则徐集·公牍》，中华书局 1985 年版，第 59 页。
⑦ 林则徐：《谕各国夷人呈缴烟土稿》，中国史学会主编：《鸦片战争》（二），新知识出版社 1955 年版，第 243 页。

就必须使外国商人出具不带鸦片之甘结，"良莠之所以分，即以生死甘结为断"①。他说："此时他国货船，遵式具结者，固许进埔，即英国货船，亦不因其违抗于前，而并阻其自新于后。"② 如果能"悔罪畏刑，尚可不追既往"，"此后照常贸易，既不失为良夷，且正经买卖，正可获利致富"。③

最后，严把海口，断绝鸦片来源。在长期禁烟斗争中，清政府逐渐认识到，鸦片来自外洋，必由海口而入。要遏止来路，必须查拿进口，方可从源头上解决。

林则徐特别注意到，外国商人来粤贸易，货船俱进黄埔，"而坐庄商伙，多就居澳门"，因此澳门就成为中外商人的"总汇之区"，这些人"狡窟既多，汉奸因之麇积，教猱升木，靡所不为"。禁烟如果不从澳门清源，则还是"私相串嘱，代运代销，弊窦一开，漏卮依旧"。④ 他从"徒法不能自行"的认识出发，奏请将精明强干、颇著威名的官员派驻澳门，此外又派驻兵勇1300余人镇守。

林则徐的禁烟思想是比较全面、彻底的，既能对吸食者、走私者进行严惩，又能严把海口，断绝鸦片来源，真正做到了法在必行，禁烟运动因此取得了胜利。1839年6月，林则徐将收缴的2万多箱鸦片在虎门当众销毁。虎门销烟是中国近代禁烟历史上取得的一次伟大胜利，也是近代中国人民反抗西方殖民主义侵略斗争的伟大起点。

二、"用民心，恃民力"以反抗侵略的主张

在鸦片战争前，林则徐对英国的贪婪与侵略本性就有所觉察，认识到"此辈奸夷，性贪而狡，外则桀骜夸饰，内实恇怯多疑，稍纵即骄，惟严乃肃"⑤。虎门销烟后，他意识到英国势必会以武力保护鸦片贸易，因此，一方面

---

① 林则徐：《会奏穿鼻尖沙嘴叠次轰击夷船情形折》，中国史学会主编：《鸦片战争》（二），新知识出版社1955年版，第190页。

② 林则徐：《会奏穿鼻尖沙嘴叠次轰击夷船情形折》，中国史学会主编：《鸦片战争》（二），新知识出版社1955年版，第190页。

③ 林则徐：《附呈谕夷原稿并夷禀二件》，中国史学会主编：《鸦片战争》（二），新知识出版社1955年版，第145页。

④ 林则徐：《会奏请将高廉道暂驻澳门查办夷务片》，中国史学会主编：《鸦片战争》（二），神州国光社1954年版，第191页。

⑤ 《林则徐集·奏稿》，中华书局1985年版，第641页。

仍然雷厉风行地进行禁烟，另一方面则积极备战，整顿海防，修筑炮台，购置西洋火炮，日夜操练水师。在林则徐的领导下，广东海防成为英军最难攻克的防线。

林则徐认为"民心可用，民力可恃"，民众是反抗英国侵略的重要力量。这一思想在鸦片战争中得到了发挥与运用。清朝实施禁烟措施导致中英之间矛盾不断升级，中国南方沿海笼罩在紧张气氛之中。针对英国野蛮无理和朝廷出现的屈服动向，林则徐认为"夷性无厌，得一步又进一步，若使威不能克，即恐患无已时，且他国效尤，更不可不虑"①。因而他主张积极备战，以坚决抵抗外来侵犯。1842 年 8 月上旬，他致书友人姚椿和王柏心："剿夷有八字要言，器良、技熟、胆壮、心齐是已。"②

在抵抗外来侵略上，林则徐还主张发动民众以拒夷。1839 年，他发布《谕沿海民人团练自卫告示》，告谕民众："如见夷人上岸滋事，一切民人皆准开枪阻击，勒令退回，或将其捕获。"③ 1840 年 7 月 10 日，他附片奏陈的《密陈重赏定海军民诛灭英兵片》，提出："（定海县）周围二百余里，各村居民总不下十余万众，夷匪既踞岸上，要令人人得而诛之……不瞬息间，可使靡有孑遗。"④ 之后他又上《密探定海情形片》，提出了一个兵民合作驱逐夷人的具体方法，"或将兵勇扮作乡民，或将乡民练为壮勇……约期动手，杀之将如鸡狗，行见异种无遗"⑤。

他深信民众中蕴藏着巨大的抗击侵略力量，号召民众起来保卫家园，明令"如英夷兵船一进内河，许以人人持刀痛杀。凡杀白头鬼一名赏洋银一百元，杀黑鬼子一名，赏银洋五十元"⑥。这与清王朝妥协派所说的"患不在外而在内""防民甚于防寇"形成了鲜明对比，反映了林则徐坚决抵抗英国侵略的正义行动，得到广大人民的支持，同时也反映了林则徐能够利用人民的力量抵抗

---

① 林则徐：《密陈禁烟不能歇手并请戴罪赴浙随营效力片》，《林则徐全集》第 3 册，海峡文艺出版社 2002 年版，第 478 页。
② 林则徐：《致姚椿王柏心》，《林则徐全集》第 7 册，海峡文艺出版社 2002 年版，第 306 页。
③ 林则徐：《谕沿海民人团结自卫告示》，《林则徐全集》第 5 册，海峡文艺出版社 2002 年版，第 243 页。
④ 林则徐：《密陈重赏定海军民诛灭英兵片》，《林则徐全集》第 3 册，海峡文艺出版社 2002 年版，第 440 页。
⑤ 林则徐：《密探定海情形片》，《林则徐全集》第 3 册，海峡文艺出版社 2002 年版，第 444—445 页。
⑥ 转引自范文澜《中国近代史》上册，人民出版社 1955 年版，第 31 页。

侵略的进步思想。

三、"开眼看世界"

林则徐在赴广东之前和其他封建官僚一样，对英国和西方世界知之甚少。初到广州与英人接触时还坚信"我天朝君临万国，尽有不测神威"，外来之物都不过以供好玩而已，中国一旦断绝贸易，禁止茶叶、大黄出口，夷人就无以生存。此时他并没有意识到禁烟的难度和爆发战争的可能性。

林则徐到达广东后发现，英国商务监督义律甚为狡诈，对禁烟运动百般抵制与破坏，他敏锐地感觉到，要战胜对手，必须"时常探访夷情，知其虚实，始可以定控制之方"①。禁烟斗争的需要促使林则徐去了解对手，探求和认识西方。

他组织翻译外国书报，编译介绍世界历史、地理和政情的《四洲志》《澳门新闻纸》《华事夷言》《洋事杂录》等，流露出渴求洞悉外情和探求新知的强烈愿望，对外部世界也有了新的认识，并运用新知识批驳了当时流传甚广的一些错误观念和主张。

关于禁烟派封关禁海的主张，林则徐批驳说："大海茫茫，四通八达，鸦片断与不断，转不在乎关封不封。"而封关禁海只会自缚手脚，大大有害于国计民生，沿海人民靠海吃海，"若一概不准其出洋，其势即不可以终日"。② 解决的办法在于把正当贸易与鸦片贸易区别开来，孤立、打击鸦片走私，提倡、保护正当贸易，执行"奉法者来之，拒法者去之"的原则。

对"天朝若闭关绝市，则能制敌于死命"的说法，林则徐则给予了纠正，指出英国商人很看重贸易，以贸易致富，这是实情，但认为英国人断绝了广东贸易就"无以为命"③，显然言过其实。

关于英国"船坚炮利"，林则徐承认，"彼之大炮，远及十里内外，若我炮不能及彼，彼炮先以及我，是器不良也。彼之放炮，如内地之放排枪，连声不断，我放一炮后，须辗转移时，再放一炮，是技不熟也"④。船炮是"防海"必需之物，他建议以粤海关税作为经费，"制炮造船"以"制夷"，"从此制炮

---

① 《林则徐集·奏稿》，中华书局 1985 年版，第 765 页。
② 《林则徐集·奏稿》，中华书局 1985 年版，第 795 页。
③ 《林则徐集·奏稿》，中华书局 1985 年版，第 705 页。
④ 《林则徐诗文选注》，上海古籍出版社 1978 年版，第 243 页。

必求极利，造船必求极坚，似经费可以酌筹，即裨益实非浅鲜矣"。① 他还认识到"洋面水战，系英人长技"，因此"应另制坚厚战船，以资制胜……此系海疆长久之计，似宜及早筹办"。②

关于西方政治制度，林则徐通过他主持的编译工作，向中国输入了西方民主制度的知识。《四洲志》介绍了英国官吏的考试录用制度并着重对其议会制度作了介绍；对美国的政治制度赞赏有加，"国政操之舆论，所言必施行，有害必上闻，事简政速，令行禁止，与贤辟所治无异"③。

当然，林则徐对西方的认识也有不够准确甚至偏颇之处，比如，他认为"夷兵除枪炮之外，击刺步伐俱非所娴，而其腿足裹缠，结束紧密，屈伸皆所不便，若至岸上更无能为，是其强非不可制也"④，从而武断地认为"即其船坚炮利，亦只能取胜于外洋，而不能施技于内港"。林则徐的可贵之处在于，他没有被成见蒙蔽，而是以一种求真务实的态度去了解西方、了解世界，成为中国近代史上开眼看世界的第一人。

第四节　魏源的政治思想

魏源（1794—1857），湖南邵阳人，原名远达，字默深，出身于小官僚地主家庭。1814 年随父来到北京，1819 年师从刘逢禄，学习今文经学。1825 年受江苏布政使贺长龄之聘，辑《皇朝经世文编》，又助江苏巡抚陶澍办漕运、水利。1841 年，入两江总督裕谦幕府，直接参与抗英战争。1844 年中进士。以知州用，分发江苏，任东台、兴化知县。他依据林则徐所辑《四洲志》，编成《海国图志》。1851 年授高邮知州，倡办团练，组织地主武装，对抗太平天国。晚年弃官学佛，1857 年卒于杭州，终年 63 岁。

魏源一生著述颇丰，以《圣武记》和《海国图志》最为有名，另有《古微堂集》《书古微》《诗古微》《公羊古微》《孙子集注》《元史新编》《老子本

---

① 《林则徐集·奏稿》，中华书局 1985 年版，第 885 页。
② 《林则徐书简》，福建人民出版社 1985 年版，第 173 页。
③ 《林则徐全集》，海峡文艺出版社 2002 年版，第 10 册，第 139 页。
④ 林则徐：《英人非不可制应严谕将英船新到火烟土查明全缴片》，《林则徐集·奏稿》九，中华书局 1985 年版，第 676 页。

义》等，后人编有《魏源集》《魏源全集》。

一、学以致用的经世思想

魏源生活在中国社会由古代走向近代的历史转折时期，他承继了今文经学大师刘逢禄的学术思想，提倡学以致用、反对脱离实际的学风。在他看来，研究经文重在通晓大义，"治经"更要注重解决现实社会问题，不问时务，一味从事训诂、辨伪、辑佚等不但于社会没有裨益，而且还会扼杀和禁锢人的聪明才智。因此，他主张学问要"通于天道人事，志于经世匡时"，具体包括：

首先是"通经致用"思想。他认为，"通经"要有明确的学习目的，要"先立其大者"。所谓"大者"就是关系到"天下之治"的学问，也就是要着重学习像《尚书·洪范》那种对国家大政具有指导意义的经书，把它学懂弄通。如果此类经书学不好，那么只讲义利的书读得再多也无用。在学习方法上要直观经义，不要借助后世的传注。只有将经学、政事、文章统一起来，才能有益于国计民生，真正达到"通经致用"的目的。同时，要使今文经学倡导的微言大义能与社会现实相结合，还必须正确认识义利关系。"治天下之具，其非势、利、名乎！……夫惟使势、利、名纯出于道德者，可以治天下矣。"① 这就是说，治理天下需要势、利、名，但是仅有这三者还不够，还必须符合道德原则。魏源的经学经世思想突出体现在《诗古微》和《董子春秋发微》之中。他自述《董子春秋发微》宗旨："发挥公羊之微言大义，而补胡母生《条例》、何邵公《解诂》所未备也。"董生"其书三科、九旨灿然大备，且弘通精淼，内圣而外王，蟠天而际地，远在胡母生、何邵公《章句》之上"，"至其《三代改制质文》一篇，上下古今，贯五德、五行于三统，可谓穷天人之绝学，视胡母生《条例》有大巫小巫之叹"。②

其次是学术经世思想。魏源认为，经世之学的目的是实现"治经"与治世、救世的统一，学术研究不仅是提高道德修养的途径，更要承担为社会现实服务的功用。1825 年，魏源收集、整理讨论治国原则、处理六部之政的著作，编撰成《皇朝经世文编》，这是"以经术为治术"的集中体现。该书内容包罗广泛，是广义的经世之学，体现了魏源"善言心者，必有验于事""善言人者，

---

① 《默觚下·治篇三》，《魏源集》，中华书局 1983 年版，第 43—44 页。
② 《董子春秋发微序》，《魏源集》，中华书局 1983 年版，第 134—135 页。

必有资于法""善言古者，必有验于今""善言我者，必有乘于物"的经世精神。① 这是晚清经世之学划时代的文献，魏源以此来表明经世之学与当时所谓的"考证之学"和"心性之学"的立场不同，再现经世之学的实用价值。《皇朝经世文编》是晚清学术风气从尚虚的考据学转向"务实"的经世之学的主要标志，"他用的是今文'微言大义'，而想望的又是政治'革新'，他'以经术为治术'，欲'贯经术、政事、文章于一'，在近代经学中，还是占有重要地位的；对近代思想界的影响，也不能低估"②。

最后是以史为鉴和古为今用的思想。以史为鉴是我国古代史学的传统。魏源继承了这一传统，强调要以中国古代史事为现实提供借鉴。他说："以三代之盛，而殷因于夏礼，周因于殷礼，是以《论语》'监二代'，荀卿'法后王'，而王者必敬前代二王之后，岂非以法制因革损益，固前事之师哉。"③ 魏源的元、明、清史研究，是其史学经世的集中体现，他为现实开出的药方，很多都与其史学研究有密切的关联。

魏源讲求通经致用、以史为鉴，但并不照搬古学，而是根据现实的需要有所"审取"。他认为"审取"的标准是"存乎实用"，"志在措正施行"，对过于深奥、空泛、过时、缺乏实用价值者，"亦勿所取矣"，而对于那些"务非当急，人难尽通"的文字，"可略焉勿详也"。④ 按照这个标准，魏源特别重视那些有利"经世"、对当时社会政治文化建设有用的古学。此外，对道家、兵家等能为今世所用的，他也尽力加以发掘。

魏源的经世思想，一方面以今文经学反思、批评旧学，另一方面吸取旧学中对经世有价值的内容。这种以学议政、以现实为导向的理路，既为经世思想的复兴开辟了道路，又为经世思想的发展找到了支点，推动了"学人议政之风开，经世致用之学倡"局面的形成。

二、兴利除弊的变革思想

嘉道年间，清朝的专制统治日趋腐朽，各种社会弊端日益突出，危机四伏。如何采取措施革除弊端、化解危机，成为思想家们不得不面对的重大问

---

① 《皇朝经世文编叙》，《魏源集》，中华书局 1986 年版，第 156 页。
② 汤志钧：《近代经学与政治》，中华书局 1989 年版，第 125 页。
③ 《明代兵食二政录叙》，《魏源集》，中华书局 1983 年版，第 161 页。
④ 《皇朝经世文编叙》，《魏源集》，中华书局 1986 年版，第 158 页。

题。正是在这种情况下，魏源提出了兴利除弊的变革思想。

首先，明确了社会变革的必然性。魏源认为，各个朝代的制度、方针、措施经常变化，"自三代之末至于元二千年，所谓世事理乱、爱恶、利害、情伪、吉凶、成败之变，如弈变局，纵横反覆，至百千万局"①。任何法律制度都会在实施过程中出现流弊，"天下无数百年不弊之法，无穷极不变之法，无不除弊而能兴利之法，无不易简而能变通之法"②。所以，必须及时变革，"小变则小革，大变则大革；小革则小治，大革则大治"③。即使是祖宗、圣人也不能阻挡这种变革。只有顺应规律，实施变革，才能利民便民，稳定自己的统治。

其次，变法要"除弊"与"兴利"并举。魏源认为，要兴利除弊，就必须"知弊之所由，而后知利之所在"④。魏源在担任幕僚及在江南生活期间，对严重影响国计民生的盐政、漕运、水利等社会弊病了解较为深刻，知"其弊之所由"，从而提出了很有针对性的改革方案。但"除弊"与"兴利"不是齐头并进，除弊是兴利的先导，因为"天下无兴利之法，除其弊则利自兴矣"⑤。除弊也要注重方法，不然也会适得其反，如果急于求成，"求治太速，疾恶太严，革弊太尽，亦有激而反之者矣"⑥。

在兴利除弊中还要注意"时愈近，势愈切"的问题。无论是经济方面还是政治领域的各种典章、制度、法律，时间越近的，就越适用；时间越远的，就越不切实用。因此，对古法改变得越彻底，越有利于百姓，即"变古愈尽，便民愈甚"。他特别强调检验变法好坏的标准就看是否"便民"。"天下事，人情所不便者，变可复；人情所群便者，变则不可复。"⑦ 如果变法不符合"便民"的要求，就要改回来；如果多数民众感到便利，则应该坚持下去。

最后，要注重把握变革时机。在魏源看来，要使变革能够顺利进行，必须把握好变革的时机，如同采摘果实一样，"摘果于未熟，视已熟不可同年而语"⑧。对变法时机的把握，直接影响着改革成果的实现。魏源在总结1826年

---

① 《默觚下·治篇十六》，《魏源集》，中华书局1986年版，第79页。
② 《魏源集》，中华书局1986年版，第432页。
③ 《魏源集》，中华书局1986年版，第158页。
④ 《淮北票盐志凡例》，《魏源集》，中华书局1986年版，第442页。
⑤ 《筹卤差篇》，《魏源集》，中华书局1986年版，第438页。
⑥ 《默觚下·治篇四》，《魏源集》，中华书局1986年版，第45—46页。
⑦ 《魏源集》，中华书局1986年版，第432页。
⑧ 《默觚下·治篇十五》，《魏源集》，中华书局1986年版，第75页。

漕粮海运成功的经验时说，此次海运能够顺利推行，就是因为运河通道被堵塞，无法通过运河运输漕粮，漕运改革才得以顺利实行，"河运通则渎以为常，河运梗则海以为变，是之为时势"①。如果条件不成熟，就急于变法，任何人都不会取得成功。"弊不极不更，时不至不乘"，"时之未至，虽圣人不能先天下以开人"。所以，善变革者必须"乘天时人事交迫而行之"。②

尽管魏源并没有主张对封建制度进行根本性变革，但其变革思想本身在当时万马齐喑的年代，起了振聋发聩的作用。它突破了"祖宗之法不可变"的保守观念，解放了人们的思想，为此后资产阶级维新派的变法做了思想上的铺垫。

三、师夷长技以制夷

1842 年，魏源受林则徐委托，在《四洲志》的基础上扩编整理成《海国图志》。该书介绍了世界各国地理分布和历史政情，总结了鸦片战争失败的经验教训，探讨了强国御侮之道，明确提出"师夷长技以制夷"的思想。

其一，师夷长技。他首先承认"西方器械，借风力、水力、火力，奇造化，通神明"，是"奇技"而非"淫巧"。③ 英国的军事力量确实强于中国。他提出"善师四夷者，能制四夷；不善师外夷者，外夷制之"④ 的忠告，主张向西方学习。在魏源看来，向西方学习主要是学习战舰、火器、养兵练兵之法等三个方面的"长技"。他主张在中国设翻译馆，利用外国技术设厂制造，学习西人的养兵练兵方法，以提高中国的军事实力。"师夷长技"思想的提出，表明了魏源经世致用思想在新的形势下注入了学习西方的新内容，带有鲜明的时代色彩。

其二，制夷。他明确表示，编写《海国图志》就是"为以夷攻夷而作，为以夷款夷而作，为师夷长技以制夷而作"。从"以夷攻夷"到"以夷款夷"再到"师夷长技以制夷"是不可分割、又分先后缓急的整体，其中"以夷攻夷"和"以夷款夷"是策略，是权宜之计，"师夷长技以制夷"才是战略，是根本之图。这表明魏源不是简单地主张"师夷长技"，同时也主张"制夷"以维护

① 《筹漕篇中》，《魏源集》，中华书局 1986 年版，第 404 页。
② 《魏源集》，中华书局 1986 年版，第 413 页。
③ 魏源：《海国图志》，岳麓书社 1988 年版，第 30 页。
④ 魏源：《海国图志》，岳麓书社 1988 年版，第 1093 页。

民族独立。

其三，提供认识世界的新知识和新观念。在《海国图志》中，魏源向国人介绍了有关世界的地理知识，专门收集各种地图 64 幅，详细介绍了东、西半球各主要国家的位置、地理、人情、风俗、物产、历史沿革等，图文并茂地向国人展示了一个广阔的、立体的世界，使人们对世界的认识日益清晰。"中国士大夫之稍有世界地理智识，实自此始。"① 例如，魏源在书中介绍了美国政治情况："二十七部酋，分东西二路，而公举一大酋总摄之……议事听讼，选官举贤，皆自下始，众可可之，众否否之，众恶恶之。"② 他甚至称美国公举总统的制度，"可垂奕世而无弊"③。

其四，主张开展正常的对外贸易。早在鸦片战争前，魏源就曾提出过"重本"而不"抑末"的重商思想。战后，他又提出"缓本急标"的口号，将发展商业置于重要地位，并主张将西方近代工业制造引入军事工业和民用工业的生产。他认为，开展正常的对外贸易，进口急需的军用和民用物资，既可以加强国防力量，提高抵御外敌的能力，又有利于中国社会经济的发展。

魏源在鸦片战争爆发和中国失败的新形势下，能把抵抗西方侵略与了解西方、学习西方紧密结合起来，提出"师夷长技以制夷"的思想，在近代思想史上起了"创榛辟莽，前驱先路"的开拓之功，具有进步性与积极意义。早期维新思想家王韬就充分肯定了这一点，认为魏源"'师长'一说，实倡先声"④。他的思想对 19 世纪 60 年代洋务运动的兴起和 90 年代变法思潮的勃兴，都产生了深刻的影响。

魏源的思想不仅对晚清的中国产生重要影响，而且还对亚洲邻国的开放革新发挥了重要作用。19 世纪 50 年代，《海国图志》传到日本，出现了 20 多种翻刻本，对日本明治维新起了积极的作用。

但是，魏源的变革思想主要限于"兴利除弊"，并未触及封建制度本身；他的"师夷长技"所要学习的主要是西方的"器物"文明，没有意识到西方船坚炮利的背后，还有一整套思想文化和制度为支撑，仅仅引进"器物"，而不从制度层面进行根本改革，则难以彻底解决中国所面临的严重的民族危机。他

---

① 梁启超：《中国近三百年学术史》，中国书店 1985 年版，第 324 页。
② 魏源：《海国图志》，岳麓书社 1988 年版，第 1611 页。
③ 魏源：《海国图志后叙》，岳麓书社 1988 年版，第 17 页。
④ 王韬：《扶桑游记》，《走向世界丛书》第 1 辑第 3 册，岳麓书社 1985 年版，第 68 页。

没有完成的历史重任，最终将由维新派、革命派及新文化派等思想家逐步完成。

<h1 style="text-align:center">小　结</h1>

鸦片战争时期，清王朝的统治日趋衰败，社会矛盾和阶级矛盾极端尖锐。与此同时，西方列强开始强行打开中国大门，民族矛盾逐渐加剧。改革腐朽落后的旧制度，学习西方"长技"，抵抗列强侵略，捍卫国家主权和独立，成为这一时期政治思想家关注的首要问题。

内忧外患警醒了一部分封建士大夫的经世意识，以龚自珍、林则徐、魏源等为主要代表的地主阶级改革派批评时政，倡导改革，促成了经世致用思潮的兴起。这一思潮在鸦片战争前后表现出明显的不同。鸦片战争前，它强调研究重大现实问题，提出一系列兴利除弊的"自改革"主张。鸦片战争后，随着闭关自守的国门被打开，经世致用思想增添了开眼看世界的新内容，提出学习西方、"师夷长技以制夷"的主张。他们提倡改革，共同的目的是为了挽救清王朝的统治，但在对外部世界的认识以及由此产生的经世致用方法上有所差异。

龚自珍批判封建末世，呼唤清朝统治者实行"自改革"，开创了思想解放的风气。尽管他对外部世界也有所触及，但所提供的治国药方仍然只是"古时丹"。林则徐站到时代潮流的前面，主张严禁鸦片，反抗侵略，并注意了解"夷情"，成为中国近代"开眼看世界的第一人"。他试图从"知悉夷情"中寻求医国新方，代表了时代发展的新趋势。魏源在鸦片战争前，提倡经世致用之学，主张兴利除弊之举。鸦片战争后，他把抵抗西方侵略与了解西方、学习西方紧密结合起来，反映了传统经世之学从古代走向近代的转变进程。魏源编撰《海国图志》，提出"师夷长技以制夷"的思想，第一次明确地提出学习近代西方以坚船利炮为代表的先进技术，以强国御侮。魏源的思想在近代中国起到了创榛辟莽、启蒙发轫的作用，但在当时并没有受到国人的应有重视，反而在日本引起了巨大反响。

鸦片战争是中国近代史的开端，中国从此逐步陷入了半殖民地半封建的深渊。鸦片战争时期地主阶级改革派所提倡的经世致用思潮，顺应了时代发展的潮流，体现出鲜明的爱国主义精神与强国御侮、学习西方的时代要求。虽然由此形成的改革思潮尚没有突破封建主义的藩篱，却揭开了近代中国面向世界、探求治国兴邦之道的序幕，对政治思想和士林风气都产生了巨大影响；它上承明清之际的经世思潮，下启洋务思潮和戊戌维新思潮，在中国社会从古代向近代转变的关头，发挥了承上启下、继往开来的作用。

思考题

1. 简述龚自珍"三世说"的主要内容。
2. 简述林则徐"民力可恃"思想。
3. 试论魏源经世思想的进步意义。

第十章　太平天国的政治思想

　　洪秀全领导的太平天国运动，站在农民阶级的立场，提出了反映农民要求的系统的土地纲领，描绘了均平社会的理想蓝图，达到了中国旧式农民战争的巅峰。这一运动催生了具有鲜明时代特色的政治思想，集中体现在太平天国早期的《天朝田亩制度》和后期的《资政新篇》中。尽管太平天国最后以失败告终，它所提出的大部分政策也未及实施，但它从根本上动摇了清政府的统治，加速了封建制度的瓦解。

第一节　太平天国时期的社会历史背景

　　第一次鸦片战争后，清政府的腐败统治和西方列强不断扩大的经济、政治、文化侵略，引发了严重的社会和思想文化危机，阶级矛盾和社会矛盾十分尖锐，文化冲突日益激烈。太平天国起义正是在这样的双重危机之中爆发的，其政治思想也是在这样的环境下产生并发展起来的。

一、严重的社会危机

　　嘉庆、道光年间，清朝由盛转衰。由于清初实行"滋生人丁，永不加赋"政策，刺激了人口增长。"从 1741—1840 年，中国人口从 1.4 亿猛增至 4.1亿"[1]。人口暴涨直接引发了严重的土地问题。据时人计算，按当时的生产力发展水平，每人须有 4 亩田才能维持生计。[2] 嘉道时，人均占有土地已从乾隆时的 4.25 亩降为 2.19 亩，到咸丰初则为 1.78 亩。各地官僚权贵、地主士绅大肆兼并土地，加剧了农民与地主的阶级矛盾。而同时，经济并未获得相应发展。清政府必须支付鸦片战争所需的巨额军费和对外赔款，国库极其空虚。另一方面，由于人均土地占有量大幅减少，以及政治腐败、列强入侵、水旱灾害频发，民众生活状况不断恶化，从而产生了大量饥民和无业流民，社会矛盾十分

---

① 崔之清、胡臣友：《洪秀全评传》，南京大学出版社 1994 年版，第 122 页。
② 《卷施阁文甲集》卷一《生计篇》，《洪亮吉集》，中华书局 2001 年版，第 15—16 页。

尖锐。

这一时期，清朝统治愈益腐败。官吏"以食色为切已，廉耻为务名，攫利禄为才贤，究义理为迷惑"①，只知钻营升迁，迎合皇帝渴望"天下太平"的虚骄心理。官场空前黑暗，"刑以钱免，官以贿得"。为弥补国库空虚，清廷又广开捐例，卖官鬻爵。各级官吏大肆搜刮、勒索农民。曾国藩在上咸丰帝的《备陈民间疾苦疏》中提到，朝廷"钱粮难纳""冤狱太多"，百姓不堪其苦，到处隐伏着反抗的潜流。

《南京条约》《天津条约》签订后，除需支付战争赔款以外，鸦片和各种洋货大量输入，致使中国白银外流更为严重。清政府为了支付战争赔款和军费，通过新增税赋将负担转嫁到劳动人民头上。比如，当时湖南"一年四季，轿马纷纷，沿乡征粮，每逢粮少者银一两勒钱七八千、十千不等，粮多者勒钱五六千不等，带取抽封造册纸笔税，契喜钱及茶油茶叶杂费，不饱不放"②。地主对农民的盘剥也有增无减，地租一般在50%以上。特别是，广西在1848年至1850年间，发生了严重的水、旱、虫灾，后又相继发生饥馑和瘟疫，不少州府"道路饿殍相继"，劳动人民陷入绝境。

由于外国商品的倾销、军费和赔款的支付、五口通商后洋商对华商的排挤以及清政府裁撤乡勇等原因，广东、江西、湖南以及其他沿海地区的大量人口从传统的社会结构中游离出来，成为一个独立于"四民"之外的流民群体。大批的饥民又加入流民群体，四处游荡，投身各种秘密会社。他们或因种种纠纷，聚族聚众械斗；或铤而走险，打家劫舍；或发动武装起义，企图反清复明。

正是在上述背景下，1851年1月，洪秀全、冯云山等率领大量来自"农夫之家，寒苦之家"的民众，发动了金田起义，建号太平天国。起义军所到之处，饥民、流民不断加入。金田起义爆发后，清政府派兵镇压。在八旗、绿营镇压无力的情况下，清政府又组织地方团练如"湘军"等进行镇压。太平军在永安突围后，其势力不断发展壮大，很快于1853年攻占南京，遂定都，改称天京，然后出师北伐、西征。1856年，发生天京事变，太平天国从此由盛转衰。太平天国试图用平均主义解决最突出的社会问题即土地问题，但收效甚微，后

---

① 潘德舆：《晚醒斋随笔序》，《养一斋集》卷十八。
② 李汝昭：《镜山野史》，中国史学会主编：《太平天国》第3册，神州国光社1955年版，第15页。

来不得不实行"照旧交粮纳税"政策。1864年，太平天国起义失败，它试图建立"小天堂"的理想也最终破灭。

二、基督教文化的渗透及其影响

鸦片战争前后，耶稣会传教士的足迹，逐步遍及广东、福建、上海、江苏、浙江等东南沿海地区，天主教也开始深入内地各省，成为西方列强侵略中国的文化先锋。

基督宗教原来是属于社会底层民众的宗教，但它在传播和发展过程中逐渐被统治者利用，成为麻醉人们的精神鸦片，并随着殖民侵略，推向世界，成为西方列强侵略扩张的工具。传教士打着传播福音的旗号，企图通过传教诱使中国人民认同基督宗教文化，麻痹反侵略的斗争精神。同时，它在中国的不断传播，还给中国传统文化带来了严重冲击。

正是在这种背景下，洪秀全利用一本宣传基督教义的小册子《劝世良言》，创立"拜上帝会"，宣传和组织民众开展反清运动。当时，两广等地广大农民、手工业者的生活处境，正如李秀成所说"家中之苦，度日不能，度月格难"①。拜上帝会的宣传中说"世人肯拜上帝者，无灾无难，不拜上帝者，蛇虎伤人"，拜了上帝就会"日日有衣有食，无灾无难，今世平安，升天永福"，濒临生存绝境的民众自然求之不得，纷纷加入拜上帝会。

为了消除儒家思想影响，推行拜上帝会教义，洪秀全把孔孟之书作为"妖书"焚除。1854年他又专门设立"删书衙"，对四书、五经等进行删改。1854年，曾国藩发布《讨粤匪檄》，认为太平天国的思想主张和政策造成了"开辟以来名教之奇变"，便以讨伐"名教罪人"为名，出师镇压太平天国。这说明，洪秀全领导的太平天国起义不仅从政治上对清政府的统治造成了巨大冲击，而且在思想文化层面上也触及了封建统治的精神支柱。

第二节　洪秀全的政治思想

洪秀全（1814—1864），原名仁坤，广东花县（今广州花都区）人，出身

---

① 太平天国历史博物馆编：《太平天国文书汇编》附录《李秀成自述》，中华书局1979年版，第484页。

于农民家庭，自幼接受传统教育，先后四次科考均落榜。1843 年他与冯云山、洪仁玕等创立"拜上帝会"。1851 年 1 月率众在广西桂平金田村起义，建号"太平天国"。1853 年 3 月占领南京（改名天京），定为首都。同年冬，颁布《天朝田亩制度》。1859 年颁行《资政新篇》。其政治思想主要体现在《原道救世歌》《百正歌》《原道醒世训》《原道觉世训》《太平天日》等著作中。

一、反清思想

1. 反清思想的演变与形成

洪秀全自幼接触和学习儒家经典，希望"学而优则仕"，光宗耀祖。然而，1828、1836、1837 年三次应试失利，使他的理想与追求连连受挫。尤其是 1837 年落第后，洪秀全大病一场，从此萌发了反清思想。他曾赋《述志诗》一首，说要"手握乾坤杀伐权，斩邪留正解民悬"，最后实现"易象飞龙"，改朝换代。

1843 年科考的再次失败，最终坚定了他反清的决心。就在应考落选的回乡途中，他吟《舟中诗》一首，抒发他壮志未酬的感慨和决心成就帝王之业的宏伟抱负。这一年，他仔细阅读了梁发编写的《劝世良言》，这促使他采取了一系列反清行动。首先，他公开表示要与科举道路和清朝彻底决裂；其次，利用《劝世良言》中宣传的"独一真神"思想，创立拜上帝会；最后，将自己执教的私塾中的孔子牌位抛弃。

1843 年，洪秀全创立拜上帝会后便开始在家乡传教，但人们多不信从，真正"悉心皈服"的只有冯云山、洪仁玕等极少数人。而且，他们的传教活动遭到当地豪强势力的攻击，于是他偕同冯云山等到外地传教，终因群众反应异常冷淡而收效甚微。1844 年冬，他回到花县，平静生活了两年，其活动除了"执教鞭"、写文章"发挥宗教真理"外，主要有拯救颓废世风和传教两项。这一时期，他集中精力阐发拜上帝会的理论和教义，撰写了三篇重要著作：《原道救世歌》《百正歌》《原道醒世训》。这三篇著作，尽管看不到用暴力推翻清朝统治的革命倾向，但是也流露出他对封建统治的不满与抗议，表达了对农民平均平等思想的向往。比如，他说"普天之下皆兄弟，……上帝视之皆赤子"。

1847 年上半年，他赴广州从美国传教士罗孝全学基督教教义。此时，广州人民正在进行声势浩大的反对英人入城的斗争，这极大地影响了洪秀全的思想。他从"官怕洋鬼，洋鬼怕百姓"的事实中，看到了群众的力量，进一步认清了清朝统治的腐朽和力量的虚弱。学习结束后，洪秀全立即奔赴广西，寻找冯云山。而冯云山在紫荆山地区开创的兴盛局面更给他极大的鼓舞。反清思想迅即上升为他思想意识的主流。这一时期撰写的《原道觉世训》和《太平天日》，明确阐述了他的反清思想。至此，他的反清思想正式形成。

2. 反清思想的内容及评价

洪秀全反清思想的内容主要见于《原道觉世训》和《太平天日》。在这两部著作中，他指出了反清的目标和对象，提出了"奉天诛妖"和"斩邪留正"两个鲜明的口号。

在《原道觉世训》中，他提出了"阎罗妖"这个概念。"阎罗妖"是一切"妖徒鬼卒"的总代表，是现实世界一切邪恶的根源。就当时的政治现实来说，"阎罗妖"就是指清朝皇帝，而"妖徒鬼卒"指的是清朝的官吏及一切效忠和追随清朝的地主阶级。洪秀全还把那些不信奉拜上帝会、不认天父而拜邪神的人也称为"妖"。在他看来，"神"与"妖"是对立的。"皇上帝"和"上帝子女"是正义的代表，"阎罗妖"与"妖徒鬼卒"则是邪恶的代表，整个现实社会按是否信奉拜上帝会而被划分为"正"与"邪"两大阵营。洪秀全还从宗教的角度论证了推翻清朝统治的正义性。他认为，只有"皇上帝"才是"帝"，"世间之主"称"王"就足够了，就连"皇上帝"的太子耶稣也只称"王"，天上地下还有谁比耶稣尊贵。凡间所有的封建帝王包括清朝皇帝"妄自尊大"，擅改"皇上帝"尊号，自行称帝，犯了僭越大罪，理应诛灭。

洪秀全自命是"皇上帝"在人间的代表，为凡间人民的主宰，号召人民起来用暴力推翻清朝统治。这种以"奉天诛妖"形式表达的反清思想，又集中体现在《太平天日》所叙述的洪秀全"升天受命"的神话故事中：1837年，洪秀全因科考失意而染病，然后被天父"皇上帝"派天使接上天。天父命令他下凡做太平天王，诛妖救世，建立地上天国。

"奉天诛妖"实际上就是"斩邪留正"。早在1837年，洪秀全就提出过"斩邪留正"，1843年又提出"斩妖"，1845年则把"斩邪留正"变为"正可制邪"。在《太平天日》中，洪秀全再次强调"斩邪留正"，号召人民起来"杀妖杀有罪"。后来，洪秀全直接从《圣经》中寻找"斩邪留正"的理论根据。《马太福音》第十章第三十四节中，耶稣说："你们不要想我来，是叫地上太平。我来，并不是叫地上太平，乃是叫地上动刀兵。"洪秀全发挥道："今爷哥下凡斩邪留正，验矣。"①

　　洪秀全的反清思想明确写入太平军的文告，是在 1852 年 6 月进军湖南途中。太平军以东王杨秀清、西王萧朝贵的名义，相继发布了《奉天诛妖救世安民谕》《奉天讨胡檄布四方谕》《救一切天生天养中国人民谕》三篇文告，正式公开向全社会宣布了"奉天诛妖"的反清思想。认为"满妖咸丰，原属胡奴，乃我中国世仇"，又由于"率人类变妖类，拜邪神，逆真神，大叛逆皇上帝"，因此"天所不容，所必诛者也"。② 还认为"夫中国首也，胡虏足也。中国神州也，胡虏妖人也"。但是，称为"妖人"的"胡虏"却"愚弄中国，欺侮中国者，无所不用其极"。现今"蒙皇上帝开大恩命我主天王治之"，"兴义兵，上为上帝报瞒天之仇，下为中国解下首之苦，务期肃清胡氛，同享太平之乐"。③ 总而言之，"上帝亲命天王诛妖，复差天王降凡作主救人""作天下万国太平真主"。④ 为使太平军将士信奉"奉天诛妖""斩邪留正"的反清思想，规定在做完礼拜唱完圣歌后，都要齐声高喊"杀妖"或"杀尽妖魔"。天王玉玺左右首也分别刻上"斩邪留正""奉天诛妖"八个大字。

　　洪秀全实际上是利用宗教来发动反清运动。他自称是天父的次子，耶稣的兄弟，天父命他下凡"斩邪留正"，还封他为"太平天王大道君王全"，令他做统治天下万国的"真命天子"。这一思想既有积极意义又有负面作用。

　　从积极意义来说，它对组织动员贫苦农民参加起义，起着重要的宣传鼓动作用；在太平军与清军的搏杀过程中，它又成为鼓舞太平军将士奋勇杀敌的精神武器。但在定都天京后，其负面作用表现得越来越明显。一方面，杨秀清等人也效仿洪秀全的做法，利用"上帝附体"打压洪秀全，逼迫洪秀全封他为万岁，从而引发了"天京事变"，导致太平天国领导层的分裂。另一方面，洪秀全面对危局，不得不委之于"天"。同时，他又怕再有异姓篡夺他的王位，不肯信人。于是他更加紧紧地抓住拜上帝会这个工具不放，日益向迷信方面发展，以致身死国亡。此外，洪秀全不加区别地把不拜上帝的人视为"妖"，势

① 《钦定前遗诏圣书批解》，金毓黻等编辑：《太平天国史料》，中华书局 1955 年版，第 78 页。
② 杨秀清、萧朝贵：《奉天诛妖救世安民谕》，罗尔纲编注：《太平天国文选》，上海人民出版社 1956 年版，第 73 页。
③ 杨秀清、萧朝贵：《奉天讨胡檄布四方谕》，罗尔纲编注：《太平天国文选》，上海人民出版社 1956 年版，第 77—79 页。
④ 杨秀清、萧朝贵：《救一切天生天养中国人民谕》，罗尔纲编注：《太平天国文选》，上海人民出版社 1956 年版，第 81 页。

必混淆民族矛盾和阶级矛盾，扩大打击对象，从而对运动造成消极影响。

二、"小天堂"理想及其实现举措

洪秀全号召人民起来用暴力推翻清朝，其目的就是"开创新朝"，建立"人间天堂"。洪秀全把"人间天堂"称作"小天堂"。他的这一理想有一个发展过程。

早在 1843 年，他就在《吟剑诗》中说"虎啸龙吟光世界，太平一统乐如何"，希望建立一个"太平一统"的世界。在《原道醒世训》中，他对有无相恤、患难相救的唐虞三代之世表现出无限向往，并描绘了一幅公平正直的理想社会蓝图。还认为只要大家"量宽""心好"和"各自相安"，就可"天下一家，共享太平"。在《原道觉世训》中，他不仅认为"天下总一家，凡间皆兄弟"，而且还号召人民用剑和血来复归上帝真道，实现大同理想。在永安突围前后，他明确提出了"小天堂"理想，还向参加起义的将士许诺："俟到小天堂，以定官职高低。"还说，凡是一同打江山的功勋，大则封丞相、检点、指挥、将军、侍卫，至少也是军帅等职，并且"累代世袭，龙袍角带在天朝"①。在后来的《钦定前遗诏圣书批解》中，洪秀全为他的"小天堂"理想找到了神学依据："神国在天是上帝大天堂，天上三十三天是也。神国在地是上帝小天堂，天朝是也。天上大天堂是灵魂归荣上帝享福之天堂，凡间小天堂是肉身归荣上帝荣光之天堂。"② 这就是说，天堂有大小两种，在天上的是"大天堂"，在地上的是"小天堂"。1851 年 1 月，他发动金田村起义后便建号"太平天国"，标志着他要在人间实现"小天堂"理想。直到 1853 年，太平天国定都天京后，正式颁布了实现"小天堂"理想的纲领——《天朝田亩制度》。该纲领规定，要按照"人人不受私，物物归上主"的原则，把全国土地收归国有，然后平均分配，实现"有田同耕，有饭同食，有衣同穿，有钱同使，无处不均匀，无人不饱暖"的"小天堂"理想。

洪秀全所说的"小天堂"理想，主要来源于基督教的"天堂"理论、儒家的"大同"思想以及历代农民的均平思想。他借用"天堂"这个名称，却对它进行了改造：基督教的天堂在于来世，教导被压迫被剥削的人们忍受现世的奴

---

① 《天命诏旨书》，中国史学会主编：《太平天国》第 1 册，神州国光社 1952 年版，第 65—66 页。

② 《钦定前遗诏圣书批解》，金毓黻等编辑：《太平天国史料》，中华书局 1955 年版，第 83 页。

隶生活，以便死后灵魂上天堂永享幸福；洪秀全则认为天堂就在人世间，以此鼓舞被压迫被剥削的人们打开奴隶的枷锁，为求天堂实现于人间而奋斗。他又用儒家所向往的"唐虞三代之世"来附会其"小天堂"理想，认为这个理想"而今尚可望哉"①。此外，他还继承了自秦末陈胜、吴广起义到明末李自成起义反复提出的"等贵贱、均贫富"的均平思想。由此可见，他的"小天堂"理想具有糅合中西古今的特点。

为了实现"小天堂"的理想，洪秀全于1853年颁布《天朝田亩制度》，提出了经济、社会和思想文化方面的以下举措：

第一，在经济上实行平均主义政策。它要求遵循天下大家处处均匀、人人饱暖的原则，实行土地财产平均分配。具体办法是："凡分田照人口，不论男妇。算其家口多寡，人多则多分，人寡则分寡，杂以九等。"也就是按照每家人口的多少来分田，男女平等。根据土地贫瘠程度，把土地分为九等，分田时则"好丑各一半"。受田的多少与年龄大小有关，15岁以下减半。还对收成分配做了详细规定："凡当收成时，两司马督伍长，除足其二十五家每人所食可接新谷外，余则归国库。凡麦、豆、苎麻、布帛、鸡犬各物及银钱亦然。"这就是说，每年的收成要留一部分供每家开销到第二年收成的时候，剩下的全部交给国库。又规定："凡二十五家中，所有婚娶、弥月喜事，俱用国库，但有限式，不得多用一钱。"每家庆贺娶妻生子办理丧事的花销从国库里支出，必须按照规定的额度使用，每家一样。此外，还规定"鳏、寡、孤、独、废、疾"者，一律由国库供养。

第二，建立兵农合一、军政合一的社会组织。关于社会组织，早在1850年就规定：五人为"伍"，其中一人为伍长，五伍为"两"，设一"两司马"，四两为"卒"，设一卒长，五卒为"旅"，设一旅帅，五旅为"师"，设一师帅，五师为"军"，设一军帅，每一军帅共管辖13 155人。军帅以上则有全军统帅，专门派出总制、监军来指挥各军帅。《天朝田亩制度》在此基础上，建立了更为完备的组织系统。它规定，天王为最高领导，天王下设军师、丞相、检点、指挥、侍卫、将军，组成中央领导机构。地方分为省、郡、县三级政权，省由中央派官员管理，郡设总制，县设监军，统一管理地方行政，为守土官。县以下为基层，下设军帅、师帅、旅帅、卒长、两司马和伍长，均称为乡官，由民

---

① 罗尔纲编注：《太平天国文选》，上海人民出版社1956年版，第4页。

众公举产生。这种组织建制，显然是为了应付战时的需要，体现了鲜明的军事化管理特点。为了保障战争的供给，地方和基层在守土官和乡官的带领下，"有警，则首领统之为兵，杀敌捕贼；无事，则首领督之为农，耕田奉上"。战争一旦发生，所有士兵都要上战场；没有战事的时候，所有的士兵都要放下刀枪去耕田。这充分体现了寓兵于农、兵民合一的特点。

第三，在思想文化上力图独尊"皇上帝"。太平天国在思想文化上贯彻"天父上主皇上帝特命太平真主救世旨意"，规定凡二十五家设一个礼拜堂，"凡两司马办其二十五家婚娶吉喜等事，总是祭告天父上主皇上帝。一切旧时歪例尽除"。每家娶妻生子的喜事由"两司马"来主持，并且必须去敬拜"皇上帝"，民间有关这方面的习俗一律废除。又规定："其二十五家中童子俱日至礼拜堂，两司马教读《旧遗诏圣书》《新遗诏圣书》及《真命诏旨书》焉。"也就是说，每家的儿童每天要到礼拜堂去，由"两司马"教他们诵读新旧约《圣经》。还规定："凡礼拜日，伍长各率男妇至礼拜堂，分别男行女行，讲听道理，颂赞祭奠天父上主皇上帝焉。"只要是礼拜天，在"伍长"的率领下到礼拜堂，男女各排成一行，听《圣经》教义，歌颂和祭拜皇上帝。[1] 应当说，太平天国在早期对儒家和其他学派还是相当温和的。但是建都天京后，奉行"独尊上帝"的方针。明文规定：一切孔孟诸子百家的著作都是"妖书邪说"，要全部焚除，不准买卖藏读，否则问罪。甚至规定，只要敢"念诵教习"任何妖书的，一律斩杀。太平天国掀起的这场搜禁焚烧"妖书"的运动，对中国传统文化造成了严重冲击。

洪秀全为实现其"小天堂"理想而制定了《天朝田亩制度》，尽管这一文件带有很大的空想色彩，又加之当时新政权面临的最紧迫任务是军事斗争而难以将其付诸实施，但它反映了千百年来农民要求土地的强烈愿望，对于发动和鼓舞广大农民起来参加反封建斗争起到了积极作用。但是，从太平天国的政治实践来看，官与民的处境有天壤之别：对于天王、诸王和高级将领来说，这些原来的乡村塾师、贫苦农民、烧炭工人等，跃登天王、诸王和高级将领之位，尽享人间荣华富贵，过上锦衣玉食的生活，无异于进入了"人间天堂"。然而，对于太平天国的广大民众来说，"小天堂"不过是低水平的平均主义而已。即

---

[1]　以上规定均见《天朝田亩制度》，罗尔纲编注：《太平天国文选》，上海人民出版社 1956 年版，第 45—49 页。

便如此，这样的"小天堂"对挣扎在死亡线上的贫困农民来说，仍然具有相当的吸引力，这也是太平天国起义能够在短期内迅速发展壮大并维持 14 年之久的重要原因。

第三节 洪仁玕的政治思想

洪仁玕（1822—1864），字益谦，号吉甫，广东花县（今广州花都区）人，太平天国后期的主要领导人之一。他是洪秀全的族弟，在洪秀全创立拜上帝会之初，即行入会。1852 年避居香港，前后达七年之久，与外国传教士交往密切，因而有机会了解和学习西方科学文化知识及政治学说。1859 年，几经辗转来到天京（南京）。天王洪秀全"不避朝贵，特加殊封"，不及一月，洪仁玕就被擢封为"开朝精忠军师顶天扶朝纲干王"[①]。同年秋，他向洪秀全呈上《资政新篇》奏折，提出了某些具有资本主义色彩的方案。他的著作除《资政新篇》外，还有《钦定军次实录》《钦定英杰归真》《兵败被俘后自述》等。

一、变法自强思想的提出

洪仁玕变法自强思想的提出，一方面与他"因时制宜"的社会历史观有关，另一方面又离不开他对时势的认识。

在他看来，"事有常变，理有穷通"[②]。如果事情在今天不可行的，可以事先进行计划，将来才可以获得好处；在今天可行的却没有实行，以后一定会引来祸端。处理好可行与不可行事情的原则，关键在于"因时制宜、审时度势"，根据形势的变化来施行。从自然现象的变化来看，"云净而月明，春来而山丽"。推而广之，"物必改而更新"[③]，事物只有不断改革，才能不断更新。这个道理是再自然不过了。

1859 年，从太平天国内部来看，自从 1856 年至 1857 年领导集团发生严重

---

① 《干王洪仁玕自传》，罗尔纲编注：《太平天国文选》，上海人民出版社 1956 年版，第 205 页。
② 洪仁玕：《资政新篇》，罗尔纲编注：《太平天国文选》，上海人民出版社 1956 年版，第 117 页。
③ 洪仁玕：《英杰归真》，罗尔纲编注：《太平天国文选》，上海人民出版社 1956 年版，第 30 页。

的内讧之后，元气大伤，"国政不能划一"①，宗派主义、分散主义极为盛行。从整个中国与外部世界的对比来看，欧美资本主义国家迅速发展，疯狂向外扩张，清政府在第一次鸦片战争中被外国侵略者打败，腐朽落后已然暴露无遗。洪仁玕对此做"极深思索"后认为，"治国必先立政，而为政必有取资"②。所谓"取资"，就是要学习西方，实质上就是要改变固有的纲领和政策，也就是要变法革新。

　　洪仁玕之所以主张学习西方，原因在于这些国家是富强之邦。英国是世界"最强之邦"，美国"礼义富足"，法国"邦势亦强"。这些国家之所以实现了富强，一是"立法善而施法广"，建立了先进的政治法律制度并且"持法严"，每一时代都有"贤智"来维持。③ 二是他们的"技艺精巧"，也就是科学技术发达。他称赞他们的工艺技术"夺造化之功"，是"正正堂堂之技"，是"永古可行"的，并非奇技淫巧。此外他还了解到，凡是向这些强国学习的国家，都有不同程度的进步，比如，俄国、暹罗、日本等国。相反，不知变通的土耳其至今"邦势不振"，日益衰弱。总之，中国要富强就必须向西方强国学习。只有这样，才能实现"太平一统江山万万年"，也才可以"与番人并雄"④。

二、变法自强的具体内容

　　为了改变太平天国当时面临的内外交困局面，洪仁玕明确主张学习西方，从而实现既迅速改变不利局势、又逐渐促使国家富强的目的。具体内容如下：

　　1. 政治上加强中央集权

　　针对当时"天京事变"后天王洪秀全权威受损和严峻的军事形势，洪仁玕认为政治上要加强中央集权。"今之日，出死入生，任各军而事权不一也。事权不一，虽久安长治之国犹未可保"⑤。为此，应施行以下措施：

①　《干王洪仁玕自传》，罗尔纲编注：《太平天国文选》，上海人民出版社1956年版，第212页。
②　《干王洪仁玕颁行资政新篇喧谕》，太平天国历史博物馆编：《太平天国文书汇编》，中华书局1979年版，第96页。
③　洪仁玕：《资政新篇》，罗尔纲编注：《太平天国文选》，上海人民出版社1956年版，第120页。
④　洪仁玕：《资政新篇》，罗尔纲编注：《太平天国文选》，上海人民出版社1956年版，第130页。
⑤　《干王洪仁玕立法制喧谕》，太平天国历史博物馆编：《太平天国文书汇编》，中华书局1979年版，第94页。

一是"禁朋党之弊",严禁拉帮结伙。这是因为,军人如果结成朋党,军法无法施行;大臣们结成朋党,君主的权威就要下降。百姓寄希望于君主来改善生活状况,但苦于大臣们互相勾结,君民关系被隔绝了。二是"权归于一",且上下情通。这就是说,从上至下,大小权力都要集中,朝内朝外的权力要适度分配;还要通过发行报刊表达民意,安放意见箱广泛搜集民意,使民意上下畅通。三是适宜君主决断的一定交由君主决断,不适宜君主决断的则交给臣下讨论后再决断。这样,一旦出现过错,君主的责任减轻,从而维护了君主的尊严。还可以设立一名谏议官,辅助君主。此外,应设立"新闻官"搜集各方面的材料,作为君主决断的参考。

2. 法律上刑德并举

洪仁玕有关法律变革的主张,从原则上说是"法外辅之以法而入于德,刑外化之以德而省于刑"①,即不能只通过刑法来惩罚罪犯,还应以德感化。具体包括:

一是"罪人不孥",不能连坐。对犯人的家属进行讯问后,如果认定没有参与犯罪的,应好好安慰,令其自新;如果发现确实参与的,应设法使其迷途知返。二是应"善待轻犯",不宜严苛。要给他们吃穿,犯人被发配到他处的,期满一定要释放回来,希望他们能改过自新,真正做到恩威并济。三是用刑之前应先进行教化。在教化之后,再施以刑罚,他们就会产生羞耻之心从而改正自己的过错。②

3. 经济上实行带有资本主义性质的政策

洪仁玕关于经济方面的改革建议最具特色,内容也非常丰富,大致包罗了西方国家的部分做法。具体如下:

一是大力兴办交通运输事业。交通发达可以收到"利便轻捷"之效。尤其应建造火车,并准许私人有专利权。要在全国修路,使各省畅通无阻。积极建造坚固轻便的船只,尤其要建造"一日夜能行二千余里"的火船、汽船,不仅有利于商业发展,而且也有利于国家"战守缉捕"③。二是兴办银行,发展金融

---

① 洪仁玕:《资政新篇》,罗尔纲编注:《太平天国文选》,上海人民出版社1956年版,第130页。
② 洪仁玕:《资政新篇》,罗尔纲编注:《太平天国文选》,上海人民出版社1956年版,第129—130页。
③ 洪仁玕:《资政新篇》,罗尔纲编注:《太平天国文选》,上海人民出版社1956年版,第124—125页。

事业。开设银行，"利于商贾士民，出入便于携带"①。三是"兴器皿技艺"，发展制造业。如果制造的产品"精奇利便"，"准其自售"，还应给予奖赏。四是"兴宝藏"，大搞工矿业。准许私人探测开采金、银、铜、铁、锡、煤、盐、琥珀、琉璃、美石等，利润"总领获十之二，国库获十之二，采者获十之六"②。五是开展保险事业。为了防止水火对人与物的伤害，"与保人议定，每年纳银若干"，"有失则保人赔其所值，无失则赢其所奉"③。六是"兴市镇公司"，收取关税。负责关税的官员必须严格公正，每个礼拜要将关税上缴或者要求留给"市镇公务支用"，如有中饱私囊者必须依法处置。

4. 外交上中外应平等往来

羁留香港多年的洪仁玕，对西方国家有一定了解，再加上当时太平天国面临着清朝军队的围剿，为了打破这种困境，他提出了"与番人并雄之法"。他认为，双方必须有"一定之章程，一定之礼法"④，往来的文书，不许用"四夷宾服""夷狄戎蛮鬼子"之类侮辱性的语言文字。中国以往实行闭关自守，"拘拘不与人交接"，是气量狭小者所为，结果使自己"全体闭塞，血脉不通"，深受其害。因此，应欢迎外国"教技艺之人入内教导我民"，"为国献策"。洪仁玕希望与西方国家平等交往，而西方列强则从自身的利益出发，帮助清朝统治者镇压太平天国。这一点直至他临死之前方才醒悟，"妖买通洋鬼，交为中国患"⑤。

此外，洪仁玕主张"兴跛盲聋哑院""兴鳏寡孤独院"，发展社会慈善事业；"兴邮亭以通朝廷文书，书信馆以通各色家信，新闻馆以报时事常变"⑥，发展邮政通信报刊事业。为了"独尊上帝"，主张"禁庙宇寺观""禁演戏修斋建醮""革阴阳八煞之谬""除九流"等。

洪仁玕呈献给洪秀全的《资政新篇》，提出了带有资本主义性质的改革方

---

① 洪仁玕：《资政新篇》，罗尔纲编注：《太平天国文选》，上海人民出版社 1956 年版，第125 页。
② 洪仁玕：《资政新篇》，罗尔纲编注：《太平天国文选》，上海人民出版社 1956 年版，第126 页。
③ 洪仁玕：《资政新篇》，罗尔纲编注：《太平天国文选》，上海人民出版社 1956 年版，第127 页。
④ 洪仁玕：《资政新篇》，罗尔纲编注：《太平天国文选》，上海人民出版社 1956 年版，第130 页。
⑤ 《干王洪仁玕自传》，罗尔纲编注：《太平天国文选》，上海人民出版社 1956 年版，第 213 页。
⑥ 《干王洪仁玕自传》，罗尔纲编注：《太平天国文选》，上海人民出版社 1956 年版，第 126 页。

案，但迫于当时太平天国面临的形势，根本没有机会和条件实施。尽管如此，它反映了一部分先进的中国人迫切要求改变中国落后面貌的希望，是近代中国第一个比较完整的学习西方、变革现实的方案。其中有些主张，从提出的时间上看，远在洋务派之前，有些直到戊戌时又被维新派再次提出。从这些方面看，洪仁玕的这一方案具有一定程度的进步性。

小　结

第一次鸦片战争后，以小农经济为主导的清王朝，在西方列强的侵略下，面临着严重的社会危机。洪秀全借助所接触到的一些零碎的西方基督教教义，试图为广大贫苦农民构建一个以小农经济和财产公有为经济基础的"人间天堂"；洪仁玕则向往西方社会，主张以近代工商业作为社会的经济基础。洪秀全虽然不如洪仁玕那样具有近代意识，但是他准确地抓住了中国社会的焦点问题即农民和土地问题。

与中国古代历史上的农民战争相比，太平天国起义发生在一个完全不同的新时代。随着工业革命的深入推进，西方资本主义的迅速发展和扩张，在世界范围争夺殖民地和市场，中国成为西方列强在远东争夺的主要对象，他们先后两次发动鸦片战争，并逐步扩大对华侵略。面对这种局面，清政府对外软弱无能、割地赔款、丧权辱国，对内则层层盘剥、残酷镇压、腐败专制，致使各种矛盾不断激化。这种环境，一方面使得洪秀全有了不同于以往历次农民起义的思想资源；另一方面，也使得他不仅要面对国内的反动势力，同时要面对外来的资本主义势力。这就使得太平天国运动具有了中国古代历次农民起义所不具备的新特点。

在思想文化方面，中国古代农民起义，无论口号如何变化，基本的指导思想都是来自中国传统的思想文化。洪秀全熟悉儒家经典，了解中国传统文化，深知由于时代条件的变化，儒家传统思想难以继续作为发动起义的工具。因此，太平天国采取了两方面的措施：一是批儒。它对儒家的系统批判是近代以来的第一次，冲击了孔子和儒家经典的正统权威，在一定程度上削弱了封建统治的精神支柱，对于把人们的思想从儒家的束缚中解放出来起了重要作用。二是利用"拜上帝会"。太平天国在中国近代史上第一次利用拜上帝会作为旗帜，但这一选择不过是新瓶装旧酒，即用拜上帝会的外衣包裹皇权主义思想。它所提出的"小天堂"的理想社会方案，吸引了大量的贫苦农民和下层社会民众参加到起义中来。然而由于拜上帝会的教义毕竟不是科学的思想理论，它不仅不能指导起义走向成功，而且给农民起义带来了危害。洪秀全借助"洋上帝"发动和领导起义，为太平天国内部争权夺利、自相残杀埋下了祸根，也为清朝统治阶级镇压太平天国提供了文化上的借口。

在政治制度方面，中国历史上的农民起义，往往是从反抗旧王朝的起义开始，最后又以建立一个新王朝为止，循环往复。洪秀全领导的太平天国曾力图建设一个全新的、人人平等的理想社会，但是实际上建立的仍然是一个君主专制制度。他一到天京，马上便做起了天子，太平天国的领袖们也纷纷以封王、做官为目标，完全背离了最初的革命理想。洪秀全等在文化上学习了西方宗教文化中的一些皮毛，但在政治制度上却丝毫没有学习西方的制度。究其原因，在于洪秀全等太平天国的领袖们仍无法克服小农意识的局限性。

在农民和土地问题方面，作为一个传统的农业国家，农民和土地问题一直都是中国的大问题。但是，近代的农民、土地问题与古代有很大的不同。传统的以一家一户为组织形式的、自给自足的个体经济，已经开始受到西方列强以商品经济为导向的机械化大生产的挑战，在东南沿海最早开放的口岸尤其如此。但是，洪秀全沿用历代农民起义的均平思想，又从原始基督教的公产制得到启发，提出了绝对平均的解决方案，只能是一种空想。

从对外关系来看，太平天国领袖们能够坚定地维护国家主权，抵抗列强侵略。但他们不能看清西方侵略者的本来面目，而是笼统地把信奉"上帝"的西方人不加区别地视为"洋兄弟"，这说明他们对西方资本主义侵略者还缺乏理性的认识。

太平天国起义及其失败表明，在半殖民地半封建的中国，农民具有伟大的潜力，但它自身不能担负起领导反帝反封建斗争取得胜利的重任。单纯的农民战争不可能完成争取民族独立和人民解放的历史任务。但是，从组织程度、思想主张、社会影响等方面看，太平天国起义都达到了中国旧式农民战争的最高峰，显示了农民阶级的反抗精神和战斗力量，不仅沉重打击了清政府的统治，使政治、经济、军事等部分权力从中央满族亲贵转移到地方汉族实力派手中，一定程度上改变了清政府的权力结构，为后来的洋务运动等提供了条件；而且从社会和思想两个层面打破了对孔子的偶像崇拜，冲击和削弱了儒学正统，在中国政治思想史上占有重要地位。

思考题

1. 洪秀全政治思想的理论来源有哪些?

2. 洪秀全政治思想的主要内容是什么?

3. 洪仁玕变法自强思想的基本内容包括哪些?

第十一章　洋务派的政治思想

19 世纪 60—90 年代，清朝统治阶级中以奕䜣、曾国藩、左宗棠、李鸿章等为代表的部分开明官员发起了以"求强求富"为目的的"洋务运动"，又称"自强运动""同光新政"。这一运动既是当时社会激烈动荡，阶级矛盾、民族矛盾和统治阶级内部矛盾激化的产物，也与西方列强在第二次鸦片战争后调整对华政策密切相关。洋务运动没有统一的纲领和指导思想，较有代表性的口号是"外须和戎，内须变法""自强求富""中体西用"。洋务思潮本质上是地主阶级的"自救"思潮，是传统儒家思想吸收了部分西方思想混合而成的。它不仅继承了经世思潮中的"变易"思想和求实精神，而且吸收了外来思想因素，在中国近代政治思想发展史上具有承前启后的作用。

第一节　洋务运动产生的社会历史背景

一、洋务运动的产生与发展

在两次鸦片战争和镇压太平天国革命的过程中，一批在一线指挥作战的中央政府官员和地方封疆大吏切身体验了洋枪洋炮的威力。他们认识到，如果仍然沿用弓箭、刀、矛、抬炮、鸟枪等旧式武器，"断不足以制洋人，亦不足以灭土寇"[①]。因此，"借法"自强、制造枪炮船舰就成为清政府维护统治的首要选择。

洋务运动的发生还与西方列强在第二次鸦片战争后新的对华政策有关。1860 年《北京条约》签订后，西方列强改变了以往单纯以武力征服的办法，开始用温和的外交手段对清政府施加影响，以便在中国建立半殖民地统治的新秩序。1861 年，英国等西方国家支持西太后发动"辛酉政变"夺取政权，此后奕䜣等在慈禧太后的支持下，开始与西方列强进行合作。西方列强也纷纷表示愿意向清政府提供军事上、经济上的帮助以镇压太平天国。

[①]　李鸿章：《筹议海防折》，中国科学院近代史研究所史料编辑室、中央档案馆明清档案部编辑组编：《中国近代史资料丛刊·洋务运动》（一），上海人民出版社 1961 年版，第 43 页。

由于列强对华政策的转变，清政府意识到西方列强并不是要取代自己，"自换约以后，该夷（英、法）退回天津，纷纷南驶，而所请尚执条约为据。是该夷并不利我土地人民，犹可以信义笼络，驯服其性"①。出于这样的认识，清政府开始尝试与列强合作。正是在这种背景下，一部分官僚开始兴办洋务，特别是近代军事工业，以期从中找到"自救"出路，从而开始了轰轰烈烈的洋务运动。

洋务运动以 1861 年 1 月总理各国事务衙门的设立为标志，以 1895 年 4 月《马关条约》签订而告一段落，历时 34 年。它是清朝统治阶级内部分开明官僚为了维护其专制统治而进行的一场以"自强求富"为目的的"自救"运动。洋务运动的代表人物在中央有恭亲王奕訢、总理衙门大臣文祥等；在地方，前期有曾国藩、李鸿章、左宗棠等封疆大吏，后期则以张之洞等为代表。

洋务运动的范围非常广泛，包括对外交涉、编练新式海陆军、制造枪炮舰船、兴办近代化的工矿企业和交通运输业、设立学堂、派遣留学生等。随着形势的变化和需要，洋务运动的重心前后有所不同，前期以"求强"为主，即训练新式军队和设厂制造舰炮，企图建立一套新的防务体系；后期除继续进行"求强"活动外，还提出"求富"的口号，强调兴办近代民用工业，"富"与"强"并重。从 60 年代初开始，先后兴办了安庆内军械所、江南制造局、福州船政局等近代军事工业。从 70 年代起，采取"官办""官督商办"和"官商合办"等方式，开办轮船招商局、开平矿务局、天津电报局、唐胥铁路、上海机器织布局、兰州织呢局等民用企业。1895 年甲午战争的失败，宣告了洋务运动的破产。

洋务运动在一定程度上推动了近代中国生产力的发展和民族资本主义的产生，促进了国防近代化，抵制了外国资本输入。但是，它在新兴经济领域所采取的垄断政策对民族资本的发展又产生了阻碍作用，它在外交领域所实行的妥协政策也大大降低了其抵制外资的作用。正因如此，洋务运动最终没有使中国走向富强，也没能阻止中国在半殖民地半封建社会轨道上的滑行。

二、洋务派与顽固派的论争

洋务运动时期，洋务派和顽固派之间始终存在着复杂尖锐的思想论争和政

---

① 中国科学院近代史研究所史料编辑室、中央档案馆明清档案部编辑组编：《中国近代史资料丛刊·洋务运动》（一），上海人民出版社 1961 年版，第 96 页。

治斗争。虽然洋务派在中央和地方封疆大吏中都有其代表，但洋务运动的发展还是受到顽固派的攻击和非难，阻力重重。作为清朝最高统治者的慈禧，为了维护个人的最高权力，超然于两派之上，一方面支持洋务派及其自强活动，另一方面又怕洋务派势力过大，影响到自己的统治权威，因此又放任乃至不时怂恿顽固派攻击和牵制洋务派，造成两派互相牵制、激烈斗争的局面。顽固派以大学士倭仁、徐桐以及军机大臣李鸿藻等为代表，他们不承认西方有任何值得学习的东西。在洋务运动时期，洋务派与顽固派发生了三次激烈而又典型的论争。

洋务派同顽固派的争论首先在同文馆增设天文算学馆问题上爆发。同文馆设于 1862 年，主要任务是培养办理洋务所需的翻译人才。1866 年，奕䜣奏请在京师同文馆内增设天文算学馆，从科甲正途中招收学员，学习西方自然科学。此举引起顽固派强烈反对。倭仁说："立国之道，尚礼义不尚权谋；根本之图，在人心不在技艺。"他反对"变夏从夷"，严厉斥责这是"师敌忘仇"，实属无耻之极，并质问奕䜣："天下之大，不患无才，如以天文算学必须讲习，博采旁求，必有精其术者，何必夷人，何必师事夷人？"① 甚至还有人说，同文馆天文算学馆触怒了上天，当年久旱不雨就是"天象示警"。倭仁等人的思想引起社会上部分人的共鸣，一批守旧卫道士群起效尤，攻击奕䜣"鬼计本多端，使小朝廷设同文馆；军机无远略，诱佳子弟拜异类为师"，还作对句讥评同文馆"未同而言；斯文将丧。孔门弟子；鬼谷先生"②。由于顽固派的阻挠和破坏，天文算学馆虽然获准设立，但报考的人寥寥无几。

第二次是 1874 年的海防之争。李鸿章、刘坤一等洋务派支持丁日昌提出的加强海防建设的建议，认为"海防本为今日全局第一要务"。顽固派则极力反对。他们认为，国家盛衰成败在民心，中国不必去"逐彼奇技淫巧之小慧，而失我尊君亲上之民心"。因此，他们建议，大兵轮、铁甲船、蚊子船及水雷等，"不但毋庸购买，亦不必开厂制造，更毋庸往外国制造，以杜浮冒之门，以留急需之饷"。只要用现成之武器枪械"练习不懈，训以忠义，水陆兵勇互相应援，即足以固江海之防矣"③。他们理直气壮地表示，"人若不明大义，虽机警

① 《倭仁奏正途出身学习天文算学为益甚微所损甚大请立罢前议折》，《筹办夷务始末》（同治朝）卷四十七，中华书局 2008 年版，第 2009—2010 页。
② 荣孟源、章伯锋主编：《近代稗海》（二），四川人民出版社 1985 年版，第 385 页。
③ 中国科学院近代史研究所史料编辑室、中央档案馆明清档案部编辑组编：《中国近代史资料丛刊·洋务运动》（一），《光绪六年二月二十七日大理少卿王家璧奏折附法》，上海人民出版社 1961 年版，第 133—134 页。

多智，可以富国强兵，或恐不利于社稷"①。

第三次是在建设铁路问题上的一场旷日持久的交锋。洋务派认为兴修铁路是使国家富强的重要手段之一，而顽固派则坚决反对修建铁路，认为修筑铁路要毁坏田地、房屋、坟墓、桥梁，既影响人民生计，又招致洋人觊觎。不仅如此，他们甚至还荒唐地提出，修造铁路会惊动"山川之神，龙王之宫，河伯之宅"，"山川之神不安，即旱涝之灾易召"，"误国殃民，莫大于是"。② 洋务派修建铁路的计划虽然得到最高统治者的支持，但是建成的铁路却难以正常运营。1881 年 11 月，中国第一条铁路——唐山至胥各庄铁路历经磨难，最终告竣，但因不准使用蒸汽机车牵引，只能用马拉，而被世人称为"马车铁路"。

顽固派的思想虽然陈旧不堪，却是封建社会的正统思想，是历代统治者治国施政的依据。顽固派打着"爱国""保社稷"的旗号，并利用其广泛的社会基础和政治影响，竭力抵制洋务思潮，诽谤洋务运动。与顽固派相比，洋务派则势单力孤，"以西法为可行者不过二三人，以西法为不可行、不必行者几于盈廷皆是"③。洋务派还被骂为"名教罪人，士林败类"。这从另一个侧面反映了近代中国变革的艰难。

三、洋务思潮的主要内容

从思想内容上看，洋务思潮深受林则徐、魏源经世致用和"师夷长技"思想的启迪，以"自强御侮"为出发点和立足点，强调制器练兵，侧重点在军事领域。但随着洋务运动的开展，洋务派意识到，近代化的军事工业离不开民用工业的支持，例如工厂的机器没有煤就无法运转，军舰没有煤就等于一堆废钢铁。于是，他们的注意力开始由军事领域扩展到工商等民用领域。

一是以"变局思想"为洋务思潮的起点。洋务派认识到，鸦片战争后中国社会正处于"华夷混一""古今未有之大变局"，有向西方学习的必要。从"变局"论出发，顺理成章地提出"师其所能，夺其所恃"的"借法自强"思想。所谓"借法"主要指引进西方的机器生产和科学技术。

---

① 中国科学院近代史研究所史料编辑室、中央档案馆明清档案部编辑组编：《中国近代史资料丛刊·洋务运动》（一），上海人民出版社 1961 年版，第 129 页。
② 中国科学院近代史研究所史料编辑室、中央档案馆明清档案部编辑组编：《中国近代史资料丛刊·洋务运动》（六），《光绪十年十一月初七日山东道监察御史文海奏》，上海人民出版社 1961 年版，第 169 页。
③ 王韬：《弢园文录外编》，上海书店 2002 年版，第 191 页。

二是由"求强"到"求强求富"并重。李鸿章认为要"强"必须先"富",于是洋务运动转向"以工商立国"的求富思想。近代中国商本思想大体在 19 世纪 60 年代初步形成,中法战争后得到发展。王韬提出"恃商为国本""商富即国富"的观点。薛福成也认为,西人谋富强"以工商为先",中国应"自理商务","富而后可次第修举"。郑观应总结洋务运动以来的"商本"思想,呼吁"以商为战",抵制外国资本主义的侵略。

三是培养新式人才。办理洋务需要新式人才,为此洋务派兴办了一批新式学堂,同时,选派学生到欧美国家留学。为了解决这些新式人才的出路问题,他们正式提出变通科举的要求,希望在传统的科举考试中增加洋务学即自然科学一项,以便使这些新式人才也能通过科举考试获取功名,为国效力。在这方面,洋务派的主张已经涉及在政治体制中占有重要地位的人才选拔制度。

四是理论上形成了"中体西用"论。"中体西用"的意思是在认识和处理中西文化关系时,要以中学为体,西学为用,以西学护守中体。它强调"中学"应置于"体"的位置,"西学"只能置于"辅"的地位,即中国的封建统治秩序和三纲五常的封建伦理道德,是绝对不可变动的,但为了维护中国的伦常名教,就必须用西方近代的军事装备和工业技术来强化中国的封建制度。"中体西用"思想是洋务思潮的总纲,也是洋务运动的指导思想。

"中体西用"论的形成经历了一个比较长的酝酿讨论过程。1861 年,冯桂芬在《校邠庐抗议》中提出:"以中国之伦常名教为原本,辅以诸国富强之术",这是中体西用思想的发端。此后,薛福成也说:"今诚取西人器、数之学,以卫吾尧、舜、禹、汤、文、武、周、孔之道。"① 郑观应表达得更加明确:"中学其体也,西学其末也;主以中学,辅以西学。""道为本,器为末;器可变,道不可变。庶知所变者,富强之权术而非孔孟之常经也。"② 1895 年 4 月,沈寿康的《匡时策》指出:"夫中西学问,本自互有得失。为华人计,宜以中学为体,西学为用。"③ 1898 年春,张之洞撰写了《劝学篇》,标志着"中体西用"论的正式形成。

"中体西用"论突破了传统的"华夷之辨",在理论上完成了从"鄙夷"到"师夷"的巨大转变,这与顽固派的主张相比是一种明显的进步。这一理论

① 《薛福成选集》,上海人民出版社 1987 年版,第 556 页。
② 《郑观应集》上册,上海人民出版社 1982 年版,第 240 页。
③ 沈毓桂:《匡时策》,《万国公报》1895 年 4 月第 75 期。

试图说明，引进"西学"并不是要动摇"中学"即中国的根本制度，相反，"西学"的引进是为了巩固和加强中国的根本制度。但是，"中学"与"西学"是两个截然不同的体系，两者都是在长期的历史发展过程中逐渐形成的，代表了两种不同的文明，有着不同的制度框架和价值观念。"中体西用"论试图把这两种体系机械地进行切割、嫁接，这本来就是难以做到的，更何况这时中国的制度特别是政治制度本身已是千疮百孔、腐朽不堪。在不根本改变这一制度的情况下，无论辅以多少"西学"，恐怕都难以挽救国家的危亡。"中体西用"论在甲午战败后很快成为思想界批判的对象，原因就在于此。

第二节　曾国藩的政治思想

曾国藩（1811—1872），原名子城，字伯涵，号涤生，湖南湘乡人。28 岁中进士，授翰林院庶吉士，从此开始了漫长的仕途生涯。1847 年任内阁学士兼礼部侍郎，几年之后，相继兼兵、工、刑、吏各部侍郎。十年七迁，连跃十级。1852 年因母丧返乡，次年 1 月被任命为湖南团练大臣，建立湘军，与太平军进行殊死搏斗，并最终残酷地镇压了太平天国。19 世纪 60 年代初开始，率先试办洋务，成为洋务运动最重要的开创者之一。1868 年，任直隶总督，拜武英殿大学士。后因办理天津教案，受到世人讥谤，郁郁寡欢，调任两江总督，病死南京。死后谥文正，后人又称他为曾文正公。著作被后人编为《曾国藩全集》。

一、以礼治世的思想

曾国藩出生在具有浓厚封建礼教传统的小地主家庭，从小深受儒家礼教思想熏陶和影响。他在研习礼经及礼学典籍的过程中，注重发掘其中的经世之旨，形成了以礼学为安身立命之根本的治世思想。

一是"以礼自治，以礼治人"。礼学思想是曾国藩政治思想的基础。他把"礼"看作统治权术中不可或缺的利器，提出"修己治人之道，……以礼自治，以礼治人"的思想。[①] 将"礼治"作为挽救时局、收拾人心的治本良方。在曾国藩看来，"以礼自治"就是要强化"礼"的道德约束功能，呼吁统治者严于

---

① 《曾国藩全集·日记二》，岳麓书社 1988 年版，第 921 页。

律己，"谨守准绳，互相规劝"，挽救"四方多难，纲纪紊乱"的局面。"以礼治人"就是要以礼来"辟异端"，正纲纪，使"人人纳于规范之中"，不犯上作乱，以维护"君臣父子，上下尊卑，秩然如冠履之不可倒置"的封建等级秩序和道德观念。

二是忠君卫道，维持纲纪。曾国藩推崇儒家学说，深受孔孟程朱之学影响，"忠君报国"思想十分明确，他强调"君子之道，莫大乎以忠诚为天下倡"。所谓"诚"是要尽忠报国。早在1843年，他给祖父写信说："孙蒙皇上格外天恩，升授翰林院侍讲，……将来何以为报，惟当竭力尽忠而已。"① 这表达了其忠君报国的立场。

曾国藩以孔孟道统继承人自诩，以维护儒家礼教为己任，誓死讨伐毁坏"圣教"的太平天国起义。其《讨粤匪檄》称："粤匪窃外夷之绪，崇天主之教"，太平军的所作所为，"举中国数千年礼义人伦、诗书典则，一旦扫地荡尽。此岂独我大清之变，乃开辟以来名教之奇变，我孔子、孟子之所痛哭于九原！"②《讨粤匪檄》表明了曾国藩捍卫传统礼教和誓死剿灭太平天国的强硬立场。

三是以礼治军。湘军的建立和发展，突出表现在"以礼治军"上。在曾国藩看来，礼是经国济世、化民易俗的最佳工具，曾国藩的"以礼治军"就是"用恩莫如仁，用威莫如礼"。曾国藩认为"仁"即"欲立立人，欲达达人"，具体说，"待弁勇如待子弟，常有望其成立，望其发达之心，则人知恩矣"。所谓"礼"，即"泰而不骄""威而不猛"，也就是"持之以敬，临之以庄，无形无声之际，常有凛然难犯之象，则人知威矣"。自编练湘军之始他就把政治纪律教育和封建伦理教育当作头等大事来抓。后人评论说，他以"维护名教伦常作军队的精神基础，营官都是兵的导师，所以能训练成功一个有主义的军队，人人为主义而奋斗"③，使湘军成为当时清王朝最具战斗力的军队。

二、"师夷智"以自强的思想

在第二次鸦片战争结束后不久，曾国藩就提出"师夷智以造炮制船，尤可期永远之利"④ 的自强主张。

①　《曾国藩全集·禀祖父母·家书一》，岳麓书社1985年版，第61—62页。
②　《曾国藩全集·诗文》，岳麓书社1986年版，第232页。
③　萧一山：《清代通史》下卷，中华书局1986年版，第196页。
④　《曾国藩全集·奏稿》，岳麓书社1987年版，第58页。

自强首在"师夷智"以造炮制船。曾国藩认为，"制造船炮，为中国自强之本"。自强之道又须"以学作炸炮、学造轮舟等具为下手功夫"。① 所以"资夷力"以助剿、济运只是权宜之计，而"永远之利"应是由购买到自造。1861年朝廷就购买外洋船炮征求曾国藩意见时，他就明确表示："购买外洋船炮，则为今日救时之第一要务。"② 因为购买外国船炮，"近以剿办发逆，远以巡哨重洋，实为长驾远驭第一要务"③。可见，购买、试造船炮并不仅仅是为了镇压国内农民起义，也有自强御侮的长远考虑。

其次，"师夷智"自强还包括翻译西书和培养西学人才两方面内容。曾国藩认为，了解西方的最佳路径就是翻译西洋书报。1868年，他看到徐寿等翻译的著作后进一步强化了这种看法，认为"翻译一事，系制造之根本。洋人制器，出于算学，其中奥妙皆有图可寻。特以彼此文义扞格不通，故虽日习其器，究不明夫用器与制器之所以然"④。在他的努力下，江南制造局翻译处于1868年正式成立，这是上海最早的翻译出版机构。

办洋务不能光靠"洋人"，必须培养本国人才。1871年8月，曾国藩奏请选派"聪颖幼童，送赴泰西各国书院，学习军政、船政、步算、制造诸学"⑤。正是在曾国藩等主持下，清政府于1872年开始陆续派出四批共120名幼童到美国留学，又选派严复等30余人到欧洲留学，开创了中国派遣留学生的先河。这批留学生归国后多成为国防、外交、科技、教育等领域的领军人才。

三、"羁縻为上"的外交思想

曾国藩从儒家"言忠信，行笃敬"道德信条出发，将处理人与人关系的道德规范扩展、应用到对外关系上，认为"夷务本难措置，然根本不外孔子忠、信、笃、敬四字"⑥。1862年，他对李鸿章交代与洋人交际的原则是"其要有四语：曰言忠信，曰行笃敬……忠者，无欺诈之心；信者，无欺诈之言；笃

---

① 《曾国藩全集·日记二》，岳麓书社1988年版，第748页。
② 《曾国藩全集·奏稿二》，岳麓书社1987年版，第1603页。
③ 《曾国藩全集·奏稿五》，岳麓书社1987年版，第2925页。
④ 《曾国藩全集·奏稿十》，岳麓书社1994年版，第7604页。
⑤ 曾国藩：《拟选聪颖弟子出洋习艺疏》，《洋务运动》（二），上海人民出版社1961年版，第153页。
⑥ 《曾国藩全集·书信四》，岳麓书社1987年版，第2648页。

者，质厚；敬者，谦谨。此二语者，无论彼之或逆或顺，我当常常守此而勿失"①。

以"忠信笃敬"四字为指导，就形成了外交上的"羁縻"政策。1861 年 1月，恭亲王奕䜣提出"外敦信睦，隐示羁縻"的外交策略。这八个字代表当时清政府基本外交政策，这一政策得到了曾国藩、李鸿章等人的支持和响应。李鸿章在给曾国藩的信中说："驭外之法，征战者后必不继，羁縻者事必久长。"②曾国藩对此大为赞赏，称"驭夷之法以羁縻为上，诚为至理名言"③。

按照曾国藩的理解，"以羁縻为上"最基本和主要的是要守定和约。要求以对外签订的条约为准则，凡是条约上有明文规定者，一概信守不移。他明确指出："自古善驭外国，或称恩信，或称威信，总不出一'信'字。"④ 凡是中外交涉的事件，"守定和议，绝无更改"。只有这样，才能在内外危机中"与洋人相安无事"。

当然，对于清廷签订一系列不平等条约而换来的暂时"和平"，曾国藩也清醒地认识到和议虽成，但中国不可一日忘备，因此必须振作有为，以"内修"作为"外攘之要"，"以自强为主"来"维持大局"。⑤ 他希望以国家大局为重，在"自强"的基础上达到"御侮"的目的。

四、"陶铸人才，转移习俗"的思想

曾国藩认为，风俗的厚薄关系到政治的好坏，转移风俗是改善政治的关键。正常情况下，贤人在位，政治清明，风俗自然也醇美，但是在国家处于衰世的情况下，"贤者不尽在位"，无法直接利用政权的力量来治理国家，只能通过改良风俗的办法来"陶铸人才"，转移风俗，形成新的政治中心，以重建政治社会秩序。

曾国藩认为，人才是转移风俗的关键，关系政事利钝，国家兴衰。正是出于这样的认识，他在鸦片战争以后国势衰弱、人才匮乏的环境下，摸索出一套陶铸人才的办法，包括"转移之道""培养之方"和"考察之法"。

---

① 《曾国藩全集·书信四》，岳麓书社 1987 年版，第 2714 页。
② 《李鸿章全集》卷十，时代文艺出版社 1988 年版，第 3458 页。
③ 《曾国藩全集·书信十》，岳麓书社 1994 年版，第 7337 页。
④ 《曾国藩全集·书信八》，岳麓书社 1994 年版，第 5646 页。
⑤ 《曾国藩全集·书信十》，岳麓书社 1994 年版，第 7392 页。

针对当时官场存在的四大通病，即："退缩""琐屑""敷衍"和"颟顸"，曾国藩尖锐地指出："有此四者，习俗相沿，但求苟安无过，不求振作有为，将来一有艰巨，国家必有乏才之患。"他提出，解决这些弊端的办法，在以学术通政术，使人才都知书好学，自君主以降皆以身作则，"乃能操转移风化之本"。所谓"培养之方"则可概括为教诲、甄别、保举、提拔等，"考察之法"则为"询事、考言"两项。

曾国藩认为，以"陶铸人才"来"转移习俗"是切实可行的。"转移习俗而陶铸一世之人，非特处高明之地者然也"。不仅君主，京官、督抚和州县等大小官员，"一命之上，皆与有责焉者也"。地方官吏的自身修养如何，也直接关系到人心风俗。"一省风气系于督抚、司道及首府数人，此外官绅皆随风气为转移者也。"① 曾国藩重点强调政治上居高位者要以身作则，率先垂范，担负起培养、提拔人才的重任。具有封建道德的"贤人"，更要感化乡里，扭转风俗，即所谓"有一二人好学，则数辈皆思力追先哲；有一二人好仁，则数辈皆思康济斯民"，这样就可以造成"以下之效之者速而且广"的局面，"不过数年，必有体用兼备之才，彬蔚而四出，泉涌而云兴"。② 这种"转移之道"正符合儒家"君子德之风，小人德之草。草上之风必偃"的道理。

身体力行、以身作则是曾国藩实践这一思想的特点。太平天国革命爆发以后，曾国藩呼吁重视人才，转变社会不良习俗，并与胡林翼相约："侍与公之力所能勉者，引用一班正人，培养几个好官以为种子。"③ 如果能"引出一班正人，倡成一时风气"，可以图报国事。在曾国藩的倡导下，讲究气节、崇尚操守、标榜道德成为社会风气。曾国藩"以己之所向，转移习俗而陶铸一世之人才，此即其毕生学术所在，亦即毕生事业所在也"④。需要说明的是，曾国藩转移风俗、陶铸人才所依据的标准，仍然还是儒家传统的三纲五常等，因此，他所培养的湘军集团成为晚清维持统治秩序的主要工具。

曾国藩一生经历复杂，是近代中国最有争议的历史人物之一。他的政治思想也具有两面性，一方面，他把传统的"经世致用"精神发掘出来，形成"义理经济"合一的新格局，给传统文化赋予新的生命力，恢复了其号召士林、维

① 《曾国藩全集·日记一》，岳麓书社 1987 年版，第 683 页。
② 《曾国藩全集·诗文》，岳麓书社 1986 年版，第 444 页。
③ 《曾国藩全集·书信二》，岳麓书社 1994 年版，第 1538 页。
④ 钱穆：《中国近三百年学术史》，中华书局 1986 年版，第 577 页。

系人心的作用；他倡导洋务运动，创办军事工业，培养人才，引进西学，派遣留学生等思想和举措在近代历史上产生了重要影响。另一方面，他极力标榜封建伦理道德，强调以礼治世，其操办洋务的根本目的也是为了维护地主阶级的根本利益，维护清政府的统治，这反映了其阶级局限性和保守性。

第三节　李鸿章的政治思想

李鸿章（1828—1901），字子黻、渐甫，号少荃、仪叟，安徽合肥人。1847 年中进士。1853 年，受命回原籍办理团练，与太平军作战。1858 年冬，入曾国藩幕府襄办营务，后从湘军中分离出来，组建淮军，与曾国藩一起镇压太平天国和捻军。19 世纪 60 年代起，李鸿章积极筹建新式军事工业，创立江南机器制造总局和金陵机器制造局。1870 年，继曾国藩任直隶总督兼北洋通商大臣，从此控制北洋达 25 年之久，并参与掌管清政府外交、军事大权，成为清末权势最为显赫的封疆大吏。从 70 年代起，李鸿章进一步扩大洋务事业，标榜"自强求富"，主要以"官督商办"的形式创办了一系列民用企业。同时，又着手筹办北洋海防，于 1888 年建成北洋海军。为培养"自强求富"所需人才，创办北洋水师学堂、电报学堂等多所新式学校，并与曾国藩等共同主持选派学生赴欧美留学之事。1901 年 11 月卒，谥文忠，著作被后人编为《李鸿章全集》。

一、"千古未有"的变局论

第二次鸦片战争后，外国侵略者不仅遍及中国沿海地区，而且深入中国内地。清政府为了早日镇压太平天国农民起义，消除"内忧"，提出了"借师助剿"的方针，希望借助外国的"坚船利炮"达到平定内乱的目的。于是，在东南沿海地区出现了中外混合的军队。李鸿章把中国面临的形势概括为"数千年来未有之变局"，把中国面对的西方对手描述为"数千年来未有之强敌"。这种时局观是李鸿章政治思想的出发点和立足点。

首先，中国门户洞开，已经无所谓"中外界线"。外国侵略势力东渐，深入京师及各省腹地，华夷混一已成为不能不面对的事实。更为严峻的是中国面对的并不是一个敌手，而是处于强敌环伺之中，形势异常险恶："东南海疆万余里，各国通商传教，来往自如，麇集京师及各省腹地，阳托和好之名，阴怀吞噬之计，一国生事，诸国构煽。"① 清王朝已到了"厝火积薪，可危实甚"的程度。

其次，新的侵略者拥有前所未有的物质力量。这些深入中国腹地的"外夷"在科技、经济、军事等各个方面的力量都是"百倍于中国"，先后两次大败清政府，打开中国大门，强迫清政府签订不平等条约，尤其在科技、军事方面更是远在中国之上，其"轮船电报之速，瞬息千里，军器机事之精，工力百倍，炮弹所到，无坚不摧，水陆关隘，不足限制"②。

最后，这种"千古变局"并不纯是祸患，实际上也是一种机遇。只要应对得当，就能转弱为强、转祸为福，实现振兴。在李鸿章看来，各国交往互市，聚于中国，"此诚不可多得之机会"③，中国应该抓住并利用这一机遇。既然中国"处数千年未有之变局"，那么，"自应建数千年未有之奇业"。否则，将悔之晚矣。如能同心戮力，以图自强，"则敌国外患未必非中国振兴之资，是在一转移间而已"④。

李鸿章的"变局观"反映了统治阶级中部分务实的官员对鸦片战争后的时代特点和中国社会变化的新认识，体现了洋务派的开放眼光和忧患意识，成为洋务派推行洋务运动的出发点。他的这一观点也被后来的维新派等所接受，成为社会共识。

二、制器变法的自强观

面对几千年未有之"强敌"与"变局"，中国必须"皇然变计"，破除成法，以图自强，否则就会大祸临头。李鸿章的自强观主要包括：

一是不变法则"后患不可思议"。李鸿章认为，中国之所以积弱不振，最大的原因就是"不谙世事，墨守陈法"。要改变中国积弱的局面，转弱为强，必须在"变"字中求出路。唯一的办法是"皇然变计"，破除成法，力图自强。他说："能自强者尽可自立，若不强则事不可知。"⑤ 如果"我能自强，则彼族

---

① 《李文忠公全集·奏稿》卷二十四，上海商务印书馆 1921 年版，第 43 页。
② 《李文忠公全集·奏稿》卷二十四，上海商务印书馆 1921 年版，第 44—45 页。
③ 《海防档》（丙），机器局（一），台湾"中央研究院"近代史研究所 1957 年版，第 20 页。
④ 《李文忠公全集·奏稿》卷三十五，上海商务印书馆 1921 年版，第 48 页。
⑤ 中国科学院近代史研究所史料编辑室、中央档案馆明清档案部编辑组编：《中国近代史资料丛刊·洋务运动》（一），上海人民出版社 1961 年版，第 628 页。

尚不至妄生觊觎；否则，后患不可思议也"①。

二是变法自强是当务之急。他看到西方世界各国经过"一变再变而蒸蒸日上"，只剩下中国还在"以守法为兢兢"。古今局势迥然不同，如果事事拘于成法，那必然"日即于危弱而终无以自强"。面对新形势，不研究切实可行的对策却处处用"成法"来捆住自己手脚，好比医生治病，"不拘何症概投以古方"，这是不行的。中国的当务之急是变法自强。

三是变法自强的途径是制器造船。李鸿章认为，中国只有轮船大炮、武器装备不及西人，而"中国文武制度，事事远出西人之上，独火器万不能及"②。李鸿章的"变法"主要是"变器不变道"。1862 年，李鸿章到上海不久就看到洋人"大炮之精纯，子药之细巧，器械之鲜明，队伍之雄整，实非中国所能及"③。他坚信："中国但有开花大炮、轮船两样，西人即可敛手。"④ 在他看来，洋人"所能""所恃"就是枪炮子药，轮船装备。中国要自强就须学好制造"坚船利炮"的技术，"中国欲自强，则莫如学习外国利器，欲学外国利器，则莫如觅制器之器"。所以说机器制造为"自强之本"。只要中国具备了足够的实力，列强就不敢轻视中国。他坚信中国自强之道就是要"师其所能、夺其所恃"⑤。因此要在通商口岸设立船炮局，聘请西人技师，招收中国能工巧匠，模仿外国的先进工艺，逐步实现自造、自修、自用。

四是自强变法还要变通科举、培养人才。在《筹议海防折》中，李鸿章提出"用人最是急务，储才尤为远图"，由"章句弓马"出身的旧式人才出来对付棘手的"洋务"，实在"隔膜太甚"。他建议对科举考试"稍加变通"，"另开洋务进取一格"。在沿海各省设立"洋学局"，开设格致、测算、舆图、火轮、机器、兵法、炮法、化学、电学等新学科，招收学员，聘请西人教授，学而优则仕，"与正途出身无异"。由于事关国家用人大计，李鸿章格外小心，特别说明旧式的"时文""小楷"及考试制度不会"骤变"，只是对原有的成法"稍加变通"，略以"洋学"作些补充而已。李鸿章深信"此言若行，可延宗社数百年，不行则后有王者必来取法"⑥。

---

① 《李文忠公全集·奏稿》卷七，上海商务印书馆 1921 年版，第 32 页。
② 《筹办夷务始末》（同治朝），中华书局 1979 年版，第 10 页。
③ 《李文忠公全集·朋僚函稿》卷二，上海商务印书馆 1921 年版，第 46 页。
④ 《李文忠公全集·朋僚函稿》卷三，上海商务印书馆 1921 年版，第 34 页。
⑤ 《李文忠公全集·奏稿》卷十九，上海商务印书馆 1921 年版，第 36 页。
⑥ 《李文忠公全集·朋僚函稿》卷十五，海南出版社 1997 年版，第 5 册，第 2666 页。

实践表明，李鸿章变法自强观的突出特点是变"器"不变"道"，这一特点决定了李鸿章洋务活动的重点集中在"练兵、制器、购船"等领域，而对于制约这些活动的制度层面问题，则少有关注。这就使得其变法自强的规模和效果大打折扣。李鸿章办理洋务时间最长，事业最多，但他三十多年的努力最终不过是加强了清朝镇压内部反抗的力量，而在抵御外国侵略方面则没有起到应有的"自强"作用，甲午战争中清军惨败就是明证。他有关变通科举、增加自然科学学科取士的建议，从某种程度上已经触及人才制度这一重要问题，但他的这一建议并未得到最高统治者和官僚集团的重视和采纳，也没有起到应有的作用。

三、"必先富而后能强"的求富观

随着洋务事业的发展，创办和经营军事工业遇到了诸如经费、原料、矿山、交通运输等一系列困难。由于与西方资本主义国家接触的增加，李鸿章对富强的认识也逐步提高，意识到富为强之本，商为富之本，必须"先富"才能"后强"。"泰西各国专以商务立富强之基"，要发展军工企业，要实现"自强"，就必须有雄厚的经济为基础。"今日当务之急，莫若借法以富强，强以练兵为先，富以裕商为本。"他说："古今国势，必先富而后能强，尤必富在民生，而国本乃可益固。"①

在李鸿章看来，近代中国之所以受尽列强欺凌，根本原因就在于贫穷，相比之下，"西洋方千里、数百里之国，岁入财赋动辄以数万万计，无非取资于煤铁五金之矿，铁路、电报、信局、丁口等税"。既然西方能做到，中国也要"酌度时势，择其至要者逐渐仿行"，如果不早图变计，那么"以贫交富，以弱敌强，未有不终受其敝者"。②

要想改变"积弱"的局面，首先必须摆脱贫困，国家富裕之途是振兴商务，"夫欲自强必先裕饷，欲浚饷源莫如振兴商务"③。正因相信这个道理，李鸿章积极发展工业，建立近代工商业体系。他认为"惟有自扩利源，劝令华商出洋贸易，庶土货可畅销，洋商可少至，而中国利权亦可逐渐收回"④。并且身体力行，创办了中国第一个航运局、第一家电报局、第一个矿务局、第一家机

---

① 《李文忠公全集·朋僚函稿》卷四十三，上海商务印书馆 1921 年版，第 43 页。
② 《李文忠公全集·朋僚函稿》卷十六，上海商务印书馆 1921 年版，第 9 页。
③ 《李文忠公全集·奏稿》卷九，上海商务印书馆 1921 年版，第 260 页。
④ 《李文忠公全集·奏稿》卷九，上海商务印书馆 1921 年版，第 409 页。

器织布局、第一条铁路。从"自强"到"求富"，从仿造枪炮轮船到仿行铁路、电报、开矿、纺织等，反映了李鸿章富强观的发展变化。

在半殖民地半封建的中国，要"求富"自然要与西方列强在华利益发生冲突，也必然要与洋商"分利""争利"。只有争回已经被洋人所占之利，才能更好地发展民族经济，才能达到"求富"的目的。1872 年，李鸿章在上海成立轮船招商局，目的是"略分洋商之利"，"使我内江外海之利不致为洋人占尽"。1882 年成立上海机器织布局时，李鸿章也指出，"盖土货多销一分，即洋货少销一分，庶漏卮可期渐塞"，"冀稍分洋商之利"。①

李鸿章"求富"、与洋人"争利"的思想和实践，客观上有助于中国民族资本的产生和民族经济的发展，在一定程度上抵制了外国资本主义的经济侵略。但洋务派兴办的民用企业普遍带有三大特点：一是半殖民地性，洋务企业与西方列强和外国资本有着千丝万缕的联系，故其对外资的抵制常常表现得软弱无力和妥协；二是垄断性，洋务派为了保护其所办企业，常以"专利"等形式限制民资进入同一领域，故对民资的发展又有一定的阻碍作用；三是封建性，洋务派常以管理衙门的方式管理新式企业，不计成本，人浮于事，经营管理不善，成为官僚买办营私舞弊的利薮。

四、"外须和戎"的外交观

李鸿章作为晚清的一代重臣，苦心经营洋务几十年，在长期执掌清朝外交大权的过程中，形成了"外须和戎""忍小忿而图远略""力保和局"的外交思想。

一是敌强我弱，力量对比悬殊，不可轻于言战。1862 年，李鸿章抵达上海不久就表示对洋人"决不能与之失和"，"似乎应当与他们委曲周旋，但求外敦和好"。他根据中外实力对比，认为中国只能采取"和戎"政策，因为"外国利器强兵百倍中国，内则狎处辇毂之下，外则布满江海之间，实能持我所短，无以扼其气焰"。以当时清朝的军队，"靖内患或有余，御外辱则不足"。在他看来，"环顾当世，饷力、人才实有未逮，又多拘于成法，牵于众议，虽欲振奋而未由"，只能"积诚致行，尤需岁月迟久，乃能有济，目前固须力保

---

① 《李文忠公全集·朋僚函稿》卷四十三，上海商务印书馆 1921 年版，第 64 页。

和局"。①

二是要维护和局，须遵守章约，信守外交承诺。李鸿章认为，"各国条约已定，断难更改"，违反和约的结果只会为西方列强挑起事端提供借口，而中国一旦战败，又会被迫签订更加不利的条约，要避免这种结局就要遵守条约，维持和局，否则中国"无论胜负，都将元气大丧"。在弱国无外交的情况下，只有"忍小忿而图远略"。② 遵守已订立的外交和约，减少因战争带来的损失，是李鸿章"和戎"思想的出发点。

三是"和戎"的目的在于自强。外交以国家实力为后盾，国力日衰决定了清政府不可能取得平等的外交地位，因此只有自强，才能在外交上居于主动，"洋人之要挟与否，视我国势之强弱。我苟能自强，而使民物殷富，洋人愈不敢肆其要求；我不能自强，则虽民物萧条，洋人亦必隐图其狡逞"。所以"明是和局，必阴为备战，庶和可速成而经久"。③ "和戎"是表，是权宜应敌之策，自强是里，是根本目的。

李鸿章看到了西方强大的一面，意识到了中国在技术等方面的落后，从这种意义上说他提出"和戎"思想，主张争取时间以自强，这具有一定的合理性。但是，一时的"和戎"或对外妥协是可以理解的，一味妥协则是苟且偷安。更为重要的是，一个国家的力量并不仅仅是由技术装备决定的，人口、疆域、历史文化传统、道义等都是国力的重要组成部分。李鸿章的"和戎"思想把武器装备看作决定战争胜负的最重要的乃至唯一的因素，并据此以"和戎"，这无论从理论本身，还是从其实践来看，都是大错特错的。李鸿章之所以形成"和戎"思想，根本原因还在于其阶级立场，他只看到了统治阶级手中武器的落后，而没有意识到潜藏在广大人民群众中的巨大爱国力量。

第四节　左宗棠的政治思想

左宗棠（1812—1885），字季高，一字朴存，湖南湘阴人。1860 年组建"楚军"，参加镇压太平军，升任浙江巡抚、闽浙总督，于 1866 年年底消灭太

---

① 《李文忠公全集·朋僚函稿》卷二十四，上海商务印书馆 1921 年版，第 12 页。
② 《李文忠公全集·朋僚函稿》卷十六，上海商务印书馆 1921 年版，第 28 页。
③ 《李文忠公全集·朋僚函稿》卷十四，上海商务印书馆 1921 年版，第 16 页。

平军余部。旋调任陕甘总督，督办陕甘军务，参与镇压西捻军及陕甘回民起义，先后任协办大学士、东阁大学士。1875 年，力主收复新疆，任钦差大臣，督办新疆军务，粉碎阿古柏入侵势力。又力主以武力为后盾，支持外交谈判，收复被俄国强占的伊犁地区。光绪年间，左宗棠也是洋务派的主要代表人物之一，曾任军机大臣、总理衙门大臣，后调任两江总督。中法战争期间，任钦差大臣，督办福建军务，积极主持抗法斗争。1885 年 9 月 5 日病逝于福州，谥"文襄"。后人曾有挽诗颂之："绝口不言和议事，千秋独有左文襄。"① 著作由后人编为《左宗棠全集》。

一、"自强宜求诸己"的自强观

作为洋务派的代表人物，左宗棠继承了魏源"师夷长技以制夷"的观念，在如何对待西方近代先进科学技术的问题上，左宗棠一方面反对顽固派株守旧物、把西方近代科学技术视为奇技淫巧的陈腐观念，认为中国如欲自强，必须吸收西方国家的先进技术。如果"中不如西"，则"学西可也，匠人之事也"②。在左宗棠看来，学习西方科学技术，无伤中国文化传统，对于清王朝的统治秩序是有益无害的。

光绪六七年间，驻日副使张鲁生把一种名为"明石屋树"的美国树种寄给左宗棠，左宗棠转赠给朋友，朋友种于庐前，不到一年即"壮如儿臂，高出檐上"，于是便把树旁小斋命名为"美树轩"，并向左宗棠索要题词。左宗棠在题词中说树木与树人是同样的道理："广厦未启，先储众材。有度之山林者，有取之异地者，惟其才之适于用而用之，彼此奚择焉?"③ 历史上可以楚材晋用，而现今西方国家的先进技术也同样可以为我所用。

另一方面，与洋务派中的其他人相比，左宗棠更为强调"自强宜求诸己"。左宗棠认为，自强并不仅仅是简单地学习西方国家的技术，而是要在学习西方先进技术的同时，促进中国自身的进步。左宗棠举例说，鸦片战争以来中国所以备受西方列强的欺侮，主要原因就是技术落后。"海上兵事起，泰西诸国乘吾守御未设，群起侮之。然彼以火轮车船枪炮相耀而已。"及至后来，清王朝通过贸易获得了西方国家的技术、装备，"未几而中国仿造益精，彼固无所挟

---

① 《左宗棠全集》，岳麓书社 2009 年版，第 15 册，书前书影。
② 《左宗棠全集》，岳麓书社 2009 年版，第 12 册，第 108 页。
③ 《左宗棠全集》，岳麓书社 2009 年版，第 13 册，第 258 页。

以傲我，且羡中土之人敏慧胜于西"①。如果没有自身的技术进步，不求诸己而只是求诸人，中国将无法实现自强。

左宗棠认为，学习西方先进技术，如果仅仅停留在"师其长以制之"的水平上，只能求得一时的安定，并不能解决中国社会的根本问题。他以造船为例说："夫习造轮船，非为造轮船也，欲尽其制造、驾驶之术耳；非徒求一二人能制造、驾驶也，欲广其传，使中国才艺日进，制造、驾驶展转授受，传习无穷耳。"② 左宗棠认为，学习外国技术，不能好大喜功，而应该根据中国的实际情况和需要而定，"自强之道，宜求诸己，不可求诸人。求人者制于人，求己者操之己"③，只有权操之己，才有自强可言。

左宗棠不仅对自强有深刻理解，而且还把这种观念付诸自强实践，先后创办了福州船政局、甘肃制呢总局等，成为洋务运动中卓有成效的政治家。

二、海陆并重的安全观

鸦片战争以后，由于西方列强的入侵，领土完整与边疆安全一直是中国社会面临的大难题。左宗棠对边疆事务十分重视，他收集、研读了大量有关外国的资料，"凡唐、宋以来史传、别录、说部及国朝志乘、载记，官私各书有关海国故事者，每涉猎及之，粗悉梗概"④。清廷对外妥协求和，他认为这是错误的，并极为愤慨，警告清朝统治者："和戎自昔非长算，为尔豺狼不可驯。"⑤ 他认为，东南沿海"巨浸浮天界汉蕃"，西方舰舶远道东来，中国军队据守险要，一客一主，"纵无墨守终凭险，况幸羊来自触藩"⑥。对于擅自割地求和的琦善，左宗棠更是严加痛斥："以奸谋误国，贻祸边疆，遂使西人俱有轻中国之心，壮士无自固之志。东南海隅恐不能数十年无烽火之警，其罪不可仅与一时失律者比。"他建议道光皇帝应该"伸天讨"，"驰使封剑，斩首军前，数其输国之罪，布告中外，庶有以壮三军之气，而寒彼族之胆"⑦。这些都充分体现了左宗棠反对侵略、捍卫国家领土主权、爱国保疆的决心和志向。

---

① 《左宗棠全集》，岳麓书社 2009 年版，第 13 册，第 258 页。
② 《左宗棠全集》，岳麓书社 2009 年版，第 3 册，第 301—302 页。
③ 《左宗棠全集》，岳麓书社 2009 年版，第 3 册，第 124 页。
④ 《左宗棠全集》，岳麓书社 2009 年版，第 3 册，第 56 页。
⑤ 《左宗棠全集》，岳麓书社 2009 年版，第 13 册，第 408 页。
⑥ 《左宗棠全集》，岳麓书社 2009 年版，第 13 册，第 408 页。
⑦ 《左宗棠全集》，岳麓书社 2009 年版，第 10 册，第 23 页。

在如何维护国家领土完整和主权问题上，特别是在海防与边防孰为重要这一问题上，清王朝内部有着不同的意见。有人重海防，认为海防比陆路更为重要，有人重塞防，认为陆地安全更为重要，应该把军事防御的重心放在西北边境。而左宗棠则认为，海上安全与陆地安全同样重要，维护国家安全应该海陆并重。

左宗棠认为，由于地理环境的原因，每一个地区都有着不同的特点。沿海地区"大利在水而不在陆"。在没有战争的时候，人们可以利用沿海地区的自然条件，"以之筹转漕，则千里犹在户庭，以之筹懋迁，则百货萃诸厘肆，匪独渔、盐、蒲、蛤足以业贫民，舵艄、水手足以安游众也"。一旦"有事"，则"以之筹调发，而百粤之旅可集三韩，以之筹转轮，则七省之储可通一水，匪特巡洋缉盗有必设之防，用兵出奇有必争之道也"①。在如何维护沿海地区的民生与安全这一问题上，左宗棠主张加强"水师"建设。他说："非设局急造轮船不为功。""欲防海之害而收其利，非整理水师不可；欲整理水师，非设局监造轮船不可。"②

在强调海上安全的同时，左宗棠对于西北边疆的安全事务也予以同样的重视。1864 年，新疆爆发各族人民反清武装斗争。1865 年 1 月，中亚浩罕汗国军官阿古柏乘乱侵入南疆，占领喀什噶尔等地，此后又继续东进、北上，至 1870 年秋，占领吐鲁番、乌鲁木齐，建立所谓"哲德沙尔"汗国殖民政权。沙俄则乘机出兵占领伊犁，英国也加紧向南疆渗透，新疆乃至整个西北边疆地区形势一时危如累卵。

左宗棠深知"西事艰阻万分，人人望而却步"，而他却愿意"一人承担"，为的不过是"留点福泽与儿孙，留点榜样在人间"③。他不顾年老体衰，毅然承担起收复新疆的重任。

1873 年，左宗棠就俄占伊犁事，复函总理衙门，一方面对总理衙门与俄使据理力争加以肯定，但同时也指出："自古盛衰强弱之分，在理亦在势"，俄人占据伊犁，"恐非口舌所能争"，必须"理""势"配合，一方面据理力争，另一方面以实力为基础，用军事势力作保障，收复伊犁。他向清政府建议：从军事的角度看，"欲杜俄人狡谋，必先定回部，欲收伊犁，必先克乌鲁木齐。如

---

① 《左宗棠全集》，岳麓书社 2009 年版，第 3 册，第 52 页。
② 《左宗棠全集》，岳麓书社 2009 年版，第 3 册，第 53 页。
③ 《左宗棠全集》，岳麓书社 2009 年版，第 13 册，第 124 页。

果乌城克复，我武威扬，兴屯政以为持久之谋，抚诸戎俾安其耕牧之旧，即不遽索伊犁，而已隐然不可犯矣。乌域形势即固，然后明示以伊犁，我之疆索，尺寸不可让人"。即使对方"奸谋不戢，先肇兵端"，中国亦不必担心，"主客劳逸之势攸分，我固立于不败之地"，双方一旦开战，中国"如果整齐队伍，严明纪律，精求枪炮，统以能将，岂必不能转弱为强，制此劳师袭远之寇乎"？①

左宗棠主持制订了收复新疆的全盘计划，但清廷此时却在是否收复新疆的问题上出现了意见分歧。直隶总督兼北洋大臣李鸿章主张放弃新疆，认为"新疆不复，于肢体之元气无伤；海疆不防，则腹心之大患愈棘"②，建议对已经出塞及尚未出塞的清军加以核减，节省下来的军饷，移作海防之用。湖南巡抚王文韶则主张"宜以全力注重西征"，认为"不在兵多，但期饷给"，只要"俄人不能逞志于西北，则各国必不致构衅东南"③。左宗棠于 1875 年春遵旨复陈，建议"东则海防，西则塞防，二者并重"④。左宗棠的建议得到清廷批准，左被任命为钦差大臣，督办新疆军务，陆续收复除伊犁以外的新疆全境，阿古柏也于 1877 年四月暴死于库尔勒。

在此大好形势下，清廷派赴俄国谈判的崇厚，擅自与俄国签订《里瓦几亚条约》，仅收回九座空城，却割让了霍尔果斯河以西、特克斯河流域等大片领土，赔款 500 万卢布。左宗棠痛心疾首，上奏清廷：如果承认这一条约，"从此伊犁势成孤立，控守弥难"，"关系新疆全局，尤非浅鲜"，伊犁名义上虽然归还中国，但实际上，"俄部环居，官军接收，堕其度内，固不能一朝居耳，虽得必失，庸有幸乎"！他慨叹："武事不竞之秋，有割地求和者矣。兹一矢未闻加遗，乃遽议捐弃要地，餍其所欲，譬犹投犬以骨，骨尽而噬仍不止。目前之患既然，异日之忧何极！此可为叹息痛恨者矣！"⑤

左宗棠指出："邦交之道，论理而亦论势。"所谓的理，指的是"本山川为疆索，界画一定，截然而不可逾。彼此信义相持，垂诸久远者"。所谓的势，指的是"争城争地，不以玉帛而以兵戎"，在此种情况下，"彼此强弱之分，则

---

① 《左宗棠全集》，岳麓书社 2009 年版，第 11 册，第 336 页。

② 《李鸿章全集》，海南出版社 1997 年版，第 3 册，第 829 页。

③ 戴逸、李文海主编：《清通鉴》，山西人民出版社 2000 年版，第 17 册，第 7357 页。

④ 《左宗棠全集》，岳麓书社 2009 年版，第 6 册，第 176 页。

⑤ 《左宗棠全集》，岳麓书社 2009 年版，第 7 册，第 375、378 页。

在势而不在理。所谓势者，合天时、人事言之，非仅直为壮而曲为老也"。无论论理、论势，中国都占优势，决不能"耽便安而误大局"，而应该"先之以议论，委婉而用机；次决之以战阵，坚忍而求胜"，不认崇厚与俄人所签条约，武力接收伊犁。[①] 他亲率大军，舁棺以行，以示誓死保全祖国领土主权的决心。最后，在他的坚决支持下，曾纪泽接替崇厚，重新与俄国改定新约，使得伊犁地区大部分重新回归祖国怀抱。

左宗棠晚年担任大学士、军机大臣、两江总督兼南洋通商大臣等职，力主抗法援越，认为："若各国从而生心，如俄人垂涎朝鲜、英人觊觎西藏、日本并琉球、葡萄牙据澳门，鹰眼四集，圜向吾华，势将猋糠及米，何以待之？此固非决计议战不可也！"[②] 他认为，中国应该仿照国际公法的相关规定，"闭关绝约，撤回彼此公使、领事，照会有约各国，告以誓与决战。法人虽强，当亦不敢违诸公论，或可不战仍归于好"[③]。他认为，近代以来，中国在此问题上"丧师辱国，误在视事过轻，并非势力之真有不逮"[④]。总之，无论如何，决不能轻易妥协退让。临终前，左宗棠口授遗折："越事和战，中国强弱一大关键也。臣督师南下，迄未大张挞伐，张我国威，怀恨生平，不能瞑目。""方今西域初安，东洋思逞，欧洲各国，环视眈眈。若不并力补牢，先期求艾，再有衅隙，愈弱愈甚，振奋愈难，虽欲求之今日而不可得。"他请求光绪皇帝和慈禧太后"速赐乾断"，及早兴办铁路、矿务、船炮各政，"以策富强之效"[⑤]，表达了其强烈的爱国之心。

三、"为政先求利民"思想

在长期主持洋务和军政事务的过程中，左宗棠始终重视为民谋利，自称："为政先求利民，民既利矣，国必与焉。"[⑥] 他认为："保民之道，必以养民为先。"正因为如此，他每到一处，都"以水利为亟"，水利修建好了，"则水有所归，旱潦有备，加以桑棉之利，则民可自赡，又可易洋人银钱以供赋税，彼之末富安能与我之本富争，彼之淫巧安能与我之食货比。操赢以驭其绌，一转

---

① 《左宗棠全集》，岳麓书社 2009 年版，第 7 册，第 379、380、381 页。
② 《左宗棠全集》，岳麓书社 2009 年版，第 14 册，第 595 页。
③ 《左宗棠全集》，岳麓书社 2009 年版，第 14 册，第 596 页。
④ 《左宗棠全集》，岳麓书社 2009 年版，第 14 册，第 596 页。
⑤ 《左宗棠全集》，岳麓书社 2009 年版，第 8 册，第 554 页。
⑥ 《左宗棠全集》，岳麓书社 2009 年版，第 14 册，第 448 页。

手而富强且十倍于泰西矣"①。他又希望"以机器制造机器，积微成巨，化一为百。……由此更添机器，触类旁通，凡制造枪炮、炸弹、铸钱、治水，有适用民生日用者，均可次第为之"②。

在洋务企业官办还是商办的问题上，左宗棠亦有独到见解。他说："时议歆泰西之富强，以安常习故为非策，群思舍旧而图新，却于彼此情实究少体会。"其实，西方的做法是"听商经营，官收其税"，官府并不直接干涉经营活动，商人可以根据实际情况进行经营，因此，他们"所为多成，国计亦裕"。反之，"若由官先给成本，并商之利而笼之，则利未见而官已先受其损"。其结论是："商与工之为官谋，不如其自为谋，其自为谋也，尚有工与拙之分，其为官谋更可知也。"③在他看来，无论是商人也好，工人也好，与其让他们为政府考虑，不如让他们为他们自己考虑，就连他们在为自己考虑的时候都有工、拙之分，要他们为官府考虑，就更可想而知。左宗棠认为，五金等矿，则应在官、商之间平衡，"大抵矿务须由官办，无听民私采"，"惟官开之弊防不胜防，又不若包商开办，耗费少而获利多。似须以官办开其先，而商办承其后，庶抽分可其有着，利权不致下移"。④

左宗棠坚信："做官要认真，遇事耐烦体察，久之无不晓之事，无不通之情。一片心肠都在百姓身上，如慈母抚幼子，寒暖饥饱，不待幼子啼笑，般般都在慈母心中，有时自己寒暖饥饱翻不觉得。如此用心，可谓真心矣。"在他看来，为官之人能不能做好官，根本原因就是认真还是不认真。"如果认真，则保赤之道，心诚求之，天下无不知爱子之慈母，故无不能爱子之慈母。"⑤"一命之士，苟存心爱物，于人必有所济。天下事无非分所当为。凡事苟可用力者，无不尽心其间，则民之受惠多矣。作官常忧不能尽其职，则过人远矣。"⑥

左宗棠曾经这样评价林则徐："士生隆盛之世，位至疆圻，凡夫民生国计，轻重利病，罔非一心之贯注，而究其所以维国脉而示后人者，只落落数事而已足。"⑦这几句话拿来评价左氏本人，也十分恰切。19 世纪 60—90 年代，洋务

①　《左宗棠全集》，岳麓书社 2009 年版，第 12 册，第 699 页。
②　《左宗棠全集》，岳麓书社 2009 年版，第 3 册，第 53 页。
③　《左宗棠全集》，岳麓书社 2009 年版，第 12 册，第 224 页。
④　《左宗棠全集》，岳麓书社 2009 年版，第 12 册，第 479 页。
⑤　《左宗棠全集》，岳麓书社 2009 年版，第 14 册，第 271 页。
⑥　《左宗棠全集》，岳麓书社 2009 年版，第 13 册，第 245 页。
⑦　《左宗棠全集》，岳麓书社 2009 年版，第 13 册，第 243 页。

运动的高潮时期，也是中国边疆危机频发的时期，主持洋务的封疆大吏和中央大员往往以"器不坚""炮不利""饷不足"等为由，置国家领土主权于不顾，对外动辄妥协退让，以国家主权和民族利益作为对外交往的筹码，谋个人或集团的私利。在那样的环境中，左宗棠不计个人名利与生命安危，从国家主权、领土完整和民族利益大局出发，以死相搏从殖民侵略者手中收复新疆，力主抗法，都为中国的领土主权完整、维护中华民族的统一和进步，作出了突出贡献。更应特别强调的是，在中国国势由盛转衰、跌入低谷、统治者中的相当一部分当权者为保"和戎"局面而不惜割地、赔款之时，左宗棠能够逆反"潮流"，坚持"自强宜求诸己"而不应依赖他人、外交应"论理亦论势"、在国防问题上海陆并重、在国家领土主权问题上"尺寸不可让人"等，由于时代的限制虽未从理论上充分展开，却都把握住了时代的主脉，达到了洋务派政治思想的高峰，应是值得充分肯定的。

第五节　郭嵩焘的政治思想

郭嵩焘（1818—1891），字伯琛，号筠仙、玉池老人，湖南湘阴人，曾先后就读于湘阴仰高书院、长沙岳麓书院，1847 年中进士。1853 年随曾国藩办团练，镇压太平天国。1859 年，曾去天津助僧格林沁抗击英法侵略军。1863 年，署广东巡抚。1876—1878 年出任中国首任驻英公使，兼驻法公使，期间曾出席国际法学会大会，并被选为该会副会长。1879 年归国后因顽固派攻击而罢官回乡，讲学于城南书院。著作有《郭嵩焘日记》《郭嵩焘奏稿》《郭嵩焘诗文集》《礼记质疑》等。

一、西洋富强"有本有末"说

郭嵩焘通过研读西方科学技术与政治制度的译著，认识到近代西方已非"蛮夷之邦"，也不像传统士大夫所认为的那样，只有"末"而没有"本"，而是有"本"有"末"，从而总结出了内涵丰富的西方"富强本末"说。

其一，西方富强的原因在于政教修明，有本有末。

郭嵩焘认为："西洋立国有本有末，其本在朝廷政教，其末在商贾，造船、制器，相辅以益其强，又末中之一节也。故欲先通商贾之气以立循用西法之基，所谓其本未遑而姑务其末者。"① 他认为西方治国的根本是"朝廷政教"，从政治制度方面考察其强盛的原因，这是他不同于其他洋务官员之处。

在经济方面，郭嵩焘赴任途中在舟中就开始向日本驻英公使询问西方资产阶级政治经济学理论情况，从中了解到亚当·斯密的经济学说，到任之后，更是利用一切机会，了解英、法等国经济发展状况。他提出，"西洋立国，在广开口岸，资商贾转运，因收其税以济国用，是以国家大政，商贾无不与闻者"②。这说明他看到西方富强是以资本主义经济制度为基础的，商人在国家政治生活中起着举足轻重的作用。

在社会风俗方面，他提倡培养选拔人才，转变社会心理，扫除"因循粉饰""优容纵驰"的积弊与积习，"法尽于一时，而求人之效可以持至数十百年之久，诚得其人而任之，一切之政皆可举而行也；不得其人而任之，已成之功、已安之民，亦无与善其后，殆未可持此以建非常之业者也"。③ 在他看来，天下治乱在于用人是否得当，人才在"本末之序"中同样处于"本"的位置上，对国家的治乱兴衰起着至关重要的作用。

其二，议会制度是西方政治制度的核心。

郭嵩焘认为，英国"其初国政，亦甚乖乱。推原其立国本末，所以持久而国势益张者，则在巴力门（Parliament）"。议会制度之所以成为"立国之本"则在于它能够顺从民意，以和平协商的方式解决纷争，西方各国大事，"皆百姓任之，而取裁于议政院，其国家与人民，交相维系，并心一力"，"亦可知为君者之欲易逞而难戢，而小民之情难拂而易安也"。④

在郭嵩焘看来，英国的议会中，两党相互驳难有利于做出正确的决策，"盖军国大事一归议院，随声附和，并为一谈，则弊滋多。故自二百年前即设为朝党、野党，使各以所见相持争胜，而因剂之以平，其由来已久矣"⑤。这种两党制衡制度避免了对政权的独断，便于集思广益，形成务实的政治氛围，从而做出符合实际的政策选择，"西洋议院之有异党相与驳难，以求一是，用意至美"⑥。

其三，中国贫弱在于制度落后。

---

① 《郭嵩焘奏稿·条议海防事宜》，岳麓书社 1983 年版，第 345 页。
② 《郭嵩焘日记》，湖南人民出版社 1982 年版，第 341 页。
③ 《郭嵩焘日记》，湖南人民出版社 1982 年版，第 345 页。
④ 郭嵩焘：《伦敦与巴黎日记》卷十四，岳麓书社 1984 年版，第 407 页。
⑤ 郭嵩焘：《伦敦与巴黎日记》卷十五，岳麓书社 1984 年版，第 429 页。
⑥ 郭嵩焘：《伦敦与巴黎日记》卷十八，岳麓书社 1984 年版，第 530 页。

李鸿章"中国文武制度，事事远出西人之上，独火器万不能及"的思想颇能代表洋务派对中体西用的认识，但郭嵩焘对此并不赞同，他认为："西洋所以享国长久，君民兼主国政故也。"① 英国政治就是这种君民共治的制度，"行政务求便民，而因取民之有余以济国用。故其所设各官，皆以为民治事也，而委屈繁密；所以利国者，即寓于便民之中。……此西洋之所以日致富强也"②。英国议会民主制度扩大了社会的政治基础，使君民关系形成良性互动，维护了社会政治稳定，促进了各项事业的发展。

而中国则恰恰相反，"中土圣人辨上下以定民志"③。君民之间等级森严，因此造成君民不能相通，"中国官民之势，悬隔太甚，又益相掩蔽朝廷耳目，以便其私。是以民气常郁结而不得上达"④。相比之下，西方的政治制度是"法治"，而中国的政治制度是"德治"。他通过实地考察提出，法治显然优于德治，因为"圣人之治民以德。德有盛衰，天下随之以治乱……西洋治民以法，法者，人己兼治也，故推其法以绳之诸国，其责望常迫"⑤。他在政治制度层面的比较分析中意识到，中国落后的根源在于政治制度。这种认识在当时是超前的，也是难能可贵的。

二、全面学习西方的自强观

1876 年，郭嵩焘在出任驻英公使期间，亲身考察了以英国为代表的西洋文明，更坚定了其自强就要全面学习西方的思想。

其一，洋务派引进西方技术是舍本逐末。

洋务派认为"坚船利炮"是西方各国强盛的主要原因，主张购买西方国家的"坚船利炮"，用以保卫和维护清王朝的安全和统治。郭嵩焘认为仅靠"坚船利炮"非但不能使中国富强起来，反而会导致"自蔽"。他说："兵者，末也，各种创制皆立国之本也。""方今治国之要，其应行者多端，而莫切于急图内治以立富强之基。"⑥ 他希望洋务官员不要仅限于军事领域，而是要扩大"内治"变革的范围。

---

① 郭嵩焘：《伦敦与巴黎日记》卷五，岳麓书社 1984 年版，第 156 页。
② 《郭嵩焘日记》，湖南人民出版社 1982 年版，第 337 页。
③ 《郭嵩焘日记》，湖南人民出版社 1982 年版，第 337 页。
④ 《郭嵩焘日记》，湖南人民出版社 1982 年版，第 337 页。
⑤ 《郭嵩焘日记》，湖南人民出版社 1982 年版，第 548 页。
⑥ 《伦敦致李伯相》，《郭嵩焘诗文集》卷十一，岳麓书社 1984 年版，第 190、191 页。

　　郭嵩焘批评仅仅学习西洋的造船、制器之术是舍本求末的做法，说洋务派"专意考求富强之术，于本源处尚无讨论，是治末而忘其本，穷委而昧其源也；纵令所求之艺术能与洋人并驾齐驱，犹末也，况其相去尚不可以道里计乎！"① 对于洋务派在德国购买机器，织布、织羽呢，并招募西洋工匠至二百人一事，郭嵩焘坦言："吾犹惜其舍本而务末；即其末节，亦须分别重轻缓急。"② 可见，郭嵩焘对洋务官员学习西方时的急功近利的做法，是十分不满的，希望通过改革弊政，扫除洋务自强活动的制度性障碍，创造有利于变革的社会政治氛围，从而为求富求强铺平道路，这正是他的过人之处。

　　其二，西方文明具有整体性。

　　从对西方社会的亲身经历中，郭嵩焘逐渐认识到，西方不是在某个方面，而是在制度、科技、文化、军事等各方面总体上超越了中国，其富强背后有西方文明作为支撑。比如近代企业是西方文明的有机部分，中国没有全面新型的"政教"为母体，仅仅引进轮船、铁路、机器生产是不可能成功的，单纯学习军事技术只能落个"殚千金以学屠龙，技成无所用之"③ 的可悲境地。

　　西洋工商业的繁荣发达不是"官办""官督商办"或"官商合办"的结果，而是商人自办的结果。他指出，中国要想迅速发展工商业，就必须走商人自办的道路。郭嵩焘看到当时华商依附于洋人的现象，他说："往闻粤商伍怡和为弥利坚开修铁路，费至巨万。其伍怡和、吴健章及籍隶宁波之胡墉、杨坊，号称巨富，皆有轮船，经营贸易遍及西洋诸国。惟深自隐讳，以与洋商比附为利。"④ 究其原因是由于清政府的抑商政策造成的。因此，中国应该优先发展对外贸易、轮船、铁路、电报等基础设施和产业，而商民自办是最好的途径。

　　郭嵩焘还认识到，西洋富强的关键在于重视教育、培养新式人才。西洋学校"一切皆致之实用，不为虚文"，"通国士民一出于学，律法、军政、船政下及工艺，皆由学升进而专习之"。⑤ 而科举考试只图务虚文，"人心风俗所以日坏"，国家无法富强起来。因而，要改革科举教育模式，创办新式学校，"宜先

---

①　郭嵩焘：《伦敦与巴黎日记》卷三十，岳麓书社 1984 年版，第 995 页。
②　郭嵩焘：《伦敦与巴黎日记》卷三十，岳麓书社 1984 年版，第 996 页。
③　《伦敦致李伯相》，《郭嵩焘诗文集》卷十一，岳麓书社 1984 年版，第 190—191 页。
④　《郭嵩焘奏稿·条议海防事宜》，岳麓书社 1983 年版，第 341 页。
⑤　《郭嵩焘奏稿·条议海防事宜》，岳麓书社 1983 年版，第 344 页。

就通商口岸开设学馆，求为征实致用之学"。① 同时，他还建议将清政府派到欧洲学习军事技术的 30 多个学生"改习煤铁及炼冶诸法"，以求实用。

三、有理有节的和平外交观

1. 对传统"夷狄"观念的反思

作为洋务运动的积极倡导者，郭嵩焘不囿于"夷夏之大防"的传统观念，认为在三代以前，中国文明居于世界领先地位，但时至今日，在西方人眼里，中国人是"半野蛮半开化"的民族，而中国的士大夫还蒙在鼓里，反讥笑西方为夷狄，这是非常可悲的。郭嵩焘自觉"久居西洋，始知中国人心不能自振发，而专为大言自欺，其源由于无耻"②。"中国人眼孔小，由未见西洋局面，闭门自尊大。"③ "中国章句之儒，相习为虚骄无实之言，醉梦狂呼，顽然自圣。"④ 郭嵩焘认为国人与"夷狄"之间没有本质的差异，"夷狄之民，与吾民同也。趋利避害同，喜谀恶直同，舍逆取顺同"⑤。所以中国人的优越感是没有依据的。

郭嵩焘清醒地意识到，"西学东渐"对传统中国而言，既是挑战、是危机，也是转型的大好机遇，"西洋之入中国，诚为天地一大变。其气机甚远，得其道而顺用之，亦足为中国之利"⑥。视"变局"为机遇，这表现了其思想的开放性特点。

2. 以礼相待、以理制胜的外交原则

郭嵩焘认为，洋人通商是为了获利，在不损大局的前提下满足其要求有助于解决冲突。他反对在中外交涉中只讲"气节""节义"，动辄就诉诸战争的蛮干行径，"以为中国与洋人交涉，当先究知其国政、军政之得失，商情之利弊，而后可以师其用兵制器之方，以求积渐之功"⑦。切实可行的办法是要在"通情达理"的基本思想指导下，秉持"以礼相待，以理制胜"的外交原则，讲信义、不欺诈，"感之以诚，守之以信，明之以公"，交涉之道"可以诚信，万不

① 《致沈幼丹制军》，《郭嵩焘诗文集》卷十一，岳麓书社 1984 年版，第 196 页。
② 郭嵩焘：《伦敦与巴黎日记》卷十九，岳麓书社 1984 年版，第 586 页。
③ 郭嵩焘：《伦敦与巴黎日记》卷廿三，岳麓书社 1984 年版，第 737 页。
④ 郭嵩焘：《伦敦与巴黎日记》卷十九，岳麓书社 1984 年版，第 930 页。
⑤ 《致李傅相》《郭嵩焘诗文集》卷十二，岳麓书社 1984 年版，第 216 页。
⑥ 《复李次青》《郭嵩焘诗文集》卷十二，岳麓书社 1984 年版，第 225 页。
⑦ 《郭嵩焘奏稿·条议海防事宜》，岳麓书社 1983 年版，第 344 页。

可以虚伪相饰"。只有待之以诚信，才能争取主动。又因中国"处极弱之势，无可据之理，又于外夷情形，懵然不知考究"。与洋人相处时，如果无推视至诚的心理，而思以诈胜，将"延祸于无穷"。①

在国家实力敌强我弱、外交事务困难重重的情况下，更要坚持以和为主、努力避战，展开有理有节的和平斗争。而不了解国情的空发议论，或是不知敌情的一味蛮干，不过是南宋"人持一疏、夹一策以争和议，不揣国势，不察敌情，言之痛切，而无当于机宜。宋之所以弱也，议论胜也"② 的前车之鉴。

作为中国首位驻外使节，郭嵩焘曾驻留英、法等西方国家，从中了解到西方社会的实际状况，因此其认识水平在某些方面高于同时代洋务派，其"政教"为本等思想也对后来有一定影响。

第六节　张之洞的政治思想

张之洞（1837—1909），直隶南皮（今河北南皮县）人。1863 年中进士，授翰林院编修，后任湖北学政、四川学政等，是前期"清流"派重要成员。在山西巡抚任上办理荒政、两广总督任上指挥抗法战争，切身体会到洋务的重要性，态度发生重大转变，成为洋务运动后期的主要代表人物之一。后调任湖广总督，主政两湖 18 年，先后开办汉阳铁厂、湖北枪炮厂，设立织布、纺纱、缫丝、制麻四局，筹建芦汉铁路，兴建各类学堂，大量派遣学生留日，组建自强军、湖北新军，使武汉成为继上海、天津之后又一洋务中心。1898 年春，撰《劝学篇》，集中阐释其政治思想，是洋务派思想的代表作。1906 年进京任军机大臣。张之洞一生勤于著述，著作被后人编为《张之洞全集》。

一、中体西用论

1.《劝学篇》的撰著原因

从 19 世纪 90 年代初开始，康有为陆续发表《新学伪经考》《孔子改制考》

---

① 《复方子听》《郭嵩焘诗文集》卷九，岳麓书社 1984 年版，第 148–149 页。
② 《郭嵩焘日记》，湖南人民出版社 1982 年版，第 431 页。

等著作，称国人深信不疑的六经是伪经，孔子是力主改制的"素王"。梁启超等也在时务学堂等宣传民权理论，并在上海、北京、长沙等地组织学会，创办报刊，宣传西学，又以孔子诞辰纪年，否定清朝正朔。种种说法引起社会强烈反响。1898 年，维新变法进入高潮，思想界的争论日趋激烈，康、梁等维新派的主张受到顽固派的猛烈抨击，由于他们都与张之洞有着密切的联系，所办的报刊、学堂、学会等都得到张之洞的资助，因此，张之洞也就不可避免地受到牵连。为了表明自己的立场，张之洞紧急组织幕僚撰写了《劝学篇》，既批守旧派不知变通，又批康、梁等不知国本，"绝康梁并以谢天下"，明确表明自己的政治态度。戊戌政变后，他免受追究，主要是得益于此书。

1898 年，张之洞将《劝学篇》上奏朝廷，光绪帝对它的评语是"持论平正通达，于学术、人心大有裨益"，慈禧太后也表示赞成。于是以朝廷名义"广为刊布"。值得一提的是，当时的西方各国对《劝学篇》也颇为重视，先后以"中国唯一的希望"等为题出版了英文、法文译本。

2. "旧学为体，新学为用"

张之洞在《劝学篇》中，对"中学"即"旧学""西学"即"新学"及其相互关系进行了界定："四书、五经、中国史事、政书、地图为旧学，西政、西艺、西史为新学。旧学为体，新学为用，不使偏废。"①

纵观张之洞的"中学"观，他所说的"中学"或"旧学"，由三部分组成：一是"道统"。张之洞的"道统"主要指以四书、五经为代表的儒家形而上学及其历史传统，其现实表现也就是以三纲五常为核心的礼教；二是"学统"，指以经、史、子、集为代表的中国学术传统；三是"政统"，指通过历代王朝传承的中国政治传统，尤其指清王朝的统治。其中，道统是"中体"的核心，学统是"中体"的文化载体，政统是"中体"的政治载体。三者有机统一，构成"中学"的全部内容，也就是中国历史文化传统。

张之洞所谓的"西学"，主要包括"西艺"与"西政"两部分，其中，西政为主体，西艺次之，"中学考古非要，致用为要；西学亦有别，西艺非要，西政为要"②。他所说的"西政"并不是指西方的政治制度、政治理论，而是指经济（工商业、财政、税收等）、律法、军事、教育等诸多领域的制度；而

---

① 《劝学篇·设学》。
② 《劝学篇·序》。

"西艺"则主要指西方的自然科学类的技术知识。张之洞从能够满足当时中国救急需要的角度，断定"西政"远比"西艺"重要。他说："大抵救时之计、谋国之方，政尤急于艺"①，中国当时最重要的是应学习和应用"西政"里的管理制度。与曾国藩、李鸿章等人的认识相比，张之洞的这一认识更加系统、更加自觉。他突破了此前洋务派主要引进、学习西艺的局限，将学习西方的范围和重点扩大到了管理制度层面。

关于中学和西学的关系，张之洞认为，应该"新旧兼学"，不可偏废；但同时，他又主张，中学与西学有体用、主从之分，应该是"旧学为体，新学为用"，也就是"中学为体，西学为用"。所谓"体"，就是本体或主体，所谓"用"，就是器用或者工具。"旧学为体，新学为用"，就是要以中国传统的政教为主体、为根本，而辅之以技术层面的西艺和西政，通过吸收和应用西方文化，来强固"中学"的体。

鸦片战争以来，人们认识、处理中学和西学的关系，出现了三种较有代表性的主张：一是一些守旧派所主张的抵制西学；二是崇洋者所主张的废弃中学，全盘学西学；三是对西学不以为然，以中学附会西学者所主张的"西学中源"说。对这三种观点，张之洞逐一进行了批评：第一种观点是"自塞"，其结果只能"令人固蔽傲慢，自陷危亡"；第二种观点是"自扰"，不仅自己迷惑、癫狂，丧失原则，而且会"令人眩惑狂易，丧其所守"；第三种观点是"自欺"，把西方的东西一概说成中国古已有之，"空言争胜，不求实事"②，于中学无益，于国事无补。张之洞认为，正确的做法是，既不能以中学废西学，也不能以西学废中学；而应新旧兼学，不可偏废。在他看来，还是应该踏踏实实研究中学和西学，中西兼学，以救危亡。

张之洞虽然宣称"新旧兼学""不使偏废"，但是实际上他想强调的是"中学为体，西学为用"，中学和西学并不处于同等重要的位置，相反，中学是"体"，西学只是"用"。之所以如此，是因为在张之洞看来，"中学"是中国之所以为中国、中国人之所以为中国人的文化本质所在，"中学"之中的三纲五常是"百行之原，相传数千年更无异义。圣人所以为圣人，中国所以为中国，实在于此"③。"中学"中的"道统"直接表现为"伦纪—圣道—心术"，

---

① 《劝学篇·设学》。
② 《劝学篇·会通》。
③ 《劝学篇·明纲》。

三者都是不可变革的。他明确说："夫不可变者，伦纪也，非法制也；圣道也，非器械也；心术也，非工艺也。"① 伦纪—圣道—心术就成为张之洞设定的"中体"的核心内容，也是处理中西、新旧关系的出发点、标准和目的。

值得注意的是，在确定"中学为体"的情况下，他强调"中体"的现实意图在于维护清廷摇摇欲坠的统治。张之洞明确主张，无论怎样变革，"君"都必须保留。按照他的说法，主要有两点：一是"君"必须在位，不能缺席；二是"君"拥有实权，不能虚君。他通过具体的政治主张，事实上将"君臣之纲"断定为"中体"，也就是将清廷统治纳入"中体"。这样张之洞的"中体"就变成儒学道统与清廷政统及中国学术思想传统共同组合成的三位一体的"联盟"。

在确立了"中学"的主体地位之后，张之洞又对中学和西学之间的关系和各自的用途进行了阐释。张之洞认为："中学为内学，西学为外学；中学治身心，西学应世事。"在修养上，应以中学固根，以西学致用，两者不可偏废。之所以如此，原因在于："不先以中学固其根柢，端其识趣，则强者为乱首，弱者为人奴。其祸更烈于不通西学者矣。"② 意思是说，在做人方面，不明确民族文化主体性，不知道自己学习西学的目的，其危害超过了不通西学。因此，应先学习中学经史子集，夯实基础；然后再学习西学，引进"西学之可以补吾阙者""西政之可以起吾疾者"③，这样才会有益无害。

义和团运动被镇压后，张之洞在"江楚会奏变法三折"中，更加具体地阐释了"中体西用"的主张及落实措施，使得"中体西用"成为晚清新政的指导思想。

3."中体西用"论的历史影响

在国内，张之洞"中体西用"论一出，"举国以为至言"④，受到时人欢迎，甚至维新派也大都支持这一观点。早在1896年，梁启超就在《西学书目表后序》中仿张之洞《书目答问》中的语句说过："舍西学而言中学者，其中学必为无用；舍中学而言西学者，其西学必为无本。无用无本，皆不足以治天

① 《劝学篇·变法》。
② 《劝学篇·循序》。
③ 《劝学篇·循序》。
④ 梁启超：《清代学术概论》，上海古籍出版社1998年版，第97页。

下。"①1898 年 7 月他又在代总理衙门起草《筹议京师大学堂章程》中指出："夫中学体也，西学用也，二者相需，缺一不可。"康有为在 1898 年 6 月的一份代拟奏折中也说："泯中西之界限，化新旧之门户，庶体用并举，人多通才。"② 康、梁的"中体西用"思想表面上看与张之洞的"中体西用"论有相似之处，但在涉及对孔子思想的评价以及国家根本制度等重大问题上，他们又与张之洞的中体西用论表现出根本性差异。

中西文化关系是鸦片战争以来中国所面对的一个重大问题。中国出于救亡的需要，开始学习引进西方文化。这在初期是被迫的、不情愿的，但是随着时间的推移，西学的重要性日益明显，中国对西学的学习引进也变得越来越积极主动。张之洞的《劝学篇》就反映了这一转变的过程。他所提出的"中体西用"的原则把文化区分为终极价值和实用技术两个层面，前者是独特的、不可通约的，后者则是普遍的、通用的；主张引进西学必须根据中国的需要，是为了巩固和加强中学，而不是相反。换言之，他所希望的不是为了引进而引进，而是"洋为中用"，引进的主体是中国，引进的目的是为了巩固主体。从文化交流和发展的角度来看，他的这些认识是相当深刻的，值得借鉴。

但必须指出的是，张之洞撰写《劝学篇》时，代表"中学"的清政府已经日趋腐朽、反动，而革命思潮正蓬勃兴起，张之洞无视历史潮流的发展趋势，反而极力论证清朝统治的合理性，试图用其理论来维护清朝统治，显然是徒劳无益的。

二、"以工为本"的实业富国论与"自强"的军事思想

张之洞兴办洋务，认识到"今日自强之端，首在开辟利源，杜绝外耗"③。即"求富"是"自强"之本，国家要先富足才可自强，才有能力抵御外侮。因此，张之洞提出"以工为本"的富国论，主张以实业救国。在他看来，工业是国家发展的根本，农业和商业的发展也离不开工业。从 19 世纪 80 年代中叶起，他先后兴办了湖北织布局、湖北纺纱局、湖北制麻局、汉阳铁厂、大冶铁厂等一大批近代化企业。同时，张之洞也很重视农业、商业。农业方面，他主张引

---

① 《梁启超诗文选》，广东人民出版社 1983 年版，第 325 页。
② 康有为：《奏请经济岁举归并正科并各省岁科试迅即改试策论折》，汤志钧编：《康有为政论集》上册，中华书局 1981 年版，第 295 页。
③ 《张文襄公全集》第 27 卷，中国书店 1990 年影印本。

进先进农具、改良农业生产方式。商业方面，他提倡效仿西方，革新商政。张之洞的实业富国思想主观上是维护清王朝的专制统治，但客观上推动了中国近代工商业的发展，有助于抑制帝国主义对华的经济侵略。

面对西方侵略，张之洞深刻意识到军事力量对国家的重要作用，特别强调军事自强。他说："兵之于国家，犹气之于人身也。""人未有无气而能生者，国未有无兵而能存者。"① 他的军事自强思想与实践主要包括：

第一，兴办近代军事工业。中法战争后，张之洞先后主持创办了一批军事工业。1887年，建立广东枪弹厂，又于1892年开办汉阳兵工厂。在他看来，中国要想不受制于西方，就必须建立自己独立的兵工企业，自行制造武器装备。

第二，编练自强新军，培养新式军事人才。当时的清军总体上战斗力低下，张之洞强烈主张仿照西方军队，编练新军。他说："愤兵事之不振，由锢疾之太深，非认真仿照西法，急练劲旅，不足以为御外侮之资。"② 于是，他聘请德国教官，效仿德国军制，编练新式陆军，命名为"自强军"，这支武装力量成为中国最早的近代化新式军队之一。1893年，他又重新编练了湖北新军。他注重提高官兵素质，严格限制身体条件和文化条件，任用了一批有文化、懂军事、有活力的青年军官；按西式方法训练军队，大大提高了部队的战斗力。在培养军事人才方面，张之洞极力主张开办近代军事教育，建设一批新式军事学堂。1887年，他在广东创办了水陆师学堂，1896年在南京创办陆军学堂、在武昌设武备学堂。与此同时，他还选派大批学生赴日本、德国等学习。这些做法为近代中国培养了大量军事人才，产生了重要影响。

第三，建设近代海防。张之洞说："海防之要，无论战守，必有水师战船以援炮台，炮台以护战船，船台相辅，其用乃宏。"③ 他认为，建立一支以铁甲舰装备的新式海军，仿造西法构造新式炮台，两者互为支援，是巩固海防的重要方法。因此，他主张从国外购舰，以充急用，辅之以炮台，充分发挥水师的作用。这些思想对中国近代海防及海军建设也起到一定积极作用。

张之洞的军事自强思想及实践从根本上说是为了加强清政府的军事实力，维护和巩固清朝统治。但实际上，张之洞缔造的自强新军不仅没有起到维护清

---

① 《劝学篇·非弭兵》。
② 《张文襄公全集》第40卷，中国书店1990年影印本。
③ 《张文襄公全集》第11卷，中国书店1990年影印本。

朝统治的作用，反而成为武昌首义的骨干力量，加速了清王朝的覆亡。这是完全出乎张之洞的预料的。

小　结

　　两次鸦片战争之后，列强一方面加深了对中国的侵略，另一方面为了确保其在华利益最大化，主动表示愿意"借师助剿"，帮助清政府镇压人民起义。清朝统治者在太平天国农民起义冲击下已经摇摇欲坠，难以按照旧的方法继续统治下去。他们中的一部分人开始主动与洋人打交道，希望通过学习利用西方的技术来加强自己，镇压人民反抗，以巩固自己的统治。这一时期，"外须和戎，内须变法"成为统治阶级中一部分实权派官僚的共识，形成洋务思潮。

　　洋务思潮出现于19世纪60—90年代，是鸦片战争时期"师夷长技以制夷"思想的进一步深化。它没有统一的纲领，较有代表性的口号是"中学为体，西学为用"。它是地主阶级开明派——洋务派在资本主义入侵与农民革命的双重威胁下，借引进西方物质文明以谋求清王朝"自救自强"的政治思潮。这一思潮一方面是受西方列强入侵的刺激而产生，并在一定程度上得到了列强的支持，但另一方面又有"自强御侮"的意图。同时，洋务思想表达的观念和价值取向，是对中国传统思想的挑战，因而与顽固派发生激烈争论。

　　随着对西方认识的不断深化与民族资本的发生、发展，洋务思想也不断发展变化，从初始阶段的"求强"发展到"求富"，从学习西方的科学技术到学习西方的某些经济制度。80年代以后，洋务思想发生了明显分化，其中的开明分子进一步要求从制度上保护近代民族资本的发展，这实际上是要求改变清朝政治制度的先声，洋务思想逐步向维新思想过渡。从洋务思想代表人物曾国藩、李鸿章、左宗棠、郭嵩焘、张之洞的政治思想中可以发现洋务思潮发展、分化的轨迹。

　　曾国藩是洋务运动的最早发起者，他从中国的传统思想出发，提倡"师夷智"的自强思想，主张向西方学习造炮制船等军事技术以及翻译西书和培养西学人才。李鸿章继承了曾国藩的思想，认识到虽然"练兵、制器、购船"的自强之术必不可少，但"必先富而后能强"，将洋务思想的认识向前推进了一步。左宗棠随曾、李镇压太平天国和捻军起义起家，在学习西方技术以自强方面理念与曾、李大致相同，但在领土主权问题和外交指导思想方面，则大异于曾、李，主张对外交往"论理亦论势""我之疆索尺寸不可让人"。而郭嵩焘则从其切身体会和中西比较中，认识到西方富强的根源在其政治制度，中国要学习西方，不能只学其技艺，这在一定程度上突破了洋务派的"中体西用"论。相比之下，张之洞在戊戌变法之后，仍在重弹"中体西用"的老调。此时的"中体西用"思想已经成为时代思潮中的落伍者，并最终成为社会变革的思想障碍。

应当指出的是，洋务运动发生之际，正是世界性的改革大潮兴起之时：美国进行了第二次资产阶级民主革命即南北战争，俄国实行农奴制改革，日本开始明治维新，德国和意大利先后统一。这些国家通过改革，破除不适应时代发展需要的旧制度，迅速实现了工业化，成为世界强国。从开始时间上看，中国的洋务运动与这些国家的改革运动差不多同时，但结果却有巨大差异。中国的洋务运动前后持续三十多年，不仅没有把中国引向强国之路，最后却以彻底失败告终。究其原因，洋务派虽然引进了西方先进的机器等，但政治思想并未同步更新，缺少近代国家意识，没有触动封建专制制度，这说明不从根本上对旧的封建制度进行变革，就无法实现"富国强兵"的目的。

思考题

1. 简述洋务运动产生的历史背景及其历史局限。
2. 简述曾国藩以礼治世思想的基本内容。
3. 简述李鸿章"必先富而后能强"思想的基本内容。
4. 试比较左宗棠与曾国藩、李鸿章领土主权思想的异同。
5. 简述郭嵩焘的自强观。
6. 简述张之洞的"中体西用"论。

第十二章 维新派的政治思想

甲午战争的失败标志着洋务运动的破产。以康有为、梁启超、谭嗣同、严复等为代表的维新思想家通过继承和反思洋务运动的经验教训，提出新的救国方案——维新变法。戊戌前后，维新思潮在中国的广泛传播，产生了不小的影响。随着戊戌变法失败，维新思想也日趋没落，但是它在中国近代政治思想史上仍留下了浓重的一笔。

第一节 戊戌维新思潮兴起的社会历史背景

戊戌维新思潮的产生有其深刻的社会历史背景：一是民族资本主义的初步发展壮大了维新派的阶级力量，二是帝国主义侵略的加剧刺激了维新思想的发展，三是对洋务运动的反思、批判，最终使维新思潮得以形成。从发展过程看，戊戌维新思潮萌生于洋务运动后期，兴起于甲午战争后，"百日维新"期间进入高潮。变法失败后，康有为、梁启超等人逃往海外，仍坚持其保皇立场，在与革命派的论战中，充分暴露出其保守性，遂走向没落。

一、维新思潮产生的社会历史条件

1. 民族资本主义的初步发展

19世纪70年代，在洋务派创办官督商办企业的同时，也出现了一些商办企业。这些商办企业主要由一部分官僚、地主和包括买办在内的商人直接投资而来；还有一些是由原来旧式手工工场或大作坊因采用机器生产，转化为近代企业，这就是中国最初的民族资本。至甲午战前，全国商办企业有80多个，资本500余万元。甲午战后，清政府允许民间设厂，进一步刺激了官僚、地主和商人投资新式企业的积极性。至戊戌维新时，新创办的商办企业共62家，资本达1200余万元。这些商办企业的兴办，催生了中国的早期民族资产阶级。

中国民族资本主义从诞生之日起，就遭受来自外国资本主义的巨大压力。西方国家凭借强大武力强迫清政府签订不平等条约，通过把持中国海关、开辟通商口岸、控制航运事业等方式将中国变成它们的商品倾销地和原料掠夺地，使中国民族资本很难与西方企业展开竞争。

与此同时，中国民族资本主义在国内还受到封建势力的压榨。清政府的横征暴敛加重了企业负担。中日甲午战争后，情况稍有好转，清政府允许民间开办工厂，中国民族资本主义获得初步发展机会。但是，西方列强加大了向中国的资本输出，严重挤占了中国民族工业的发展空间。可以说，中国民族资本一直在帝国主义与封建势力双重压迫的夹缝中求生存，步履维艰。也正是在这种境遇下，一些爱国之士提出"实业救国"的口号，试图通过发展近代工商业来抵制帝国主义的经济侵略。他们利用国内充足廉价的劳动力，开办了不少轻工业和矿产采掘企业。在此过程中，民族资产阶级的力量也逐渐壮大起来。

需要指出的是，中国民族资产阶级，特别是其上层，同帝国主义、封建势力既有矛盾，又有联系。在经济方面，他们投资近代企业，从事资本经营活动，同时又往往拥有大量土地、房产、典当、商号，进行封建剥削。在政治方面，由于受到帝国主义和封建势力的双重挤压，他们迫切要求改变现状，以便为资本主义的发展提供更好的保障。这是维新思潮产生的重要原因。

2. 帝国主义侵略、瓜分中国引发的民族危机

甲午战争失败，清政府被迫与日本签订《马关条约》，列强对中国的侵略从此进入一个新的历史阶段。它们纷纷利用不平等条约，在中国投资设厂，并以极其苛刻的条件向清政府提供政治借款。帝国主义在扩大资本输出的同时，出于保护和独占市场的目的，又开始加大对中国的侵略，划分各自势力范围，掀起了瓜分中国的狂潮。沙俄先后从清政府手中夺取了中东铁路、旅顺口、大连湾及附近海域，1898 年，又擅自把租借地改为"关东省"，设置总督，使东北成了沙俄的势力范围。法国强租广州湾，将两广、云南划为其势力范围。英国则租威海卫和九龙半岛，将长江流域划归其势力范围。德国强占胶州湾，山东变成其势力范围。日本则把福建作为其势力范围。西方列强对中国的瓜分使中国半殖民地、半封建化程度大大加深，民族危机空前严重。康有为、梁启超等人正是从挽救民族危亡出发，提出了变法维新的主张，从而掀起了维新运动的高潮。

3. 洋务运动失败引起的反思

甲午战争的失败，宣告了洋务运动的破产，人们纷纷对洋务运动的得失成败进行探讨和反思。

康有为等维新派人士认为洋务运动失败的原因，主要是由于"增新而不除旧"所致。他们强调，"凡改革之事，必除旧与布新两者用力相等，然后可有效也。苟不务除旧而言布新，其势必将旧政之积弊，悉移而纳入新政之中，而新政反增其害矣"，因而断言，洋务运动的这种做法，是"变其甲不变其乙，变其一不变其二，牵连相累，必致无成"。[①]

他们还指出，洋务派不能"大变""全变"的根源，在于不能从根本上着手，不敢触动政治制度，是"明知法敝不能不变，而卒不能变者，大率为体制所拘"[②]，由此导致"根本不净，百事皆非"。有鉴于此，他们把"变"分为四类：购船制械的"变器"，设邮政、开矿务的"变事"，改官制的"变政"，改定国宪的"变法"。前两者属于"小变"，即枝节的改革，后两者才是"大变""全变"，即根本性的改革。康有为反对不变，批评小变，主张全变。维新派正是在反思和总结洋务派不变政、不变法的惨痛教训基础上，形成了变法维新的思想主张，并彻底与洋务派划清了界线。

二、维新思潮的形成与发展

1. 维新思想的酝酿

维新思想从思想渊源上可以追溯到中法战争前后。当时一些思想家如王韬、郑观应、薛福成等人不满洋务派的"中体西用"论，认为洋务派所讲的"西用"，是舍精取糟，只学到了西方国家的皮毛，完全是逐末忘本，西方各国强大的根本原因是其政治体制不同于中国，他们要求中国仿效西方资产阶级的议会制度，设立议院，实现"君民共主"。这显然已突破"中学为体，西学为用"的藩篱，标志洋务思想的分化和维新思想的酝酿，而郑观应等人则成为戊戌维新思想的直接先驱。

2. 维新思想的形成

维新思潮的代表人物主要有两派：一派是以陈宝箴、黄遵宪等为代表的政府官员，另外一派则是以康有为、梁启超等为代表的士大夫阶层，他们分别代表了两种不同的思路。前者从做官的实际经验中切实感受到中国已非变

---

① 康有为：《京师保国会第一集演说》，汤志钧编：《康有为政论集》上册，中华书局1981年版，第238页。

② 康有为：《上清帝第七书》，汤志钧编：《康有为政论集》上册，中华书局1981年版，第219页。

法不可。例如，第二次鸦片战争时，陈宝箴在北京"亲见圆明园干霄之火，痛哭南归"，因此，后来他在地方做官"治军治民，益知中国旧法之不可不变"①。戊戌维新期间，这批官员成为积极支持光绪、在各地实施变法的主要力量。后者则多出于爱国激情而主张变法，但在实际政治历练方面则明显不足。由于他们人数众多，而且理论和文学造诣俱佳，因此这批人成为维新思潮的主流。

甲午战争失败后，1895 年 4 月，日本逼迫清政府签订《马关条约》的消息传到国内，康有为等联络在北京应试的各省举人向都察院请愿上书，反对签订卖国条约，史称"公车上书"运动。

"公车上书"之后，康有为又连续写成《上清帝第三书》《上清帝第四书》，进一步阐发其变法主张。正是在他们的宣传鼓动下，各地要求变法维新的呼声日益高涨，维新思潮于是在全国兴起。

1896 年至 1898 年 5 月，是维新思潮不断高涨的时期，其主要表现为：

首先，维新派创办近代报刊，大造社会舆论，变法思想广为人知。他们在 1895 年创办《中外纪闻》后，又相继开办《时务报》《国闻报》《知新报》《湘报》《湘学新报》等报纸，倡导政治改革。通过这些刊物鼓吹西学，呼唤维新，将新的知识、观念传播给更多的人。

其次，建立学会，壮大维新运动的社会基础。维新派认为，学会等组织对于合群救国、挽救危亡、求富求强，关系极大。康有为说："泰西所以富强之由，皆由学会讲求之力。"② 重视学会的目的是要开风气、联人才、伸民权，通过学会培养一批通晓西学的知识分子，组织一支致力于变法维新事业的骨干力量，提高其从事政治活动的能力。

最后，撰写一批系统论述变法思想的理论著作。康有为著《新学伪经考》《孔子改制考》，重点在打破人们对儒家经典的迷信，起到了思想解放作用。谭嗣同的《仁学》和严复的《天演论》，以及梁启超的《变法通议》等论著的发表，使变法维新思想有了一整套带有资产阶级性质的社会政治理论和哲学观点，标志着维新思想体系的成熟。

---

① 陈寅恪：《读吴其昌撰梁启超传书后》，《寒柳堂集》，生活·读书·新知三联书店 2001 年版，第 167 页。

② 康有为：《上海强学会序》，《康有为全集》第二集，中国人民大学出版社 2007 年版，第 92 页。本序为康有为代张之洞拟。

3. 维新思想的发展与衰落

1898 年 6 月 11 日至 9 月 21 日，是维新运动的高潮时期，史称"百日维新"。在这一时期，光绪皇帝下诏变法，戊戌维新思想发展成为自上而下的政治改革运动。在变法维新的高潮中，维新派全力以赴支持光绪皇帝变法，不仅发布了一批涉及政治、经济、军事、文化体制等方面的变革诏书，而且在人事方面，革除了一批反对变法的守旧大员。顽固派则说服慈禧太后发动政变，囚禁光绪，捕杀维新志士，变法运动失败。

戊戌政变后，维新思想在国内遭到封建顽固势力的扼杀。康有为、梁启超等人流亡海外，他们通过总结变法维新的失败教训，认识到要改良政治，必须从改造"民"开始，"民德、民智、民力"是改革的社会基础，不在此下工夫，"虽今日变一法，明日易一人，东涂西抹，学步效颦，吾未见其能济也"。于是抱定"广民智、振民气"这一主旨，以《清议报》《新民丛报》为阵地，广泛深入地开展社会启蒙运动，其声势之大、影响之广、议论之深、思想之新，都是戊戌维新之前不能比拟的，其中心则是大倡"新民说"，以"新"中国人民的政治思想、道德观念和社会风俗，并把这视为实现民族独立和社会进步的"根柢源泉"。以梁启超为代表的维新派在 1900 年至 1903 年所进行的社会启蒙，成为戊戌维新思想的深入发展时期。但是，随着同盟会的成立，以孙中山为代表的革命派主张以革命手段推翻清王朝、建立民主共和制之后，维新派仍坚持改良思想，反对资产阶级革命，并与革命派展开激烈论战，结果不仅未能阻止革命思潮的发展，反而成为被淘汰的对象。

第二节　康有为的政治思想

康有为（1858—1927），原名祖诒，字广厦，号长素，又号更生，广东南海人。青年时代受教于清代名儒朱次琦，后又涉猎一些西学知识并亲身游历过上海、香港等地。1895 年，在京发起"公车上书"运动，此后又屡次上书请求变法。1898 年，在光绪皇帝的支持下，提出各种变法方案，成为维新变法的主要谋划者之一。戊戌政变后，流亡海外，组织保皇会。1903 年革命思潮兴起后，仍顽固坚持保皇立场。民国成立后，大搞尊孔复古，1917 年参与张勋复辟，失败后再次逃离北京。1927 年，病逝于青岛。著作颇丰，主要有《春秋董氏学》《新学伪经考》《孔子改制考》《日本变政考》《大同书》等，当代学者整理出版的有《康有为全集》《康有为政论集》。

一、维新思想的理论基础

康有为维新思想的理论基础有二：一是"公羊三世"说的历史发展观；二是自由、平等的民权理论。

1. "公羊三世"说的历史发展观

在中国历史中，"变易之义"总是被改革家们作为变革依据，康有为也不例外。《易传》所谓"穷则变，变则通，通则久"，在康有为看来是极为正确的。社会总是在经历着某种变化，因此，社会制度也理所当然地随之改变。康有为指出："法《易》之变通，观《春秋》之改制，百王之变法，日日为新，治道其在是矣。"①

康有为借助"公羊三世"说诠释历史发展。"公羊三世"说源于《春秋公羊传·隐公元年》"所见异辞，所闻异辞，所传闻异辞"，董仲舒著《春秋繁露》，将春秋时代的历史，分为"所见""所闻""所传闻"三种。东汉何休在解释《公羊传》时，又进一步阐发，以"传闻世"为"衰乱"，"所闻世"为"升平"，"所见世"为"太平"，这样便有了何休独特的"衰乱""升平""太平"的"三世"说，孕育了由乱到治、由"衰乱""升平"到"太平"的社会史观。康有为从儒家今文经学汲取营养，通过重新诠释"公羊三世"论证人类社会是不断发展变化的。他认为，封建君主专制为"据乱世"，而资本主义君主立宪为"升平世"，资本主义共和制为"太平世"，以此说明人类历史是从低级走向高级的发展过程，因此"祖宗之法"也必须随时代的前进而改变，决不能"以千百年之章程，范围百世下之事变"，进而提出了"变者天下之公理"的论断，从而直接为变法维新提供了理论根据。

2. 自由、平等的民权理论

康有为从自然人性论的角度出发，指出人性是自由的。他说："性者，生之质也，未有善恶。"② 人的一切欲望都源于本能，属于自然属性，不能对此做

---

① 康有为：《变则通通则久论》，汤志钧编：《康有为政论集》上册，中华书局 1981 年版，第111 页。

② 康有为：《万木草堂口说》，《康有为全集》第二集，中国人民大学出版社 2007 年版，第166 页。

任何道德评价，这显然与传统的天理人欲之辨背道而驰。封建正统观点认为只有克制人性才能实现所谓的善，康有为却认为这种压抑人性、违反自然规律的观点恰恰是一种恶。人应当争取个性自由，肯定世俗欲望。

此外，人与人之间还应当是平等的。"人人皆独立而平等，人人皆同胞而相亲如兄弟。"① 在他看来，"人人独立，人人平等，人人自主，人人不相侵犯，人人交相亲爱，此为人类之公理，而进化之至平者乎"！② 康有为意在以此否定封建等级制度，在中国宣扬资产阶级自由、平等的民权观念。

从个人延伸到整个国家，康有为认为，国家由自由平等的个人组成。君主只是民众指定的为他们管理国家的代理人。他说："国之为国，聚民而成之。"国家由人民组成，权力理所应当地归于人民，"但民事众多，不能人人自为公共之事，必公举人任之。所谓君者，代众民任此公共保全安乐之事。为众民之所公举，即为众民之所公用"。③ 也就是说，君权不是神授，而是民授。国家不是君主的私产，不能听其专断，自由、平等的民权是不能放弃的，这也为维新派兴民权、设议院，建立资产阶级的君主立宪制度，提供了理论依据。

二、维新思想的主要内容

康有为维新思想的核心是革新政治制度，其基本要点是：以日本明治维新为榜样，通过自上而下的变法维新，让资产阶级及其代表参政、执政，逐步实行君主立宪，改革中国封建主义的国家制度和政治制度，发展资本主义。

1. "设议院"，实现"三权分立"

康有为主张兴民权、设议院。早在 1896 年，康有为《上清帝第四书》明确主张设立议院。1898 年 1 月，《上清帝第五书》提出"议郎"这个称谓。但是，由于维新变法在推行过程中受到保守势力的抵制，如果立即开设议院，保守势力依然会占据主要位置，这对于变法则更加不利，而且，康有为等维新派认为，此时中国民智未开，无法立即建立议会制度。鉴于此，他们暂时搁置了开议院的设想，转而提出在宫中开设"制度局"的主张。"制度局"主要职能

---

① 康有为：《孟子微》卷一《总论第一》，《康有为全集》第五集，中国人民大学出版社 2007 年版，第 417 页。
② 康有为：《孟子微》卷一《总论第一》，《康有为全集》第五集，中国人民大学出版社 2007 年版，第 423 页。
③ 康有为：《孟子微》卷一《总论第一》，《康有为全集》第五集，中国人民大学出版社 2007 年版，第 421 页。

是议政决策。"制度局"官员由皇帝选任,同皇帝共同议政。很显然,维新派是想用"制度局"来架空原有的军机处,从而掌握朝廷实权,保证变法顺利推行。康有为所主张的"制度局"并非真正意义上的民选立法机构,而只是一种咨议性的机构,在国家大政方针的决策上,皇帝仍有最后决定权。然而,在变法维新的特殊时期,这不失为一种资产阶级夺取权力的尝试。

2. "富国为先",发展资本主义经济

康有为力主发展民族资本主义工商业。他在《上清帝第二书》中宣称,变法应以"富国为先",并提出富国、养民、教民等一系列措施。富国之法有六:钞法、铁路、机器轮船、开矿、铸银、邮政;养民之法有四:务农、劝工、惠商、恤穷;教民之法则主要是设学校,开民智。① 他建议朝廷扶持民间农工商业、鼓励创新,发展交通邮政事业等,同时,消除不利于资本主义经济发展的因素。值得称道的是,康有为看到了科学技术对经济发展的重要性,认为西方之所以富强是因为他们重视科学技术,而中国则斥之为奇技淫巧。西方科技成果能够运用到社会实际中来,而中国士人只注重科举。康有为请求朝廷实行专利制度,以鼓励和保护经济活动中的创新,即"劝厉工艺,奖募创新","小者许以专卖,限若干年,大者加以爵禄"。② 总之,康有为的经济思想体现了资产阶级要求打破封建阻碍,以资本主义经济生产方式振兴民族经济的愿望。

3. "移易民心",改造文化教育

康有为认为,国家的强弱,归根结底取决于人才的多寡和兴衰,"才智之民多则国强,才智之士少则国弱"③。他主张普及教育,使教育"下逮于民",逐步改变全国"民多士少"的局面,提高全民族的文化水平,才能"明其理,广其智"。④ 因此,他提出:"广开学校,以养人才。"⑤ 此外,康有为还提出要"移易民心",改造人们封闭保守的落后观念。在他看来,中国几千年来人民满

---

① 康有为:《上清帝第二书》,汤志钧编:《康有为政论集》上册,中华书局 1981 年版,第 123—133 页。

② 康有为:《请厉工艺奖创新折》,汤志钧编:《康有为政论集》上册,中华书局 1981 年版,第 288—290 页。

③ 康有为:《上清帝第二书》,汤志钧编:《康有为政论集》上册,中华书局 1981 年版,第 131 页。

④ 康有为:《上清帝第二书》,汤志钧编:《康有为政论集》上册,中华书局 1981 年版,第 130 页。

⑤ 康有为:《请开学校折》,汤志钧编:《康有为政论集》上册,中华书局 1981 年版,第 305 页。

足于"不饥不寒""相安相乐"的状态，现在必须对"守旧闭塞无知无欲之国民"加以改造，冲破"静"的社会形态，创造一个充满生机的新社会。

4. 仿效日本，实行自上而下的改革

康有为非常羡慕日本明治维新。在他看来，中国应当以日本为榜样，理由有三：第一，日本明治维新成效显著，仅仅经过30年的变法，就使日本初步达到了富国强兵、发展资本主义的目标，甲午战争中一举打败了清帝国。第二，日本与中国地理相近，文化风俗相似，社会性质、法律制度、所处的国际环境都类似。第三，日本明治维新采取以天皇为首实行自上而下的资产阶级改革，这条道路正适合中国维新派的需要。总之，通过向日本学习，借用光绪皇帝的力量，自上而下进行变法，这就是康有为戊戌维新时期为中国改革设计的具体道路。

三、大同思想

康有为的大同思想展现了他所追求的理想社会图景。大同思想的形成经历了一段较长的时期，1884 年，康有为开始撰著《大同书》，戊戌政变后，在流亡海外期间，他亲身感受了西方社会的种种问题，又接触到 19 世纪的空想社会主义，使他重新对该书加以修改完善，1913 年发表甲、乙两部，1935 年该书全部发表，这一年距离康有为去世已有八载。需要说明的是，《大同书》并不是戊戌时期的作品，它所表达的也不是康有为维新变法的思想。但是，大同思想是康有为政治思想非常重要的组成部分，书中所描述的大同世界反映了中国近代思想家们对理想社会的向往。

1. 人类现在遭遇的社会问题与将来的理想境界

康有为从"苦乐""平等"及"仁爱"三个方面思考人类社会问题。在他看来，人类社会是一个充满苦难的社会，人的生活中充满痛苦，这是以往任何社会都没有解决的问题，《大同书》即试图解决这个问题。他认为，人类的痛苦源于人与人之间的差别，按照他的逻辑，只要存在差别，痛苦便是无可避免的。因此，康有为要通过实现平等来消除差别。他说："夫人类之生，皆本于天，同为兄弟，实为平等，岂可妄分流品，而有所轻重，有所摈斥哉?"[1] 除了苦乐与平等问题，康有为在《大同书》中详细阐释了他对仁爱的理解。仁爱以

---

[1]　康有为：《大同书》丙部，生活·读书·新知三联书店 1998 年版，第 162 页。

平等为前提，平等程度越高，仁爱体现得便愈加强烈，人类也就更为高尚。康有为总结道："大同之世，至仁之世也，可以戒杀矣。"[①] 大同世界为我们描绘了一个人类社会生活的乌托邦图景。

2. 大同社会的制度设计

康有为在《大同书》中提出人类未来社会应当是物质丰富、人人平等的理想社会。首先，经济上实现财产公有。"今欲致大同，必去人之私产而后可；凡农工商之业，必归之公。"[②] 其次，政治上实现人人平等。"既无帝王、君长，又无官爵、科第，人皆平等，亦不以爵位为荣，所奖励者唯智与仁而已。"[③] 整个社会只奖励尊重有智慧和有德性的人，没有君与民之分。最后，社会实行人民自治。"大同之世，全地皆为自治，全地一切大政皆人民公议。"[④]

康有为撰《大同书》，一方面体现了他对自由、平等、民主等价值的追求；另一方面也说明他并没有真正看到近代中国社会面临的主要问题所在，因此也不可能提出解决中国问题的正确方案。正如毛泽东在《论人民民主专政》一文中所指出的那样："康有为写了《大同书》，他没有也不可能找到一条到达大同的路。资产阶级的共和国，外国有过的，中国不能有，因为中国是受帝国主义压迫的国家。唯一的路是经过工人阶级领导的人民共和国。"[⑤]

作为戊戌维新思潮的主要代表人物之一，康有为杂糅中西思想，托古改制，托洋改制，提出了一整套变法维新的主张，希望通过变法使国家摆脱危亡的局面而走向富强，但是，他把变法的希望全部寄托在并无实权的光绪皇帝身上，而没有注意发动民众参与到政治改革活动中来，这就注定了变法失败的命运。康有为晚年周游列国，修改完善其大同学说，希望建立一个理想的大同社会，但是，这样脱离实际的乌托邦理想最终是无法实现的。康有为的思想历程表明，新生的近代中国资产阶级力量弱小，政治方面远未成熟。作为这一阶级中上层理论代表的改良派虽苦苦探索，但并不能找到一条解决中国问题的正确道路。尽管如此，康有为的变法思想在一定程度上影响了中国近代社会的发展进程，其变法思想和大同理想在中国近代政治思想史中有

[①] 　康有为：《大同书》壬部，生活·读书·新知三联书店 1998 年版，第 356 页。
[②] 　康有为：《大同书》庚部，生活·读书·新知三联书店 1998 年版，第 301 页。
[③] 　康有为：《大同书》辛部，生活·读书·新知三联书店 1998 年版，第 340 页。
[④] 　康有为：《大同书》辛部，生活·读书·新知三联书店 1998 年版，第 319 页。
[⑤] 　《毛泽东选集》第 4 卷，人民出版社 1991 年版，第 1471 页。

着重要的地位。

第三节　梁启超的政治思想

梁启超（1873—1929），字卓如，一字任甫，号任公，又号饮冰室主人，广东新会人。11 岁中秀才，16 岁中举人，少时聪慧，远近闻名。1890 年，17 岁的梁启超进京会试，不第。回到广东后经人介绍结识康有为，拜康为师。康有为在广州设立万木草堂，宣传维新思想，梁启超成为其得力助手。

1895 年，梁启超参与发起"公车上书"运动，全身心致力于维新事业，成为《中外纪闻》《时务报》等刊物的主笔，极力宣传变法维新。戊戌政变后，梁启超流亡日本，以《清议报》《新民丛报》为阵地，大倡自由思想与"新民"学说。同盟会成立后，与以孙中山为代表的革命派展开论战，坚持君主立宪，提出"开明专制论"，反对民主共和。辛亥革命后，他转而支持民主共和。袁世凯称帝时，他与蔡锷一起发起护国战争。晚年的梁启超亦学亦政，办报教学，希望通过学术和思想文化培养新式政治人才。1929 年 1 月病逝于北京。一生著作等身，《饮冰室合集》凡一千余万言。在哲学、政治、历史、经济等诸多领域里，梁启超都作出过巨大的理论贡献，可以说是中国近代最有影响力的政治活动家和政治思想家之一。

一、戊戌维新时期的民权观

民权思想是戊戌思潮的重要组成部分，而梁启超是这一时期民权思想的重要阐释者之一。戊戌时期，梁启超根据康有为的"公羊三世"说和国内译介的一些西方政法理论、政治制度和政治史及社会进化论等方面的论著，提出所谓"三世相演"说。他说："治天下者三世。一曰多君为政之世，二曰一君为政之世，三曰民为政之世"，此三世每个阶段又分为两个小阶段，称为"三世六别"。在他看来，"多君为政之世"即乱世，"一君为政之世"是小康升平世，"民为政之世"乃大同太平世。人类社会从专制走向民主是一个渐进的过程。按照这条发展规律，梁启超认为当今世界历史必将进入"民为政之世"，"民权之说即当大行"，也就是题中应有之义了。

不过梁启超此时所讲的民权，与民主是有区别的。梁启超虽然很欣赏民

主，但按其"三世相演""未及其世，不能躐之"的原则，中国还不能马上由
"一君为政之世"中的"君主之世"，跨越"君民共主之世"，而进入"民为政
之世"；① 在民智未开的阶段，梁启超心目中的兴"民权"，实际上指的是兴
"绅权"。

梁启超认为，要变君主专制为君主立宪，关键在设议院，而设议院又以兴
学为本，这是因为，"权者生于智者也"，"今日欲伸民权，必以广民智为第一
义"。由此，梁启超提出了其变法的根本思路："变法之本在育人才，人才之兴
在开学校，学校之立在变科举，而一切要其大成在变官制。"② 变官制就是设议
院，设议院就要设学校、广民智。总之，开议院，兴学校，广民智，是梁启超
戊戌维新时期变法思想的主要内容，也是其民权观的核心所在。

二、"新民"思想

戊戌变法失败后，梁启超流亡日本，大量阅读中译和日译的欧美学者有关
人文、社会科学方面的论著，尤其是英国学者斯宾塞（Herbert Spencer，
1820—1903）、达尔文（Charles Darwin，1809—1882）、穆勒（John Stuart Mill，
1806—1873）及法国思想家卢梭（Jean Jacques Rousseau，1712—1778）、孟德
斯鸠（Charles de Secondat，de Montesquieu，1689—1753）等人的著作。他开
始认识到，变法之所以失败，是由于未得到国民的支持，一旦顽固派发动政
变，维新派即毫无还手之力。而国民之所以不支持变法，是因为他们的德、
智、力水平有所欠缺，还未意识到作为国民他们应该承担的责任。"民德民智
民力，实为政治学术技艺之大原"③，"国民之文明程度高者，虽偶有暴君污吏，
虔刘一时，而其民力自能补救之而整顿之"④。也就是说，人民是国家的基础，
人民的素质决定了政治的好坏。因此，政治变革必须从培养国民、解放思想、
更新观念开始。从此，梁启超大倡"新民"说，并把这视为实现民族独立和社
会进步的"根柢源泉"。其"新民"学说主要包括以下方面的内容：

第一，梁启超的"新民"方法有二：一是"淬厉其所本有而新之"，二是

---

① 梁启超：《饮冰室合集》文集之二，中华书局1989年版，第7页。
② 梁启超：《变法通议》，《饮冰室合集》文集之一，中华书局1989年版，第10页。
③ 梁启超：《新民说》，《饮冰室合集》专集之四，中华书局1989年版，第6页。
④ 梁启超：《新民说》，《饮冰室合集》专集之四，中华书局1989年版，第2页。

"采补其所本无而新之"①，既发扬光大中国固有文化精华，使之适应新时代的要求，同时又吸收外来先进文化，使之为我所用。

第二，梁启超介绍了"国民""国家"的概念，试图培育民众的国民观念和国家意识。他说："国民者，以国为人民公产之称也。国者，积民而成，舍民之外则无有国。以一国之民，治一国之事，定一国之法，谋一国之利，捍一国之患，其民不可得而侮，其国不可得而亡。"② 在他看来，国民是组成国家的主体，拥有管理国家的权力。几千年来，中国人没有国家意识，只有朝廷观念。"朝也者，一家之私产也；国也者，人民之公产也。"③ 两者有本质的区别。在他眼里，国民是国家的主人，因此也就应该掌握国家"主权"，君主和官员不过是国民的"公奴仆"。兴民权首要任务在于抛弃奴隶观念，培育人民的国民观念和国家意识。

第三，塑造国民观念和国家意识必须树立权利观念。梁启超指出，人人都应当保护好自己那份权利，"一部分之权利，合之即为全体之权利，一私人之权利思想，积之即为一国家之权利思想"④。同时，个人权利的落实最终要靠将君主专制变为君主立宪，通过掌握立法权来维护个人权利。在梁启超看来，国民有无"权利思想"关系到国家的安危。他说："国家譬犹树也，权利思想譬犹根也。其根既拔，虽复干枝崔嵬，华叶蓊郁，而必归于槁亡。"⑤ 梁启超对权利问题的重视程度可见一斑。

第四，人民还应具有自由意识，这也是梁启超"新民"思想的核心。梁启超的自由观大体上源于西方。他说："'不自由毋宁死'，斯语也，实十八九两世纪中，欧美诸国民所以立国之本原也。""综观欧美自由发达史，其所争者不出四端。一曰政治上之自由，二曰宗教上之自由，三曰民族上之自由，四曰生计上之自由。""自由者，天下之公理，人生之要具，无往而不适用者也。"⑥他将人身的不自由比作"身奴"，精神不自由比作"心奴"。认为"身奴"与"心奴"相比，后者更加可怕。因为"身奴"还可借助外力获得解放，而"心

---

① 梁启超：《新民说》，《饮冰室合集》专集之四，中华书局1989年版，第5页。
② 梁启超：《论近世国民竞争之大势及中国前途》，《饮冰室合集》文集之四，中华书局1989年版，第56页。
③ 梁启超：《少年中国说》，《饮冰室合集》文集之五，中华书局1989年版，第9—10页。
④ 梁启超：《新民说》，《饮冰室合集》专集之四，中华书局1989年版，第36页。
⑤ 梁启超：《新民说》，《饮冰室合集》专集之四，中华书局1989年版，第39页。
⑥ 梁启超：《新民说》，《饮冰室合集》专集之四，中华书局1989年版，第40页。

奴"却难以通过外力加以解脱。所以，"若有欲求真自由者乎，其必自除心中奴隶始"①。也就是说，要破除"心奴"的束缚才能获得真正的自由。在梁启超看来，培养人民独立思考的能力是破"心奴"的关键，要让人民有"公理"意识，只有达到"思想之自由"才称得上获得了真正自由。

梁启超认为，伸张自由既要靠立宪制度，也要靠开民智。他将获得自由的希望首先寄托于开设议院、制定宪法上。他说："宪法者何物也？立万世不易之宪典，而一国之人，无论为君主为官吏为人民，皆共守之者也。"② 君主、官吏及人民都应遵守宪法，以保障自由。但是，培养自由意识、建设立宪制度需要开民智，让民众获得知识。因为"立宪政体者，必民智稍开而后能行之。"③ 立宪是开民智的结果，开民智是立宪的条件，两者密不可分。梁启超还主张将学校作为启迪民智的主要场所，学校要培养学生的民主意识与能力。民智若开，自由便会成为人民所追求的政治价值。

第五，梁启超还特别关注自治问题。梁启超认为，政府与人民的权力界限不是永恒固定的，它应随着文明进步而不断发生变化。他说："当人群幼稚时代，其民之力未能自营"，政府必须承担更多的管理责任，但"及其由拨乱而进升平也，民既能自营矣"，政府便要放松对人民的管制。④ 随着历史的发展，人民"自营"能力增强，人民的权利意识越发达，人们越能够"自治"，便越要求政府放松对人民的管制。政府的权力仅限于维持法律和社会秩序，保障人民的自由权利，"凡人民之行事，有侵他人之自由权者，则政府干涉之。苟非尔者，则一任人民之自由，政府宜勿过问也"⑤。

梁启超还注意到权力制衡对近代民主政治的重要性。他从政治力量对抗角度深入挖掘西方民主国家权力运行的实质，用"政治上发动力与对抗力"解释民主制度的成因。梁启超说："百年以前，各国之政治，未有不出于专制者也。而千回百折，卒乃或归于君主立宪焉，或归于民主立宪焉，皆发动力与对抗力相持之结果也。""苟一国而无强健实在之对抗力以行乎政治之间，则虽有宪法

---

① 梁启超：《新民说》，《饮冰室合集》专集之四，中华书局 1989 年版，第 47 页。

② 梁启超：《立宪法意》，《饮冰室合集》文集之五，中华书局 1989 年版，第 1 页。

③ 梁启超：《立宪法意》，《饮冰室合集》文集之五，中华书局 1989 年版，第 5 页。

④ 梁启超：《论政府与人民之权限》，《饮冰室合集》文集之十，中华书局 1989 年版，第 2—3 页。

⑤ 梁启超：《论政府与人民之权限》，《饮冰室合集》文集之十，中华书局 1989 年版，第 3 页。

而不为用。"① 也就是说，国家权力若没有与之相抗衡的力量则必然导致权力不平衡，民主的优势在于控制权力不至于向任何一方严重倾斜。

三、"开明专制"思想

流亡日本初期，梁启超思想一度趋向革命。但是，1903 年春，梁启超应美洲保皇会邀请，游新大陆，第一次亲身考察体验西方资本主义社会，所见所闻，对其冲击颇大。年底，梁启超返回日本，思想发生重大转变，由此前的倡导民权、诋排专制，一变而为保君权、重国权。1906 年春，他"为人捉刀"，"祖述［日本］笕克彦氏之说"②，在《新民丛报》第四年第一至五号上连载长文《开明专制论》，系统提出了其中国政治制度构想。

《开明专制论》是阐述改良派政治主张的代表性文章，凡十章（实际发表八章），五万余字，比较典型地表达了康、梁一派的政治理想。在这篇长文中，梁启超提出以下观点：

第一，"专制"是一部分人代表国家，充当"制"者的角色，专门对其余人即"被制者"进行管制。

梁启超指出，所谓的"制"，指的是正式以法定的形式，强行限制社会或个人一部分自由。而所谓的"专制"，指的是"一国中有制者有被制者，制者全立于被制者之外，而专断以规定国家机关之行动者也。以其立于被制者之外而专断也，故谓之专；以其规定国家机关之行动也，故谓之制"③。与此相对的，是"非专制"的国家。在非专制的国家之中，"一国中人人皆为制者，同时人人皆为被制者"④。

第二，专制的要害在于其形式，而不在于政府权力的无限扩张。专制可分为完全专制和不完全专制。按照固定的形式以公开发布权力、不得随意变化者为完全之专制，以固定之专断形式行使权力者为"完全之专制"，相反，若无固定之形式，统治者随心所欲，任意发布并行使权力，则为"不完全之专制""完全之专制"为开明专制，"不完全之专制"为野蛮专制，"由专断而以良的形式发表其权力谓之开明专制"，"由专断而以不良的形式发表其权力谓之野蛮

---

① 梁启超：《政治上之对抗力》，《饮冰室合集》文集之三十，中华书局 1989 年版，第 29 页。
② 丁文江、赵丰田编：《梁任公先生年谱长编》，中华书局 2010 年版，第 188 页。
③ 梁启超：《饮冰室合集》，文集之十七，中华书局 1989 年版，第 19 页。
④ 梁启超：《饮冰室合集》，文集之十七，中华书局 1989 年版，第 17 页。

专制"。

第三，判断专制之优劣的标准在于其形式是否完全。一国之制"苟为不完全，则无论专与非专，而皆同于无制"①，无制，也就无所谓优劣。同时，一种制度的优劣也可根据其"立制之精神"来判断，精神不同，制度亦随之而有"文明"与"野蛮"之分。制度对国家而言之所以重要，就在于它对内可以"调和竞争"，对外可以"助长竞争"，二者之间"实相因为用，故可以一贯之，而命之曰国家立制之精神"。是否遵守此种精神，决定着制度是否优良，遵此精神者，谓之良，违反此精神者，谓之不良。

具体而言，"则其立制之精神，在正定各个人之自由范围，使有所限而不至生冲突者，良也；虽有所限而仍使之各绰绰然有自由竞争之余地，而不妨害其正当的竞争者，良也；抑或虽甚妨害其正当的竞争，几夺其自由之大部分，乃至全部分，而其立制之精神，乃出于国家自卫所万不容已，则亦良也。如是者谓之良，反是者谓之不良"②。对专制国家而言，"其立制者，以自然人的一己之利益为标准，则其制必不良，以法人的国家之利益为标准，则其制必良"。换言之，"凡专制者以能专制之主体的利益为标准，谓之野蛮专制，以专制之客体的利益为标准，谓之开明专制"③。

第四，开明专制适用于五类国家。一是新成立的国家，组织尚未稳定，结合尚不牢固，"非用开明专制以收束之，则将有分裂之患"。二是当国家出现贵族"横恣阶级轧轹"时最适用。原因是于，贵族横恣，阶级轧轹，就会"妨国权之统一，渎法制之神圣，非有开明专制以统属之，则国家将鱼烂而亡也"。三是"国家久经不完全的专制时最适用。不完全的专制等于无制，所谓无意识的放任也。夫人民未有不由强制而能得秩序者"。四是"国家久经野蛮专制时最适用"。五是"国家新经破坏后最适用"，原因在于："一国新经破坏之后，则其人民必甚嚣尘上。各阶级间，各团体间，各地方间，各个人间，其利害皆起种种冲突，互相轧轹，其现状与国家未成立以前正相等。于斯时也，欲求各阶级各团体各地方各个人能以自力相调和，以恢复秩序，势固不能。故非用开明专制以整齐严肃之，国且亡。"除此之外，"民智幼稚之国""幅员太大之

---

① 梁启超：《饮冰室合集》，文集之十七，中华书局 1989 年版，第 20 页。
② 梁启超：《饮冰室合集》，文集之十七，中华书局 1989 年版，第 21 页。
③ 梁启超：《饮冰室合集》，文集之十七，中华书局 1989 年版，第 22 页。

国""种族繁多之国"等，也都宜采用开明专制，非此不足以立国。①

第五，中国只能采用开明专制。梁启超指出，根据中国的国情，中国如欲实行共和之制，则非先革命不可，而要在缺乏自治习惯的人民中实行革命，其结果"必将为枭雄所利用而复于专制"。如果采用君主立宪之制，则人民程度还未及格，相关国家机关也未经改造，议会选举等都无法实行，因此，"中国今日万不能行共和"，也尚未具备实行君主立宪的条件，中国唯一的选择，"当以开明专制为立宪制之豫备"。②

梁启超所倡导的开明专制思想是中国传统儒家思想与近代西方开明专制思想交流融合的产物。这一思想试图利用统治集团中的强有力人物推行自上而下的变革，把国家引上预备立宪的轨道，其设想有一定合理性，但在中国当时的条件下，根本不具备可行性。正因为如此，梁启超的"开明专制论"很快就随着辛亥革命的爆发而淡出了政治舞台。

综上所言，求变法、兴民权、塑新民是戊戌时期梁启超政治思想的主要内容。作为维新思想家、宣传家和社会活动家，梁启超不遗余力地宣传维新变法，鼓吹民权自由，对于推进维新运动的兴起和发展作出了突出贡献。他这一时期的政治思想"淬厉其本有而新之""采补其本无而新之"，融汇中西，贯通古今，超越了洋务派的"中体西用"论，代表了中国近代政治思想发展的新趋势；他把培养"新民"当作改变国家现状的根本途径，与严复等一起开创了中国近代政治思想发展史上视国民素质为决定国家政治好坏的决定性因素的新传统。应该说，这一时期他是时代潮流的引领者，影响了一代青年，陈独秀的"新青年"思想、李大钊的"民彝"思想都不同程度地受到过他的影响。但是，此后他顽固坚持改良立场，提出"开明专制"主张，反对革命，为清廷预备立宪张目，其思想发展渐渐落后于时代。

第四节　谭嗣同的政治思想

谭嗣同（1865—1898），字复生，号壮飞，湖南浏阳人。其父谭继洵官至

---

① 梁启超：《饮冰室合集》，文集之十七，中华书局 1989 年版，第 37—38 页。
② 梁启超：《饮冰室合集》，文集之十七，中华书局 1989 年版，第 50 页。

湖北巡抚。他喜欢四处游历，接触到一些西方知识。在浏阳设立南学会，讲新学，又开设算学格致馆，介绍西方科学知识。1896 年，到南京充任候补知府，其间接触到著名佛学家杨文会，随其研习佛学。1897 年，回到长沙，协助湖南巡抚陈宝箴宣传新学。翌年，进京觐见光绪帝，与杨锐、林旭、刘光第等成为光绪皇帝推行变法的骨干力量。在变法受到顽固势力阻挠时，曾试图鼓动袁世凯发动兵变。事败，光绪皇帝被软禁于瀛台。谭嗣同被捕，与杨深秀、杨锐、林旭、刘光第和康广仁从容就义，史称"戊戌六君子"。临刑前，大呼"有心杀贼，无力回天，死得其所，快哉快哉"。主要作品是《仁学》，后人将其著作整理编辑为《谭嗣同全集》。

一、谭嗣同政治思想的理论基础

谭嗣同的《仁学》具有浓厚的哲学思辨气息，试图通过形而上学的论证构建出一套完整的哲学体系。

1.《仁学》中的本体论思想

谭嗣同认为，"仁"是宇宙的本体，"仁为天地万物之源"①。"仁"的特质在于"通"，他说："仁以通为第一义。以太也，电也，心力也，皆指出所以通之具。"② 而"仁"与"不仁"的根本分歧在于"通"与"塞"。他强调："是故仁不仁之辨，于其通与塞；通塞之本，惟其仁不仁。通者如电线四达，无远弗届，异域如一身也。"③ 在谭嗣同看来，万物之间存在某种规律性的联系，事物因相通，相互维系，相互吸引而构成一个统一的整体。他这种关于事物具有整体性的观点表达了他认识世界的基本态度，他将普遍的规律性称为"仁"。此外，在谭嗣同看来，事物之间之所以能通，是因为存在"以太"（ether）。"以太"是"通"的工具。所谓"以太"是西方学者虚构的一种媒介。谭嗣同接受这种观点，在相信"以太"存在的基础上，借助西方自然科学构建自己的哲学学说。但是，谭嗣同对世界整体的把握，对事物之间存在的普遍联系有一定的认识。他这样解释万物相通的原因："无所不胶黏、不贯洽、不筦络、而充满之一物焉。目不得而色，耳不得而声，口鼻不得而臭味，无以名之，名之

---

① 《仁学·仁学界说》，《谭嗣同全集》（增订本）下册，中华书局 1981 年版，第 292 页。

② 《仁学·仁学界说》，《谭嗣同全集》（增订本）下册，中华书局 1981 年版，第 291 页。

③ 《仁学·仁学一》，《谭嗣同全集》（增订本）下册，中华书局 1981 年版，第 296 页。

曰'以太'。"① 也就是说，虽然世间万物不同，但构成不同事物的"以太"是相通的，因此事物之间便获得了相互沟通的可能。

2."器道一体"的辩证思维与"日新"说

清末顽固派大多对中西社会的认识有偏见，他们认为资本主义国家只是在技术上比中国先进，而这些不过是器物层面的优势，属细枝末节的问题。中国的政治体制是好的，它关乎王朝兴衰，是根本问题。包括洋务派在内的官僚赞同在器物层面上改造中国，学习西方先进科学技术，但不敢触及政治制度方面的改革。而谭嗣同则说："道，用也；器，体也。体立而用行。器存而道不亡。""夫苟辨道之不离乎器，则天下之为器亦大矣。器既变，道安得独不变？"② 作为维新理论家，谭嗣同继承了传统道器不离、道在器中的观念，并用以批判顽固派的固步自封。中国不仅要学习科学技术，也要变革政治制度，两者相得益彰，这样才合乎社会发展需要，这种论证为变法提供了理论依据。

此外，谭嗣同在论证"以太"存在的过程中提出他的"日新"说。他认为，"以太"处于不生不灭的"微生灭"状态，而这种状态实际上处于不断运动变化之中，万物在"以太"的运动中存在。"以太"的"微生灭"造就了万物的"生灭"，万物生灭构成了天地的"日新"。儒家传统观念中有所谓"天不变，道亦不变"的看法，而在谭嗣同的认识中，一切都在发展变化，没有一成不变的东西，政治制度也是如此。这样一来，谭嗣同的政治思想便有了哲学依据。

二、对"纲常名教"的批判

谭嗣同在《仁学》中提出要冲决一切网罗，打破陈腐的专制制度与名教压迫。所谓"冲决君主制网罗""冲决伦常之网罗"，将矛头直指封建君主专制制度和纲常礼教，体现了他强烈的批判精神。

封建社会的纲常名教是维护封建统治的工具。历朝历代的统治者都将它视为天经地义，不容置疑。谭嗣同指出，这种伦理规范暴露出极大的虚伪性。他说："俗学陋行，动言名教，敬若天命而不敢渝，畏若国宪而不敢议。""嗟乎！

---

① 《仁学·仁学一》，《谭嗣同全集》（增订本）下册，中华书局 1981 年版，第 293 页。
② 《思纬壹壶台短书·报贝元征》，《谭嗣同全集》（增订本）上册，中华书局 1981 年版，第 197 页。

以名为教……则数千年来，三纲五伦之惨祸烈毒，由是酷焉矣。"① 谭嗣同揭露纲常名教的实质就是为统治者在精神上压迫民众服务的，因此，以三纲五常为核心的封建伦理规范必须废除，民众才能获得精神解放。

"君为臣纲"是三纲中的核心。谭嗣同反对封建传统意识中君为元首、臣为股肱的君臣关系，认为君臣应当是平等的。他说："生民之初，本无所谓君臣，则皆民也。民不能相治，亦不暇治，于是共举一民为君。"② 君与民只是分工意义上的区别，而没有高低等级贵贱的差别。谭嗣同否认天子受命于天，认为君主是由民众推选出来替民办事的；如果君主暴虐，民众有权力废除他。这就彻底否定了"君为臣纲"的腐朽论调。

关于"父为子纲"，谭嗣同认为，父子关系是自然规律确定的，因此也应该是平等的。他说："子为天之子，父亦为天之子，父非人所得而袭取也，平等也。"③

"夫为妻纲"则更是"至暴乱无理之法"。谭嗣同说："夫既自命为纲，则所以遇其妇者，将不以人类齿。"④ 妇女地位低下不仅违背了人人平等的原则，也违背了最起码的人道。

总之，谭嗣同对纲常名教的批判是为了强调平等观念、自由意识和独立精神。他号召人民反对纲常名教的束缚，冲破封建旧伦理的网罗。

谭嗣同猛烈抨击君主专制制度。在他看来，中国两千年来的专制统治都是暴政，封建帝王都是独夫民贼，他们用尽一切办法奴役人民。君主专制制度实质上就是强盗政治。受压迫和奴役的民众必须奋起反抗，冲破专制制度的网罗。

谭嗣同的反封建思想充满了爱国精神、自由平等精神和人道精神。为实现其"冲决网罗"的目标，谭嗣同不反对暴力。在戊戌维新的高潮时期，他曾经策划联络军队，"围园锢后"，通过军事政变实现维新变法，也曾策划地方独立，并将反清书籍介绍给学生。他的政治思想在一定程度上突破了封建士大夫的阶级狭隘性，客观上反映了当时中国有识之士比较激进的情绪和要求，影响了章太炎、邹容、陈天华等一批资产阶级革命思想家。其《仁学》中的辩证法

① 《仁学·仁学一》，《谭嗣同全集》（增订本）下册，中华书局1981年版，第299页。
② 《仁学·仁学二》，《谭嗣同全集》（增订本）下册，中华书局1981年版，第339页。
③ 《仁学·仁学二》，《谭嗣同全集》（增订本）下册，中华书局1981年版，第348页。
④ 《仁学·仁学二》，《谭嗣同全集》（增订本）下册，中华书局1981年版，第349页。

思想和对封建制度的激烈批判，值得后人高度重视。

第五节　严复的政治思想

严复（1854—1921），原名宗光，字又陵，后改名复，字几道。福建侯官（今福州）人。出生于儒医家庭，1866 年考入福州船政学堂，学习海军军舰驾驶，随后以最优等卒业。1877 年，赴英国留学，广泛涉猎西学典籍。归国后，被派往李鸿章创办的天津北洋水师学堂，先后任洋文总教习、会办、总办。1897 年，在天津创办《国闻报》，成为宣传维新变法的重要阵地。译有《天演论》等八大名著。1912 年，被聘为北京大学校长、袁世凯总统府顾问等职。袁世凯"洪宪帝制"时，被列名筹安会。1921 年，病逝于福州。其著、译由后人编为《严复集》《严复合集》《严复全集》等。

一、以进化论为基础的维新思想

19 世纪末 20 世纪初的中国，民族危机和社会危机空前严重。面对内忧外患，严复力主变法图强，积极宣传维新思想。

1895 年春，严复发表"四论"（《论世变之亟》《原强》《辟韩》《救亡决论》）"两传"（《道学外传》《道学外传余义》），戊戌变法的高潮时期，又发表《拟上皇帝万言书》，论证了晚清中国所面临的"运会"，是秦以来所从未有过的"大变局"，中国面临列强侵略，之所以屡屡失败，是因为韩愈等人所阐释的儒家圣人学说造成的，必须加以反思批判。他建议光绪皇帝标本兼治，度过危机，进而建设富强的国家。他所建议的"治标"措施，包括"联各国之欢""破把持之局""结百姓之心"；而其"治本"的措施则是从"民德""民力""民智"入手，从根本上奠定国家富强的基础。

严复之所以将国家富强的希望寄托在民众上，这与他深受西方进化论影响是分不开的。早在英国留学期间，严复对达尔文的《物种起源》非常感兴趣。回国以后，他又系统研读了达尔文的朋友、社会达尔文主义的主要代表人物赫伯特·斯宾塞的《社会学研究》以及赫胥黎的《进化与伦理》。斯宾塞等人把自然科学领域的进化论推广运用到人文社会历史领域，认为"物竞天择""适者生存"是自然界的普遍法则，也同样适用于人类社会；国家社会的强弱好坏取决于其每个成员体质的强弱、素质的高低；政治社会制度的进化与国民素质有着密切的关联，政治变革必须因时因地制宜，不能超越发展进化的历史阶段。严复接受了这些观点，并把它们运用到教学和宣传鼓动活动中。他在《原强》等文章中告诫国人：面对"物竞天择"的世界，中国只有发愤图强才不会被淘汰，不会受西方强国的奴役；中国要由弱变强、由贫变富，必须"鼓民力""开民智""新民德"。这种进化论观点不仅成为严复本人维新思想的理论依据，而且为整个维新思潮提供了理论支撑。

在严复看来，西方国家的进化程度在整体上比中国高出一个阶段，西方国家之所以富强，不光因为它们有坚船利炮等物质文明，更重要的是，它们在思想文化方面已经进化到这样一种高度："于学术则黜伪而崇真，于刑政则屈私以为公。"① 因此，向西方学习，不但要学习先进的科学技术，更应该学习西方文明的内在精神，即科学精神和民主精神。贯穿于科学精神和民主精神之间的是"自由"，科学精神和民主精神都是自由的体现。

二、反对专制的自由思想

严复的自由思想是其政治思想的重要组成部分，主要包括两方面内容：一是反对专制，提倡民主法制；二是强调自由、平等。

1. 反对专制，提倡民主法制

与其他维新思想家相似，严复也反对君主专制的政治制度。在《辟韩》一文中，严复批判君主专制，指出中国之所以被动挨打，正是因为没有自由、民主而只有君主专制。他从资产阶级的"社会契约论"出发，驳斥韩愈的君主专制理论，阐明主权在民、立君为民、君为仆民为主等观点。

除了撰写文章，严复还在介译西方书籍中阐述其反专制主张。例如，他在所译孟德斯鸠《法意》的按语中说："酷矣，孟德斯鸠之论君主也，使非生于狭隘酷烈之朝，而又值公理将伸之世，彼又乌能为此言哉！夫君主，以言其精神则如此，以言其形质又如彼。而吾中国自黄、炎以至于今且以此为继天立极，唯一无二之治制，君臣之义，无所逃于天地之间。"② 在严复看来，专制制度之所以不好，是因为君主不受任何限制而民众却无任何权利可言。法律是管

① 《严复集》第一册，中华书局 1986 年版，第 2 页。
② ［法］孟德斯鸠著：《孟德斯鸠法意》上册，严复译，商务印书馆 1981 年版，第 35 页。

理国家的工具，专制与民主的区别在于法律面前是否人人平等，统治者与被统治者是否都同受法律的约束。他说："孟氏之所谓法，治国之经制也。其立也虽不必参用民权，顾既立之余，则上下所为，皆有所束。"① 西方国家法制的要义在于法律是一种非人格化的权威，无论是君主还是人民都要服从法律。君权和民权都需要依靠法律加以确定。

严复认为，君、臣、民三者的地位和相互关系，在民主国家和专制国家中完全不同。他说："西洋之言治者曰：国者，斯民之公产也。王侯将相者，通国之公仆隶也。"② 在他看来，国家是全体人民的国家而非君主一人的国家，君主和官员不是国家的主人，而是为民服务的公仆。也就是说，君主的权力来自人民，人民才是国家的真正主人。

2. 强调平等、自由

严复认为，洋务运动以来，中国学习西方的东西颇为不少，但并未使中国达到预想的富强目标。有很多东西在西方行之有效，使西方国家成为富强之邦，而一拿到中国则淮橘成枳，一无所成。中西之所以出现这种巨大反差，其主要原因在于西方"以自由为体、以民主为用"，而中国从不讲求平等、自由精神。一是满汉之间的不平等。"夫欧亚之盛衰异者，一其民平等，而一其民不平等也。印度有喀斯德，高丽有三户，中国分满、汉矣。而分之中又有分焉，分则不平，而通力合作，手足相救之情，不可见矣。"③ 二是政府采取种种措施，约束限制人民的自由，使民德、民智、民力无以自由发挥。因此，严复极力主张学习西方，给人民以充分的自由权。严复强调："侵人自由，虽国君不能，而其刑禁章条，要皆为此设耳。"④ 国家不得侵害个人自由。从《原强》《论世变之亟》等文看，严复所说的自由大体包括思想言论自由，人人平等，人身及财产不受侵犯的权利，尚贤、隆民，以公治天下等。这些实际上包括了自由、平等、民主在内的资产阶级人权思想。

但是，严复所主张的自由、平等都是有条件的，不能无视差别，强求平等。他说："顾平等必有所以平等者，非可强而平之也，必其力平，必其智平，必其德平。使三者平，则郅治之民主至矣。不然，使未至而强平之，是不肖者

① ［法］孟德斯鸠著：《孟德斯鸠法意》上册，严复译，商务印书馆1981年版，第25—26页。
② 《严复集》第一册，中华书局1986年版，第36页。
③ ［法］孟德斯鸠著：《孟德斯鸠法意》上册，严复译，商务印书馆1981年版，第195页。
④ 《严复集》第一册，中华书局1986年版，第3页。

不服乎贤，愚者不令于智，而弱者不役于强也。"① 严复的这种洞见的确值得深思。

严复一方面力倡自由，另一方面又认为自由不可毫无约束，而是一种在法律范围内的相对自由，社会成员"自入群而后，我自繇者人亦自繇，使无限制约束，便入强权世界，而相冲突"。因此，他主张"人得自繇，而必以他人之自繇为界"②。也就是说，个人自由以不侵犯他人的自由为界。人与人之间的自由范围必须明确，唯有如此，社会生活才顺理成章。这样一种理解，在同时代激进的思想家看来，或许显得有些保守，但是它显示了一个负责任的思想家对涉及国家政治的核心问题所保持的理智、谨慎的态度。

三、开中国政治学理论之先河

严复的政治思想相当一部分是通过翻译来表达的。戊戌时期，他翻译《天演论》，阐述进化论思想，冲击了传统保守观念，使中国当时众多有识之士反思自我，重新认识世界。按照进化论的思路，不能适应环境的必然会被淘汰，落后的必然会被先进的替代。此后，他又陆续翻译了《群学肄言》《法意》《社会通诠》等，把包括政治学说在内的近代西方资产阶级社会科学理论等介绍到中国，说明了变法的必要性和紧迫性，论证了中国政治变革的方法和方向。

1905 年，严复应上海基督教青年会之邀，发表系列演讲，讲稿后以《政治讲义》为题出版，该书基本参照 19 世纪英国剑桥大学近代史教授约翰·西莱（Sir John Seeley）的著作《政治科学导论》写成③，书中比较集中地表达了严复对政治的理解及对中国现实问题的主张。《政治讲义》主要内容如下：第一，阐述了政治与历史的关系，"盖二学互为表里"④，从历史发展的角度讲述国家的起源与发展变化。同时，他比较分析了西方社会的国家类型、政体形式等问题。这种历史的研究方法和比较的研究方法贯穿该书始终，从学理角度讲，它非常符合政治学理论研究的一般规律。第二，该书大量介绍翻译西方政治学理论的基本概念，如"城邦""中央政府""自治""合众"等，这为中国人理解

---

① ［法］孟德斯鸠著：《孟德斯鸠法意》上册，严复译，商务印书馆 1981 年版，第 158 页。
② ［英］约翰·穆勒著：《群己权界论》，严复译，商务印书馆 1981 年版，"译凡例"。
③ 参见戚学民：《严复〈政治讲义〉文本溯源》，载于《历史研究》2004 年第 2 期。
④ 《严复集》第五册，中华书局 1986 年版，第 1243 页。

西方政治理论提供了不少便利。第三，严复通过《政治讲义》，使更多的中国人认识到政治作为一门学科，有其特殊的理论价值和现实意义。

值得注意的是，《政治讲义》对西方的一些政治理论持批判态度。例如，讲义中数次提到卢梭的"天赋人权"理论并对之进行批评。严复认为，"天赋人权"并不符合西方社会真实的历史发展情况，只是一种理论构想。这体现出严复对西方政治理论并非一味盲从，而是持一种理性的反思和批判态度。

《政治讲义》是中国人自己撰写的第一部较为系统的政治学理论和政治思想史著作，一经出版，便引起强烈的社会反响。它用科学的方法，阐述西方政治学理论，具有很高的学术价值。该书在大量参考西方学者理论成果的基础上，开创了中国近代政治学理论研究的先河，在中国政治思想史上具有重要学术价值。

严复是中国近代重要的启蒙思想家，他坚信，学习西方不能停留在表面上，西方国家之所以先进，他认为主要有两个原因：一是在学术文化上，"黜伪而崇真"的科学精神；二是在政治制度上，"屈私以为公"的民主精神，中国必须在这两方面向西方学习。他的这种认识，影响了几代知识分子。在他生命的最后几年，一批先进青年举起科学与民主的旗帜，发起新文化运动，中国政治思想的发展很快将进入一个新的阶段。

小　结

甲午战争是中国近代思想界真正觉醒的起点。战争的失败使中国的士大夫阶层开始意识到，洋务派所主张的仅仅学习西方的器物文明是远远不够的，要解决中国的问题，必须进一步学习西方的制度文明，对传统的旧制度进行变革。而这一时期，西方资本帝国主义对华经济侵略由战前的商品输出为主，转为以资本输出为主，同时加紧领土掠夺，掀起瓜分中国的狂潮，中国面临着亡国灭种的民族危机。先进的中国人不得不寻求新的救亡之道，于是维新思潮得以迅速发展，康有为、梁启超、谭嗣同、严复等成为维新派的主要代表。

维新思想是对洋务思想的扬弃。一方面，他们肯定并继承了洋务派"练兵制器""自强求富"的思想，认为洋务派造轮船、筑铁路等，"虽小技奇器皆与国计民生相关"，是很有必要的。另一方面，他们对洋务派"变事"不"变法"的做法极为不满,批判他们不敢触动封建专制制度,不能进行根本性的改革。

维新派的政治思想具有明显特点,主要表现在以下几个方面:

维新派较为系统地借鉴西方近代资产阶级思想理论,对中国传统的纲常伦理和封建专制进行反思和批判。他们利用近代西方的社会契约论、古典自由论、社会发展阶段论等,深刻揭示了君权来源于人民,人民是国家的主人,统治者是人民的"公仆隶"等道理,彻底否定了君权神授、王权至上、国家为君主所私有等封建思想。他们认为,封建专制制度扼杀人性,限制自由,制造现实的不平等和对立,严重阻碍社会的进化和人的发展,是近代中国落后的根源。要改变这种现状,必须从根本上反思纲常伦理,冲决封建网罗。

维新派较为系统地提出借鉴西方近代资产阶级政治制度改造中国的君主专制制度。维新派突破了洋务派"中体西用"思想的局限,鼓吹民权,主张改革君主专制制度。他们提出的开议院、兴民权、立宪法等主张,虽然没有能够完全付诸实施,但已经触及封建专制统治的根本。他们提出的经济、文化、教育、社会等方面的一系列改革措施,代表了新兴民族资产阶级的利益,适应了发展资本主义的客观要求。因此,戊戌维新思潮是资产阶级性质的政治改良思潮。

维新派较为系统地借用西方近代国家学说,提出通过培养"新民"来建设新国家、新政治。他们认为,近代国家的强弱和政治的好坏,不是取决于统治者,而是取决于每一个国民。中国要富强,就必须全面地提高国民的德、智、力、美等方面的素质。为此,他们主张采取有力措施,打破禁锢人民思想自由的科举制度,废除女子裹足和吸食鸦片等陋习,鼓民力、开民智、新民德,培养新国民,建设新国家。这大大解放了人们的思想,成为中国近代史上一次重要的思想启蒙。

但与此同时,维新派的政治思想由于其内在的、无法克服的矛盾,而具有明显的局限性。它主张民族独立,反对列强侵略,但在理论上和实践中又对帝国主义抱有不切实际的幻想;它猛烈批判君主专制,但又不敢从根本上否定君主制度,反而把变法的全部希望寄托在并无实权的皇帝身上;它主张发展资本主义工商业,但又丝毫不触及封建土地所有制;它认识到国民的重要性,但它所谓的国民主要指士绅,而不是普通民众。维新派政治思想的这些不足暴露了中国早期民族资产阶级的软弱性和妥协性。

　　维新派政治思想自身的局限和封建专制思想的顽固，是维新运动最终失败的重要原因。实践证明，早期民族资产阶级由于本身力量弱小，社会基础狭窄，企图通过封建统治者进行自上而下的改良，是根本行不通的。

　　尽管如此，维新派政治思想贯穿着变法图强的革新精神和强烈的爱国情怀，推动了中华民族的觉醒。它对专制思想的批判，对"民"的重视，达到了中国政治思想史的新高度；对外国文化"采补其所本无而新之"，对传统文化"淬厉其所本有而新之"的严谨态度，也具有一定的合理性，应该给予肯定。

思考题

　　1. 简述康有为维新变法的理论基础。

　　2. 简述梁启超的民权理论。

　　3. 简述严复的自由思想。

第十三章　革命派的政治思想

甲午战争和维新运动的失败，对中国社会各阶层特别是知识阶层造成重大冲击，他们中越来越多的人对清政府不再抱幻想。1901 年《辛丑条约》的签订，标志着中国完全沦为半殖民地半封建社会，清政府从此沦为"洋人的朝廷"，中国社会的各种矛盾日趋尖锐，民族危机空前严重。为挽救民族危亡，以孙中山为代表的资产阶级革命派提出了建立民主共和的理论和方案，并发动辛亥革命，推翻帝制，建立了中华民国。但清廷的推翻，民国的建立，既未实现民族独立、人民解放，更没有实现国家富强、人民幸福。历史证明，要救国救民必须另寻新路。

第一节　辛亥革命的社会历史背景

辛亥革命时期的中国社会，内忧外患日甚一日，致使民众抗争频繁。各种思想学说竞相传播，思想领域斗争激烈，革命思潮日益深入人心，新的社会力量成长壮大，革命派的活动得到越来越多人的支持。

一、清政府沦为"洋人的朝廷"

1840 年以后，清政府在与西方列强的历次战争中一败再败，特别是 1894 年败于日本，1900 年败于八国联军，京师沦陷，皇帝和太后出逃，人民惨遭蹂躏，清政府统治受到严重打击。面对西方列强的野蛮入侵和掠夺，腐败的清政府起初是希望通过"洋务运动"和一些不触及根本的"改革"以自强自保，继而逐渐失去原来就不坚定的自强之心，甘愿屈从于列强。1901 年，清政府与俄、英、美、日、德等十一国签订丧权辱国的《辛丑条约》，接受了一系列屈辱的条款，在对外政策上奉行"量中华之物力，结与国之欢心"，成了名副其实的"洋人的朝廷"。为了满足列强的要求，清政府惩办了一批高级官员；改总理衙门为外务部，班列六部之首；在发生义和团运动的地区，停止科举考试；赔款本息合计近 10 亿两白银；允许列强在京津沿线驻军。1904—1905 年，日俄两国为争夺中国东北和朝鲜的权益，在中国领土上大打出手，清政府宣布

"中立"，坐视日俄侵略者屠杀中国人民，瓜分中国疆土。1910 年，英、法、德、美四国银行团逼迫清政府订立借款修路合同。1911 年 5 月，清廷在邮传大臣盛宣怀的策动下，以"铁路国有"的名义，将已归商办的川汉、粤汉铁路权出卖给列强。种种迹象表明，清政府名义虽存，但实际上已沦为帝国主义在华的总代理人，是列强的"守土官长"。

二、清朝满族贵族与汉族的矛盾加剧

清朝满族贵族入主中原以来，长期推行民族歧视政策。从官僚体制来看，少数满族贵族操纵着从中央到地方的大权，清廷各衙门皆"满缺多于汉缺"，六部的"满缺"官员几乎是"汉缺"官员的 3 倍。满人特别是满洲贵族享有政治经济特权，八旗子弟、宗室人员、贝子、贝勒等，一经成人，"即有自然之俸禄"。为防止汉人反叛，清政府令八旗子弟驻防各省。又屡兴"牵连之狱""文字之狱"，摧残、泯灭汉人的民族意识。1903 年，清廷制造"《苏报》案"，将宣传"排满革命"的邹容、章太炎等逮捕入狱，后邹容死于狱中。"排满革命"思潮的迅速发展反映了满汉矛盾已经到了非常尖锐的程度。

尤其值得注意的是，清朝入关以后之所以能够长期维持其统治，很重要的一个原因就是他们与汉族官僚阶层建立了联盟，但义和团运动被镇压以后，这一联盟开始迅速解体。1901 年清政府开始推行"新政"，1905 年又派大臣出国考察宪政，准备实行"预备立宪"。此后，清政府借官制改革、整理财政、编练新军之机，将汉族官僚中掌握实权、影响最大的地方大员张之洞、袁世凯等调入北京任军机大臣，明升暗降，剥夺其军事等方面的实权。为了控制军队，清廷不仅任命满族亲贵直接掌管军队，而且又于 1909 年，以袁世凯患"足疾"为名，将其开缺回籍，以消除其对北洋各军的影响。1911 年清政府成立新内阁，在 13 位阁员中，满人 9 名（其中皇族 7 人），汉人只占 4 席，史称"皇族内阁"。清政府的上述种种行径，严重激化了满汉上层的矛盾，部分汉族官僚开始转向同情甚至支持革命。

除满汉民族矛盾日益凸显外，清政府的腐败统治也激起人民群众的反抗。《辛丑条约》中规定的巨额赔款，以及 1901 年后清廷推行的"新政"所需的巨额钱款，最终都以各种名目转嫁到民众头上，人民群众忍无可忍，到处爆发抗捐抗税的斗争。据统计，从 1902—1911 年，各地爆发的民变达 1300 余起。为了抗议清政府将铁路权出卖给列强，四川民众发起保路运动，清政府调湖北新军入川，"实力弹压"保路运动。四川保路运动成为武昌起义的直接导火线。

三、新的社会力量成长

诞生于 19 世纪 70 年代的民族资本，到甲午战争以后有了进一步发展。《辛丑条约》签订后，帝国主义列强加紧了对中国的资本输出。1905 年日俄战争后，"世界各国之对中国政策，皆变为维持均势主义，即所谓领土保全、门户开放、机会均等之三纲领是也"①，实际上则是企图共同瓜分中国。他们以经济侵略为主要手段，除经营产业、贸易、交通外，尤其加强了经济上的投资与政治性的贷款。为了抵制外国资本的侵略，一些人提出了"实业救国"的主张，在一定程度上刺激了中国近代企业的发展。这就为新的社会力量成长提供了经济条件。

1901 年开始的"新政"中，教育改革是主要内容之一。1903 年"癸卯学制"的颁布和 1905 年科举制的停废，使各级各类新式学堂在中国各地迅速兴办起来。截至 1909 年，新式学堂的学生总数达到 163 万余人。② 与此同时，到国外尤其是日本留学的人数成倍增长，1905 年、1906 年间达到高峰，人数为 7000~8000 人。③ 这就使中国的新式知识分子队伍迅速壮大。

兵制改革是"新政"的重要内容。1903 年，清廷设立练兵处，控制和训练新军。至武昌起义前夕，已编成 13 镇，以北洋新军为中央军，各省新军为地方军，中下级军官多为学习军事的留学生和新式武备学堂的毕业生。

革命势力正是在此种形势下迅速发展壮大起来。兴中会、华兴会、光复会以及其他革命团体先后在各地成立，从事革命活动。1905 年，孙中山领导的同盟会在日本东京成立。随后，策划了规模不同的起义，不断冲击着清朝统治。与此同时，革命派积极从事革命宣传，以邹容的《革命军》一书最具代表性。该书以"竖独立之旗，撞自由之钟"的豪迈气魄，高呼"我国今日不可不革命"。在革命风潮的不断推动下，1911 年 10 月，武昌起义爆发。随后，全国 14 个省纷纷响应，宣布独立，成立军政府。次年 1 月，中华民国临

---

① 《政府借日本债款十兆元论》，《宋教仁集》（一），湖南人民出版社 2008 年版，第 232 页。
② 桑兵：《晚清学堂学生与社会变迁》，学林出版社 1995 年版，第 2 页。
③ 陈学恂、田正平：《中国近代教育史资料汇编·留学教育》，上海教育出版社 1991 年版，第 689 页。

时政府成立。孙中山本以为民族主义、民权主义的目标已经达到，今后应致力于民生主义。然而，1913 年 3 月发生的宋教仁被刺案以及此后不久袁世凯所推行的"洪宪帝制"，迫使他先后发起"二次革命"和护国运动等，继续为民主共和而奋斗。

四、各种思潮的勃兴、碰撞及辩论

20 世纪初大量的留日学生翻译日文书籍，出版各种刊物，"新思想之输入，如火如荼"①。与此同时，各派政治势力加强角逐，社会思潮随之勃兴。1905年，清政府派五大臣出国考察宪政，次年宣布"预备立宪"，为立宪思潮的出现提供了空间。

政治形势急剧变化，但各种势力在重大政治问题上并未取得一致，而是各有主张，这就使得各派在政治思想上的论争不可避免。就清政府内部而言，慈禧太后等主张实行预备立宪，以讨好西方，并抵制革命运动，而部分顽固派官僚则反对学习西方实行预备立宪。就立宪派内部而言，部分激进人士发起国会请愿运动，要求速开国会，而稳健派人士则认为，应该按照清政府的要求，进行适当的筹备之后，再行成立国会，实行宪政。

革命派内部的思想观点和政治倾向也不尽相同。对于孙中山主张的三民主义，章太炎、陶成章、徐锡麟等均有不同意见，关于"平均地权"的分歧尤大。晚于同盟会成立的共进会，甚至公开将"平均地权"改为"平均人权"。1907 年后，革命派又分化出以刘师培、李石曾、吴稚晖等为首的无政府主义派。他们全盘否定暴力革命，认为应"另筹革命之方"；他们把一切形式和性质的政府都视为"万恶之源"，认为无政府才是中国和人类的唯一出路。武昌起义后，革命派围绕着筹组临时政府形成了两派：一派以孙中山等为代表，主张实行总统制；另一派以宋教仁等为代表，主张采取内阁制。

最激烈的论战，则发生在立宪派和革命派之间。他们分别以《新民丛报》和《民报》等为主要阵地，在日本、东南亚、北美等地围绕着革命与立宪的问题，展开了针锋相对的论战。革命派主张以暴力推翻清王朝，建立民主共和国；而立宪派则主张实行君主立宪，保留光绪皇帝名义上的君主地位，由汉族大臣成立责任内阁。立宪派的主张很快以清廷成立"皇族内阁"而大失人心，

---

①　梁启超：《清代学术概论》，上海古籍出版社 1998 年版，第 97 页。

不得不让位于革命派的民主共和主张。

第二节 孙中山的政治思想

孙中山（1866—1925），名文，字德明，号日新，后改号逸仙，广东香山（今中山市）翠亨村人，伟大的爱国主义者、中国民主革命的伟大先驱。早年在夏威夷、香港等地接受过西方教育。1894 年，在美国檀香山创建兴中会，第一次喊出"振兴中华"的口号。1905 年，在日本东京发起成立资产阶级革命政党——中国同盟会，提出民族、民权、民生的三民主义政治纲领。1911 年，爆发了辛亥革命。1912 年，孙中山就任中华民国临时大总统。辛亥革命胜利果实被袁世凯窃取后，先后发起领导"二次革命""护国运动""护法运动"等，继续为民主共和事业而奋斗。晚年在俄国十月革命的影响和中国共产党的帮助下，改组国民党。1925 年 3 月，病逝于北京。

孙中山的政治思想为后来的中国共产党人提供了弥足珍贵的思想财富。正如毛泽东所说，"他在政治思想方面留给我们许多有益的东西"[1]，"从孔夫子到孙中山，我们应当给以总结，承继这一份珍贵的遗产"[2]。由于其政治思想在辛亥革命后有新的发展，理论上更加成熟，因此本节主要介绍的是他晚年的政治思想。

一、三民主义思想

孙中山的三民主义思想有一个产生、形成、发展的过程。早在 1894 年，他就提出"驱除鞑虏，恢复中国，创立合众政府"[3] 的口号。1905 年 8 月，正式将"驱除鞑虏，恢复中华，建立民国，平均地权"定为同盟会的宗旨。同年 11 月，孙中山在《民报》发刊词中把这十六字纲领概括、发展为"民族""民权""民生"三大主义。俄国十月革命和五四运动后，孙中山的思想发生重大转变，晚年他确定并实行"联俄""联共""扶助农工"三大政策，重新解释其三民主义，为其注入新的内容。

---

① 《毛泽东文集》第 7 卷，人民出版社 1999 年版，第 156 页。
② 《毛泽东选集》第 2 卷，人民出版社 1991 年版，第 534 页。
③ 《檀香山兴中会盟书》，《孙中山全集》第一卷，中华书局 2006 年版，第 20 页。

1. 民族主义

兴中会成立之初，孙中山先后提出"驱除鞑虏，恢复中国"等"排满"革命口号。1905 年后，他的思想逐渐发生转变，认为民族主义并不是遇着不同民族的人便要排斥他，而是不允许那不同民族的人来夺我们民族的政权。因此，所谓民族革命并不是要"尽灭满洲民族"。之所以要进行民族革命，是因为"不甘心满洲人灭我们的国，主我们的政"。只有通过民族革命，才能"光复我们民族的国家"。这样看来，民族革命并不表示"恨满洲人"，而是"恨害汉人的满洲人"。[1] 由于民族革命就是要"推倒满洲政府"，所以从驱除满人的角度说是民族革命，从颠覆君主政体的角度说又是政治革命，二者是合一的。

辛亥革命后，孙中山主张建立汉、满、蒙、回、藏"五族共和"的统一国家。到 20 世纪 20 年代初，孙中山将其民族主义分为消极的民族主义与积极的民族主义。之所以有这样的区分，与孙中山对辛亥革命的反省有关。他认为，清政权虽然被推翻，但"吾民族尚未能自由独立"。原因是革命党只做了消极的功夫，没做积极的功夫。所谓"消极的功夫"，是说只推翻了清政权，没有"真正独立组织一完全汉族底国家"[2]，这就是"消极的民族主义"。在孙中山看来，"消极的民族主义"说明"本党底民族主义没有成功"[3]。今后要多做积极的功夫，"仿美利坚民族底规模，将汉族改为中华民族，组成一个完全底民族国家"[4]，这就是"积极的民族主义"。"中华民族"观念的提出是一个了不起的进步，说明孙中山已经放弃了革命早期那种带有大汉族主义倾向的狭隘的民族主义，而是着眼于中华民族的整体目标。

国民党改组前后，在中国共产党的直接帮助下，孙中山的民族主义明确增加了反帝的内容。他认为，推翻清朝并不标志着民族革命任务的完成，顶多"只可算作一半的成功"，只有赶走帝国主义，"废除我们的卖身契（指不平等条约——引者注），不做各国人的奴隶，那才算民族主义是完全成功"[5]。由此

---

[1] 《在东京〈民报〉创刊周年庆祝大会的演说》，《孙中山全集》第一卷，中华书局 2006 年版，第 325 页。

[2] 《在国民党本部特设驻粤办事处的演说》，《孙中山全集》第五卷，中华书局 2006 年版，第 473 页。

[3] 《在国民党本部特设驻粤办事处的演说》，《孙中山全集》第五卷，中华书局 2006 年版，第 473 页。

[4] 《在国民党本部特设驻粤办事处的演说》，《孙中山全集》第五卷，中华书局 2006 年版，第 474 页。

[5] 《在广州农民联欢会的演说》，《孙中山全集》第十卷，中华书局 2006 年版，第 461—462 页。

可见，完全的民族主义必须具有两方面的意义："一则中国民族自求解放；二则中国境内各民族一律平等"①，最终"组织自由统一的（各民族自由联合的）中华民国"②。

2. 民权主义

孙中山民权主义思想，主要源自西方资产阶级的民主主义。所谓"民权"即西方国家人民所行使的诸种权利，例如，"近来瑞士国所行之制：民有选举官吏之权，民有罢免官吏之权，民有创制法案之权，民有复决法案之权，此之谓四大民权也"③。这就是说，"民权"指的是人民拥有的四种权利：选举权、罢免权、创制权和复决权。在君主专制政体下，人民饱受奴役压迫，根本没有政治权利可言。只有进行政治革命，颠覆持续数千年的君主政体，"建立民主立宪政体"，人民才能掌握政治权利。因此，政治革命的根本是民权主义。

后来，孙中山逐渐认识到西方资产阶级民主的狭隘性、虚伪性。他认为它虽然宣称人民主权，却实行代议政体。这种政体使权利往往为资产阶级所专有，成为压迫平民的工具。如果说人民还拥有权利的话，那也只能称为"间接民权"。孙中山主张，权利一定要为一般平民所共有，不能为少数人所垄断并被他们据为己有。必须使人民能够直接管理政府，因此一定要"于间接民权之外，复行直接民权"。所谓的"行直接民权"，就是人民不仅要有选举权，而且还要有创制、复决、罢免等权利。

为处理"间接民权"与"直接民权"的关系，孙中山提出了颇具特色的"权""能"分开理论。他主张"权""能"分开，是由于每个人"天赋的聪明才力"有分别。绝顶聪明的人是"先知先觉"，他们是世界上的创造者，是人类中的发明家；次一等的人是"后知后觉"，不能够创造发明，只能够跟随模仿别人，是宣传家；更次的人是"不知不觉"，做事的时候即使有人指导，他也不能"知"，只能去行，是实行家。④ 既然"权"与"能"是可以分开的，

---

① 《中国国民党第一次全国代表大会宣言》，《孙中山全集》第九卷，中华书局 2006 年版，第118 页。

② 《中国国民党第一次全国代表大会宣言》，《孙中山全集》第九卷，中华书局 2006 年版，第119 页。

③ 《建国方略》之三《民权初步〈社会建设〉序》，《孙中山全集》第六卷，中华书局 2006 年版，第 412—413 页。

④ 《三民主义·民权主义》（第五讲），《孙中山全集》第九卷，中华书局 2006 年版，第323 页。

那么到底由谁来掌握"权",又由谁来发挥"能"？孙中山认为，一个国家的政治要正常运行，从根本上说要人民有"权"，政府有"能"，管理政府之事交给那些有"能"的专家即官员。他还把人民掌握的"权"称之为"政权"，官员管理政府的"权"称为"治权"。"政权"和"治权"属于政治的两个力量：一个是管理政府的力量，另一个是政府自身的力量。从"权"与"能"分开的理论来说，人民拥有的"政权"是"权"，官员行使的"治权"是"能"。如果人民有了很充分的政权，管理政府的方法又很完善，便不怕政府的力量太大而不能够管理，人民自然也就不怕政府成为"万能"的了。

3. 民生主义

民生主义是孙中山指导社会革命的经济纲领。其思想渊源主要有两个：一是来自中国近代先进思想家的经济思想和他们提出的经济纲领。二是来自西方资产阶级的经济思想。美国学者亨利·乔治①的"单一税"土地国有学说，是孙中山平均地权方案直接摄取的素材。

民生主义的核心是要解释"民生"。孙中山认为，所谓"民生"就是指"人民的生活"，包括"社会的生存、国民的生计、群众的生命"。由于讲"民生"主要是针对西方近百十年来所发生的一个最大问题即"社会问题"，所以"民生主义就是社会主义"②。孙中山认为，民生问题即社会问题。这个问题之所以发生，是因为近代各国的物质文明进步很快，工商业很发达，"人类的生产力忽然增加"③。这个原因就是通常说的工业革命。工业革命的发生，使许多人一时失了业，没有工做，没有饭吃，尤其是工人"受很大的痛苦"④。整个社会贫富不均，"富者敌国，贫者无立锥之地"。一言以蔽之，"要实行民生主义，缘因于贫富不均"⑤。孙中山认为，虽然中国面临的问题是贫穷而不是贫富悬

---

① 亨利·乔治是美国 19 世纪末期的知名社会活动家和经济学家。他提倡征收单一地价税的主张，曾经在欧美一些国家盛行一时，颇有影响。其思想主要见于 1879 年出版的《进步与贫困》一书。

② 这里需要说明的是，孙中山所说的社会主义实际是预防贫富不均的政策，不同于马克思主张的社会主义。后者指的是一种超越资本主义的新的社会制度和生产方式。

③ 《三民主义·民生主义》（第一讲），《孙中山全集》第九卷，中华书局 2006 年版，第 356 页。

④ 《三民主义·民生主义》（第一讲），《孙中山全集》第九卷，中华书局 2006 年版，第 358 页。

⑤ 《在中国国民党本部特设驻粤办事处的演说》，《孙中山全集》第五卷，中华书局 2006 年版，第 477 页。

殊，但是，也应该吸取欧美国家的教训，"未雨绸缪，赶紧设法，免得再蹈覆辙"①。为预防中国社会出现贫富不均问题，孙中山提出了如下举措：

一是平均地权。在《军政府宣言》中，孙中山阐明了平均地权的内涵："文明之福祉，国民平等以享之。当改良社会经济组织，核定天下地价。其现有之地价，仍属原主所有；其革命后社会改良进步之增价，则归于国家，为国民所共享。"② 概括地说，就是核定地价，照价收税，照价收买，增价归国。到底如何核定地价？就是要人民自己报价。然后，政府开出两种约束性条件："其一、按所报的地价照值百抽一而收税；其二、则照价收买。"③ 实行这种方法，就可以避免欧美国家贫富悬殊的"恶例"④。

二是节制资本。平均地权针对的是土地问题，节制资本针对的则是资本的垄断问题。从美国的情况来看，铁路煤矿由少数富豪投资，而政府"任其专利，以致其国虽强，其民仍复苦楚"⑤。为避免出现这种情况，孙中山主张国家一切大实业，如铁道、电气、水道等事务都归国有，不能使少数私人"独享其利"⑥。1924 年发表的国民党一大宣言，对节制资本的要旨做了明确的阐述：本国以及外国人在中国办的企业，"或有独占的性质，或规模过大为私人之力所不能办者，如银行、铁道、航路之属"，由国家来经营管理，使私有资本不能操纵国民生计。⑦

三是"耕者有其田"。晚年的孙中山非常关注农民的生计问题。他主张，对那些因缺乏田地而沦为佃户的农民，国家应当"给以土地，资其耕作"⑧，还

---

① 《在中国国民党本部特设驻粤办事处的演说》，《孙中山全集》第五卷，中华书局 2006 年版，第 479 页。
② 《中国同盟会革命方略》，《孙中山全集》第一卷，中华书局 2006 年版，第 297 页。
③ 《在中国国民党本部特设驻粤办事处的演说》，《孙中山全集》第五卷，中华书局 2006 年版，第 479 页。
④ 《在中国国民党本部特设驻粤办事处的演说》，《孙中山全集》第五卷，中华书局 2006 年版，第 479 页。
⑤ 《在上海中华实业联合会欢迎会的演说》，《孙中山全集》第二卷，中华书局 2006 年版，第 340 页。
⑥ 《在南京同盟会会员饯别会的演说》，《孙中山全集》第二卷，中华书局 2006 年版，第 323 页。
⑦ 《中国国民党第一次代表大会宣言》，《孙中山全集》第九卷，中华书局 2006 年版，第 120 页。
⑧ 《中国国民党第一次代表大会宣言》，《孙中山全集》第九卷，中华书局 2006 年版，第 120 页。

要整顿水利，开发荒地。由于农民占中国人口的大多数，所以社会革命要进行得彻底，就必须使"耕者有其田"①。只有真正做到了"耕者有其田"，农民才能保住自己的劳动成果，而不致被别人夺去。

孙中山的三民主义在理论上存在明显的不足之处。例如，民族主义在其早期阶段，带有某些大汉族主义色彩，主张对内"反满"，进行"民族革命"；而对外则不敢提出反对帝国主义。到了晚年，孙中山对此进行修正，明确提出对内各民族一律平等、对外反对帝国主义侵略以争取民族独立的主张。民权主义一方面宣称民权应"为一般平民所共有"，主张实现"直接民权"，另一方面又认为四万万人民"都像阿斗"，缺乏管理政府的能力。民生主义，主张"耕者有其田"，但是又反对"夺富人之田为己有"。他自认为民生主义就是社会主义，就能解决中国的问题，但是正如列宁所说，"孙中山的纲领的字里行间都充满了战斗的、真诚的民主主义……他们在主观上是社会主义者"，但是制定出来的却是"纯粹资本主义的、十足资本主义的土地纲领"②。这些缺点反映了近代中国资产阶级的软弱和理论上的不成熟。

尽管如此，孙中山的三民主义仍然是近代中国第一个较为完整的资产阶级革命纲领，他根据中国国情和世界潮流的发展变化，提出了建立资产阶级共和国的主张。孙中山的三民主义超越了鸦片战争以后着重从器物层面解决中国问题的思路，从解决国家根本制度问题入手，明确提出建立民国的主张，中国近代政治思想发展的主题遂由"富强"阶段上升到"建国"阶段。从这个意义上说，孙中山的三民主义学说是中国近代政治思想史上一个划时代的理论体系，它极大地促进了资产阶级民主革命的发展，具有里程碑式的进步意义。

二、五权宪法和建国方略

为了将三民主义的理论贯彻到建国实践中，孙中山创制了"五权宪法"，制定了革命建国的程序和方略。

（一）五权宪法

孙中山为人民管理国家所设计的制度，就是其"独见而创获"的"五权宪

---

① 《在广州农民运动讲习所第一届毕业礼的演说》，《孙中山全集》第十卷，中华书局 2006 年版，第 556 页。
② 《列宁选集》第 2 卷，人民出版社 1995 年版，第 291—294 页。

法”，被视为民国“开国的建设方针”①。

孙中山根据“权”与“能”分开的理论，认为人民有四项权利：选举权、罢免权、创制权和复决权。人民有了这些权利，便可以直接管理国家的政治。那些有“能”的官员要使政府充分发挥作用，前提应是政府有很完全的机关。在他看来，只有“用五权宪法所组织的政府，才是完全政府，才是完全的政府机关”②。所谓“五权”是指行政权、立法权、司法权、考试权、监察权。③

美国的“合众政府”是孙中山憧憬的理想政府模式，它是按照三权分立原则来运行的。他认为，西方实行立法权、司法权和行政权的分立，已有一百多年，但存在着缺点。如果中国还是实行那种三权分立，自然也会产生很大的流弊。因此，“我们现在要集合中外的精华，防止一切的流弊”。所谓“集合中外的精华”，就是在西方原有的“三权分立”基础上，再加入中国古代的考试权和监察权，“连成一个很好的完璧，造成一个五权分立的政府”。这样的政府，“才是世界上最完全、最良善的政府”。如果“国家有了这样的纯良政府，才可以做到民有、民治、民享”。④

为了保障“五权分立的政府”是一个“纯良政府”，必须用人民的四项权利来管理政府的行政、立法、司法、考试和监察等五项权力。只有这样，才能使人民和政府的力量彼此平衡，“民权问题才算是真解决，政治才算是有轨道”⑤。最终“造成万能政府，为人民谋幸福”，中国“便可以破天荒在地球上造成一个新世界”。⑥

孙中山的“五权宪法”是在借鉴中国古代的考试和监察制度的基础上，对西方三权分立学说的丰富和创造性发展。但由于历史条件的限制，孙中山在世

---

① 《在中国国民党本部特设驻粤办事处的演说》，《孙中山全集》第五卷，中华书局 2006 年版，第 473 页。
② 《三民主义·民权主义》（第六讲），《孙中山全集》第九卷，中华书局 2006 年版，第 351 页。
③ 《三民主义·民权主义》（第六讲），《孙中山全集》第九卷，中华书局 2006 年版，第 352 页。
④ 《三民主义·民权主义》（第六讲），《孙中山全集》第九卷，中华书局 2006 年版，第 354 页。
⑤ 《三民主义·民权主义》（第六讲），《孙中山全集》第九卷，中华书局 2006 年版，第 352 页。
⑥ 《三民主义·民权主义》（第六讲），《孙中山全集》第九卷，中华书局 2006 年版，第 355 页。

时，"五权宪法"并未能够付诸实施。

（二）建国"三序"

孙中山认为，"五权宪法"并不是革命一成功就能马上实施的，而需要有一定的准备和过渡，为此他提出了建国的三大程序或步骤。《军政府宣言》首次详细规定了其具体内容：

第一期是"军法之治"。革命成功之初，"军队与人民同受治于军法之下"[1]。军政府总揽军政大权，次第扫除旧社会遗留下来的种种积弊。施行期限为三年。不到三年已有成效的地方，皆可解除军法，公布约法。

第二期是"约法之治"。地方秩序得到初步恢复后，军政府把地方自治权归还于当地的人民，由人民选举地方议会议员和地方行政官。军政府与人民的各种权利义务，"悉规定于约法"。施行期限为六年。六年之后"始解约法，布宪法"。[2]

第三期是"宪法之治"[3]。在此时期，制定宪法，军政府应解除兵权、行政权，国民公举大总统以行使行政权，公举议员组成国会行使立法权，国家的所有政事，都按照宪法来运行。这一时期没有时间限制。

孙中山后来对建国"三序"进行了更加系统的阐述。在"革命方略"中，第一期称为"军政时期"，第二期称为"训政时期"，第三期称为"宪政时期"。[4] 他还分别把这三期定为"破坏时期""过渡时期"和"建设完成时期"。有关三期的具体规定与《军政府宣言》中的规定大同小异。两处规定明显不同之处是："革命方略"规定了第二期的中央政府实行五院制，也就是要设置行政院、立法院、司法院、考试院与监察院。1924年1月制定的《国民政府建国大纲》明确规定："建设之程序分为三期：一曰军政时期；二曰训政时期；三曰宪政时期。"[5] 并对每一个时期要开展的具体事务及其达到的目的做了详细规定。

孙中山的建国"三序"主张，是结合当时中国国情而提出的构想。他认为，只有循序渐进地提高人民的政治觉悟和民主修养，才能建成一个真正的民

---

[1] 《中国同盟会革命方略》，《孙中山全集》第一卷，中华书局2006年版，第297页。
[2] 《中国同盟会革命方略》，《孙中山全集》第一卷，中华书局2006年版，第298页。
[3] 《中国同盟会革命方略》，《孙中山全集》第一卷，中华书局2006年版，第298页。
[4] 《建国方略》之一《孙文学说——行易知难（心理建设）》，《孙中山全集》第六卷，中华书局2006年版，第204页。
[5] 《国民政府建国大纲》，《孙中山全集》第九卷，中华书局2006年版，第127页。

主共和国。这一方略尽管由于种种原因当时未能完全付诸实施，后来又遭到严重破坏和扭曲，但是它充分体现了孙中山为有序推动民主革命进程、根本改造中国而作出的巨大努力。

（三）建国方略

为使中国尽快摆脱落后状况，早日成为一个现代国家，晚年的孙中山在总结反思革命经验教训的同时，从理论上对建国问题作了深入系统的研究和思考，制定了建国方略，构想了中国建设的宏伟蓝图。内容包括四大建设：心理建设、物质建设、社会建设与国家建设。"心理建设"就是"孙文学说"，又称"行易知难"；"物质建设"即"实业计画"；"社会建设"即"民权初步"；"国家建设"涉及的内容很多，包括民族主义、民权主义、民生主义、五权宪法、地方政府、中央政府、外交政策、"国防计画"。前三大建设，孙中山生前已经拟就，"国家建设"则仅仅完成其中的一部分。三民主义、五权宪法的内容，前面已有论述，这里概要阐述"心理建设""物质建设"和"社会建设"。

1. "行易知难"

孙中山的"行易知难"说，是针对民国初年革命面临的问题提出来的，具有明确的政治目的。在他看来，民国建立后，建设无成，国事日非，革命事业连连受挫，革命同志要负主要责任。这是因为他们错误地相信"知之非艰，行之惟艰"，认为坐而论道易，起而实行难，造成革命党人在革命斗争中重"实践"而轻理论，导致他的革命主张和建设计划难以推行。为此，他针锋相对地提出了"行易知难"说。

孙中山之所以坚信"行易知难"，是因为他认为，"心"是万事的本源，事业的成败在于"心"；革命党的心中有"行难知易"这个"大敌"，因此必须用"行易知难"说来"破此心理之大敌"，使国民走出思想的迷津，都来信服"行易知难"说。在他看来，如果革命党人都接受了他的这一观点，就"能万众一心，急起直追，以我五千年文明优秀之民族，应世界之潮流，而建设一政治最修明、人民最安乐之国家"。[①]

孙中山强调"因知以进行""能知必能行"，不是从哲学的角度讲认识论，而是宣传革命的主义对于革命斗争的重要指导意义，革命同志服从领袖所发明

---

① 《建国方略》之一《孙文学说——行易知难（心理建设）》，《孙中山全集》第六卷，中华书局 2006 年版，第 159 页。

的"知"的必要性，以及革命的主义为人民掌握从而增强革命力量的重要性。晚年的孙中山甚至认为今后应"变更奋斗的方法，注重宣传，不注重军事"，因为"宣传奋斗的效力大，军事奋斗的效力小"。①

2."实业计画"

孙中山认为，中国存亡的关键在于实业发展。因此，第一次世界大战刚结束，他便着手制定"实业计画"，希望"利用战时宏大规模之机器，及完全组织之人工"，助长中国实业的发达，促成"突飞之进步"。②"实业计画"共分为六个计划。前四个计划是关于建筑铁路和修治运河的，也就是开发交通。第五个计划是有关工业发展的，第六个计划是有关矿产开发的。

实业开发分两种方式进行：一种是个人企业，另一种是国家经营。凡开发的实业可以委托给个人的，或者个人较国家经营更为适宜的，应交给个人去举办，国家则给予奖励并制定法律来保护。凡是不可委诸个人以及有独占性质的，应由国家经营。对于由国家经营的实业，必须吸收外资，雇用熟练而有组织才能的外国人。他还特别指出，在详议如何开发国家经营事业的计划之先，必当留意四个原则：第一，必须选最有利的途径来吸收外资；第二，必须是国民最需要的；第三，必须选择发展阻力最少的；第四，必须选择地理位置适宜的。

孙中山的"实业计画"是近代中国第一个比较完备的工业建设蓝图，改变了鸦片战争以来，特别是洋务运动以来，中国工业建设由地方官员各自为政、缺少国家统一规划的状况，为后人留下了一份具有重要借鉴意义的实业发展规划。孙中山希望列强支持他的这一"计画"，但是直到他去世为止，没有一个列强愿意资助他发展实业。同时，也因人才短缺、国内军阀混战等原因，他的"实业计画"最终未能实行。

3."民权初步"

孙中山认为，真正的民国，必须使"国民为一国之主，为统治权之所出"。只有民权发达，纯粹的民国才可"指日而待"。民权的发达必须从"固结人心、纠合群力"开始，而要如此，又必须从集会下手才能成功，集会"实为民权发达之第一步"。于是，他作《民权初步》一书，制定"会议通则"，详细阐述集会

① 《在广州对国民党员的演说》，《孙中山全集》第八卷，中华书局 2006 年版，第 565—566 页。
② 《建国方略》之二《实业计划〈物质建设〉自序》，《孙中山全集》第六卷，中华书局 2006年版，第 248—249 页。

的原则、条理、习惯、经验等，并希望把它"传之于国人，使成为一普通之常识"。然而，各派军阀的横行以及社会秩序的混乱，使孙中山的"民权初步"未能实行。即便这样，他强调国民必须树立规则意识，无疑是富有远见的。

总之，孙中山的三民主义政治思想体现了他希望建立一个"民有""民治""民享"的共和国的理想。他主张，这个理想的共和国应由一个按照五权宪法运行的理想政府来治理，而这个理想政府又必须按照军政、训政和宪政的先后程序来逐步建成。同时，在"国家建设"的基础上，还要进行"心理建设""物质建设"和"社会建设"，以使共和国成为完全意义的现代国家。凡此种种，他都进行了富有开拓性的思考和规划。尽管孙中山的这些计划大部分在当时未能付诸实施，但是它们却广为流传，影响深远。

第三节　章太炎和宋教仁的政治思想

辛亥革命时期的政治思想丰富多彩，其中居主导地位、对革命派影响最大的是孙中山的三民主义。同时，章太炎、宋教仁等人的政治思想在革命派中亦较有代表性，在当时也产生过较大影响。

一、章太炎的政治思想

章太炎（1869—1936），近代著名思想家、学者，浙江余杭（今杭州）人，名炳麟，一名绛，字枚叔，号太炎。戊戌时期积极参与变法活动，政变后逃亡海外，结识孙中山，转向"排满革命"。1903年因"《苏报》案"被捕入狱。1906年出狱，至日本，加入同盟会，任《民报》主编。1907年后与孙中山政见不合，渐与同盟会分道扬镳。武昌起义后归国，政治上拥袁反孙。宋教仁案发生后，策动反袁。1917年参加护法运动。九一八事变后，力主全国一致对外，抨击蒋介石"攘外必先安内"的反动政策，1936年病逝。章太炎重视对中华民族传统文化的继承，认为"民族意识之凭藉，端在经史"，主张用传统文化熔铸"革命之道德"。其著述后人辑为《章氏丛书》三编、《章太炎全集》等。

（一）民族主义思想

章太炎的民族主义思想包括两方面内容：一是主张"逐满""排满"，建立以汉族为主体的民主共和国；二是反对帝国主义侵略，谋求中华民族独立。

1. "反满"思想

章太炎"反满"情绪经历了从激烈到平和的转变过程。他曾一度受维新思想影响，义和团运动之后，彻底走上反清革命道路。1901年，章太炎在《国民报》发表《正仇满论》，认为"逐满"的必要性有两点：其一，满族贵族对汉族人民"屠刿之惨，焚掠之酷，钳束之工，聚敛之巧"，磬竹难书。面对西方列强的侵略，却"无一事不足以丧吾大陆"①。因此，必须驱逐满族统治者，恢复汉族统治。其二，清政府"使满洲五百万人临制汉族四万万人而有余者，独以腐败之成法愚弄之锢塞之耳"，这样便使"汉人无民权，而满洲有民权，且有贵族之权者也"。② 为了使汉族人民获得平等的民权，也必须推翻清政府统治。

随着认识的深入，章太炎的"反满"意识逐渐上升到资产阶级民主革命的高度，其"排满"主张也发生了变化。他指出："夫排满洲即排强种矣，排清主即排王权矣。"③ 显然，他把满族看作"强种""王权"的具体化，把"排满"看成是反对民族压迫和专制统治的同义语，而不是"排"普通的满族民众。1908年，他在《排满平议》中更加明确提出："排满洲者，排其皇室也，排其官吏也，排其士卒也。""非排一切政府，非排一切满人，所欲排者，为满人在汉之政府。而今之政府，为满洲所窃据，人所共知，不烦别为标目，故简略言之，则曰排满云尔。"④ 他指出，普通满族人民"亦是中国人民，农商之业，任所欲为，选举之权，一切平等，悠游共和政体之中，其乐何似？"⑤ 可见，章太炎非常清楚，"反满"的最终目标并不是"排"满人，而是要建立一个包括满族在内的民主共和国。

2. 反帝思想

资产阶级革命派中很多人惧怕帝国主义干涉中国革命，不敢正面谈反帝问

---

① 张枬、王忍之编：《辛亥革命前十年间时论选集》第一卷上，生活·读书·新知三联书店1960年版，第94页。

② 张枬、王忍之编：《辛亥革命前十年间时论选集》第一卷上，生活·读书·新知三联书店1960年版，第94页。

③ 张枬、王忍之编：《辛亥革命前十年间时论选集》第一卷上，生活·读书·新知三联书店1960年版，第771页。

④ 张枬、王忍之编：《辛亥革命前十年间时论选集》第三卷，生活·读书·新知三联书店1960年版，第51页。

⑤ 汤志钧编：《章太炎政论选集》上册，中华书局1977年版，第520页。

题。章太炎却公开声称，中国的独立就是要驱除帝国主义在华势力。他认为，不能幻想帝国主义会援助中国革命。在其他革命派势力向西方表明自己的事业绝不同于乱民造反、不会伤害列强在华利益时，章太炎却大声呼吁："租界首恶之地，法不得行，不有张献忠出而治之诚无何也。"① 其激烈的反帝情绪远远超过革命派其他人。

章太炎深刻揭露帝国主义的侵略本性。他说："寝食不忘者，常在劫杀，虽磨牙吮血，赤地千里，而以为义所当然"，"综观今世所谓文明之国，其屠戮异洲异色种人，盖有甚于桀纣。"② 他指出，这些标榜"自由平等"的西方"文明之国"恰恰就是现今把不自由、不平等强加给他国的国家。他认为，真正的民族主义不仅要争取中国的独立，而且对于帝国主义奴役世界弱小民族的不合理现实，"必当一匡而恢复之"，对那些弱小民族，则要"推我赤心，救彼同病"③，帮助他们取得完全的民族独立。

章太炎还认识到被压迫民族的利害是共同的，亚洲其他被压迫的民族应该团结起来共同反对帝国主义，"使欧美人不得占领亚洲，使亚洲诸民族各复其旧国"，只有这样才能"维持世界真正之和平"。④ 如此一来，他把反对帝国主义、维护国家主权和民族独立同争取世界和平联系在了一起。

（二）对西方资本主义的反思与批判

章太炎在目睹西方社会的各种弊病后，对资本主义表现出深深的怀疑。他看到，资本主义社会生产力高度发达，但人民大众仍然贫困；人与人之间残酷竞争，弱肉强食；战争动辄"伏尸百万，喋血千里"，比古代更加惨烈。由此他认为，如果沿着西方的道路走，人类的前途毫无希望，西方并不一定比中国先进，中国没有必要走西方的道路。

1. 对西方代议制的反思与批判

章太炎和其他革命派一样，主张在推翻清政府之后建立民主共和国，但又反对在中国实行西方的代议制。原因如下：

首先，中国人口众多，地区差距、贫富差距悬殊，简单照搬西方选举产生

---

① 章太炎：《五朝法律索引》，《民报》第 23 期。
② 章太炎：《五无论》，《民报》第 16 期，张枏、王忍之编：《辛亥革命前十年间时论选集》第二卷下，生活·读书·新知三联书店 1963 年版，第 762 页。
③ 章太炎：《五无论》，《民报》第 16 期，张枏、王忍之编：《辛亥革命前十年间时论选集》第二卷下，生活·读书·新知三联书店 1963 年版，第 755 页。
④ 章太炎：《答佑民》，《民报》第 22 期。

的代议组织，极可能使其沦为豪强势力或发达地区控制国家权力的工具。正如章太炎所说，如"以纳税定选权者"，"所选必在豪右"。①

其次，议员代表不了人民，议院无法反映民意。章太炎在日本期间，发现日本国会议员"名为人民代表，其实依附政党，与官吏相朋比，挟门户之见"②，他们不在意民众利益，而更在乎的是各自集团的利益。

最后，代议制的作用更多是抑制人民。在章太炎看来，代议制不符合中国的政治传统，因为传统中国虽然有等级制度，但在现实生活中，人民并不会受到太多限制，处于"放任"的状态。现在强行代议制，其结果将是"政府诚多一牵掣者，齐民亦多一抑制者"③。

基于以上理由，章太炎认为，中国不能机械照搬欧美政治制度，应该走符合自身实际的道路。"民主立宪，起于法，昌于美，中国当继为第三种，宁能一意刻划，施不可行之术于域中耶？"④ 为了弥补西方代议制的"缺陷"，章太炎提出了"四权分立"说，即行政、司法、立法、教育四权相互独立。其一，实行总统制，总统作为国家元首，对外代表整个国家，对内负责行政、国防、外交等事务，对其他事务不得干涉。其二，司法独立。司法不受元首牵制，由法官掌握司法大权，它与"总统敌体"，"总统有罪，得逮治罢黜"，对其他不守法的人法官有权依法查办。其三，立法独立。法律由"明习法律者，与通达历史、周知民间利病之士，参伍定之"，以此保证法律的公正性。其四，教育独立。学校和教育事业不受行政权力支配，由"学官"负责管理教育。此外，平时不设议员，实行直接民权，国家遇到重大事务还应征求人民意见，"民可则行之，否则止之"。⑤

章太炎"四权分立"构想试图打破西方民主的传统模式，真正实现"主权在民"。从理论层面讲，具有一定的合理性，但并没有讲清楚如何汇聚民意，如何将民意落实在政治运作过程之中，缺乏现实可操作性。

2. 对西方社会经济文化的反思与批判

章太炎在对西方代议制反思批判的同时，还对西方社会经济文化进行了反

① 汤志钧编：《章太炎政论选集》上册，中华书局 1977 年版，第 459—461 页。
② 章太炎：《五无论》，《民报》第 16 期，张枬、王忍之编：《辛亥革命前十年间时论选集》第二卷下，生活·读书·新知三联书店 1963 年版，第 755 页。
③ 汤志钧编：《章太炎政论选集》上册，中华书局 1977 年版，第 386 页。
④ 章太炎：《大共和日报发刊辞》，《大共和日报》第 1 号。
⑤ 汤志钧编：《章太炎政论选集》上册，中华书局 1977 年版，第 465 页。

思批判。

近代以来西方国家的种种现实让章太炎悲观地认为，资本主义社会一方面是人类的进步，另一方面却衍生出新的矛盾、新的罪恶，这是社会本身无法解决的问题。因此，他断定："欲求尽善，必当高蹈太虚"①，即达到"无政府""无聚落""无人类""无众生""无世界"的"五无"境地。这表达了他对当时秩序的否定。

近代资本主义生产方式侵入中国后也带来许多消极影响，章太炎对此深感忧虑，认为"商日益横，工日益多，农日益减"，电车等"只为商人增利，于民事无益毫毛以为利"。② 因此，他认为中国应当排斥这些东西，坚持以农立国。同时，他还主张国家应打击豪强、保护中下层人民的财产与生活，提出"均配土田""官立工场""限制相续""解散议员"等"四法"③ 以"抑富豪，振贫弱"，强调"田不自耕植者，不得有；牧不自驱策者，不得有；山林场圃不自树艺者，不得有；盐田池井不自煮暴者，不得有"。④ 章太炎虽然看到了资本主义社会的弊端，却找不到解决问题的更好的办法，而主张回到自给自足的小农经济，这种思路显然与近代资本主义的发展要求背道而驰，但他的这种主张是中国传统"不患寡而患不均"思想的延续，反映了广大下层人民的利益和要求。

章太炎认识到西方近代科学发达，但对帝国主义侵略扩张导致生灵涂炭深恶痛绝，认为西方社会有其文明进步的一面，也有其野蛮不道德的一面。在他看来，西方的进化论有严重的局限性，"望进化者，其迷与神仙无异。今自微生以至人类，进化惟在智识，而道德乃日见其反张，进化愈甚，而杀亦愈甚"⑤。在 20 世纪初国人普遍崇洋的背景下，这种观点反映了章太炎对西方认识的深刻性。

纵观章太炎政治思想，推翻帝制、建立民主共和是一条主线。但他对西方制度和文化保持一种批判态度，坚持认为中国不可以照搬西方的制度，而应寻找适合自己历史文化特点的发展道路。这在当时的历史条件下，是非常难能可

① 章太炎：《五无论》，《民报》第 16 期。
② 章太炎：《五朝法律索引》，《民报》第 23 期。
③ 章太炎：《五无论》，《民报》第 16 期，张枬、王忍之编：《辛亥革命前十年间时论选集》第二卷下，生活·读书·新知三联书店 1963 年版，第 755 页。
④ 章太炎：《代议然否论》，《民报》第 24 期。
⑤ 章太炎：《五无论》，《民报》第 16 期。

贵的。尽管他设计的方案过于理想甚至偏激，但是对后来的中国社会发展具有启示意义。

二、宋教仁的政治思想

宋教仁（1882—1913），字遯初（亦作钝初），号渔父，湖南桃源人，清末民初著名的革命政治家。1904 年，与黄兴组织华兴会并任副会长。后赴日，先后入法政大学、早稻田大学，并与人创办《二十世纪之支那》杂志（后改名《民报》），宣传反清革命思想。1905 年参与创建同盟会。1910 年冬回上海，任《民立报》主笔。南京临时政府成立，先后出任法制院院长、农林总长。1912 年，协助孙中山将同盟会改组为国民党，被选为理事并代理理事长。1913 年 3 月被暗杀。

（一）责任内阁思想

宋教仁主张新成立的民国政府应实行责任内阁制。他的这一思想在辛亥革命前后经历了一个发展变化的过程。革命之前，宋教仁认为，推翻清朝统治之后必须建立一个"民权的立宪政体"。当时西方实行民主制的国家，其政体主要有两种形式：美国的总统制和法国的责任内阁制。武昌起义后，他曾表示"美利坚合众之制度，当为吾国他日之模范"①。但是，当南北议和商定如果袁世凯赞成共和，孙中山就要把临时大总统让于他时，宋教仁迅速转向责任内阁制。他认为，责任内阁的"精义"是"总统不负责任，而内阁代总统对于议会负责任"②。

宋教仁热衷于责任内阁制度，与他留日期间所学的政法知识有关。他认为，国势的盛衰强弱取决于其运用国家权力的机关组织，"而内阁则尤众机关之总汇，行政之首脑也"。也就是说，内阁是所有机关的核心。从他对内阁制的理解来看，一是"改总统制为内阁制，则总统政治上的权力至微，虽有野心者，亦不得不就范"③。也就是在内阁制之下，可以有效遏制总统的野心。二是"内阁不善而可以更迭之，总统不善则无术变易之"④，认为如果内阁或总统出了问题，前者更迭起来比较容易，也不伤及国本。

---

① 《组织全国会议团通告书》，《宋教仁集》（一），湖南人民出版社 2008 年版，第 427 页。
② 《代草国民党之大政见》，《宋教仁集》（二），湖南人民出版社 2008 年版，第 580—581 页。
③ 《胡汉民自传》，《革命文献》第 3 辑，台北"中央"文物供应社 1955 年版，第 64 页。
④ 《国民党沪交通部欢迎会演说辞》，《宋教仁集》（二），湖南人民出版社 2008 年版，第 548 页。

（二）政党政治思想

宋教仁从总统制转向责任内阁制，从根本上说，与他对政党政治的偏好有关。留日期间，宋教仁就在时评中指出："凡立宪国不可无政党而可以利用之也。"① 作为以代表国民公意为准则的立宪政治，最适合它的制度"则莫如政党政治"②。建立责任内阁，必须"使国会占多数之政党组织完全政党内阁"，才能"举责任内阁之实"③。

辛亥革命后，宋教仁把主要精力转移到实践其政治理想的政治活动上来。他认为，民国建立后，要真正建设共和政体，须依靠公开的组织即政党。在他看来，政党政治不是最理想的政治，但是政党能够形成"政治之中心势力"④，影响一个国家政治的好坏。

宋教仁指出，要实行责任内阁制，则"舍建立政党内阁无他途"⑤。他极力主张将同盟会与统一共和党、国民公党、国民共进会、共和实进会等合并改造成一个"强健而良善"的大政党，来担当民国的"政治中心势力"。为此，他积极协助孙中山，将同盟会改组为国民党，并希望以国民党为基础，"建设一良好政府，与施行良好政策"⑥。

宋教仁期望通过政党内阁制"造成议院政治"，使"议院"成为国家政治活动的中心。政党要想形成"政治的权威"，就必须在国会中占有多数席位。在这种思想指导下，他认为国民党只有"致力于选举运动"，才能在国会选举中胜出。为此，他专门起草了政见书，在国民党本部设置了"选举科"，还派大批干部到各省活动，并亲赴长江流域各省开展选举活动。

由于宋教仁的精心组织和不懈努力，国民党在第一届国会选举中取得了胜利，但这一胜利并没有带来他所期望的"议会政治""责任内阁"。1913 年 3 月，宋教仁被袁世凯安排的杀手枪杀于上海火车站，他所竭力推行的议会政治也陷于破产。之后，袁世凯下令解散国民党；停止参议院、众议院两院议员职

① 《近日各政党之政纲评》，《宋教仁集》（一），湖南人民出版社 2008 年版，第 281 页。
② 《日本内阁更迭感言》，《宋教仁集》（一），湖南人民出版社 2008 年版，第 364 页。
③ 《代草国民党之大政见》，《宋教仁集》（二），湖南人民出版社 2008 年版，第 582 页。
④ 《国民党宣言》，《宋教仁集》（二），湖南人民出版社 2008 年版，第 496 页。
⑤ 《国民党沪交通部欢迎会演说辞》，《宋教仁集》（二），湖南人民出版社 2008 年版，第 548 页。
⑥ 《国民党沪交通部欢迎会演说辞》，《宋教仁集》（二），湖南人民出版社 2008 年版，第 498 页。

务，遣散议员；公然撕毁《临时约法》，炮制《中华民国约法》，用总统制取代内阁制。1916 年 1 月 1 日，袁世凯不顾全国人民的强烈反对，公然复辟称帝。袁世凯死后，皖系军阀头子段祺瑞掌握北洋政府，变本加厉地推行独裁专制统治，拒绝恢复《临时约法》和国会。面对这种情况，革命党人不得不发动"二次革命""护法运动"等，但都没有成功。

事实证明，宋教仁的政党政治主张一直无法实现。在半殖民地半封建的中国，无论是实行总统制还是内阁制，注定是要失败的。宋教仁被暗杀，说明欧美资本主义国家走过的政党政治老路在中国是根本走不通的。

小　结

随着八国联军的入侵和《辛丑条约》的签订，帝国主义与中华民族的矛盾、封建主义和人民大众的矛盾更加尖锐。围绕如何解决上述矛盾，20 世纪初的主要政治势力和思想家们纷纷提出了各自的主张。

清政府先后实行"新政"和"预备立宪"。然而，它的这种所谓变革主要是想借此抵制力量迅速壮大的革命派，目的是保持其统治地位，因此始终是被动的、极不情愿的。以汤寿潜和张謇、梁启超等为代表的立宪派，要求速开国会，实行虚君共和。尽管立宪派的动机与清政府是冲突的，但他们都主张保留君主，实行和平改革。因此，二者在预备立宪运动前期曾有过合作。由于在国体问题上存在根本分歧，双方矛盾和冲突不断激化。当清政府"皇族内阁"出台时，双方的合作完全破裂，促使立宪派转而同情甚至支持革命。

与清政府和立宪派不同，以孙中山、黄兴等为代表的革命派则主张通过暴力革命推翻封建专制统治，建立资产阶级共和国。邹容、陈天华、胡汉民、汪精卫、朱执信、章太炎、宋教仁等，也纷纷提出了自己的理论和方案。革命派尽管在"反清"革命方面基本一致，但在如何实现民主共和方面存在明显差异，这种差异比较突出地反映在孙中山、章太炎、宋教仁的思想主张中。

有着深厚国学功底的章太炎，主张建立资产阶级民主共和国，但反对采用西方普遍实行的代议制度，希望用"四权分立"来治理中国；熟知日本和欧美政法理论的宋教仁，主张完全利用西方资产阶级的议会政治来建设共和政体；孙中山则主张实行三民主义，以"五权宪法"为制度设计，按照军政、训政和宪政的程序，逐步建成一个现代的民主共和国。

关于建立资产阶级共和政体，革命派内部意见大体一致，但是对于引进何种共和政体、引进过程中如何结合国情则存在明显分歧。例如，邹容和宋教仁都主张全盘照搬西方的共和政体，不过照搬的对象则完全不同。邹容向往美国模式，主张"悉照美国自治法律"制定宪法和法律。而宋教仁则倾向法国模式，主张通过政党政治、议会选举建立责任内阁。

孙中山的思想反映了大多数资产阶级革命派的要求，以他为代表的革命党人发动震惊世界的辛亥革命，开启了中华民族复兴的伟大历程。辛亥革命推翻了清王朝统治，结束了统治中国几千年的君主专制制度，传播了民主共和的理念，以巨大的震撼力和深刻的影响力推动了近代中国社会变革。它开创了完全意义上的近代民族民主革命，极大地推动了中华民族的思想解放，打开了中国进步的闸门。

虽然辛亥革命推翻了帝制，但是由于革命成果被以袁世凯为代表的封建买办官僚阶级窃取，孙中山等人所提出的资产阶级共和国的各种方案没有得到实行，民主革命的任务并没有完成，中国半殖民地半封建的社会性质没有改变，中国人民的悲惨境遇没有改变。出现这样的结局，一个重要原因是帝国主义列强不希望中国成为一个独立、民主、富强的资产阶级共和国，它们与中国旧的封建官僚势力相勾结，联合压制和打击资产阶级革命派。这一结局也说明，中国民族资产阶级存在先天的软弱性和妥协性，没有彻底的反帝反封建的革命纲领，不能发动和依靠人民群众，革命党自身内部涣散。辛亥革命的最终失败表明，革命派提出的实行西方的议会制、多党制等资产阶级政治思想和主张，并不能彻底改变中国的命运，资产阶级共和国的道路在中国是行不通的。经过辛亥革命洗礼的中国人民及其先进分子，继续探索救国救民的真理，付出艰辛努力，作出巨大牺牲，终于找到了社会主义这条实现中华民族伟大复兴的正确道路。作为孙中山开创的革命事业最坚定的支持者、最亲密的合作者、最忠实的继承者，中国共产党人不断实现和发展了孙中山和辛亥革命先驱的伟大抱负。

思考题

1. 孙中山三民主义思想的内容有哪些以及是如何演变的？

2. 孙中山的建国方略包括哪些内容?

3. 章太炎对西方资本主义进行了哪些反思和批评?

4. 如何理解宋教仁的议会政治主张及其局限性?

第十四章　五四时期的政治思想

辛亥革命的果实被袁世凯窃取后，人民所盼望的民主平等、独立富强、安定繁荣并没有实现，中国的情况正如毛泽东所说："名为共和，实则专制，愈弄愈糟。"① 以陈独秀、李大钊、蔡元培、鲁迅等为代表的新型知识分子继续探索救国救民的真理。在无产阶级队伍壮大、新文化运动兴起和东西方文化论战的过程中，中国最终选择了以马克思主义为指导的全新的救国救民之路。

第一节　五四时期的社会历史背景

以袁世凯为代表的北洋军阀篡夺国家政权以后，毁弃《临时约法》，打击革命势力，发起尊孔复古思潮和"洪宪帝制"，新生的共和国面临被颠覆的危险。国际环境方面，随着第一次世界大战爆发和"二十一条"的签订，民族危机空前严重。如何在内外危机中探索救国救民的新道路，成为先进的中国人必须认真思考的重大课题。

一、无产阶级队伍壮大并登上政治舞台

第一次世界大战期间，因帝国主义国家忙于战事无暇东顾，加之民国政府鼓励实业建设，中国的民族资本得到进一步发展，无产阶级队伍也随之壮大。截至1913年，中国产业工人已有一百多万人，至1919年人数迅速增至二百万左右。② 他们主要集中在上海、武汉、广州、天津、青岛、济南等少数大城市，又主要工作于铁路、矿山、航运、造船、纺织、面粉等行业，因而十分有利于组织起来和联合斗争。加之他们一开始就受到帝国主义、封建主义和官僚资本主义的三重压迫和剥削，所以革命性非常强。据不完全统计，从1914年到

---

① 毛泽东：《陈独秀之被捕与营救》，《湘江评论》创刊号（1919 年 7 月 14 日），中共中央文献研究室、中共湖南省委《毛泽东早期文稿》编辑组编：《毛泽东早期文稿》（一九一二年六月——一九二〇年十一月），湖南人民出版社 2008 年版，第 281 页。
② 彭明：《五四运动史》（修订本），人民出版社 2000 年版，第 89 页。

1919 年 5 月，各地工人罢工就达 100 多次。[1] 罢工斗争的目标也由早期的以争取改善自身经济待遇为主，转变为同时争取经济与政治权利。这说明中国的无产阶级正在由"自在"的阶级迅速向"自为"的阶级转变。

1919 年年初，巴黎和会无视中国代表的正当要求，决定将战前德国在山东攫取的各项权益转交给日本。消息传到中国，群情愤慨。5 月 4 日，北京大学等 13 所大中专学校的学生 3000 余人，到天安门前集会，提出"外争国权、内惩国贼""废除二十一条"和"还我青岛"等口号，强烈要求拒绝在和约上签字，并惩办北洋政府亲日派官僚曹汝霖、章宗祥、陆宗舆。北京学生的爱国运动虽得到全国各地学生的声援和社会舆论的支持，但是北洋政府不仅不答应学生的爱国要求，反而大肆逮捕学生，企图压制学生运动。在此关键时刻，上海等地工人从 6 月 5 日起陆续举行罢工，支援学生的反帝爱国斗争，罢工浪潮迅速扩展到全国 20 多个省 100 多个城市。北洋政府被迫同意惩办曹汝霖等，并释放被捕学生，五四运动获得初步胜利。在五四运动中，中国工人阶级以如此巨大的规模参加反对帝国主义和反动军阀的政治斗争，是前所未有的。这表明，中国工人阶级开始以独立的姿态登上政治舞台，并成为决定中国政治命运的一支不可忽视的重要力量。

此外，由于资本主义的经济掠夺、连年军阀混战等原因，不堪重负的农民也纷纷走上反抗的道路。据不完全统计，从 1912 年到 1919 年间，各地农民反抗斗争至少在 200 起以上，几乎遍及全国各省。[2] 中国的工人阶级多半出身于破产农民，和农民有着天然的联系，所以在斗争中更容易和农民结成联盟，这为马克思主义的传播及其实践奠定了阶级基础。

二、新文化运动的兴起与文化论争

民国建立后，政治上呈现出复杂而动荡的局面。一方面，旧的君主制度被彻底推翻，旧的统治思想体系"道统"也随之瓦解；另一方面，新的中央政府虽已成立，但是其合法性自一开始就存在极大争议。南方的革命党人不承认北洋军阀政府，并试图重建革命政权，而北洋派也利用手中掌握的军队，对革命势力进行镇压，以武力维持"统一"。作为政治上这种混乱局面的反映，思想

---

[1]　彭明：《五四运动史》（修订本），人民出版社 2000 年版，第 93 页。
[2]　彭明：《五四运动史》（修订本），人民出版社 2000 年版，第 108 页。

领域里也出现了多种思潮激烈斗争的局面，它们之中有的是为袁世凯独裁统治制造舆论，有的则以维护民主共和相号召。

为袁世凯篡权制造舆论的主要是尊孔复古思潮。1913 年 6 月，袁世凯通令学校恢复祀孔。1914 年又先后恢复帝制时代的祀孔和祭天仪式，并亲率百官到孔庙祭孔，到天坛祭天。1915 年，袁世凯加紧筹备复辟帝制，得到不少守旧派和复辟派的喝彩与响应，在全国掀起了一股尊孔复古的思潮，主要代表人物有康有为、陈焕章、劳乃宣、胡思毅等。他们成立了孔教会、尊孔会，编辑出版《孔教会杂志》《经世报》，利用对辛亥革命后局势失望的社会情绪，诋毁共和制度，诽谤民主思想，要求定孔教为国教。与此同时，粗俗鄙陋、格调低下的文艺作品大肆泛滥，鬼神迷信之说广为流行。这严重束缚了人们的思想。

一大批进步人士对政治上及思想文化领域出现的种种乱象极其不满，纷纷从思想理论层面进行反思，试图从中寻找到解决这些问题的方案。1915 年 9 月，陈独秀在上海创办《青年杂志》（后更名《新青年》），发起新文化运动。此外，《甲寅》《每周评论》《新潮》《少年中国》《建设》《星期评论》《湘江评论》《晨报副刊》《民报副刊》等报刊也积极提倡新文化、传播新思想。

1917 年 1 月，《新青年》编辑部从上海迁到北京。李大钊、钱玄同等人也先后来到北大，鲁迅因长期在教育部任职，又和《新青年》有联系，因而和北大也保持着密切关系。1918 年 1 月，《新青年》杂志改由陈独秀、李大钊、鲁迅、胡适、钱玄同、刘半农等人轮流编辑。于是以《新青年》和北京大学为中心，形成一个新文化阵营，领导新文化运动。

1917 年年初，蔡元培就任北京大学校长后，着手对北大进行重大改革。他聘请陈独秀任文科学长，又先后将新文化运动的健将李大钊、胡适、钱玄同、刘半农、沈尹默等请到北大任教，还将像辜鸿铭那样的一批思想保守、公开反对新文化运动的人物，也请到北大任教。新旧人物各执一说，使北京大学迅速形成百家争鸣的局面，学术气氛空前活跃，这对五四时期新思潮的传播起了重大推动作用。

鲁迅从 1918 年起为《新青年》撰稿。作为新文化运动的倡导者和积极参加者，他先后发表了《狂人日记》《我之节烈观》《孔乙己》《我们现在怎样做父亲》等文章，对封建宗法制度和封建礼教进行了深刻揭露和批判。他的代表作《狂人日记》，借"狂人"之口，道出了延续数千年的封建礼教"吃人"的本质："我翻开历史一查，这历史没有年代，歪歪斜斜的每叶上都写着'仁义道德'几个字。我横竖睡不着，仔细看了半夜，才从字缝里看出字来，满本都写着两个字是'吃人'！"① 这篇激烈的战斗檄文，震动了当时的思想界。

胡适 1917 年从美国回国后被北京大学聘为文科教授，参与《新青年》的编辑工作。他在《新青年》第二卷第 5 号发表《文学改良刍议》一文，明确提出"文学改良"的八条主张："一曰，须言之有物。二曰，不摹仿古人。三曰，须讲求文法。四曰，不作无病之呻吟。五曰，务去滥调套语。六曰，不用典。七曰，不讲对仗。八曰，不避俗字俗语。"因此被陈独秀称为文学革命之"急先锋"。胡适作为新文化运动的重要人物，积极倡导文学改良，对于解放人们的思想起过一些积极作用。

初期新文化运动的基本内容是：提倡民主和科学，反对专制和迷信盲从；提倡个性解放，反对封建礼教；提倡新文学，反对旧文学，实行文学革命。从这些内容来看，它仍然属于资产阶级民主主义思想范围，其目标是在中国建立一个名副其实的资产阶级共和国。但是，1919 年，中国在巴黎和会上的外交失败，打破了人们对帝国主义列强的幻想，更由于俄国十月革命的影响渐次扩大，新文化运动的发展进入一个全新的阶段，初期的新文化阵营内部开始分化，以李大钊、陈独秀等为代表的先进分子开始转向马克思主义，而以胡适为代表的另一派人士，则停留在原有的立场上，双方之间开始在涉及中国前途等重大问题上发生论争。除此之外，其他派别的新思潮大量涌现，诸多学说流派陆续参加到论争之中。

这一时期的论争大体经历了三个阶段："五四"前夜以杜亚泉为代表的"复古派"与陈独秀、李大钊等人进行的"东西文化"论战，五四运动爆发后以章士钊为代表的"新旧调和"派与新文化派人士的论争，新文化运动转向马克思主义之后发生的新一轮思想论战。这三个阶段的论争主要围绕着如何对待传统文化、如何借鉴和吸收西方文化以及如何建构新文化等问题展开，形成了三大流派：东方文化派、全盘西化派和马克思主义派。

正是在这场论争中，一大批先进分子以救国救民、改造社会为己任，重新考虑中国的前途，探求改造中国社会的新方案。其中有相当一部分人在否定传统"东洋文明"的同时，也开始怀疑以至放弃"西洋文明"即近代西方资产阶级文明，转而寻求"第三文明"即社会主义，认为"社会主义是现时和将来的

---

① 《鲁迅全集》第 1 卷，人民文学出版社 2005 年版，第 447 页。

人类共同的思想"。社会主义学说开始成为新思潮的主流。当然，新思潮涌来时难免泥沙俱下。五四时期被中国人当作新思潮传播的社会主义学说十分庞杂。其中既有马克思主义的科学社会主义，又有各种各样被称为"社会主义"的资产阶级和小资产阶级的思想流派，如无政府主义、无政府工团主义、互助主义、新村主义、合作主义、泛劳动主义、基尔特社会主义、伯恩斯坦主义等。

在这场论争的第三阶段即马克思主义成为新思潮的主流之后，出现了要不要主义、要什么主义的激烈论争。其中著名的论争先后有三次：李大钊、陈独秀等与胡适之间展开的"问题"与"主义"之争，与梁启超、张东荪等之间进行的"社会主义"之争，与黄凌霜、区声白等无政府主义者之间的论争。这些论争使中国先进分子开始认识到：第一，要解决中国的问题，必须有正确的"主义"作指导；第二，要求得中国问题的根本解决，必须走社会主义道路；第三，只有马克思主义的科学社会主义才能指引中国实现民族独立、人民解放和国家富强。这些论争扩大了马克思主义的影响，使大批进步青年认识到只有社会主义才能救中国，从而迅速投入到宣传马克思主义、组织劳工运动之中。这些理论和实践活动，促进了马克思主义与中国工人运动的结合，推动了中国共产党的创立。

第二节　陈独秀的政治思想

陈独秀（1879—1942），原名庆同，字仲甫，安徽怀宁人，是新文化运动的主将、"五四运动的总司令"和中国共产党的主要创始人之一。1901年赴日本，开始接受革命思想。1904年在芜湖创办《安徽俗话报》，用白话文宣传新思想。辛亥革命时期，任安徽都督孙毓筠的秘书长。1914年，在日本协助章士钊编《甲寅》杂志。1915年9月创办《青年杂志》，高举"民主"和"科学"的旗帜，宣传新文化、新思想。1917年出任北京大学文科学长。1918年与李大钊等创办《每周评论》。1919年领导五四爱国运动。1920年开始接受马克思主义。同年5月，发起成立"马克思主义研究会"，积极从事中国共产党的筹建工作。1921年7月中共一大在上海召开，当选为中共中央局书记。1927年大革命失败后被停职。1929年因"托派"问题被开除出党。1942年5月病逝于四川江津（今属重庆）。

一、前期政治思想

五四运动前后，陈独秀的思想经历了两个发展阶段，五四运动前他是民主主义者，五四运动后他逐步转变为马克思主义者。与此相应，其政治思想也经历了前后两个不同的时期。其前期政治思想主要包括进化历史观、民主与科学思想。

（一）进化历史观

陈独秀前期政治思想的理论基础主要是进化历史观。所谓进化论，指的是英国学者达尔文开创的生物进化理论，后经斯宾塞、赫胥黎等引入人文社会科学领域，成为社会达尔文主义。19 世纪末 20 世纪初，这一学说经严复等人翻译、介绍到中国，立即风靡全国，它所提出的"物竞天择""适者生存"成为人们的口头禅。陈独秀对进化论十分推崇，并自觉将之运用到对中国政治社会现象的分析之中。早在 1915 年 9 月，陈独秀就在《敬告青年》一文中指出，"人身"和社会遵循"新陈代谢之道"才得以健康成长或不断发展，反之就会灭亡。[1] 他还把"生物进化论"视为西方近代文明的三大特征之一，认为它"使人心社会划然一新"[2]。

陈独秀用进化论谈古论今，形成了以下认识：

首先，人类社会的历史是一个不断进化的过程。大而言之，世间的万事万物，都处于进化之中。小而言之，人类历史如同地球一样，无论黑夜白天都运转不息。人类文明的进化即"新陈代谢"，"如水之逝，如矢之行，时时相续，时时变易"。[3] 尤其是当今的人类历史，其进化越来越快。

其次，社会历史进化具有一定的形式和规律。陈独秀认为，社会历史进化有两种形式：一种是通过"人力的革命"发生跳跃式的进化，一种是通过自然进化。他认为，中国只能采取"急进的革命"，使社会发生跳跃式的进化。他明确指出，人类进化"恒有轨辙可寻"。从世界范围来看，人类思想的发展经

---

[1]　《敬告青年》，《陈独秀著作选编》第一卷，上海人民出版社 2009 年版，第 158 页。

[2]　《法兰西人与近世文明》，《陈独秀著作选编》第一卷，上海人民出版社 2009 年版，第 164 页。

[3]　《一九一六年》，《陈独秀著作选编》第一卷，上海人民出版社 2009 年版，第 197 页。

历了"古代""近代"和"最近代"三个阶段。① 各国政权的变化呈现出如下趋势：古代是第一、第二阶级（即君主、贵族、僧侣、大地主等）执政，现代是政治革命后第三阶级（即工商业资本家的官僚政客）执政，将来是社会革命后第四阶级（即无产劳动阶级）执政。②

最后，陈独秀还探讨了社会历史进化的手段与动力。他认为，社会历史进化的手段是竞争与互助，二者缺一不可，"犹车之两轮，鸟之双翼"③。社会历史进化的动力来自抵抗力。一切生物，只要"一息尚存"，就"一息不得无抵抗力"④，否则就会遭到毁灭。一个民族要生存，也必须要有"抵抗力"。

（二）民主与科学并重的思想

1. "德""赛"两先生

1915 年，陈独秀在《敬告青年》一文中，首次举起"科学"与"人权"（即"民主"）两面大旗。他说："国人而欲脱蒙昧时代，羞为浅化之民也，则急起直追，当以科学与人权并重。"⑤ 国人要成为现代国民，就必须接受以"民主"与"科学"为主要内容的思想启蒙。

为了宣传"民主"与"科学"，陈独秀、李大钊、吴虞、易白沙、鲁迅、刘半农、钱玄同、胡适、高一涵等纷纷在《新青年》上撰文。然而，这引起旧派人物的强烈不满，攻击他们破坏孔教，破坏礼法，破坏国粹，破坏贞节，破坏旧伦理（忠、孝、节），破坏旧艺术（中国戏），破坏旧宗教（鬼神），破坏旧文学，破坏旧政治（特权人治），说他们犯了大"罪案"。1919 年 1 月，陈独秀撰《本志罪案之答辩书》予以坚决回击，明确主张拥护"德先生（Democracy）"与"赛先生（Science）"。他说："本志同人本来无罪，只因为拥护那德莫克拉西（Democracy）和赛因斯（Science）两位先生，才犯了这几条滔天的大罪。要拥护那德先生，便不得不反对孔教、礼法、贞节、旧伦理、旧政治。要拥护那赛先生，便不得不反对旧艺术、旧宗教。要拥护德先生又要拥护赛

---

① 《自杀论——思想变动与青年自杀》，《陈独秀著作选编》第二卷，上海人民出版社 2009 年版，第 154 页。

② 《我的解决中国政治方针》，《陈独秀著作选编》第二卷，上海人民出版社 2009 年版，第 237 页。

③ 《答李平敬（学习法文）》，《陈独秀著作选编》第一卷，上海人民出版社 2009 年版，第 176 页。

④ 《抵抗力》，《陈独秀著作选编》第一卷，上海人民出版社 2009 年版，第 178 页。

⑤ 《敬告青年》，《陈独秀著作选编》第一卷，上海人民出版社 2009 年版，第 162 页。

先生，便不得不反对国粹和旧文学。"他认为，"西洋人因为拥护德、赛两先生，闹了多少事，流了多少血，德、赛两先生才渐渐从黑暗中把他们救出，引到光明世界"，所以坚决主张"只有这两位先生，可以救治中国政治上道德上学术上思想上一切的黑暗"，今后就是"断头流血"也要"拥护这两位先生"。①

2. 伦理革命思想

除力倡"科学"与"民主"外，陈独秀还积极倡导"伦理革命"。他在《文学革命论》一文中指出，欧洲"自文艺复兴以来，政治界有革命，宗教界亦有革命，伦理道德亦有革命，文学艺术，亦莫不有革命，莫不因革命而新兴而进化"②。陈独秀之所以倡导伦理革命，在他看来，主要理由是：

首先，伦理革命是符合进化公例的。他认为，宇宙间的一切精神物质，"无时不在变迁即进化之途"中，"道德彝伦，又焉能外"？③ 他还特别强调，道德与真理不同，它并非万世不易的，而是必须"以社会组织生活状态为变迁"。

其次，经由"伦理革命"而激发的"伦理的觉悟"，是"吾人最后觉悟之最后觉悟"。他把西洋文明传入中国所引发的觉悟分为三大阶段："最初促吾人之觉悟者为学术"，国人拿它与西方相比，"相形见绌"；其次为政治，近年来的政治现象已经证明，中国"已有不克守缺抱残之势"；从今以后，"国人所怀疑莫决者，当为伦理问题"，这是因为如果伦理不能觉悟，"则前之所谓觉悟者，非彻底之觉悟"，人们仍处于徘徊迷离之境。④ 因此，必须发起伦理革命。

最后，伦理革命的主要内涵是反对旧道德，提倡新道德。由于道德"随社会为变迁，随时代为新旧"，是进化的而非一成不变的，因此，他断言古代的道德不适于今天。⑤ 在他看来，孔子所提倡的道德是"封建时代之道德"，与"少数君主贵族之权利与名誉"紧密相关，而"于多数国民之幸福无与焉"。不仅如此，由于这种道德是建立在儒家所鼓吹的三纲之说上的，所谓的"忠、孝、节"都不是"推己及人之主人道德"，而是"以己属人之奴隶道德"。因

---

① 《〈新青年〉罪案之答辩书》，《陈独秀著作选编》第二卷，上海人民出版社 2009 年版，第11 页。

② 《文学革命论》，《陈独秀著作选编》第一卷，上海人民出版社 2009 年版，第 289 页。

③ 《孔子之道与现代生活》，《陈独秀著作选编》第一卷，上海人民出版社 2009 年版，第265 页。

④ 《吾人最后之觉悟》，《陈独秀著作选编》第一卷，上海人民出版社 2009 年版，第 204 页。

⑤ 《答淮山逸民（道德）》，《陈独秀著作选编》第一卷，上海人民出版社 2009 年版，第307 页。

此，今后要建立的新道德应是"主人道德"。依循"主人道德"而行的国民，便体现为一种"新人格"。具体来说，就是"个人独立自主之人格"和"平等自由之人格"。要成就这种新道德即"新人格"，就必须把国民"解放"出来："破坏君权，求政治之解放也；否认教权，求宗教之解放也；均产说兴，求经济之解放也；女子参政运动，求男〔女〕权之解放也。"只有如此，才能"脱离夫奴隶之羁绊，以完其自主自由之人格"。①

3. "自由的自治的国民政治"

由于笃信进化论，陈独秀认为各国的政治发展完全遵循进化公例。尽管"政体不齐，治乱各别"，但是从大的演变趋势来看，没有不"舍旧谋新"，由专制政治趋向自由政治，由个人政治趋向国民政治，由官僚政治趋向自治政治的。中国"欲图世界的生存，必弃数千年相传之官僚的专制的个人政治，而易以自由的自治的国民政治"②。这就要求国人颠覆专制政治，建立"自由的自治的国民政治"。所谓"自由的自治的国民政治"，从本质上说就是民主政治。

民主政治是西方近代的产物，它与近代国家的出现紧密相关。所以，陈独秀才说："近世国家主义，乃民主的国家，非民奴的国家。"只有民主的国家，才是"真国家"，它"以人民为主人，以执政为公仆"。③ 他认为，要发展民主政治，必须完成两大方面的工作：

首先，必须使国民具有现代国家观念。在长达数千年的君主专制统治下，中国人的国家观念始终是一种王朝国家观念，根本"不懂得国家和朝廷的分别"④。中日甲午战争以后，才知道这世界是分成不同国家的。他认为，国家必须具备三大要素：土地、人民和主权。这三大要素，还只是国家构成的形式；更为重要的是要认识到国家建立的目的即"保障权利，共谋幸福"⑤。总之，国民只有具有了现代国家观念，才可能激发爱国心，才能真正视国家为"人民的公产"。

其次，必须使国民树立科学精神和民主理念。所谓科学精神，主要是指一种崇尚理性、反对迷信、反对偶像崇拜的精神。只有具有科学精神，国民才能摆脱"无常识之思维，无理由之信仰"的束缚，成为能够独立思考、独立判断

---

① 《敬告青年》，《陈独秀著作选编》第一卷，上海人民出版社 2009 年版，第 159 页。
② 《吾人最后之觉悟》，《陈独秀著作选编》第一卷，上海人民出版社 2009 年版，第 203 页。
③ 《今日之教育方针》，《陈独秀著作选编》第一卷，上海人民出版社 2009 年版，第 173 页。
④ 《亡国篇》，《陈独秀著作选编》第一卷，上海人民出版社 2009 年版，第 54 页。
⑤ 《爱国心与自觉心》，《陈独秀著作选编》第一卷，上海人民出版社 2009 年版，第 146 页。

的一代新人。国民要具有现代的民主理念，应把握以下几点：

第一，专制政治与民主政治依据的学说不同。中国传统的专制政治是一种伦理政治，它依据的是"儒者三纲之说"。封建统治者之所以尊奉"三纲之说"，根本目的是"拥护此别尊卑明贵贱之制度"。而西方近代民主政治，"乃以自由平等独立之说为大原，与阶级制度极端相反"①，与专制政治完全不同。它们之所以不同，是由于"西洋民族以个人为本位，东洋民族以家族为本位"。中国要发展民主政治，就要"以个人本位主义，易家族本位主义"②。

针对袁世凯以及康有为等人尊孔复古、复辟帝制、破坏民主共和的行径，陈独秀进行了激烈批判。他认为："孔教与帝制，有不可离散之因缘。"③ 孔教造成了四大恶果：损坏了个人独立自尊的人格；窒碍了个人思想自由；剥夺了个人法律上平等的权利；养成国民的依赖性，破坏个人的生产力。这些恶果严重阻碍了中国文明的进化和政治发展。为此他写了大量批判孔教的文章。

第二，民主政治要求人格独立。中国民众长期饱受专制奴役，是君主的奴仆，人格无法独立。要使其有"自主之权，绝无奴隶他人之权利"，就必须把他们从专制的枷锁中解放出来，"脱离夫奴隶之羁绊"。由于儒道佛之为害、"专制君主之流毒""统一之为害"等原因，造成了国民抵抗力薄弱。所以，陈独秀认为，只有提高国民的抵抗力，才能使其具有独立行使权利的能力，否则"不啻自署奴券"④，自甘为奴。在现代社会，国民人格独立不仅体现为伦理学上的"个人人格独立"，更根本的是经济上的个人独立。⑤ 总之，人格独立的国民，"一切操行，一切权利，一切信仰，唯有听命各自固有之智能，断无盲从隶属他人之理"⑥。

第三，民主与民本不同。陈独秀指出，西洋的民主主义（Democracy）是以人民为主体的，国家政权是属于人民的，是由人民掌握的，是为了人民的；中国古代所说的"民为邦本"，把社稷当作君主的私产，以君主的私产为本位，这就

① 《吾人最后之觉悟》，《陈独秀著作选编》第一卷，上海人民出版社 2009 年版，第 204 页。
② 《东西民族根本思想之差异》，《陈独秀著作选编》第一卷，上海人民出版社 2009 年版，第 194 页。
③ 《驳康有为致总统总理书》，《陈独秀著作选编》第一卷，上海人民出版社 2009 年版，第 239 页。
④ 《抵抗力》，《陈独秀著作选编》第一卷，上海人民出版社 2009 年版，第 180—181 页。
⑤ 《孔子之道与现代生活》，《陈独秀著作选编》第一卷，上海人民出版社 2009 年版，第 266 页。
⑥ 《敬告青年》，《陈独秀著作选编》第一卷，上海人民出版社 2009 年版，第 159 页。

从根本上否定了国民的人格独立，与以人民为主体、"由民主义"的民主政治，绝非一物。中国要建设民主政治，必须转变思想，由"民本"转向"民主"。

总之，依据进化论，陈独秀认为民主取代专制是社会进化的必然趋势，要发展民主，就必须反对专制。民主与专制是绝对不能调和的，根本原因是由于二者所尊崇的伦理观念截然相反："一个是重在平等精神，一个是重在尊卑阶级。"① 这在一定程度上也表明，辛亥革命后，民主已成时代潮流。陈独秀顺势而为，高举民主大旗，推动中国民主革命继续前进。

二、转向马克思主义后的政治思想

在新文化运动初期，陈独秀对西方资本主义民主制度十分向往。但是，随着认识的深入，特别是受到五四运动的洗礼以及俄国十月革命的影响，他逐渐接受社会主义思想，成为马克思主义者。

（一）接受社会主义思想的历程

1917 年，陈独秀认为"社会主义，理想甚高"，但由于中国"产业未兴"，还不宜马上传播。② 巴黎和会上中国的外交失败，使他认识到当时的世界还是弱肉强食的"强盗世界"，由此对资产阶级民主制度发生怀疑。1919 年 12 月，陈独秀发表《告北京劳动界》一文，明确指出：资本主义民主已经过时，世界已经进入无产阶级革命时代，"二十世纪的'德莫克拉西'，乃是被征服的新兴无产劳动阶级，因为自身的共同利害，对于征服阶级的财产工商界要求权利的旗帜"③。恰在这时，马克思主义随着十月革命的胜利传入中国，这给思想上处于徘徊的陈独秀指明了方向，促使他最终选择了社会主义。1920 年 9 月 1 日发表的《谈政治》一文，标志着他告别了资产阶级的民主主义。在这篇文章中，他运用马克思主义学说，指出资产阶级民主就是资产阶级专政，号召劳动人民用暴力革命推翻它。他还指出，以社会主义来代替资产阶级民主政治符合"新陈代谢底公例"④。

（二）为捍卫社会主义而进行的论辩

为了捍卫社会主义，陈独秀和早期马克思主义者一道与以张东荪等为代表

---

① 《旧思想与国体问题——在北京神州学会讲演》，《陈独秀著作选编》第一卷，上海人民出版社 2009 年版，第 334 页。
② 《答褚葆衡》，《陈独秀著作选编》第一卷，上海人民出版社 2009 年版，第 283 页。
③ 《告北京劳动界》，《陈独秀著作选编》第二卷，上海人民出版社 2009 年版，第 139 页。
④ 《国庆纪念底价值》，《陈独秀著作选编》第二卷，上海人民出版社 2009 年版，第 278 页。

的实业派和以区声白等为代表的无政府主义者进行了激烈的论战。

论战主要围绕着"为什么要讲社会主义""为什么能讲社会主义"和"应讲何种社会主义"三个问题展开。对于第一个问题，陈独秀的理解是：因为现代生产方法存在两大缺点即资本私有和生产过剩，从而使阶级分化越来越严重，世界性经济危机频繁发生。只有采用社会主义的生产方法才能纠正这两大缺点。对于第二个问题，他认为资本主义的生产分配方法不良，已到了自身不能救济自身而必然崩溃的时候，取代它的将是社会主义生产分配方法，这样才能避免剩余价值、剩余生产等弊病，所以能讲社会主义。对于第三个问题，他先是分析批评了当时流行的五种社会主义派别即无政府主义、共产主义、国家社会主义、工团主义和行会社会主义，然后指出：中国需要的是马克思派的社会主义即科学社会主义。通过论辩，陈独秀不仅提高了自己的理论水平，而且还将一大批青年聚集到马克思主义的旗帜下。

（三）对马克思主义学说的理解和介绍

陈独秀认为，马克思主义学说主要包括四个方面：一是剩余价值。剩余价值是在生产过程中产生的，而剩余价值的分配，是在流通过程中实现的。由于分配的不平等，造成了"市场缩小经济恐慌"和"工人失业"，最后将促使无产阶级"团结起来，夺取国家政权，用政权没收一切生产工具为国有，毁灭资本主义生产方法"[1]。二是唯物史观。马克思的唯物史观要旨有二：（1）一切制度、文物、时代精神的构造都是跟着经济的构造变化而变化的。（2）随着生产力的变动，社会制度也将变动。陈独秀还特别指出，马克思的社会主义之所以被称为"科学的不是空想的"，就是因为以唯物史观说明了资本主义生产方法和社会制度的产生、发展、消亡是经济发展的"自然结果"，是"能够在客观上说明必然的因果，不是在主观上主张当然的理想"[2]。三是"阶级争斗"。陈独秀认为，《共产党宣言》的精髓就是根据唯物史观来说明"阶级争斗"。它的"要义"有两点：（1）"一切过去社会底历史都是阶级争斗底历史。"（2）"阶级之成立和争斗崩坏都是经济发展之必然结果。"由此可知，资产阶级被推翻和无产阶级最终取得胜利，都是不可避免的。四是"劳工专政"。以往的资产阶级和封建制度斗争时，"是掌了政权才真实打倒了封建"。无产阶级要和资产

---

[1]　《马克思学说》，《陈独秀著作选编》第二卷，上海人民出版社 2009 年版，第 444 页。
[2]　《马克思学说》，《陈独秀著作选编》第二卷，上海人民出版社 2009 年版，第 446 页。

阶级斗争，"也必然要掌握政权利用政权来达到他们争斗之完全目的"①。也就是说，只有通过"劳工专政"即无产阶级专政才能彻底战胜资产阶级。

（四）"劳工专政"的实现

在《〈共产党〉月刊短言》中，陈独秀向时人宣告了中国劳动者革命的信条："一切生产工具都归生产劳动者所有，一切权都归劳动者执掌，这是我们的信条。"② 号召广大劳动者进行革命，建立"劳工专政"的国家。进行这样一场伟大的革命，必须"把社会主义作唯一的方针"③。概括而言，要从两方面着手实现"劳工专政"：

第一，劳动者起来革命。陈独秀认为，少数的资产阶级利用国家、政治、法律等机关，"把多数勤苦的生产的劳动阶级压在资本势力底下"④，劳动阶级过着牛马不如的生活。为改变自身被奴役的命运，劳动者必须组成阶级，用革命的手段夺取政权，破坏旧的生产制度。假如走议会道路，则"不但主义不能施行，而且和资产阶级同化了，还要施行压迫劳动阶级反对社会主义的政策"⑤，因此是行不通的。总之，"用革命的手段建设劳动阶级（即生产阶级）的国家"是"现代社会第一需要"⑥。

第二，劳动阶级联合起来，建立组织尤其是要组建自己的先锋队共产党。新文化运动初期，陈独秀对政党政治颇不以为然。他认为，政党不过是营私的产物，"从事国民运动，勿囿于党派运动。……政党政治，将随一九一五为过去之长物，且不适用于今日之中国也"⑦。1919 年年初，他对政党的认识发生变化，主张"社会中坚分子，应该挺身出头，组织有政见的有良心的依赖国民为后援的政党，来扫荡无政见的无良心的依赖特殊势力为后援的狗党"⑧。随着对中国劳动阶级生存状况的了解，陈独秀开始倾向于建立组织。他认为，劳动阶级只有结成工会，才可能改变自己的命运。后来，他又进一步认识到，光有

---

① 《马克思学说》，《陈独秀著作选编》第二卷，上海人民出版社 2009 年版，第 448 页。
② 《〈共产党〉月刊短言》，《陈独秀著作选编》第二卷，上海人民出版社 2009 年版，第 299 页。
③ 《妇女问题与社会主义——在广东女界联合会演说》，《陈独秀著作选编》第二卷，上海人民出版社 2009 年版，第 361 页。
④ 《谈政治》，《陈独秀著作选编》第二卷，上海人民出版社 2009 年版，第 252 页。
⑤ 《谈政治》，《陈独秀著作选编》第二卷，上海人民出版社 2009 年版，第 255 页。
⑥ 《谈政治》，《陈独秀著作选编》第二卷，上海人民出版社 2009 年版，第 257 页。
⑦ 《一九一六年》，《陈独秀著作选编》第一卷，上海人民出版社 2009 年版，第 199 页。
⑧ 《除三害》，《陈独秀著作选编》第二卷，上海人民出版社 2009 年版，第 19 页。

工会不行，"非有一个强大的共产党做无产阶级底先锋队与指导者不可"①。这个"强大的共产党"的目的是，"对内倾覆封建的军阀，建设民主政治的全国统一政府，对外反抗国际帝国主义，使中国成为真正的独立国家"②。

基于上述认识，五四运动后的陈独秀，坚决走上了创立无产阶级政党之路，与李大钊一起成为中国共产党的主要创始人。1920 年 3 月，他发起成立"马克思主义研究会"。9 月，他把《新青年》杂志变为上海中国共产党组织的机关刊物，还以"新青年社"名义出版了一批马克思主义著作，又以开办"外国语学校"的名义，培养党的骨干力量。1920 年 11 月，创办《共产党》月刊作为党内理论刊物，和其他党员一起起草了《中国共产党宣言》。他与李大钊一起，不遗余力地指导上海、北京、武汉、济南、广州、长沙以及旅日学生、旅欧学生等建立共产党组织。他组织领导了与张东荪、黄凌霜、区声白等的论战。所有这一切都为中国共产党的建立作了较为充分的组织和思想理论准备。

陈独秀在五四新文化运动中高举"民主"与"科学"的大旗，向旧道德、旧伦理发起猛攻，希望以这种"最后之觉悟"彻底清算传统政治思想的影响，培养新青年，建设新国家。这场运动影响了整整一代青年，是中国近代历史上划时代的转折点。毛泽东盛赞这场运动是中国自有史以来所从来没有过的一场"伟大而彻底的文化革命"③。这场运动促进了马克思主义与工人运动的结合，为即将成立的中国共产党作了干部上和思想理论上的准备。在此基础上，陈独秀联合李大钊等人创立了中国共产党，从此以后，中国革命的面貌焕然一新。这些不仅是陈独秀一生中最光彩的成就，而且也是中国现代政治思想史上的大事件，对中国近现代历史进程产生了重大而深远的影响。

第三节　李大钊的政治思想

李大钊（1889—1927），字守常，河北乐亭人，中国共产党的主要创始人

---

① 《答黄凌霜〈无产阶级专政〉》，《陈独秀著作选编》第二卷，上海人民出版社 2009 年版，第 466 页。
② 《对于现在中国政治问题的我见》，《陈独秀著作选编》第二卷，上海人民出版社 2009 年版，第 470 页。
③ 《毛泽东选集》第 2 卷，人民出版社 1991 年版，第 700 页。

之一。1907 年考入天津北洋法政专门学校，学习法政诸科及英、日文。1914
年，入日本早稻田大学学习。1916 年 5 月回国后，积极投身于新文化运动。
1920 年开始与陈独秀等筹建中国共产党。中共成立后，积极领导工人运动，推
动国共合作。1927 年 4 月 28 日，被张作霖杀害，年仅 38 岁，以其言行与鲜血
践行了"铁肩担道义、妙手著文章"的人生信念。他的马克思主义政治思想极
大地影响了中国现代历史进程。著作被编为《李大钊全集》等。

一、创造"青春中华"的爱国思想

1916 年，李大钊发表《〈晨钟〉之使命》一文，提出当时中国青年的唯一
使命，在于急起直追，勇往奋进，创造"青春中华"，使"我为青春之我，我
之家庭为青春之家庭，我之国家为青春之国家，我之民族为青春之民族"。[1]

李大钊的"青春"概念，意义丰富，既指人的青春，也指民族、国家的青
春，还指世界的、历史文化的青春；而世界的青春、历史文化的青春，又为国
家的青春提供支持。由此，创造"青春中华"的爱国思想就具有了理论基础。
他认为，世界无尽，故世界是青春的；历史无尽，故历史文化也是青春的。他
从宇宙的青春无尽，推论出中华民族、中国也可以青春无尽，为创造青春中华
提供了世界观论据。他还根据民族国家兴亡更替的历史现象，得出青春战胜白
首的"天演公例"，认为如果中国青年能够"自觉"，破旧立新，通过实际行动
再造民族文化，古老的中华民族就一定能重新焕发青春，成为青春无尽的民族
国家。

对于中国前途，当时有盲目乐观和沮丧消沉两种倾向。与此不同，李大钊
创造"青春中华"的爱国思想建立在彻底反省自觉、自我批判的基础上，表现
出正视现实而又积极乐观的特点；在理性认识的基础上，将爱国主义提高到一
个新的阶段。

第一，创造"青春中华"的爱国思想，是他从思想文化上提出的民族自觉
的宣言书。他根据第一次世界大战的国际形势，断定"今后之问题，非新民族
崛起之问题，乃旧民族复活之问题"[2]。旧民族的复活，关键在青年人的民族自

---

① 《青春》，《李大钊全集》第 1 卷，人民出版社 2006 年版，第 182 页。
② 《〈晨钟〉之使命——青春中华之创造》，《李大钊全集》第 1 卷，人民出版社 2006 年版，第
169—170 页。

觉，他称为"民族之自我的自觉，自我之民族的自觉"①。

第二，创造"青春中华"的爱国思想，是其民族复兴理论的重要基础。在李大钊之前，持进化论观点者认为，新陈代谢是天演公例，新战胜旧、今战胜古、进步战胜落后、青年战胜白首，势所必然；古老而又落后的中国，挨年轻而又先进的西方列强打是理所当然的。但是，如此一来，中华民族的复兴就成了难题。为了化解这一难题，不少思想家都曾经做过尝试。例如，1900 年梁启超著《少年中国说》，力证中国过去只有朝廷而无国家，故朝廷老死，而中国却还是"少年"②，但这一解释割断了民族文化的历史传统。以孙中山为代表的革命派虽然提出了系统的三民主义理论，试图与腐败的清政府脱离关系，但是在历史文化问题上也面临着同样的难题。相比较而言，李大钊提出的创造"青春中华"的爱国思想，吸收了梁启超、孙中山等人思想的精华，将中华民族复兴的希望寄托在"青年"的民族自觉和行动上。

在成为马克思主义者之后，李大钊对建设"青春中华"的主体认识也发生了变化，由按年龄、人生阶段划分的青年变为以职业或社会阶层划分的工人、农民等为代表的劳动者。关于如何实现中华民族复兴，李大钊得出的最终答案是：站在劳工、劳农等劳动者的无产阶级立场，以马克思主义为指导，走社会主义道路。

二、"民彝"政治观

李大钊早期思想曾受梁启超等改良思想影响。民国初年，政治上一度支持袁世凯、反对革命党人发起"二次革命"。但当袁世凯帝制自为时，他便转而开始批袁，并在此基础上，形成了其"民彝"政治观。

1. "民彝"是现代民主政治的基础

"民彝"一词，出自《诗经·大雅》："天生烝民，有物有则；民之秉彝，好是懿德。"它有三种基本含义：一是"器"，二是"常"，三是"法"。第一种意思，"彝"即宗彝，指的是古代天子祭祀用的礼器，寓意着最高权力，"明古者政治上之神器在于宗彝"③，它是至上与神圣的。第二种意思，"常"就是

---

① 《〈晨钟〉之使命——青春中华之创造》，《李大钊全集》第 1 卷，人民出版社 2006 年版，第 166 页。
② 梁启超：《少年中国说》，《饮冰室合集》文集之五，中华书局 1989 年版，第 7—12 页。
③ 《民彝与政治》，《李大钊全集》第 1 卷，人民出版社 2006 年版，第 146 页。

伦常、民性。第三种意思，"彝"就是法律。在古代的中国，"彝"与一国的政治有莫大的关系，谁掌握了"彝"，谁就掌握了政权，掌握了法律，就可以统治民众。

但是，李大钊认为，近代的情况已经发生了根本转变，决定国家政治的已经不再是"宗彝"，而是变成了"民彝"。"宗彝"有形，故可以窃取，而"民彝"无形，任何政治上的野心家都无法窃取。

李大钊所谓的"民彝"，是指人民的常性、意志、愿望等，是现代"政治上之神器"，是政治的根本依据。只有充分体现"民彝"的政治，才是好的政治。不仅如此，"民彝"还是权衡一切真理的标准。生活的进步与否，政治的良善与否，都以"民彝"作为评判的标准。袁世凯帝制自为之所以失败，就是由于违背"民彝"，没有顺应民心民意。

李大钊认为，"民彝"的体现需要有制度保证。在他看来，当今世界，代议制度能够实现"民彝"与政治的有效沟通，培养国民的自由民权思想，因而是较为适宜的政治。为保障代议民主制完全表达"民彝"，李大钊特别重视宪法对于实现民权的意义。

而在近代中国，束缚"民彝"、阻碍民主政治的最大障碍是君主专制制度的残余及其护身符孔子。李大钊认为，皇帝与宪法不能两立，自由与"孔子"不能并存。于是，他与陈独秀等人一道，对以孔子为代表的儒家思想体系进行了认真的反思批判。他认为，历史上的孔子本人是有功于中国政治和中国文化的，但是作为"圣人"的孔子已经成为历代统治者维护君权的工具。因此，孔子有真、假之别。批判孔子，并非"掊击孔子之本身，乃掊击孔子为历代君主所雕塑之偶像的权威也；非掊击孔子，乃掊击专制政治之灵魂也"①。这就将真孔子和被专制统治者利用的假孔子区分开来，把批判的矛头指向君主专制制度。

2. 以平民史观反对英雄史观，倡导民主自由

李大钊认为，不仅要把"民彝"从圣人的束缚中解放出来，还要把它从英雄的压制下解放出来，让人民自由自在，才能建设好民主政治。自由是人之天性，"生民之秉彝"②，"不自由，毋宁死"。针对封建专制文化背景下，民常常

---

① 《自然的伦理观与孔子》，《李大钊全集》第 1 卷，人民出版社 2006 年版，第 247 页。
② 《民彝与政治》，《李大钊全集》第 1 卷，人民出版社 2006 年版，第 150 页。

因言获罪，他尤其看重人的思想自由，视思想自由为"绝对的主张"。为获得思想自由，一方面要破除对孔子的偶像崇拜；另一方面，则以平民主义反对英雄主义。他说："英雄之势力，初无是物。历史上之事件，固莫不因缘于势力，而势力云者，乃以代表众意之故而让诸其人之众意总积也。是故离于众庶则无英雄，离于众意总积则英雄无势力焉。"①　英雄之所以有"势力"、能发挥重要影响力，离不开普通民众，离不开"众意"。"民彝可以创造历史"，离开了"民彝"则英雄也无用武之地。

通过"众意"这一概念，李大钊把"众庶"即"平民"视为政治主体，他们是自由、平等的独立个体，相互之间是平等的。这种突出"众意"历史作用的平民史观，不是要否定英雄和贤人，而是将其纳入平民或"众意"的范围来做总的观察。这样的平民史观，大大地提升了"民"的历史主体地位，超越了维新派乃至革命派对"民"的理解。

3. 以科学精神反对偶像崇拜，树立真理权威

李大钊主张，人民应有科学精神。在他看来，民主政治下的国民，不仅要有民主思想，而且还必须具有科学精神。否则，国民的思想就失去了活泼与创新，终将被世界进化的潮流所遗弃。他所说的科学，主要是指一种人生态度。具体而言，科学精神就是进步的精神、求真的精神，一切事物和理论无论过去怎样神圣，都要放到实践中去检验，以求得真理。他认为，东方文化最大的弱点之一就是缺乏科学精神。为此，中国人应培养科学精神以求索真理，并将科学精神贯彻于日常生活中，推翻偶像权威，树立真理之权威。以科学精神去探寻宇宙间独一无二的真理成为李大钊的人生信条。这也是他后来不惜牺牲生命传播、捍卫救国救民的真理——马克思主义的力量源泉。

至此，李大钊的思想已经显示出与同时代其他思想家明显不同的特性，但从其性质上来说，这一时期他的思想主体仍属于资产阶级民主共和的范围，其思想的升华发生在俄国十月革命之后。

三、马克思主义观

第一次世界大战的爆发和俄国十月革命的胜利使李大钊的思想发生了根本性转变，他开始热情讴歌十月革命和传播马克思主义，成为向中国人民系统介

---

① 《民彝与政治》，《李大钊文集》第 1 卷，人民出版社 2006 年版，第 156 页。

绍马克思主义理论的第一人。

1. 欢呼十月革命，传播马克思主义

第一次世界大战后，西方文明破产论弥漫于中国知识界。因此，有人转向传统文化，有人则悲观失望，迷茫彷徨。李大钊破除悲观情绪，主张以"第三文明"拯救中国。他认为中国传统文明是第一文明，历史证明它已经无法振兴中华；西方文明是第二文明，第一次世界大战证明它也已经破产；能够拯救中国的只有"第三文明"。十月革命前，李大钊对"第三文明"的认识还很模糊。十月革命后，俄国无产阶级政权的建立，为他正在寻找的"第三文明"提供了明确答案。于是，他迅速由民彝政治观转向马克思主义。从1918年7月开始，他陆续发表《法俄革命之比较观》《庶民的胜利》《Bolshevism的胜利》等文章，热情欢呼十月革命的胜利，指出：一战的胜利不是强权的胜利，不是君主和独裁者们的胜利；而是平民的胜利，是布尔什维主义的胜利，是马克思主义的胜利。十月革命开辟了"世界革命的新纪元"①，掀起一股不可阻挡的社会主义革命的时代潮流，"试看将来的环球，必是赤旗的世界"！② 与俄国紧邻的黑暗中国，也将分得一线曙光，"好比在沉沉深夜中得一个小小的明星，照见新人生的道路。我们应该趁着这一线的光明，努力前去为人类活动，作出一点有益人类（的）工作"③。

伴随着十月革命的胜利，马克思主义在中国开始广泛传播，受到了大批先进分子的欢迎和支持，但也遭到了一些人的质疑和攻击。1919年7月20日，胡适在《每周评论》上发表《多研究些问题，少谈些"主义"》说：空谈好听的"主义"极容易，"阿猫阿狗都能做"；空谈外来进口的"主义"，是没有什么用处的；"偏向纸上的'主义'"是很危险的。④ 胡适文章的矛头实际上指向的是马克思主义。他自己后来公开承认，发表这篇文章的目的，是让人不要被马克思、列宁"牵着鼻子走"⑤。

针对胡适的文章，李大钊发表《再论问题与主义》一文，从四个方面阐述了自己的观点：第一，要认识和解决中国的问题，必须有一个共同的主义作为

① 《李大钊全集》第2卷，人民出版社2006年版，第268页。
② 《李大钊全集》第2卷，人民出版社2006年版，第263页。
③ 《李大钊全集》第2卷，人民出版社2006年版，第268页。
④ 《胡适文集》第2册，北京大学出版社1998年版，第249—250页。
⑤ 《胡适文集》第5册，北京大学出版社1998年版，第519页。

指导。如果没有一个共同的主义，面对很多实际问题，认识都很难一致，更谈不上根本解决。因此，他认为，实际的问题固然要研究，但更重要的是宣传理想的主义，应"先有一个共同趋向的理想主义，作他们实验自己生活上满意不满意的尺度"。第二，社会主义在社会上很流行，为防止假冒牌号的人出来淆乱视听，"我们越发应该一面宣传我们的主义，一面就种种问题研究实用的方法，好去本着主义作实际的运动"。第三，不要理会布尔什维主义是否为"过激主义"，必须"一面认定我们的主义，用作材料，作工具，以为实际的运动。一面宣传我们的主义"。第四，马克思主义并没有回避现实问题，而认为经济是基础，只有经济问题得到解决，其他具体的社会的、政治的问题才可以得到根本解决。李、胡两人的争论，在当时社会上特别是在青年知识分子中产生了很大的影响，使更多的人了解了马克思主义，促进了马克思主义在中国的传播。

2. 系统研究阐释马克思主义

1919 年，李大钊在《新青年》第六卷第 5、6 号上发表《我的马克思主义观》，系统介绍了马克思主义的唯物史观、剩余价值学说和阶级斗争理论等科学社会主义的基本原理，明确地把马克思主义称为"世界改造原动的学说"。

李大钊认为，马克思的唯物史观有两个要点：其一是关于"人类文化的经验"的说明。人类社会生产关系的总和构成社会"经济的基础构造"，一切政治的、法制的、伦理的、哲学的"精神上的构造"，都是社会的"表面构造"即上层建筑，它们随着经济基础的变化而变化。生产力是促进"经济的基础构造"变动的最高动因，人类意识"丝毫不能加他以影响"，而它却可以决定人类的精神、意识、主义、思想。其二为"社会组织进化论"，也就是唯物史观的社会历史发展学说。他说，社会组织即社会关系，随生产力的变动而变动。社会组织最初助长生产力的发展，当生产力发展到原有社会组织不能适应的程度时，社会组织就会束缚、妨碍生产力的发展。生产力发展的力量愈大，与社会组织间的冲突愈大，直至旧的社会组织崩溃，新的社会组织形成。这就是社会革命，新旧社会组织就是这样交替的。李大钊因此称马克思的唯物史观是"运命"，是"历史的命令"①。

李大钊称马克思的剩余价值学说为"余工余值说"。他说，马克思把资本

---

① 《桑西门（Saint-Simon）的历史观》，《李大钊全集》第 4 卷，人民出版社 2006 年版，第 316 页。

家的资本分为可变资本和不变资本，可变资本即是资本家付给劳工的工资，不变资本指生产工具，只有可变资本才能创造"余值"。资本家以工资购买了工人的劳动，工人在工资之外所发生的劳动就是"余工"，"余工"所生产的产品、创造的价值则为"余值"，它被资本家全部无偿占有。资本家无偿占有工人创造的"余值"，是现代资本主义的秘密，是资本主义制度下资本家掠夺工人的方式。这就造成了"有产阶级"和"无产阶级"的冲突或"阶级竞争"。无产阶级在意识到阶级斗争不可避免之前，是"自在的阶级"，之后才是"自为的阶级"。他们与资产阶级的斗争，最初只限于经济领域，逐渐过渡到政治领域。两者的矛盾和斗争将长期持续，直至资本主义制度灭亡、新的社会组织建立才会消失。

以剩余价值说为基础，以唯物史观为理论武器，李大钊把马克思主义分为三个部分：一是关于过去的理论，就是它的历史论，又称为社会组织进化论；二是关于现在的理论，就是它的经济论，又称为资本主义的经济论；三是关于将来的理论，就是它的政策论，又称为社会主义运动论。根据唯物史观的理论，经济基础决定上层建筑，决定社会组织的进化；资本主义社会因为生产资料私有制，而存在不可克服的资产阶级与无产阶级的矛盾，它将推动资本主义社会组织发生革命性的变革，最终进化为劳工阶级自己掌握政权、享有自己劳动创造的物质财富的社会主义社会。因此，李大钊预言社会主义制度必然代替资本主义制度："资本主义是这样发长〔展〕的，也是这样灭亡的。他的脚下伏下了很多的敌兵，有加无已，就是那无产阶级。这无产阶级本来是资本主义下的产物，到后来灭资本主义的也就是他。"① 正是在这个意义上，他说马克思"这三部理论，都有不可分的关系，而阶级竞争说恰如一条金线，把这三大原理从根本上联络起来"②。

李大钊的《我的马克思主义观》以及随后陆续发表的《物质变动与道德变动》《由经济上解释中国近代思想变动的原因》《唯物史观在现代史学上的价值》等文章，第一次比较系统地、准确地把马克思主义理论中的三个主要组成部分即唯物史观、剩余价值学说和阶级斗争理论介绍到中国，成为中国人民考察国家命运，探索国家和民族出路的理论工具。中国的先进分子第一次明确意

---

① 《我的马克思主义观》，《李大钊全集》第 3 卷，人民出版社 2006 年版，第 50 页。
② 《我的马克思主义观》，《李大钊全集》第 3 卷，人民出版社 2006 年版，第 19 页。

识到，帝国主义和封建主义是造成中国近代贫穷落后的主要原因，中国要发展就必须反帝反封建，建立适合生产力发展要求的社会主义新制度。当然，李大钊对马克思基本原理的介绍偶尔也有不准确的地方，例如，他所说的人类意识对经济基础"不能与他以丝毫的影响"等说法，就不够准确。不过瑕不掩瑜，李大钊仍是当之无愧的第一个在中国系统传播马克思主义的先驱。

四、社会主义理论

十月革命后，俄国工人阶级和劳动人民当家作主成为国家的主人，社会主义思想得到广泛传播，在思想界产生了巨大影响。中国思想界的代表人物蔡元培等也喊出"劳工神圣"的口号，赞颂劳工成为思想界的普遍倾向。李大钊本来就对中国劳苦大众抱有深切同情，随着对苏维埃政权认识的不断深化，他更进一步以马克思主义为指导，明确提出在中国建立社会主义的理论构想。

1918 年前后，李大钊在讴歌十月革命时，主要还是出于一种革命的激情，理论分析还略显不足，但是从 1919 年开始，在掌握了马克思的剩余价值学说和唯物史观，成为马克思主义者后，他在理论上渐趋成熟，思想更加深刻和全面。他认识到共产主义是更高远的目标，于是"社会主义"成为他孜孜以求的政治理想。"工人政治（Ergatocracy）"是其中重要的组成部分。这里的"工人"并不专指工人，而是指社会上一切劳动而无产的阶层，包括工人、农民等。究其实质，是他"民彝"思想中拥有较高政治主体地位的"民"的进一步具体化，使之从抽象的"民"转向"平民"，再转向以工人为代表的一切受压迫受剥削的劳动者。由此，他从主张"民彝"政治转变为积极宣传以工人政治为特色的社会主义理论。李大钊的社会主义理论内容非常丰富。概括起来，有六大要点：

第一，社会主义是科学而非空想。他认为，空想社会主义的历史观把"心的势力"当作历史发展的根本出发点，主张依人间的理性力量实现社会理想，这种理性历史观只能使社会主义如"砂上建筑楼阁一样"，陷入空想。而马克思主义的唯物史观则把"物的势力"作为历史发展的出发点，首先从物质的变动、社会生产力的发展即社会的经济条件变化中发现历史的必然的系统法则。依照此法则，社会主义社会必然到来。所以，马克思及恩格斯的社会主义是科学的社会主义，而在他们之前的则为空想的社会主义。

第二，社会主义既是理想的社会政治制度，又是达到这种理想制度的"政治运动"，突出表现为社会主义革命。只有社会主义，才能实现真正的"大多数人"的平等、民主、自由。

在李大钊看来，作为社会政治制度，社会主义是"劳动阶级"为主体的"政治运动"或"社会革命"所要建立的理想社会。"社会革命当纯由劳动阶级而作"，以工人为主的"劳动阶级"是"社会革命"的主体；劳动阶级要进行的是整个的革命，而不仅是政治的或经济的革命。这是它与其他社会主义流派和中产阶级进行的所谓社会主义运动的根本区别。

李大钊特别强调，在政治上，社会主义与自由、民主、平等并不矛盾，反而是统一的，因为两者都要求废除统治与屈服的关系。"真正的德谟克拉西，其目的在废除统治与屈服的关系，在打破擅用他人一如器物的制度。而社会主义的目的，亦是这样。"① 社会主义也是一种平民主义即民主主义。平民主义在历史上有四个演变阶段：古希腊的平民主义、资产阶级的平民主义、无产阶级的平民主义以及阶级消灭后世界大同时代的"纯正的平民主义"即社会主义的平民主义。资本主义的议会民主因为只是占社会少数的资产阶级的民主，所以是虚伪的。只有无产阶级的民主才是真正的"平民政治"。无产阶级专政结束后进入社会主义阶段，"纯正的平民主义"即真正的民主时代，也是"工人政治（Ergatocracy）"时代才会到来。

在平等、民主、自由三者关系中，李大钊更强调平等，认为只有建立在平等基础上的民主自由才是更广泛更真实的，只有实现经济上的平等，才能得到自由。这就将斗争的矛头指向了资本主义制度。"现在资本主义制度的底下，那里有劳动者的自由，只有少数的资本家的自由……所以我们想得到真的自由，极平等的自由，更该实现那'社会主义的制度'，而打倒现在的'资本主义的制度'"②，只有在推翻资本主义剥削制度后才有更广泛更真实的自由。资本主义只是"一部分自由"，社会主义与此不同，它是"保护自由、增加自由者，使农工等人均多得自由"。

第三，中国要想发展经济，必须走社会主义道路。李大钊指出，社会主义不但不会阻碍经济的发展，反而更加适合实业的发展。这是因为，在资本主义

① 《由平民政治到工人政治——在北京中国大学的演讲》，《李大钊全集》第 4 卷，人民出版社 2006 年版，第 6 页。

② 《社会主义释疑——在上海大学的演讲》，《李大钊全集》第 4 卷，人民出版社 2006 年版，第 356 页。

制度下，资本不能集中，劳动力不能得到普遍的充分的使用，而在社会主义制度下，可以解决这两个问题。中国并不缺乏"资本"，但占有"资本"者大多不肯将其投放于振兴实业，而是存于外国银行，甚或干脆藏在家中；中国更不缺乏劳动者，但由于实业不发达，他们或者无事可做，或者到国外去为外国资本家做牛马。实行社会主义制度后，既可以用强制办法将零散的资本集中起来，又可以把大量的游手好闲者变为劳动者，这样既吸收了劳动力，又可以消除官僚掣肘实业发展的弊病。总之，"中国实业之振兴，必在社会主义之实行"①。

关于社会主义革命成功后的经济建设，李大钊认为要以计划经济的方式发展工业。必须变个人生产为社会生产，变手工生产为机器生产，以求进步的、有序的生产，免呈纷乱之象，"使归统一"，"使生产不致过度，社会上遂现一种新的秩序"。② 李大钊一方面肯定苏维埃的一些做法，另一方面又有自己独立的思考。比如，关于是否消灭市场经济竞争问题，他主张"社会主义亦有相当的竞争"③，不能完全禁绝竞争。

第四，社会主义还应实现妇女解放、男女平等。李大钊从两个方面分析了为何要男女平等。其一，妇女具有平和、优美、慈爱的气质，与男子的专制、刚愎、横暴、冷酷、干燥的气质相调剂，才能保住人类气质的自然均等，才能显出民主的精神。其二，分析"人民"概念，指出它不仅包括男子，也包括占人类一半的女子。民主是人民全体的民权民主政治。他指出，阶级可以变动，贫富可以变化，然而男女之间是一个永久的界限，不能改变。所以，"两性间的 Democracy 比什么都要紧。我们要是要求两性间的 Democracy，这妇女解放的运动，也比什么都要紧"。"有了妇女解放，真正的 Democracy 才能实现。"④

第五，社会主义可以求得中国问题的"根本解决"。社会主义作为平民主义的最高阶段，可以从根本上解决中国的问题。李大钊从马克思主义的唯物史观出发，指出当资本主义经济结构发生革命时，上层建筑就会跟着革命。换言之，"经济问题的解决，是根本解决。经济问题一旦解决，什么政治问题、法

① 《社会主义下之实业》，《李大钊全集》第 3 卷，人民出版社 2006 年版，第 273 页。
② 《社会主义与社会运动》，《李大钊全集》第 4 卷，人民出版社 2006 年版，第 197 页。
③ 《社会主义与社会运动》，《李大钊全集》第 4 卷，人民出版社 2006 年版，第 196 页。
④ 《妇女解放与 Democracy》，《李大钊全集》第 3 卷，人民出版社 2006 年版，第 68—69 页。

律问题、家族制度问题、女子解放问题、工人解放问题，都可以解决"①。

第六，社会主义的基本原理需与中国的具体国情相结合。李大钊认为，社会主义是马克思等思想家在特定的历史环境下、针对特定的问题所阐发的理论，运用到中国时，必须与中国的实际情况相结合。他说："一个学说的成立，与时代环境，有莫大的关系。"因此，马克思的学说，"实在是一个时代的产物"，我们"不可拿这一个时代一种环境造成的学说，去解释一切历史，或者就那样整个拿来，应用于我们生存的社会"。②"社会主义的理想。因各地、各时之情形不同，务求其适合者行之，遂发生共性与特性结合的一种新制度（共性是普遍者，特性是随时随地不同者），故中国将来发生之时，必与英、德、俄……有异。"③ 这说明，李大钊等中国早期马克思主义者，已经逐渐意识到马克思主义普遍真理和中国实际情况相结合的必要性。这无疑是李大钊等留给后人重要的思想遗产和启示。

综其一生，李大钊早期的政治思想以创造"青春中华"为思想前进的动力，以"民彝"为政治的主体，向往资本主义制度下的民主政治。然而第一次世界大战和俄国十月革命的爆发使他的政治思想发生重大转变，从"民彝"政治观发展到马克思主义观。他希望为工人、农民等为主的人民大众建立一个社会主义政权。在这个政权下，劳动者人人平等自由，其意志、愿望和利益可以得到充分体现，可以自己创造财富、管理财富、享有财富。李大钊的社会主义理论及"工人政治"构想，反映出几千年来的中国传统政治思想开始发生革命性的变化，政治主体开始由以君主为代表的统治阶级精英转向长期作为被统治阶级的人民大众。

第四节   其他代表人物的政治思想

"五四"时期的思想学说异常活跃，政治主张五花八门。通过陈独秀、李大钊等人积极介绍，马克思主义政治学说得以广泛传播，同时其他一些西方社会思潮也被引入，并与中国固有思想文化相互激荡，产生了一些政治流派和主

---

① 《再论问题与主义》，《李大钊全集》第 3 卷，人民出版社 2006 年版，第 6 页。
② 《我的马克思主义观》，《李大钊全集》第 3 卷，人民出版社 2006 年版，第 35 页。
③ 《社会主义与社会运动》，《李大钊全集》第 4 卷，人民出版社 2006 年版，第 197 页。

张。其中较有影响的有：政治改良主义、无政府主义、文化复古论，以及基尔特社会主义、新村主义、工读主义、联省自治等。本节择要介绍改良主义、无政府主义、东方文明救国论等流派代表人物的政治思想。

一、胡适的改良主义

胡适（1891—1962），字适之，原名洪骍，安徽绩溪人，现代著名学者、思想家和改良主义者。1919 年 7 月，发表《多研究些问题，少谈些"主义"》一文，引发"问题"与"主义"之争。后参加科学与玄学、人权、"联省自治"、民主与独裁等论战。

胡适政治思想的理论基础是"实验主义"，即实用主义，这是 19 世纪末 20 世纪初产生于美国的一种资产阶级哲学学说和哲学流派，其主要代表人物之一是胡适的老师、美国学者杜威（John Dewey）。他们把客观现实与经验等同起来，宣称认识的主体与客体之分只是经验内部的区别。胡适偏向于把实用主义看作一种方法或工具，来观察分析政治社会问题，自称"谈政治只是实行我的实验主义"①。

胡适的实用主义在政治上是片面的改良主义，他认为，只有一点一滴做到的进步才是真正的进化。他说，"文明不是笼统造成的，是一点一滴的造成的。进化不是一晚上笼统进化的，是一点一滴的进化的。现今的人爱谈'解放与改造'，须知解放不是笼统解放，改造也不是笼统改造"，而是"一点一滴的解放""一点一滴的改造"②。胡适反对"根本解决"，认为，"实验主义注重具体的事实与问题，故不承认根本的解决。他只承认那一点一滴做到的进步"③。"注重具体的事实与问题"，就要去"实地考察今日中国的社会需要是什么东西"④，而不是在那里高谈什么"总解决"。

胡适所倡导的"实验主义"看似科学、客观、注重"进步"，但从本质上说，它实际上是试图阻止人民群众起来进行反帝反封建的革命，是一种为资产阶级服务的政治理论。瞿秋白一针见血地指出：实验主义"对于资产阶级是很好的一种革命手段……可是他对于劳动阶级的意义，却是：不用管什么社会主

---

① 《胡适文集》第 3 册，北京大学出版社 1998 年版，第 365 页。
② 《胡适文集》第 2 册，北京大学出版社 1998 年版，第 558 页。
③ 《胡适文集》第 3 册，北京大学出版社 1998 年版，第 364—366 页。
④ 《胡适文集》第 2 册，北京大学出版社 1998 年版，第 249 页。

义了，怎样能解决你们目前的难题，便怎样做去算了。……这种原则用之于中国，一方面是革命的，一方面就是反动的"①。

1922 年，胡适等人提出了建立"好政府"的主张。他们认为，政治改革应有一个为大家认可的"平凡的公共目标"，这就是"好政府"。

他们认为"好政府"是"理想中的政治组织"。这是因为，从消极的方面说，"要有正当的机关可以监督防止一切营私舞弊的不法官吏"；从积极的方面说，"（一）充分运用政治的机关为社会全体谋充分的福利。（二）充分容纳个人的自由，爱护个性的发展"。为此，他们强调，"好政府"必须坚持"三个基本原则"：一是"宪政"的原则，"因为这是使政治上轨道的第一步"；二是"公开"的原则，"公开"涉及财政、考试等，"因为我们深信'公开（Publicity）'是打破一切黑幕的唯一武器"②；三是"计划"的原则，"因为我们深信中国的大病在于无计划的漂泊，因为我们深信计划是效率的源头，因为我们深信一个平庸的计划胜于无计划的瞎摸索"③。

他们把建立"好政府"的希望寄托在"好人"尤其是那些具有"奋斗的精神"的"好人"身上。"凡是社会上优秀分子，应该为自卫计，为社会国家计，出来和恶势力奋斗。"④ 只有这样，"好政府"才可能实现，也才可能逐步解决当时中国面临的南北统一问题、裁兵问题、国会问题、宪法问题、财政问题等。

胡适等人建立"好政府"的主张，虽然矛头是指向北洋政府，有一定积极意义。但在半殖民地半封建的中国，希望靠几个"好人"出来组织政府，就能解决中国的问题，显然是十分幼稚的。

总之，作为新文化运动的重要代表人物之一，胡适提倡实验主义方法、渐进改良的政治思想，以及"好政府"主张，企图用资产阶级的改良主义作为解决中国问题的方案，实际上严重脱离国情，是根本行不通的。

二、黄凌霜等的无政府主义

与上述"好政府"主张大异其趣的是刘师复（1884—1915）、李石曾

---

① 瞿秋白：《实验主义与革命哲学》，原刊于《新青年》季刊第三期（1924 年 8 月），现收入《瞿秋白文集》政治理论编第二卷，人民出版社 1988 年版，第 619—620 页。
② 《胡适文集》第 3 册，北京大学出版社 1998 年版，第 328 页。
③ 《胡适文集》第 3 册，北京大学出版社 1998 年版，第 329 页。
④ 《胡适文集》第 3 册，北京大学出版社 1998 年版，第 329 页。

（1881—1973）、黄凌霜（1897—1982）、区声白（1892—？）等鼓吹的无政府主义。无政府主义又音译为"安那其主义"，它早在 18 世纪的欧洲就出现了，是反映小资产阶级和流氓无产者要求的一种社会政治主张。无政府主义开始传入中国是在 19 世纪末，广泛传播则是在 20 世纪初期。最初介绍无政府主义的是旅欧、留日的知识分子，例如张继在 1903 年编译了一本《无政府主义》小册子。1907 年，分别在巴黎和东京出现了中国人创办的宣传无政府主义的刊物和组织。其中，李石曾主笔的《新世纪》和刘师培夫妇创办的《天义》半月刊最有影响。辛亥革命后，刘师复等发起成立了无政府主义团体，创办了宣传无政府主义的刊物。刘师复去世后，深受其影响的黄凌霜、区声白等继续倡导无政府主义，在当时的社会尤其是青年知识分子中产生了广泛影响。无政府主义者的主要政治主张如下：

无政府主义者从"除我之外一无所有"的极端个人主义出发，认为"无政府主义的妙理，就是自由两个字"①。根据克鲁泡特金摆脱资本势力的束缚（经济上之自由）、摆脱政府的束缚（政治上之自由）和摆脱宗教的道德束缚（道德上之自由）之学说，刘师复力主"人民完全自由，不受一切统治"②。黄凌霜进一步宣称："无政府主义以个人为万能，因而为极端自由主义，所以无政府主义乃个人主义的好朋友。"③ 个人之所以绝对自由，还在于"人人都能自治，不要人家管束。这是因为他们性善，人类所以只该自管自"④。既然如此，在人与人的交往中，"你不侵犯我的自由，我也不侵犯你的自由"，从而实现"真自由"。⑤ 他们认为，这种不受侵犯的绝对自由，可以激发个人才能，促进社会进化。

由于主张个人绝对自由，对于妨碍这种自由的法定权力即"强权"，他们是坚决反对的。他们明确指出："凡所谓法定之权力，必侵夺他人之自由以为权力者也，故命之曰'强权'。凡无政府党无不以反对强权为职志，即为妨害完全自由之障碍物，凡无政府党，无论属于何派，无不绝对排斥之。"⑥ 既然反对"强权"，那么对于社会中所有含有强权性质的制度均应予以扫除。政府是

① 《告非难无政府主义者》，《民声》第 30 号，1921 年 3 月 15 日。
② 师复：《无政府主义释名》，《民声》第 5 号，1914 年 4 月 11 日。
③ 黄凌霜：《评"新潮"杂志所谓今日世界之新潮》，《进化》第 2 号，1919 年 2 月 20 日。
④ 《无政府主义学理上的根据》，《新中国》第 1 卷第 3 号，1919 年 7 月 15 日。
⑤ 师复：《论社会党》，《民声》第 9 号，1914 年 5 月 9 日。
⑥ 师复：《江亢虎之无政府主义》，《民声》第 17 号，1914 年 7 月 4 日。

实行"强权"的集中代表，因此，首当其冲必须排斥政府。正如刘师复所说："无政府党主张完全自由，排斥一切政府，实为无政府主义之根本思想。"① 政府的存在就是对个人自由的威胁，是"自由的魔敌"②。因此，无政府党起而革命的目标，"第一就是铲灭强权，使他永远不能存在或再生"③。

在无政府主义者看来，政府是国家的代表，要消灭政府，就应破除国家。他们认为，人人都不应有国家，因为世界就是"吾祖国"④。国家作为权威的集合体，从来以至于将来都只是摧残个人自由和破坏民众幸福的工具，是"不正义的归宿所"⑤。国家对人类社会犯下了种种罪行，概而言之有：制定法律，限制个人自由；保护阶级制度，制造不平等；扩张军备，破坏和平；设立边界，妨碍人类共同生活。他们不仅主张用各种革命的方法来破坏国家，而且还反对爱国主义。认为，政府倡导爱国主义，实际上"教练行凶杀人之军队，以侵凌人国为义务，于是宇宙之同胞，互为仇敌，而和平全失"⑥。

无政府主义者认为，个人要有完全自由，势必要反对强权、消灭政府和国家。消灭政府和国家之后的社会，将是一个"本着自由平等博爱之真精神"，实现了"无地主、无资本家、无首领、无官吏、无代表、无军队、无监狱、无警察、无裁判所、无法律、无宗教、无婚姻制度"的社会。在这个社会里，"人人自由，人人自治，以独立之精神，行互助之大道，其组织之美善，必远胜于政府之代谋"。由于他们"引无政府于共产社会"，所以又被称为"无政府共产主义"。⑦ 他们根据克鲁泡特金的"自由的共产主义"主张，提出"依各尽所能各取所需的原理，组织自由共产的社会"，实现个体的"最大自由"、群体的"最大互助"。⑧

无政府主义的上述主张，在初期反映了当时激进的青年知识分子对列强欺凌、军阀混战、政局动荡和封建压迫的强烈不满，对自由、平等、互助、个性解放的期盼，具有一定的进步意义。但是，正当中国需要凝聚力量，反抗内外

---

① 师复：《江亢虎之无政府主义》，《民声》第 17 号，1914 年 7 月 4 日。
② 《无政府共产派与集产派的歧点》，《民声》第 30 号，1921 年 3 月 15 日。
③ 菊化：《我们为什么要革命》，《闽风日报》副刊《学江》，1922 年 11 月。
④ 倩吾：《无政府主义者对于国家的观念》，《工余》第 14 号，1922 年 2 月。
⑤ 倩吾：《无政府主义者对于国家的观念》，《工余》第 14 号，1922 年 2 月。
⑥ 凌霜：《师复主义》，《进化》第 1 卷第 2 号，1919 年 2 月 20 日。
⑦ 《无政府共产主义同志社宣言书》，《民声》第 17 号，1914 年 7 月 4 日。
⑧ 《告非难无政府主义者》，《民声》第 30 号，1921 年 3 月 15 日。

反动势力，建立新国家、新社会之际，无政府主义者反对一切国家，否定一切权威，主张绝对的个人自由，这种思想在青年知识分子中产生了很大的消极影响。

更重要的是，随着马克思主义在中国的传播，1919 年 9 月，黄凌霜发表《马克思学说的批评》，将攻击的矛头指向马克思主义。1920 年 1 月，易家钺、朱谦之等人又组织无政府主义团体"奋斗社"。该社出版的旬刊《奋斗》，其主要内容就是反对马克思主义和布尔什维克党，宣传无政府个人主义和提倡所谓"奋斗主义"的人生观。

为了批驳无政府主义的错误观点，消除其不良影响，马克思主义者开展了对无政府主义的批判。《新青年》陆续发表了陈独秀的《社会主义批评》《下品的无政府党》《讨论无政府主义》等文章。1920 年 11 月创办的《共产党》月刊，又接连刊载了江春（李达）的《社会革命底商榷》、无懈（周佛海）的《我们为什么主张共产主义》、施存统的《我们要怎么样干社会革命》以及张闻天的《无抵抗主义底我见》等一系列文章。他们批驳了无政府主义者在国家问题上的糊涂观点，阐明了无产阶级通过暴力革命夺取政权、建立无产阶级专政的必要性，论证了无产阶级将要建立的国家与旧式剥削阶级国家的本质不同。同时，他们还重点批判了无政府主义者所谓"绝对自由"的错误观点，指出：在人类社会中，自由从来都是相对的，没有约束的、绝对的自由从来就不存在。

五四时期受无政府主义影响的知识分子，其中相当一部分是具有强烈革命愿望的进步青年。经过马克思主义者的批评帮助，他们逐渐认识到无政府主义的错误，遂逐步抛弃原有的错误认识，转而接受马克思主义。无政府主义者组织的工读互助等运动彻底失败，也有力地证明了无政府主义的空想性。无政府主义的影响因而越来越小，至 1923 年前后便销声匿迹。

三、杜亚泉的东方文明救国论

第一次世界大战引发了中国思想界对西方资本主义文明的反思和批判，兴起了反资本主义思潮。一部分先进分子主张以社会主义取代资本主义，作为近代中国的发展方向；还有一部分人则认为只有东方文化才能拯救中国，这就是所谓的"东方文明救国论"。其主要代表人物是杜亚泉。

杜亚泉（1873—1933）在 1911 年后，长期担任《东方杂志》主编。这期间，他系统阐述了东方文明救国的主张，并与陈独秀等进行了东西文化问题的论争，还同蒋梦麟展开何谓新思想的论争。

在杜亚泉看来，中国人心已经"迷乱"，主要表现为：一是"国是之丧失"。所谓"国是"，"即全国之人，皆以为是者之谓"。他认为，中国的"国是"，是"经无数先民之经营缔造而成"，它是先民精神上的产物，"为吾国文化之结晶体"。但是自西洋学说输入后，中国人"得其一时一家之学说，信以为是"，摒弃"向所以为是者而从之"，结果使得既往之"国是"支离破碎，而新输入的学说又"恍焉惚焉而无所守"。最终的后果就是，在庞杂的思想中，没有真正属于自己的东西。二是"精神界之破产"。中国"国是"之丧失，犹如祖宗之产业失而不可复。在这种情形下，中国人的精神生活无所寄托，大多数人"其精神全埋没于物质的生活中"，不再追寻"生活的意义"。三是政治界迷信"强有力主义"。所谓"强有力主义"，指的是"一切是非，置之不论，而以兵力与财力之强弱决之，即以强力压倒一切主义主张之谓"。他认为，当国家处于"是非淆乱"之时，能够"快刀斩乱麻，亦不失为痛快之举"，也算是一种"无法之法，无主义主张中之主义主张"。但是，这样的做法无异于中国历史上的秦始皇和世界大战中的德国，主张"强权"的结果，不仅不会根本解决国家所面临的问题，反而会"愈陷吾人于杌陧彷徨之境"。四是"教育界之实用主义"。他认为，古代教育均注重于精神生活，而"今之教育则埋没于物质生活之中，所谓实用主义者，即其教育之目的，在实际应用于生活之谓"。①

杜亚泉认为，正是由于上述四个方面的"迷失"，中国人"深入迷途莫能自拔"。在他看来，中国人要走出迷途，必须"暂时安静，停止进行，然后审定方向"。他明确宣称："决不能希望于自外输入之西洋文明，而当希望于己国固有之文明，此为吾人所深信不疑者。"就西洋文明来说，一方面，产生西洋文明的西洋人，现在自己也陷于混乱矛盾之中，"而嗷嗷有待于救济"；另一方面，西洋文明本身是由"希腊思想与希伯来（犹太）思想之杂合而成"，加之后来"又被近世之科学思想所破坏"，今日中国人所鼓吹的西洋文明的种种主义主张，"皆为破坏以后之断片，不能得其贯串联络之法"，只能"生出无数之障碍"。如果执意要输入这样的西洋文明，"直与猩红热、梅毒等之输入无异"，

---

① 伧父：《迷乱之现代人心》，《东方杂志》第 15 卷第 4 号，1918 年 4 月。

根本无法解决中国的问题。有鉴于此，他指出："救济之道，在统整吾固有之文明，其本有系统者则明了之，其间有错出者则修整之。"属于中国本有的且成为系统的"国是"，必须发扬光大；有的是错误的不成系统的，应想方设法更改整饬。对于西洋文明，杜亚泉不主张一概排斥，而是认为要"尽力输入西洋学说，使其融合于吾固有文明之中"。也就是中西文明要"会而通之"，使西洋文明的主义主张，成为我中国文明的一部分并且"扩大而精详之"。由此可以看出，杜亚泉希望以中国固有的文明来解决中国的难题，并不是不加反省和修整的"复古主义"，而是要"融合西洋思想以统整世界之文明"。①

杜亚泉的主张刊出后，遭到陈独秀等人的质问。从陈独秀提出的疑问来看，他并没有完全否定杜亚泉的主张，主要针对的是一些具体问题。② 从杜亚泉自己的回应来看，他"以为共和政体，决非与固有文明不相容者"。"民视民听，民贵君轻"，这些自古以来的政治原理，"本以民主主义为基础"。因此，"政体虽改，而政治原理不变。故以君道臣节名教纲常为基础之固有文明，与现时之国体，融合而会通之，乃为统整文明之所有事"。③ 可见，他依然坚持以固有文明为根基、融合西洋文明之"统整"方案来救国的主张。

以杜亚泉为代表的东方文明派，虽然一向"欢迎""西洋学理之输入"，然而面对第一次世界大战后西方资本主义文明本身的巨大危机，他们强烈主张用中国固有的文明来挽救国家的危亡。但是，鸦片战争以来历史的发展已经反复证明，中国传统的封建的政治体制已经无法适应近代世界发展的要求，以儒家为主体的传统政治思想虽然具有很多优点，但单凭这些显然已经无法阻止国家在半殖民地半封建的泥潭中越陷越深。在未彻底获得民族独立和人民解放之前，试图回归传统的任何做法，在实践上都是不可行的，在思想上也是有害的。

小 结

民国的建立曾经给国人带来希望，以为国家从此可以走向民主富强，然而

---

① 伧父：《迷乱之现代人心》，《东方杂志》第 15 卷第 4 号，1918 年 4 月。
② 陈独秀：《质问〈东方杂志〉记者——〈东方杂志〉与复辟问题》，《新青年》第 5 卷第 3 号，1918 年 9 月。
③ 伧父：《答〈新青年〉杂志记者之质问》，《东方杂志》第 15 卷第 12 号，1918 年 12 月。

接连发生的袁世凯窃国、军阀统治、帝国主义世界大战、巴黎和会对中国主权的严重侵犯等事件打破了人们的幻想。这一时期政治思想的主题：一是反思民国初年政局动荡的根源，批判封建专制思想，力图继续学习效法西方，建立名副其实的资产阶级共和国；二是反思第一次世界大战后西方资本主义政治文明的衰落，学习和效法十月革命后俄国的社会主义革命，努力寻求新的指导思想和救国道路。

这一时期的政治思想可分成两个阶段：第一阶段从 1915 年陈独秀创办《新青年》开始，到 1917 年年底；第二阶段从 1917 年年底到中国共产党成立前后。这两个阶段前后衔接，互有联系，但从其思想内容和发展走向来看，却有着质的不同。

第一阶段的主要内容和特点表现为：一是对资产阶级民主政治由推崇到厌弃。辛亥革命后，国内政局混乱，社会动荡，袁世凯及北洋派官僚的专制独裁本质日益暴露，民主共和有名无实，只剩下一块空洞的招牌。以陈独秀为代表的一批知识分子开始反思辛亥革命由胜利走向失败的深层原因。他们创办《新青年》，发起新文化运动，高举民主与科学的大旗，希望从思想文化层面入手，培养新青年，并进而建立一个真正的资产阶级民主共和国，由此把鸦片战争以来开始的学习西方的进程，从器物层面、制度层面进一步推进到精神文化层面。当时一大批思想家参加了这一运动，他们或主张伦理革命，或主张文学革命，一时造成极大影响。但就在中国这批先进人物大张旗鼓地、全面地学习西方资产阶级思想文化时，第一次世界大战爆发，这是人类历史上规模巨大、代价空前的大战；战后在巴黎和会上列强各国对作为战胜国的中国主权的严重损害，使得西方文化在中国知识分子心目中完全破产，他们开始厌弃西方文化并开始寻找新的目标。

二是对以孔子为代表的儒家政治思想的反思和批判较前更为猛烈彻底。这一时期，袁世凯、张勋等连续上演的两次帝制复辟闹剧，引发了人们对传统政治思想和社会心理的反思，攻击的矛头指向了以孔子为代表的儒家学说，特别是宋明以后理学化了的儒学。

从鸦片战争开始，中国的先进分子已经开始对传统政治思想进行反思和批判，希望从中找到近代中国衰弱危亡的根源以及相应的救治办法。在思想领域，先后出现了"罪清""罪明""罪宋""罪唐""罪秦"等观点，把国家衰弱危亡的根源分别归罪于清、明、宋、唐、秦等朝代的政治思想家。到了五四时期，以陈独秀、李大钊、胡适、鲁迅、吴虞等为代表的新文化运动的倡导者更是一路往前追溯，把中国近代失败的根源归咎于孔子、孟子的学说，并进而对之发起了集中猛烈的批判，希望从伦理的层面，实现"最后的觉悟"。一时间，"打倒孔家店"成为最响亮的口号之一。虽然在方法上存在着简单化、情绪化等缺点，但他们的批判极大地解放了人们的思想，顺应了建设新文化、新国家的潮流。

在这方面，李大钊把孔子区分为真孔子和假孔子，认为真孔子有价值的思想值得继承，而对被历代统治者利用的假孔子的思想应该加以批判，这无疑提升了新文化运动反封建传统的科学性。

第二阶段的特点是社会主义成为思想主流。第一次世界大战后期出现的西方文明破产论，使中国思想文化界发生严重分化：有的转向复古，如杜亚泉倡导的东方文明救国论；有的仍坚持效仿西方，如胡适倡导的改良主义以及刘师复、黄凌霜、区声白的无政府主义等。

与上述两种主张不同，李大钊提出以"第三文明"即马克思的科学社会主义拯救中国。十月革命后，工农当家作主的苏维埃政权的建立，使"第三文明"有了切实的载体、生动的榜样。此后，李大钊、陈独秀等大力传播马克思主义，并以此为武器，将批判的对象直指封建专制制度及资本主义制度，主张建立劳动群众当家作主的政权，以社会主义方式发展实业，彻底改变中国贫穷落后的面貌。经过一大批先进分子的共同努力，社会主义思想逐步成为时代思潮的主流，中国政治思想的发展从此进入一个全新的阶段。

五四时期政治思想领域最大的成果就是马克思主义在中国的传播，这是历史发展的必然结果，也是中国人民经过千辛万苦之后所作出的正确选择。从此以后，马克思主义成为中国人民观察和把握国家民族命运的指导理论，社会主义道路成为中华民族救亡图存、实现伟大复兴的必然选择。

思考题

1. 陈独秀政治思想是如何转变的？

2. 李大钊对马克思主义研究和宣传所作的贡献有哪些？

3. 如何理解五四时期马克思主义在中国传播的历史必然性？

4. 五四时期改良主义、无政府主义及东方文明救国论的思想主张有哪些？

结　语

中国政治思想史的内容到此告一段落，有必要对几千年来的中国政治思想史进行总结和梳理，以加深理解和掌握教材的全部内容。

中国政治思想史的发展始终是围绕着如何治国安民而展开的，它汇聚着中华民族的政治智慧与理性精神，同时也推动了中华文明持续不断地发展繁荣。进入近代以后，由于中国的社会性质和时代主题发生了剧变，传统政治思想没有突破自身局限，无法适应时代要求和新的形势，逐步丧失了长期以来作为国家意识形态的统治地位。中国资产阶级维新派和革命派试图引用西方近代资产阶级政治学说来指导近代政治实践，都以失败告终。中国人民经过实践探索和历史比较，最终选择马克思主义作为政治指导思想，中华民族的独立、解放和复兴伟业从此面貌一新。这既是近代中国历史发展的必然，也是中国传统政治思想自身发展的逻辑结果。

从思想理论方面看，中国政治思想史在近代之所以出现重大的历史性转变，最终为马克思主义政治学说所取代，一方面是由于中国传统政治思想存在明显的不足；另一方面是由于马克思主义政治思想具有科学性和先进性。

中国传统政治思想产生并发展成熟于自给自足的小农经济基础之上，在根本上是为封建君主专制制度服务的。由于它以抽象的"天道"观和人性论作为其理论基础，因此无法对人类社会的政治现象及发展规律作出科学解释。无论是"五德终始说"还是"三世说"等，都对社会的更替变化作了一定探讨，但未能科学揭示社会发展的基本规律。"民本"思想十分丰富，但归根结底它只是把"民"作为维护专制统治的工具，而不是国家的主人。虽有丰富的治国之道，但更多关注的只是君主统治的合理性，而没有形成真正意义上的近代"国家"观念，更谈不上系统的国家学说。思想家们很早就提出了"天下为公"的"大同"社会理想，并作了较为详尽的描绘，但其论证始终缺乏科学的基础，尤其是"没有也不可能找到一条到达大同的路"①。确立了"三纲五常"的封建伦理，这对维护封建专制统治秩序是有利的，但宋明以后纲常礼教日趋保守，甚至主张"存天理，灭人欲"，严重压抑人性，扼杀社会的活力和创造力。

---

① 《毛泽东选集》第 4 卷，人民出版社 1991 年版，第 1471 页。

正因如此，传统政治思想发展到近代，逐渐成为阻碍中国进步的重要因素。

马克思主义政治学说诞生于近代，奠基于近代科学和工业文明。它以辩证唯物主义与历史唯物主义为理论基础，为研究政治现象提供了科学的世界观和方法论，强调社会政治生活在本质上是实践的，主张把政治置于社会和经济联系中加以考察，从具体的、进行实践活动的人所处的一定的社会政治关系中揭示其本质。马克思主义科学地揭示了人类社会发展由低级到高级、由简单到复杂的一般规律，先后经历原始社会、奴隶社会、封建社会、资本主义社会，最终走向共产主义社会。马克思主义政治学说坚持无产阶级和广大劳动人民的立场，始终维护被剥削、被压迫者的利益。它揭示了无产阶级是先进生产力的代表，是建设未来新社会的根本力量，指出了无产阶级是资本主义的掘墓人，阐明了维护无产阶级利益、实现自身解放的基本途径。它从分析社会经济关系入手，以阶级关系、阶级斗争为基本线索，科学地揭示了国家的起源和实质，阐明了国家消亡的历史趋势，创立了科学的、系统的国家理论。它阐明了实现共产主义的阶级力量和实现途径，把共产主义理想奠定在科学的基础上。马克思主义政治学说以解放全人类为己任，反对一切形式的奴役和压迫，主张人人自由全面的发展。马克思主义政治学说继承并超越了以往各个阶级的政治思想，实现了人类政治思想发展史上的伟大变革。

历史具有连续性，尽管我国在近代遭遇到历史挫折和外来挑战，但总的看，中华政治文明并没有中断几千年一以贯之、一脉相承的自然历史发展进程，中国政治思想依然在艰难求索中奋力发展。20 世纪以来，我们学习借鉴西方优秀政治思想内容，批判继承传统政治思想，发展中国近现代政治思想，做了大量工作。特别是中华人民共和国成立后，在中国特色社会主义政治文明建设实践中，我们以马克思主义政治学说为指导，以中华优秀政治思想传统为基础，建立和发展了中国特色的社会主义政治制度，形成了中国特色的社会主义政治理论，建立了独立的中国政治学科体系，中国政治思想史从此进入了现当代。

可见，中国传统政治思想虽然在近代以来逐步丧失了在中国政治生活中的主导地位，但这并不表明它在新时代中国特色社会主义建设中就完全失去了意义。它在长期发展中形成的一些思想精华，是中华民族宝贵的精神财富，构成中华优秀思想文化的一部分，至今仍具有重要价值和现实意义。中华传统政治思想内容丰富，许多思想历经时代的磨砺，仍然不失其历久弥新的时代光华。

中华优秀政治思想传统，是习近平新时代中国特色社会主义思想的丰厚滋养和不竭源泉。现简要介绍如下：

（一）德治思想。德治思想是中国政治思想的核心内容之一，也是中国政治思想的鲜明特征。德治思想的要点在于，治国者借助德性修养，实行仁政，以身作则，感染、教化国民，不断提高国民的人性修养水平。

早在西周时期，周公就提出以德配天、敬德保民、"明德慎罚"① 等思想。春秋战国时，孔子说："政者，正也。子帅以正，孰敢不正？"② 他提出"为政以德，譬如北辰，居其所而众星共之"③。孟子说："人皆有不忍人之心"，统治者只要"以不忍人之心，行不忍人之政，治天下可运于掌上"④，"尧舜之道，不以仁政，不能平治天下。"⑤《大学》提出"三纲领""八条目"，将"德治"思想系统化，强调以德治国，通过修身实现齐家、治国、平天下的政治目标。

依照德治思想，治国之道重在教化，而不是刑罚。孔子说："道之以政，齐之以刑，民免而无耻；道之以德，齐之以礼，有耻且格。"⑥ 孟子说："善政不如善教之得民也。善政，民畏之；善教，民爱之。善政得民财，善教得民心。"⑦ 贾谊说："教者，政之本也"，"有教，然后政治"。⑧ 在儒家看来，道德教化更容易赢得民心，是治国平天下的主要内容和根本手段。

德治思想是中国政治思想的一个悠久传统，在历史上曾经产生过深远影响，对于约束统治者行为、改善统治效能，缓和阶级矛盾、维护稳定的社会秩序，提高社会道德水准、形成崇文重礼的良好风尚等，发挥了十分重要的作用。德治思想的目的是约束统治者，推动其实行仁政，仁爱民众。但是在专制制度下，这一目标难以达到；"德治"实际上反而成了维护君主专制统治、束缚广大民众的工具。在人民当家作主的社会主义中国，我们仍然强调以德治国。当然，今天德治的内涵与过去有了本质的不同，传统的德治在本质上是一

① 《尚书·康诰》。
② 《论语·颜渊》。
③ 《论语·为政》。
④ 《孟子·公孙丑上》。
⑤ 《孟子·离娄上》。
⑥ 《论语·为政》。
⑦ 《孟子·尽心上》。
⑧ 《新书·大政下》。

种人治，今天实行的以德治国建立在依法治国的基础上，"坚持依法治国和以德治国相结合"①。即便如此，传统德治思想强调通过加强道德修养，提高道德水平，形成良好秩序，维护社会稳定，仍有其借鉴意义。

国无德不兴，人无德不立。新时代建设中国特色社会主义，必须大力加强全社会的思想道德建设，激发人们形成善良的道德意愿、道德情感，培育正确的道德判断和道德责任，提高道德实践能力尤其是自觉践行能力，引导人们向往和追求讲道德、尊道德、守道德的生活，形成向上的力量、向善的力量。只要中华民族一代接着一代追求美好崇高的道德境界，我们的民族就永远充满希望。

（二）民本思想。民本思想是中国政治思想的精粹。它大约源于西周甚至更远的历史时期，经历朝历代的丰富发展，到明清之际达到高峰。古人认为，"民之所欲，天必从之"②，统治者奉天治民，就必须爱民、亲民、富民、保民、恤民、安民，治国之策要合民情、顺民意、得民心。

《尚书·虞书·皋陶谟》中已有"天聪明自我民聪明，天明畏自我民明威"，《尚书·无逸》还有"保惠于庶民""怀保小民"等，《左传》有"国之将兴，听于民，将亡，听于神"③说。战国时孟子提出的"民为贵，社稷次之，君为轻"④，是传统"民本"思想的经典表述，为后世所继承和发扬。西汉贾谊有"民无不为本"之说，汉末王符肯定"民为国基"。到宋代，理学家们从哲学的高度倡导民本思想。程朱理学的奠基人二程将民本思想概括为："为政之道，以顺民心为本，以厚民生为本，以安而不扰为本。"⑤ 朱熹说："惟民生之本在食，足食之本在农，此自然之理也。"⑥ 明末清初的早期启蒙思想家们以"民贵"说为思想资源和理论武器，批判专制制度"私天下"的实质。黄宗羲提出"天下为主，君为客"⑦，认为民众是天下的"主"人。这是古代民本思想的高峰，促进了古代政治思想向近代的转型。

---

① 习近平：《决胜全面建成小康社会 夺取新时代中国特色社会主义伟大胜利——在中国共产党第十九次全国代表大会上的报告》，人民出版社 2017 年版，第 22 页。
② 《尚书·泰誓上》。
③ 《左传·庄公三十二年》。
④ 《孟子·尽心下》。
⑤ 《河南程氏文集》卷第五。
⑥ 《朱子大全》文一〇〇。
⑦ 黄宗羲：《明夷待访录·原臣》。

　　"以民为本"说蕴含着政治思想家们对于民众的深切关怀，其内含的价值依据是"天地之性人为贵"，具有鲜明的人文精神。但也要看到，民本强调的是君主专制政治的社会基础，维系的是封建王朝的政治根基。民本思想无论如何重民、爱民、亲民，最终还是将希望寄托在明主贤臣身上，在认识上无法突破君主专制政治的桎梏，还不是人民当家作主，和新时代党中央"以人民为中心的发展"① 思想更是不可同日而语。尽管如此，它将"民"看成国家得以建立和巩固的重要基础，提出众多有利于民众生产生活的政治、经济、文化措施，对于缓和阶级矛盾、稳定社会秩序、推动历史进步，产生了积极作用，应予充分肯定。

　　（三）和谐思想。古人认为和谐是一种理想的状态，把它作为一种价值追求和重要目标。《尚书·尧典》说："八音克谐，无相夺伦，神人以和。"传统的和谐思想包括天人和谐、人际和谐、群体和谐及身心和谐等内容。

　　天人和谐。至少在西周初年，人们已经认识到天地万物及其运行处于和谐状态。《周易》说"保合太和，乃利贞"②，认为，阴、阳二气有机统一，万物才能生生不息。老子也认为，"万物负阴而抱阳，冲气以为和"③，"知和曰常"④。《中庸》则提出"中和"概念，认为"致中和，天地位焉，万物育焉"，强调人与自然的和谐统一。张载认为和谐是事物对立统一的状态，"有象斯有对，对必反其为；有对斯有仇，仇必和而解"⑤，事物的"对""仇"最终都必然达到"和"谐。这些思想为古人从天道考察人道即政治问题提供了思路与依据。

　　人际和谐。古人重视"人和"，强调"和长幼"，"内和而家理"，"和合父子、君臣"⑥。孟子提出："天时不如地利，地利不如人和。"北宋二程说："仁者，与天地万物为一体。"⑦ 张载提出"民吾同胞，物吾与也"⑧，主张以平等

---

① 《中国共产党章程》，中国共产党第十九次全国代表大会部分修改，2017 年 10 月 24 日通过，人民出版社 2017 年版，第 8 页。
② 《易传·乾·象》。
③ 《老子》第五十五章。
④ 《老子》第四十二章。
⑤ 《正蒙·太和篇》，《张载集》，章锡琛点校，中华书局 1978 年版，第 10 页。
⑥ 《礼记·乐记》。
⑦ 《河南程氏遗书》卷第二上。
⑧ 《正蒙·乾称篇》，《张载集》，章锡琛点校，中华书局 1978 年版，第 62 页。

的态度善待自然与社会的万事万物。古人重视"和为贵"①，但同时也强调"和而不同"②，主张包容多样，和谐统一。

群体和谐。《尚书·尧典》："百姓昭明，协和万邦。"《周易·乾》："首出庶物，万国咸宁。"主张万邦团结，和睦共处。孔子则说："远人不服，则修文德以来之。"③ 主张以文德感化外邦，反对轻率地诉诸武力。孟子提出"仁者无敌"④，主张"以德服人"⑤"以善养人，然后能服天下"⑥ 的王道，反对"以力服人"的霸道。《后汉书·仲长统列传》也说："和谐则太平之所兴也。"

中华文化崇尚和谐，中华民族是爱好和平的民族。中国"和"文化源远流长，蕴涵着天人合一的宇宙观、协和万邦的国际观、和而不同的社会观、人心和善的道德观。中国自古就提出了"国虽大，好战必亡"的箴言。"以和为贵""与人为善""己所不欲、勿施于人""和而不同""化干戈为玉帛""国泰民安""睦邻友邦""天下太平""天下大同"等和平理念世代相传，深深扎根于中华民族精神中，广泛体现在中国人的言行上。中国历史上曾经长期是世界上最强大的国家之一，但没有留下殖民和侵略他国的记录。有着5000多年历史的中华文明，始终崇尚和平，和平、和睦、和谐的参天大树，深深植根于中华民族的精神世界，深深溶化在中国人民的血脉之中。我们现在坚定不移坚持走和平发展道路，是对几千年来中华民族热爱和平的文化传统的继承和发扬。

身心和谐。古人主张通过修身、正心，实现身心和谐，促进人际和谐和社会安定，最终使国家长治久安。《大学》载："大学之道，在明明德，在亲民，在止于至善。"孔子说："君子谋道不谋食，……忧道不忧贫。"⑦ 孟子说："存其心，养其性，所以事天。夭寿不贰，修身以俟之，所以立命也。"⑧ 加强道德修养，找到安身立命之所，有精神家园，才能实现家国和谐，达到天下太平。

和谐思想体现了我国古代农业社会中，古人对天人关系、社会关系、族群关系、人的身心关系等的一种理想和期盼，对于维护古代中国的政治秩序和社

---

① 《论语·学而》。
② 《论语·子路》。
③ 《论语·季氏》。
④ 《孟子·梁惠王上》。
⑤ 《孟子·公孙丑上》。
⑥ 《孟子·离娄下》。
⑦ 《论语·卫灵公》。
⑧ 《孟子·尽心上》。

会稳定，发挥了积极作用。但由于社会历史条件的限制和时代的局限，和谐的理想状态在现实中很难完全实现。尽管如此，传统的和谐思想对于新时代建设和谐社会，构建人类命运共同体，仍然具有重要的借鉴意义。

（四）"天下为公"思想。古人很早就提出了理想社会的蓝图，比如孔子的"有道"之世，庄子的至德之世、无何有之乡，孟子的王道世界，荀子的王制社会等。而最具代表性的是《礼记·礼运》描述的"天下为公"的大同社会理想。在这个理想社会里，天下为公，选贤与能，讲信修睦，人人老有所终，壮有所用，少有所长，鳏寡孤独废疾者皆有所养。人人公而忘私、各尽所能，社会路不拾遗、夜不闭户。这成为中华民族孜孜以求的社会政治理想。

"天下为公"思想为后世思想家们所肯定，成为批判现实政治，追求社会"太平"，主张"均贫富、等贵贱"等的思想资源。到近代，"天下为公"的"大同"理想更成为激励中国仁人志士反抗外来侵略和清朝统治，谋求民族独立、自由、解放的重要思想武器。康有为著《大同书》，将《春秋》公羊学思想和一些外来思想文化结合起来，提出"大同"的社会理想，其特征有：天下为公，无有阶级、国界、种界等，一切平等。孙中山借"天下为公"说解释他的三民主义，"天下为公"思想由此成为其民主"建国"的理论根据之一。"天下为公"理想还是中国近代先进分子接受马克思主义的重要思想基础。

可见，我国历史上的有识之士，历来有浓厚的家国情怀，有强烈的社会责任感，有天下为公、担当道义的情怀。"修身齐家治国平天下""先天下之忧而忧，后天下之乐而乐"，这些思想为一代又一代有识之士所尊崇。

必须指出的是，"天下为公"思想反映了古人对现实统治的不满和对理想社会的追求，但受制于农业社会和小生产条件，特别是君主专制的大环境，他们又不得不把实现美好社会的愿望寄托在统治者身上。近代有识之士借助"天下为公"思想对封建专制进行了深刻批判，并吸收了西方资产阶级政治思想，丰富发展了这一思想传统，使之带有民权民主色彩，但他们并没有真正将广大劳动群众作为国家的主人。这说明在私有制社会里，"天下为公"的美好理想始终缺乏实现的历史条件和阶级力量，最终只能成为空想。即便如此，"天下为公"的政治理想对于我们建设美好的理想社会依然具有积极意义。

（五）义利统一思想。义利之辨是中国传统政治思想的重要论题，为历代思想家所关注。有的重义轻利，有的则偏重功利，有的主张义利双行、以义导利、先义后利，但总体思想倾向则是以义为主、义利统一。

古人已经认识到，只有满足了衣、食、住、行等基本生活需要，才谈得上道德修养和知礼守法等要求。《管子》说："仓廪实，则知礼节；衣食足，则知荣辱。"① 孔子认为"足食"而后"民信"，主张对于民众应先"富之"然后再"教之"。二程说："人无利，直生不得。安得无利？"② 李觏也说："人非利不生。"③

另一方面，思想家们又主张"见利思义"、义利统一。孔子强调："不义而富且贵，于我如浮云。"荀子提出"先义而后利者荣，先利而后义者辱"④。董仲舒认为应"利以养其体，义以养其心"⑤。清代颜元提出"正其谊（义）谋其利，明其道计其功"的论断。

义利统一的思想，承认人的欲望、物质利益的合理性，在此基础上强调道义、礼法等的重要性。它确立了道义与利益关系的原则，对于国家发展和社会安宁起了积极作用。随着时代的发展，义利的具体内涵也在不断发展变化。新时代中国特色社会主义的"义"，主要是以富强、民主、文明、和谐、自由、平等、公正、法治、爱国、敬业、诚信、友善为代表的社会主义核心价值，"利"则指以人民为中心的发展，以及在此基础上实现中国社会主义现代化强国、实现中华民族伟大复兴的宏伟目标。义利两者依然是统一的，义是利的基础和保障，利是义的结果和现实目的。历史上的义利统一思想仍值得我们重视、借鉴。

（六）变革思想。变革思想是中国传统政治思想中富有特色的部分。古人很早就认识到自然界始终处于生生不息、运行不止的状态，天地万物都在不断地运动变化，世界上没有永恒不变的东西。《周易》记载："日新之谓盛德，生生之谓易。"⑥ "穷则变，变则通，通则久。"⑦ 荀子说："天地之变，阴阳之化。"⑧ 周敦颐也说："万物生生而变化无穷焉。"⑨

古人由自然界的运动变化，认识到社会变革的必要性和重要性，进而形成

---

① 《管子·牧民》。
② 《河南程氏遗书》卷十八。
③ 《原文》。
④ 《荀子·荣辱》。
⑤ 《春秋繁露·身之养重于义》。
⑥ 《周易·系辞上》。
⑦ 《周易·系辞下》。
⑧ 《荀子·天道》。
⑨ 《太极图说》。

了系统的变法革新思想。《周易·革》："天地革而四时成，汤武革命，顺乎天而应乎人：革之时大矣哉。"《左传》昭公三十二年："社稷无常奉，君臣无常位。"《庄子·天运》："故礼仪法度者，应时而变也。"商鞅说："治世不一道，便国不必法古。"① 王安石提出："有变以趣时，而后可治也。"② 明代王廷相说："法久必弊，弊必变，变所以救弊也。"③ 龚自珍则提出："一祖之法无不弊，千夫之议无不靡。与其赠与来者以劲改革，孰若自改革？"④ 康有为提出"变者，天道也"，自然与人类社会"无一不变，无刻不变"。⑤ 梁启超说："变者，天下之公理也。"⑥ 严复提出"不变法则必亡"⑦。据此，历代的政治思想家都提出了变法革新的思想和主张，对于拯救时弊，缓和矛盾，推动社会发展都程度不同地发挥了作用。

制度的改革，生产关系的调整，目的在于解放社会生产力，促进社会生产的发展。历史上的变法革新思想，由于始终处在君主专制制度下，只能是一种局部的调整，不可能对专制制度作根本性变革，而且由于保守势力的阻挠与反对，大部分变革没有取得完全成功。这是历史上社会生产发展缓慢的重要原因。但其重视变革、勇于变革的思想，给后人留下了可贵的精神财富，具有重要的启示意义。

（七）重贤才思想。古人很早就认识到贤才对于治国安邦的重要作用，围绕重才、养才、辨才、选才、用才等论题，形成了丰富的重贤才思想，成为中国政治思想的重要内容。

历代思想家都十分强调选贤任能的重要性。孔子主张"举贤才"⑧，并认为："举直错诸枉，则民服；举枉错诸直，则民不服。"⑨ 墨子提出"尚贤"，要求不以出身贵贱、血缘亲疏关系任用贤能之士。孟子希望国家能"尊贤使

---

① 《商君书·更法》。
② 《洪范传》。
③ 《慎言·御民篇》。
④ 《龚自珍全集》，上海人民出版社1975年版，第6页。
⑤ 康有为：《进呈俄罗斯大彼得政变记序》。
⑥ 梁启超：《变法通议》。
⑦ 严复：《救亡决论》。
⑧ 《论语·子路》。
⑨ 《论语·为政》。

能”，使“贤者在位，能者在职”①。唐太宗说：“为政之要，惟在得人。”② 龚自珍呼唤“不拘一格降人才”。孙中山强调“人尽其才”。

思想家们还提出了德才兼备、以德为先的人才选用标准。司马光指出："才者，德之资也；德者，才之帅也"，"取才之道，当以德行为先，其次经术，其次政事，其次艺能。"朱熹则概括说："贤，有德者；才，有能者。举而用之，则有司皆得其人而政益修矣。"③ 坚持德才兼备的选人标准，并不是将德与才等量齐观，而是将德置于首位，强调德对才的统帅作用。

在历史上，重贤才思想通过察举、征辟、科举等一系列制度，得到了较好的贯彻，一批批德才兼备的优秀人才被发现、选用、充实到各级官僚机构，对提高国家治理水平、推动经济社会发展作出了重要贡献。必须指出的是，今天，贤才的内涵与外延相对于过去有了很大变化，尤其是德的内涵有了本质的不同，但人人皆可成才的人才培养观念，重视人才的理念，以及选拔、任用、考核人才的一些具体做法，特别是德才兼备的用人标准，对中国特色社会主义的人才强国战略仍有借鉴意义。

（八）国家统一思想。中国五千年的历史，就是一个统一的多民族国家不断发展的历史，在此过程中，形成了系统的国家统一思想。这一思想始终强调维护国家统一，并将其作为重要政治目标。维护和巩固国家统一，也逐渐成为中华民族的优秀政治传统。

统一思想萌生于三代，丰富于春秋战国，至秦汉进一步系统化、理论化。《尚书·尧典》："克明俊德，以亲九族。九族既睦，平章百姓。百姓昭明，协和万邦，黎民于变时雍。"《诗经》说："溥天之下，莫非王土；率土之滨，莫非王臣。"春秋战国时期，面对王室衰微、诸侯力征、天下混乱的局面，孟子主张"定于一"④，荀子提出"一天下"⑤，墨家有"尚同"说，法家要"兼天下"，杂家贵"执一"，他们从不同角度论证了国家统一的必要性和重要性。

秦朝建立了中央集权的君主专制制度，有力推动了统一思想的发展。西汉时期，《春秋公羊传》明确提出"大一统"的概念，强调"王者无外"、疆域

---

① 《孟子·公孙丑上》。
② 《贞观政要·崇儒学》。
③ 朱熹：《论语集注》卷七《子路第十三》。
④ 《孟子·梁惠王下》。
⑤ 《荀子·非十二子》。

一统。董仲舒说："春秋大一统者，天地之常经，古今之通谊也。"① 《汉书·王吉传》："春秋所以大一统者，六合同风，九州共贯也。"汉后"大一统"思想通过"正统"观念表现出来。唐代皇甫湜说"大一统所以正天下之位，一天下之心"。北宋欧阳修标"居正""一统"二义。苏轼说："正统云者，犹曰有天下云尔。"元代的刘整说："自古帝王非四海一家不为正统。"② 大一统思想成为维护和巩固祖国统一的重要精神力量。

虽然中国历代王朝分分合合，政权更替变迁，但追求国家统一的思想和行动始终没有变，实现祖国统一是中华民族每个人的奋斗目标。这对推动我国多民族统一国家的形成和发展，起了巨大作用。国家统一观念逐渐成为中华民族的心理习惯和民族凝聚的强大精神力量。

总之，几千年来的中国传统政治思想是中华传统文化的重要组成部分，积淀着中华民族最深刻的精神追求，是中华民族生生不息、发展壮大的丰富滋养，也是中国特色社会主义的深厚历史渊源。学习中国政治思想史，就是要推动优秀传统文化创造性转化、创新性发展，使之为新时代中国特色社会主义服务，为实现中华民族伟大复兴的中国梦凝聚力量。

学习与思考

① 《汉书·董仲舒列传》。
② 《元史·刘整传》。

阅 读 文 献

■《尚书》。

■《论语》。

■《老子》。

■《孟子》。

■《荀子》。

■《庄子》。

■《韩非子》。

■《史记·秦始皇本纪》。

■《史记·李斯列传》。

■《淮南子》。

■ 陆贾：《新语》。

■ 贾谊：《新书》。

■ 董仲舒：《春秋繁露》。

■ 王符：《潜夫论》。

■《曹操集》。

■《嵇康集》。

■《抱朴子·诘鲍》。

■ 王通：《中说》。

■《贞观政要》。

■《韩昌黎文集》。

■《柳宗元集》。

- 《罗隐集》。

- 李觏：《李觏集》，中华书局 1981 年版。

- 张载：《张载集》，中华书局 1983 年版。

- 王安石：《王文公文集》，中华书局 1974 年版。

- 程颐、程颢：《二程集》，中华书局 1981 年版。

- 朱熹：《四书章句集注》。

- 陈亮：《陈亮集》，中华书局 1987 年版。

- 叶适：《叶适集》，中华书局 1983 年版。

- 耶律楚材：《湛然居士文集》，中华书局 1986 年版。

- 王阳明：《王阳明全集》，上海古籍出版社 1992 年版。

- 张居正：《张太岳集》，上海古籍出版社 1984 年版。

- 黄宗羲：《黄宗羲全集》，浙江古籍出版社 1994 年版。

- 顾炎武：《日知录》，上海古籍出版社 1984 年版。

- 王夫之：《读通鉴论》《读四书大全说》。

- 唐甄：《潜书》。

- 戴震：《戴震集》，上海古籍出版社 1980 年版。

- 龚自珍著，王佩诤校：《龚自珍全集》，上海古籍出版社 1999 年版。

- 林则徐：《林则徐集》，中华书局 1965 年版。

- 魏源：《海国图志》，岳麓书社 1998 年版。

- 曾国藩：《曾国藩全集》，岳麓书社 1995 年版。

- 李鸿章：《李鸿章全集》，安徽教育出版社 2008 年版。

- 张之洞：《张文襄公全集》，中国书店 1990 年影印本。

- 康有为：《康有为全集》，中国人民大学出版社 2007 年版。

■ 梁启超：《饮冰室合集》，中华书局 1989 年版。

■ 谭嗣同：《谭嗣同全集》，中华书局 1981 年版。

■ 王栻主编：《严复集》，中华书局 1986 年版。

■ 孙中山：《孙中山全集》，中华书局 1981—1986 年版。

■ 朱维铮、姜义华编注：《章太炎选集（注释本）》，上海人民出版社 1981 年版。

■ 中国李大钊研究会编注：《李大钊全集》，人民出版社 2006 年版。

■ 任建树主编：《陈独秀著作选编》，上海人民出版社 2009 年版。

■ 吕振羽：《中国政治思想史》，人民出版社 2008 年版。

■ 萧公权：《中国政治思想史》，新星出版社 2010 年版。

第一版后记

 《中国政治思想史》教材是马克思主义理论研究和建设工程重点教材。在编写过程中，得到了马克思主义理论研究和建设工程咨询委员会的指导，得到了中央有关部门和有关专家学者的帮助和支持。同时，广泛听取了高校中国政治思想史课程教师和大学生的意见和建议。

 本教材由首席专家曹德本、宝成关、孙晓春、葛荃主持编写。参加撰写、统稿工作的有：曹德本、宝成关、孙晓春、葛荃、张茂泽、王宪明、王成、颜德如、林建华、李景林、李晓男、宋少鹏、郑维东、贾乾初、李焦、石文玉，王光、李鹏博、马妍做了辅助性工作。张磊主持了工程办公室组织的修改和统稿工作。宋凌云、邵文辉、何成、田岩、冯静、张造群、宋义栋、王燕燕、武斌、宫长瑞、汤荣光、山郁林、任文启、魏学江等参加了修改和统稿工作。参加教材审看并提出修改意见的专家有：陈伟平、李德顺、闫小波、陈晓龙、谢阳举、张茂泽、萧延中、李培广、高瑞泉、王成、平飞、陈永森、胥仕元、包玉娥、田为民、张宏毅、苗润田、吴根友、周云、成兆文、杨红伟、金虎、马雁军、冯英。

2012 年 3 月

第二版后记

组织全面修订马克思主义理论研究和建设工程重点教材，是推动习近平新时代中国特色社会主义思想和党的十九大精神进教材、进课堂、进头脑的重要举措。《中国政治思想史》（第二版）是在第一版教材基础上修订而成的。在教材修订过程中，得到了马克思主义理论研究和建设工程咨询委员会的指导，得到了中央有关部门和有关专家学者的帮助和支持。同时，也广泛听取了高校专业课程教师和学生的意见和建议。

教材修订课题组由曹德本、孙晓春、王宪明、张茂泽任首席专家，曹德本主持修订，葛荃、颜德如、郑维东、张造群、李蕉作为主要成员参加修订，倪博闻作为学术助手做了辅助性工作。邵文辉主持了工程办公室组织的审改定稿工作。王昆、王勇、田岩、冯静、曹守亮、刘小丰、陈瑞来、薛向军、刘一、聂大富等参加了审改。参加集中审阅并提出修改意见的有：关海庭、张师伟、胥仕元、朱仁显、史卫民、张金才等。

2019 年 7 月

郑重声明

高等教育出版社依法对本书享有专有出版权。任何未经许可的复制、销售行为均违反《中华人民共和国著作权法》,其行为人将承担相应的民事责任和行政责任;构成犯罪的,将被依法追究刑事责任。为了维护市场秩序,保护读者的合法权益,避免读者误用盗版书造成不良后果,我社将配合行政执法部门和司法机关对违法犯罪的单位和个人进行严厉打击。社会各界人士如发现上述侵权行为,希望及时举报,我社将奖励举报有功人员。

反盗版举报电话　(010)58581999　58582371
反盗版举报邮箱　dd@hep.com.cn
通信地址　北京市西城区德外大街 4 号
　　　　　高等教育出版社法律事务部
邮政编码　100120

读者意见反馈

为收集对教材的意见建议,进一步完善教材编写并做好服务工作,读者可将对本教材的意见建议通过如下渠道反馈至我社。

咨询电话　400-810-0598
读者服务邮箱　gjdzfwb@pub.hep.cn
通信地址　北京市朝阳区惠新东街 4 号富盛大厦 1 座
　　　　　高等教育出版社总编辑办公室
邮政编码　100029

防伪查询说明

用户购书后刮开封底防伪涂层,使用手机微信等软件扫描二维码,会跳转至防伪查询网页,获得所购图书详细信息。

防伪客服电话　(010)58582300